KB236436

한국고대의 수전농업과 수리시설

한국고대의 수전농업과 수리시설

● 집필인

집필책임자

노중국 _ 계명대학교 교수

공동집필자(목차순)

박수진 _ 서울대학교 교수

안재호 _ 동국대학교 교수

이홍종 _ 고려대학교 교수

전덕재 _ 경주대학교 교수

이현혜 _ 한림대학교 교수

주보돈 _ 경북대학교 교수

공우석 _ 경희대학교 교수

조현종 _ 국립중앙박물관 학예연구실장

곽종철 _ 우리문화재연구원 원장

성정용 _ 충북대학교 교수

김재홍 _ 국립중앙박물관 학예관

한국고고환경연구소학술총서8

한국고대의 수전농업과 수리시설

초판인쇄일	2010년 8월 10일
초판발행일	2010년 8월 16일
집 필 인	한국고고환경연구소
발 행 인	김선경
책 임 편 집	김윤희, 김소라
발 행 처	도서출판 서경문화사
	주소 : 서울 종로구 동숭동 199 - 15(105호)
	전화 : 743 - 8203, 8205 / 팩스 : 743 - 8210
	메일 : sk8203@chollian.net
인 쇄	바른글인쇄
제 책	반도제책사
등 록 번 호	제 1 - 1664호

ISBN 978-89-6062-055-1   94900

ⓒ한국고고환경연구소, 2010

＊파본은 본사나 구입처에서 교환하여 드립니다.

정가 42,000원

韓國古代의 水田農業과 水利施設

한국고고환경연구소 편

서경문화사

한국고대사회에서 경제의 바탕은 논농사와 밭농사였다. 그 중에서 논농사는 제때에 물을 공급하는 것이 필수적이다. 그런데 우리나라와 같은 기후환경에서는 6~7월 한 달 사이에 집중적으로 비가 내리기 때문에 오랜 기간 물을 필요로 하는 논농사에는 그다지 좋은 기후환경이 아니다. 그럼에도 불구하고 청동기시대부터 본격적으로 논농사가 시작되었고 지금까지도 쌀을 주식으로 삼고 있는 이유는 곡저부가 발달한 우리나라 지형환경에서는 그나마 논농사가 안정적인 생활을 제공할 수 있었기 때문이다. 논농사는 개전단계부터 수리시설, 평탄화 작업, 고저차에 의한 논둑의 설치 등 집약적인 노동력과 기술력을 필요로 한다. 이 중에서도 수리시설은 벼농사에 필요한 물의 저장과 공급만이 아니라 홍수로부터 논을 보호해야 하기 때문에 논농사의 성패를 좌우한다 해도 과언이 아닐 것이다. 정치가가 치수를 가장 중요한 이념으로 삼은 이유도 바로 논농사가 백성의 삶과 직결되기 때문이다.

수리시설은 논농사의 규모와 연관된다. 작은 곡저부나 구릉 하단부를 개전지로 활용했던 논농사 초기단계에는 곡부의 물을 가두는 작은 보시설이 전부였지만, 정치체가 완비된 삼국시대에 접어들면서 대규모의 저수지가 축조되기 시작한다. 고대수리시설의 축조방법으로 敷樹工法이 확인되었다. 이 부수공법은 1959년 漢나라 때 축조된 安豊塘 저수지유적에서 확인되었는데, 우리나라의 경우 김제벽골제, 사비나성, 함안 성산산성, 일본의 경우 九州의 大宰府 水城과 大阪市 狹山池가 이러한 공법에 의해 축조되었음이 밝혀졌다.

고대사회에 있어 수리시설의 축조는 농업생산력의 증대라는 경제적인 측면에서뿐만 아니라 정치적 사회적으로 미치는 효과가 큰 일종의 국책 사업이었다. 따라서 축조 기술뿐만 아니라 수리 시설을 만들게 된 배경과 운영 주체, 몽리의 효과, 파손된 저수지의 보수 등에 대한 연구가 함께 이루어져야 한다. 이와 더불어 중국과 일본에서 수리시설을 만든 과정과 우리의 경우와 비교하는 연구도 필요하다.

본 연구는 한국농어촌연구원이 농촌공사창립 100주년 기념사업의 일환으로 추진한 "한국의 흙과 물" 이라는 연구사업의 한 분야로서 노중국의 책임하에 12명의 관계분야

전문가가 집필한 선사·고대편에 해당된다. 연구의 성격상 발굴된 수리시설뿐만 아니라 도작 농경의 시작과 전파, 취락의 형성, 농경도구와 농업기술, 농경의례 등과 더불어 우리나라 지질구조와 농업에 절대적인 영향을 미치는 기후와 식생에 관한 내용을 포괄하여 살피고자 하는데 그 목적이 있었기 때문에 각 분야별로 전문가가 분담 집필하였다. 그간 개별적인 연구에 머물렀던 것을 이번 연구를 통해 고고학, 한국고대사, 지질학, 기후·식생학 등 자연과학 분야를 통합하여 살펴볼 수 있는 학제적 공동연구가 이루어진 것이다.

당초 계획은 한국농어촌연구원이 책으로 간행할 예정이었지만 사정상 출판이 어렵게 되어 한국고고환경연구소가 이를 대신하여 하나의 책으로 묶게 된 것이다. 늦은 감이 있지만 연구된 결과가 빛을 볼 수 있게 되어 다행스럽게 생각한다. 이 책을 출간하기까지는 필자들과 연락하면서 원고를 정리해준 성정용 교수와 출판을 흔쾌히 허락해준 서경문화사 김선경 대표의 도움이 컸다. 지면을 빌어 감사드린다.

2010년 8월
집필자 대표 노 중 국
한국고고환경연구소장 이 홍 종

한국고대의 수리시설과 농경에 대한 몇 가지 검토

노중국 _ 계명대학교

1 한국고대의 수리시설과 농경에 대한 몇 가지 검토

1. 수리시설 · 저수지 자료

1) 발굴 · 조사된 수리시설과 저수지의 주요 사례

(1) 수리시설

한국고대사회에서 경제의 바탕은 밭농사와 논 농사였다. 한반도에서 논농사가 본격적으로 시작된 시기는 청동기시대이다. 이 시기에 만들어진 논을 보면 구릉 斜面部 말단이나, 중소규모 하천의 범람원 또는 선상지를 이용하고 있다. 이러한 지형에서는 개울물 등을 이용해 취수와 배수를 안정적으로 할 수 있었기 때문이다.[1] 발굴 결과에 의하면 이 시기의 논의 모습은 계단식 형태와 小區劃式 형태인 것으로 확인되고 있다.[2]

논농사에서는 무엇보다도 제때에 필요한 물을 공급하는 것이 필수적이다. 그러나 우리나라는 여름 우기에 비가 집중적으로 내리기 때문에 필요한 때에 논에 물을 공급하는 것이 쉬운 일이 아니었다. 이를 해결하기 위해 나온 것이 바로 수리시설이다. 여기에는 작은 湺를 비롯하여 축조에 많은 노동력이 투입되는 거대한 저수지도 포함된다. 문헌 자료에는 고대수리시설에 대한 기록은 매우 영성하지만 근래에 행해진 발굴 조사에서는 청동기시대 이후 삼국시대에 이르기까지 여러 지역에서 논과 수리시설이 발굴되었다.[3] 이 가운데 중요 사례를 들면 다음과 같다.

---

1 곽종철, 2002, 「우리나라의 선사~고대 논밭 유구」『한국농경문화의 형성』, 한국고고학회.
2 김도헌, 2003, 「선사 · 고대 논의 관개시설에 대한 검토」『호남고고학보』18집, 호남고고학회.

먼저 논산 마전리 수전 유적이다. 마전리 C지구에는 청동기시대의 논 유구와 함께 수로와 수문, 저수장 등의 관개시설이 조사되었다. 마전리의 수전은 기본적으로 소구획 수전형에 속하지만 경사도가 약해 아래쪽으로 내려가면서 수전의 면적이 넓어지는 장방형 계단식 수전이다. 작은 것은 한 변이 3~4m의 방형 및 부정형이고 큰 것은 등고선 방향으로 길이 15~18m, 폭이 4~5m 정도의 장방형으로 구획하였다.[4]

01 울산 무거동 옥현유적 삼국시대 수전유구 (경남대학교박물관)

울산시 무거동 옥현 유적에서는[5] 청동기시대와 삼국시대, 조선시대의 수전유구가 발견되었다. 청동기시대 및 삼국시대 논은 동서로 길게 연결된 해발 35m 내외의 평탄한 구릉과 구릉 사이의 좁은 골짜기에서 흘러내린 소하천에 설치한 보와 같은 시설에서 작은 수로를 통하여 관개하였다.

---

3 수리시설 및 수전 유구에 대한 종합적인 정리는 양기석, 2005, 『백제의 경제생활』 백제문화개발연구원 역사문고 19, 주류성 및 곽종철, 2008, 「청동기시대-초기철기시대의 수리시설」 『고대의 농업과 수리시설 (제1편)』 한국의 흙과 물, 한국농어촌공사 농어촌연구원 보고서 참조.
4 고려대학교 매장문화재연구소, 2004, 『마전리유적』.
5 경남대 · 밀양대 박물관, 1999, 『울산 무거동 옥현유적』 현장설명회자료 ; 곽종철, 2000, 「발굴조사를 통해 본 우리나라 고대의 수전도작」 『한국 고대의 도작문화』, 국립중앙박물관.

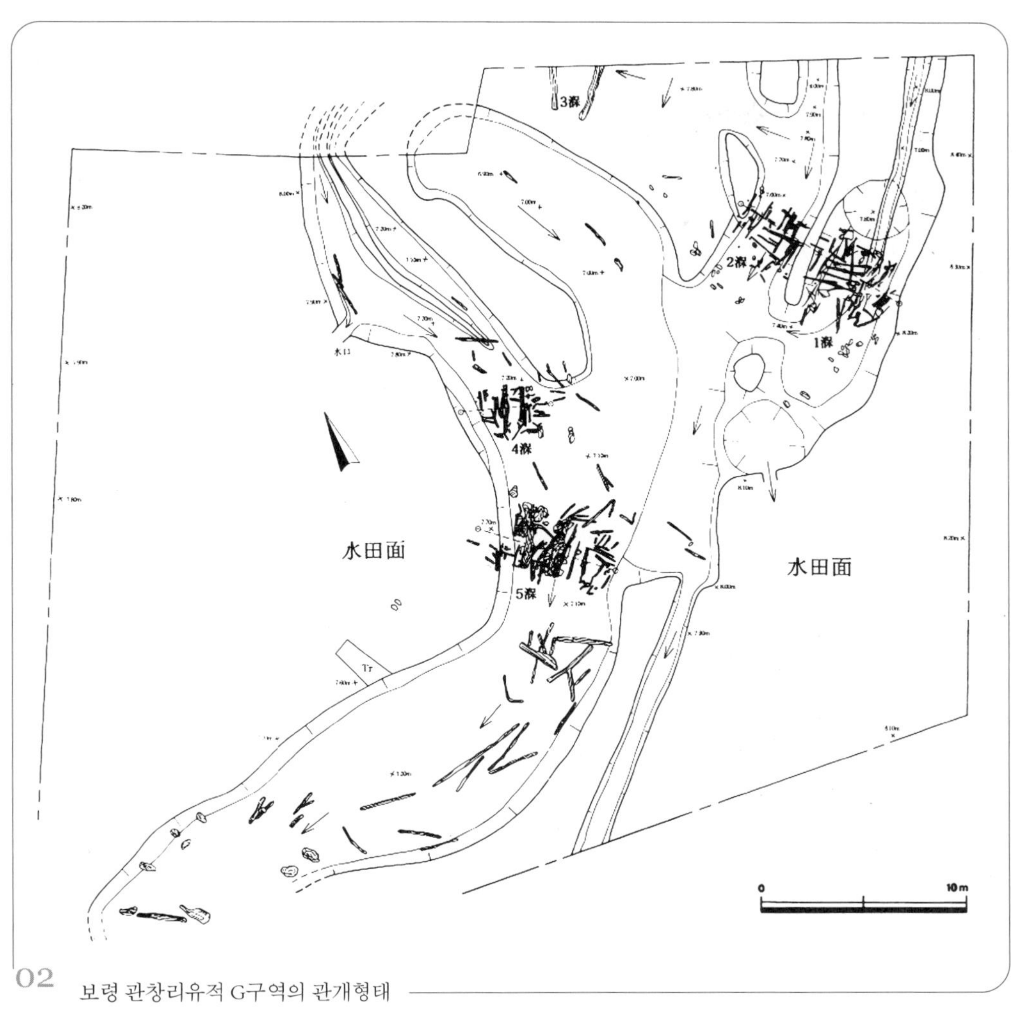

02 보령 관창리유적 G구역의 관개형태

    보령 관창리 유적에서는[6] 청동기시대의 논과 5기의 보가 확인되었다. 이 가운데 폭 4m 정도의 4호 보만이 논과 같은 시기의 것으로 추정되고 있다. 4호 보는 물길과 직교하는 방향으로 말목을 박은 다음 가로 방향으로 나무를 덧대어 만들었다. 논에 물을 공급하는 형태는 수구를 거쳐 물을 바로 입수시키는 형태였다.

    무안 양장리 유적에서는[7] 농경과 관련된 수리시설과 주거지 등 생활유적이 조사되

---

6 이홍종 · 강원표 · 손준호, 2001, 『관창리유적-B · G구역』, 고려대학교 매장문화재연구소.

7 이영문 외, 1997, 『무안 양장리유적』, 목포대학교박물관 · 무안군 · 한국도로공사

03 무안 양장리유적 말목열 (목포대학교박물관)

04 무안 양장리유적 수로 (목포대학교박물관)

었다. 연대는 3~5세기에 해당된다. 이 지역에서는 농경과 관련된 둑을 보강한 말목 열을 비롯하여 목조 구조물이 확인되었다.

부여 구봉리 유적에서는[8] 청동기시대의 논 유구와 관개 시설 및 백제시대의 밭 유구가 나왔다. 제1수로는 폭 80cm, 길이 5cm의 규모이고 제2수로는 폭 1m 내외, 깊이 7~10cm 규모이다. 그 밖에 수로에서 우물로 보이는 環狀集水施設이 제1경작면 하부에서 확인되었는데 그 내부에 다양한 크기의 목재들이 퇴적되어 있었다.

부여 궁남지 유적에서는[9] 목조 및 점질층으로 된 집수장 시설과 수로 및 건물지 등이 확인되었다. 1991년 제2차 발굴조사에서 흑회색 점토층에서 수로 14m와 둑을 보강하기 위해 세운 말뚝 20여 개가 발견되었다. 수로 주변에는 두 시기에 걸쳐 사용된 수전 면이 있었던 것으로 추정되고 있다. 그중 큰 규모의 수전은 약 10평 정도이고 작은 규모의 것은 4~5평 정도였다. 논둑은 대체로 일정한 폭을 유지하며 돌려져 있었다.

부여군 능산리 나성유적에서는[10] 남북축에 가로 5~6m, 세로 4~5m 크기로 정형화된

---

8 충남대학교 백제연구소, 2001, 『구룡-부여 간 도로확장 및 포장구간 내 문화유적발굴조사 약보고서』.

9 최맹식 · 김용민, 1995, 「부여 궁남지 내부 발굴조사개보-백제 목간출토 의의와 성과」『한국상고사학보』20집 ; 국립부여문화재연구소, 1995, 『궁남지』학술연구총서 제21집.

10 충청문화재재연구원, 2004, 「국도4호선 부여-논산간 도로 확포장공사구간(부여나성)내 문화유적 발굴조사」.

05 부여 궁남지 수전유적 (국립부여문화재연구소)
「바」 트렌치 수로 전경(北에서)

방형의 소구획 수전이 발견되었다. 밀양 금천리 유적은[11] 곡저 평야 내에 만들어졌는데 청동기시대의 논과 수리 관련 시설이 확인되었다. 수로는 배후 습지를 용수원으로 하여 상하 2열로 평행하게 만들어졌고 그 각각의 아래에 논이 만들어졌다. 수로와 접하는 논둑 곳곳에 수구가 설치되었다. 춘천 천전리 유적에서는[12] 집수시설과 수로가 확인되었다. 대구 동천동유적에서는[13] 3-Ⅰ구역에 삼국시대 수리시설이 발굴되었는데 도수시설로 보이는 시설과 단면 반원형의 桶 내지는 導水管 같은 것이 확인되었다.

(2) 안동 저전리 저수지

저수지는 물을 막아 가두어 사용하는 규모가 보다 큰 수리시설이다. 우리나라에서 저수지가 만들어지기 시작한 시기에 대해 종래에는 3~4세기대로 보아 왔다. 그러나 2005년 경북 안동시 서후면 저전리에서 청동기시대 저수지와 수로가 발굴·조사되었다.[14]

---

11 이상길·이미영, 2003, 「밀양 금천리 유적」『고구려고고학의 제문제』제27회 한국고고학전국대회 발표요지집.

12 강원문화재연구소·원주지방국토관리청, 2008, 『천전리 B지역』.

13 권태용, 1999, 「대구 동천동유적 수리시설 발굴조사 개보」제10회 영남매장문화재연구원 조사연구발표회집.

14 본 저수지에 대한 설명은 이한상, 2007, 「청동기시대의 관개시설과 안동 저전리 유적」『한·중·일의 고대 수시리시설 비교연구』, 계명대학교 출판부를 참조하였다.

06 안동 저전리 저수지 발굴 전경
(동양대학교박물관)

07 안동 저전리 저수지 1호 저수시설의 상류 저수 공간
(동양대학교박물관)

08 안동 저전리 저수지 상류 저수공간에서 출토된 절구 공이
(동양대학교박물관)

저전리 1호 저수지의 경우 너비 15m 내외, 길이 60m 정도의 규모이며, 입수구와 출수구가 확인되었고 출수구 쪽에서는 洑시설 흔적이 확인되었다. 여기에는 직경 10~20cm 내외의 나무가 10여 점 이상 드러났는데 그 가운데는 구멍을 뚫은 것과 말목처럼 끝을 뾰쪽하게 다듬은 것도 포함되어 있었다.

2호 저수지는 1호 저수지로 물이 흘러드는 입수구의 위쪽에서 이어져 있으며 규모는 너비 12~13m, 길이 30m, 깊이 1.5m 안팎이다. 수로는 1호 저수지의 가장 자리에 근접하여 만들었는데 공중에서 내려다보면 기어가는 뱀의 모양이고 단면은 V자 형이다. 이러한 모양의 수로는 물의 온도를 높이려는 의도에서 만든 것으로 보인다.

2호 저수지 출수구 부근에서는 지름 30cm 길이 2m 50cm에 가까운 가공된 목재가 다수 출토되었는데 그 가운데는 참나무로 만든 절구 공이 1점도 나왔다. 또 2호 저수지의 경우 보 시설에 사용된 목재의 크기가 대형화되었다. 이는 2호 저수지가 1호 저수지 축조의 실패 경험을 딛고 축조된 것임을 짐작하게 한다. 그 결과 2호 저수지는 오랜 기간 동안 사용될 수 있었던 것 같다.

2호 저수지 출수구 부근에 지름 2~3m 크기의 물웅덩이가 노출되었는데 낙수 및 배수의 결과 형성된 흔적으로 판단되고 있다. 이 웅덩이 내부에서 도토리, 솔방울, 과씨, 각종 야생 씨앗류와 함께 탄화미 등이 다수 출토되었다. 이 가운데 탄화미는 200립 이상 출토되었으며 모두 短粒形이다.

저전리 저수지의 발굴은 우리나라 저수지의 역사를 청동기시대로 올려볼 수 있게 하였을 뿐만 아니라『삼국사기』초기기록에 나오는 저수지 관련 기사에 대한 의미도 새롭게 음미해볼 수 있게 하였다. 초기기록에 보이는 저수지와 관련 기사로는 신라의 경우 일성왕 11년(144)조에 여러 주군에 명령을 내려 제방을 完修하라는 기사가[15] 나오고 백제의 경우 구수왕 9년(222)조에 해당 관청에 명령을 내려 제방을 수리하도록 하였다는 기사가[16] 나온다. 이 기사의 제방은 뒤이어 나오는 '廣闢田野'라든가 '下令勸農事'에서 미루어 수리시설임이 분명하다. 그리고 제방을 수리하라고 한 것은 이미 여러 곳에 제방이 만들어져 사용되고 있었음을 짐작하게 한다. 초기기록에 보이는 이러한 기사들에 대해 종래의 연구에서는 농경과 관련하여 인용하기는 하였지만 과연 이 시기에 저수지를 만들었느냐 하는 점에 대해서는 적극적인 검토를 하지 않았다. 그러나 안동 저전리 저수지의 발굴로 삼국 초기에도 비록 규모는 크지 않다고 하더라도 여러 곳에 저수지가 만들어졌을 가능성은 충분히 상정해 볼 수 있게 되었다.

2) 국명 · 지명을 통해본 저수지

『삼국사기』에 나오는 고대 수리시설로는 벽골지와 시제가 있고,『삼국유사』에는 벽골지에 관한 기록이 있다. 이외에 조선시대 지리서인『신증동국여지승람』등에는 제천 義林池, 상주 恭檢池, 밀양 守山堤 등이 보인다. 이 가운데 축조연대가 기록된 것은 벽

---

15 『삼국사기』권제2 신라본기 일성왕 11년조의 "下令 農者政本 食惟民天 諸州郡修完隄防 廣闢田野" 참조.
16 『삼국사기』권제24 백제본기 구수왕 9년조의 "春二月 命有司修隄防 三月 下令勸農事" 참조.

골지와 시제이고 나머지 저수지들의 연대는 알 수 없다.[17] 더구나 의성 대제와 밀양 수산제는 현재 그 흔적조차 찾기 어려운 실정이다. 그렇지만 삼국시대에는 벽골지와 시제 외에도 여러 저수지가 만들어졌다. 이를 추론하게 하는 것이 국명, 지명 등에 보이는 저수지 관련 용어이다.

먼저 국명을 통해 저수지의 존재를 살펴보기로 한다. 『삼국지』 동이전 한전에 나오는 삼한 78국 가운데 저수지의 의미가 포함된 국명으로 마한의 경우에는 優休牟涿國이, 진한의 경우에는 難彌離彌凍國이, 변한의 경우에는 弁辰彌離彌凍國, 弁辰古資彌凍國을 들 수 있다.[18] 優休牟涿國의 '牟'는 물을, '涿'은 독, 양 등으로 읽혀져 '둑'의 의미를 가지므로[19] '모탁'은 '물둑'이라 할 수 있다. 彌離彌凍國의 '彌凍'은 '물둥', '물독', '물둑'을 의미하는 것이므로[20] 역시 제방으로 볼 수 있다. 제방을 의미하는 牟涿·彌凍 등이 국명으로 사용되었다고 하는 것은 제방이 이러한 국들의 형성과 성장에 중요한 기능을 하였음을 보여주는 것이다.

두 번째로 제방과 관련한 지명을 살펴보기로 한다. 그 사례로는 良州의 漆吐縣(후일 漆隄縣), 漢州의 主夫吐郡(후일 長堤郡), 朔州의 奈吐郡(후일 奈隄郡) 등을 들 수 있다.[21] 이 지명에 공통으로 보이는 '吐'는 통일신라 시기인 경덕왕대에 지명을 개정할 때 모두 '隄'로 개칭되었다. 이는 吐가 제방인 것을 보여준다.[22] 따라서 吐가 붙은 지역에는 저수지가 축조되어 있었다고 보아도 좋을 것이다.

세 번째로 국명에 벌판을 나타내는 명칭이 들어간 경우이다. 『삼국지』 동이전 마한전에는 卑離國, 占卑離國, 監奚卑離國, 內卑離國, 辟卑離國, 牟盧卑離國, 如來卑離國, 楚山塗卑離國 등 '卑離'가 공통으로 들어있는 국명이 다수 보인다. 한편『삼국사기』 지리지 백제지명에는 웅천주의 所夫里郡(一云泗沘)과 古良夫里縣, 완산주의 古沙夫里郡과 夫夫里縣, 무진주에는 未冬夫里縣, 半奈夫里縣, 毛良夫里縣, 尒陵夫里郡(一云竹樹夫里, 一云仁夫里), 波夫里郡 등에서[23] 보듯이 '夫里'가 종종 보인다. 부리는 벌판을

---

17 이를 삼한 시기의 것으로 본 것은 추정에 불과하다.

18 『삼국지』 권30 위서 오환선비동이전 마한전, 진변한전.

19 이병도, 1975, 『한국고대사연구』, 박영사, p.263.

20 이병도, 1975, 『한국고대사연구』, 박영사, p.274.

21 『삼국사기』 권제35 잡지제4 지리2.

22 그렇다고 하면 명주의 束吐縣도 개칭되었다면 吐는 隄로 표기되었을 것이다.

23 『삼국사기』 권제37 잡지제6 지리4 백제조.

의미하는 '伐' 이다. 비리는 부리와 음운이 상통한다. 따라서 비리도 벌판을 의미하는 것으로 볼 수 있다.

신라의 경우 상주조의 音里火縣, 仇火縣, 阿火屋縣과 양주조의 推火郡, 西火縣, 比自火郡, 推良火縣, 喟火郡, 達句火縣, 舌火縣, 雉省火縣, 奴斯火縣, 骨火小國, 刀冬火縣, 史丁火縣, 甲火良谷縣, 于火縣, 毛火郡, 屈阿火村, 退火郡, 比火縣, 音汁火縣 및 강주조의 加主火縣, 蚊火良縣, 斯同火縣 등에서 보듯이 '火' 가 들어간 경우가 많다. 火는 音汁伐國이 音汁火縣으로 개칭된 것처럼[24] '伐' 의 음차이다. 이 火=伐도 바로 벌판을 의미한다.

벌판이란 농사를 짓는 넓은 곳이다. 이 벌판에는 밭작물도 심었겠지만 주로 도작이 행해졌으므로 논이 펼쳐진 곳을 말한다. 따라서 이러한 벌, 부리가 붙는 지역에는 도작을 위한 저수지들이 만들어졌을 것이다.

2. 금석문·목간에 보이는 水利시설·稻作 관련 용어 검토

1) 塢·池·吐와 堤

농경이 본격화하면서 도작이나 수리시설과 관련하여 다양한 명칭들이 사용되었다. 그 용어는 시간의 흐름에 따라 또는 주변국과의 문화적 접촉에 의해 변화되기도 하였다. 『삼국사기』에서 저수지와 관련한 용어로는 隄防(백제 구수왕 9년·무령왕 10, 신라 일성왕 11·법흥왕 18·헌덕왕 2·헌안왕 3), 池(신라 흘해왕 21), 堤(신라 눌지왕 13·원성왕 6) 등이 나온다. 이 가운데 가장 많이 사용된 것이 隄防·堤로서 삼국 초기부터 신라 말에 이르기까지 보이고 있다. 그러나 이러한 용어들이 삼국초기부터 사용된 것으로 단정하기 어렵다. 따라서 이 문제는 금석문 자료를 중심으로 살펴보는 것이 필요하다.

금석문 자료에서 저수지와 관련한 용어가 나오는 것은 영천청제비와 大邱戊戌銘塢

---

24 『삼국사기』 권제37 잡지제6 지리제1 양주 의창군조에 "音汁火縣 婆娑王時取音汁伐國 置縣" 이라 한 기사 참조.

作碑이다. 여기에는 ‘塢’가 공통으로 나온다. 塢에는 전투적 방어용의 제방을 뜻하는 의미도 있고[25], 언덕 또는 봉우리를 뜻하기도 한다.[26] 그렇지만 청제비 병진명에 나오는 塢는 저수지가 분명하므로 무술명오작비의 ‘塢’도 저수지로 보는 것이 타당하다. 영천청제비 병진명의 연대는 신라 법흥왕 23년(536)이고, 무술명오작비의 연대는 신라 진지왕 3년(578)으로 추정되고 있다. 이렇게 볼 때 신라는 6세기 중엽까지 저수지를 塢로 표기하였음을 알 수 있다.

그런데 이 塢를 堤堰의 형태가 아니라 하천의 흐름을 제어하는 둑인 狀 형태의 수리시설로 보는 견해도 있다.[27] 이러한 견해는 다음 두 가지 측면에서 성립하기 어렵다. 하나는 청제비 병진명과 정원명에 보이는 수리시설은 동일한 실체라는 것이다. 정원명에는 병진명의 塢가 손상되었기 때문에 손상된 부분을 수리한 내용이 기록되어 있다. 따라서 병진명의 塢와 정원명의 堤는 동일한 실체에 대한 표기의 차이인 것이다. 다른 하나는 무술명오작비의 경우 塢의 규모가 “廣卄步 高五步四尺 長五十步”에서 보듯이 적지 않았다는 것이다. 1보는 6척이다. 오작비가 만들어질 당시 신라에서 1척의 길이가 얼마인지 분명하지 않지만 중국 남조의 1척 25cm의 기준척을 적용하면 이 塢의 넓이는 30m, 높이는 7.5m, 길이는 75m가 된다.[28] 이런 규모의 제방을 狀라고 볼 수 없다. 따라서 규모면에서도 塢는 저수지의 堤防을 말하는 것으로 보아야 한다.

한편 영천청제비 정원명에서는 이 저수지를 菁堤로 표기하고 있다. 정원명의 연대는 원성왕 14년(798)이다. 또『삼국사기』에는 원성왕 7년(791)에 “增築碧骨堤”[29]라 하여 역시 저수지를 堤라고 하고 있다. 이는 8세기 이후 저수를 ‘堤’로 표기하였음을 보여준다. 그렇다고 하면 신라에서는 저수지를 6세기에는 塢로 표기하였지만 통일 신라 시기에 와서 堤로 표기한 것으로 볼 수 있다.

백제의 경우 저수지 관련 용어의 변화를 짐작할 수 있는 단서는 벽골제이다. 벽골제가 백제 비류왕대에 처음 축조되었을 때의 명칭은 碧骨池였다. 이는 4세기 대에 백제가 저수지를 池로 표기하였음을 시사해 준다. 그런데 무령왕 10년(510)조에는 “修理隄防”

---

25 이기백, 1977,『신라정치사회사연구』, 일조각, p.209.

26 『삼국유사』권제2 기이제2 가락국기조에 “靈帝中平六年 … 后崩 … 葬於龜旨東北塢 …”라 한 기사 참조.

27 김재홍, 1995,「신라 중고기의 저습지 개발과 촌락구조의 재편」『한국고대사논총』7집, pp.78~79 ; 노용필, 2009,「신라의 벼농사와 수리」『역사학연구』36집, 호남사학회, pp.7~8.

28 이를 당척 29cm 내지 30cm로 대입하면 보다 커진다.

29 『삼국사기』권제10 신라본기 원성왕 7년조.

에서 보듯이 隄防이 나온다. 이 기사는 무령왕대에 저수지를 '堤防' 또는 '堤'로 표기 하였음을 짐작하게 한다. 이로 미루어 보면 백제의 경우 6세기에 와서 저수지의 표기가 池에서 堤(隄)로 바뀌었다고 할 수 있다.

한편 『삼국사기』 백제본기 개로왕 21년조에는 "緣河樹堰 自蛇城之東 至崇山之北" 이라 하여 堰이 보인다. 중국의 경우 堰은 또한 堨, 壩로 불리며 滾水堰과 分水堰으로 구별되는데 하류를 다스리고 수위를 높이고 수량을 조절하는 건축물이다.[30] 堤와 堰의 관계는 밀접하여 종종 서로가 서로를 보완한다. 그러나 개로왕 21년조의 堰은 "百姓之 屋廬 屢壞於河流"라[31] 한 것에서 보듯이 저수지를 가리키는 것이 아니라 하천물이 넘 쳐서 경작지나 가옥을 침수시키지 않도록 하기 위한 시설 즉 川防을 말한다.

고구려의 경우 저수지의 명칭을 나타내는 용어로서 주목되는 것이 지명에 붙는 吐 이다. 지명에 吐가 붙는 사례로는 양주의 漆吐縣, 한주의 主夫吐郡, 삭주의 奈吐郡, 명 주의 束吐縣 등을 들 수 있다.[32] 이 지명들은 경덕왕이 지명을 개칭할 때 漆吐縣은 漆隄 縣으로, 主夫吐郡은 長堤郡으로, 奈吐郡은 奈隄郡으로 개칭되었다. 경덕왕대에 吐를 모두 隄로 개칭하였다는 것은 吐가 저수지를 의미하는 것임을 보여준다. 이는 비록 후 대의 표현이지만 '무넘이'를 '餘水吐'라 한 것에 의해서도 입증이 된다. 그런데 吐가 붙은 지역은 양주의 칠토현(경남 칠원)을 제외하면 모두 고구려 영역이었다. 이는 고구 려가 저수지를 吐로 표기하였음을 추정하게 한다. 그러나 7세기 이후 저수지의 명칭에 는 隄 또는 隄防이 공통으로 사용되었다. 그 결과 경덕왕도 전국의 지명을 개정할 때 吐 를 모두 隄로 고쳤던 것이다.

2) 水田과 畓

다음으로 들 수 있는 것이 논에 대한 표기이다. 백제의 경우 『삼국사기』 고이왕기에 稻田이라는 표현이 보인다.[33] 『삼국지』 동이전 진변한전에는 "五穀及稻"라 하여 稻라

---

30 왕쌍회, 2007, 「中國南北朝時代的水利設施與農業生産」 『한·중·일의 고대수시설 비교연구』, 계명대 학교 출판부, pp.213~214.
31 『삼국사기』 권제25 백제본기 개로왕 21년조.
32 『삼국사기』 권제35 잡지제4 지리2.

는 표현이 나오고 왜전에는 禾稻가 나온다. 도전은 稻를 심는 논이라는 의미이다. 따라서 초기백제에서는 논을 도전으로 부른 것으로 볼 수 있다. 그렇다고 하면 다루왕 40년(서기 67)조에 보이는 "水損之田"[34]의 田도 밭이라기보다는 稻田으로 보는 것이 타당할 것이다.

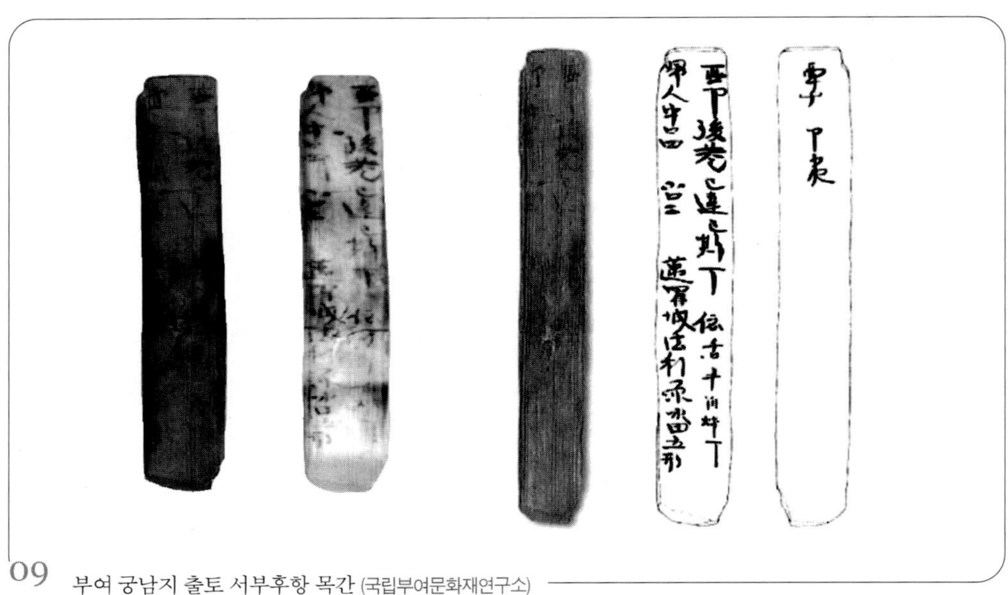

09 부여 궁남지 출토 서부후항 목간 (국립부여문화재연구소)

사비도읍기에 논에 대한 표기를 보여주는 자료가 부여 궁남지에서 출토된 西部後巷 목간이다.[35] 여기에는 "水田五形"이 나온다. 2008년도에 국립나주문화재연구소는 나주 복암리 고분군(사적 제404호) 주변지역에 대한 발굴조사에서 출토된 31점의 백제시대 목간을 공개했다. 상태가 양호한 31점 가운데 13점은 묵서가 잘 남아있고 판독이 가능하다. 그 종류는 문서목간, 꼬리표(付札)목간, 봉함목간(封檢), 다면목간(觚), 習字목간 등으로 다양하다. 판독된 내용 가운데는 '大祀村'의 인명·가축의 실태와 '水田'·'白田'·'麥田' 등 토지의 경작형태와 '形'이라는 토지 단위 및 '72石' 등의 소출량이

---

33 『삼국사기』 권제24 백제본기 고이왕 9년조의 "春二月 命國人開稻田於南澤"이라 한 기사 참조.

34 『삼국사기』 권제23 백제본기 다루왕 40년조의 "六月 大雨浹旬 漢江水漲 漂毀民屋 秋七月 命有司補水損之田"이라 한 기사 참조.

35 최맹식·용민, 1995, 「부여 궁남지 내부 발굴조사 개보」『한국상고사학보』20집, 한국상고사학회.

기록되어 있다.[36] 궁남지 목간과 나주 목간은 사비도읍기에 백제가 논을 수전으로 표기
하였음을 보여주는 것이다.

신라의 경우 『삼국사기』에는 논에 대한 표기는 보이지 않는다. 『삼국유사』에는 善
律還生조에 水田이 나오기 하지만[37] 통일신라시대의 사실어서 삼국시대의 용어로 단
정하기 어렵다. 반면에서 금석문 자료에서 논에 대한 표기를 보여주는 가장 빠른 것이
창녕신라진흥왕척경비에 나오는 "海州白田畓"이다. 이 기사의 畓은 논이고 白田은 밭
이다. 이 비의 건립연대는 진흥왕 22년(561)이므로 신라는 늦어도 6세기 중반에는 논
을 畓으로 표기하였음을 알 수 있다. 이 답자는 통일 이후에도 사용되었다. 695년에 작
성된 것으로 추정되는 촌락장적에[38] 보이는 '烟受有畓田', '官謨畓' 등이 이를 입증해
준다.

중국이나 일본에서는 논을 수전으로 표기하였으며 畓자는 없다. 따라서 이 답자는
우리나라에서 만들어낸 글자이다. 즉 國字인 것이다. 이는 『삼국유사』에서 畓자를 俗
文이라 한 것에서[39] 알 수 있다. 그런데 현재의 금석문 자료에 의하면 답자는 신라 금석
문에서만 확인되고 있다. 이로 미루어 보면 畓자는 중고기 신라에서 만든 造字로서 오
늘날까지 사용되고 있다고 할 것이다.

3) 洑와 堤

저수지를 효율적으로 사용하기 위해서는 저수지의 물을 빼는 시설과 이렇게 빼낸
물을 논에 대는 시설도 만들어야 한다. 물을 이용하는 시설과 관련한 용어는 문헌 자료
에는 보이지 않고 영천청제비 정원명에 나온다. 堤, 洑, 排堀里 등이 그것이다. 먼저 정

---

36 이에 대한 설명은 2009년 6월 3일 문화재청 보도자료 "백제 기밀문서 봉검(封檢) 등 목간(木簡) 30여점
    전모 밝혀져 ―나주 복암리 유적 출토 목간 공개―"에 의거하였다.
37 『삼국유사』 권제5 감통제7 善律환생조의 "望德寺僧善律 … 坐父母陰取金剛寺水田一畝 …"라 한 기사
    참조.
38 윤선태, 2000, 「신라 통일기 왕실의 촌락지배 ―신라 고문서와 목간의 분석을 중심으로―」, 서울대학교
    대학원 박사학위논문.
39 『삼국유사』 권제2 기이제2 가락국기조의 "仍駕幸假宮之南新畓坪(是古來閑田 新耕作故云也 畓乃俗文
    也"라 한 기사 참조.

10 영천 청제비 정원명

11 영천 청제 앞 벌판 모습과 현대의 도수로

원명에 나오는 "洑堤"를 정리해 두기로 한다. 洑堤에 대해 '洑의 堤'로 해석한 후 보는 하천의 물을 막아 만든 저수지를 말하는 것으로 본 견해도 있다.[40] 그런데 堤는 저수지 제방이지만 저수지 자체를 의미하기도 한다. 반면에 洑는 일반적으로 하천을 막아 물을 가두어 導水하는 기능을 가진 것으로 이해되고 있다. 청제는 큰 규모의 저수지일 뿐만 아니라 정원명에는 菁堤로 표기되어 있다. 따라서 청제 자체를 보로 볼 수 없다. 따라서 洑堤는 '洑의 堤'가 아니라 洑와 堤를 나누어 보아야 한다.[41]

堤(隄)가 제방을 의미한다고 할 때 정원명에 나오는 洑는 무엇을 가리키는 것일까. 이를 해명하는데 단서가 되는 것이 청제 밑에는 넓은 벌판이 펼쳐져 있다는 사실이다. 청제중립비에 의하면 조선 숙종 시기에 이 저수지가 관개할 수 있는 것은 300여 석이었다고 한다.[42] 이를 토대로 할 때 1688년 당시 청제의 관개 농지는 79결(약 30만평)로 추정되고 있다.[43]

저수지 축조 목적은 물을 가둔 후 이를 필요한 논에 대기 위한 것이다. 그러나 저수

---

40 이기백, 1977, 『신라정치사회사연구』, 일조각, p.283.

41 노용필, 2009, 「신라의 벼농사와 수리」 『역사학연구』 36집, 호남사학회, p.8.

42 영천청제 중립비의 "蓋此堤灌漑三百餘石 至今蒙利"라 한 기사 참조.

43 권병탁, 1986, 「청제문부자료 해설」 『민족문화연구』 7집, 영남대 민족문화연구소.

지에서 나온 물을 곧장 논으로 댈 수 없다. 이 물을 논으로 대기 위해서는 군데군데 물길을 막아 물을 가두어야 한다. 이것이 바로 洑인 것이다. 洑의 설치방법은 전통적으로 하천에 가로로 적절한 간격마다 말목을 박고 긴 통나무들을 가로질러 여기에 돌을 놓고 흙으로 덮어 물을 흐르게 하면서 수심을 높이는 것이다. 보의 구조물에는 수로에 물을 끌어 들이는 취수문, 수위를 높이고 수량을 확보하기 위해 하천을 막아 만든 취입보, 수문 앞에 토사의 퇴적을 막고 홍수량의 일부를 방류하기 위한 土沙吐, 홍수나 격류 등으로 보 양안의 파여짐을 방지하는 護岸工 등으로 이루어진다.

보의 숫자는 몽리면적에 의해 결정된다. 이 보에서 가두어진 물을 논에 대기 위해서는 작은 수로를 여러 곳에 내어야 한다. 1차 보를 넘어온 물은 다시 주 수로를 통해 흘러 내려가다가 2차 보에 가두어져서 작은 수로를 통해 주변의 논에 유입된다. 다시 3차 보에서 가두어진 물도 역시 같은 방법으로 논에 유입되었다. 이렇게 보면 청제 아래의 몽리답에서는 주 수로와 작은 수로 및 크고 작은 여러 개의 보가 그물망처럼 엮었을 것이다.

4) 排堀里

저수지를 만든 후 이 물을 이용하기 위해서는 배수하여야 한다. 이 시기에 배수하는 방법은 크게 두 가지이다. 하나는 장마나 홍수로 물이 넘쳐 저수지 제방을 상하게 하지 않도록 물길을 내는 것이다. 그래서 미리 제방 둑의 일부를 조정해 만수한 물이 제방 둑을 넘어 자연배수 될 수 있도록 하였다. 이를 무너미(餘水吐)라고도 한다. 영천 청제의 경우 동북 편 못 뚝 바같에 자연적으로 패인 수로가 있다. 이 부분에 무너미가 있었던 것으로 보아도 좋다. 다만 이 무너미가 이 시기에 어떻게 표현되었는지 알 수 없다.

다른 하나는 농사에 사용하기 위해 물을 빼는 것이다. 이 경우 堤體의 盛土가 끝나면 제체의 일부를 절개해 底桶 등의 放水 시설을 묻고 다시 되 메우기를 한다. 이것이 垂桶이다. 수통은 나무로 만들기도 하고 돌로 만들기도 한다. 이 수통을 정원명에서는 排掘里로 기록하고 있다. 그런데 오늘날 영천지역에서는 물을 빼는 수통을 '빼구리' 라고 하고 있다. 이는 배굴리와 음이 유사하다. 따라서 排掘里는 빼구리를 한자로 표기한 것에 불과하다. 조선시대에는 이 배굴리를 水桶으로 표기하였다.[44]

배굴리의 수는 저수지의 크기에 따라 달랐다. 조선 세조대의 경우 大堤에는 수통이

3개, 中堤에는 2개, 小堤에는 1개를 설치되도록 하였다고 한다.[45] 영천 청제의 경우 상배굴리의 존재는 상·하배굴리 또는 상·중·하 배굴리의 존재를 추정하게 한다. 상·하일 경우 수통은 2개가 되고

상·중·하일 경우 수통은 3개가 된다. 상·하 배굴리 또는 상·중·하 배굴리의 설치는 물의 온도와 연관된다. 일반적으로 물은 온도가 낮을수록 무거운데 저수지의 경우 수심이 깊어질수록 차갑고 表面水는 태양열로 데워져 온도가 높아진다. 관개용수의 수온은 높은 쪽이 벼의 생육에 유리하므로 구멍이 뚫린 垂桶을 이용하면 수량 조절뿐만 아니라 수온이 높은 표면수부터 堤防 아래의 몽리답에 공급할 수 있다.[46] 이렇게 볼 때 청제는 상배굴리부터 물을 방수함으로써 온도가 높은 표면수부터 방수하는 효과를 가지게 된다.

문제는 이 수통을 어떠한 형태로 설치하였느냐 하는 점이다. 여기에서 고려되어야 할 점은 제방의 안전을 위해 하나의 배굴리에 하나의 주 수로를 만들어야 한다는 점이다. 주 수로의 수는 저수지의 규모나 제방의 길이에 따라 다를 수 있다. 벽골제의 경우 제방의 길이가 3.3km나 되기 때문에 5개의 수문이 만들어졌다. 이 가운데 水餘渠와 流通渠는 餘水吐이므로 실제의 수문은 3개라고 할 수 있다. 여기에 주 수로가 만들어졌

---

44 이에 대한 정리는 전덕재, 2007, 「통일신라의 수리농법과 영천청제」『한·중·일의 고대수리시설 비교연구』, 계명대학교 출판부 참조.

45 세조실록 권17 세조 5년 8월 신축의 "堤堰 無洩水木桶 則易致決毀 請設水桶 大堤三 中堤二 小堤一"이라 한 기사 참조.

46 곽종철, 2008, 「청동기시대~초기철기시대의 수리시설」『고대의 농업과 수리시설(제1편)』한국의 흙과 물, 한국농촌공사·농어촌연구원, p.194.

다. 그러나 청제의 경우 제방의 길이는 225m이므로 하나의 주 수로만으로도 충분하다. 따라서 상·하 배굴리 또는 상·중·하 배굴리을 통해 나온 물은 하나의 주 수로로 흘러가도록 하여야 한다. 그러기 위해서는 이 배굴리는 주 수로 입구 폭을 벗어나지 않는 범위 내에서 설치되어야

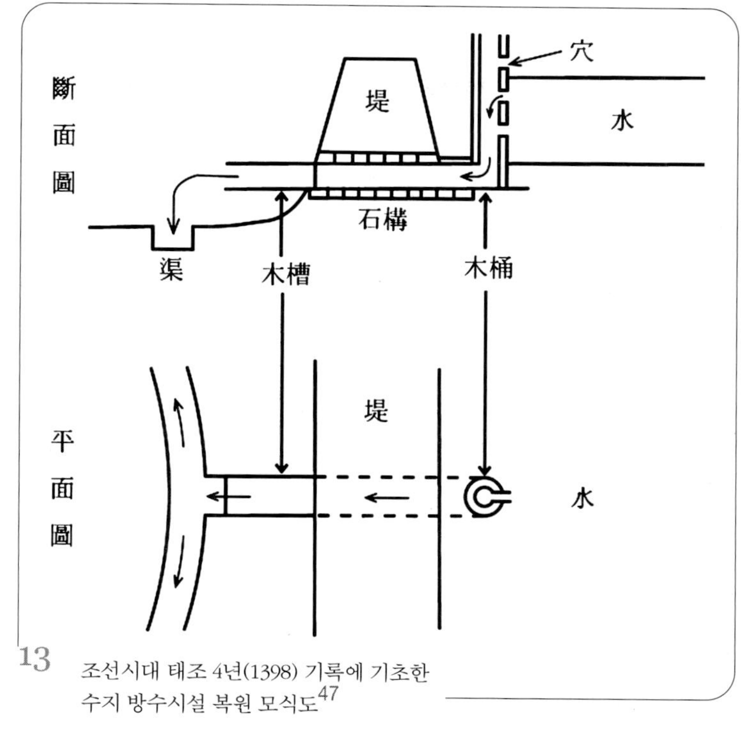

13 조선시대 태조 4년(1398) 기록에 기초한 수지 방수시설 복원 모식도[47]

할 것이다. 조선시대의 경우 수통에 3개의 구멍을 내고 여기에 목봉을 끼웠다가 위의 것부터 빼서 저수지의 물이 밖으로 흘러나가게 하였다.

다음으로 정리하여야 할 것은 배굴리가 만들어진 시기이다. 종래의 연구에서는 배굴리라는 표기가 정원명에 처음 보인다는 것에 주목하여 삼국시기까지는 무너미 방법, 통일신라 시기에는 빼구리(수통) 방법, 고려시대 이후에는 수문 형태로 이루어진 것으로 정리되고 있다.[48] 그러나 정원명의 내용은 기존의 시설 가운데 손상된 것을 수리하는 것이 목적이었지 새로운 시설을 만든 것은 아니었다. 따라서 수리의 대상에는 보와 제 뿐만 아니라 배굴리도 포함되었다고 보아야 한다. 그렇다고 하면 배굴리는 798년에 修治할 때 처음 설치된 것이 아니라 536년 初築 당시에 이미 설치된 것으로 보아야 한다.

수통을 설치하지 않을 경우 저수지 물은 둑을 허물어(決潰) 사용하여야 한다. 그러

---

47 菅野修一, 1986,「李朝初期農業水利노發展」『朝鮮學報』119·120합집, p.335.

48 전덕재, 2007,「통일신라의 수리농법과 영천청제」『한·중·일의 고대수리시설 비교연구』, 계명대학교 출판부.

나 청제의 경우 못 둑과 논과의 고도차가 심하고 청석 암반으로 이루어진 지역이어서 결궤하기 어렵다. 따라서 청제가 초축될 때부터 배굴리가 만들어진 것으로 보아야 한다. 이를 방증해 주는 것이 경주 안압지에 만들어진 입수 시설과 출수 시설이다. 안압지는 674년에 만들어진 연못이다. 서안 석축 E23지구 석축 기저부에서 판재구조물이 확인되었는데 잔존상태는 불량하나 저통인 것으로 추정된다. 또 안압지 내로 유입된 물은 연못 북안 가까운 지점에 매설된 石桶과 목통을 통해 연못 바깥으로 배수하도록 되어 있다. 목통의 곳곳에는 구멍을 뚫어 목재 마개로 수량을 조정하도록 되어 있다. 이를 통해 제체 내에 설치되는 저통의 존재와 수량 조절 장치가 부착된 통 구조가 7세기 무렵에 존재하였음을 알 수 있다.[49] 이는 수통의 설치가 정원명보다 빠른 것을 반영해 주는 것이다. 이렇게 볼 때 배굴리는 법흥왕대에 청제를 처음 축조할 때 함께 설치된 것으로 보아도 좋을 것이다.

3. 저수지 축조와 노동력 동원

1) 집권력의 성장과 대규모 저수지의 축조

삼국 초기를 거쳐 4세기에 들어서면서 저수지의 규모는 커지게 된다. 대규모 저수지의 축조는 다음과 같은 조건이 기본적으로 갖추어져야 가능하다. 첫째는 대규모 저수지 축조의 사회적 필요성이다. 사회적 요구가 있어야 축조가 가능한 것이다. 이러한 사회적 요구는 도작이 갖는 경제성과도 연결된다. 도작의 생산량은 밭작물보다 훨씬 높다. 따라서 국가에서는 도작을 장려하였다. 도작에서 생산력을 높이기 위해서는 무엇보다도 적절한 시기에 물을 공급하는 것이 필수적이다. 이러한 필요성에서 대규모의 저수지가 만들어지게 되었다.

둘째는 대규모의 저수지 축조에는 많은 노동력이 필요하다. 필요한 노동력을 동원

---

49 곽종철, 2008, 「청동기시대~초기철기시대의 수리시설」 『고대의 농업과 수리시설(제1편)』 한국의 흙과 물, 한국농촌공사 · 농어촌연구원, pp.191~193.

하기 위해서는 노동력을 동원할 수 있는 힘이 있어야 한다. 노동력 동원의 힘은 권력의 집중화를 통해서 이루어진다. 권력의 집중화는 국가의 발전 과정과 비례한다. 국가의 발전은 영역의 확대를 가져오고 그에 따라 동원할 수 있는 노동력도 많아지게 되기 때문이다. 따라서 대규모 저수지의 축조는 역으로 권력의 집중화가 이루어진 것을 보여주는 것이기도 하다.

셋째는 水壓을 견디어 낼 수 있는 튼튼한 제방을 만드는 토목기술이 발달되어야 한다. 토목기술의 발달은 일차적으로 방어시설로서의 성곽의 축조 기술의 발달과 짝을 이룬다. 삼국은 4세기에 들어오면 평지에 토성을 만들고 산에는 방어적 성격의 산성을 축조하였으며, 적석총이나 적석목곽분 같은 거대한 고분을 축조하였다. 거대한 성과 고분의 축조는 토목 기술의 발달을 촉진하였고 이러한 기술은 저수지 축조에도 적용되었던 것이다.

백제의 경우 대규모 저수지를 만들 수 있는 조건은 이미 3세기 후반에 갖추어졌다. 이를 보여주는 것이 풍납토성이다. 풍납토성은 평지토성으로 저변이 40m가 넘고 높이가 11m 이상이며 둘레가 3.5km나 되는 거대한 토성이다. 이 토성의 축조에는 부수공법과 판축법이 활용되었다.[50] 풍납토성의 축조 시기는 3세기 후반으로 추정되고 있다. 이는 이 시기에 백제가 거대한 토성을 축조할 수 있는 기술을 가졌다는 것과 동시에 대규모 노동력을 동원할 수 있는 집권력을 성립시켰음을 보여주는 것이다.

신라의 경우 집권력의 강화는 4세기 중반에 들어오면 뚜렷한 모습을 보인다. 이 시기에 신라는 진한연맹체를 구성하였던 국들에 대한 정복을 일단락 짓고 집권력의 강화를 이룩하였다. 이를 보여주는 것이 381년에 전진에 파견된 衛頭가 전진왕 苻堅이 '海東의 일이 예와 같지 않다'고 하자 '신라에는 이미 時代變革과 名號改易이 있었다'고 한 대답이다.[51] 시대 변혁이란 신라가 진한제국을 거의 병합한 것을, 명호 개역은 이러한 성장을 배경으로 하여 최고지배자의 칭호를 연맹장을 의미하는 이사금에서 마립간으로 바꾼 것을 말한다. 金大問에 의하면 마립간은 방언으로 橛(말둑)인데 왕의 位次와 신하의 위차가 뚜렷이 구분되었다.[52] 즉 마립간은 干 中의 干, 즉 대족장을 의미하였던

---

50 신희권, 2001, 「풍납토성의 축조기법과 성격에 대하여」『풍납토성의 발굴과 그 성과』한밭대학교 개교 제74주년기념 학술발표대회논문집, 한밭대학교 향토문화연구소.

51 『삼국사기』권제3 신라본기 나물왕 26년조의 "遣衛頭入苻秦 貢方物 苻堅問衛頭曰 卿言海東之事. 與古 不同 何耶 答曰 亦猶中國 時代變革 名號改易 今焉得同"이라 한 기사 참조.

것이다. 이처럼 왕의 位次와 신하의 위차가 뚜렷이 구분됨으로써 왕권은 그만큼 강화되었고 그에 따라 축성 사업 등 토목공사에 대규모로 노동력을 동원할 수 있게 되었다. 한편 나물왕이 12년(367)에 平壤州 大橋를 새로 만든 것은[53] 4세기 후반 신라의 토목·건축기술의 발전을 보여주는 것이다.

저수지에 대한 사회적 필요성, 대규모 노동력을 동원할 수 있는 집권력의 강화, 토목건축 기술의 발달은 대규모 저수지 축조를 가져왔다. 삼국 시기에 만들어진 저수지로서 그 이름을 알 수 있는 대표적인 사례로는 벽골지와 시제를 들 수 있다. 벽골지는 김제에 위치하였죠. 벽골지의 축조는 4세기 전반에 들어와 전북지역까지를 영역으로 확보한 백제가 王政의 물적 기반을 크게 확대였음을 보여주는 것이다. 矢堤는 신라 눌지왕 13년(429)에 축조되었다.[54] 시제의 岸長은 2,170보나 되어 벽골지의 제방 길이 1,800보 보다 370보나 더 길다. 따라서 시제는 현재의 문헌 사료에 보이는 저수지 가운데 가장 큰 저수지라고 할 수 있다. 이 저수지의 모양은 그 명칭에서 미루어 볼 때 활 모양이었을 가능성이 크다. 그러나 유감스럽게도 시제의 위치는 확인되고 있지 않다.[55]

벽골지와 시제와 같은 대규모 저수지의 축조는 이것의 축조로만 끝나는 것이 아니다. 이를 계기로 국가적 차원에서건 민간 차원에서건 여러 지역에 大小의 저수지들이 다수 만들어졌다. 백제 무령왕이 10년(510)에 해당 관청에 명령하여 제방을 수리하도록 한 것과[56] 신라 법흥왕이 18년(531)에 제방을 수리하도록 해당 관청에 명령을 내린 것은[57] 이를 추정하게 한다. 저수지를 수리하게 하였다는 것은 이전에 이미 많은 저수지가 만들어져 있었음을 전제로 하기 때문이다.

---

52 『삼국사기』 권제3 신라본기 눌지왕 즉위년조의 "麻立者 方言謂橛也 橛謂誠操 准位而置 則王橛爲上 臣橛列於下 因以名之"이라 한 기사 참조.

53 『삼국사기』 권제3 신라본기 나물왕 12년조의 "新成平壤州大橋"이라 한 기사 참조.

54 『삼국사기』 권제3 신라본기 눌지왕 13년(429)의 "始築矢堤 岸長二千一百七十步"이라 한 기사 참조.

55 경주 불국사역 남쪽에 자양 못이 있다. 이 못이 위치한 지역 명칭이 矢洞 또는 시래동이다. 이 시동의 명칭이 矢堤에서 나왔다고 하면 현재의 자양 못이 시제일 가능성이 크다. 그러나 저수지의 크기가 『삼국사기』에 나오는 규모와 비교하면 작기 때문에 앞으로 정밀한 조사가 필요하다.

56 『삼국사기』 권제25 백제본기 무령왕 10년조의 "下令完固隄防"이라 한 기사 참조.

57 『삼국사기』 권제4 신라본기 법흥왕 18년조에 "命有司修理隄防"라 한 기사 참조.

2) 영천청제의 初築과 修治

저수지를 축조하기 위해 동원되는 노동력은 저수지를 만드는 주체가 누가인가에 따라 賦役 노동과 자발적인 노동으로 구분해 볼 수 있다. 부역노동은 왕실이나 관청에서 저수지를 만들 때 행해지는 노동력 동원 형태이다. 부역 노동의 형태로 이루어진 것으로는 영천청제와 김제벽골제를 들 수 있다.

현존하는 영천 청제의 제방 길이는 225m 정도이다. 영천청제비 병진명에 의하면 저수지 축조에 동원된 인원은 7천명이며 280方으로 조직되었다. 방을 分圑의 의미로 보면 1방은 25명으로 구성된셈이 된다.[58] 이 저수지 축조의 책임을 맡은 자는 왕경에서 파견된 5명의 使人과 △명의 △人 및 2명의 지방민이다. 使人 5명은 대사제, 소사제, 대오제, 소오제 등의 관등을 가졌으며, △인 2명은 관등이 보이지 않는다. 그리고 지방민은 干支라는 외위를 가진 자와 외위를 가지지 않은 자로 나온다.

한편 정원수치기에는 所內使가 두 군데 보인다. 소내사는 所內에서 보낸 사신을 말한다. 所內는 『삼국사기』 직관지에 보이는 '所內學生'이라든가, 『삼국사기』에 문무왕이 9년(669)에 馬阹를 頒賜할 때 보이는 '屬所內二十'에[59] 의할 때 왕실을 가리킨다. 따라서 이 청제 축조로 생겨나는 몽리답과 생산물은 왕실 소유로 보아도 좋을 것이다.[60]

이 청제는 798년에 修治되었다. 수치는 보수공사를 말한다. 이 공사의 책임을 맡은 자는 所內使인 上干年 나말과 史須 대사 및 加太守 玉純 나말이었다. 소내사는 왕궁에서 파견한 사람이고, 태수는 지방관이다. 따라서 이 보수 공사는 왕궁에서 파견된 자와 지방관이 공동의 책임을 맡은 것으로 볼 수 있다. 보수 공사를 할지의 여부는 소내사가 현장 조사를 한 후 결정되었고 이때 보수해야 할 부분과 규모도 정해진 것으로 보인다.

정원명에 의하면 보수해야 할 부분은 堤防과 洑였다. 이 보들은 나무나 돌로 만들어졌기 때문에 큰 비가 오거나 하면 유실되거나 손상되기 마련이다. 더구나 논둑의 경우

---

58 오성, 1978, 「영천 청제비 병진명에 대한 재검토」 『역사학보』 79집, 역사학회.

59 『삼국사기』 권제6 신라본기 문무왕 상 9년조의 "頒馬阹凡一百七十四所 屬所內二十二 官十 賜庾信太大角干六 仁問大角干五 角干七人各三 伊湌五人各二 蘇判四人各二 波珍湌六人 大阿湌十二人各一 以下七十四所 隨宜賜之"라 한 기사 참조.

60 하일식, 1997, 「신라 통일기의 왕실직할지와 군현제—청제비 정원명의 역역운영 사례 분석—」 『동방학지』 97집, 연세대학교 동방학연구소.

매년 새로 손을 보아야 한다. 이렇게 보면 청제도 축조 이후 오랜 세월이 지나면서 못 둑뿐만 아니라 보와 작은 수로도 상당히 훼손되었을 것이다. 따라서 원성왕대의 修治는 단순히 못 둑만을 수리한 것이 아니라 몽리답에 필요한 보와 작은 수로는 물론 논둑도 수리하는 것을 모두 포함하였을 것이다.

청제의 수치는 정원명에 의하면 2월 12일에 시작하여 4월 13일에 마쳤다. 이때 동원된 인원은 斧尺이 136명 이었고 法功夫가 14,140명이었다. 법공부 가운데 助役은 切火郡(영천)과 押喙郡(경산)에서 동원되었는데 조역의 숫자는 인원수의 앞부분의 글자가 보이지 않아 단정하기는 어렵다. 조역은 절화군과 압량군에서 동원되었으므로 이들은 군현민이라 할 수 있고 법공부는 법당 군단 소속이라는 견해에 의하면 노동부대적 성격의 조직이라 할 수 있다.[61]

청제의 수치에 동원된 노동력은 초축 때의 7000명과 비교하면 두 배나 많다. 일반적으로 저수지의 제방은 처음 만들 때 보다 수리할 때 더 많은 노동력이 든다. 따라서 14,140명이라는 엄청나게 많은 인원이 2달 동안 225m 밖에 되지 않는 제방 수리 작업에만 동원된 것으로 볼 수 없다. 이로 말미암아 798년의 수치 사업은 일종의 빈민구제적 성격을 띤 것으로 보는 견해도 제기되기도 하였다.[62] 필자는 이러한 대규모 인원동원의 배경은 "洑堤傷故"에서 찾아야 한다고 본다. 즉 798년의 수치의 대상에는 저수지의 제방뿐만 아니라 主水路 군데군데를 막은 여러 개의 보와 이 보와 연결되는 작은 수로 및 논둑 등도 포함된 것으로 보아야 한다. 이렇게 보면 798년의 修治사업은 저수지 제방의 수리는 물론 蒙利畓 전체를 대대적으로 보수하는 대규모 사업이었다고 할 수 있다.

3) 김제벽골제의 初築 · 修治와 增築

벽골지는 초축 당시 岸長이 1,800보였다. 현재의 벽골제의 제방 길이는 3.3km나 된다. 이러한 거대한 저수지를 만들기 위해서는 많은 노동력이 동원되었을 것임은 물론

---

61 이기백, 1974, 『신라정치사회사연구』, 일조각, pp. 292~296.
62 이우태, 1985, 「영천 청제비를 통해 본 청제의 축조와 수치」 『변태섭박사화갑기념사학논총』.

이다. 따라서 이 벽골지는 국가적 차원에서 축조된 것으로 볼 수 있다. 이 벽골지는 원성왕 14년(790)에 증축하였다. 이 증축에 대해서는 후술할 것이다.

이 벽골지에 대해 『삼국사기』에는 신라 흘해왕이 21년(330)에 축조한 것으로 나오지만[63] 이 시기에 김제 지역은 백제의 영역이 분명함으로 백제가 쌓은 것으로 보아야 한다. 이점은 조선 태종 15년(1415)에 세워진 「벽골제중수비」에 "是堤也 自新羅百濟民獲其利"[64]라 하여 신라와 백제민이 이 저수지로부터 蒙利 혜택을 받았다고 한 것에서도 입증된다. 문제는 이 벽골제의 초축 시기가 언제이냐이다. 『삼국사기』에 의하면 초축 시기는 330년이 된다. 그리고 벽골제를 발굴한 보고서에서도 탄소연대측정과 문헌 사료를 토대로 하여 초축 시기를 4세기 전반으로 보았다.[65] 그러나 이에 대한 반론도 만만치 않아 6세기대로 보는 견해, 현재의 벽골지는 후대의 것이고 본래의 제방은 그보다 북쪽에 있었다고 보는 견해 등이 나왔다.[66] 필자는 이 벽골지는 4세기 전반 경에 만들어졌다고 보는 입장이다. 그 이유는 다음과 같다.

첫째로 백제는 3세기 후반에 거대한 풍납토성을 축조하였다. 거대한 토성의 축조에는 많은 노동력이 투입되어야 하며 이 노동력을 확보하기 위해서는 전국적으로 노동력을 동원할 수 있는 집권력이 확립되어 있어야 한다. 풍납토성의 존재는 역으로 3세기 후반에 백제에서는 이미 대규모의 노동력을 동원할 수 있는 중앙 집권력이 일정하게 성립되어 있었음을 보여준다. 이러한 집권력에 의해 4세기 전반 경에 벽골지 축조를 위한 대규모 노동력 동원도 가능하지 않았을까 한다.

둘째로 이 시기에 백제는 양질의 철을 이미 생산하고 있었다. 저수지를 축조하려면 질이 좋은 철제 토목용구들이 필요하며, 이를 만들려면 철광산이 개발되어 제철 산업이 활성화되어야 한다. 『일본서기』에 따르면, 백제에는 谷那철산이라는 유명한 철광산지가 있어 여기에서 철을 채취하였다는 기사가 나온다.[67] 물론 이 기사에서 '以永奉聖

---

63 『삼국사기』 권제2 신라본기 흘해왕 21년조의 "始開碧骨池 岸長一千八百步"이라 한 기사 참조.

64 『신증동국여지승람』 권33 전라도 김제군 고적조.

65 윤무병, 1992, 「김제벽골제발굴보고」 『백제고고학연구』 백제연구총서 제2집, 충남대학교 백제연구소 참조.

66 이에 대한 정리는 성정용, 「김제벽골제의 성격과 축조시기 재론」 『한·중·일의 고대수리시설 비교연구』, 계명대학교 출판부 참조.

67 『日本書紀』 권9 신공기 52년조의 "仍啓曰臣國以西有水 源出自谷那鐵山 其邈七日行之不及 當飮是水 便取是山鐵 以永奉聖朝"라 한 기사 참조.

朝' 등의 표현은 『일본서기』 찬자의 왜곡과 윤색이지만 실제의 내용은 백제가 철광산을 개발한 것을 보여준다. 이를 고고학적으로 뒷받침해주는 것이 진천 石帳里 제철유적이다. 4세기대로 편년되는 이 유적에서는 토제 송풍관을 비롯하여 철기를 가는 여러 종류의 숫돌이 발견되었다. 원료는 철광석과 砂鐵을 모두 사용하였으며, 製鍊에서 鍛冶까지 일련의 공정이 이곳에서 이루어졌다고 한다.[68] 백제는 이러한 제철 산업에 힘입어 질 좋은 토목용구를 만들어 저수지를 축조할 수 있었던 것이다.

셋째로 『일본서기』에 의할 때 근초고왕은 369년에 영산강 유역에 자리한 심미다례 (신미국) 등을 정복하여 영역으로 확보하였다. 정복활동을 마친 근초고왕은 辟支山과 古沙山에 올라가 맹세하였다. 벽지산은 김제지역에, 고사산은 고부지역에 비정된다. 그런데 벽지산과 고사산에 대해 『일본서기』에는 '至于百濟國 登辟支山盟之 復登古沙山 共居磐石上 時百濟王盟之…' 이라고 기록되어 있다. 백제국에 이르러 벽지산과 고사산에 올라갔다는 것은 이 지역이 369년 이전에 이미 백제의 영역이 된 것을 보여준다. 이 지역이 백제의 영역이 된 시기는 비류왕이 중국 군현과의 우호 관계를 조성하여 북쪽 국경 지역에서의 긴장을 늦추었다는 점과 왕도인들을 모아 활쏘기 연습을 하는 등 군사력을 강화하였다는 사실 등에서 미루어 볼 때 비류왕대였을 가능성이 크다.

넷째로 『일본서기』 응신기 7년조에는 한반도에서 왜로 건너간 사람들이 저수지를 축조하였다는 사실이 기록되어 있다.[69] 이 저수지 축조에는 백제인 뿐만 아니라 고구려인·신라인도 참여하였다. 그런데 『고사기』에는 이 저수지 이름을 百濟池라고 하고 있다.[70] 이는 백제인 기술자가 이 저수지 축조에 중심적인 소임을 맡았음을 보여주는 것이다. 응신기 7년은 수정연대로 396년이다. 4세기 후반에 백제 기술자들이 왜에 건너가서 저수지를 축조하였다는 것은 역으로 백제에서는 이미 제방과 저수지를 다수 만들었고 또 저수지 축조 기술이 발전하였음을 짐작하게 한다. 이렇게 볼 때 이 벽골지는 4세기 전반 경인 비류왕 27년(330)에 축조된 것으로 보아도 큰 무리는 없을 것이다.

초축된 이후 증축된 798년까지는 460여 년의 세월이 흘렀다. 이 오랜 기간이 지나는

---

68 국립청주박물관·포항산업과학연구소, 2004, 『진천 석장리 철생산유적』학술조사보고서 제9책, pp.215~225 참조.
69 『日本書紀』권10 응신기 7년조의 "高麗人百濟人任那人新羅人竝來朝 時命武內宿禰 領諸韓人等作池 因以名池 號韓人池"라 한 기사 참조.
70 『古事記』중권 應神朝의 "此御之世 … 新羅人參渡來 是以建內宿禰命引率爲役之堤池而作百濟池"라 한 기사 참조.

동안 벽골지를 修治하였다는 기사는 없다. 그렇지만 백제가 이 저수지의 제방을 수리하였음을 추정하게 하는 것이 무령왕이 10년(510)에 제방을 完固하게 하라는 명령을 내린 사실이다.[71] "完固隄防"은 새로 만드는 저수지를 완고하게 하라는 의미도 있지만 기왕의 저수지를 完固하게 修理하라는 의미도 있다. 또 이 조치는 王都 부근에만 한정되는 것이 아니라 전국에 걸쳐 행해진 것이다. 이렇게 볼 때 이때에는 벽골지도 수리되었다고 하겠다. 이는 이 시기 백제가 처한 상황에서도 추정이 가능하다. 백제는 475년에 고구려에 의해 한성이 함락되고 한강 유역을 빼앗김으로써 경제기반이 크게 축소되었다. 때문에 백제는 웅진천도 이후 축소된 경제기반을 확대하기 위해 섬진강 유역으로 진출하여 기문(남원·운봉 지역), 대사(하동 지역)를 비롯하여 상다리, 하다리, 사타, 모루 등 여수만·광양만 일대를 영역으로 확보하였다.[72] 이러한 상황에서 무령왕은 벽골지를 完固하게 하여 활용한 것으로 보아도 좋을 것이다.[73]

무령왕대에 수치된 이 벽골제는 원성왕 6년(798)에 와서 대대적으로 증축되었다.[74] 여기에서 몇 가지 중요한 사실을 추출해 낼 수 있다. 첫째는 저수지는 물을 막는 것이기 때문에 증축은 길이를 늘이는 것보다는 높이를 높이는 것을 말한다. 제방을 높이면 저수량이 늘어 몽리답에 혜택이 많이 돌아가기 때문이다. 이를 방증해 주는 사례의 하나가 일본 대판부에 있는 狹山池이다. 이 저수지는 남쪽으로 흐르는 하천에 제방을 쌓아 만든 것으로서 731년에 승려 行基가 개축하였다고 한다. 이 저수지 제방에 대한 발굴조사에서 물을 배수하는 목통이 출토되었다. 이 목통에 대한 연륜연대를 측정한 결과 616년으로 나와 초축 연대는 616년경으로 추정되고 있다. 한편 제방 단면에 대한 조사 결과 堤의 당초의 높이는 5.4m 정도였고 그 후 10회 정도의 보수 보강 공사를 거치면서 현재의 높이 15.4m가 되었다.[75] 이는 증축이 되풀이되면서 제방의 높이가 3배나 높아

---

71 『삼국사기』 권제25 백제본기 무령왕 10년조의 "春正月 下令完固隄防 驅內外遊食者歸農"라 한 기사 참조.

72 『日本書紀』 권17 계체기 6년, 7년조.

73 벽골지 발굴조사에서 백제 기와편이 나왔다고 한다(홍사준, 1978, 「삼국시대의 관개용지에 대하여―벽골제(김제)와 벽골지(당진군)―」 『고고미술』 136·137, 한국미술사학회 참조). 벽골지가 4세기에 축조된 것을 부정하는 입장에서는 이 시기 백제에서 기와가 사용되었지만 수도권 일부에만 사용되었다는 사실에 근거하여 이를 부정하고 있다. 그러나 무령왕대에 벽골지가 수치되었다고 하면 이 시기에 백제 기와가 들어갔을 가능성도 있지 않을까 한다.

74 『삼국사기』 권제10 신라본기 원성왕 6년조의 "春正月 以宗基爲侍中 增築碧骨堤 徵全州等七州人 興役"이라 한 기사 참조.

75 大阪府立狹山池博物館, 2001, 『大阪府立狹山池博物館 常設展示案內』.

진 것을 보여준다. 따라서 원성왕대의 증축도 제방의 높이를 높이는 공사로 보아도 큰 무리는 없을 것이다.

둘째로 이 증축 사업에 필요한 노동력이 전국적으로 동원되었다는 것이다. 통일 이후 신라는 전국을 9주로 편제하였다. 9주 가운데 7주의 민을 동원하였다는 것은 이 증축 공사가 국가적인 차원에서 이루어졌다는 것과 이 증축 사업의 규모가 매우 컸음을 보여준다.

셋째 증축 작업에서는 손상된 제방뿐만 아니라 배굴리 등 배수시설도 새로이 정비되거나 추가되었을 가능성이 크다는 점이다. 증축을 통해 제방의 높이가 높아지면 당연히 저수량도 많아져 저수면도 높아진다. 저수면이 높아지면 배굴리도 추가로 설치되어야 한다. 이렇게 보면 증축된 벽골제에서도 배굴리는 상·하 또는 상·중·하의 형태로 설치되지 않았을까 한다.

벽골제는 제방이 매우 길고 또 몽리면적도 넓기 때문에 主 水路가 여러 개 설치되어야 한다. 따라서 초축 때는 물론이고 증축된 시기에 설치된 배굴리와 主 水路는 하나일 수가 없다. 그 모습은 고려 및 조선 초기의 벽골제 중수 관련 기사를 통해 대략적이나마 추론해 볼 수 있다. 고려시대에는 현종 때 벽골제를 수리하였고, 인종 21년(1143)에 증축공사를 하였지만 마침내 폐기되었다.[76] 조선시대에 와서 태종은 15년(1415)에 각 군의 민 1만 명을 동원하여 대대적으로 제방을 수축하였는데 이 일을 핵심적으로 맡은 幹事者는 300명이었다. 공사는 이해 9월에 시작하여 10월에 끝났다. 長生渠, 中心渠, 經藏渠 세 수문은 이전의 돌기둥을 다시 고쳐 쌓고 水餘渠와 流通渠는 돌을 쪼개어 주춧돌로 삼고 느티나무 기둥을 세웠다.[77]

조선 태종대에 보이는 5개의 수문 가운데 수여거와 유통거는 "水餘流通二渠門 則皆非波流所激 水若汎濫 於此流洩 不得遮水岸"[78]이라는 기사와 명칭에서 미루어 볼 때 무너미의 성격을 갖는다. 이러한 무너미는 벽골지가 초축 또는 증축되었을 때도 역시 이 부분에 만들어졌을 것이다. 이렇게 볼 때 나머지 3개의 수문이 설치된 곳에는 초축 및 증축 때에도 배굴리가 설치되었을 것이다. 배굴리의 수는 많으면 상, 중, 하의 3개이고 적으면 상, 하배굴리로 되었을 것이다. 그리고 배굴리를 통해 나오는 물이 흘러가는 주

---

76 『신증동국여지승람』 권33 전라도 김제군 고적조에 인용된 「벽골제중수비」 참조.
77 『신증동국여지승람』 권33 전라도 김제군 고적조에 인용된 「벽골제중수비」 참조.
78 『신증동국여지승람』 권33 전라도 김제군 고적조에 인용된 「벽골제중수비」 참조.

수로는 수문이 설치된 곳마다 각각 설치되었고 주 수로를 통해 흐르는 물은 여러 개의 보에 의해 가두어져서 작은 수로를 통해 논에 유입되었을 것이다.

이 벽골지의 기능에 대해서는 저수지로 보는 견해와 築堤開田을 위한 防潮堤的인 성격을 가진 것으로 파악하는 견해가 제기 되었다. 지질학적 조사에 의하면 김제지역은 과거 Holocene의 최고 해수면 상승기(대략 B.P. 6,000년 전후) 이후의 꽤 후대까지도 벽골제보다 더 내륙 쪽까지가 바다의 영향을 받은 간석지였다고 한다.[79] 또『신증동국여지승람』에 실려 있는 벽골제중수비에는 '堤北有大極浦 潮波奮激'[80]이라 한 기사에서 보듯이 대극포에서는 조수의 파랑이 분격하였다고 나온다. 벽골제를 방조제로 보는 견해에서는 이러한 사실들을 토대로 하여 벽골제의 축제 지점이 바다의 간접적인 영향 하에 있었고 따라서 해수 문제를 배제하고 본 저수지의 축조 목적을 논하기 어렵다는 입장이다.[81]

그러나 해수면 때문에 벽골제를 방조제라고 보는 주장은 다음과 같은 두 가지 문제를 해명하여야 한다. 하나는 원성왕이 798년에 벽골제를 증축하게 된 배경이 무엇이냐를 먼저 논의해야 한다. 해수가 밀려오기 때문에 기존의 제방으로 막을 수 없어 증축하였다고 하면 이 시기 해수면의 변동을 면밀하게 추정하여 이를 입증하여야 한다. 그렇지 않으면 방조제설은 성립하기 어려울 것이다. 다른 하나는 대극포의 '潮波奮激'은 대극포에 한정되는 것이지 벽골제 전반에 걸친 것이 아니라는 점이다. 즉 대극포 쪽으로만 조파가 밀려들어왔기 때문에 이를 막아야 하였던 것이다. 이를 확대 해석하여 벽골제 전반에 해수가 밀려온 것처럼 보아서는 안되는 것이다.

이러한 각도에서 필자는 벽골지는 처음부터 저수지였던 것으로 본다. 그리고 원성왕대에 벽골지를 증축하게 된 배경을 다음과 같이 이해하고자 한다. 이 저수지는 평지에 조성되었다. 때문에 원평천 등의 물이 저수지로 유입되는 과정에서 상부의 저수 부분이 점차 토사로 메워졌을 가능성이 크다. 토사로 메워지는 범위는 시간이 갈수록 그 면적이 늘어나고 자연스럽게 농경지로 개간되기 마련이다. 이로 말미암아 저수 면적은

---

79 조화룡, 1986,「만경강 연안 충적평야의 발달」『경북대학교 교육연구지』, 경북대학교 교육연구소.
80 『신증동국여지승람』권33 전라도 김제군 고적조에 인용된「벽골제중수비」참조.
81 이 벽골지의 기능에 대해 저수지로 보는 것이 일반적이지만 근래에 와서 축제개전을 위한 방조제적인 성격을 가진 것으로 파악하는 견해도 유력하게 제기 되었다. 이에 대한 여러 견해의 정리는 성정용, 2007,「김제 벽골지의 성격과 축조시기 재론」『한·중·일의 고대수리시설 비교연구』, 계명대학교 출판부 참조.

좁아지고 저수량도 줄어들게 되었을 것이다. 저수량의 축소는 제방 바깥에 있는 몽리답에 충분한 물을 공급할 수 없게 한다.

　저수량의 부족에 따른 문제를 해결하는 방법은 두 가지이다. 하나는 상부 지역의 토사로 메워진 곳을 준설하는 것이고 다른 하나는 제방을 높이는 것이다. 전자의 경우 메워진 곳이 경작지로 활용되고 있었다면 쉽게 준설할 수 없을 것이다. 이렇게 보면 원성왕은 제방 바깥쪽의 몽리답에 필요한 물을 확보하기 위해 저수지의 층고를 높이는 증축사업을 대대적으로 벌인 것으로 볼 수 있겠다. 동시에 배굴리도 새로 설치하였을 것이다. 이것이 바로 上非掘里가 아닐까한다.

4) 大丘戊戌銘塢作碑

　영천청제와 김제벽골제가 국가적인 차원에서 이루어진 토목사업이라고 하면 민간차원에서 이루어진 저수지 축조를 보여주는 것이 대구무술명오작비이다. 이 비의 제작연대인 무술년은 신라 진지왕 3년(578)으로 추정되고 있다. 이 저수지의 규모는 넓이 20보, 높이 5보 4척, 길이 50보이다. 길이 50보는 90m 정도에 해당한다. 이 저수지 축조에 동원된 인원은 362명의 功夫이고, 작업 기간은 13일이었다. 이 저수지 축조에 간여한 사람은 寶藏 아척간과 慧藏 아척간이라는 두 사람의 승려와 大工尺인 仇利支村의 壹利刀兮 귀간지를 비롯한 인물들이다. 이 인물들이 지닌 관등은 貴干支를 비롯하여 一伐, 一尺, 彼日 등 모두 외위이다. 이는 영천 청제비 병진명과 정원수치기에 축제의 책임을 맡은 자들의 대다수가 京位를 가진 인물이라는 것과 대비된다.

　이 저수지=塢가 만들어진 곳은 另冬里村이다. 그리고 이 저수지를 만드는데 참여한 지방 유력자들의 출신지는 仇利支村, 生之△村, 夫作村, 居毛村, 另冬里村, 珎淂所利村, 塢珎此只村 등이다. 이 가운데 외위 11관등 가운데 8번째에 해당되는 貴干支를 소지한 大工尺인 壹利刀兮가 속한 구리지촌은 이러한 촌들을 하나로 묶은

14 대구무술명오작비

중심 촌이라 할 수 있다.[82]

이 저수지를 만드는데 중심적인 역할을 한 두 사람의 승려는 아척간이라는 경위와 또 都唯那라고 하는 僧職을 가졌으므로 이들은 왕경의 어떤 사찰에서 파견되어 왔을 것이다. 따라서 이 塢는 사찰과 일정한 연관성을 가졌으며 사찰이 중심이 되어 만들어졌다고 할 수 있다. 그렇다고 하면 이 저수지의 축조로 생기는 몽리 면적의 상당수는 사찰 소유의 토지였을 가능성이 크다.

저수지를 만드는 데는 많은 노동력이 필요하다. 이 저수지가 사찰이 중심이 되어 만들어졌다고 하면 노동력 동원도 사찰과 관련하여 생각해 볼 수 있다. 이때 주목되는 것이 香徒이다. 향도란 祈佛이나 분향을 위해 또는 탑이나 불상을 만들기 위해 조직된 불교적 공동체조직이다. 무술오작비에는 향도라는 말은 없지만 이를 추론하는데 단서가 되는 것이 癸酉銘阿彌陀三尊四面石像銘과 癸酉銘三尊千佛碑像銘이다.[83] 이 비상이 건립된 계유년은 문무왕 13년(673)으로 추정되고 있다. 삼존사면석상은 50명의 智識이 국왕, 대신, 7世 부모 및 여러 生靈들을 위해 발원하여 절을 짓기로 함으로써 만들어졌고, 삼존천불비상은 善知識 250여 명이 諸佛菩薩像을 만들기로 발원하여 만들어진 것이다.[84] 이 발원자들의 조직이 바로 彌次乃 향도였다.

미차내 향도의 구성을 보면 삼존사면석상의 경우 惠信師, 惠明法師 등의 승려와 達率 身次願, 上次 乃末, 三久知 乃末 등의 관등을 가진 자 및 여타 구성원으로 이루어졌고, 삼존천불비상의 경우 眞车氏 大舍를 비롯하여 대사, 소사 등의 관등을 가진 자와 여타 구성원으로 이루어졌다. 미차내 향도의 이러한 구성은 무술명오작비의 내용과 아주 유사하다. 이러한 관점에서 필자는 무술명오작비의 塢도 향도조직에 의해 만들어진 것으로 파악하는 바이다.[85]

---

82 이에 대해서는 주보돈, 1998, 『신라지방통치체제 정비과정과 촌락』, 신서원 참조.

83 비상의 명문은한국고대사회연구소, 1992, 『역주 한국고대금석문』제2권 신라1·가야편, p.187의 "(전략)是者爲國王大臣及七世父母 法界衆生 故敬造之 香徒名彌次乃 眞车氏大舍 上生小舍 △仁次大舍 △宣大舍 贊不小舍(중략) △△等二百五十人 …"이라 한 기사 참조.

84 황수영, 1976, 『한국금석유문』, 일지사, p.247의 "等△五十人智識 共國王大臣及七世父母 含靈發願 敬造寺 智識名記 達率身次願 眞武大舍 … 上次乃末 … 惠信師 夫乃末願 林乃末願 惠明法師 道師"이라 한 기사 참조.

85 노중국, 1988, 『백제정치사연구』, 일조각, pp.298~300.

4. 농경의례와 祭儀 神體

1) 築堤 과정에서의 의례

규모가 크든 적든 저수지 축조는 국가뿐만 아니라 몽리의 혜택을 보는 농민들의 입장에서도 매우 중요한 사업이다. 그렇지만 규모가 큰 저수지를 만들 경우 공력이 많이 들고 또 물살을 이겨내야 하는 어려움에 봉착하기도 한다. 벽골제중수비에 의하면 "둑의 북쪽에는 大極浦가 있는데 파조가 격분하며, 남쪽에는 양지교가 있는데 물이 깊게 고여 있어 공사하기가 무척 힘들어 자고로 어려운 문제가 되어 있었다."[86]라는 구절은 비록 조선시대의 일지만 벽골제를 정비할 때의 어려움을 잘 보여주고 있다. 따라서 저수지를 만들 때 순조롭게 만들어지기를 기원하는 목적에서 일정한 제의가 행해지기도 하였을 것이다.

이를 추정하는데 하나의 단서가 되는 것이 『일본서기』 인덕기에 나오는 茨田堤 관련 기사이다. 이 기사의 내용은 北河의 浸水(澇)의 피해를 막기 위해 자전제를 쌓을 때 막기 어려운 곳이 두 곳이 있어서 武藏人 强頸과 河內人 茨田連衫子를 하백에게 제물로 드리기로 하였는데 무장인은 스스로 물에 빠져 죽음으로써 제방을 완공하였고 하내인은 표주박을 가지고 하신과 맹세하여 마침내 죽지 않고 제방을 막을 수 있었다고 한다.[87]

武藏人이 몸을 던져 죽었다는 것은 제방을 축조할 때 '池中'으로의 人身供養的 제사가 행해진 것을 보여주며 표주박을 던져 넣어 마침내 저수지를 만들었다는 것은 '水中沈納'의 의례를 보여주는 것이다.[88] 에토모지(惠曇池)의 기록에는 '연못 바닥에 陶

---

86 『신증동국여지승람』 김제군 고적조에 인용된 「벽골제중수비」 참조

87 『일본서기』 권11 인덕기 11년조의 "夏四月戊寅朔甲午 詔群臣曰 今朕視是國者 郊澤廣遠 而田圃少乏 且河水橫逝 以流末不馴 聊逢霖雨 海潮逆上 而巷里乘船 道路亦泥 故群臣共視之 決橫源而通海 塞逆流以全田宅 冬十月 掘宮北之郊原 引南水以入西海 因以號其水曰堀江 又將防北河之澇 以築茨田堤 是時有兩處之築而乃壞之難塞 時天皇夢有神誨之曰 武藏人强頸河內人茨田連衫子(衫子此云莒呂母能古)二人 以祭於河伯 必獲塞 則覓二人而得之 因以禱于河神 爰强頸泣悲之 沒水而死 乃其堤成焉 唯衫子取全匏兩箇 臨于難塞水 乃取兩箇匏 投於水中 請之曰 河神崇之 以吾爲幣 是以今吾來也 必欲得我者 沈是匏而不令泛 則吾知眞神 親入水中 若不得沈匏者 自知僞神 何徒亡吾身 於是飄風忽起 引匏沒水 匏轉浪上而下沈 則瀋瀋汎以遠流 是以衫子雖不死 而其堤亦成也 是因衫子之幹 其身非亡耳 故時人號其兩處曰强頸斷間 衫子斷間也" 참조.

器, 瓶, 甀 등이 다수 보인다' 라는 내용이 나오는데 이는 水中沈納의 의례적 흔적을 나 태내주는 것이다.[89]

삼국이 대규모의 저수지를 축조할 때 이러한 의례를 행하였다는 기록은 현재로서는 없다. 그러나 저수지 축조가 쉬운 공사가 아니라는 것과 저수지가 만들어지게 됨으로써 얻게 되는 혜택을 생각할 때 삼국에서도 저수지 축조 때에 저수지가 무사히 만들어질 수 있기를 기원하는 의례를 행하였을 것이다. 이때 인신공양적 제사를 드렸는지는 분명하지 않지만 적어도 水中沈納의 의례는 행하였을 가능성은 충분히 있다고 본다.

2) 농경의례와 神體

(1) 파종제 · 수확제 및 水路 제사

논농사는 무엇보다도 공동노동이 필요하다. 공동노동에는 제의와 놀이가 따르게 된다. 이 제의는 풍요와 마을의 안정을 기원하기 위해 儀式을 갖추어 거행되었다. 이를 보여주는 것이『삼국지』동이전 한전에 보이는 播種祭와 收穫祭이다. 파종제는 5월에 행하였고 수확제는 10월에 행하였다. 5월과 10월이라는 제의 시기에서 미루어 볼 때 이 농경의례는 도작에 따른 의례임을 알 수 있다.

파종제 때는 매년 오월 파종을 마치고 나서 귀신에게 제사를 드린 후 읍락민들이 무리를 지어 모여 노래하고 춤추는데 밤낮으로 쉬지 않았다고 한다. 이러한 제의 절차는 10월에 농사를 마친 후에도 그대로 행해졌다.[90] 이 기사는 농경의례가 두 단계로 나누어 거행되었음을 보여준다. 첫 번째 단계는 귀신에게 제사를 드리는 것이다. 이때에는 제단을 만들고 이 제사를 주관하는 읍락의 渠帥가 沐浴齋戒하고 일정한 절차에 따라 신체를 모셔와 엄숙하게 제사를 드렸을 것이다. 이 과정에서 광주 신창동이나 경산 임당동에서 출토된 현악기들에서 미루어 볼 때 제의에 맞는 음악도 연주되었을 것이다.[91]

두 번째 단계는 제의가 끝난 후 飮酒歌舞하는 축제이다. 이 축제는 남녀노소의 구별

---

88 關和彦, 2007,「일본고대의 치수사업」『한 · 중 · 일의 고대수리시설 비교연구』, 계명대학교 출판부. p.248.
89 關和彦, 2007,「일본고대의 치수사업」『한 · 중 · 일의 고대수리시설 비교연구』, 계명대학교 출판부. p.248.
90 『삼국지』권30 위서 오환선비동이전 한전의 "常以五月下種訖 祭鬼神 羣聚歌舞飮酒 晝夜無休 … 十月 農功畢 亦復如之"라 한 기사 참조.
91 권주현, 2001,「고대 악문화의 전개과정과 그 변화」『사학연구』62, 한국사학회.

이 없이 모두 즐기는 집단 유희로서 밤새도록 행해졌다. 이때 술을 비롯하여 축제에 필요한 음식들은 공동으로 마련하였을 것이다. 집단 유희는 수십 명이 모두 일어나 서로 따르며 땅을 밟고 머리를 들었다 숙였다 하면서 손과 발을 음악 반주(節奏)에 맞추는 형태로 이루어졌다. 그런데 『삼국지』 동이전에서는 삼한의 이러한 집단 유희 모습을 중국의 鐸舞와 비슷하였다고 하고 있다.[92] 이는 飮酒歌舞 때에 鐸이 중요한 악기로 사용되었음을 보여주는 것이다.

농경의례가 거행된 곳은 읍락에 따라 또 살고 있는 지리적 환경에 따라 다양한 형태로 나타난다. 먼저 생각해 볼 수 있는 것은 마을의 신성한 공간이다. 그러한 신성 공간의 하나로 들 수 있는 것이 岩刻畵가 새겨진 곳이다. 한반도 암각화의 문양은 동심원, 나선형, 神面形 등 다양한 기하학적 문양과 고래 등 바다 동물과 호랑이와 사슴 등 육지 동물 모양, 배 모양, 인물상 등이다.[93] 이러한 암각화들은 농경사회가 본격화되면서 만들어지기 시작하였고 또 대개가 물가에 위치하고 있다. 따라서 암각화가 새겨진 곳은 농경과 풍요를 기원하는 의례가 행해진 일종의 신성구역이라 할 수 있다.[94]

이러한 신성 공간 이외에 경작이 행해지는 논이나 밭에서도 농경의례가 행해지기도 하였다. 南江 유역인 경남 晋州의 대평리 大坪里 유적의 경우[95] 대평리 漁隱1地區에서는 약 4000여 평에 달하는 범위가 발굴되었는데 여기에서 集石遺構가 확인되었다. 여기에서 출토된 각종 토기와 석기는 완형이 없고 모두 깨어졌거나 미완성의 것들이지만 구성 유물이나 상태로 보아 농경의례가 행해졌거나 혹은 다른 곳에서 의례를 진행한 후 제의에 사용되었던 것들을 이곳에서 投棄한 것으로 판단되고 있다.[96] 이는 농경의례가 경작이 행해진 곳에서 이루어졌음을 보여주는 것이다.[97]

---

92 『삼국지』 권30 위서 오환선비동이전 한전.

93 우리나라의 암각화 분포 및 형태에 대해서는 임세권. 2003, 『한국의 암각화』, 대원사 참조.

94 이상길, 2000, 「청동기시대 의례에 관한 고고학적 연구」, 대구효성가톨릭대학교 대학원 박사학위논문, pp.166~167. 다만 반구대 암각화의 경우는 고래와 육지의 다양한 동물들이 새겨져 있기 때문에 어로와 수렵과 관련한 것이라 하겠다.

95 대평리 유적에 대해서는 조유전, 1979, 「경남지방의 선사문화연구 -진양 대평리유적을 중심으로-」 『고고학』 5·6합집, 한국고고학회 참조.

96 이상길, 2000, 「청동기시대 의례에 관한 고고학적 연구」, 대구효성가톨릭대학교 대학원 박사학위논문, pp.46~57.

97 고대의 농경제의에 대해서는 주보돈, 2008, 「한국고대의 농경의례와 그 변화」 『고대의 농업과 수리시설(제1편) 한국의 흙과 물』, 한국농촌공사·농어촌연구원 참조.

논농사에서 제
일 중요한 것은 적
당한 시기에 물을
공급하는 것이다.
이를 위해 저수지
를 만들었고 필요
한 시기에 이 저수
지의 물을 빼서 논
에 물을 대었다.
따라서 저수지의
물을 빼는 날 수로

15 안동 저전리 저수지 수변 제사토기 노출 상태 (동양대학교박물관)

에서 제의를 드렸을 가능성이 크다. 이를 추론하게 하는 것이 안동 저전리 저수지의 경
우이다. 저수지의 출수구와 수로 주변에서는 무문토기 수백개체분이 出土되었고 토기
와 함께 박씨가 집중적으로 출토되었다. 또 3개소에서는 10여 점 이상의 무문토기, 단
도마연토기가 군집을 이룬 채 발견되고 있다. 이는 수변 제사 특히 수로 제사와 관련이
있을 것으로 추정되고 있다.[98] 청동기시대의 이러한 水路邊 제사는 이후에도 수리시설
의 유지와 안정적인 물의 공급을 위해 행해졌을 가능성이 크다.[99]

⑵ 농경의례의 神體

농경의례는 읍락을 단위로 하여 일정한 곳에서 지속적으로 행해졌다. 이 의례에서
는 풍요를 가져다주는 귀신에게 제사를 드렸다. 그러면 제사의 대상이 되는 귀신은 구
체적으로 어떠한 형태로 표현되었을까. 이와 관련하여 먼저 생각해 볼 수 있는 것이 암
각화의 경우이다. 암각화는 祭場이 거의 고정되어 있는 것이 특징이다. 따라서 이 제장
의 바위에 새겨진 암각화는 바로 제사의 대상의 표현으로 보아도 좋을 것이다. 농경의
례와 관련한 암각화의 대표적인 사례로는 고령의 암각화를 들 수 있다. 고령 고아동과
안화리 암각화의 문양은 동심원과 神面形이 중심을 이룬다. 동심원은 태양신을 상징하

---

98 이한상, 2007, 「청동기시대의 관개시설과 안동 저전리유적」 『한·중·일의 고대수리시설 비교연구』,
   계명대학교 출판부, pp.47~49.
99 안동대학교 박물관, 2006, 「안동-서후, 서후-평은 국도확장공사 구간 내 문화유적 발굴조사 결과보고」.

는 것으로, 신면형의 암각화는 辟邪의 기능을 가진 것으로 이해할 수 있다.[100] 그리고 지산동 30호분 개석에는 남성의 성기를 강조한 인물상이 새겨져 있는데 이 역시 풍요를 기원하는 목적에서 만든 것으로 볼 수 있다.

두 번째로 들 수 있는 것이 대전 괴정동 출토의 농경문청동기이다. 이 청동기의 앞면에는 Y자형의 선각 끝에 몸에 반점이 찍힌 새 2마리가 각각 마주보고 앉아 있다. 뒷면의 왼쪽 구간에는 사람이 손을 앞으로 내밀고 있고, 그 앞에는 사격자문의 아가리가 좁은 항아리가 놓여 있고, 오른쪽 구간에는 사람이 두 손으로 농기구를 잡고 한 쪽 발을 농기구에 얹어놓고 있다. 따라서 이 청동기는 농경의례와 관련이 있는 것이라 할 수 있다. 그렇다고 하면 이 청동기도 농경의례가 행해질 때 神體의 하나로서 사용되었을 것이다.[101]

세 번째로 생각해 볼 수 있는 것은 진주 대평리의 集石遺構이다. 이 유구에서는 깨어진 각종 토기와 석기가 나왔지만 가장 큰 특징은 集石이다. 이 집석은 돌을 모아 쌓은 제단이다. 이로 미루어 볼 때 이 집석유구에 모셔진 神體는 특이하면서 신성하게 보이는 돌이 아니었을까 한다. 돌을 신체로 한 사례는 가야사회에서 찾아볼 수 있다. 『일본서기』에 의하면 郡公들이 田器를 싣고 田舍로 가던 都怒我阿羅斯等의 黃牛를 잡아먹은

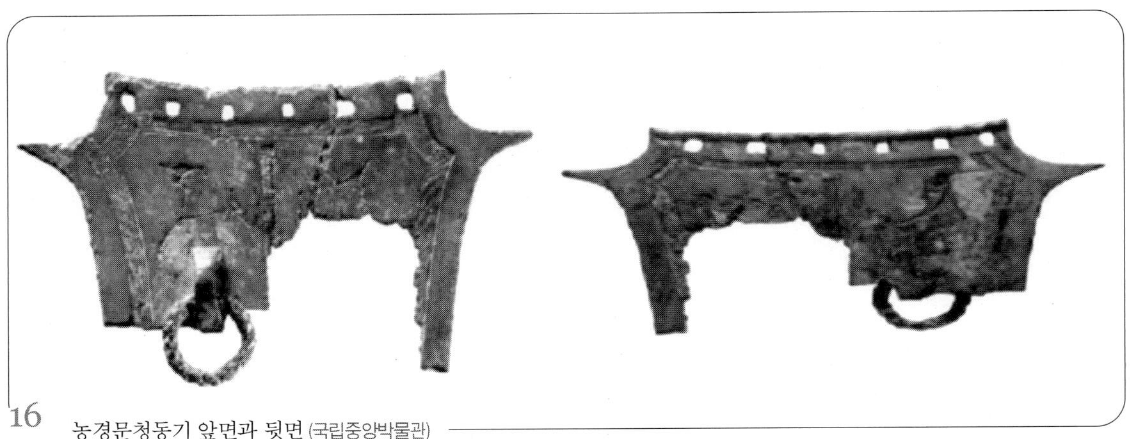

16 농경문청동기 앞면과 뒷면 (국립중앙박물관)

---

100 노중국, 2009, 「대가야의 정신세계에 대한 몇가지 검토」 『대가야의 정신세계』, 고령군 대가야 박물관 · 계명대학교 한국학연구원, pp.28~30.
101 파종의례를 행할 때 이 청동기를 상용한 방법에 대한 여러 견해는 주보돈, 2008, 「한국고대의 농경의례와 그 변화」 『고대의 농업과 수리시설(제1편)』 한국의 흙과 물, 한국농촌공사 · 농어촌연구원 참조.

후 그 값으로 白石을 황우의 주인에게 넘겨주었다고 한다.[102] 이 백석은 神石으로도 표기되었는데 황우에 대한 값으로 주어진 것이므로 농경과도 관련되는 신이라고 할 수 있다. 그런데 농경신인 백석은 미려한 동녀로 화하고 있다. 이는 이 농경신이 여신임을 시사해 준다. 이 백석을 섬긴 것은 가야사회였다. 따라서 이 기사는 가야사회가 白石을 祭神으로 삼고 있었음을 알게 한다. 이로 미루어 보면 대평리의 밭을 경작한 집단은 파종이나 추수시기에 돌을 쌓아 祭壇을 만들고 그 위에 神石을 안치한 후 제의를 드리지 않았을까 한다.

네 번째로 들 수 있는 것이 나무로 만든 신체이다. 그 사례로는 고구려의 경우를 들 수 있다. 고구려는 10월 제천행사 때 수신을 맞이하여 나라 동쪽의 산 위에 돌아와 제사를 지냈는데 이때 神坐에는 木隧라고 하는 나무로 만든 神體를 안치하였다.[103] 고구려의 10월 국중 대회는 추수감사절로 행해졌다. 따라서 이 국동 大穴에 사는 隧神은 농경을 관장하는 신이었다. 이로 미루어 볼 때 馬韓諸國이나 초기백제에서도 농경의례 때 고구려처럼 나무로 신체를 만들어 신좌에 안치한 후 제의를 드린 집단도 있었을 것이다.

이처럼 예배의 대상이 된 신체는 암각화로 표현되기도 하고, 농경문청동기처럼 청동기에 농경과 관련한 그림을 새겨 만들기도 하고, 集石한 제단에 특별한 돌을 올려놓고 神體로 삼기도 하고, 나무로 신체를 만들기도 하는 등 그 모양과 내용이 다양하다. 이는 예배의 대상이 되는 신체가 시기에 따라 또는 지역에 따라 일정하지 않았음을 보여주는 것이다. 이는 진한과 변한의 경우 의복과 거처와 언어와 법속은 같거나 비슷하지만 귀신을 제사지내는 것은 다르다고 한 것과[104] 궤도를 같이 하는 것이다.

---

102 『일본서기』 권6 수인기 2년 시세조 일운의 "初都怒我阿羅斯等有國之時 黃牛負田器 將往田舍 黃牛忽失 卽尋迹覓之 跡留一郡家中 時有一老夫曰 汝所求牛者 入於此郡家中 然郡公等曰 由牛所負物而推之 必設殺食 若其主覓至 則以物償耳 卽殺食也 若問牛直欲得何物 莫望財物 便欲得郡內祭神云爾 俄而郡公等到之日 牛直欲得何物 對如老夫之敎 其所祭神 是白石也 乃以白石 授牛直 因以將來置于寢中 其神石化美麗童女" 참조.

103 『삼국지』 권30 위서 선비오환동이전 고구려전의 "其國東有大穴 名隧穴 十月國中大會 迎隧神 還於國東上祭之 置木隧於神坐"라 한 기사 참조.

104 『삼국지』 권30 위서 오환선비동이전 진변한조의 "衣服居處與辰韓同 言語法俗相似 祠祭鬼神有異"라 한 기사 참조.

●참고문헌●

『삼국사기』, 『삼국유사』, 『삼국지』, 『신증동국여지승람』, 『일본서기』, 『고사기』

강원문화재연구소·원주지방국토관리청, 2008, 『천전리 B지역』.

경남대·밀양대 박물관, 1999, 『울산 무거동 옥현유적』현장 설명회 자료.

고려대학교 매장문화재연구소, 2004, 『마전리유적』.

곽종철, 2000, 「발굴조사를 통해 본 우리나라 고대의 수전도작」『한국 고대의 도작문화』, 국립중앙박물관.

______, 2002, 「우리나라의 선사~고대 논밭 유구」『한국농경문화의 형성』, 한국고고학회.

______, 2008, 「청동기시대-초기철기시대의 수리시설」『고대의 농업과 수리시설(1)』한국의 흙과 물, 한국농어촌공사 농어촌연구원 보고서.

關和彦, 2007, 「일본고대의 치수사업」『한·중·일의 고대수리시설 비교연구』, 계명대학교 출판부.

국립부여문화재연구소, 1995, 『궁남지』학술연구총서 제21집.

국립청주박물관·포항산업과학연구소, 2004, 『진천 석장리 철생산유적』학술조사보고서 제9책.

권병탁, 1986, 「청제문부자료 해설」『민족문화연구』, 영남대 민족문화연구소.

권주현, 2001, 「고대 악문화의 전개과정과 그 변화」『사학연구』6집2, 한국사학회.

권태용, 1999, 『대구 동천동유적 수리시설 발굴조사 개보』제10회 영남매장문화재연구원 조사연구발표회집.

김도헌, 2003, 「선사·고대 논의 관개시설에 대한 검토」『호남고고학보』, 호남고고학회.

김재홍, 1995, 「신라 중고기의 저습지 개발과 촌락구조의 재편」『한국고대사논총』7집, 한국고대사회연구소.

노용필, 2009, 「신라의 벼농사와 수리」『역사학연구』36집, 호남사학회.

노중국, 1988, 『백제정치사연구』, 일조각.

大阪府立狹山池博物館, 2001, 『大阪府立狹山池博物館 常設展示案內』.

성정용, 2007, 「김제벽골제의 성격과 축조시기 재론」『한·중·일의 고대수리시설 비교연구』, 계명대학교 출판부.

신희권, 2001, 「풍납토성의 축조기법과 성격에 대하여」『풍납토성의 발굴과 그 성과』한밭대학교 개교 제74주년기념 학술발표대회논문집, 한밭대학교 향토문화연구소.

안동대학교 박물관, 2006, 『안동-서후, 서후-평은 국도확장공사 구간 내 문화유적 발굴조사 결과보고』.

양기석, 2005, 『백제의 경제생활』백제문화개발연구원 역사문고 19, 주류성.

오성, 1978, 「영천 청제비 병진명에 대한 재검토」『역사학보』79집, 역사학회.

王雙懷, 2007, 「中國南北朝時代的水利設施與農業生産」『한·중·일의 고대수시설 비교연구』, 계명대학교 출판부.

윤무병, 1992, 「김제벽골제발굴보고」『백제고고학연구』백제연구총서 제2집, 충남대학교 백제연구소.

윤선태, 2000, 「신라 통일기 왕실의 촌락지배 -신라 고문서와 목간의 분석을 중심으로-」, 서울대학교대학원 박사학위논문.

이기백, 1977, 『신라정치사회사연구』, 일조각.

이병도, 1975, 『한국고대사연구』, 박영사.

이상길, 2000, 「청동기시대 의례에 관한 고고학적 연구」대구효성가톨릭대학교 대학원 박사학위논문.

이상길 · 이미영, 2003, 「밀양 금천리 유적」『고구려고고학의 제문제』제27회 한국고고학전국대회 발표
　　　요지집.

이영문 외, 1997, 『무안 양장리유적』, 목포대학교박물관 · 무안군 · 한국도로공사.

이우태, 1985, 「영천 청제비를 통해 본 청제의 축조와 수치」『변태섭박사화갑기념사학논총』, 변태섭박
　　　사화갑기념사학논총.

이한상, 2007, 「청동기시대의 관개시설과 안동 저전리 유적」『한 · 중 · 일의 고대 수시리시설 비교연
　　　구』, 계명대학교 출판부 참조.

이홍종 · 강원표 · 손준호, 2001, 『관창리유적-B · G구역』, 고려대학교매장문화재연구소.

전덕재, 2007, 「통일신라의 수리농법과 영천청제」『한 · 중 · 일의 고대수리시설 비교연구』, 계명대학교
　　　출판부

조유전, 1979, 「경남지방의 선사문화연구 -진양 대평리유적을 중심으로-」『고고학』5 · 6합집, 한국고고
　　　학회.

조화룡, 1986, 「만경강 연안 충적평야의 발달」『경북대학교 교육연구지』, 경북대학교 교육연구소.

주보돈, 2008, 「한국고대의 농경의례와 그 변화」『고대의 농업과 수리시설(제1편)』한국의 흙과 물, 한
　　　국농촌공사 · 농어촌연구원.

최맹식 · 김용민, 1995, 「부여 궁남지 내부 발굴조사개보-백제 목간출토 의의와 성과」『한국상고사학보』
　　　20집, 한국상고사학회.

충남대학교 백제연구소, 2001, 『구룡-부여 간 도로확장 및 포장구간 내 문화유적발굴조사 약보고서』.

충청문화재재연구원, 2004, 『국도4호선 부여-논산간 도로 확포장공사구간(부여나성)내 문화유적 발굴
　　　조사』.

하일식, 1997, 「신라 통일기의 왕실직할지와 군현제 -청제비 정원명의 역역운영 사례 분석-」『동방학지』
　　　97집, 연세대학교 동방학연구소.

한국고대사회연구소, 1992, 『역주 한국고대금석문』제2권 신라1 · 가야편.

황수영, 1976, 『한국금석유문』, 일지사.

자연환경과 농경

박수진 _ 서울대학교

1 | 한반도의 지형특성과 전통수리시설의 입지

地形은 지표상에서 나타나는 각종 지표현상들을 결정하는 근간이 된다. 지표면에서 나타나는 현상들은 크게 구조적 요소(지질, 지형, 토양), 순환적 요소(물, 공기, 에너지), 그리고 생물적 요소(인간, 동물, 식물)로 나눌 수 있으며, 이들 세 요소들은 동적인 상호 작용하에서 서로 영향을 미치고 있다. 순환적 요소들은 장기적으로 지형 및 토양의 형태를 결정하게 되며, 생물적 요소 역시 지형 및 토양을 변화시킨다. 하지만, 단기적으로는 지표의 형태 그리고 지표를 피복하고 있는 토양 등의 구조적 요소들이 물과 각종 물질 등과 같은 순환적 요인들의 공간적인 이동경로와 그 양을 결정하며, 동식물의 공간적인 분포와 활동을 제약하게 된다(박수진, 2004).

한반도는 오랜 지질시대에 걸쳐 형성된 다양한 암석으로 구성되어 있다. 태평양판과 필리핀판이 유라시아판과 충돌하는 위치에 인접하고 있어, 판들의 상대적인 움직임과 그에 따른 응력의 차이로 인해 복잡한 지구조적 특성을 보인다. 또한 기후변화가 심한 중위도 지역에 위치하여 지표면의 삭박작용 역시 시간적으로 많은 변화를 겪어왔다. 그 결과 과거의 지질 및 지형발달의 흔적이 서로 중첩되어 현재 우리가 관찰하고 있는 복잡한 지형체계를 만들어 놓고 있다. 한반도가 가지고 있는 지형체계, 그리고 그에 따른 물과 물질의 순환과정은 한국인들의 전통적인 삶, 특히 농경문화의 발달과 확산 과정에 큰 영향을 미쳤을 것이다. 근현대에서는 내연기관의 발달과 더불어 지형을 극복할 수 있는 인간의 능력이 그 어느 때 보다 높아졌지만, 전통농경사회에서는 논밭의 개간과 그에 필요한 수리시설의 설치가 지형의 혜택을 극대화시킬 수 있는 것이라는 점에는 의심의 여지가 없다.

이 장에서는 고대에서부터 조선후기까지 수리시설의 입지와 한반도의 지형특성과의 관련성을 살펴보는 것이 목적이다. 현재 한국 지형학계에서는 역사시대에 나타난

지형변화에 대한 연구는 극히 한정되어 있다. 마찬가지로 수리시설 연구분야에서도 지형의 영향에 대한 고찰은 제한적으로 이루어져 왔다. 지형변화를 인지할 수 있는 시간적 스케일은 인간의 활동 스케일에 비해 훨씬 더 크다. 지형학자들이 지형변화를 다루는 관점은 보통 천년(10^3년)에서 수백만년(10^6년)에 걸친 시간대이다(김종욱, 1993). 반면, 인간의 역사는 수십년(10년)에서 천년(10^3년) 단위의 시간변화를 추적하고 있다. 연구대상이 가진 이러한 시간적 스케일의 불일치는 수리시설과 지형의 영향을 깊이 있게 고찰하는데 있어 큰 제약이 되고 있다. 결국 이 글은 역사시대에 존재했던 수리시설의 분포를 살펴보고, 현재 지형의 모습을 통해 당시의 상황을 역으로 유추해보는 수준에 머무를 수밖에 없었다.

이 글에서는 한반도의 지형특성을 발달사적 측면에서 해석하면서, 한반도의 지질과 지형분포의 특성을 먼저 살펴보았다. 그리고 이러한 지형체계를 설명하는 도구로서 산지체계(산맥과 산줄기)를 소개하였으며, 역사시대에 인간의 활동이 활발하게 이루어진 평탄지의 공간적인 분포와 형성과정을 살펴본다. 그 결과를 토대로 조선시대와 고대 및 삼국시대의 수리시설의 입지특성과 비교·평가하였다. 이 글은 한반도의 지형발달 과정과 분포특성에 대한 기초지식을 제공하면서, 기존의 지리학, 역사학, 고고학 분야에서 밝혀진 수리시설의 입지특성과 지형과의 관련성을 중심으로 살펴보고자 한다.

1. 한반도의 지형발달과정

한반도는 그 면적의 70% 이상이 산지로 이루어져 있다. 대체적인 지형형태는 동해에 면한 태백산맥과 함경산맥을 중심으로 고산지대가 나타나며, 서해안 쪽으로는 저평한 구릉성 산지들이 탁월하게 발달하고 있다. 지속적인 융기로 인해 침식이 절대적으로 우세한 환경이기 때문에 지평선을 볼 수 있는 넓은 충적 및 퇴적평야의 발달이 이루어지지 못한 반면, 기반암이 침식되어 형성된 침식구릉지, 그리고 산으로 둘러싸인 산간분지들이 산재되어 있다. 급한 경사와 입도가 큰 하천퇴적물의 특성으로 인해 폭이 넓고 수심이 얕은 하천이 주를 이루고 있으며, 강우의 계절적인 편중으로 인해 정기적인 범람과 더불어 수자원관리가 어려운 환경이다. 한반도의 이러한 지형적 특성은 한반도가 지질시대를 경험해왔던 지반운동과 이와 동시에 나타나는 지표삭박작용간의 복잡

한 상호작용 속에서 형성된 것으로, 그 발달과정을 간략하게 정리하면 다음과 같다.[1]

1) 한반도 지체구조의 형성

한반도는 일시에 만들어진 땅이 아니라, 몇 개의 땅이 서로 충돌하여 형성되었다. 한반도의 지체구조도를 보면 한반도는 선캄브리아기에 형성된 3개의 육괴(block)로 구성되어 있다(그림 01 나). 이들 육괴는 북에서 남으로 낭림육괴(Nangrim block), 경기육괴(Kyeongi block) 그리고 영남육괴(Yongnam block)로 구분된다(대한지질학회, 1999). 그리고 낭림육괴와 경기육괴 사이에는 평남분지(Pyongnam basin)와 임진강대(Ingingang belt)가, 경기육괴와 영남육괴 사이에는 옥천대(Okchen belt)와 태백산분지

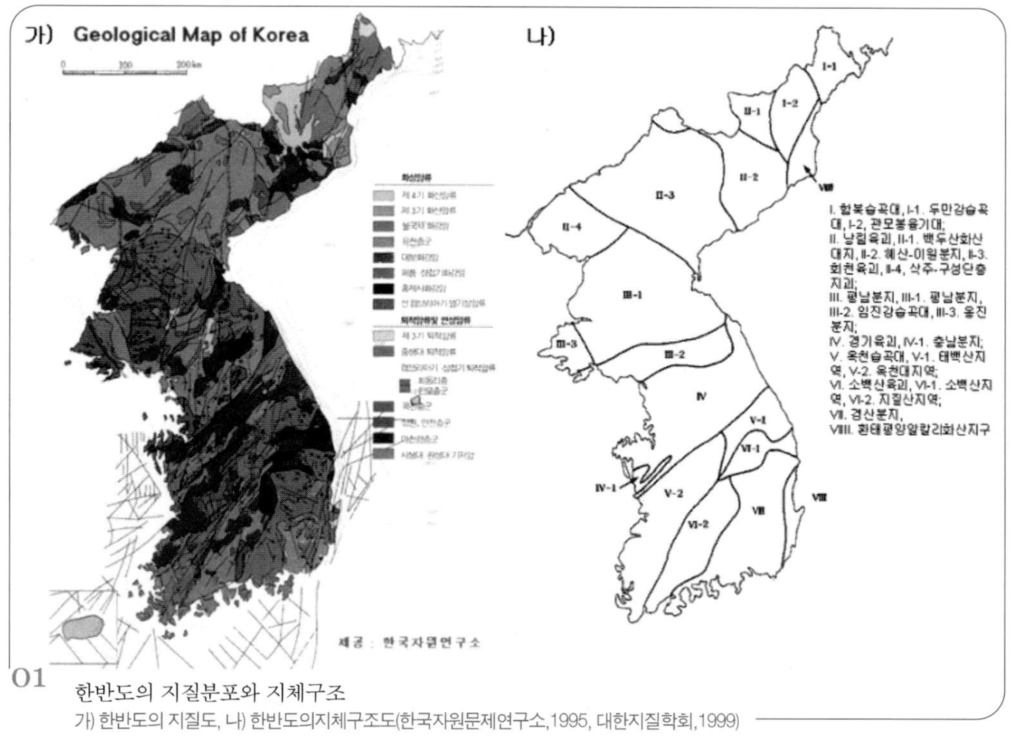

01 한반도의 지질분포와 지체구조
가) 한반도의 지질도, 나) 한반도의지체구조도(한국자원문제연구소,1995, 대한지질학회,1999)

---

1 이 장에 실린 내용은 박수진 · 손일(2005a)에 실린 내용을 부분적으로 수정 · 보완한 것이다.

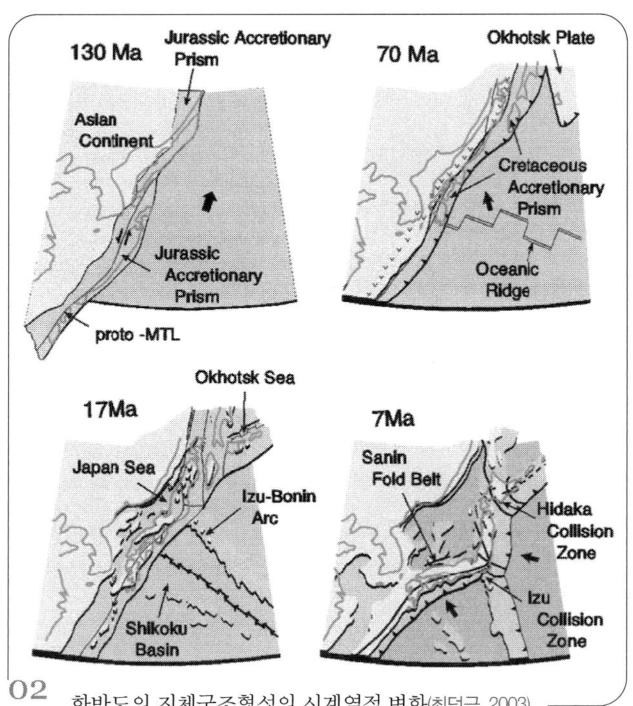

02 　한반도의 지체구조형성의 시계열적 변화(최덕근, 2003)

(Taebaksan belt)가 나타난다. 여기서 임진강대와 옥천대는 습곡대이며 주로 고생대와 중생대의 퇴적암으로 이루어져 있다.

　한반도를 구성하는 이들 육괴는 전혀 다른 환경에서 형성된 뒤, 오랜 기간 동안 서서히 이동하여 현재의 위치로 옮겨졌다. 지금부터 약 2억 6,000만년전인 고생대 캄브리아-오르도비스기에는 한반도를 구성하는 육괴가 크게 3부분(낭림육괴, 경기육괴, 영남육괴)으로 나뉘어져 있었다. 여기서 낭림육괴와 영남육괴는 북중국대륙과 함께 중한지괴(Sino-Korean Block)의 일부로 적도 부근에 위치해 있었던 반면, 경기육괴는 남중국대륙과 함께 양쯔지괴(Yantz Block)를 이루면서 남반구 중위도 지역에 위치해 있었다. 지금부터 약 2억 4,000만년전, 중한지괴는 곤드와나 대륙에서 떨어져 나와 북상하게 되었고, 양쯔지괴 역시 비슷한 시기에 북상을 시작하였다(이윤수 · 조문섭, 2004).

　북상하던 두 대륙판은 현재의 유럽과 아시아의 중심인 로라시아 대륙에 가로막혀 서로 충돌하면서 하나가 된다. 이 충돌로 중한지괴의 일부는 낭림육괴와 영남육괴로 분리되고 그 사이에 양쯔지괴의 일부분인 경기육괴가 끼어들게 된다. 이 과정에서 바다에 잠겨있었던 퇴적분지(평남분지, 태백산분지)들이 육지로 노출되고, 임진강대와 옥천대와 같은 습곡대가 형성된 것이다. 따라서 이러한 퇴적분지에는 과거 바다 속에서 퇴적되었던 석회암류의 암석들이 주로 분포하고 있다.

　현재 한반도의 모습이 완성된 것은 약 1억 8,000만년전으로 알려져 있다(이윤수 · 조문섭, 2004). 육괴들의 충돌은 엄청난 에너지를 땅에 전달하여, 지각물질이 녹거나 변형되어 새로운 암석이 형성되었다. 특히 낭림육괴와 경기육괴에는 충돌로 인해 많은 변형이 가해졌고, 그 과정에서 한반도의 지질구조를 설명할 때 항상 언급되는 랴오뚱

방향(NEE-SWW)와 중국방향(NE-SW)의 구조선들이 만들어졌다. 랴오뚱 방향의 구조
선이 낭림육괴 내에 그리고 중국방향의 구조선이 경기육괴 내에 주로 나타나고 있다.
이러한 구조선들의 존재는 지형도에서 산과 계곡이 뚜렷한 직선 혹은 사선으로 연속되
어 있는 것에서 쉽게 알 수 있다.

2) 중생대 조산운동과 경상분지의 형성

중생대에 접어들면서 한반도는 대륙의 가장자리에 위치해 있었기 때문에 침강하는
해양판으로 인해 많은 지질적인 변화를 겪게 되었다(좌용주, 2004). 해양판이 한반도
아래로 침강하면서 발생하는 온도와 압력에 의해 지각이 녹으면서 방대한 양의 마그마
가 만들어지고, 이러한 물질들은 맨틀 기원의 마그마들과 함께 지각을 뚫고 올라오게
된다. 상승하는 마그마는 지표면의 물질들을 위로 밀어 올리거나 측면으로 밀어붙여
습곡현상을 일으키며, 지하에는 화강암이 형성된다. 중생대를 거치면서 한반도에는 이
러한 조산운동이 세 번에 걸쳐 나타났다(대한지질학회, 1999). 트라이아스기의 송림조
산운동(2억 4,000만~2억 3,000만 년전), 쥐라기의 대보조산운동(1억 6,000만~9,700만
년전), 그리고 불국사조산운동(9,700만년~5,700만 년전)이 그것이다.

송림조산운동에 의한 화강암 관입은 한반도의 북부지역에서 주로 일어난 것에 반
해, 한반도 지체구조의 형성에 가장 큰 영향을 미친 것은 대보조산운동이었다. 이 기간
동안 경기지괴, 옥천대, 영남지괴 등 한반도 전역에 걸쳐 帶狀으로 화강암이 관입하였
다. 지질도를 살펴보면 중부지역에서 북동-남서방향으로 폭이 수십km에 달하는 화강
암들이 선상으로 배열되어 있는 것을 쉽게 알 수 있다(그림 01참조). 대보조산운동과는
달리 불국사조산운동의 경우 주로 한반도의 남동부를 구성하고 있는 영남지괴를 중심
으로 화강암들이 부분적으로 관입한 것이 특징이다.

이렇게 만들어진 화강암들은 한반도 지질의 1/3을 이루고 있으며, 이후의 지형형성
과정에서 핵심적인 역할을 담당하게 되었다. 화강암은 대부분이 지하 10~20km에서 응
고되었다. 따라서 화강암이 현재와 같이 땅위에 노출되어 산지와 평지를 형성하기 위
해서는 그 위를 덮고 있던 암석들이 빗물이나 바람에 의해 제거되어야 한다. 즉 육괴들
의 충돌에 의해 형성된 다양한 암석과 지형, 그리고 그 이전에 형성된 암석들의 상당 부
분은 침식에 의해 지표면에서 제거되었다.

중생대에서 언급되어야 할 중요한 지질적 사건은 경상분지의 형성과 호수퇴적물의 퇴적이다. 경상분지는 영남육괴의 중앙부를 형성하고 있으며(그림 01의 나), 중생대의 백악기 지층들이 거의 9km의 두께로 쌓여 있다. 이때 형성된 암석은 경상계누층군으로 통칭되며, 남한 면적의 1/4를 이루고 있다. 경상분지는 유라시아 동안의 이자나미판(Isanami plate) 혹은 태평양판이 유라시아 대륙의 동변부로 섭입하는 과정에서 만들어진 구조분지로 알려져 있지만 그 형성과정은 명확하지 않다(대한지질학회, 1999). 그 형성 시기는 대체로 대보조산운동과 불국사조산운동의 사이로 여겨지고 있으며, 호수에 퇴적되어 만들어진 퇴적암들의 하부는 불국사화강암으로 이루어져 있다. 당시에 퇴적된 경상계 지층은 층위의 변형정도가 낮고 비교적 침식에 약해서, 현재 낙동강 유역의 저평한 평탄지를 형성할 수 있는 지질적인 조건을 만들었다.

3) 제3기 동해의 형성과 한반도의 경동지형

한반도가 가지고 있는 동고서저의 지형적 특성을 만들게 된 결정적인 사건은 동해의 형성이다. 중생대에 일본은 한반도와 더불어 하나의 땅으로 존재하고 있었다. 하지만 신생대 제3기 중엽(2,500만 년전)부터 일본이 한반도에서 떨어져 나가면서 동해가 열리기 시작했다. 동해 북쪽의 소련 열도인 시코테-알린(Shikhote Alin) 산맥과 우리나라의 함경산맥 및 태백산맥을 이은 한반도 주산맥의 동쪽에는 대규모의 단층이 있었으며, 그 단층선을 중심으로 그 동쪽은 함몰되어 동해가 되고 서쪽은 융기하여 현재의 태백산맥과 함경산맥을 이루게 되었다(정창희, 1997).[2] 지체구조의 발달과정을 살펴보면 한반도 내 중생대 조산운동의 특성은 조산운동의 시기(송림운동-대보운동-불국사운동)와 이에 수반되는 화성활동의 시기(트라이아스기-쥬라기-백악기)가 지역적으로 북쪽에서 남쪽으로 향하면서 젊어지고 있다(박봉순, 1982). 조화룡(1982)은 이러한 지체구조의 발달을 한반도의 지형발달과정과 연결시켜 설명하고 있다. 먼저 중생대 중기까지는

---

2 현재 동해 형성에 관해서는 많은 논란이 있다. 첫째는 일본 열도가 북쪽은 시계 반대방향으로 남쪽은 시계 방향으로 회전하면서 확장했다는 것이다. 둘째는 양산단층 등 한반도와 일본에 위치한 두 개의 단층에 힘이 작용해 이들이 미끄러지면서 확장했다는 주장이다. 어떤 이유이든 간에 동해는 1,200만 년전 확장을 중단했고, 지금은 조금씩 좁아지고 있는 것으로 보인다(대한지질학회, 1999).

일본열도가 한반도로부터 분리되지 않아 한반도가 대륙연변부에 위치하고 있었기 때문에 압축력이 우세하여 주로 습곡운동(트라이아스기의 송림운동과 쥬라기 중기의 대보운동)이 나타났다. 반면, 중생대 중기 이후에는 일본열도가 분리되기 시작하면서 한반도가 일본열도의 후면에 위치하면서 압축력보다는 확장력이 우세한 구조운동을 경험하면서, 단층운동과 지괴운동을 야기한 불국사운동(중생대말-제3기초)과 단층운동(제3기 중기)이 발생하였다. 제3기 중기의 단층운동은 정단층과 그에 동반한 요곡 및 지괴의 경동운동을 통해 태백산맥과 개마고원을 중심으로 북서쪽으로 기울어진 지형의 원형이 만들어졌다고 보고 있다.

제3기 이후의 지반운동은 산지가 삭박되면서 하중의 감소를 보상하기 위해 점진적으로 이루어지는 융기, 즉 지각균형적 융기(isostatic uplift)로 추정되고 있다(장호 · 박희두, 2001). 한반도가 융기한 속도는 대체적으로 1,000년에 약 0.1m 정도로 알려져 있다(오건환 · 최성길, 2001). 이러한 융기속도는 일본의 1.52m/1,000년에 비해 훨씬 낮은 속도이다. 여기에 덧붙여 융기현상은 지역별로 방향성과 시기, 그리고 융기량에서 큰 차이를 보였다(박수진, 2007).[3] 결과적으로 비교적 낮은 한반도의 융기속도는 대규모 지형의 발달을 유도하지는 못하였고, 지반운동의 공간적인 차별성과 복잡한 지질구조는 한반도의 지형의 공간적인 이질성을 높인 주요인이 되었다.

제3기가 한반도의 지형발달사에서 중요한 의미를 갖는 또 다른 이유는 고온다습한 기후이다. 지구의 온도는 지질시대를 거치면서 서서히 낮아지고 있다(최덕근, 2003). 한반도에서 제3기동안의 기온과 강우량은 현재보다 높아 열대 혹은 아열대 기후를 보였을 것이라는 것으로 추정된다. 그 결과 지표면에서는 활발한 화학적 풍화작용이 일어났으며, 이것은 한반도에서 광범위하게 분포하고 있는 화강암의 深層風化 현상을 야기시켰다(장재훈, 2002).[4] 長石類와 운모류 광물을 다량 함유하고 있는 화강암은 지하

---

3 판구조론적 시각에서 보면 한반도는 태평양판과 필리핀판이 유라시아판과 충돌하는 위치에 인접하고 있으며, 인도판이 유라시아판에 부딪치면서 발생하는 응력에 직접적인 영향을 받고 있다(전명순 외, 1993; 지헌철, 2005). 이렇게 복잡한 판들의 상대적인 움직임과 그에 따른 응력의 시간적 차이에 의해 복잡한 지구조적 발달특성을 보인다. 영남분지를 대상으로 한 지구조 연구에 의하면 한반도에 영향을 미친 응력의 방향은 신생대 제3기 이후에도 시간적으로 많은 변화를 경험한 것을 알 수 있다(최범영 외, 2003).

4 한반도에 존재하고 있는 화강암 심층풍화층의 기원이 온난습윤했던 제3기가 아니라는 주장이 최근에 최근 제기되고 있다(권동희, 2007).

에서 水分과 접촉하면 다른 암석에 비해 쉽게 풍화된다. 심층풍화를 받은 화강암은 암석의 형태를 유지하고 있지만, 풍화층내에 역들이 존재하지 않고 간단한 도구로도 쉽게 파낼 수 있는 특징을 가진다. 세프롤라이트(saprolite)로 불리는 이러한 화강암 풍화층은 빗물에 의해서도 쉽게 침식되는 특성을 가지고 있어 한반도 곳곳에 분포하는 침식평탄지와 침식분지 등을 형성하는 주요한 원인이 되었다(제3절 참조). 그 결과 화강암과 그 풍화층의 분포는 전통취락과 수리시설의 입지를 결정하는 중요한 요인이 되었던 것으로 보인다.

4) 제4기 기후변화와 지형형성작용

제3기 이후 융기축을 중심으로 서해와 동해로 흐르는 하천을 구분하는 반도분수계가 형성되면서 태백산맥과 마천령산맥의 경우 서쪽과 동쪽, 그리고 함경산맥의 경우 북쪽과 남쪽으로 흐르는 강들이 형성되었다. 한반도가 융기를 시작한 이후의 지형발달은 퇴적작용보다는 침식작용이 절대적으로 우세하여 복잡한 요철지형들이 반복되어 나타나게 되었다. 제4기 동안 한반도의 지형을 변형시킨 중요한 요인은 주기적으로 반복된 빙하기와 간빙기, 그에 동반된 해수면 변동이다. 제4기는 약 250~260만년 전에 시작된 시기로 인류의 출현기이다. 제4기는 다시 홍적세(Pleistocene)와 충적세(Holocene)로 구분되며, 홍적세시기에는 빙하의 확장에 따른 빙기와 간빙기가 반복적으로 나타났다. 반면 충적세는 마지막 빙하기가 끝이 난 약 10,000년간을 의미하며, 기온상승과 더불어 급격한 해수면 상승이 나타난 시기이다.

제4기 동안 한반도에 빙하가 있었다는 증거는 없다. 하지만, 빙하의 주변, 즉 주빙하지역에 놓임으로서 많은 지형변화를 경험하였다. 먼저 빙하기에는 해수면이 급격하게 낮아져, 육지부분은 침식이 우세하게 나타나게 된다. 약 10,000년전 최후 빙기에 한반도의 해수면은 약 100m 정도가 낮았던 것으로 알려지고 있다(오건환 · 최성길, 2001). 이 경우, 현재의 저평한 서해안 지역도 낮아진 해수면으로 인해 하천의 하각침식이 진행되어 깊은 계곡이 만들어졌을 것이다. 반면, 간빙기에 해수면이 올라가게 되면, 침식기준면의 상승으로 인해 침식된 계곡이 충적층으로 메워지게 된다. 현재 서해안의 평탄한 지역에서 하천의 규모에 비해 상대적으로 넓은 충적층이 존재하고 있는 것은 빙하기에 형성된 하곡들이 채워졌기 때문이다(권혁재, 1975, 2005).

빙하기와 간빙기의 주기적인 반복은 해수면 변동과 더불어 지표의 침식 및 삭박과정에도 결정적인 기여를 하였다. 빙하기에는 기온의 저하로 인한 결빙현상으로 기계적인 풍화가 우세하게 된다. 특히 지표피복이 약했기 때문에 주빙하성 사면이동(periglacial mass movement)이 활발하게 진행되었다. 반면, 간빙기에는 온난다습한 환경하에서 유수의 증가로 인해 빙하기에 형성된 풍화물과 사면퇴적물들이 활발하게 제거되었다. 한반도에서 지형개석의 증거로 흔히 지적되는 지형이 평탄면 혹은 평탄지들이다(김상호, 1973, 1980; 장재훈, 2002; 박수진, 2009a). 평탄지란 풍화와 침식으로 인해 지형이 平坦化된 지형을 총체적으로 지칭한다. 융기량이 높은 태백산맥과 함경산맥 지역에서는 평탄지들이 산맥의 정상부 혹은 산능선 부분에 형성될 수 있다(박수진, 2009b). 반면, 융기량이 상대적으로 적었던 서해안 지역의 경우에는 지표면의 삭박작용이 지속되면서 저기복성 혹은 구릉성 평탄지를 형성하게 된다. 경기도의 여주와 이천, 충청북도의 진천, 충주, 제천지역, 충청남도의 천안, 전라북도의 익산과 김제, 그리고 경상북도의 예천과 안동, 영주지역 등에서 나타나는 평탄한 지형은 이 과정에서 형성되었다(장재훈, 2002). 반면, 내륙지방에서는 국지적인 암석의 차이로 인해 侵蝕盆地들이 발달하였다. 강원도의 해안분지, 대화분지, 충청남도의 대전분지, 충청북도의 옥천분지와 충주분지, 전라북도의 남원분지, 전라남도의 광주분지와 구례분지, 경상남도의 거창분지와 가조분지, 웅양분지·초계분지·악양분지 등이 그 대표적인 예들이다(장재훈, 2002).[5] 서해안지역의 저기복성 평탄지와 내륙지방의 구릉성 평탄지, 그리고 침식분지들은 제4기에 새롭게 형성된 평탄면이란 뜻으로 연구자에 따라서는 저위침식면 혹은 신기삭박면으로도 불린다(김상호, 1973).[6]

빙하기와 간빙기에 주기적으로 나타난 침식과 퇴적현상으로 인해 해안에는 해안단구가 그리고 하천에는 다양한 형태의 하안단구가 형성되게 된다. 현재 한반도의 포항

---

5 이들 분지 대부분은 원호형으로 관입한 화강암을 퇴적암 혹은 변성암들이 둘러싸고 있는 형태를 보이고 있다. 이들 침식분지의 공통적인 특징은 주변을 둘러쌓고 있는 다른 암석(변성암, 퇴적암)에 비해 침식에 약한 화강암의 풍화층이 제거되면서 형성된 지형이다. 이것은 화강암이 관입되는 과정에서 그 주변의 암석이 습곡작용을 받거나 혹은 담금질 작용을 받아 풍화에 상대적으로 강해질 수 있는 조건이 마련된 반면, 화강암지역은 현재보다도 훨씬 온난습윤했던 제3기를 거치면서 심층풍화를 받아 쉽게 침식되기 때문에 형성된 지형이다.

6 한반도에 발달하고 있는 평탄면의 발달과정은 과거 지형윤회적인 관점에서 해석되어 왔다(김상호, 1973, 1980). 하지만, 최근 박수진(2009a)은 이러한 윤회적인 시각을 강하게 비판하면서 평탄지의 형성과정에 대한 새로운 시각을 제시하고자 하였다. 보다 구체적인 내용은 제3절을 참조하기 바란다.

북부와 울산사이에는 현해수면보다 높은 5단의 해안단구가 발달하고 있다(오건환·최성길, 2001). 제1단구는 약 3m 정도의 높이를 보이고 있으며 이것은 현세에 형성된 것으로 믿어지고 있다. 반면, 후기 홍적세(약 75,000BP)에 만들어진 제2단구는 10~15m 정도에 위치하고 있으며, 중기 홍적세(약 125,000BP)에 만들어진 제3단구는 35~46m의 고도분포를 보이고 있다. 이외에도 시기가 더 오래된 것으로 믿어지는 제4단구와 제5단구가 각각 50~60m, 그리고 70~80m에서 발견되고 있다. 마찬가지로 하천주변에서도 하안단구들이 한반도 전역을 통해 여러 면이 발달하고 있다(장호·박희두, 2001). 이러한 단구지형은 평지를 이루고 있으며 배수가 양호하기 때문에 현재까지 주로 밭이나 과수원으로 이용되는 경우가 많다.

2. 한반도의 지형체계

복잡한 지질구조와 오랜 역사를 지닌 한반도의 지형형태를 구체적으로 기술하는 것은 쉬운 일이 아니다. 우리나라에서 지형의 특성을 설명해왔던 모델은 크게 두 가지로 나누어 볼 수 있다(박수진·손일, 2008). 그 하나가 산맥(mountain ranges)이고, 다른 하나가 백두대간으로 대표되는 산줄기(mountain ridges)이다(그림 03). 산맥이라는 용어는 장기간의 지형발달과정을 거쳐 형성된 산지들의 집합체로서 위치와 방향, 형성과정, 그리고 형성시기 면에서 다른 산지와 뚜렷한 차이를 보이는 지형을 의미한다(박수진·손일, 2005a). 다시 말하면 지표면에서 일정한 범위와 고도에 걸쳐 산봉우리들이 연속되어 나타날 때, 그 산봉우리들의 연속성이 유사한 지질 및 지형형성 작용을 거친 경우, 그리고 그러한 작용이 인근 지역과 차이를 보일 때에 비로소 그 산지들을 산맥이라고 규정한다. 반면 '산줄기(mountain ridges)' 란 지표면에서 일정한 고도를 가지면서 산지로 인식될 수 있는 능선들을 표현한 것이며, 특히 산지의 연속성을 유역분수계를 따르는 능선의 연결선으로 규정한다. 분수계가 고도나 지표의 형태에 관계없이 물의 흐름을 분리하는 선인 반면, 산줄기 지도는 산지로 인식될 수 있는 특정고도 이상의 분수계를 이은 선으로 규정하게 된다. 산경표에서 제시하고 있는 산줄기, 즉 백두대간 체계는 우리나라 10대 강의 유역분수계들을 공간적으로 연결한 선으로 산지의 연속성을 파악하고자 한 대표적인 예이다(손일, 2002, 이도원 외, 2004).[7] 여기서는 산맥도를 통

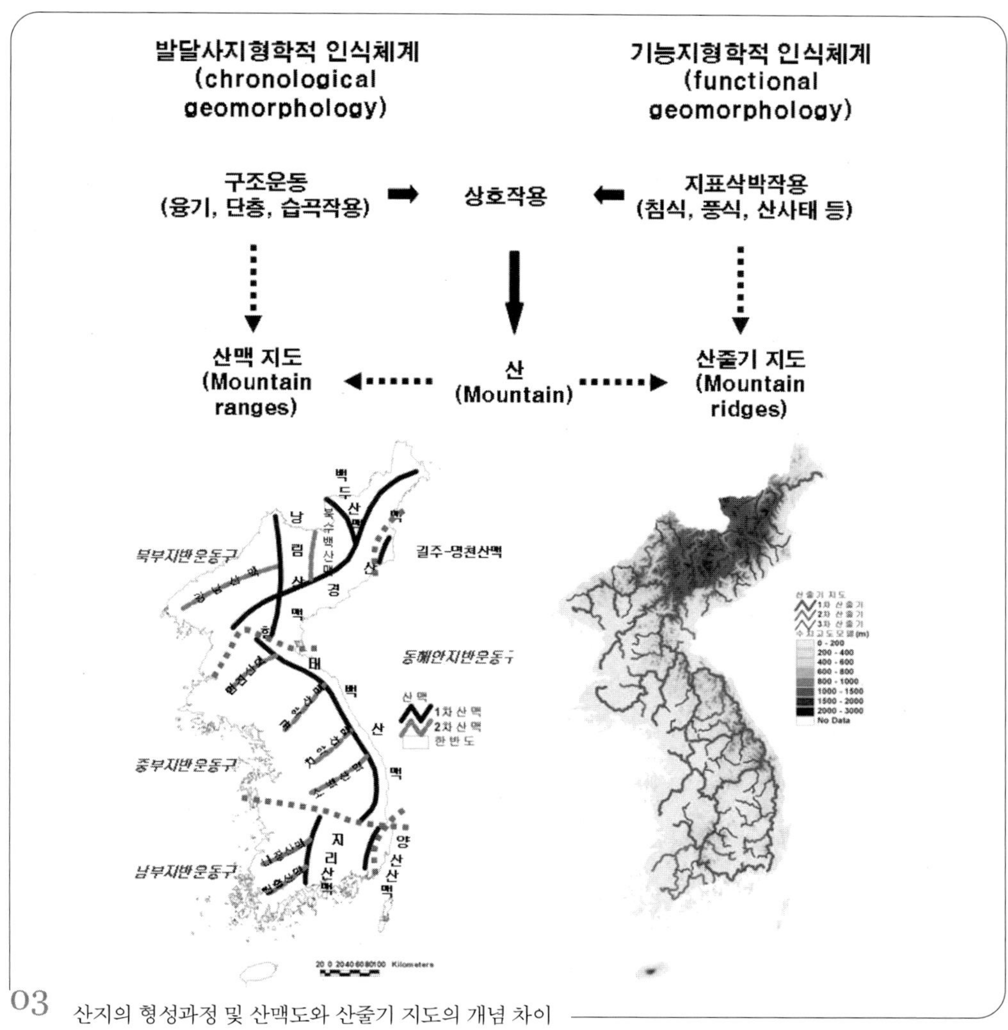

03 산지의 형성과정 및 산맥도와 산줄기 지도의 개념 차이

해 한반도의 지반운동특성, 산줄기 지도를 통해 하천특성, 그리고 전통농경에서 핵심적인 요인으로 간주되었던 평탄지의 공간적인 분포와 형성과정을 살펴본다.

---

7 유역분지를 근거로 한 산지 인식체계는 우리 고유의 자연 인식체계로, 조선의 유학자들은 산의 연결성을 체계적으로 파악하여 자연환경, 자원분포, 취락분포 등에 관해 나름의 객관적 근거를 마련하려 노력하였다. 이 과정에서 당시 생활과 밀접한 관련이 있던 하천의 유역분지를 유역분수계 개념으로 파악하였고, 유역분수계의 연속된 산지를 산줄기로 파악하였던 것이다. 이러한 산지 인식체계를 체계적으로 정리하여 집대성한 것이 바로 산경표로 볼 수 있다(손일, 2002).

1) 산맥과 한반도 지반운동특성

그림 03은 한반도의 주요한 산지의 분포를 표현한 것이다. 최근에 발표된 박수진·손일(2008)의 연구에서는 한반도에는 1차 산맥 7개, 2차 산맥 8개 모두 15개의 산맥이 있다고 주장하였다.[8] 1차 산맥은 지구 내적영력에 의한 지표면의 융기, 단층, 그 밖의 변형작용의 결과 형성된 산지를 말한다. 1차 산맥에는 화산활동에 의해 형성된 산지도 포함하며, 그 대표적인 것이 마천령산맥이다. 반면 2차 산맥은 내적영력보다 지표면의 외적영력이 강하게 작용하여 형성된 산지를 의미한다. 지속적 혹은 단속적으로 융기하는 1차 산맥의 측면을 따라 삭박작용에 의해 형성되기 때문에 1차 산맥에 대해 수직 혹은 수지상으로 발달하는 경우가 대부분이다.

이러한 산맥의 공간적인 분포를 이해하기 위해서는 지반운동구의 분포를 먼저 언급할 필요가 있다(박수진, 2007). 한반도는 그 주변을 둘러싸고 있는 판들(태평양판, 필리핀판, 인도판, 유라시아판)의 상대적인 움직임과 그에 따른 응력의 시공간적 차이에 의해 복잡한 지구조적 특성을 보이며, 그 특성은 한반도의 지형에 반영되어 지형발달의 공간적인 차별성이 나타난다. 여기서 지반운동구란 지형발달과정에서 서로 다른 지반운동양태를 보인 지역을 의미한다. 한반도에는 북부지반운동구, 중부지반운동구, 남부지반운동구, 그리고 동해안지반운동구의 4개의 지반운동구가 존재하며, 각각 특징적인 지형특성을 가지고 있다(그림 03).

북부지반운동구는 황해도 황주군-평양특별시-평안남도 북창군-함경남도 요덕군-함경남도 금야군을 통과하여 동해로 연결되는 선 이북의 지반운동구이다. 이 지역의 가장 중요한 특징은 함경산맥, 낭림산맥, 마천령산맥으로 둘러싸인 개마고원 지역을 중심으로 지역적인 규모로 지반운동이 발생하였다는 점이다. 이러한 특징은 중부지방의 태백산맥을 따른 선적인 융기와는 큰 차이를 보인다. 개마고원을 중심으로 3면으로 융기량이 상대적으로 줄어들면서 서쪽으로는 강남산맥, 동쪽으로는 함경산맥, 그리고 남쪽으로는 낭림산맥을 따라 산지들이 분포하고 있다. 북부지반운동구, 특히 개마고원을 중심으로 한 지역은 융기량이 다른 지반운동구에 비해 상대적으로 높았던 것으로 추정

---

8 이글에서 제시되고 있는 산맥체계와 산맥명칭은 기존의 교과서에서 보편적으로 사용되고 있는 산맥체계를 수정한 것이다. 자세한 내용은 박수진·손일(2008)을 참고하기 바란다.

된다(박수진, 2007a). 그 결과 개마고원상에는 부분적으로 남아있는 고위평탄지를 제외하고는 대부분 지역이 하천의 하각침식이 우세한 험준한 산지 및 계곡으로 이루어져 있다. 따라서 한반도 중부와 그 이남 지역에 보편적으로 분포하고 있는 침식평탄지 혹은 산간분지들의 발달은 상대적으로 약하다. 북부지반운동구에서 평탄한 지역은 제4기 화산암의 분출에 의해 만들어진 백두산 주변의 용암대지와 길주-명천지구대의 화산암지대, 그리고 서해와 동해에 면한 해안평야 등에 국한되어 있다.

중부지반운동구는 북쪽으로는 북부지반운동구를 접하고 있으며, 남쪽으로는 충남 태안과 경북 포항을 잇는 선을 따라 남부지반운동구와 접한다. 이 지역의 지반운동과 그에 따른 지형의 특성은 동해안의 태백산맥을 따라 원호상의 형태를 보인다. 가장 융기량이 높은 태백산맥의 서쪽으로는 언진산맥, 화악산맥, 치악산맥, 소백산맥 등의 2차 산맥이 평행하게 발달해 있어 전체적인 지형형태가 부채꼴의 모양을 보인다. 산맥들 사이에서는 하천이 발달하면서 다양한 형태의 침식평탄지와 산간분지들이 발달하고 있다. 중부지반운동구에서 나타나는 고위평탄지들은 대부분 태백산맥과 2차 산맥상에 나타나지만, 침식평탄지와 산간분지의 경우에는 대보화강암의 분포와 밀접한 관련을 가지고 있다. 즉 대상으로 넓게 관입한 화강암 저반의 경우에는 침식평탄지(예, 여주-이천, 안동-영주)를, 그리고 원호형으로 관입한 화강암 암주의 경우에는 산간분지(예, 춘천분지, 양구분지 등) 등이 형성되어 있다. 하천을 따라서 평지들이 선상으로 나타나기는 하지만, 그 면적은 넓지 않으며, 대부분의 평지들이 화강암의 침식과정에서 형성된 것은 이 지역의 특징이다.

남부지방운동구는 북쪽으로는 중부지반운동구와 접해있으며, 동쪽으로는 동해안지반운동구와 접한다. 이 지역을 수직으로 관통하는 덕유산과 지리산을 이은 지리산맥을 중심으로 그 동쪽의 융기량이 서쪽보다 높은 비대칭적 지반운동의 특성을 보이는 것이 특징이다. 지리산맥의 서쪽에는 노령산맥과 해남산맥이 평행하게 발달해 있다. 지리산맥의 동쪽에는 낙동강을 중간에 두고 전체적으로 계단상 지형이 지리산맥 쪽과 양산산맥쪽으로 발달하고 있다. 지형분류결과를 살펴보면 지리산맥을 경계로 서해안쪽과 낙동강 유역은 평탄지들이 탁월하게 발달하고 있다. 하지만, 두 지역을 구성하는 지질은 서해안쪽은 대보화강암, 그리고 낙동강 유역은 경상계 지층들로 나누어져 큰 차이를 보인다. 지리산맥의 서쪽은 중부지반운동구와 마찬가지로 화강암의 차별침식에 의해 형성된 침식평탄지(논산평야, 광주평야)들과 화강암 산간분지(구례분지, 나주분지, 가조분지) 등이 탁월하게 발달하고 있다. 낙동강 유역이 한반도의 전체와 비교해서 비교적 낮은 기복의 평탄한 지형을 보이는 이유는 지질적인 요인이 중요하게 작용한 것으로 보인다. 전술한 바와 같이 이 지역은 과거 호수가 존재했던 지역으로 암석의 변성정도가 상대적으로 낮고, 비교적 침식에 약해 저기복 지형들을 형성되었다.

동해안 지반운동구는 동해안에 면해 있는 길주-명천산맥과 양산산맥을 포함하는 지반운동구이다. 이 지반운동구는 지질학적으로는 환태평양알칼리화산지구와 공간적 범위가 유사하다. 한반도와 일본 열도 사이의 동해 연변에 나타났던 플라이오세-플라이스토세 화산활동 결과, 제주도와 울릉도, 독도를 형성한 알칼리 암석들이 분포하는 지역이다(대한지질학회, 1999). 길주-명천산맥 주변의 평지들은 대부분 화성작용에 의한 용암대지가 나타난다. 반면 양산산맥주변에는 조밀한 단층선에 의해 만들어진 평지들이 많이 발달하고 있어 대조를 이루고 있다.

2) 산줄기와 하천의 특징

산경표에 나타난 산줄기를 순서대로 나타내면, 白頭大幹, 長白正幹, 洛南正脈, 淸北正脈, 淸南正脈, 海西正脈, 臨津北禮成南正脈, 漢北正脈, 洛東正脈, 漢南錦北正脈, 漢南正脈, 錦北正脈, 錦南湖南正脈, 錦南正脈, 湖南正脈이 된다. 이들 산줄기는 북쪽으로부터 두만강, 압록강, 청천강, 대동강, 예성강, 임진강, 한강, 삽교천·안성천, 금강, 영산강, 섬진강, 낙동강의 유역분수계에 해당되며, 동해로 흐르는 작은 하천들에 대해서는 별도의 분수계 구분이 없다. 산경표는 우리 민족의 고유한 산지인식체계를 보여주는 역사적, 문화적 자료를 제공해준다는 점에 있어서는 의심의 여지가 없다(양보경, 1993). 하지만 백두대간체계에서 보여주는 주요 강의 유역분수계의 의미는 지형분류 및 국토관리의 측면에서 사용하기에는 상당한 문제점을 안고 있다(손일, 2002; 이도원

표 1 _ 산줄기 지도의 작성에 사용된 구분 근거

유역분수계	1 차산줄기	2차 산줄기	3 차산줄기	이하 차수 산줄기
최소 유역면적(km²)	5,000	2,500	1,250	이전차수 유역면적/2
최저고도(m)	〉100	〉100	〉100	〉100
유역수	12	28	79	$-1.12 \log10(A)+5.29$
한반도 대비 면적비	0.61	0.70	0.74	$-0.04 \log10(A)2-0.19 \log10(A)+0.81$
凸形 지형비율	83.6	83	82.2	$0.0000006(A)2-0.0007(A)+18.574$

* A : 유역면적km²(박수진·손일, 2005b)

외, 2003; 신준환, 2004; 박수진 · 손일, 2005b).

　박수진 · 손일(2005b)은 한반도의 산줄기 인식체계를 발전시키는 새로운 산줄기 지도를 제작하여 제안하였다(그림 03). 이 지도에서는 한국의 전통적인 산지연속성 개념인 '유역분수계' 의 개념을 사용하였으며, 유역의 프렉탈(fractal)적인 특성을 고려하여, 한반도 전체의 산줄기 체계를 계층적으로 표현하고자 하였다. 유역면적 5,000km²의 분수계에서 나타나는 산줄기를 1차 산줄기로, 그리고 2차 산줄기부터는 전차수의 유역면적을 반분하는 형식으로 전체적인 산줄기 체계를 설계하였다. 제작된 산줄기 지도와 각 차수별 산줄기의 지형학적 특성을 나타낸 것이 표 1이다. 그림 03에서는 편의상 1차, 2차, 3차의 산줄기만 표시하였지만, 이러한 과정을 거쳐 그려진 산줄기 지도는 한반도의 모든 산줄기를 표현해 줄 수 있다. 그림 03에 표시된 1차 산줄기는 백두대간 체계와 유사한 특성을 보인다. 백두대간 체계와의 가장 큰 차이점은 1차 산줄기 지도에서는 남한강과 북한강 사이의 산줄기와 북한의 장진강 유역분수계를 둘러싼 산지가 포함된 반면, 유역분지의 면적이 상대적으로 작은 섬진강의 분수계(호남정맥)가 포함되지 않는다는 것이다. 그리고 산경표에서 부정확하게 나타났던 청천강, 임진강, 예성강 하구 지역의 유역경계를 비교적 명확하게 구분하고 있다(박수진 · 손일, 2005b).

　산줄기의 분포에서 볼 수 있는 바와 같은 한국의 하천은 유역면적이 비교적 좁고, 유역 대부분이 산지로 이루어져 있다. 한국의 하천은 월별, 계절별 유량변동이 큰 것이 특징이다(권혁재, 2005). 주요하천에 수리시설이 본격적으로 건설되기 이전인 1920년대 주요하천의 하상계수[9]는 1 : 300에서 1 : 682 사이의 분포를 보였다. 현재는 하상계수가 과거에 비해 많이 낮아졌지만, 이것은 유역 내에 수많은 댐과 저수지의 건설에 의해 가능해진 것이다. 하상계수가 높은 이유는 여름철에 강우가 집중되어 있고, 강우강도가 높다는 점이 가장 중요한 요인이다. 하지만 이와 더불어 유역면적인 좁고, 유역을 구성하는 지역이 대부분 급경사로 이루어져 있는 점, 그리고 산지에 토양층의 발달이 미약하다는 점도 원인으로 들 수 있다.

　이렇게 높은 하상계수 하에서 한국의 하천은 상류에서는 감입곡류하도가 중류에서는 홍수유량을 효과적으로 배출하기 위해 넓은 하폭과 얕은 하도를 형성하는 망류하도(braided channel)가 발달하게 된다. 반면 하류지역에서는 상류에서 이동되어온 토사

---

9 하상계수란 년간 최대유량을 최소유량으로 나눈 값이다.

표 2 _ 한반도 남부 주요하천의 하상계수의 변화

주요하천	하상계수	
	1920년	1990년
한강	1 : 393	1 : 90
낙동강	1 : 372	1 : 260
금강	1 : 299	1 : 190
섬진강	1 : 715	1 : 270
영산강	1 : 682	1 : 130

*출처 : 미상

들이 충적층을 만들고, 넓은 범람원사이를 흐르는 사행하천(meander channel)이 발달하는 것이 특징이다. 한강·금강·영산강·섬진강 등 서해로 흘러드는 하천은 홍수시에 다량의 토사를 운반하지만 삼각주를 형성하지는 못한다. 그 이유는 조차가 커서 바다로 운반되는 토사가 하구에 집중적으로 쌓이지 못하고 조류에 의해 바다 쪽으로 제거되기 때문이다. 그 대신 이들 하천의 하구 일대에는 간석지가 넓게 나타난다. 반면, 조차가 적은 남해안으로 흐르는 낙동강 하류에서는 삼각주가 뚜렷하게 발달하고 있다. 낙동강은 토사유출이 많은데다가 하구의 조차가 비교적 작아 삼각주를 형성할 수 있었으며, 김해평야는 삼각주로 이루어진 평야이다(권혁재, 2005). 이러한 한반도가 가지고 있는 하천지형의 원래 모습은 근대 이후 하천변이 활발하게 간척되어 현재는 원래 모습을 거의 찾아 볼 수가 없다.

3) 한반도 평탄지의 분포특성

산지가 차지하는 면적이 절대적으로 우세한 한반도에서는 평탄한 지형, 즉 평탄지들이 각종 산업활동과 정주공간의 형성에 결정적인 기여를 해왔다. 전통농경사회에서 취락은 충분한 수자원과 임산자원을 구할 수 있는 背山臨水의 평탄지에 입지하는 것이 일반적이었다(김상호, 1969). 한반도의 전통적인 도시 혹은 지역 중심지들은 충분한 가용토지를 확보할 수 있는 침식분지상에 발달하고 있다(장재훈, 1986, 1998; 권혁재, 2005). 박수진(2009)은 한반도의 평탄지의 분포를 도화하고 그 형성과정을 분석하였다. 그 내용을 간략하게 요약하면 다음과 같다.

그림 04의 가)는 한반도의 평탄지를 표현한 것이다. 평탄지로 분류된 면적은 한반도 전체 면적의 36.3%를 차지한다. 고도별 평탄지 비율의 평균은 해발고도 50m 이하에서

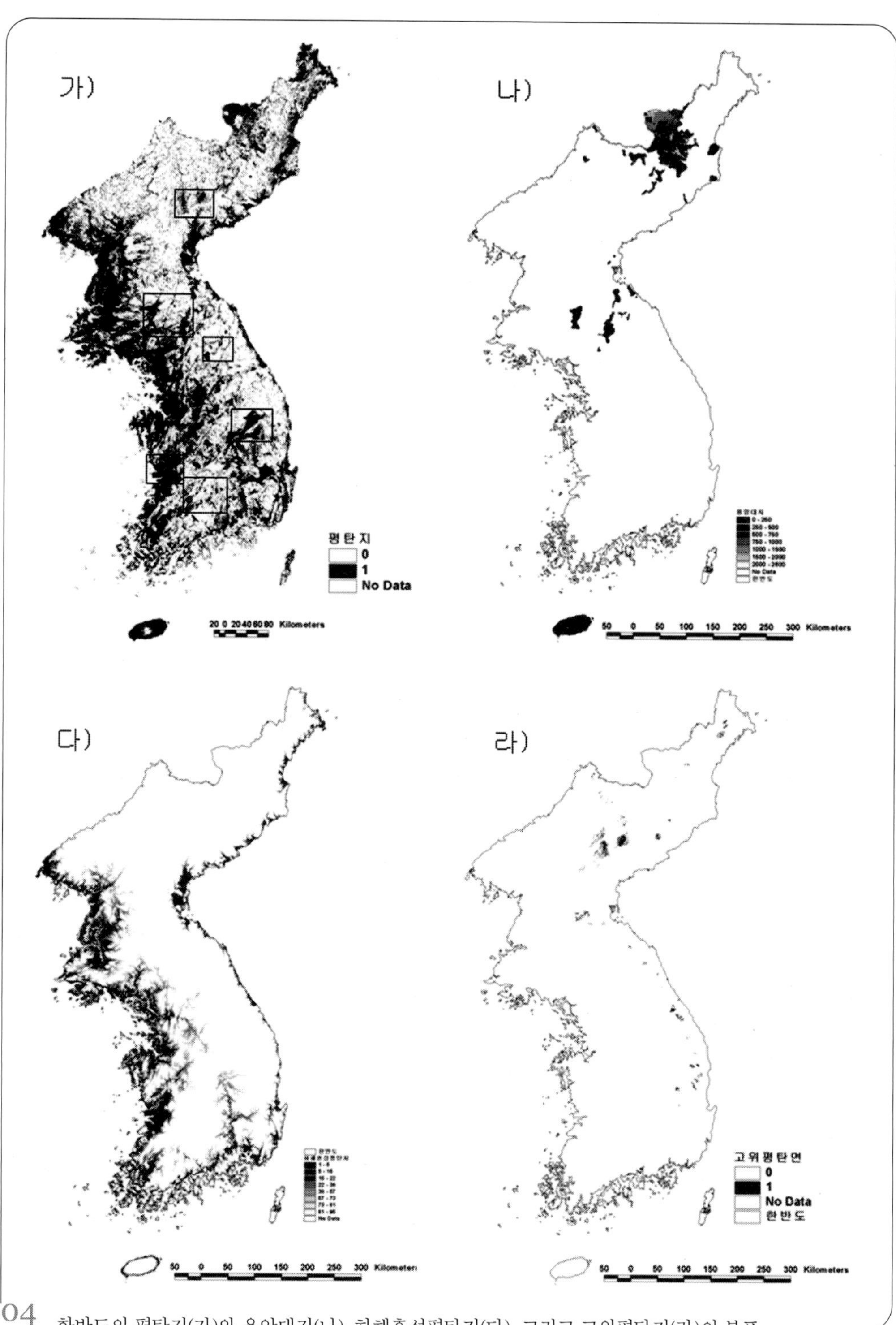

04 한반도의 평탄지(가)와 용암대지(나), 하해혼성평탄지(다), 그리고 고위평탄지(라)의 분포. 가)에서 네모로 표시된 유형별 지형특성은 그림 05에 표현되어 있다. (박수진, 2009)

는 93.2%, 50~100m의 고도구간에서는 66.4%였지만, 고도가 증가하면서 그 비율이 급격하게 감소하여, 750~1,000m 고도구간에서는 전체 면적의 5.2%에 불과하다. 하지만 1,000m 이상부터는 평탄지의 면적이 다시 증가하여 2,000m 이상에서는 그 비율이 25.7%로 증가한다. 1,000m 이상의 고도에서 평탄지 면적비율이 증가하는 이유는 한반도 북부에 광범위하게 분포하는 고원지역, 특히 용암대지와 고위평탄지의 영향 때문이다. 평탄지를 이루고 있는 암석은 대보화강암이 절대적으로 우세하다. 대보화강암(Jgr)은 한반도 전체 면적의 22.6%를 차지하지만, 평탄지로 분류된 비율은 43.4%에 달한다. 신생대 제3기 퇴적암(61.9%), 백악기 퇴적암(56.1%), 그리고 제4기 화산암류(55.4%)들은 평탄지 비율면에서는 대보화강암보다 높게 나타나지만, 한반도에서 차지하는 면적비가 2~3% 미만이기 때문에 대보화강암이 한반도의 평탄지 형성에 미치는 영향은 절대적이라고 볼 수 있다.

한반도 평탄지들은 성인면에서 크게 용암대지와 하해혼성평탄지, 구릉성평탄지, 산간분지, 고위평탄지, 하천주변평탄지 등으로 구분된다(그림 04, 05). 신생대 제4기에는 플라이스토세와 현세에 걸쳐 울릉도(180만년전~6,300년전), 제주도(120만년전~2만5,000년전), 백두산과 그 주변지역(200만년전~1,000년전), 철원·평강용암지역(약 27만년전)에서 용암분출이 있었으며, 현재까지도 넓은 용암평원을 형성하고 있다(권동희, 2007). 그림 04의 나)에 표시된 용암대지의 총면적은 약 6,500km² 정도이며, 용암대지의 구체적인 지형특성은 그림 05의 A에 제시되어 있다. 용암대지는 뚜렷한 평탄지를 형성하기 때문에 토지이용에 적합하지만, 고도가 높고 하천과의 비고차가 크기 때문에 제약조건이 많다.

하해혼성평탄지는 해안에 면해 있는 퇴적 및 침식평탄지들을 포괄적으로 지칭하는 것으로, 해안과 하천, 그리고 구릉성 산지의 사면작용의 영향을 동시에 받아 형성된 것이다(그림 04의 다, 그림 05의 B). 이 평탄지 유형의 형성과정에서는 제4기 동안 반복되었던 해수면의 상승과 하강이 결정적인 기여를 한 것으로 보인다. 즉, 빙하기에 해수면이 내려가면 깊은 협곡이 형성되지만, 해수면의 상승에 의해 협곡이 채워지면서 평탄지들이 만들어지게 되었다. 그 결과 해안과 하천주변에서는 퇴적작용에 의해 극히 평탄한 지형이 나타나지만, 하천으로부터 거리가 증가하면서 고도와 기복도가 서서히 증가하면서, 고기복의 산지로 연결된다. 산지와 접하기 전에는 산록완사면 지형이 빈번하게 관찰되며, 하안단구 혹은 해안단구의 발달로 탁월하게 나타난다(2.5절 참조). 하해혼성평탄지의 경우에는 다양한 암석지역에서 발달하고 있다. 하지만, 고도가 증가하

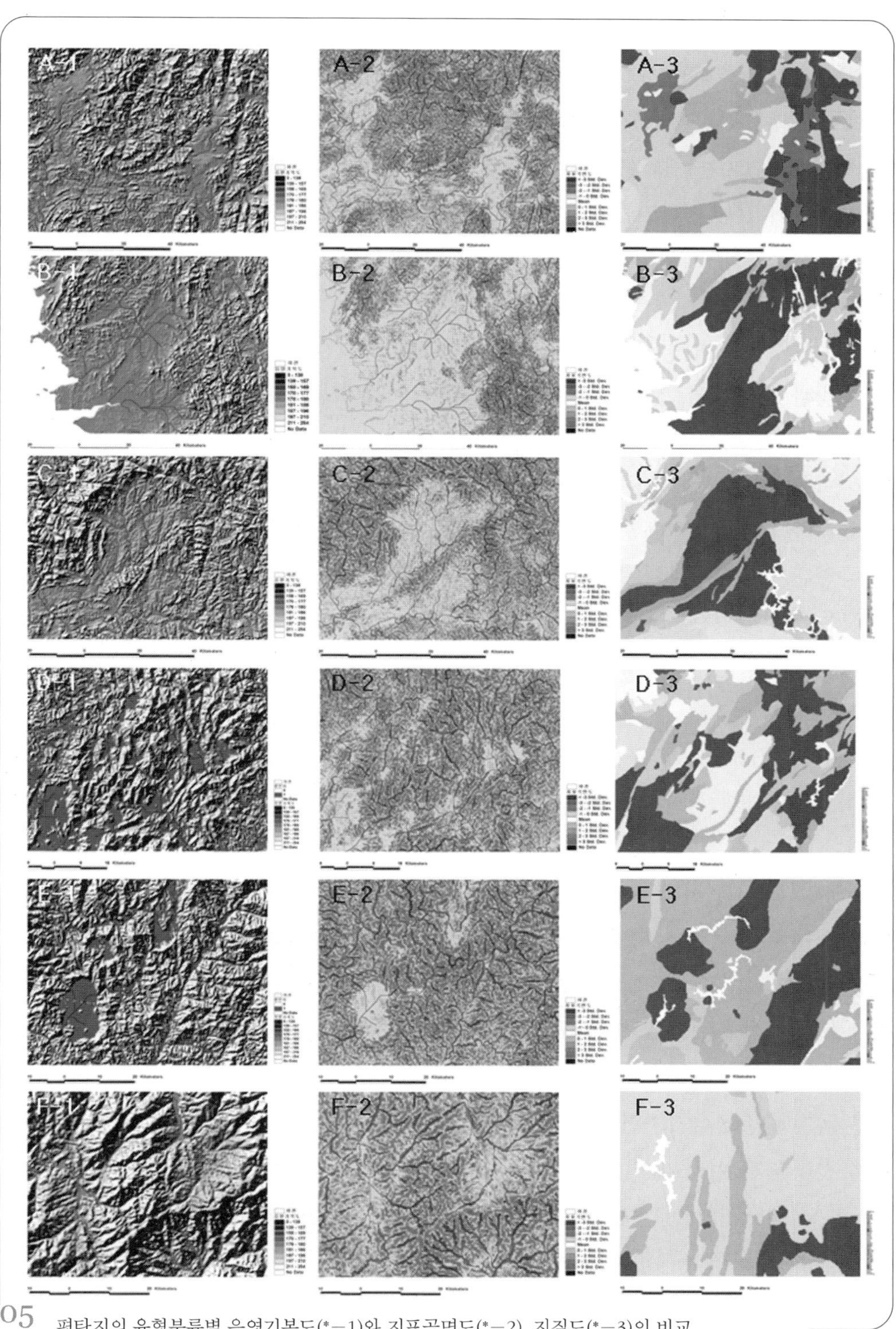

05 평탄지의 유형분류별 음영기복도(*−1)와 지표곡면도(*−2), 지질도(*−3)의 비교.
A : 용암대지, B : 하해혼성평탄지, C : 구릉성평탄지, D : 산간분지, E : 하천주변평탄지, F : 고위평탄지(박수진, 2009)

면서 화강암 지역에서 보다 뚜렷한 평탄지의 형성을 관찰할 수 있으며, 이 경우에는 해안으로 열린 'ㄷ'자의 형태를 보여준다(그림 05의 B). 하해혼성평탄지는 고도가 증가하면서 구릉성 평탄지로 연결된다.

구릉성평탄지는 제4기동안의 해수면변동의 직접적인 영향권에서 벗어난 내륙지역에 형성되어 있는 평탄지들로 주요하천의 본류구간에 형성되어 있는 평탄지들이다(그림 05의 C). 그 대표적인 예가 대령강 유역의 평안북도 구성분지, 재령강 유역의 황해북도 서흥군 일대, 한강유역의 남양주 지역, 춘천분지, 여주-이천분지, 충주분지, 낙동강 유역의 영주분지, 안동분지, 영천분지, 금강유역의 진천분지와 대전분지, 영산강 유역의 순창과 남원지역, 전라남도 보성군과 장흥군 일대 등이다. 구릉성평탄지들은 하해혼성평탄지에 비해 상대적으로 뚜렷한 하곡을 형성하고 있어 원호상의 분지형태에 가까워진다. 분지 내에서는 하계망의 발달이 잘 나타나고 있으며, 이러한 하계망을 중심으로 삭박작용의 흔적을 기복도 상에서 쉽게 관찰할 수 있다. 지질적인 측면에서는 위에 나열된 구릉성평탄지 중에서 황해북도의 서흥군과 낙동강 유역의 영천분지를 제외한 모든 구릉성평탄지들은 대보화강암을 기반암으로 하고 있다. 화강암 심층풍화층은 독특한 구조를 형성하고 있으며, 지표침식작용에 의해 저구릉성 산지를 형성할 수 있다(2.3, 2.4절 참조).

산간분지(intermontane basin)는 태백산맥의 서사면, 그리고 지리산맥의 동서사면 상에서 빈번하게 관찰되는 원호상의 평탄지들을 지칭한다. 전술한 구릉성평탄지와는 달리, 이들 지형은 하천의 하상비고가 높은 산지들 사이에 발달하고 있어 산간분지로 지칭하였다. 이들 산간분지들은 구릉성평탄지들에 비하여 규모가 작고, 형태적으로도 뚜렷한 분수계와 좁은 하곡이 특징적으로 나타난다. 분지를 관통하는 하천은 하곡을 벗어나면서 산지사이를 감입곡류하며 흐르는 경우가 많다(그림 05, D와 E 참조). 산간분지들이 형성되는 과정 역시 구릉성평탄지와 마찬가지로 화강암의 차별침식이 중요한 요인이 된다. 구릉성평탄지와의 중요한 차이는 하상의 구배보다는 암석의 경연차와 같은 국지적인 침식기준면에 의해 산간분지들이 형성되고 있다는 것이다. 따라서 동일한 하천을 따라 여러 개의 산간분지들이 연결되어 있는 경우를 쉽게 발견할 수 있다.

구릉성평탄지와 산간분지의 형태적인 특성은 산지들이 하천의 출구부에 임박해있어, 하곡이 비교적 명확하게 구분된다는 점이다. 특히, 산간분지의 경우에는 좁은 하곡이 국지적인 침식기준면으로 역할을 하고 있다. 반면 하곡이 명확하지 않은 경우에는, 그 상류에 평탄지들이 형성될 수 있는 환경이 만들어지기 어렵고, 국지적인 침식과 퇴적으로 인해 하천을 따라서 좁은 평탄지들만이 형성되게 된다. 하천주변평탄지로 정의되는 이러한 유형의 평탄지들은 산간분지와 하천주변평탄지는 공간적으로 인접하고 있는 경우가 많다(그림 05 E). 따라서 지역적인 암석의 위상관계에 의해 분지의 발달여부가 결정되다. 하천주변평탄지에서는 과거의 지반운동과 기후변화를 지시해주는 다양한 하안단구들이 발달할 수 있으며, 이러한 하안단구는 전통사회에서 농경지로 활발하게 이용되었다.

고위평탄지들은 함경산맥과 태백산맥, 그리고 낭림산맥 등과 같은 고산지대에 분포하고 있는 평탄지들이다. 형태적 특성이 크게 두 가지로 대별된다. 먼저 함경남도 부전군과 장전군, 그리고 강원도 대관령 등과 같이 화강암상에서 발달한 대규모의 평탄지들이 있으며, 두 번째는 이와는 달리 국지적으로 나타나는 소규모 평탄지가 있다. 두 번째에 해당되는 평탄면의 경우에는 형태적 특성과 구성암석면에서 상당한 차이를 보여, 그 특성을 일반화하기가 어렵다. 하지만, 첫 번째 유형의 경우에는 원호형의 화강암 평탄지위에 하계망의 발달이 비교적 뚜렷하게 나타나는 특성을 보인다(그림 05 F).

제4기 화산활동에 의해 형성된 용암대지를 제외한 나머지 평탄지들은 형태와 위치적 특성이 서로 밀접하게 연결되어 있어 연속적인 발달과정을 겪은 것으로 이해하여야 한다. 박수진(2009)은 이러한 평탄지의 특성을 결정하는 중요한 요인을 융기 및 해수면 변동에 따른 침식 및 퇴적기준면의 변동과 지질단위의 위상관계로 정리하여 평탄지 형성에 관한 일반모델을 제시하였다(그림 06). 특히, 이들 평탄면들이 독립적으로 존재하는 것은 아니라, 하천을 따른 삭박환경의 변화에 따라 동적으로 연계되어 있다고 주장하였다. 해안에서 유역분수계로 이어지는 하천의 종단면을 어그레이드 구간(aggraded zone) → 그레이드 구간(graded zone) → 디그레이드 구간(degraded zone) → 인터플르브(interfluve) 등의 4개의 구역으로 나누고, 평탄지 유형을 이들 하천구간과 결부시켜보면 어그레이드 구간에서는 하해혼성평탄지, 그레이드 구간에서는 구릉성평탄지, 디그레이드 구간에서는 산간분지, 그리고 인터플르브에서는 고위평탄지가 전형적으로 발달하고 있다. 하천주변평탄지의 경우에는 그레이드 구간과 디그레이드 구간에서 다양한 형태로 발달한다. 각 구간별로 평탄면의 침식기준면은 해수면에서 하천하상, 그리고 암석의 경연차에 의한 국지적인 침식기준면으로 전환된다. 평탄지를 구성하는 암석의 경우, 어그레이드 구간의 경우에는 다양한 암석에서 발달하는 구릉성평탄지와 함께 퇴적평탄지의 발달 면적이 넓다. 하지만, 그레이드 구간과 디그레이드 구간으로 나아가면서 화강암(대보화강암)의 존재유무가 결정적인 요인으로 작용한다. 한반도에서

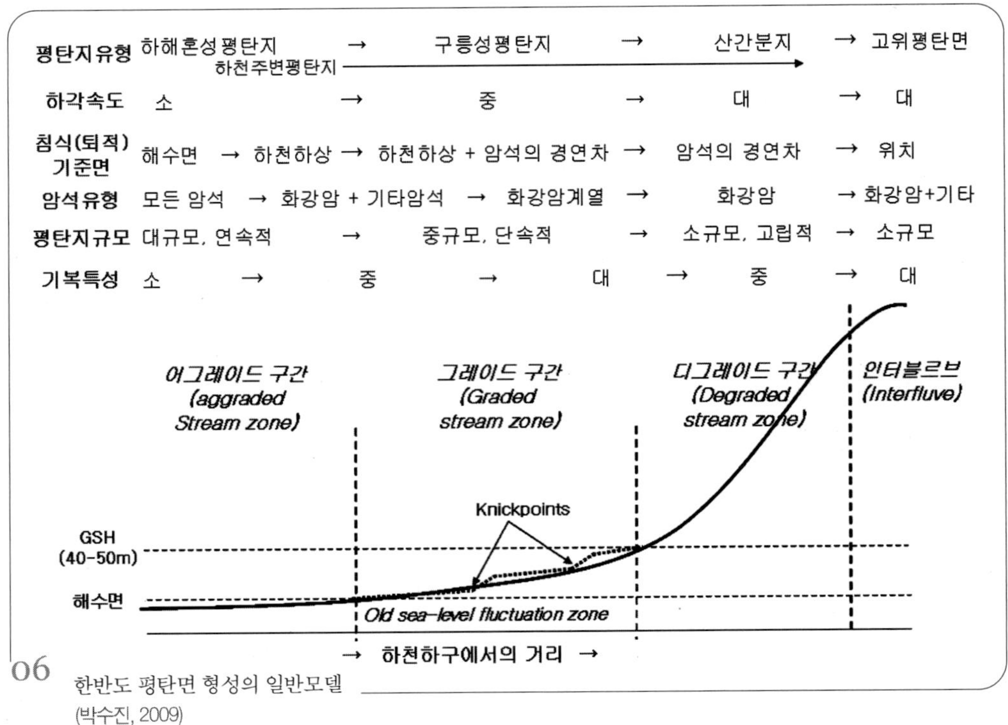

06 한반도 평탄면 형성의 일반모델
(박수진, 2009)

는 고위평탄지에서도 화강암의 구성비율이 높고 하천의 역할이 중요해 보인다. 전체적인 지형기복도는 하해혼성평탄지에서 구릉성평탄지로 가면서 점차 증가하지만, 산간분지로 가면서 감소하는 특성을 보인다. 기복도의 차이는 곧 평탄지내의 지형구성요소들(산록완사면, 단구, 충적지)의 다양성에 의해 결정된다.

3. 수리시설의 입지와 지형과의 관계

역사시대에 기록된 수리시설에 관한 연구는 농학과 역사학, 그리고 농경제사의 측면에서 집중적으로 다루어져 왔다. 하지만, 수리시설의 공간분포와 입지특성을 다룬 연구들은 소소에 불과하였다. 이들 연구들은 내용적 측면에서 두 분야로 나눌 수가 있다. 첫째는 기록으로 남아 있는 조선시대의 역사문헌에 기초하여 전통수리시설의 분포를 도혹은 군현단위로 살펴보는 연구들이다. 이러한 연구의 대표적인 예는 김상호(1969), 옥한석(1983)과 김현희·최기엽(1990), 이준선(1989), 정치영(2008)의 연구를 들 수 있다.

두 번째는 주로 선사시대 및 삼국시대의 수리시설 유적의 발굴자료들을 이용하여 당시의 수리시설의 입지특성을 규명하려는 연구들로, 곽종철(2002)과 김도헌(2003)의 연구가 대표적이다. 후자의 연구들은 1990년대 이후 새로운 고고학적 연구방법과 발굴작업들이 가속화되면서 축적된 발굴성과들을 바탕으로 하고 있다. 이들 연구에서 보고된 삼국시대 이전과 조선후기의 수리시설의 위치를 표시한 것이 그림 07이다.

선사시대 및 삼국시대의 주요수리시설과 18세기 제언의 밀도를 비교해보면(그림 07), 한반도에는 몇 개의 수리시설 밀집지역이 있었다는 알 수 있다. 두 시기를 거쳐 공통적으로 나타나는 수리시설 밀집지역은 1) 충청남도 논산과 부여, 그리고 전라북도 익산시를 중심으로 한 지역과 2) 대구를 중심으로 한 경북의 영천 지역, 그리고 3) 경기도의 안성과 이천시를 중심으로 한 지역이다. 반면에 선사시대의 논과 수리시설의 유적이 다수 발견되었지만, 18세기에 제언의 밀도가 그렇게 높지 않은 지역은 울산을 중심으로 한 남동해안지역과 진주를 중심으로 한 낙동강 중하류 지역이다. 반면 18세기에 높은 제언밀도를 보이는 지역이지만, 수리시설의 고고학적 흔적이 상대적으로 적은 지역은 광주시를 중심으로 한 전라남도 서부지역이다.

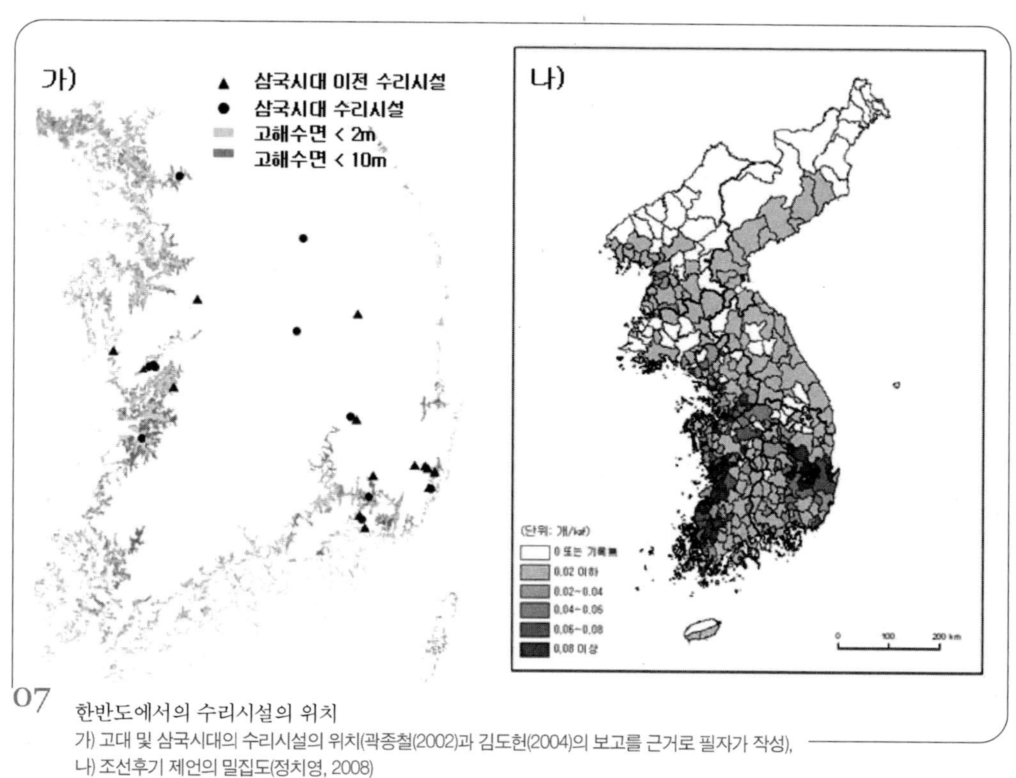

07 한반도에서의 수리시설의 위치
가) 고대 및 삼국시대의 수리시설의 위치(곽종철(2002)과 김도헌(2004)의 보고를 근거로 필자가 작성),
나) 조선후기 제언의 밀집도(정치영, 2008)

  이 두 연구결과들은 시간과 공간적인 측면에서 큰 차이를 보이고 있어, 두 시기간 수리시설 분포의 지역적인 차이의 원인을 밝히는 데는 한계가 있다. 전자의 경우에는 주로 미지형적 측면에서 수리시설의 입지를 설명하고 있지만, 후자는 군현단위로 한반도 전체의 수리시설의 입지특성을 파악할 수 있다. 특히, 전자의 연구결과는 고고학적 연구에 기반하고 있기 때문에 추후의 유적발굴여부에 따라 그 밀집도가 변할 수가 있다. 하지만, 이 두 연구의 결과들을 비교할 경우, 고대와 조선시대의 수리시설의 분포가 한반도의 지형특성 및 발달과정과 어느 정도는 연관되어 있다는 것을 알 수 있다. 특히, 조선시대 제언의 밀집도(그림 07의 나)는 한반도 남부의 평탄지의 분포(그림 04의 가)와 상당히 유사하다는 점에 주목할 필요가 있다.

1) 조선후기 수리시설 밀집지역의 지형특성

  한국의 전통농업은 한전작물 중심이었다. 신석기 중기이후 한강하류지역을 중심으로 벼가 처음 도입된 후, 청동기시대에 접어들면서 한반도 중부 이남지역으로 확산되기 시작하였다(조현종, 2004). 수전에서 생산되는 벼가 한전작물에 비해 훨씬 우월한 작물이었다는 것은 당시에도 잘 알려져 있었지만, 한반도의 기후와 지형조건하에서는 적당한 수리시설 없이는 수전을 확대하기 어려웠다(문중양, 2000). 파종기인 3~5월의 강우량이 절대적으로 부족하여 수전에 물을 대는 것이 어려운 기후조건을 가지고 있다. 그리고 6~8월에는 집중호우로 인해 하천주변의 충적지들이 주기적으로 홍수를 경험하게 된다. 또한 높은 산지비율과 얇은 토양층은 홍수기의 첨두유량에 도달하는 지체시간(lag time)을 단축시켰으며, 하상계수를 극단적으로 증가시켜 작물피해뿐만 아니라 자연재해의 위험성도 높았을 것으로 보인다(황상일·윤순옥, 1998).

  이미 삼국시대부터 각 정부는 관개시설의 건설에 많은 노력을 기울였던 것으로 보인다. 백제시대에 이미 소택지나 저습지 근처에 수전을 개발하였다는 기록이 삼국사기에 남아 있지만, 배수가 자유롭지 않은 지형특성 때문에 생산량이 높지 않았을 것으로 추정된다(전덕재, 2007). 대신 간단한 수리시설로 계류를 막아 물을 대는 수전이나 천수답이 고대 및 삼국시대 수전의 주종을 이루었다. 고려말 이후 조선초를 거치면서 산지산록 중심의 旱田에서 평지와 저습지의 水田으로 전환되면서 농경지가 확대되어 하천 상류의 곡저평지에서 하천 중하류의 충적지로 농경지의 개간과 정착이 활발히 진행되어 왔다 (문중양, 2000). 16세기 이후 본격적으로 진행되는 수전농업과 이앙법의 발달로 농지개간이 활발해지고, 둑, 제방과 저수지의 축조로 농경지역이 평야·저지대로 확산되었다. 하지만, 수전이 전체 경작면적에서 차지하는 비중은 조선시대를 거치면서도 30%를 넘지 못하였으며, 20세기 초에 이르렀어야 50%를 넘는 수준을 보이기 시작하였다. 따라서 조선후기라고 하더라도 수전을 개발하기 위해서는 용수를 공급할 수 있는 적당한 지형적 조건이 필수적이었다.

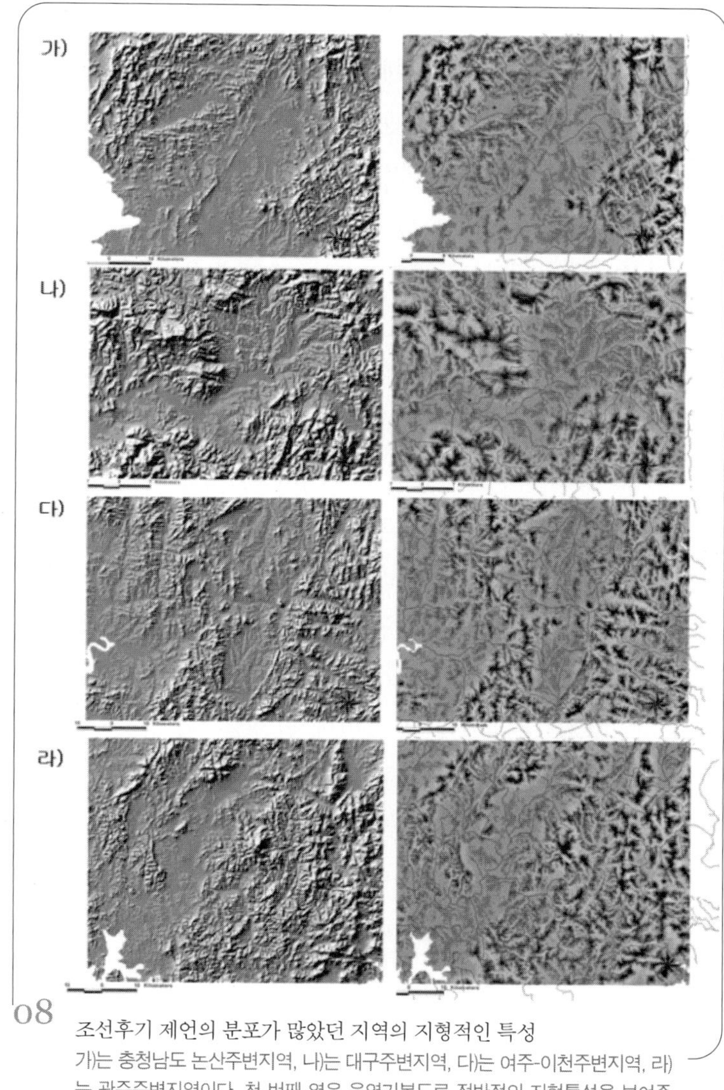

08 조선후기 제언의 분포가 많았던 지역의 지형적인 특성
가)는 충청남도 논산주변지역, 나)는 대구주변지역, 다)는 여주-이천주변지역, 라)는 광주주변지역이다. 첫 번째 열은 음영기복도로 전반적인 지형특성을 보여주는 반면, 두 번째 열은 지표곡면도와 하천도를 중첩시킨 것으로 산지와 곡지의 분포를 보여준다.

우리나라의 전통적인 수리시설은 1) 물을 가두는 堤, 2) 물을 끌어들이는 洑, 3) 바닷물을 막는 堰의 세 종류가 있다(장호, 2008). 언, 즉 방조제의 축조는 고려시대 몽골침입으로 강화도로 천도한 13세기 중엽이후에 해안간척을 위해 사용된 기법이다(김현희·최기엽, 1990; 오상학, 2001). 군사적인 목적을 위해 처음 시도되었던 해안평야의 간척은 15세기 말로 접어들면서 본격적으로 발전을 하기 시작하였다(이태진, 1986). 내륙지방에서는 제와 보가 보편적으로 사용되었던 수리시설방식이다. 15세기 후반부터 영남지역을 중심으로 내륙의 소규모 수리시설로서 洑 즉 천방의 개발이 활발히 진행되었다 (이태진, 1986). 천방은 지형에 따라 하천을 막아 물을 끌어 올려서 하천보다 높은 지대에 물을 대거나, 범람하기 쉬운 지역에 방축을 쌓고 구멍을 뚫어서 저습지를 농토로 이용하는 기술이었다. 천방 개발은 14세기 후반부터 시도되기 시작하여 15세기 후반에 이르러 본격적으로 발전하였다. 반면, 제의 경우는 삼국시대 이전부터 활발하게 건설되어온 수리시설이다(김도헌, 2003). 제의 경우에는 산곡형과 평지형의 2가지로 나뉜다(김상호, 1969). 산곡형은 산곡에서 평지로 물이 흘러나오는 지점에 뚝을 쌓고 저수지를 만들어 수문에서 물을 흘려보내는 방식이고, 후자는 평지에 큰 구덩이를 파 그 주위에 뚝을 만들어 지하수나 빗물을 모아 이용하는 방법이다. 전자는 비교적 적은 노동력으로도 축조가 가능한 반면, 후자의 경우에는 노동력이 많이 들고 저수량이 적은 단점을 가지고 있다. 따라서 초기의 제언들은 하천의 중상류를 막아 제방을 축조하는 산곡형이 평지형에 비해 더 유리했으며, 대규모의 제방은 농업노동력을 동원할 수 있는 국가체계가 정비되었거나 인구밀도가 높은 곳에서 가능한 것으로 볼 수 있다(옥한석, 1983).

정치영(2008)은 1700년대 중반에 편찬된 '여지도서'에 기록되어 있는 전국 3,171개의 제언분포를 지도화하고 분석하였다. 당시 군현별로 제언의 수가 가장 많은 지역은 경상도(17.5)였으며, 다음으로 전라도(15.8), 충청도(10.0), 경기도(7.5)의 순으로 나타났다. 반면, 평안도(2.7)와 강원도(2.5), 황해도(1.5), 함경도(1.3)의 경우에는 제언의 수가 적었다. 군현의 면적으로 제언수를 나눈 제언의 밀집도는 그림 07의 나) 그림이다.

제언이 밀집한 지역들을 평탄지의 분포(그림 04의 가)와 비교하면, 제언의 밀집지역이 한반도 남부의 대표적인 하해혼성평탄지와 구릉성평탄지가 위치한 지역과 대체적으로 일치한다(그림 08). 대구와 이천-여주 주변 지역의 경우에는 대표적인 한반도 중부의 구릉성평탄지로 볼 수 있으며, 논산과 광주주변의 평지들은 해안선에 근접해 있어서 침식평탄지가 하천과 해안의 충적평야와 접하고 있는 하해혼성평탄지들이다. 이 지역들의 지표곡면도(그림 08의 두 번째 열)를 통한 지표면의 거칠기를 살펴보면, 내륙지역에 위치하고 있는 대구 주변지역과 이천-여주주변의 지역의 기복량이 논산과 광주지역보다 상대적으로 높다. 이러한 기복량의 차이는 궁극적으로는 서해안 지역보다 내륙지역의 지반의 융기량이 높았기 때문으로 보인다(장재훈, 2002). 지질적으로 볼 때, 대구주변 지역을 제외한 대부분의 저위평탄면들은 중생대에 관입한 화강암의 분포와 밀접한 관련을 가지고 있다. 평탄지들의 기반암은 화강암인데 반해서 그 주변을 둘러싸고 있는 저기복성 산지들은 화강암에 비하여 화학적 풍화에 대한 저항도가 강한 암석(변성암이나 일부 퇴적암)으로 구성되어 있다. 평탄면상에서는 퇴적물층이 약한 가운데 화강암 혹은 화강암의 풍화층(새프롤라이트)이 지표에 노출되어 있기 때문에 장기간의 삭박작용으로 인해 평탄화된 것으로 믿어진다. 특히 주목되는 것은 저위평탄지가 주변의 산지들과 접하는 경우, 이러한 산지를 흐르는 하천은 유역이 작고 계곡이 좁은 특성을 보이고 있다.

그림 08에 표현되어 있는 조선후기 제언 밀집지역들은 산곡형의 제언을 건설할 수 있는 최적의 지형조건을 갖추고 있는 것으로 보인다. 먼저 구릉지와 평야가 번갈아 가면서 나타나는 지형은 산지의 계류를 막아 평지에 물을 댈 수 있는 가능성이 높다. 특히, 저산성 산지들은 유역면적이 넓지 않고 범람의 위험이 적은 소규모 하천을 형성한다. 또한 산지가 평탄지와 급사면으로 만나기 때문에 계곡부에는 비교적 적은 노동력으로 소규모의 제방을 쌓을 수 있는 조건을 만들고 있다. 제언의 밀집지역이 보이는 지형의 발달과정에 대해서는 다음 절에서 보다 자세하게 다루고자 한다.

2) 고대수리시설 유적 밀집지역의 지형특성

그림 07의 가)는 고대 및 삼국시대 수리시설의 입지를 다룬 김도헌(2003)과 곽종철(2004)의 연구에 제시된 고대 청동기와 철기시대 그리고 삼국시대의 수리시설의 위치 25곳을 표시한 것으로 삼국시대의 수리시설이 11곳, 그 이전에 건설된 것으로 논과 수리시설의 유적 14곳이 포함되어 있다. 이들 유적은 김제의 벽골제, 밀양의 수산제, 상주의 공검지, 제천 의림지 등을 제외하면 보나 제방, 논의 흔적을 발굴한 곳이다. 발굴지들의 특성을 살펴보면 울산의 태화강 유역, 진해와 창원을 중심으로 한 남천과 낙동강 중류지역, 부여와 논산을 중심으로 금강 상류지역에 집중되어 분포하고 있다.

김도헌(2003)은 청동기와 삼국시대에 사용된 것으로 추정되는 9개의 유적지들을 비교·분석하면서, 조사된 논의 입지를 사면형과 곡저형, 하천변형으로 나눌 수 있다고 주장하였다. 이 세가지의 논중에서 보가 설치될 수 있는 곳은 곡저형과 하천변형에서 가능하다. 당시의 보는 폭이 좁은 하천에 설치되며 물을 정체시켜 상승시킨 뒤, 보의 한쪽 끝과 맞닿게 설치된 용수로로 물을 공급하는 구조를 보이고 있다. 보의 형태는 길이 20m, 깊이 1m 이내의 규모정도를 보이고 있어, 주로 보가 건설되는 곳은 하천의 지류인 경우가 대부분이다. 용수로를 거쳐 논으로 운반된 용수는 취수구를 통해 용수로와 접해 있는 논으로 일차적으로 공급된 다음, 논둑에 설치된 물꼬를 통해 앞쪽의 논으로 공급된다. 이러한 논의 관개형태는 청동기시대부터 삼국시대까지 크게 변하지 않았지만, 보와 용수로의 규모는 청동기 시대에 비해 삼국시대로 오면서 증가한 것으로 조사되었다.

곽종철(2002)은 한반도 남부에서 청동기 이래 발견된 논 유구 25곳의 분포를 분석하면서, 이들 유구가 위치하는 지형특성을 5개 지형형태로 분류하였다. 논 유구가 가장 빈번하게 나타나는 지형은 구릉사면부 말단을 개석한 곡저입지(12곳), 그 다음이 곡저평야 내지는 중소규모 하천의 범람원(8곳), 단구면 내지는 선상지를 개석한 곡저입지(2곳), 대하천의 범람원(2곳), 그리고 구릉사면부(1곳) 등의 순서로 나타났다. 이들 유구의 조성시기를 살펴보면 구릉사면부 말단의 개석곡지와 단구면 내지는 선상지를 개석한 곡저입지가 시기적으로 우선적으로 논으로 사용된 지형이었으며, 곡저평야내지는 중소규모의 하천범람원과 대하천의 범람원이 그 다음으로 개발되기 시작하였다고 보았다. 후대로 가면서 구릉사면부 입지들이 논으로 개발되기 시작하였으며, 대하천의 범람원 혹은 해안평야의 개발은 가장 시기가 늦은 것으로 보았다. 고대와 삼국시대를 거치면서 곡저형, 즉 구릉사면부 혹은 단구면(선상지)의 개석곡지가 수전으로 선호되었던 이유는 이러한 지형에서는 대규모 치수가 필요없을 뿐만 아니라 양은 적지만 안정적인 개울물 등을 이용해 간단한 취배수가 가능해 논의 조성과 운영이 가능하였다는 점이다. 더불어 하천범람의 피해가 상대적으로 적었다는 점이 지적된다. 이와 더불어 곡내 사평탄화와 곡내 습지화를 노려 논의 조성과 운용이 가능한 이점이 있다(곽종철, 2002).

여기서는 구릉사면부 혹은 퇴적지형의 개석곡지가 고대수리시설의 입지로 선호되었던 이유를 지형발달사적으로 해석해보고자 한다. 특히 고대수리시설이 밀집되어 있었던 논산 주변지역의 지형특성을 보다 구체적으로 살펴봄으로써 수리시설이 건설될 수 있는 지형의 발달과정을 살펴본다.

논산지역에서 관찰할 수 있는 가장 큰 지형적 특징은 전반적인 지형형태가 계단상을 보여준다는 점이다(그림 09 참조). 하천이 인접한 곳에는 하곡 주변에 평탄한 면들이 계단상(하안단구)으로 나타나며, 평야나 분지를 둘러싸고 있는 봉우리들 역시 유사한 고도를 가지면서 나타나는 경우가 많다(권혁재, 1975). 이렇게 봉우리들의 고도를 연결해 보면, 이 지역에서는 보통 3~4개의 봉고동일선을 찾을 수가 있다. 장호(1995)는 호남평야 북부와 논산평야의 충적평야 주변의 저구릉의 지형을 구분하면서, 이 지역은 저위평탄면내에는 잔류구릉, 저기복침식면, 산록면, 하성1면, 하성2면 등의 5가지 지형으로 분류가 가능하다고 주장하였다. 논산평야지역은 지질적으로 옥천층군과 대보화강암의 접촉부분에 위치하고 있어서, 화강암의 심층풍화와 차별침식에 의해 침식분지로 발달하게 되었다. 잔류구릉은 화강암이 풍화삭박되는 과정에서 남아있는 지형이다. 반면, 저기복 침식면은 잔류구릉과 산록부에 위치하고 있는 지형으로 구릉의 축소과정에서 심층풍화물의 삭박침식과정에서 만들어진 것으로 판단하고 있다. 산록면은 해발고도 100m에서 시작되어 200m까지 분포하고 있으며, 심층풍화된 화강암 기반암 위에 규암의 아각력 퇴적물들로 피복되어 있는 지형이다. 산록면은 저기복침식면이 측방침식되어 발달한 것으로 추정된다. 잔류구릉과 저기복 침식면은 기반암체의 해체과정에서 세프롤라이트(saprolite)의 삭박침식으로, 산록면은 이질암석의 경계지대인 산록부의 소기복침식면이 측방침식되어 발달했을 것으로 추정하였다. 반면 하성1면은 최종 간빙기 전기(124,000BP), 그리고 하성2면은 후기(77,000BP)의 해수면변동에 의해 형성된 충적단구(alluvial terrace)로 그 고도는 대체로 전자의 경우에는 15~20m, 후자의 경우에는 10m 이하의 고도분포를 보이고 있다.

이러한 계단상 지형을 형성하게 된 원인은 한반도가 경험한 지반의 지속적인 융기와, 이와 동시에 진행되는 지표삭박작용의 상호작용과정의 결과 때문이다. 계단상 지형의 형성과정을 2차원적으로 표현한 것이 그림 10이다. 처음 융기가 발생하게 되면 침식기준면으로부터 융기축의 방향으로 삭박작용이 진행된다. 이 때 삭박이 활발하게 진

09 충남 논산지역에서 관찰되는 봉고동일성

행되는 지점에서는 단애면이 형성되고, 단애면의 양쪽으로는 계단상 지형이 발달하게 된다(단계 1). 삭박된 면이 융기축에 도달하기 전에 또 다시 융기가 일어날 경우(단계 2, 단계 3), 융기축을 중심으로 그 주변에는 복수의 계단상 지형이 형성된다.

일단 형성된 계단상의 평탄면에서 지반의 융기 혹은 침식기준면의 하강으로 인해 하천이 삭박작용을 다시 시작하면(하천회춘, river rejuvenation), 그 하천은 형성된 평탄면을 파고 들면서 계곡과 분지가 만들게 된다. 기준면의 하강으로 인해 발생할 수 있는 지형발달을 3차원적으로 살펴보면 한반도에서 전형적으로 발달하고 있는 분지형 평탄지의 형성원인이 비교적 명확해진다(그림 11). 지반의 융기 혹은 해수면의 하강으로 인해 침식기준면이 낮아지면, 하천을 따라서 활발한 침식작용이 개시되어 그 상류에 유역이 형성된다. 이 때 만들어지는 유역의 형태는 침식기준면의 하강속도와 하곡특성에 따라 달라진다. 침식기준면의 하강속도가 빠른 경우, 하천의 하각작용이 급격하게 이루어지게 되어 깊은 요철지형과 더불어 직선형의 유역이 형성되게 된다. 반면, 침식기준면의 하강속도가 늦은 경우에는 하천이 주변사면을 삭박할 수 있는 충분한 여유를 가질 수 있기 때문에 사면의 후퇴 혹은 사면각도의 저하에 의한 평탄지, 즉 하천주변평탄지가 형성된다(박수진, 2009).

암석의 차이와 지형형성작용의 공간적인 차이로 인해 그림 11에서 보는 바와 같은 모식적인 지형을 찾기란 쉽지가 않다. 하지만 이러한 지형경관은 한국의 지형발달과정에서 형성될 수 있는 가장 대표적인 지형형태이다. 특히, 이러한 지형이 가지는 토지이

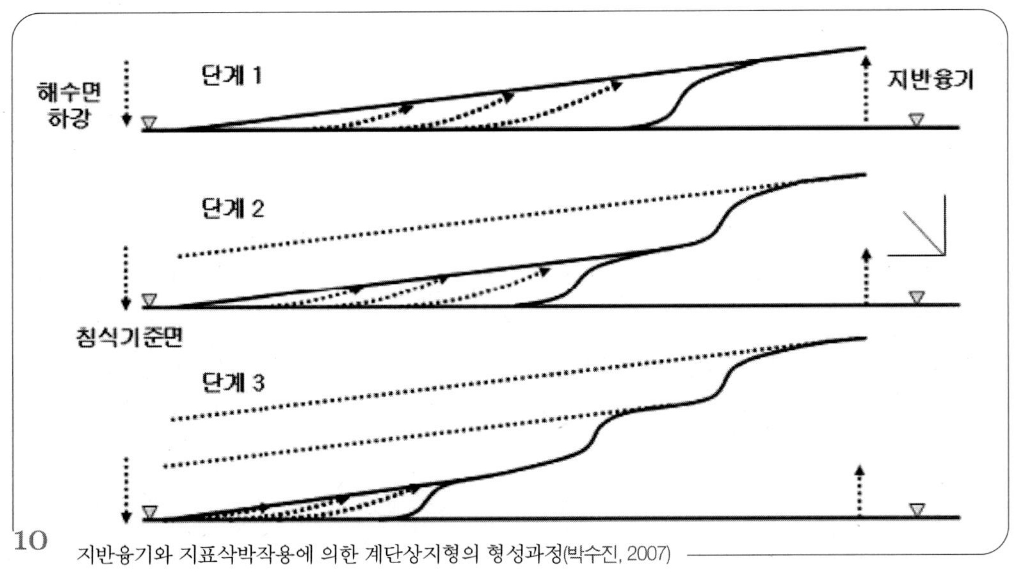

10 지반융기와 지표삭박작용에 의한 계단상지형의 형성과정(박수진, 2007)

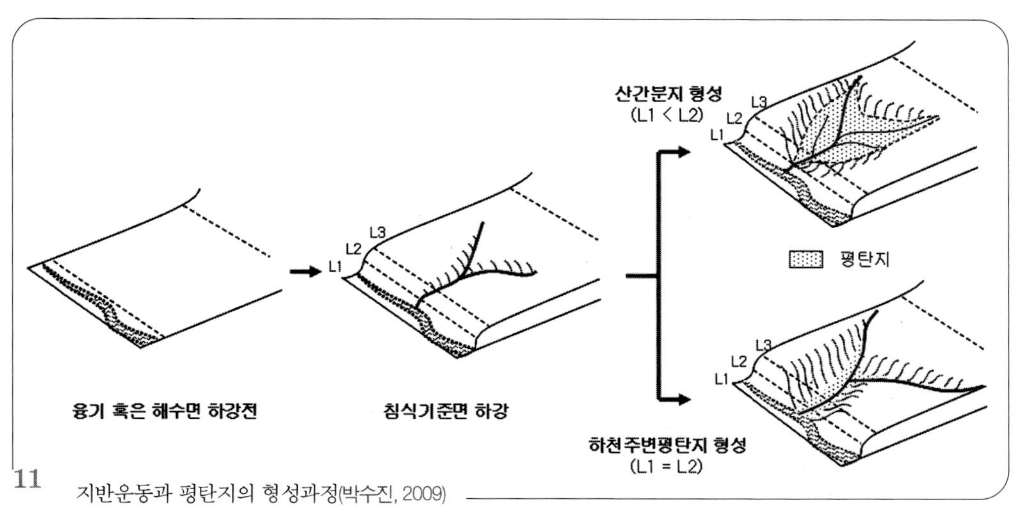

11 지반운동과 평탄지의 형성과정(박수진, 2009)

용상의 장점은 다양한 관점에서 추론이 가능하다.

먼저 기후학적인 측면에서 배후산지는 한겨울의 찬 북서풍을 막아주는 역할을 한다는 것은 쉽게 알 수 있다. 마찬가지로 중앙에 놓여 있는 토지를 둘러싸고 있는 양쪽의 산지 역시 옆에서 불어오는 바람을 막아주는 역할을 해줄 수 있다.

수문학적인 측면에서 살펴보면 원호형의 유역분지는 유역면적의 증가를 가져와 안정적인 용수공급이 가능하도록 하는 조건이 된다. 특히 좁은 수구는 하천의 유로를 좁히는 역할을 해주기 때문에 하천에 의해 이동된 토사들을 유역내에 퇴적시킬 수 있는 지형적인 조건을 갖추고 있다. 이렇게 퇴적된 토사들은 지형발달과 토지이용의 측면에서 중요한 역할을 한다. 가장 중요한 것은 경사도가 낮은 농경지의 확보가 가능하다는 사실이다. 그리고 상류에서 운반된 물질들이 축적됨으로써 영양분의 공급이 용이한 장점도 있다. 마찬가지로 하천의 유속이 감소할 뿐만 아니라 지하수가 형성될 수 있는 조건이 만들어져, 갈수기에도 토지이용이 가능한 장점을 가진다. 곽종철(2002)은 이러한 과정을 통해 나타나는 곡내 사면의 평판화와 습지화가 곡저에 수리시설을 설치함으로 인해 얻게 되는 중요한 장점으로 지적하고 있다.

인간의 환경인식적인 측면에서도 이러한 지형 내에 입지하고 있는 마을은 그 앞을 지나는 사람들에게 쉽게 보이지 않아 심리적인 안정감을 얻을 수 있다. 즉 유역의 내부에서는 바깥을 쉽게 볼 수 있지만, 그 앞을 지나는 사람들에게는 유역의 내부를 보기가 용이하지 않은 장소적 안정감을 확보할 수 있었을 것으로 보인다.

3) 고대 및 삼국시대 수리시설의 위치와 해수면변동

현재까지 발굴된 수리시설의 유적 분포에서 한 가지 주목할 점은 이들의 분포지역이 전술한 조선후기의 제언의 밀집지역과는 차이를 보인다는 점이다. 특히 울산과 진해, 창원 주변지역의 경우에는 조선시대 제언의 밀도가 상대적으로 높지 않은 지역이지만, 고대 및 신라시대의 논과 수리시설의 유적이 다수 발굴되고 있다. 물론 발굴성과가 충분히 축적되지 않았기 때문에 나타나는 결과일 수도 있다. 하지만, 힘들여 건설한 수리시설들을 지속적으로 사용하지 않고 유기한 이후에는 뭔가 피치 못할 사정이 있었다는 가설을 세워볼 수 있다. 과거 해수면변동과 관련시켜 이러한 의문점에 대해 살펴본다.

현재 한반도에는 하천주변과 해안에 여러 면의 단구들이 존재하고 있다. 현세의 지형형성 작용, 특히 한반도의 수리시설발달사와 연관하여 관심의 대상이 되는 것은 제1단구면의 형성원인이다. 현재의 해수면 보다 3~5m 높은 곳에서 발견되는 해안단구는 동해안뿐만 아니라 서해안과 남해안에서도 공통적으로 관찰되고 있으며, 하천주변의 하안단구에서도 그 존재를 파악할 수 있다(최성길, 2001). 김상호(1973)는 토탄분석을 통해 이 단구의 형성 시기를 1,730±100년 BP로 추정하였다. 해안단구면의 높이는 궁극적으로 해수면의 수준과 동일한 것으로 간주할 수 있기 때문에, 이러한 단구면의 존재는 현세의 해수면 변동을 추정하는데 중요한 증거가 된다.

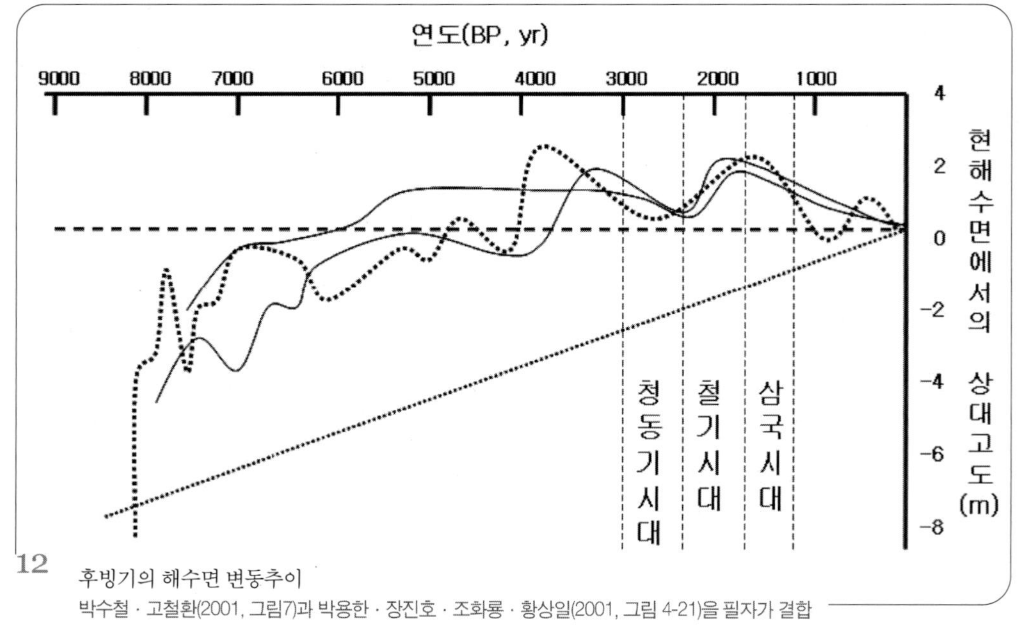

12 후빙기의 해수면 변동추이
박수철 · 고철환(2001, 그림7)과 박용한 · 장진호 · 조화룡 · 황상일(2001, 그림 4-21)을 필자가 결합

　현재 지형학과 해양학계에서는 이러한 단구가 형성된 원인에 관해서는 두 가지의 상반된 의견이 존재한다. 첫째는 현재보다 해수면이 높았다는 것이고, 둘째는 후빙기 이후 해수면이 지속적으로 상승해왔기 때문에, 현재 보다 낮은 해수면에서 퇴적이 되었지만 지반의 융기 혹은 태풍등의 기후적인 요인에 의해 이러한 단구면이 형성되었다는 주장이다. 충적세 기간동안의 해수면변동에 대한 일반이론은 10,000년전부터 해수면이 급격하게 상승하기 시작하였지만, 약 5,000년전에는 현재의 해수면에 도달한 것으로 보고 있다. 전자의 주장에서는 상승하던 해수면이 5,000년 전에 평균해면의 고도가 약 0.8m 정도 높아 현재의 평균해수면보다 높았다. 이러한 고해수면은 3,200BP까지 유지되었지만, 이후 소폭의 해면저하가 있었다. 하지만 곧 다시 상승하여 1,800BP경에는 평균해면이 약 1.1m정도 높은 수준에 도달한 후 현재까지 점점 낮아지고 있다는 주장이다(박용안 외, 2001, 152p.). 반면, 후자의 주장은 한반도 서해의 현세 해수면은 현재의 평균해수면을 기준으로 7,000BP에는 6.5m, 4,000BP에는 3m, 그리고 2,000년BP에서 2.5m 이하에 있었으며, 지속적으로 상승해서 현재의 수준에 도달했다는 것이다(박용안 외 2001, p.143).

　양립된 두 주장을 진위여부를 이 글에서 평가하기는 어렵다. 하지만, 이러한 주장을 역사시대 구분과 비교해보면, 한가지 주목되는 사실을 발견할 수 있다. 한반도에서 청동기 시대는 약 3,000BP경부터 2,300BP까지로 보며, 2300BP에서 기원전후를 초기철기시대 및 삼한시대, 그리고 AD700년까지는 삼국시대로 구분하고 있다(윤순옥·황상일, 1998). 이러한 시기구분을 이 시기의 해수면이 현재보다 높았다고 주장하는 측의 해수면 곡선과 비교해보면, 청동기 시대를 거치면서 비교적 낮아졌던 해수면이 철기시대와 원삼국시대로 접어들면서 상승하고 있다는 사실을 알 수 있다. 이 당시 평균해수면이 현재보다 약 2m 정도가 높았다고 전제한 후, 침수된 지역을 표시하면 그림 07의 가)에 표시된 지역이 나타난다. 서해안의 조차를 고려한다면 현재의 해수면에서 5~6m의 고도까지는 해수의 영향을 받는 지역이 내륙쪽으로 확장되었을 것이다. 이러한 고해수면을 존재를 상정한다면, 삼국시대 이전의 수리시설 25곳 중에서 19곳이 증가한 해수면으로 인해 상당한 영향을 받을 것으로 추정된다. 즉, 과거의 수리시설들이 유기된 이유가 해수면의 상승과 관련이 있다는 점을 유추할 수 있는 부분이다.

　이러한 가설하에서 주의깊게 관찰해볼 필요가 있는 지역이 김제시의 벽골제이다. 벽골제는 흔히 삼국시대에 축조된 저수지로 알려져 왔다(성정용, 2007). 제방의 높이는 약 4.3m, 그리고 길이는 3km 규모로, 축조된 시기는 식물탄화층의 탄소동위원소분석

결과는 1600±100년 BP로 삼국시대에 건설된 것이 확인되었다. 하지만, 최근에는 그 성격이 관개 제언이 아니라 연안개발 즉 동진강 하구의 평야를 이용하기 위해 축조된 방조제라는 주장이 제기되고 있다(성정용, 2007). 벽골제에서 동진강 하구까지는 약 6km 정도이며, 과거에 동진강의 하구에 만들어진 방조제가 해안선이 후퇴해서 현재는 평야내에 위치하고 있다는 주장이다(장호, 2008). 만약 그림 12와 같이 한반도에서 철기시대와 삼국시대를 거치면서 고해수면이 존재했다면 이러한 주장은 충분한 근거를 가진다고 판단된다. 한반도의 해수면이 2m 정도 높았다면, 벽골제가 위치한 지역은 해침의 영향을 직접적으로 받았던 지역에 포함된다(그림 07 가) 참조). 현재까지는 한반도에서 해안간척의 역사가 고려시대말에 시작된 것으로 알려져 있다(이태진, 1986; 최영준, 1991, 오상학, 2001).[10] 하지만, 삼국시대에 고해수면이 존재했고, 감조구역에서 하구언을 쌓아 간척을 했다는 사실이 확인된다면, 한반도에서 해안간척의 역사는 재평가되어야할 내용이다.

이러한 경향이 객관적인 사실로 받아들여지기 위해서는 한반도의 해수면 변동, 그리고 고대수리시설에 대한 추가적인 연구가 선행되어야 한다. 하지만, 이 지역에서 발굴된 유적들이 수리시설이 활발하게 건설되기 시작한 삼국시대를 거치면서 사용되지 않았다는 점은, 기존에 건설된 시설들이 어떤 이유에서이던지 더 이상 사용되지 못하고 퇴적물로 덮였다는 것을 의미한다. 이렇게 고대수리시설을 포기하게 만들었던 주요한 원인은 해침으로 인해 염해가 증가하면서 더 이상 논으로의 역할을 할 수 없었을 수도 있다는 가설이 가능한 부분이다. 도구와 농업기술이 충분히 발달하지 못했던 청동기시대의 경우, 하천이 해안과 만나는 해안충적평야, 특히 구릉지하부지역은 농업과 어업, 그리고 산림자원을 동시에 이용할 수 있는 최적의 입지를 제공해 주었을 것으로 보인다. 특히 과거 고해수면에 의해 형성된 하성해성 퇴적물들은 당시의 도구로도 충분히 경작이 가능할 정도로 부드러웠기 때문에 논과 밭으로 이용되기 좋은 토양특성을 보여주었을 것으로 보인다. 이러한 가설이 성립되기 위해서는 포항의 형산강 하류, 그리고 전남의 영산강 하류지역에서도 추가적인 고대 수리유적의 발굴을 기대해본다.

---

10 고려 고종 22년(1235년), 몽골군의 침입을 피하여 강화도로 천도한 뒤, 경지면적의 부족을 극복하기 위해서 연안방조제를 축조하여 농경지를 확보하였다고 한다. 또한 고종 35년(1248년)에는 몽골군과 전투를 벌렸던 김방경이 군량미를 조달하기위해 평안남도의 청천강 하구의 위도주변을 간척하였다는 기록도 있다(오상학, 2001에서 재인용).

이 글은 한반도의 수리시설의 입지에 영향을 미쳤을 것으로 추정되는 지형의 발달사적 특성과 형태적 특성에 대한 기초적인 지식을 제공하는 것을 목적으로 한 것이다. 따라서 이 글에서 학계에 보고되지 않은 새로운 주장을 담지는 못하고 있다. 하지만, 이 글을 작성하는 과정에서 학계에서 좀 더 관심을 가지고 연구해야할 분야들을 찾은 것으로 개인적 위안을 삼는다.

가장 먼저 지적되어야 할 점은 수리시설에 대한 보다 통합적인 연구가 필요하다는 사실이다. 현재 우리나라의 수리시설에 대한 연구는 농학 분야와 역사학분야, 고고학 분야, 그리고 지리학 분야로 나누어져 있다. 각각 분야에서 그동안 진행되어 온 연구의 성과는 방대하다. 하지만, 각 연구영역에서 다루고 있는 주된 관심과 방법론은 현격한 차이를 보이고 있다. 농학분야는 전통사회의 농업기술 및 농업경제사의 측면에서, 역사학분야에서는 역사 문헌에 기록된 특정시대의 수리시설과 사회의 관계에 주목한다. 고고학 분야는 주로 특정유적의 발굴을 통해 당시의 사회상과 기술수준을 유추하는 반면, 지리학분야에서는 수리시설의 공간적인 분포를 주로 다루고 있다. 그 동안 이루어져 온 연구결과들을 바탕으로 특정 지역의 수리시설 혹은 특정시기의 수리시설에 대해서 각 분야의 전문성을 동원하여 공동으로 이해의 폭을 넓히는 작업은 거의 이루어져 오지 않았다고 해도 과언이 아니다. 학술세미나와 토론회등을 통해 나누는 지식의 공유가 아니라, 동일한 목적한 목적을 가지고 각 분야별 전문가들이 모여 이뤄지는 장기적인 조사, 분석, 통합작업이 아쉬운 상황이다.

두 번째로 향후 수리시설연구에서 관심을 가져야 할 부분은 인간과 자연과의 상호작용에 관한 연구들이다. 서론에서 언급한 바와 같이, 인간이 지표면에 흔적을 남기는 시간스케일과 자연이 변하는 시간스케일간에는 큰 차이가 존재하고 있다. 인간의 역사는 지속적인 환경변화을 야기시켰고, 그러면서 지표면들을 변화시켰다. 수리시설의 건설은 이러한 인간의 노력을 가장 잘 반영하고 있는 활동임에 틀림이 없다. 하지만 단기적인 인간의 활동이 장기적인 지표면의 회복력(resilience)에 어떠한 영향을 미치고 있는가, 그리고 장기적인 지표면의 변화(기후변화, 해수면 변화, 지각의 변형 등)가 인간의 활동에 어떠한 영향을 미치는가 라는 질문에 대해서는 진지한 고민은 부족하다. 이와같은 인간의 경제활동과 자연의 변화간의 상호작용의 연구를 통해서 수리시설의 연구에서 중요한 시사점을 얻을 수 있을 것으로 보인다.

● 참고문헌 ●

곽종철, 2002, 「우리나라의 선사~고대 논밭 유구」『한국농경분화의 형성』, 한국고고학회, pp.25~87.

권동희, 2007, 『한국의 지형』, 한울.

권혁재, 1975, 「호남평야의 충적지형에 관한 지리학적 연구」『지리학』12, pp.1~20.

______, 2005, 『지형학(제4판)』, 법문사.

김도헌, 2003, 「선사고대노의 관개시설에 대한 검토」『호남고고학보』18, pp.55~81.

김상호, 1969, 「조선전기의 수전옹업연구 -조방적 농업에서 집약적 농업으로서의 전환-」『문교부 학술
　　　　연구 보고』인문과학편.

______, 1973, 「중부지방의 침식면 지형연구」『서울대 논문집(A)』21, pp.85~115.

______, 1980, 「한반도의 지형형성과 지형발달서설」『지리학연구』5, pp.1~15.

김종욱, 1993, 「지형학에서의 시간의 역할과 기능」『지리교육논집』30, pp.1~15.

김현희·최기협, 1990, 「한국 전통관계시설의 유형과 입지특성」『응용지리』13, pp.65~140.

남궁봉, 1975, 「만경강 유역 수리지역의 수리관행과 농촌」『지리학과 지리교육』5, pp.1~47

______, 1991, 「하천유역일대 간척지상의 간척취락유형에 관한 연구- 만경강·동진강유역을 사례지역
　　　　으로」『지리학논총』별호 12호.

대한지질학회, 1999, 『한국의 지질』, 시그마프레스.

문중양, 2000, 『조선후기 수리학과 수리담론』, 집문당.

박노식, 1967, 「한강 하류지형면의 분류와 지형발달에 관한 연구 -양수리에서 능곡까지-」『경희대학교
　　　　논문집』5, pp.18~168.

박봉순, 1982, 「한반도 지체구조의 특성 -한국의 지질과 광물자원-」『김옥준교수 정년퇴임 기념논문집』,
　　　　pp.155~170.

박수진, 2004, 「생태환경특성파악을 위한 지형분류기법의 개발」『대한지리학회지』39(4), pp.495~513.

______, 2007, 「한반도의 지반운동(I) : DEM 분석을 통한 지반운동의 공간적 분포 규명」『대한지리학회
　　　　지』42(3), pp.368~387.

______, 2009a, 「한반도 평탄지의 유형분류와 형성과정」『대한지리학회지』44(1), pp.31~55.

______, 2009b, 「한반도에 고위평탄지가 존재하는가?」『한국지형학회지』(인쇄중).

박수진·손일, 2005a, 「한국 산맥론(Ⅰ) : DEM을 이용한 산맥의 확인과 현행 산맥도의 문제점 및 대안
　　　　의 모색」『대한지리학회지』40(1), pp.126~152.

__________, 2005b, 「한국 산맥론(II) : 산줄기지도의 제안」『대한지리학회지』40(3), pp.253~273.

__________, 2008, 「한국 산맥론(III) : 새로운 산맥도의 제안」『대한지리학회지』43(3), pp.276~295.

박수철·고철환, 2001, 「한국의 갯벌과 세계의 갯벌 -그 규모와 형성과정-」『한국의 갯벌』(고철환 엮음),
　　　　서울대학교 출판부, pp.3~22.

박용안·장진호·조화룡·황상일, 2001, 「우리나라 현세 해수면 변동」『한국의 제4기 환경』(박용안·

공우석 외), 서울대학교 출판부, pp.117~157.

성정용, 2007, 「김제 벽골제의 성격과 건축시기 재론」『한중일의 고대수리시설 비교연구』(개명사학회 편), 계명대학교 학국학 연구총서18, pp.65~97.

손일, 2002, 「태백산맥이냐, 백두산맥이냐?」『지식정보사회의 지리학 탐색』(박삼옥 역음), 한울아카데미, pp.51~84.

신준환, 2004, 「백두대간 개념의 형성 과정과 복원 방향」『한국의 전통생태학』(이도원 역음), 사이언스북스, pp.104~135.

양보경, 1993, 「조선시대의 자연인식체계」『한국사 시민강좌』14, 일조각.

오건환 · 최성길, 2001, 「한국의 해안단구」(박용안 · 공우석 편), 『한국의 제4기환경』, 서울대 출판부, pp.159~191

오상학, 2001, 「조선시대의 간척」『한국의 갯벌』(고철환 엮음), 서울대학교 출판부, pp.645~668.

옥한석, 1983, 「조선시대 농업수리의 입지에 관하여 -경상도를 중심으로-」『지리학의 과제와 접근방법』, 교학사, pp.559~567.

윤순옥 · 황상일, 1998, 「대구분지의 자연환경과 선사(先史) 및 고대의 인간생활」『대한지리학회지』33(4), pp.469~486.

이도원 · 신준환 · 강신규, 2003, 「백두대간 체계안에 내포된 유역개념과 문제점」『한국생태학회지』24, pp.215~221.

이윤수 · 조문섭, 2004, 「두 대륙이 충동해 한반도 형성」, 『과학동아』2004년 4월호.

이정호, 2000, 「고려전기 수전과 한전 지목의 차이와 생산력」『한국사학보』8, pp.265~269.

이준선, 1989, 「한국 수전농업의 지역적 전개과정」『지리교육논집』22, pp.45~68.

이태진, 1986, 「16세기川防(洑灌漑의 발달」『한국사회사연구』, 지식산업사.

이호선 · 송용선 · 박계헌, 2002, 「중부영남육괴 김천일때 선캠브리아기 편마암의 저어콘 화학연대」『한국암석학회지』11(3~4), pp.157~168.

이호철, 1986, 『조선시대 농업경제사』, 한길사.

장재훈, 1986, 「한국의 지리적 환경과 취락의 입지」『응용지리』9, pp.39~51.

______, 2002, 『한국의 화강암 침식지형』, 성신여자대학교 출판부.

장호 · 박희두, 2001, 「한국의 하안단구」(박용안 · 공우석 편), 『한국의 제4기환경』, 서울대 출판부, pp.193~236

장호, 1995, 「호남평야와 논산평야내의 충적평야 주변에 분포한 저구릉의 토양지형학적 연구」『한국지형학회지』2(2), pp.73~100.

____, 2008, 「벽골제와 그 주변의 지형 및 지리적 변천에 관한 고찰」『문화역사지리』20(1), pp.47~55.

전덕재, 2007, 「통일신라 水田農法과 水川菁堤」『한 · 중 · 일 고대수리시설 비교연구』, 계명대학교출판부, pp.58~81.

전명순 · 최위찬 · 박근필, 1993, 「한반도와 그 주변의 Neo-Tectonic에 관한 연구」, 과학기술처, p.87.

정창희, 1997, 「한국의 자연과 인간 -한반도는 어떻게 형성됐나-」『우리교육』, pp.62~69.

정치영, 2008, 「여지도서를 이용한 조선후기 제언의 지역적 특성연구」『대한지리학회지』43(4), pp.620~637.

조현종, 2004, 「우리나라 도작농경의 기원과 도작유형」『농업사연구』3(2), pp.95~117.

조화룡, 1982, 「지형」『한국지지』총론, 건설부 국립지리원, pp.160~165.

좌용주, 2004, 「땅속 불구덩이가 화강암 절경 이뤄내」『과학동아』2004년 4월호.

지헌철, 2005, 「신속한 지진피해평가시스템 구축」『국토』285, pp.25~39.

최덕근, 2003, 『지구의 이해』, 서울대학교 출판부.

최범영 · 전명순 · 전정수 · 류충렬 · 이병주 · 안기오, 2003, 「지구조 계통 토론 및 종합」『한반도 지구조 진화연구 -후기중생대 · 신생대 지구조 진화사』(최범영 외(편)), 한국지질자원연구소, pp.257~271.

최영준, 1991, 「강화지역의 해안저습지 간척과 경관변화」『대한민국학술원 할술원논문집』30, pp.261~306.

한국자원문제연구소, 1995, 『1 : 1,000,000 한국 지질도』, 한국자원문제연구소.

황상일 · 윤순옥, 1998, 「대구분지의 자연환경과 선사 및 고대의 인간생활」『대한지리학회지』22(4), pp.469~486.

2 | 고대의 기후와 생태

공우석 _ 경희대학교

1. 기후와 기후 변화

이 연구에서는 한반도에 사람이 살기 시작한 구석기시대로부터 고려시대까지의 고식생, 고기후 그리고 농경을 위주로 한 식생간섭사를 논의하였다. 연구를 위해 사용된 자료는 지층에 포함되어 있는 꽃가루(花粉), 퇴적물, 유물, 고문헌 등이며, 공우석(2001, 2002, 2003)과 Kong(1992, 1994), Kong & Watts(1992, 2000) 등의 내용에 기초하여 작성하였다.

기후라는 말의 어원은 중국의 曆法에 기원하여 1년을 4계절 24氣 72 節候로 나누는 데서 유래했다(김연옥, 1985). 과학적으로 기상(weather)은 대기 중에서 일어나는 대기 현상의 종합으로 시간적으로는 수분에서 2~3일 사이의 변화이다. 5~10일 사이의 기상 상태를 天候라고 한다. 기후(climate)는 어느 지역에서 1년 동안 출현할 확률이 가장 높은 기상의 종합 상태로 30년 정도의 장기간에 걸친 기상의 평균 상태이다. 기후는 한 지역에서 매년 되풀이 되는 가장 평균적인 대기의 종합 상태 또는 대기 현상의 집적된 결과이다. 기후는 지역성을 만드는 가장 기본적인 환경이다(김연옥, 1998).

기후 변화(climatic change)는 기후 현상의 추세를 우선 어떤 경향(trend)과 변동(fluctuation or variation) 및 불연속(discontinuity)으로 나누고, 변동을 진동(oscillation)과 흔들림(vacillation)으로 세분한다. 기후 변동(variation)은 30년간의 평균이라는 시간 스케일의 변화를 나타낸다. 기후 진동(climatic oscillation)은 기후 변동 속에서 계속해서 극대 또는 극소 사이를 서서히 변화하는 방향으로 진행되는 변동으로 흔들림과는 대조적이다. 아울러 기후 현상의 진동과 흔들림을 종합한 형태의 반복(rhythm)과 이것이 규칙적일 경우의 주기성(periodicity)으로 구분된다.

기후 변화는 기후가 변하는 모든 형태를 총괄하며 가장 일반적이고 광범위한 기후의 변화이다. 한 지역의 기후는 대기 대순환, 고·저기압, 기단 등 動氣候的 요인과 위도와 일사, 대륙과 바다, 지리적 위치, 해발고도, 지형, 해류 등 기후인자에 의해 결정된다(김연옥, 1985).

1) 고기후 연구 자료

고기후를 알 수 있는 자료에는 심해 퇴적물, 고토양, 해안선, 해안 지형, 산호초, 심해저의 퇴적물, 얼음의 코아, 해수면 변화, 산악 빙하, 종퇴석, 대륙빙하, 영구동토층, 호저·습지 퇴적물, 꽃가루, 나무의 연륜, 선사시대의 유적(약 10,000년), 고문서, 고일기, 역사 기록(약 1,000년) 등이다(김연옥, 1998). 과거의 기후는 편의상 지질시대, 역사시대, 관측시대로 나눈다. 역사시대의 고기후 연구는 나이테, 빙하, 꽃가루, 퇴적물 등 자연자원 외에 유물, 고문헌 등 문화유산을 기초로 할 수 있다.

2. 과거 식생

한반도에서 신생대 제4기 플라이스토세 후기와 홀로세의 퇴적층으로 절대연도가 밝혀진 화분분석 성과는 남한의 동해안, 서해안, 내륙 일부 지역에 나타나지만 남해안에서는 매우 드물다. 이 연구에서는 시대별, 지역별 화분분석연구 결과 가운데 절대연대값을 가지고 있는 자료를 바탕으로 지금으로부터 10,000년전 이전 시기, 홀로세 초기, 중기, 후기 등 네 기간의 식생도를 복원하였다.

1) 플라이스토세의 식생

(1) 10,000년 이전의 식생

동해안 속초 영랑호에서는 17,000년 전에는 침엽수인 가문비나무속(*Picea*), 이깔나무속(*Larix*), 전나무속(*Abies*), 소나무속(*Pinus*) 중 오엽송류(Haploxylon) 등 한대성 수목이 숲을 이루었다(塚田松雄 등, 1977). 15,000~10,000년 전에는 낙엽활엽수인 참나무속(*Quercus*)과 피나무속(*Tilia*)이 나타나지만 나무 화분이 크게 줄고 양치류 포자 비율이 높아졌다(김준민, 1980).

서해 쪽인 서해 군산분지(36° 20′ 11″N, 124° 25′ 59″E) 수심 83m 지점의 퇴적층 분석결과 13,000~10,000년 전에는 사초과(Cyperaceae)가 압도적으로 많았고, 명아주과(Chenopodiaceae), 비름과(Amaranthaceae), 벼과(Gramineae)가 나타났다. 이 시기는 한랭건조한 빙하기 환경에 발달한 초본 위주의 식생이 발달한 것으로 보았다(이명석·유강민, 2001).

남해안에 멀지 않은 경남 진주시 집현면 장흥리에서 14,600±190년 이전 전후에는 전나무속, 자작나무속(*Betula*) 등이 나타났다(김주용 등, 2002).

내륙인 충북 청원군 옥산면 소로리에서 15,000~10,000년 전에는 소나무속이 우세하고, 전나무속, 가문비나무속 등 아고산성 침엽수림이 자랐고, 국화과(Compositae), 사초과 등 초본류가 나타났다(김주용 등, 2001). 충남 천안시 운전리에서 12,140±80년 이

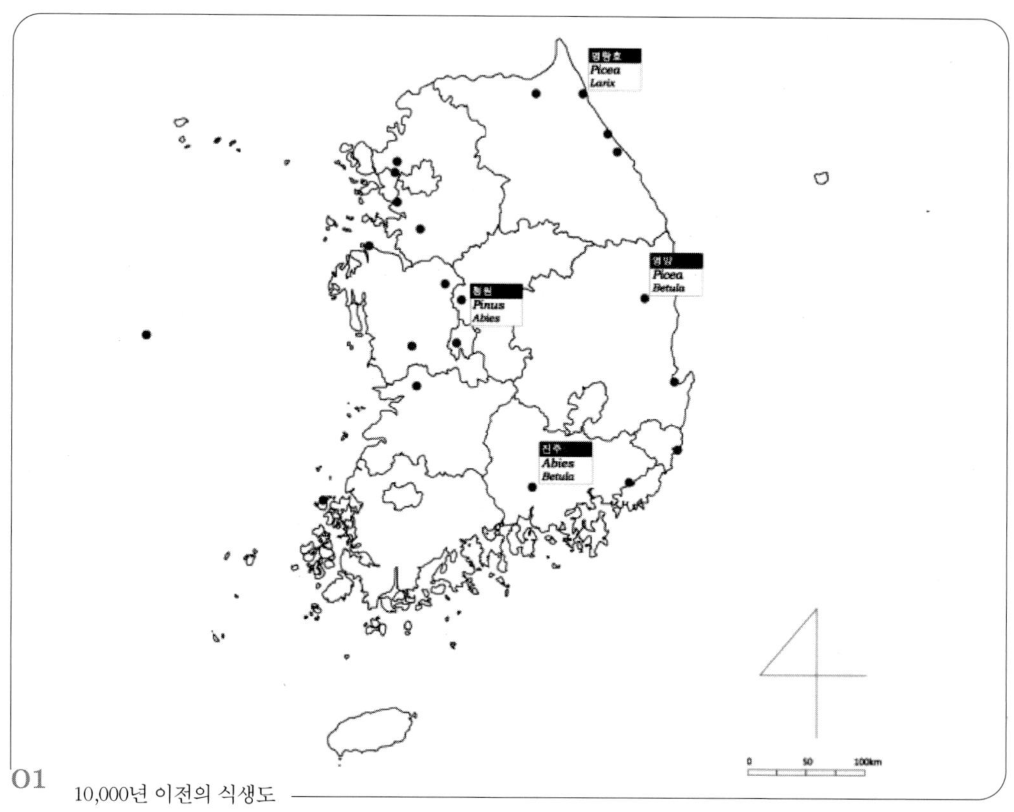

01　10,000년 이전의 식생도

전 전후에는 소나무속, 오리나무속(*Alnus*), 참나무속, 쑥속(*Artemisia*) 등이 출현하였다 (박지훈 · 오규진, 2004). 경북 영양군 영양읍 삼지리에서 17,940±140년 이전에는 가문 비나무속, 자작나무속, 피나무속, 참나무속 등이 나타났다(윤순옥 · 조화룡, 1996).

(2) 10,000년 이전의 기후

지금으로부터 17,000~15,000년 전 중부지방에는 현재 해발고도 1,000~1,500m이상 에 주로 자라는 가문비나무속, 이깔나무속, 전나무속, 소나무속 가운데 오엽송류 등 아 고산성 한대성 침엽수가 분포하였고, 온대 북부에서 잘 자라는 자작나무속이 흔하였 다. 이들 수종들의 오늘날 분포역을 비교하면 당시의 기후는 지금보다 9℃ 내외로 추웠 던 것으로 판단된다(그림 01).

영랑호 퇴적물의 유기물을 분석한 결과(安田喜憲 등, 1980)에 따르면 17,000~5,500 년 전에는 전반적으로 한랭하였고, 5,000±500년 및 3,000±500년 전에는 대체로 온난 하였다. 유황 함량 분석 결과 17,000~13,000년 전의 유황의 함량이 최저치를 보여 한랭 기를, 7,000~5,000년 전에는 최고치를 나타내 온난기를 나타냈다. 비교적 온난한 시기 는 13,000~10,000년과 3,000년 전이었다.

고식생에 기초한 플라이스토세 최후빙기는 가장 한랭했던 시기로 한대성 상록침엽 수가 우점하였으며, 20,000±3,000년 전에는 현재보다 8±3℃ 정도 기온이 낮았던 것으 로 판단된다. 공우석(2000a, 2006, 2007), 공우석 · 임종환(2008)에 따르면 현재 한반도 에 자라는 식물 가운데 제주도 한라산, 지리산, 설악산과 북한의 고산대와 아고산대에 분포하는 많은 극지 · 고산식물과 고산식물은 한반도의 빙기 동안 기후가 혹독하게 춥 고 한랭한 환경이었음을 나타낸다. 최후빙기 동안의 기온은 6~8℃ 정도에서 많게는 10 ℃ 내외로 낮았던 것으로 알려졌다. 윤순옥 · 조화룡(1996)은 뷔름빙기 최성기의 7월 평 균기온은 현재보다 약 10℃ 낮았을 것으로 추정하였다.

2) 홀로세의 식생

(1) 홀로세 초기의 식생

동해안 강원도 속초 영랑호 일대에서 10,000~6,700년 전은 참나무속이 우점하는 시 기였고, 낮은 곳에는 사초과가 흔하였다. 6,700~1,400년 전에는 소나무속과 함께 참나무속, 서어나무속(*Carpinus*), 개암나무속(*Corylus*), 오리나무속, 호도나무속(*Juglans*), 느릅나무(*Ulmus*), 느티나무속(*Zelkova*) 등 낙엽활엽수림이 확장하였다(安田喜憲 등, 1980). 경북 포항 일대에서 10,000~6,000년 전은 참나무속 우점기로 목본류의 40~50%를 차지하고, 오리나무속, 개암나무속, 호도나무속, 굴피나무속(*Carya*), 밤나무속(*Castanea*) 등이 나타나 온난습윤한 해면 상승기였다(조화룡, 1979).

서해안 경기도 고양시 일산에서는 8,000~4,200년 전에 오리나무속, 참나무속이 우점하여 빠른 해면 상승과 해진의 영향으로 매우 습윤하였다(윤순옥, 1997). 서해 군산 분지에서 10,000~6,000년 전에는 참나무속이 우세하고 오리나무속, 서어나무속, 버드나무속(*Salix*), 전나무속이 산출되어 당시가 온난습윤했던 것으로 보았다. 6,000~2,500년 전에는 소나무속이 증가하고 사초과, 벼과, 쑥속이 다소 감소하였다. 참나무속이 유지되고 소나무속이 약간 증가하는 것은 기후가 전보다 다소 한랭해진 것으로 해석하였다(이명석 · 유강민, 2001).

내륙인 충북 청원군 옥산면 소로리에서 10,000년 전쯤에는 소나무속, 개암나무속, 참나무속, 느릅나무속, 느티나무속, 자작나무속 등으로 이루어진 혼합림이 발달하였다. 10,000~2,000년 전에는 오리나무속이 급증하고, 참나무속 등 낙엽활엽수림이 많아졌으나 침엽수는 거의 나타나지 않으며, 초본류는 국화과가 많고 사초과도 나타났다(김주용 등, 2001). 경북 영양군 영양읍 삼지리에서 7,000년 전에는 소나무속이 우점하였다(윤순옥 · 조화룡, 1996). 전북 익산시 황등면에서 6,260±180년 전에는 오리나무속, 참나무속이 우점하고, 벼과가 나타났다. 4,950±160년 전에는 오리나무속, 참나무속, 소나무속, 쑥속이 흔했다(조화룡, 1979).

소나무속이 증가한 이유는 10,000년 전 쯤에 해수면은 현재보다 40~50m 정도 낮았으나, 10,000~6,000년 전까지 해진이 일어나 내륙이 해안으로 바뀌면서 해풍에 의하여 낙엽활엽수가 쇠퇴하고 해안 모래땅에 강한 소나무속이 증가하였기 때문으로 보았다(조화룡, 1979). 영랑호에서 7,500~4,000년 전은 참나무속, 소나무속 중 이엽송류(Diploxylon), 서어나무속이 증가하였고 낙엽활엽수가 다양해져 후빙기 최온난기(hypsithermal 또는 climatic optimum period)로 보았다(장정희 · 김준민, 1982).

(2) 홀로세 초기의 기후

지금으로부터 8,000~6,000년 전에 동해안에서는 상대적으로 건조한 환경에서 잘 견디는 소나무속과 온대기후의 지표종인 참나무속이 우점하였다. 서해안에서는 상대적

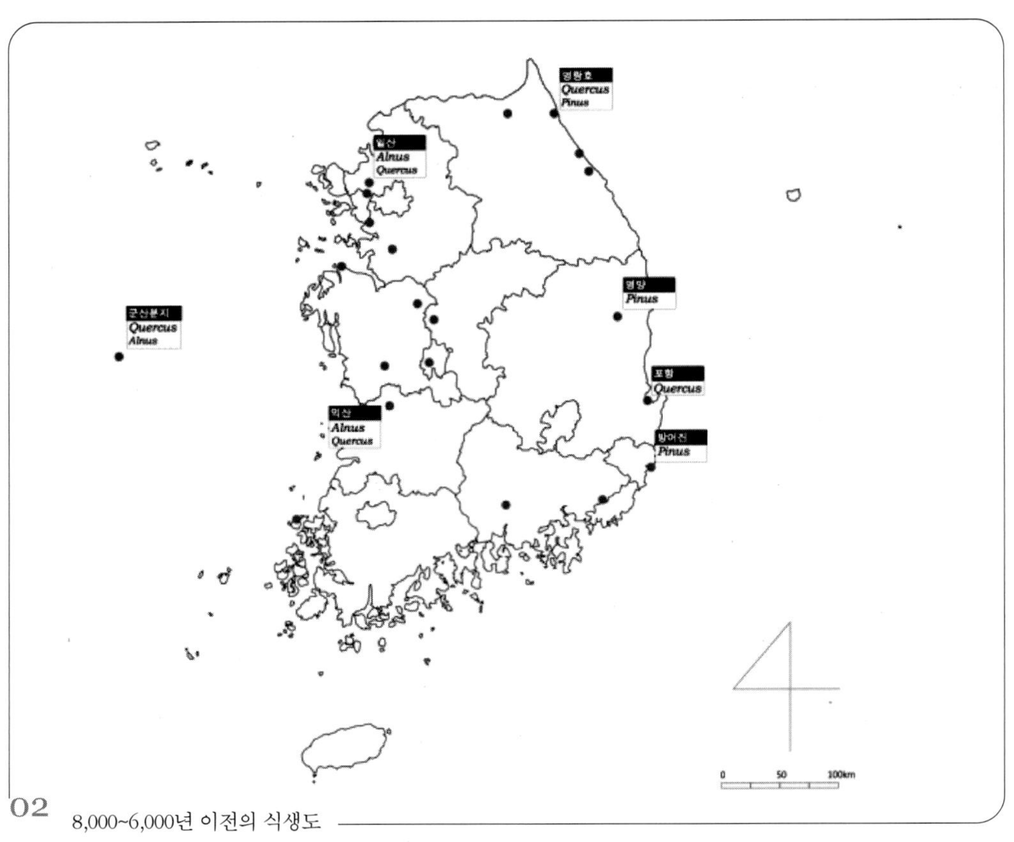

02 8,000~6,000년 이전의 식생도

으로 습한 환경에서 잘 자라는 오리나무속과 온대수종인 참나무속 등 낙엽활엽수가 우점하였다. 따라서 당시에 동해안과 서해안은 지형적 차이와 함께 기후의 지역적 차이도 있었던 것으로 판단된다. 즉 상대적으로 동해안이 건조하였고 서해안이 습윤한 기후가 국지적으로 나타났던 것으로 보인다. 이 시기에 해당되는 내륙 화분 자료가 추가되면 내륙과 해안지역과의 비교가 가능할 것이다(그림 02).

중부 이남의 서해안과 동해안의 식생을 시·공간적 측면에서 복원한 결과 서해안은 6,250~1,500년 전까지 오리나무속이 우점하였으나 1,500년 전부터는 소나무속으로 대치되었다. 동해안에서는 10,000~2,000년 전에 참나무속과 소나무속이 주로 분포하였으나, 2,000년 전부터는 소나무속이 우점하였다(Kong, 1994; Kong & Watts, 2000). 같은 시기에도 동해안, 남해안, 서해안, 내륙 등 지역에 따라 지형과 기후 환경의 차이에 따라 우점하는 식생이 달랐음을 알 수 있다.

⑶ 홀로세 중기의 식생

동해안 영랑호에서 4,000년 전에는 소나무속, 참나무속, 오리나무속, 개암나무속 등 목본류와 함께 쑥속, 벼과 등의 초본류가 흔했다(장정희·김준민, 1982). 강원도 강릉시 주문진에서 3,000년 전~현재에 이르는 시기에 속하는 아래층은 소나무속의 시기로 참나무속이 같이 나타났고, 위층은 소나무속이 급증하고, 벼과, 쑥속, 질경이속(Plantago) 등이 나타났다. 주문진에서 1,990±100년 전에는 참나무속, 오리나무속, 소나무속, 개암나무속 등이 나타났다. 포항에서 6,000년 전부터 오늘날에 이르는 시기는 소나무속 우점기로 참나무속 등은 감소하였다. 2,820±90년 전에는 참나무속, 호두나무속, 소나무속, 전나무속이 나타났다. 울산시 방어진에서는 6,000~4,000년 전의 소나무속, 4,060±120년 전에는 참나무속, 오리나무속, 쑥속 등이 나타났다. 2,350±100에서 770±90년 전 사이에는 소나무속이 우점했다(조화룡 1979).

남해안인 경남 김해시 대동면 예안리에서 2,500년 전 이후에는 소나무속, 참나무속이 흔하고, 오리나무속, 서어나무속, 개암나무속, 느릅나무속, 느티나무속, 피나무속 등이 나타났다. 벼과와 함께 쑥속, 가래속(Potamogeton), 골풀과(Juncaceae), 벗풀속(Saggitaria), 부들속(Typha), 자주땅귀개속(Utricularia) 등이 많다(安田喜憲 등, 1980).

서해안 일산에서 4,200~2,300년 전에는 오리나무속이 크게 줄면서 소나무속이 증가하고 자작나무속, 개암나무속, 밤나무속이 이전보다 많아지고, 포자류와 쑥속, 벼과, 부들속, 여뀌속(Persicaria), 범의귀속(Saxifraga), 명아주속(Chenopodium), 메밀속(Fagopyrum) 등 초본류가 증가하였다. 2,300~1,800년 전은 해수면이 높아지는 해진의 영향과 인간의 간섭을 반영하는 벼과, 명아주과, 쑥속 등 초본류의 비율이 높았다(윤순옥, 1997).

경기도 김포시 고촌면 신곡리에서 5,000~4,000년 전(4,530±40년 전)에는 오리나무속이 크게 우점하였고, 주변 구릉지에는 참나무속이 번성하였다. 2,200년 전(2,180±40년 전)에는 오리나무속은 급속히 감소하고 참나무속, 소나무속, 버드나무속, 밤나무속, 느릅나무속, 느티나무속과 함께 벼과, 쑥속, 명아주과 등의 초본류가 증가하였다(황상일 등, 2003).

경기도 시흥시 군자리에서 2,700년 이전 전후에는 소나무속이 급증하고, 참나무속이 흔했다(김준민, 1980). 경기도 화성시 안녕리에서 3,500~2,000년 전에는 오리나무속, 낙우송속(Taxodium) 등이 우점하고, 참나무속, 피나무속 등도 나타났지만 초본류는 적었다. 2,000년 전 이후는 소나무속의 우점기로 오리나무속과 낙우송속은 급감하였고, 사초과, 쑥속, 벼과, 메밀속, 명아주속 등 경작식물이 증가하여 정착생활이 본격적으로 진행되어 농경지 확대와 자연림 파괴가 시작되어 자연림이 인공림으로 바뀐 것으로 보았다(이상헌 등, 1999).

충남 당진군 대호방조제 북쪽에서 3,250±60년 전에는 참나무속, 소나무속, 쑥속, 명아주속 등이 나타났다(이명석 등, 1996). 전남 신안군 임자도에서 2,770±60에서 1,100±60년 전에는 소나무속, 전나무속, 가문비나무속, 낙우송과, 측백과, 주목과 등 나자식물과 참나무속, 밤나무속, 오리나무속, 자작나무속, 서어나무속, 옻나무속(*Rhus*), 느릅나무속, 느티나무속 등 낙엽활엽수가 많았다. 초본류는 벼과, 가래속, 사초과, 국화과, 개미탑속(*Haloragis*), 물수세미속(*Myriophyllum*), 쑥속, 명아주과, 비름과 등이 나타났다(김주용 등, 2000). 전남 무안군 몽탄면 양장리에서 1,840±130년 이전 전후에는 오리나무속, 참나무속, 소나무속이 많았고, 1,645±75년 이전 전후에는 소나무속, 참나무속, 서어나무속 등이 나타났다(박승필·위현정, 1996).

내륙인 충남 천안에서 2,250±70년 이전 전후에는 참나무속, 소나무속, 오리나무속,

03 4,000~2,000년 이전의 식생도

벼과 등이 많다(박지훈 · 오규진, 2004). 충북 청원군 옥산면 소로리에서 4,820년 전후에는 소나무속, 가문비나무속, 전나무속 등이 나타났다. 2,000년 전에는 오리나무속, 참나무속은 거의 없고 소나무속이 급증하여 침엽수림을 이루고 벼과가 급증하였다(김주용 등, 2001). 충남 부여군 월함지에서는 4,060±120년 전에는 목본류로는 참나무속, 소나무속, 서어나무속이 많았고, 초본류로는 쑥속, 산형과(Umbeliferae) 등이 흔했다. 2,350±100년 전에는 참나무속, 소나무속, 서어나무속 등과 함께 쑥속, 부들속 등이 같이 나타났다(장정희 · 김준민, 1982). 경남 진주시 집현면 장흥리에서 3,000년 이전 전후에는 소나무속, 참나무속, 오리나무속 등이 나타났다(김주용 등, 2002).

⑷ 홀로세 중기의 기후

지금으로부터 4,000~2,000년 전에 동해안에는 소나무속, 참나무속이 우점하고, 서해안에는 습한 환경에서 번성하는 오리나무속이 흔하였고, 온대기후에서 잘 자라는 참나무속, 소나무속 등이 많았다. 동해안과 서해안에 다른 식생이 나타나는 것은 지형적 차이와 함께 동해안이 전반적으로 서해안보다 건조했음을 나타낸다. 그러나 서해의 군산분지와 임자도에 소나무속이 많은 이유에 대해서는 앞으로 논의가 필요하다. 내륙은 고고학적 유적지로 소나무속이 많이 나타났는데, 이는 기후환경과 함께 인위적인 사람에 의한 선택적인 식생의 간섭과 벌채 뒤 토지가 건조해지고 척박해진 것과도 관련될 수 있다(그림 03).

⑸ 홀로세 후기의 식생

동해안 영랑호에서 1,400년 전~현재는 인간에 의한 개간, 화전 등으로 소나무속, 참나무속 등이 우점하였으나 인간에 의한 농경활동으로 급격하게 감소하였고, 퇴적층 깊이 1.6m부터는 벼속(*Oryza*)이 나타났다(塚田松雄 등, 1977, 安田喜憲 등, 1980, 김준민, 1980). 강릉시 운산동(윤순옥, 1998)에서 760±20년 이전에는 소나무속, 참나무속, 쑥속 등이 나타났다. 울산시 방어진에서는 770±90년 전에는 소나무속, 참나무속, 벼과 등이 출현했다(조화룡, 1979).

서해안 충남 당진군 대호방조제 부근에서 854±58년 전에는 소나무속, 사초과 등이 자랐다(이명석 등, 1996). 군산분지에서 2,500년전~현재는 소나무속의 급격히 증가하고 명아주과와 비름과도 다소 증가하였는데, 이는 건조한 기후에 따른 것이다. 동시에 인간활동에 의하여 활엽수림이 줄었다(이명석 · 유강민, 2001). 전남 나주시 다시면 가

홍리에는 1,500년 이전 전후로 소나무속이 많고 참나무속, 서어나무속, 느릅나무속, 호도나무속 등이 등장하였다(김준민, 1980).

내륙인 강원도 양구군 대암산 습원은 강원도 인제군과 양구군 사이 1,316m의 산정에 있다. 2,174년 전부터 현재까지 수목이 우세하였는데 소나무속과 참나무속이 우점하였고, 전나무속, 자작나무속, 서어나무속이 나타났다. 770~300년 전의 약 470여 년 동안은 참나무속~소나무속 시기로 참나무속, 호두나무속, 서어나무속, 느릅나무속, 자작나무속이 번성하고 소나무속은 점차 감소하는 약간 온난한 기후였다. 초본류로는 쑥속, 벼과 등이 증가하고 사초과는 감소했다. 300년 전 이후는 소나무속~참나무속의 시기로 소나무속이 증가하고, 참나무속은 감소하고, 초본류로는 벼과, 명아주과가 현저히 증가하고 쑥속, 오이풀속(*Sanguisorba*)이 증가하였다(장남기 등, 1987).

대전광역시 유성구 장대동에서 1,500년 전 이전에는 피나무속, 중국굴피나무속(*Pterocarya*), 참나무속 등 낙엽활엽성 목본류가 풍부하고 침엽수는 소나무속, 낙우송속 등이 적게 나타났고, 초본류는 빈약하였다. 1,500년 전 이후에는 벼과(재배종)가 우점하며 소나무속도 풍부하였지만 참나무속은 증가하였지만, 피나무속, 중국굴피나무속 등 낙엽활엽수는 빈약하여 농경과 벌목이 본격화된 것으로 보았다(이상헌 등, 1998). 충남 부여군 월함지에서는 770±90년 전에는 소나무속과 함께 쑥속, 벼속 등이 증가하였다(장정희 · 김준민, 1982). 경남 진주시 집현면 장흥리에서 1,000년 이전 전후에는 소나무속이 많았다(김주용 등, 2002).

홀로세 후기로 가면서 소나무속이 증가하는 경향은 경기 평택(오지영, 1971, 박인근, 1993), 충남 태안 만리포(박인근, 1990), 전북 김제 만경(조화룡, 1987), 전북 익산(최기룡, 1992) 그리고 북한의 온정, 용천, 평강(松島眞次, 1941)에서도 관찰되었다. 홀로세 후기에 형성된 대암산 고층습원에서는 소나무속, 전나무속, 가문비나무속(강상준, 1988)과 소나무속, 전나무속, 이깔나무속(장남기 등, 1987)이 각각 보고되었다.

⑹ 홀로세 후기의 기후

지금으로부터 1,000년 이후에는 동해안과 서해안에는 소나무속이 우점하였고, 참나무가 그 뒤를 이었다. 내륙에서는 참나무속이 소나무속과 함께 우점하고 있다. 소나무속의 우점은 기후가 온난건조해지고 낙엽활엽수 등이 제거되면서 나타난 현상으로도 볼 수 있다(그림 04).

약 2,000년 전부터 소나무속이 급증한 것은 기후가 온난해진 것과 함께 인간의 활동

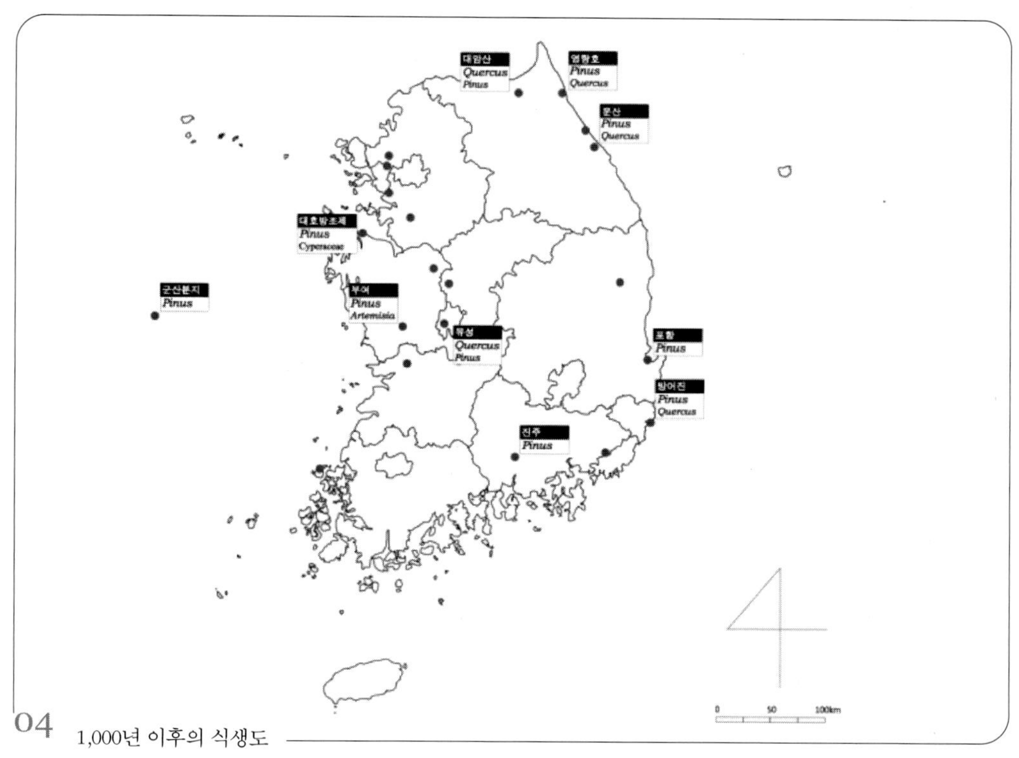

04 1,000년 이후의 식생도

이 복합적으로 작용한 결과로 볼 수 있다. 경작지를 만들기 위한 산불, 개간 등으로 자연식생이 제거되면서 일사량이 많아지면 온도가 상승하고 증발산량의 많아져 토양이 고온 건조해졌고 주변 식생이 사라지면서 유기물 공급이 줄어들어 토질이 척박해지면서 이런 환경에서 적응력이 높은 소나무속은 영역을 넓혀 나갔던 것으로 본다.

특히 소나무속 화분이 많이 나타나는 시기에 식생이 파괴된 곳에서 번성하는 쑥속, 명아주속, 메밀속, 벼과 초본류가 많이 나타나는 것은 인위적 영향이 많았음을 나타낸다. 또한 이 시기의 퇴적층에서 흔하게 발견되는 숯도 인간에 의한 자연식생의 간섭 정도를 나타내는 지표이다. 숯이 많이 발견되는 것은 논농사보다는 밭농사를 위한 개간의 근거로 보는 것이 타당하다. 동시에 3,500~1,500년 전에 남부지방으로부터 중부지방으로 재배하는 벼의 꽃가루가 출토되는 것도 농경의 시·공간적 확산을 나타내는 지표이다.

3) 식생 간섭사

(1) 구석기시대

구석기시대부터 고려시대까지의 인간에 의한 자연식생의 간섭사는 공우석(2000, 2001, 2003)의 내용을 바탕으로 작성하였다. 한반도에서 인류가 활동한 흔적으로 가장 오래된 선사문화 중 하나는 약 60~40만년 전의 북한 상원 검은모루 구석기 유적이다. 구석기인들은 주먹모양 도끼를 손에 쥐고 도끼날로 나무를 찍어 다듬거나 땅을 파는 일 등에 사용하였다. 10만년 전의 구석기 중기에 해당하는 평남 덕천과 평양 역포의 인류는 짜르개를 벌목에 사용하였다. 구석기시대 후기에는 한반도 전역에서 인류가 활동했다. 인구가 늘고 도구를 만드는 기술이 발전함에따라 식생의 간섭은 피할 수 없었던 것으로 보인다.

구석기시대의 사람들이 자연적으로 발생한 불을 이용한 것은 구석기시대 전기부터였으나, 스스로 불을 일으켜 사용한 것은 구석기시대 중기로 본다. 불은 사람들의 일상생활, 생산활동, 짐승으로부터의 방어 등 생활 전반에 중요하였다. 그러나 당시에는 불씨를 구하고 유지하기 힘들었기 때문에 생활에서 불이 널리 이용되지는 못하여 구석기 전기의 유적에서는 화덕자리가 나타나지 않는다. 구석기시대 중기의 평양 승호구역 화천동에서는 화덕자리가 발견되었다(박영초, 1988). 불을 적극 이용한 흔적으로 남한에서는 구석기 유적 가운데 충북 청원 두루봉의 새굴, 단양 수양개, 충남 공주 석장리에서는 숯이 발견되었다(이융조 등, 1994). 사람들이 불을 사용하여 수렵, 난방, 취사를 하면서 거주지 주변에서 자연식생의 간섭이 나타났을 것으로 본다.

(2) 신석기시대

신석기시대인 약 7천~4천년 전에는 서포항, 지탑리, 궁산유적에서 돌괭이, 삽, 보습, 낫, 갈돌, 알곡을 보관할 수 있는 큰독 등 농기구가 나타났다. 4천년 전부터는 돌도끼로 숲을 벌채하여 나무가 마른 뒤 불을 놓아 밭을 만드는 토지 개간기술이 도입된 것으로 보인다. 나무를 가공하는데 도끼, 자귀, 대패칼, 숫돌과 같은 공구류를 이용하였다.

신석기시대에는 약 150여 개소에 유적이 발견되는데 주로 대동강, 한강 유역 및 그 인접 도서를 포함한 서해안 지역, 두만강을 포함한 동북해안 지역 그리고 낙동강 유역을 포함한 남해안 지역 등 세 지역에 밀집 분포되어 있다(임효재, 1999). 신석기시대 후기의 주민들은 도서 지방에 진출하는 한편 농경의 발전으로 강원도 춘천, 경기도 남양

주, 충남 부여, 충북 청원, 전북 부안, 평양 남경리 등 내륙으로도 확산되었다(김원룡,
1986).

신석기시대에 재배한 작물은 5천~4천5백년 전의 조, 피(황해도 봉산군 지탑리유
적), 4천년 전의 조(평양 남경유적), 3천5백년~3천년 전의 기장, 수수(청진시 무산군 범
의구석유적), 콩, 팥, 기장(함북 회령군 오동유적), 3천년 전의 조, 팥(황해도 송림시 석
탄리유적), 벼, 조, 기장, 수수, 콩(평양시 남경유적), 2천5백년 전의 조(청진시 무산군
범의구석유적), 2천년 전의 기장(평양시 정백동유적), 벼(평양시 락랑동유적), 밀(경북
경주시 월성유적), 1천9백년 전의 벼(경남 김해 회현리유적), 1천 8백년 전의 보리(평양
류소리유적) 등이다(최상준 등, 1996).

신석기시대 전기의 괭이농사가 2천년 전부터는 괭이를 사람이 끄는 보습농사로 바
뀌면서 경작 면적이 넓어졌고(박영초, 1988), 한 곳에 정착하여 주로 밭작물을 기르는
농경기술이 급속히 발달하면서 주거지를 중심으로 자연식생에 대한 간섭이 본격화되
었다. 신석기시대에는 3~15년을 주기로 새로 개간하거나 경작하는 농법을 사용하였다
(이현혜, 1998). 그 결과 취락 부근에 밭이 중심이 되는 넓은 경작지가 필요하였고 새로
운 경작지를 만들기 위한 개간과 화전에 따른 자연 식생의 파괴는 피할 수 없었다. 그러
나 당시에는 논농사가 활발하지 않았기 때문에 경작지에 물을 대기 위한 인공적인 수
리시설은 발달하지 않은 것으로 본다.

(3) 청동기시대

한반도에서 청동 야금이 시작된 것은 4,000년 전이며 청동으로 도끼, 칼, 끌 등의 노
동도구를 생산하였고(박영초, 1988), 낫, 반달칼, 돌괭이, 가래, 호미, 보습, 도끼, 자귀 등
의 석기도 사용되었다(이영진 · 김약수, 2000). 청동기시대에는 목공구 혹은 농경용구
로 생각되는 턱자귀, 홈자귀, 바퀴날도끼, 톱니날도끼 등이 사용되었다. 무산에서는 대
형벌목용 도끼가 많이 출토되고 타제 기경구가 많이 출토되어 당시의 농경형태를 화전
경작으로 보는 견해(황기덕, 1970, 이현혜, 1998에서 재인용)가 있다. 청동기시대부터
초기철기시대까지 전작과 논농사를 기초로 하는 농경체제가 확립되었다(이현혜,
1998).

청동기시대의 생활기반은 농경, 어로, 가축 기르기 등이었고, 본격적인 농경으로 재
배된 곡식은 벼, 보리, 조, 피, 수수, 콩 등이었다. 나무로 만든 평후치(평북 염주군)와 가
축의 뼈(평양 승호구역 입석리, 회령군 오동, 무산군 범의구석, 나진시 초도)의 출현(사

회과학원 민속학연구실, 1993)은 사람의 힘을 이용한 보습농사가 청동기시대에는 가축에 의한 보습농사로 발전했음을 나타낸다.

청동기시대에 철제 농구들이 이용되면서 경작 후 10여 년을 묵히는 휴경농법은 농토를 한두 해씩 묵히다가 농사를 짓는 역전농법으로 바뀌었다. 서력 기원을 전후한 삼한 및 삼국시대에는 철제농기구 보급과 가축을 이용한 논과 밭갈이로 개간 능력이 향상되어 밭의 절대면적은 늘어났다. 농경기술의 발전을 기초로 한 경작지 확대가 활성화되면서 산지의 개간과 식생의 파괴가 가속화된 것으로 본다.

(4) 철기시대

기원전 1백년 이후 시기는 철기시대로 쇠도끼, 쇠낫, 철제보습, 나무후치, 쇠낫 등(사회과학원 민속학연구실, 1993)과 함께 삽, 괭이, 낫 등의 농기구와 도끼, 자귀, 끌 등 공구류가 생산되었다(박영초, 1988). 철기시대 초기의 철제 도끼는 10cm 미만의 목재 가공용 도끼, 14~15cm 이상의 나무 벌채용 중대형 도끼와 길이가 25cm를 넘는 대형 철제 도끼 등 다양하였다. 철제 도끼가 출토된 곳은 함남 소라리, 평남 대성리, 경북 경주, 경남 의창, 삼천포, 제주 등지이다. 철제 도끼가 철기시대 초기부터 흔하게 나온다는 것은 당시부터 벌목과 제재 작업이 활발하였다는 것을 의미한다. 철제 도끼의 이용으로 삼림 벌채가 용이해지고 다양한 농·토목구가 개발되면서 절약된 노동력이 새로운 농경지 개간에 투입되어 경작지가 확대되었다(이현혜, 1998).

고조선시기에는 석제 농구와 청동제 농구를 이용하면서 휴경농법을 발전시키다 후에는 철제 농구들이 이용되면서 휴경기간을 훨씬 줄여 경작지를 한두 해씩 묵히다가 농사를 짓는 역전농법으로 바뀌었다. 우리나라에서는 벼와 조, 기장, 수수, 밀, 보리, 피, 콩, 팥 등이 재배되었고, 공예작물로는 삼이 재배되었다(최상준 등, 1996). 특히 서력 기원을 전후한 삼한 및 삼국시대에는 철제 농기구 보급과 가축을 이용한 논과 밭갈이로 밭의 절대면적은 꾸준히 늘어났다(이현혜, 1998).

원삼국시대에는 청동기가 소멸되고 철기가 발달 및 보급되었고, 철제 농구와 가축을 이용하여 경지를 정리하는 농경이 발전하였다. 지역에 따라서는 홈자귀, 반달칼, 돌촉 등 석기가 사용되기도 했으나 쇠칼, 쇠도끼는 일상적인 도구가 되었다(김원룡, 1986). 삼한시대의 농업은 철제 농기구에 의해 밭의 경작이 상당히 진전되었으며 기장, 피, 조, 보리, 벼, 면화 등 오늘날의 주요 농산물을 모두 생산했다(백남운, 1999). 따라서 이때에는 어떤 형태로든 물을 농경에 이용하려는 시도는 있었을 것으로 본다.

고구려에서는 쇠도끼, 손칼 등을 단조한 강철로 만드는 등 제철공업이 발달하여 농기구와 공구 제작이 뛰어났다. 당시에 조, 기장, 수수, 콩 농사를 기본으로 하는 밭농사 풍습이 이루어졌다(사회과학원 민속학연구실,1993). 고구려에서는 나무를 이용하여 배와 수레 그리고 악기도 만들었다. 특히 1,000℃ 이상에서 만드는 경질 토기와 1,200℃ 이상의 높은 열을 이용하여 철을 제조하였다(손영종·조희송, 1990). 고구려 사람들은 나무를 이용하여 연료로 사용하고, 생활용구를 제작하고, 밭농사를 중심으로 한 개간을 위하여 산지의 식생을 벌채를 하여 식생이 파괴되었다. 특히 고구려는 삼국 중 밭농사가 가장 성행하였기 때문에 밭의 개간과정에서 많은 산림 제거가 필연적이었다.

백제에서는 철제 농기구로 소를 이용하여 땅을 가는 보습, U자형 보습날, 쇠스랑형 괭이, 낫, 호미 등과 도끼, 자귀, 톱 등을 사용하였다. 백제의 공구 중 채벌용 도끼(자귀 포함), 톱 등은 산림 벌채나 가공과 관련된다. 백제는 목재를 이용하는 기술도 뛰어나 배, 탑, 나무다리(498년의 웅진교) 등에서 목재가 널리 이용되었다(손영종·조희송, 1990). 백제는 농업이 가장 기본적인 산업으로 논벼 경작이 이미 1세기 초에 행해졌다(백남운, 1999). 그러나 보리, 콩을 기본 작물로 하는 밭농사도 병행되었다(사회과학원 민속학연구실, 1993).

백제는 농업이 가장 기본적인 산업으로 철제 농기구와 소를 이용하여 땅을 갈아 농사를 지었기 때문에 농업 생산성이 높았다. 또한 논벼 경작이 1세기 초에 처음으로 행해지면서 논의 비율이 높았으나, 보리, 콩을 기본 작물로 하는 밭농사도 병행되었다. 백제에서는 밭농사와 논농사가 같이 이루어지는 발전된 농경이 이루어졌고 나무를 가공하는 기술도 뛰어나 거주지 주변과 산림 내에서 산림의 벌채가 동시에 이루어졌을 것으로 본다. 따라서 구릉지와 산간에서 개간을 통하여 많은 경작지를 만들면서 자연식생의 훼손이 있었을 것이다.

신라에서는 제철야금업이 널리 발달하여 초기부터 소를 이용한 밭갈이 보습과 개간과 경작 및 수확에 쇠스랑, 가래, 낫을 사용하였다. 나무를 베는 기구로 도끼, 톱 그리고 나무를 가공하는 도끼, 자귀, 끌 등이 생산되었다. 또한 나무를 사용하여 배, 수레, 그릇 등을 제작하였다(손영종·조희송, 1990).

신라의 기본적인 산업은 농업으로 逸聖王 11년(144) 2월에 田野를 널리 개간하라(三國史記 卷1, 新羅本紀 1)는 기록이 있다. 한반도에서 소, 말을 부리게 된 것은 김해패총의 출토품에서 볼 수 있듯이 늦어도 기원전부터라고 생각된다. 삼국사기 권4, 신라본기 4에는 "지증왕 3년(502) 3월 주군이 수령에게 농사를 장려케 했으며 牛耕을 시작했다"라고 씌어 있다. 농작물은 오곡(보리, 조, 옥수수, 피, 콩)과 벼, 목면, 삼(大麻), 명주실, 모시풀(苧麻), 참깨(胡麻), 들깨(荏), 인삼 등이 생산되었다(백남운, 1999). 3~4세기에 백제와 신라는 철을 이용한 농기구 만드는 기술이 발달하여 농기구가 다양해지고 경작지가 크게 확대되었다(전상운, 1983).

신라는 발전된 공구를 이용하여 산림을 벌채하여 경작지를 개간하였다. 밭은 가축과 농기구를 이용하여 경작을 하였고 다양한 밭작물이 생산되었다. 신라는 백제보다 밭작물 의존도가 높아 개간과정에서 산지의 식생 파괴가 심하였을 것이다. 한반도에서 소나 말을 부리게 된 것은 늦어도 기원전으로 보이며 신라에서는 6세기에 가축을 이용하여 땅을 갈았다는 기록이 있다. 농작물은 주로 밭작물이 주류를 이루어 취락 주변과 산지의 개간과정에서 식생의 피해가 있었을 것이다.

가야에서는 제철수공업이 발달하여 각종 무기와 대형 철제 가래, 보습, 낫, 도끼, 자귀 등 나무 가공에 이용된 공구가 많고, 배의 제작 기술도 뛰어났던 것으로 알려졌다(손영종·조희송, 1990). 서력 기원을 전후하여 중남부지역에는 농기구의 철기화가 가속화되어 노동효율이 증대되어 더 넓은 토지를 경작할 수 있게 되었고, 그 결과 토지 개간이 활성화되었다. 한반도 중남부의 가야에서도 제철, 조선, 농경을 위하여 식생의 훼손이 있었음을 나타낸다.

통일신라 때에는 논의 개발이 한계에 이른 6~7세기부터 밭의 면적이 더욱 늘어나 전체적으로 밭이 논의 면적을 앞질렀다. 수전이 확대되고 농기구가 다양해져 생산력이 전반적으로 향상된 것은 삼한 및 삼국시대인 것으로 본다(이현혜, 1998). 7세기 중엽~9세기의 발해와 후기 신라 때에 발해 남부와 중부지방에서는 벼, 조, 수수, 콩 등의 곡물과 채소를 재배하였다(최상준 등, 1996). 통일신라의 농기구로는 가래, 쇠스랑, 삽, 보습, 낫, 자귀 등이 생산되었다(손영종·조희송, 1990).

삼국시대에 경작지를 개간하는데 적용된 기술은 불놓기에 의한 숲의 개간, 가축을 이용한 큰 보습에 의한 황무지 개간 그리고 쇠도끼, 쇠괭이, 쇠호미, 쇠도끼, 쇠보습 등을 이용한 개간 등으로 판단된다. 따라서 식생에 대한 간섭이 보다 광범위하고 지속적으로 나타난 것으로 본다. 과거에도 사람들에 의하여 자연식생이 직·간접적으로 파괴되는 것을 피할 수 없었을 것으로 보인다.

고려시대에 숲을 파괴한 요인은 광업, 조선, 벌목, 목판 인쇄, 개간, 농업 등 다양하다. 고려 말에서 조선 초에 전국 각지에는 99개소의 철, 금, 은, 연, 동을 생산하는 고을이 있었다. 특히 철을 생산하는 고을이 많았고 생산된 도구는 낫, 보습날, 삽, 괭이, 호미, 쇠스랑, 가래 등 농기구와 자귀 등 공구였다.

高麗史 食貨志 조세에 의하면 광종 24년(975)에는 과거에 개간되었던 땅이었으나 경작되지 않은 陳田을 다시 경작하면 세제상 혜택을 주어 묵은 밭의 다시 경작하게 하였다. 개간지는 원래 경작지였으나 황폐해진 곳이 주 대상이었으나, 묵은 밭만 가지고 땅에 대한 수요를 충족시킬 수 없었으므로 산비탈까지 개간하여 농경지를 만들었다. 완만한 들은 그대로 농토로 개간했으나, 경사가 급한 곳은 다락 밭을 조성하는 산비탈 개간이 활발하였다. 개간이 진전되면서 점차 경작이 불가능했던 지역도 경작지로 되었다.

작물을 연작하는 것이 불가능하여 휴경이 불가피하였던 고려시대까지는 단위면적 당 수확량을 늘리는데 한계가 있었기 때문에 경지면적의 확대가 필요하였다. 전체 인구의 80% 이상이 농업에 종사하던 전통사회에서 인구가 늘면서 토지에 대한 요구가 커졌다. 고려 중엽부터 서해안 일대에 널리 발달한 해안저습지와 감조구간 내 간석지성 토양으로 구성된 하안저습지를 개간하였다(홍금수, 2008).

땅을 일정한 기간 동안 묵인 후 경작하던 휴전농법이 11세기에 기본적으로 없어지고, 해마다 씨를 뿌리고 거두는 불역경법이 산비탈 밭에까지 시행되었고, 14세기 말에 이르러서는 서해안과 중부 이남에도 확대되었다. 따라서 천이를 통하여 경작지에 식생이 발달하는 것은 기대할 수 없었다. 고려 때에는 진전과 신전개발을 통한 농경이 적극적으로 권장됨에 따라 취락 주변의 산지 개간과 토지이용이 활발했음을 알 수 있다. 특히 산지와 평야가 만나는 임야지역에서의 밭의 확대는 거주지 주변지역의 산지 개간을 부추겼고, 이는 필연적으로 자연식생의 파괴를 가져온 것으로 본다. 이런 곳에서는 인위적 간섭이 적은 곳에 일어날 수 있는 식생의 천이나 자연식생의 회복을 어려웠다고 볼 수 있다.

3. 고기후

三國史記의 本紀에는 기상, 기후, 천문, 지진, 생물 등에 대한 내용이 기록되어 있다. 김연옥(1983, 1984, 1985, 1998)은 삼국사기 등 고문서를 바탕으로 고기후를 복원하였으며, 여기에 소개된 내용은 그 연구를 바탕으로 작성하였다.

우리나라의 기상 관측의 역사는 백제의 영향을 받은 신라 때부터 시작되었다. 선덕여왕 16년(647)에 건립된 첨성대는 천문대와 관상대의 기능을 하였다. 삼국시대에는 물시계와 해시계도 있었다. 고려시대에 측후를 담당한 관청인 太司局은 충렬왕 34년(1308)에 書雲觀으로 바뀌었다. 高麗史 五行志에는 고려 475년간의 기상, 기후에 관한 기록이 있다(김연옥, 1985).

1)기온

삼국시대 기후환경은 삼국사기와 증보문헌비고를 바탕으로 알 수 있다. 문헌에 寒暖의 기록이 많지 않으나 異常高溫, 異常低溫 등의 기록을 볼 수 있다. 따뜻한 겨울은 겨울에 꽃이 피었다, 얼음이 얼지 않았다 등의 기록이 있고, 추위는 식물의 凍死, 때 아닌 눈, 서리 등으로 표현하였다.

비에 관해서는 雨, 暴雨, 不雨, 無雨 등으로 기록되었다. 홍수가 났을 때에는 大水, 大雨로 표시하였고, 雨土는 황사가 비에 섞여 내린 것이다. 강설에 대해서는 삼국시대부터 적설량을 尺으로 나타내 정확한 계측을 시도하였다. 삼국시대에 기록된 최대 적설량은 1丈이고, 6척, 5척, 3척, 1척의 기록이 있다. 降雪, 銀雪, 大雪, 無雪로 나누었다. 바람은 風, 大風, 暴風으로 구분하였다.

삼국사기와 신증문헌비고에 수록된 기후자료를 지표로 기원전 53년에서 서기 921년에 이르는 약 1,000년간의 고기후와 변동을 추정할 수 있다. 관측시대 이전의 기후 값을 얻을 수 없었고 기록의 내용 가운데 온난과 한랭을 지시하는 서술을 기초로 연대별 기후를 추정할 수 있다. 추위를 나타내는 기록으로는 시기가 빠른 서리, 가을 눈, 시기가 늦은 봄 서리, 봄눈, 식물의 동사, 때 아닌 여름 서리와 눈 등이 있다. 따뜻함을 표시하는 것에는 겨울의 개화, 無氷, 無雪 등이 있다(김연옥, 1985).

삼국시대 약 1,000년 동안 따뜻한 시기와 차가운 시기가 반복되었다. 추운 시기는 100~250년에 걸친 2~3세기와 750~950년에 걸친 8~10세기에 나타났고 그 사이가 상대적으로 따뜻한 시기였다. 1세기 전후의 따뜻한 시기는 짧았다(표 1).

표 1 _ 연대별 한난지수

연대	한랭회수	온난지수	한난지수
B.C. 51~A.D. 50	4	4	0
1~100	4	4	0
51~150	3	4	-1
101~200	9	2	7
151~250	10	2	8
201~300	4	3	1
251~350	4	2	2
301~400	2	4	-2
351~450	2	4	-2
401~500	4	3	1
451~550	3	4	-1
501~600	2	3	-1
551~650	4	2	2
601~700	5	1	4
651~750	3	2	1
701~800	3	4	-1
751~850	9	4	5
801~900	8	3	5
851~950	7	2	5
901~1000	5	0	5

* 자료 : 김연옥, 1985

삼국사기에 나타난 無雪의 해는 서기 31년, 46년, 64년, 256년, 334년, 377년, 721년, 747년, 769년, 845년, 863년, 870년, 887년 등이었다. 가을철의 雪은 서기 190년, 823년에, 대설은 807년에 있었다. 봄철의 雪은 서기 105년, 541년, 783년, 822년에, 대설은 625년, 781년에 있었다(김연옥, 1998).

우리나라에서 2~3세기는 추운시기로 한랭지수가 높고 뚜렷했다. 중국에서는 한랭한 기후가 3세기 후반까지 계속되었고 280~289년에는 10년 간 추위가 극에 달하여 음력 4월에도 서리가 내리는 등 지금보다 기온이 1~2℃ 낮았다.

유럽은 당시 로마시대로 알프스빙하가 발달하고 해수면은 현재보다 2.5m 낮은 추운 시기였다. 4~6세기는 따뜻한 시기로 350~700년 사이 유럽에서는 해수면이 1.5~2m 상승하였다. 8~10세기는 추운 시기로 2~3세기에 비해 한랭지수가 높지는 않았으나 4~6세기 따뜻한 시기보다 냉량했다. 유럽에서도 중세 직전에 약간 추웠던 시기가 있었다(김연옥, 1985).

2) 건습

삼국시대 건습의 변화는 B.C.51~A.D.250년 사이의 습윤기, 201~450년 사이의 건조기, 401~750년 사이의 습윤기, 751~900년 사이의 건조기, 850~1000년 사이의 습윤기로 나뉜다. 2~3세기 추운 시기에는 습윤하여 전체적으로 냉량습윤했다. 8~10 세기 추운 시기에도 습윤하였다. 201~450년 사이는 가장 건조했던 시기이다(표 2).

표 2 _ 연도별 건습지수

연대	건조회수	습윤회수	건습지수
B.C. 51~A.D. 50	7	4	3
1~100	12	7	5
51~150	12	10	2
101~200	10	11	-1
151~250	12	8	4
201~300	18	5	13
251~350	18	5	13
301~400	16	4	12
351~450	15	6	9
401~500	15	11	4
451~550	13	10	3
501~600	10	5	5
551~650	10	4	6
601~700	7	9	-2
651~750	11	11	0
701~800	17	8	9
751~850	18	7	11
801~900	15	6	9
851~950	8	5	3
901~1000	3	1	2

* 자료 : 김연옥, 1985

2~3세기 추운 시기는 범세계적인 현상과 관련되며 한 동안의 따뜻한 시기에 이어 8~10세기에는 짧은 추운 시기가 있었다. 강수에 있어서는 습윤기와 건기가 교차하였으며 2~3세기에는 냉량습윤하였다(김연옥, 1985).

基臨尼師今 5년(302), 313, 314, 316, 317, 318, 330년에 걸쳐 심한 가뭄이 있었다. 백제 비류왕 27년(330) 또는 訖解尼師今 21년에는 최초의 관개용 저수지인 碧骨池를 만들었다. 벽골지는 최후빙기에 침식곡이었던 곳이 충적평야로 된 곳에 우리나라에서 최초로 만든 저수지이며 그 연안의 길이가 1,800步였다(장호, 2008).

삼국시대에는 水害가 있었을 때를 大水, 大雨로 기록하였다. 대수, 대우, 수해를 일으킨 暴雨 등을 보면 모두 40회에 달한다. 삼국시대에는 눈을 적설량으로 표시하여 1尺, 3 척 등 눈이 쌓인 정도를 기록하였다.

三國史記에는 보통 가뭄을 旱, 큰 가뭄은 大旱으로 표시하였다. 가뭄은 여름에 가장 심하였고, 봄~여름 사이, 가을, 봄 가뭄 순이었다. 전체적으로 봄과 여름 가뭄이 심하였다. 가뭄의 정도는 旱이 64회, 大旱이 28회, 不雨가 17회였다(표 3).

표 3 _ 원인별 기근 회수(삼국사기)

원인	회수
旱 및 大旱	35
不雨	8
大水	4
霜害	5
雪害	2
蝗害	3
기타	6

* 자료 : 김연옥, 1985

가뭄에 따라 식량 부족이 자주 발생하였다. 굶주림은 飢와 饑로 표시하였다. 饑饉의 원인은 旱, 大旱이 주된 이유였으나, 大水로 인한 것, 霜害, 雪害, 蝗害에 의한 것도 있었다(김연옥, 1985).

삼국시대에 도둑이 많았던 해에는 서기 123년, 153년, 159년, 815년이었다. 자식을 굶주림에 팔아먹었다는 정도의 해는 서기 420년, 628년, 821년이다. 서로 사람을 잡아먹을 정도의 흉년은 서기 107년, 300년, 301년, 378년, 389년, 499년이었다. 대수로 굶주림은 서기 45년, 108년, 491년, 521년이었다. 霜害를 입어 기근이 나타난 해는 서기 194년, 293년, 581년, 650년, 796년 등이었다. 설해로 기근이 나타난 해는 815년, 816년이었다. 蝗害에 의한 기근은 서기 211년, 454년, 521년이었다. 기근의 주요 요인은 가뭄이었다(김연옥, 1998).

따라서 가뭄과 홍수가 교차하여 자연재해가 계속되는 시대에 치수는 국정의 가장 중요한 현안이었고, 농업에서 물 문제를 극복하기 위한 수리시설에 대한 요구는 끊이지 않았고 이 과정에서 대규모의 저수지들이 축조된 것으로 판단된다.

● 참고문헌 ●

강상준, 1988, 「대암산 고층습원의 식생변천 및 성인에 관한 화분분석학적 연구」『대암산 자연생태계
　　　조사보고서』, 환경청, pp.101~146.

공우석, 1995, 「한반도 송백류의 시·공간적 분포역 복원」『대한지리학회지』30(1), pp.1~15.

＿＿＿, 1996, 「한반도 쌍자엽식물의 시·공간적 분포역 복원」『한국제4기학회지』10(1), pp.1~18.

＿＿＿, 1997, 「한반도 지질시대별 식생 분포역 변화」『지리학총』25, pp.15~34.

＿＿＿, 2000a, 「설악산 아고산대 식생과 경관의 지생태」『대한지리학회지』35(2), pp.77~187.

＿＿＿, 2000, 「조선시대 이전의 식생 간섭사」『한국제4기학회지』14(1), pp.33~48.

＿＿＿, 2001, 「식생사, 한국의 제4기 환경」(353~376, 박용안, 공우석 편집), 서울대학교출판부.

＿＿＿, 2003, 「한반도 식생사」『대우학술총서』556, 아카넷.

＿＿＿, 2006, 「북한의 자연생태계」『아산재단총서』202, 집문당.

＿＿＿, 2007, 「생물지리학으로 보는 우리식물의 지리와 생태」, 지오북.

공우석·임종환, 2008, 「극지고산식물 월귤의 격리분포와 기온요인」『대한지리학회지』43(4), pp.495~510.

김연옥, 1983, 「한국 고대의 기후환경 -지리학의 과제와 접근방법-」, 석천 이찬박사화갑기념논문집,
　　　pp.231~273.

＿＿＿, 1984, 「한국의 소빙기 기후」『지리학과 지리교육』14, pp.1~16.

＿＿＿, 1985, 「한국의 기후와 문화」, 이화여자대학교 출판부.

＿＿＿, 1998, 「기후 변화」『대우학술총서 인문사회과학』101, 민음사.

김원룡, 1986, 「한국고고학개설」, 일지사.

김주용·유환수·고영구·김미선·강석범·정철환, 2000, 「전남 신안군 임자도 토탄층에서 산출된 현
　　　세 포자, 화분군이 지시하는 고환경」『한국고생물학회지』16(2), pp.93~98.

김주용·양동윤·봉필윤·이융조·박지훈, 2001, 「청원 옥산 소로리 유적지 일대 유기질 니층의 화분
　　　분석에 의한 식생변천사에 관한 연구」『한국제4기학회지』15(2), pp.75~84.

김주용·박영철·양동윤·봉필윤·서영남·이윤수·김진관, 2002, 「진주 집현 장흥리 유적 제4기 퇴
　　　적층 형성 및 식생 환경 연구」『한국제4기학회지』16(2), pp.9~21.

김준민, 1980, 「한국의 환경변천과 농경의 기원」『한국생태학회지』3(1, 2), pp.40~51.

박승필·위현정, 1996, 「영산강 하류 유역에 분포하는 유기물층에 관련 연구 -양장리 일대를 중심으로-」
　　　『한국지형학회지』3(2), pp.73~82.

박영초, 1988, 「조선인민경제사(원시-고대편)」, 사회과학출판사, 백산자료원.

박인근, 1990, 「천리포 수목원의 이탄의 화분분석」『한국생태학회지』13(4), pp.311~320.

＿＿＿, 1993, 「경기도 팽성지역의 토탄의 화분분석」『한국생태학회지』16(3), pp.365~374.

박지훈·오규진, 2004, 「천안 운전리 일대 유기질 점토층의 화분분석 연구」『한국지형학회지』11(2),
　　　pp.105~112.

백남운(박광순 옮김), 1999, 『조선사회경제제사』, 범우사.

사회과학원 민속학연구실, 1993, 『조선의 풍습』, 학민사.

손영종 · 조희승, 1990, 『조선수공업사』, 백산자료원.

윤순옥, 1997, 「화분분석을 중심으로 본 일산지역의 홀로세 환경변화와 고지리복원」 『대한지리학회지』, 32(1), pp.15~30.

______, 1998, 「강릉 운산 충적평야의 홀로세 후기의 환경변화와 지형발달」 『대한지리학회지』33(2), pp.127~142.

윤순옥 · 조화룡, 1996, 「제4기 후기 영양분지의 자연환경변화」 『대한지리학회지』31(3), pp.447~468.

오지영, 1971, 「평택지구 토탄의 화분분석」 『한국식물학회지』14(3), pp.66~74.

이명석 · 김정무 · 김정우 · 오재호, 1996, 「한반도 서해안에서의 식생변화에 따른 화분기록과 기후변화 연구」 『한국고생물학회지』12(2), pp.105~114.

이명석 · 유강민, 2001, 「제4기 후기 황해 주변부의 식생 변화에 따른 화분 기록과 기후 변화」 『지질학회지』37(3), pp.365~374.

이상헌 · 윤혜수 · 박순발, 1998, 「대전시 유성구 장대지역 홀로세 하성 퇴적층에서 산출된 화분 분석」 『한국제4기학회지』12(1), pp.99~109.

이상헌 · 전희영 · 윤혜수, 1999, 「화분분석에 의한 한국 중서부 저지대의 4,000년전 이후 고환경」 『한국제4기학회지』13(1), pp.1~23.

이영진 · 김약수, 2000, 『문화재조사 연구 입문』, 학문사.

이융조 · 우종윤 · 길경택 · 하문식 · 윤용현, 1994, 『우리의 선사문화(I)』, 지식산업사.

임효재, 1999, 『한국고대문화의 흐름(증보판)』, 집문당.

장남기 · 김영복 · 오인혜 · 손영희, 1987, 「대암산 습원의 이탄의 화분분석에 의한 식생변천에 관한 연구」 『한국생태학회지』10(4), pp.195~204.

장정희 · 김준민, 1982, 「영랑호, 월함지, 방어진의 제4기 이후의 식피의 변천」 『식물학회지』25(1), pp.37~53.

장호, 2008, 「벽골제와 그 주변의 지형 및 지리적 변천에 관한 고찰」 『문화역사지리』20(1), pp.47~55.

曺華龍, 1979, 「韓國東海岸地域における後氷期花粉分析研究」 『東北地理』31, pp.23~35.

조화룡, 1987, 『한국의 충적평야』, 교학연구사.

전상운, 1983, 「한국의 고대과학」 『탐구신서』54, 탐구당.

홍금수, 2008, 「전라북도 연해지역의 간척과 경관변화」, 국립민속박물관.

황기덕, 1970, 「두만강류역의 청동기시대 문화」, 『고고민속논문집』2, pp.28~29.

최기룡, 1992, 「익산군 미륵사지의 퇴적층에 대한 화분분석적 연구」 『한국생태학회지』15(1), pp.59~65.

최상준 등, 1996a, 『조선기술발전사 1 원시 · 고대편』, 과학백과사전종합출판사, 백산자료원.

황상일 · 김혜령 · 윤순옥, 2003, 「한강 하류 김포평야의 최종빙기 이래 퇴적환경 변화」 『지리학논구』23, pp.446~461.

松島眞次, 1941, 「花粉統計による朝鮮の森林變遷關考察」 『日本林學會誌』23, pp.441~450.

塚田松雄·金遵敏·任良宰·洪淳喆·安田喜憲, 1977, 「韓國環境變遷史 I, 束草における植生變遷史」『第四紀學會 講演要旨集』6.

山崎次男, 1940, 「花粉統計による朝鮮南部の樹種變遷關する硏究」『日本林學會誌』22, pp.73~85.

安田喜憲·塚田松雄·金遵敏·李相泰, 1980, 「韓國における環境變遷史と農耕の起源」『文部省學術調査報告』, pp.1~19.

Kong, W.S., 1992, *The vegetational and environmental history of the pre-Holocene period in the Korean Peninsula*, Korean Journal of Quaternary Research, 6(1), 1~12.

Kong, W.S. & D. Watts, 1992, *A unique set of climatic data from Korea dating from 50 B.C. and its vegetational implications*, Global Ecology and Biogeography Letters, 2, 133~138.

Kong, W.S., 1994, *The vegetational history of Korea during the Holocene period*, Korean Journal of Quaternary Research, 8(1), 9~22.

Kong, W.S. & D. Watts, 2000, *Vegetational history of the Korean Peninsula*, Global Ecology & Biogeography, 9(5), 391~401.

마을의 형성과 수전농경

掘立柱建物이 있는
청동기시대 聚落相

안재호 _ 동국대학교

1. 한반도 水田農耕 開始期의 社會相

청동기시대는 농경활동과 함께 사회적 발전이 병행되었을 것이라는 가정 아래, 특히 송국리문화 형성기 전후의 水田農耕에 주목하여 왔다. 그러나 이 시기 水田의 증거는 매우 한정된 지역에서 발견되었고, 그것도 계곡부를 개발한 소규모 논이 대부분이라는 점에서, 水稻作이 청동기시대 사회에 기여한 것이 무엇인지에 대해서 재검토가 요구된다.

반면에 하천변의 충적지에서는 대규모 밭이 검출되고, 이곳에 위치하는 취락의 경우 모두 대규모취락인 점, 그리고 대다수에서 고상창고로 추정되는 掘立柱建物이 분포하는 특징을 보이고 있어서 청동기시대의 농경은 전작이 중심이었다는 점을 시사한다.

본고는 이러한 상황에서도 水稻作으로 인하여 농경취락에 어떤 변화가 야기될 수 있었는가를 살피기 위하여 우선 水稻作의 개시 시기를 살피고, 掘立柱建物이 조영된 취락에서 취락의 구조와 특징을 살펴보고, 기존의 구릉성의 대취락과의 관계를 통하여 그 시대적 상황을 이해하고자 한다.

1) 水田農耕의 시작

한반도에서 농경의 시작은 신석기시대 중기부터 여러 유적에서 검출되는 곡물자료를 통하여 제기(河仁秀 2001, 李相吉 2002, 安承模 2005)되어 왔다. 그러나 농경사회를 이룬 시점은 청동기시대부터이며, 階段式 논을 포함한 水田은 일반적으로 청동기시대 전기일 것이라는 것이 통설이고, 한편에서는 신석기시대 후·말기 무렵일 것이라는 설(곽종철 2002)도 있다. 그런데 階段式 논은 전기에 속하지만, 區劃式 논에 의한 水田農耕의 시작은 송국리문화단계부터 본격화되었을 것이라는 설(安承模 2000)도 있었다. 먼저 水田農耕에 대해서 유물로써 명확히 시기를 밝히고자 한다.

(1) 階段式 논

경작유구가 발견되는 시기는 청동기시대이며, 水田으로서는 階段式 논과 小區劃式 논이 알려져 있다.[1] 階段式 논은 울산 栢川遺蹟(金度憲·徐正珠 2002), 也音洞遺蹟(곽종철·이현석 외 2004), 華亭洞遺蹟(金度憲·權志瑛 외 2004), 논산 麻田里遺蹟(李弘鍾·朴性姬 외 2004)이 있다.

울산 栢川遺蹟은 3호 溝에서 突瘤文과 (적색마연)臺附小壺의 무문토기가 출토되어 전기의 이른 시기 유물도 있으나, 경작층의 토양을 통한 C14연대측정에서 2,460±30BP라는 연대가 나왔다. 이 수치는 후기 후반의 연대치(김영민·김현철 외 2005)인데 경작유구의 상한연대에 해당한다고 판단해야할 것이다.

也音洞遺蹟은 구릉 능선부의 주거지역(Ⅰ지구)과 그 남쪽 계곡부(Ⅱ지구)에 階段式 논이 조영되었고, 2동의 주거지가 논 상부에서 검출되었다. 목재시료를 통한 탄소연대측정에 따르면 Ⅰ지구의 34호 주거지가 2,710±40BP이고, Ⅱ지구의 1호 주거지가 2,450±40BP, 2호 주거지가 2,460±40BP 2,630±40BP로서 Ⅱ지구의 취락이 늦은 시기에 형성된 것임이 틀림없고 보고자들은 송국리단계로 판단하고 있다(곽종철·이현석 외 2004). 아마도 Ⅱ지구의 주거지 하층에 존재하는 階段式 논은 구릉부 Ⅰ지구의 취락과 관련된 것으로 판단해도 좋을 것이다. Ⅱ지구의 1·2호 주거지는 BP.2,400년대로서 후기 후반의 송국리식토기[2]의 연대에 해당하고, 이것은 선술한 백천유적과 같은 양상이다. 그리고 후기 후반에는 저지대에도 취락의 입지로 선정되었다는 예에 해당한다.

---

1 논은 구조적으로도 4개의 유형으로 나누어진다(곽종철·이진주 2002). 이에 따르면 A형은 본고의 階段式 논이고, B형은 울산 栢川遺蹟의 구상 배수구가 있는 階段式 논, C형은 본고의 小區劃式 논, D형은 C형의 형태에 수평~수십평에 이르는 규모가 큰 논으로 규정했다. 그런데, 지금까지 가장 이른 시기의 水田으로 알려진 밀양 금천리유적(李相吉 2002, 주거지와 같은 무期의 층으로 보고)의 논은 D형에 해당하는 것으로서 매우 발달된 형태로 판단된다.

2 본고 이후부터는 유적명을 사용한 유구와 유물의 형식명에서 유구의 경우는 ○○○型으로, 유물의 경우는 ○○○式으로, 또 유구나 유물의 특성으로 명명한 경우에서 구조적 특징에서 명명한 것은 ○○式, 형태에서 따온 것은 ○○型으로 통일하고자 한다. 型이나 式은 모두 型式을 뜻하는 것이다.

그런데, II지구 1호 주거
지에서는 有溝石斧 1점(그
림 01-6)이 출토되었는데 裵
眞晟(2001)의 분류와 편년
에 따르면 IIIa가2식에 해당
하는 것으로서 그 형식간의
선후를 따진다면 송국리단
계(후기 후반)의 마지막 시
점에 해당한다. 한편 1호 주
거지에서 출토된 토기는 短
斜線文(그림 01-8)·孔列a
文토기(그림 01-7)[3]와 外傾
長頸 外傾口緣의 圓底 적색
마연토기호(그림 01-10) 등
으로서 이른 시기의 유물로
생각된다. 이 적색마연토기
는 울산 泉谷洞 나지구 3호
주거지(전기 후반 I 기, 安
在晧 2007)에서 출토된 갈색

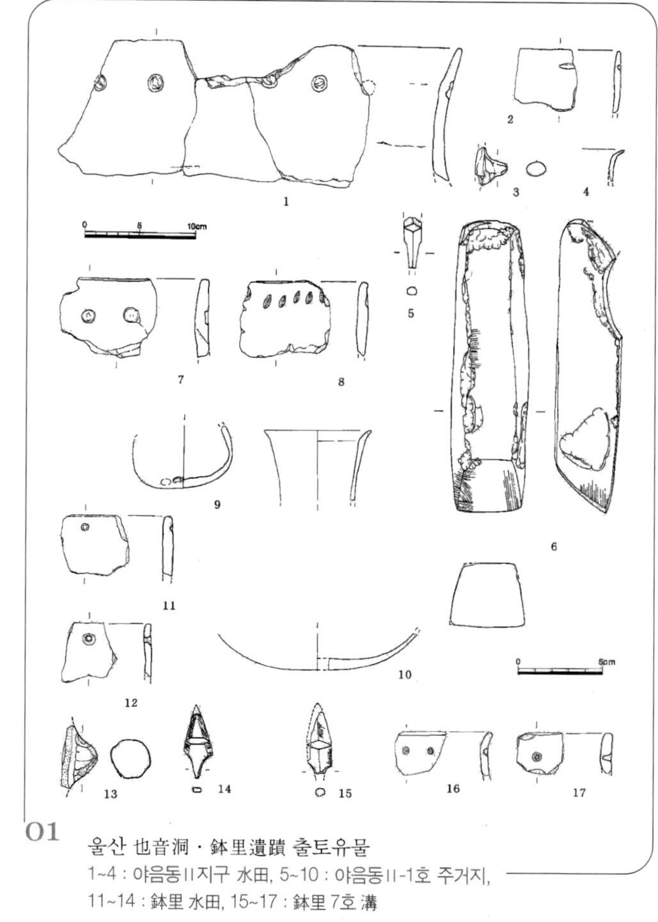

01 울산 也音洞·鉢里遺蹟 출토유물
1~4 : 야음동II지구 水田, 5~10 : 야음동II-1호 주거지,
11~14 : 鉢里 水田, 15~17 : 鉢里 7호 溝

마연토기 장경호와 기형상으로 유사하므로 적색마연토기화한 즈음의 시기로 추정할
수 있고, 孔列a文도 후기 전반 I 기까지 존속하는 것이므로 有溝石斧·소형 적색마연토
기(그림 01-9)·탄소연대 등과는 정합상을 보이지 않는다. 그런데 II지구 하층 논층의
매몰토에서도 孔列a文(그림 01-1)이 보이므로 주거지내의 이른 시기 유물은 구릉지의
취락에서 또는 하층 階段式 논 시기의 유물이 혼입하였을 가능성이 높다.[4] 따라서 II지
구에서 논의 시기는 전기 말, 주거지는 후기 후반의 늦은 시기로 판단하는 것이 타당할
것이다.

---

3 본고의 모든 문양명칭과 청동기시대의 단계 설정은 필자(2007)의 논문에 따른다.
4 裵眞晟(2005)은 也音洞遺蹟의 이 有溝石斧가 소위 檢丹里型토기와 공반하는 것으로 판단하고 檢丹里型
  토기를 후기후반까지 내려보는 근거로 삼았다.

華亭洞遺蹟은 논 경작면에서는 무문토기 꼭지상의 파수가 출토되었을 뿐 후대의 유물은 보이지 않아서 하층의 주거지가 폐기된 이후에 경작지로 변모하였을 것이라 추정하고, 주거지의 늦은 시점을 水田의 상한연대로 삼아 檢丹里2기로 추정하였다(金度憲 2004). 그런데, 水田의 계곡 맞은 편 쪽의 주거지에서 출토된 무문토기의 문양이 구연 가까이에 시문된 소위 낟알문과 突瘤文 뿐이고, 壺는 頸이 약간 外傾하는 直立短頸이면서 동체부가 球形에 가까운 형태(全虎兒·金榮珉 외 2001)인 점은 전기 말(檢丹里1기)로 편년되는 것이므로, 階段式 논의 연대는 檢丹里2기 즉 후기 전반 이후에 해당할 것이다.

논산 麻田里遺蹟의 토기는 송국리식토기가 주체를 이루므로 후기 후반을 중심으로 階段式 논이 경작되었겠지만, 저수장에서는 口脣刻目文이 시문된 直立頸의 단경호가 1점 출토되었으므로, 후기 전반에도 경작과 관련된 유구가 조성되었을 가능성은 있다. 토기에 부착된 탄화물 8점의 탄소연대측정 결과는 2,500BP~2,300BP에 해당하고, 이중에서 시료6점이 BP.2,400년대이다.

⑵ 小區劃式 논

청동기시대의 小區劃式 논은 울산의 玉峴遺蹟(慶南大學校博物館 외 1999), 鉢里遺蹟(金京和·黃大一 2003), 西部里 南川遺蹟(李炫錫·金成美 2005), 屈火里 생기들유적(崔得俊 2008), 부여 九鳳·蘆花里遺蹟(朴淳發·李晟準 외 2004)이 조사되었다.

울산 玉峴遺蹟이 최초의 발견 예인데, 그 시기는 전기(李相吉 2002) 또는 중기 전반(安在晧 2001)이라는 의견이 있다.

鉢里遺蹟은 구릉지 남쪽 인접한 계곡부에 溝와 함께 조성된 水田址인데, 유물은 水田에서 孔列b文(그림 01-11)이, 水路인 7호 溝에서는 외반구연의 퇴화된 孔列a文(그림 01-16)이 검출되었고, 모두 후기 전반 I 기에 해당하는 유물이다.

南川遺蹟은 微丘陵인데, 발견된 4호 주거지는 전기 후반 I 기에 속하지만, 2호 주거지는 평면 세장방인 床面式爐의 鳳溪里型住居址(安在晧 2006)이며, 이른 형태의 능형촉이나 蓮岩洞型住居址(全虎兒·金榮珉 외 2001)에서 볼 수 있는 말각방형의 周溝 등도 검출되었으므로, 후기 전반까지 취락은 지속적으로 존속하였을 것이다. 水田은 남쪽 30m의 계곡에 조성되었지만, 시기를 알만한 유물은 없다.[5]

생기들유적은 낮은 구릉의 계곡부에서 논이 발견되었는데, 시기를 판별할만한 유물이 없고 구릉의 住居群과는 25m 정도 떨어진 거리에 있다. 주거지는 단 2동만 조사되었는데 출토된 유물은 전기 후반III기(1호)과 전기 말(2호)에 해당한다.

부여 九鳳·蘆花里遺蹟은 송국리문화의 이른 시기로 보았는데, 경작면에서 출토된 直立頸 단경호·交互刃 삼각형석도로 보아 보고자의 견해(朴淳發 2004)대로 후기 전반 대임이 틀림없다.

이상에서 지금까지 발견된 水田의 시기를 검토하였다. 階段式 논은 울산 也音洞遺 蹟이 가장 빠른 것으로서 전기 말경으로 추정되며, 小區劃式 논은 울산 屈火里 생기들 유적이 전기 말의 가능성이 있고, 玉峴遺蹟도 상세히는 알 수 없지만 3단계의 편년이 가능하다면(安在晧 2001) 突瘤斜線文을 기준으로 삼는 전기 후반III기부터 후기 전반 I 기까지 지속된 취락이므로 小區劃式水田은 후기 전반에는 운영되었을 것이나, 전기 후 반까지도 가능성은 열어 두고자 한다. 이런 상황에서 玉峴遺蹟의 水田은 인근의 생기 들유적과 동일한 시기에 개전되었을 것이다.

필자도 지금까지는 막연하게 階段式 논이 小區劃式 논보다 일직 출현한 것이라 믿 었지만, 이번의 검토에서는 거의 동시에 한반도에 출현하였을 가능성이 높다. 따라서, 區劃式 논이 水稻作農耕과 함께 한반도로 유입되면서, 기존의 田作農耕과 절충되어 階 段式 논이 파생된 것이라고 보는 것이 좋겠다.

결국 水稻作의 출현이 청동기시대 전기 후반의 늦은 시기 또는 말경에 해당한다는 점이다. 최근 이 시기에 주목할 만한 고고학적 현상은 遼寧式銅劍과 區劃墓 그리고 首 長의 등장이다. 水稻作의 수용도 이와 관련된 것으로 볼 필요가 있다.

2) 前期 後半代의 社會相

北으로부터 農耕文化가 전래되어 시작된 韓半島 靑銅器時代文化는 前期 後半이 되 면서, 대규모 聚落·支石墓·典型 赤色磨硏土器·石劍 등이 출현하여 남한 고유의 在 地文化로 정착하였다. 前期 末에는 大型住居를 정점으로 계층화 集村化된 聚落, 區劃 墓, 土器와 赤色磨硏土器의 地域化, 琵琶形銅劍, 環濠,[6] 가족분화 등의 특징을 가진 首

---

5 南川遺蹟의 水田址는 그 상부에 삼국시대의 논이 검출되었다. 청동기시대의 논과는 사이에 2개의 간층 이 형성되었는데, 鉢里遺蹟에서도 같은 양상을 찾을 수 있다. 따라서, 南川遺蹟의 水田이 전기보다는 후 기에 가까운 시기로 추정하고 싶다.

長社會에 이르렀고 전술하였듯이 水田農耕도 이즈음에 시작하였다. 그리고 後期 後半
이 되면서는 首長社會가 지속적으로 발전하여 거대한 石築式・葺石式區劃墓가 등장하
는 계층화된 首長社會에 이르게 된 것이다고 생각한다.

이러한 양상은 韓半島 南韓에서도 大邱 以南의 嶺南 南部地域에서 두드러지는 현상
이다. 기존의 혈연적 聚落은 首長을 중심으로 地域共同體로 재편성되면서 취락의 이합
집산이 일어났을 것이라 생각한다. 前期 末부터 일어나기 시작한 이러한 사회 再編成
의 영향은 각 聚落의 이동을 재촉하였을 가능성도 높다. 後期에는 무문토기의 문양과
赤色磨硏土器의 기형에서 地域色이 뚜렷해지는데, 洛東江下流圈의 특징적인 內傾頸의
赤色磨硏土器가 주변 文化圈에 널리 퍼지는 현상과 南江圈이나 嶺南中部圈의 赤色磨
硏土器가 주변地域에서 확인되는 것도 이러한 動向과 관련된 증거라고 판단하고 싶다.
아마도 이 여파는 이 시기 日本列島에 韓半島의 農耕文化가 전래된 배경과도 무관하지
는 않겠다(安在晧 2009a).

전작중심의 농경사회에 水稻作농경이 유입되는 전기 말 전후의 취락에서는 의례를
관장하는 有力個人(首長)이 등장한다는 社會相에 대해서는 이미 논고(安在晧 2001)로
발표한 바가 있다. 더구나 후기가 되면 취락간의 기능적 분화가 이루어지고 據點聚落
으로 성장하였다(安在晧 2004). 그러나 이 시기 水稻作을 통한 식량생산의 증대는 아
직 구체적으로 구명된 바는 없고, 삼국시대에서조차 식량공급지로서의 水田의 역할은
미약했으므로(곽종철 2002), 오히려 水田의 부수적인 기능으로서 水田址로 모여드는
물고기와 조류 그리고 사슴이나 맷돼지 등의 짐승을 유인하는 장소로서 활용되었을
것이라는 의견(甲元眞之 2002, 김성욱 2008)도 주목할 만한 것이다. 이는 단순한 단백
질의 영양공급에 일조한 것이라기보다는, 동물의 포획이 의례에 활용되었을 것임이
틀림없다.

---

6 최근 검단리1기에 해당하는 울산 명산리유적(정현석 2009)의 발굴을 통하여, 환호의 출현을 전기 말까
   지 올려 볼 수밖에 없게 되었다. 필자는 환호의 출현을 후기의 일요소로 파악하였으나, 고고학에서 어떤
   유구나 유물의 초현기에는 언제나 정형화된 형태로 나타나다가 점차 단순화 생략화의 과정으로 변천하
   는 것을 인식한다면, 천상리유적의 溝도 결국은 보고자의 견해대로 환호의 존재를 인식한 집단에 위해
   굴착된 것으로 볼 수밖에 없다.

2. 掘立柱建物址를 가진 취락

　　掘立柱建物址는 穀倉으로서의 高床建物 · 公共建物 · 望樓 · 平地建物 등의 용도로 추정되고 있다. 굴입주건물은 한반도 남부에서 전기 후반에 출현하여, 階段式 논의 출현 시점과 연관하여 주목되어 왔던 것이다. 다음에서는 掘立柱建物을 우선 분류하여 고찰하고, 掘立柱建物이 채용되는 취락의 특성을 농경과 관련하여 살펴보고자 한다.

1) 掘立柱建物의 分類와 遺蹟立地

　　掘立柱建物은 고고학적 분류로서 高床建物과 平地建物 그리고 특수예로서 總柱建物로 나누어지고, 고상건물은 창고와 망루로서 梁間이 1칸이며, 總柱建物은 2칸 이상으로 규정된다(武末純一 1991). 고상건물은 裵德煥(2005)의 분류기준처럼 주혈이 대칭으로 칸을 이루는 것이며, 창고가 의례의 장소로서도 사용된다고 한다. 청결한 장소를 선택하여 조영된다면 굴입주건물의 주혈공간내에는 다른 수혈이나 유구가 검출되지 않을 것이 아니겠는가. 이에 비하여 平地建物은 주혈의 간격이 매우 좁고 주혈간의 대칭성도 없으며, 생활공간으로서의 건물지 내부에서는 다른 보조 주혈이나 수혈 등이 검출될 수도 있다. 일본에서의 高床建物은 稻作농경과 밀접한 관련이 있으며 창고로 이해된다(武末純一 1991).

　　표 1에서 보듯이 掘立柱建物이 조영된 유적은 대부분 충적지에 입지하는 특징을 보인다. 후기가 되면 구릉지나 산지에서도 발견되지만, 전기에도 구릉형취락에서 찾아진다. 그러나 掘立柱建物이 많이 세워지는 입지는 역시 충적지라고 할 수 있고, 농경생산은 충적지에서의 전작이 중심이었다는 것을 시사한다.

　　좀더 세밀히 고찰한다면, 掘立柱建物의 출현 시점은 館山里型住居 출현 시기와 밀접한 관련이 있다. 이 시점직후에는 水田이 발견되고 있으므로, 水田稻作의 전파와

표 1_청동기시대 掘立柱建物의 양상

시기	유적	掘立柱建物	입지
전기 후반	하남 미사리	1동	충적지
전기 후반 ~ 후기	경산 옥곡동	3동	충적지
	춘천 용암리	12동	충적지
	대구 서변동	3동	충적지
	청도 진라리	4동	충적지
	대구 동천동	19동	충적지
	경주 下西里	8동	구릉지
	사천 梨琴洞	15동	미구릉지
후기	보령 寬倉里	??동	구릉지

함께 高床建物이 한반도에 출현한 것이라 생각된다. 그리고, 구릉지에서도 高床建物이 나타나는 점은 據點聚落 또는 특수한 취락으로서 주변 농경취락으로부터 식량을 공급받아 저장할 수 있었던 사회 정치적인 관계(김장석 2008)와도 관련된 것으로 해석된다.

高床建物 연구의 문제점은 기둥자리만 검출되기 때문에 대부분의 유구 시기를 알 수 없다는 점이다. 따라서, 고고자료로서 남는 것은 주혈의 구조와 평면 형태 그리고 규

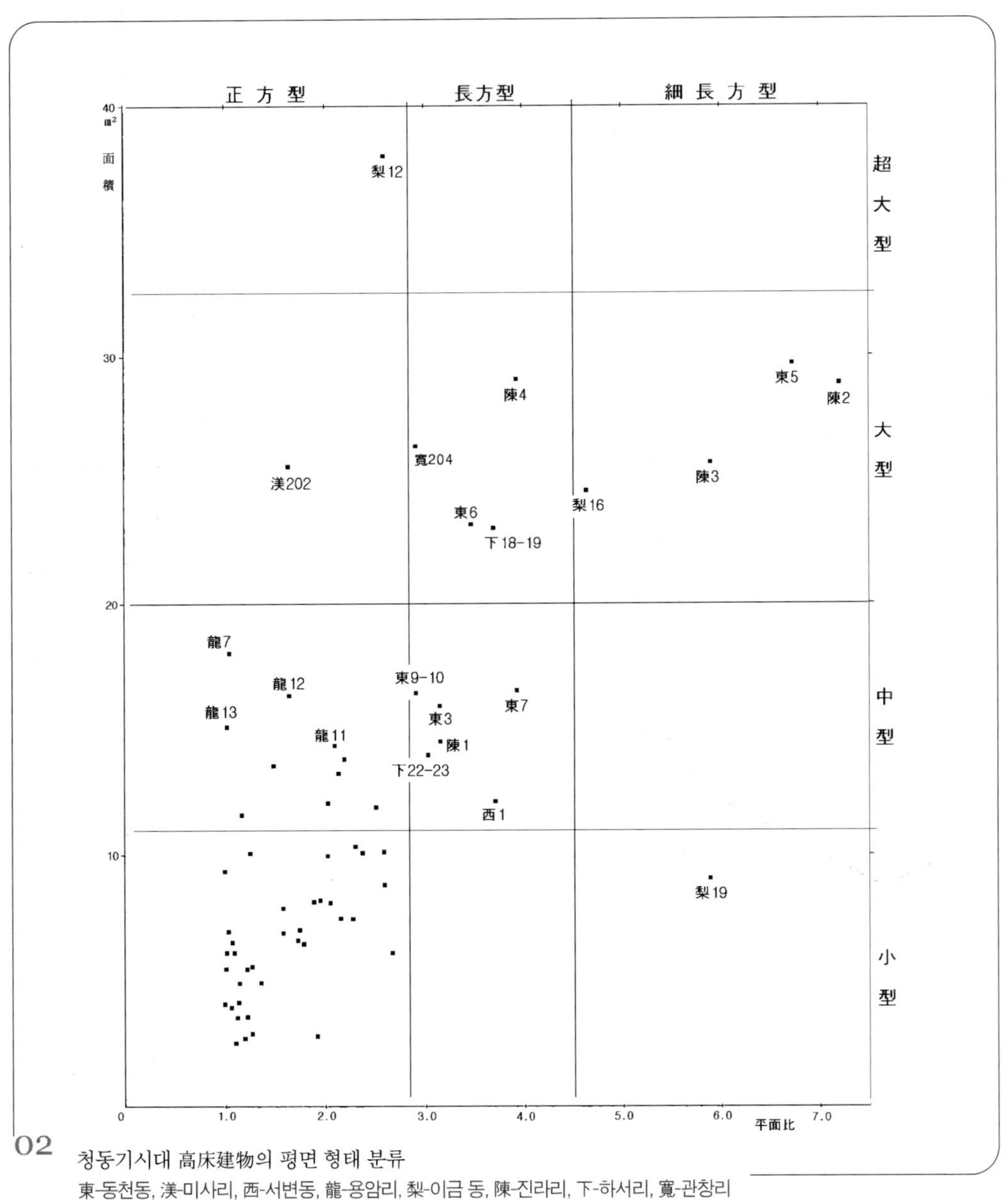

02 청동기시대 高床建物의 평면 형태 분류
東-동천동, 漢-미사리, 西-서변동, 龍-용암리, 梨-이금 동, 陳-진라리, 下-하서리, 寬-관창리

모뿐이다. 그리고 1梁間과 1桁間의 형태도 하나의 속성에 해당한다. 특히 武末純一 (1991)은 일본의 高床倉庫를 梁間이 1칸인 것으로 규정하였으나, 한반도 청동기시대의 高床倉庫는 장방형 또는 정방형을 이루는 1칸의 梁間이 보조기둥으로 분할되어 2칸을 이루어 1칸이 세장방형을 띠는 경우도 있다. 이 경우는 大形에서 보이는 현상이지만, 穀倉으로서의 高床倉庫라고 할 수 있다. 高床建物은 면적과 평면형태의 속성을 통하여 2도처럼 분류된다. 면적은 11m² · 20m² · 35m²를 기준으로 소형에서 초대형까지 4개로, 평면형태는 길이/폭의 비를 통하여 2.8 · 4.5를 기준으로 정방형[7] · 장방형 · 세장방형 으로 분류하고자 한다. 이러한 분류를 통하여 2도의 梨琴洞 19호는 특히 예외적이며, 梨琴洞 12호는 폭은 알 수 있지만 길이는 더 연장될 수 있으므로 평면형태는 적어도 장 방형일 것이다. 소형에서 대형화하는 경향이 2개의 방향성으로도 인정된다. 嶺南에서 는 평면비와 면적이 상관을 보이는 반면, 漢江流域에서는 면적의 대소에 관계없이 평 면형태에는 변함이 없다는 점이다.

2) 聚落의 構造와 掘立柱建物址의 性格

취락의 구조는 주거지의 規模와 立地, 祭場 또는 廣場의 입지, 高床建物의 규모와 입지 그리고 농경지 등을 통하여 결정되며, 또 취락 구성요소간의 공간적 관련성과 규 모로써 취락내의 位階를 논하고자 한다. 그리고, 취락내 유구의 동시성을 확보하기 위 해서 취락단위의 세밀한 편년을 시도한다. 주거의 중복이라든가 유물과 유구의 형식차 를 통하여 1世代의 시간대에 가까운 상대편년으로써 주거의 同時性을 확보하여 취락 의 변천과 특성을 살피고자 한다.

(1) 淸道 陳羅里遺蹟

陳羅里遺蹟은 전기부터 후기에 걸쳐 조영된 대규모 취락유적이다. 高床建物은 세장 방형인 것 3동과 장방형 1동이 보고되었다(朴升圭 · 朴達錫 외 2005). 高床建物은 전기 에 속하는 창고 또는 공공시설물로서 세장방형 · 장방형 주거지와 관련된 시설물로 보

---

7 掘立柱建物의 길이와 폭의 비가 분류명과는 일치하지 않는 듯도 하지만 지붕이 씌워진 후의 건물 평면 형태와는 일치할 것이다. 수혈주거에서 주혈의 배치만을 때어 내어 평면 형태를 살핀 것과 같다.

있다(朴達錫 2005).

① 단계 설정

우선 淸道 陳羅里遺蹟의 高床建物의 시기를 살펴보고자 한다. 세장방형 高床建物 3동은 다른 유구와 중복되었는데, 2호·4호 高床建物址는 11·12호 정방형주거지와 5호 梧谷里型住居址, 4호·10호 수혈과 중복되었다. 그리고 3호 高床建物은 72호 정방형주거지 상층에 설치되었다. 이들 유구에서 출토된 유물은 시기를 가름하기 어려운 것들이다. 다만 72호 정방형주거지에서는 석검의 신부편 1점이 출토되었는데, 폭이 5.5cm에 이르는 넓은 劍身이면서 신부의 稜이 뚜렷하지 못한 것이다. 석검에서 이러한 특징을 가지는 것은 전기의 有溝二段柄式石劍에 해당한다. 이 주거지의 노지는 床面式이지만 주변의 상면보다 높은 곳에 설치되어 특이하다. 노지가 상면보다 높게 설치된 형식은 남강유역의 圍石式爐址에서 관찰할 수 있는 것인데, 土壙圍石式爐址를 가진 8호 세장방형주거지에서도 동일한 양상을 띤다. 8호 주거지에서는 突瘤二重口緣X字文·口脣刻目二重口緣斜線文 토기가 출토되었다.

71호 館山里型住居址에서는 口脣刻目二重口緣斜線文·口脣刻目文 토기와 有溝二段柄式石劍이 출토되었다. 주거지형식이나 토기를 통해서 보면, 8호 → 71호 주거지의

표 2 _ 淸道 陳羅里遺蹟 주거지의 편년

전기후반	유구	주거지 형태			노지 형식			토기 문양					유구이단병식석검	석촉		장방형석도
		세장방	장방	정방	토광위석	토광	상면	X자	突瘤	二重口緣	斜線	口脣刻目		무경식	平根일단경식	
2a기	8	O			O			O	O	O	O	O				
	10	O			O	O								O		
2b기	3	O				O			O		O	O			?	O
	4		O			O			O				O			
3a기	71	O				O				O	O	O	O		?	
	86	O				O				O	O	?				
	79			O	원형토광					O	O	O				
3b기	54	O				O						O				O
	16	O				O										
	19	O				O										
	64		O			O						O				
전기	72			O			O						O			
말	93	漁隱型			2주 원형토광									O	
후기	26	東川洞型			2주 무토광						O				
전반	1	梧谷里型			2주타원형토광						O		?		

시간 순서가 결정된다. 대구를 포함한 낙동강중류권에서는 口脣刻目文이 후기 전반까지 존속하고 二重口緣과 突瘤文[8]은 일찍 소멸하는 것이라 생각된다(安在晧 2008).

표 2는 세장방형주거지를 중심으로 편년한 것이다. 각 단계의 시기구분은 울산지역의 단계설정을 차용하면 전기 후반2기·3기에 해당하겠다.

전기 말은 庄田愼矢(2007)의 漁隱型住居처럼 중앙토광을 가진 소형의 장방형주거지와 보고서의 工房址[9]를 선정할 수도 있겠으나, 이들은 다음 시기의 원형 또는 방형의 송국리유형주거와는 중복되지 않고, 노지가 있는 주거지의 상층에 위치하는 현상이 관찰된다. 따라서 漁隱型住居址를 후기로 편년하고, 토광이 장벽쪽에 설치된 工房은 漁隱型住居의 원시형태로 또는 盤松里型住居(李亨源 2006)와 유사한 것으로 간주하여 전기 말경에 넣고자 한다. 수혈을 제외한 6도의 전기 주거지에서 노지를 갖춘 것은 총 30동 중에서 23동에 해당한다. 전기 말은 장방형주거와 정방형주거로 이루어진 核家族單位의 거주형태로 바뀐 시기로 보고 싶다.

후기 전반은 지면관계상 자세하게 기술하진 못하지만 직립경과 장동의 형태인 壺를 지표로 삼아 東川洞型·檢丹里型·梧谷里型住居址가 여기에 속한다고 판단된다. 6호 梧谷里型住居址에서 짧은 구연부가 동체로 부드럽게 이어지는 壺가 존재하는 점으로 보아 후기 후반까지 취락이 존속할 가능성이 있다.

이러한 시간상에서 문제의 72호 정방형주거지는 공간상으로 전기 후반 3기의 71호 館山里型住居址와도 중첩되는데, 노지가 床面式이라는 점에서는 土壙式의 館山里型住居보다는 늦은 전기 말로 설정하는 것이 좋을 것이다. 그래서 3호 高床建物은 층위상으로 72호 주거지보다 늦으므로 후기에 속하는 시설로 결정되어야 할 것이다. 그렇게 두고 보면 3호 高床建物의 장축은 71호 주거지와는 방향이 다르며, 오히려 북쪽의 檢丹里型·梧谷里型 주거지의 군집 방향과 나란하면서 일정하게 이격된 배치를 보이므로 이와 조합된 시설물로 추정된다.

4호 高床建物은 전기 후반2기의 10호 주거지와는 장축 방향이 어긋나며, 10호 수혈의 상층이므로 이른 시기에 속하는 유구는 아니다. 주변의 상황에서는 면적이 $32m^2$로서 대형[10]인 13호주거지와 관련될 가능성이 높다.

---

8 필자는 돌류문과 공렬문의 차이를 관통·반관통과 관계없이 토기의 내면에서 자돌한 것을 돌류문, 외면에서 자돌한 것은 공렬문으로 규정한다. 즉, 시문방향의 차이를 뚜렷한 분류의 기준으로 삼은 것이다.
9 주거가 시기구분의 주체는 아니지만, 빈도상의 경향을 두고 분류한 것이다. 이후 工房이라 부른다.

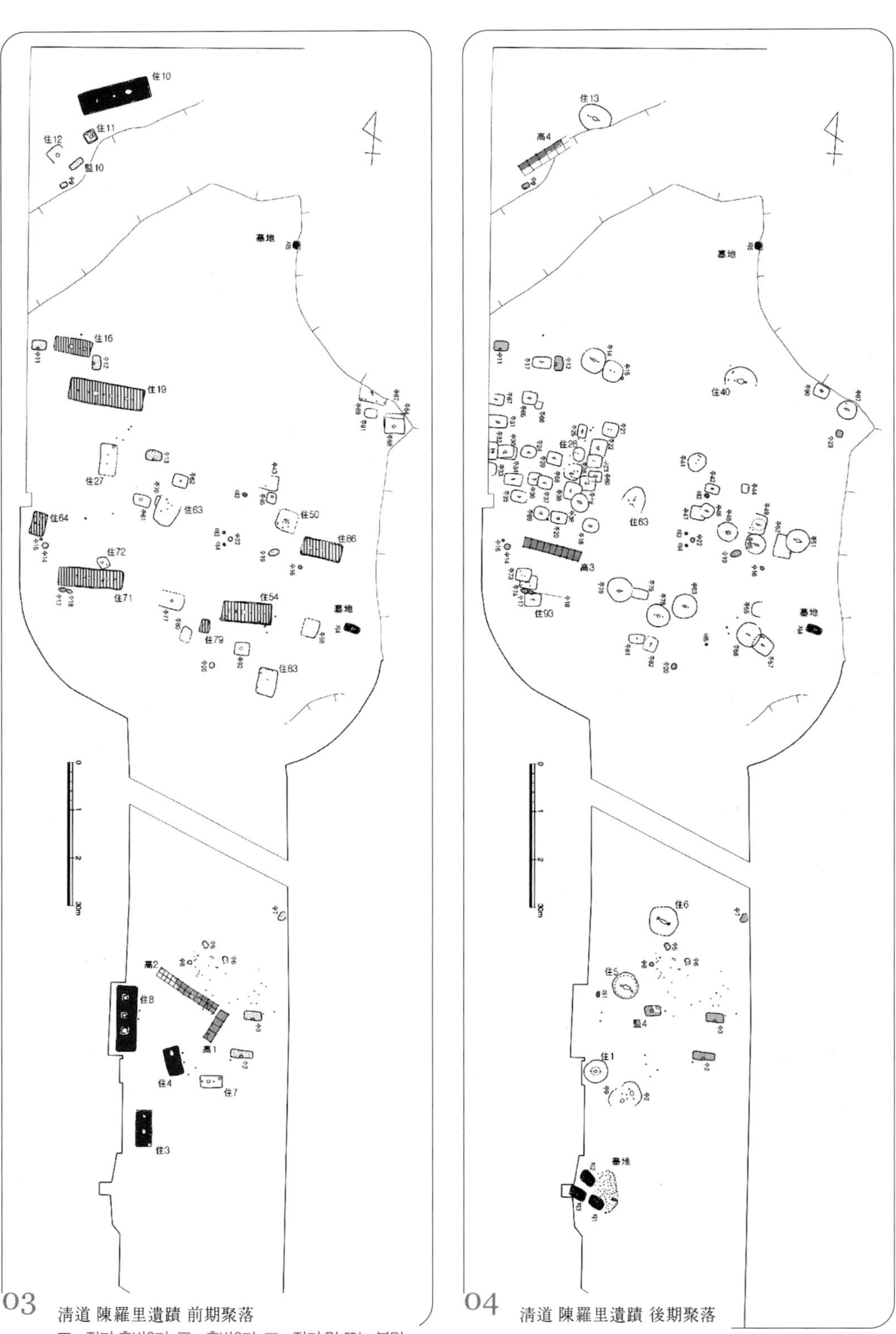

03 　清道 陳羅里遺蹟 前期聚落
　　　■ : 전기 후반2기, ▨ : 후반3기, □ : 전기 말 또는 불명

04 　清道 陳羅里遺蹟 後期聚落

2호와 1호 高床建物은 ㄱ자상의 배치에서 기획성이 보이므로 동시기로 볼 수 있다. 그런데 2호 高床建物은 5호 梧谷里型住居址에 의해 파괴되었고, 4호 수혈과도 중복되었다. 4호 수혈은 평면 장방형이며 상면 중앙에 원형토광이 설치된 工房으로 후기의 이른 시기로 보아도 좋을 것이다. 이러한 상황에서 유추한다면 1·2호 高床建物은 주변의 전기[11] 후반2기 주거지들과 관련시킬 수밖에 없다.

이상으로 본 陳羅里遺蹟의 4동의 高床建物은 1·2호가 전기 후반2기에, 3·4호는 후기에 속한다. 그런데 4호 高床建物과 13호 梧谷里型住居址와 연관된다면, 13호 주거지에서 배신이 곡선적인 淺鉢이 출토되었으므로 후기 전반에 해당할 것이다.

② 陳羅里遺蹟의 聚落 構造

전기 후반2기의 취락은 8호(-3호-4호)주거군과 10호 주거지와 주변의 주거군으로 격리되어 조영된 것 같다. 취락의 규모는 미발굴지역으로 인하여 불명이지만, 8호 주거군은 주거지의 장축이 남-북향인데, 이 이후 모든 주거가 동-서향인 것과 다른 점이다. 10호 주거지는 노지가 고식인 土壙圍石式이라는 측면에서 2기로 편년하였지만, 남향으로서 3기에 가까운 것이다. 1호·2호 高床建物은 8호 주거군(世帶共同體)에 소속된다. 평면 형태가 세장방형인 것은 세장방형 주거지의 평면형태와 가구의 구조를 전용한 까닭이라고 추측한다. 高床建物이 조영된 시점은 館山里型住居가 출현하는 시점과 일치하며, 가장 이른 시기의 高床建物로 판단된다. 즉 高床建物의 출현시점을 館山里型住居址의 조영시기로 맞추어도 좋을 것이다.

전기 후반 3기의 취락에서는 高床建物이 검출되지 않았다. 취락은 중앙에 광장을 두고, 대형 館山里型住居와 소형 방형주거로 결합된 1단위의 주거군(世帶共同體) 모두 4개군으로 구성되었다. 전기 전반의 일반적인 취락형태였던 世帶共同體의 단위취락보다 더욱 발전된 부족단위의 취락이라고 판단된다.

전기 말에는 유적 발굴지의 북-중앙-동-남쪽에 각각의 주거군이 분산하고, 중앙부 취락은 역시 중앙 광장을 둘러싸고 6~7단위의 단독주거 또는 世帶共同體住居로서 구

---

10 중앙의 공지에 분리되어 조영된 40호 주거지도 대형으로서 복원한 평면적은 32.5m²이다. 후기단계에서 대형주거지는 이 2동뿐이다. 초대형에 해당하는 63호 주거지는 복수의 주거지가 겹친 것으로 추정된다.

11 주변에 위치한 7호 주거지는 평면 장방형이고 床面式爐址와 중앙1열식주혈의 구조인데, 館山里型住居의 土壙式爐址와 비교하면 床面式爐址는 늦은 요소로 보인다. 따라서 7호 주거지는 전기 말로 설정될 수 있다. 7호 주거지는 주변의 工房址와 주축 방향이 동일하기도 하고 같은 시기에 속하는 것이다.

성되었다. 주거는 앞 시기에 비하여 소형화하였고, 주거지에 노지가 있는 것과 없는 것이 혼재하였을 것이다. 그중에 漁隱型住居址랄 수 있는 장방형에 중앙토광이 설치된 주거는 취락의 서쪽에 주로 편재하여 있다. 3기에서 전기 말로 이행하면서 가족체와 단위집단의 해체라는 급격한 변화가 있었다고 보여진다. 취락의 정점에는 장축이 남북인 중형규모의 83호 주거지[12]가 광장에 돌출하여 있다. 高床建物은 존재하지 않는데, 본유적 형성시의 1·2호 高床建物이 계속 존속하지 못하는 것은, 이 高床建物이 취락 소속의 건축물로서 만들어진 것이 아니고, 단위집단에 속한 것이기 때문에 영속하지 못한 것이라 생각한다.

후기 전반의 유구로는 전술한 1호·13호·26호 원형주거지 외에 40호 대형주거지도 속한다. 40호 주거지는 直立外傾頸과 長胴의 壺를 통하여 시간성을 가름할 수 있다. 그렇다면 후기 전반에는 13호와 40호의 대형주거지가 공존하게 된다. 이러한 구도는 전기 말과 같은 양상이랄 수 있는데, 13호 주거지는 4호 高床建物을 소유하는 데에 반하여 40호 주거지는 주거군과 묘지 사이의 광장 중앙에 입지한다. 어쩌면 13호 주거지는 발굴 범위 바깥의 북쪽 집단에 속할 수도 있을 것이다. 3호 高床建物址는 소형주거의 군집과 관련된 공동창고로 이해하고 싶다. 그 평면형태가 세장방형인 것은 역시 首長이나 공동체에 소속된 창고라는 의미에서 앞 시기 가옥 형태를 답습하고 있다고 생각한다. 만약 일반개인의 소유 高床倉庫라면 소형의 장방형 또는 정방형의 형태를 띨 것이다고 추정한다. 후기 전반의 취락은 최대 4겹의 중복상에서, 4단계로 설정할 수 있다고 판단된다. 그렇다면 후기 전반1·2·3기와 후기 후반1기까지 이어지리라 추정한다.

支石墓는 후기 전반에 조영되었다. 군집으로서 최소 2개군의 묘지가 남북으로 떨어져 조영된 것은 이 시기 집단이 아직 사회통합을 이루지 못한 것이라는 것을 시사하며, 이것은 앞서 후기취락에서 대형주거 2동이 공존하였던 것에 상응하는 것이다.

淸道 陳羅里遺蹟은 유적의 일부분이 발굴되었을 뿐인데, 낮은 구릉을 배경으로 펼쳐진 충적평지에 입지하는 취락으로서, 전기 후반2기부터 후기 후반1기의 7단계에 이르는 긴 기간 동안 취락이 연속하였던 대규모 취락이라고 할 수 있다. 남서쪽 茶路川에

---

12 27호 주거지는 중앙일렬식주혈의 장방형으로서 장주형상의 미완성석도가 출토되었다. 83호 주거지는 27호처럼 노지가 검출되지 않은 장방형으로서 직립외경하는 頸과 장동의 壺가 출토되었으므로 이 양자는 전기 말로 편년해도 좋겠다. 주거면적은 27호가 23.9m², 83호가 30.7m²로서 장방형주거지 16동 중에서 각각 1·2위로 큰 규모이다. 50호 주거지는 7호가 2의 장방형주거지로서 3기에 속하는 것으로 두고 싶다.

이르기까지 넓은 취락을 상정한다면 취락-묘지-경작지 등의 구조를 갖추었을 가능성이 있고, 남쪽 500m거리의 松邑里遺蹟이나 동쪽 300여m거리의 무등리지석묘군을 한눈에 조망할 수 있어서 이들 유적과도 연계된 지역공동체의 중심취락으로서 據點聚落의 요건을 갖추었다고 판단된다.

(2) 慶州 下西里遺蹟

下西里遺蹟은 동해를 바라보는 낮은 구릉지 능선부에 입지[13]하며, 취락의 규모는 발굴범위의 약 서너 배 정도에 해당하는 중형급 취락이라고 할 수 있다.

12기의 高床建物과 3기의 周溝掘立柱建物址가 검출되었는데(金吉雄·金鎬詳 외 2004), 주거지와 기타 유구에서 검출된 유물은 청동기시대 전기 말 전후 시점과 삼한 전기로 나누어진다.

高床建物은 시기를 알 수 없으며, 계곡에 의해 나누어지는 西端部의 1기를 제외하면 대부분은 동일 구릉에 위치한다. 高床建物은 소형의 정방형주거지와 溝 그리고 高床建物과 중첩되어 나타난다. 周溝로 구획된 掘立柱建物址는 13호 周溝掘立柱建物에서 확인되었듯이 주혈이 列狀이지만 대칭적인 모습이 아니므로 平地建物이라고 판단된다. 즉 13·14·15호 周溝掘立柱建物址는 平地建物 주변에 周溝가 설치된 특별한 주

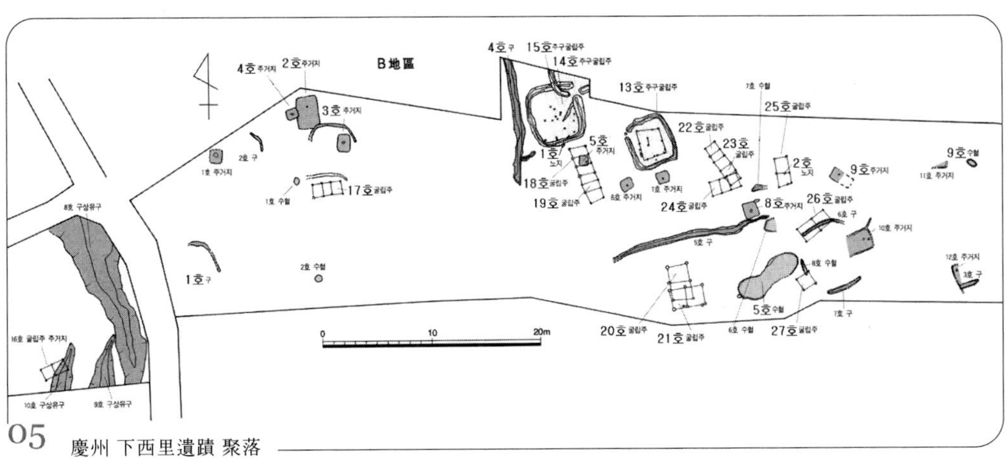

05 慶州 下西里遺蹟 聚落

---

13 보고서에는 B지구의 위치를 계곡부인 저지대로 표시하였으나 이는 誤記이며, 실제로는 그 서쪽의 해발 21~26m의 평탄한 구릉 정상부에 해당한다.

거형태라고 할 수 있다. 흔히 周溝 내의 수혈주거지를 蓮岩洞型住居(全虎兒·金榮珉 외 2001)라고 하는데 대체로 후기 전반으로 편년되고 있다. 이 周溝平地建物도 蓮岩洞型住居와 관련은 있으리라 생각하는데 후기 전반의 전후 시기에 두어도 무방할 것이다. 또 高床建物 중에는 2동이 일렬로 배열된 것(18-19호, 22-23호)이 있는데, 1동의 高床倉庫일 가능성이 높다.

① 시기 구분

중복된 유구는 대체로 상하 2중으로 겹쳐진 상태이다. 그 중에서 1·2호 노지는 규모와 형태로 보아 야외노지가 아니라, 주거지 내부에 설치되었던 것이라 추정하는데, 소형의 정방형주거지가 아닌가 생각된다.

먼저 단계설정의 중심이 되는 14호 平地建物의 周溝에서 출토된 유물을 검토하겠다. 14호 平地建物의 周溝에서 출토된 有溝二段柄式石劍(그림 06-12)은 溝가 측면에만 있는 것으로서, 퇴화된 형식으로 판단하고 후기라고 편년한 바(安在晧 1991) 있지만, 병상단부의 평면형태나 溝의 단면형태에서 溝가 일주하는 형식과 큰 차이가 느껴지지 않으므로, 전기 말 정도로 두어도 좋을 것 같다. 공반된 Ⅰ식 東北型石刀(그림 06-10)는 전기 후반대(裵眞晟 2006), 平根一段莖式石鏃(그림 06-8·9)도 전기 말보다 더 늦지는 않을 것이다. 이 유물 외에도 周溝에서는 4점의 적색마연토기와 대중소의 어망추 21점 등이 출토되었는데, 모두 그 당시 지표면에 널려있던 여러 시기의 유물이 혼입되었다기 보다는 전기 말의 14호 平地建物과 관련된 유물로 판단하고 싶다.

14호 平地建物은 1호 노지를 파괴하였고, 15호 周溝에 의해 파괴되어, 층위상으로는 1호(노지)소형 정방형주거지 → 14호 平地建物址 → 15호 周溝의 순

06 慶州 下西里遺蹟 출토 유물
1·2 : 2호 주거지, 3·4 : 5호 주거지, 5 : 8호 주거지, 6·7 : 13호 평지건물 周溝, 8~12 : 14호 周溝, 13 : 5호 수혈

서로 확인되었다. 이것을 각각 下西里1기 · 2기 · 3기로 설정한다.

그림 06-13의 석검은 三韓의 유구에 휩쓸려 매몰되었지만, 14호의 석검처럼 有溝二段柄式石劍으로서, 형식학적으로는 병부의 상하단이 제형을 띠며 긴 봉으로 연결되어 있다. 유구식석검은 병부의 상하단 형태에서 「장방형 → 제형 → 측면이 호상의 제형 → 호상이면서 상단보다 하단이 긴 것」으로 조열할 수 있고, 段連結部가 「긴 봉상 → 길고 타원형 단면인 것 → 좁은 구인 것 → 측면에만 결입구가 형성된 것」으로의 조열도 가능하다.[14] 이 두 속성의 결합을 통하면 그림 06-13의 석검은 義昌 平城里출토품(沈奉謹 1989)[15]과 유사하지만, 위 속성조열 속에서는 平城里보다 그리고 14호 平地建物의 周溝에서 출토된 석검보다도 빠른 것이 틀림없다. 따라서, 三韓의 5호 수혈에서 출토된 석검은 제1기의 유구에 소속된 유물이다.

한편 2호 주거지 상층에는 4호 주거지와 3호 주거지 인근의 周溝가 놓여있는데, 2호 주거지의 석촉(그림 06-1 · 2)은 14호 平地建物의 석촉과 같은 조합상이다.

5호 주거지는 18호 高床倉庫와 중첩되었는데, 突瘤文深鉢(그림 06-3)과 양 끝이 잘린 長舟型石刀(그림 06-4)가 출토되었다. 突瘤文의 시기를 논하기 위해서는 울산의 檢丹里遺蹟과 川上里遺蹟의 비교가 필요하다. 檢丹里遺蹟(鄭澄元 · 全王年 외 1995)에서는 孔列a · b文은 많으나 突瘤文은 단 1점에 불과하다. 반면에 川上里遺蹟(하진호 · 김명희 2001)에서는 단독문으로서 突瘤文만 출토되고 孔列文은 없다. 川上里1期에는 복합문도 존재하는데, 孔列短斜線文의 短斜線文이 구연부의 孔列文[16] 위치에 겹쳐있다. 이런 상황을 정리하여 川上里遺蹟에서도 복합문이 존재하는 시기(川上里1기)와 突瘤文 단독문만 시문되는 시기(川上里2기)로 나뉘고, 이 다음을 잇는 것이 檢丹里1기(孔列a 文期)라고 생각된다. 과거 필자는 유물의 이러한 공반양상을 무시하고 취락구조의

---

14 이단병식석검의 병부 형태의 분류는 이미 沈奉謹(1989)과 朴宣映(2004)에 의해 편년되고 있고, 황창한 (2008)도 장식석검을 통하여 병부를 형식학적 조열로써 시기를 설정하고 있다. 특히 朴宣映의 마제석 검에 대한 논고는 주목할 만한 것으로서, 병부의 지역색도 명확히 밝히고 있다.

15 近藤喬一(2000)은 平城里석검을 요서의 소흑석구 一籌式 요령식동검을 모방한 것이라고 하여 "磨製石劍 遼寧式銅劍模倣說"을 주장하였다. 이에 대해서 필자도 찬동하거나 암묵적으로 동조하였으나, 春成秀爾(2006)는 이에 대해서 냉철하게 비판하고 유병식석검은 遼寧式銅劍이 아니라 有樋有莖式石劍에서 전10세기경에 발전한 것이며, 그 기원은 植刃式短劍에 있고, 전11~10세기 요동에서 성립한 遼寧式銅劍은 마제석검과는 계통이 다르다는 점을 명확히 하고 있다.

16 短斜線文의 경우 시문부위에 따른 분류도 필요하다. 즉 구연에 시문되는 예와 구연 아래나 동체부에 시문되는 예는 분명하게 구분되어야 하며, 그 시기도 다른 것이라고 판단한다.

표 3 _ 慶州 下西里遺蹟의 편년

시기	유구	주거구조	토기·석기
1기	8호주거지	정방형, 土壙式노	短斜線文 壺
2기	2호주거지	장방형, 床面式노	平根一段莖式石鏃
	14호 平地建物	平地建物	적색마연토기호, 平根一段莖式石鏃, Ⅰ식동북형석도, 有溝二段柄式石劍
	5호주거지	정방형, 床面式노	突瘤文심발, 장주형석도
	9호수혈		突瘤文심발
3기	13호 平地建物	平地建物	적색마연토기호, 공렬 a 문심발
	4호구		공렬 a 문심발
삼한 전기	9호주거지	장방형	두형토기
	5호수혈		절충식 彌生系토기

유사성에서 檢丹里1기 = 川上里2기로 설정(安在晧 2001)한 것을 교정하고 싶다. 교정된 이 3단계를 본 下西里의 3단계와 병행하는 것으로 판단하여, 3기가 울산 檢丹里1기 즉 전기 말에 해당하고, 1·2기는 각각 전기 후반Ⅲa·Ⅲb기(安在晧 2007)로서, 川上里 Ⅰ·Ⅱ기에 각각 병행한다. 따라서 突瘤文이 출토된 5호 주거지는 제2기로 편년된다.

이러한 편년에서 18호 高床建物은 제1기 혹은 제3기에 해당하겠지만, 제 1기의 1호 노지를 주거지로 간주할 수 있다면 18호 高床建物과 중복되거나 공간상의 중복에 해당할 것이다. 따라서, 18호 高床建物은 제3기로 편년되고, 13호 平地建物과 동서로 나란하게 주거-창고의 조합으로 배열된 모습이 나타나게 된다. 표 3이 시기설정을 완성한 것이다.

下西里遺蹟의 高床建物은 3개로 분류된다. 高床建物 1칸의 규모와 형태에서 17호·18-19호·22-23호·24호는 장방형(A형)이고, 20호·21호와 25~27호는 정방형을 띠지만, 정방형 중에서 전자인 20호·21호(C형)는 1칸의 규모가 후자(B형)보다 크다. 이렇게 3개군으로 高床建物址가 분류된다. 이중에서 특히 1칸의 규모가 큰 C형의 20·21호 高床建物은 1칸의 간격도 넓고 전체 규모도 크기 때문에 늦은 시기로 추정하며, 삼한시대의 5호 수혈과 가장 가까운 곳에 위치하고 있어서 관련성이 높다. 이에 반하여 5호 수혈과 인접한 27호 高床建物은 공간상의 중복으로 볼 수 있다. B형인 25호 高床建物은 1期의 2호 노지와 겹쳐서 결국 2期 이후의 시기가 결정되는데, 이 高床建物 주변에서 2期 이후의 주거지는 삼한시대의 9호 주거지뿐이다. 25호 高床建物이 대형이라서 취락의 공공용이라면 특정 주거에 귀속되지 않을 수도 있으나, 소형의 高床建物이므로 9호 주거에 소속될 가능성이 높다. 26호와 27호 高床建物은 6호 溝와 8호 竪穴과 겹쳐있는데, 6호 구·8호 수혈·7호 구는 1期의 周溝일 가능성이 높다. 이 周溝는 10호 주거지와 중복되므로, 26·27호 高床建物이 10호 주거와 관련된 것일 가능성도 있는 것이다. 결국 이 抹角方形 周溝는 平地建物의 주구이거나 蓮岩洞型住居로서, 내부의 구조물은 삭평되어 파괴되었다고 판단된다.

　② 취락 구조

　제1기의 8호 주거지의 노지와 1호 노지는 土壙式이라는 특징을 가지고 있다. 土壙式노지는 1·3·7호 주거지와 2호 노지에서 찾아진다. 2·3기의 주거지를 포함한 이외의 나머지 주거지는 모두 床面式爐址에 해당하므로, 土壙式爐址를 1기로 편년해도 좋을 것이다. 6동의 주거지는 모두 소형으로서 크게는 2개군으로 나뉘지만 각자 독립적인 입지를 보인다. 주거군에 소속된 高床建物은 찾기 힘들다. 다만 3호 주거지-17호 高床建物이 , 8호 주거지-24호 高床建物이 인접하여 관계가 있을 지도 모르겠다.

　제2기의 주거지는 표3의 4期 유구 즉 2호·5호 주거지, 14호 平地建物, 9호 수혈 외에도 6호 주거지가 있다. 6호 주거지는 제3期의 13호 平地建物과 18·19호 高床建物의 중간에 속해 있으므로 공간상의 중복이며, 6호 주거지의 노지는 2·3기에 편년하였던 床面式이기 때문에 2기에 편년되는 것이다.

　14호 掘立柱建物은 周溝내의 굴입주 배열을 참고한다면 平地建物이 존재하였다고는 말 할 수 없다. 周溝에서는 다량의 球狀 어망추와 적색마연토기 등이 출토되었는데, 이것을 제사의 흔적으로 보고자한다. 이에 대비할 유적으로 강원도 춘천 泉田里遺蹟의 6호 周溝式區劃墓에서 제의가 거행되었다(金權中·洪周希 외 2008)는 흔적이 周溝에서 확인되었는데, 탄화된 곡물과 석도 3점이 발견된 것이다. 즉 곡물생산을 기원하는 의례에서 수확할 도구를 함께 바친 것인데, 豊漁를 기원하기 위해서는 어망추가 달린 그물을 물고기와 함께 바쳤을 것이며, 적색마연토기는 이 의례시에 사용된 것이라 추측한다. 따라서 14호 掘立柱建物은 의례가 행해지던 장소로서 周溝의 내부에는 祭儀時에만 神을 모시는 설치물 등 만들어지면서 굴입주가 남게 된 것이라 생각한다. 이 의례를 주관한 祭司長 또는 首長의 거처인 대형주거와 대형의 高床建物址는 발굴지의 북쪽에 남아있을 것이라 추측한다.

　제3기의 취락으로는 4호 溝, 13호 平地建物이 속하며, 층위상에서는 4호 주거와 15호 周溝가 2기 유구의 상층에 해당한다. 그런데 4호 溝는 제2기의 14호 周溝 제사유구와 인접하여 있어서 공간상의 중복으로서 시기가 나눠지지만, 15호 周溝 시설과는 일정한 거리에 이격되어있다. 그리고 5호 溝의 시기는 1기인 9호 주거지와 중복되었으므로 2·3기에 속하겠지만, 4호 溝와 결합하여 方形溝를 이룰 가능성도 있다. 즉 13호 平地建物과 18-19호 高床建物 그리고 15호 周溝와 그 주변시설물을 구획하는 방형의 溝 일부라고 판단하는 것이다. 이것은 환호와는 다른 것으로서, 首長層의 거주지역이나 의례공간을 포함한 특정 주거區域을 구획하는 용도라고 추정된다. 18-19호의 高床建物 은 대형의 규모에 해당하지만, 22-23호 高床建物은 중형에 해당하고 이 4·5호구의 方形溝 내부에 소속된 것인지는 불투명하다. 필자의 견해로는 공공적 건물이나 대형주거 에 소속된 高床建物의 경우는 대형이어야 한다는 점인데, 이에 따른다면 22-23호 掘立柱建物址는 일렬상 각각으로 보고되었으나 1동의 高床建物일 가능성도 있지 않을까 생각하는 것이다. 13호 平地建物의 면적은 약16m²로서 중형에 해당한다. 2期의 중형주 거가 변화한 것이지도 모르겠지만, 方形溝 내부 중심부에는 대형 주거도 존재할 것이 라 추측된다. 즉 15호 周溝를 제사유구로 추정한다면 그 서쪽 방형구 중앙에 대형주거 가 존재할 것이다. 이런 가정 아래에서 제3기 취락의 구조는 구획된 내부 중앙에는 대 형주거와 제사시설이 있고, 가장자리에는 중형의 주거와 高床建物이 배치된 형태로서 檢丹里2期의 環濠聚落型에 가까울 것이다. 구획된다는 점에서는 양자간에 유사성이 보인다.

　이상에서 下西里遺蹟은 취락의 남단 일부분만 발굴되었으나, 제1기부터 高床建物 이 개별가옥에 소속되었을 가능성은 높으나 주거는 소형이 많은 것 같다. 제2기에는 중 형주거가 많아지고 역시 高床建物과 조합을 이룬다. 제사시설의 존재로 보아서 이 시 기부터 首長의 존재를 가름할 수 있다. 제3기에는 首長의 가옥과 제사시설 그리고 몇몇 중형주거를 方形溝로써 구획하는 시설이 출현한다. 동해를 지척에 조망할 수 있는 구 릉지이므로, 제사의 형태는 어로활동과도 밀접한 관련은 있겠지만, 1호 溝에서는 역석 을 이용한 猪型石器群이 출토되므로, 역시 농경을 기반으로 한 사회였을 것이라고 판 단된다.

⑶ 大邱 東川洞遺蹟

　하안의 충적지에 경작지와 함께 발견된 대규모 취락이다. 高床建物 20동이 검출되 었는데, 노지가 설치된 방형주거지와 松菊里系住居址로 구성되었다. 주거지간의 중복 은 6례가 있는데 3중인 것이 1례 있다. 그리고 高床建物址와 주거지, 高床建物 사이의 중복도 있다(朴升圭·兪炳琭 외 2002). 武末純一(2005)은 3호 溝에 의해 잘린 掘立柱建 物의 시기와 3호 溝와 동시기의 休岩里式期 그리고 3호 溝를 자르고 설치된 원형주거

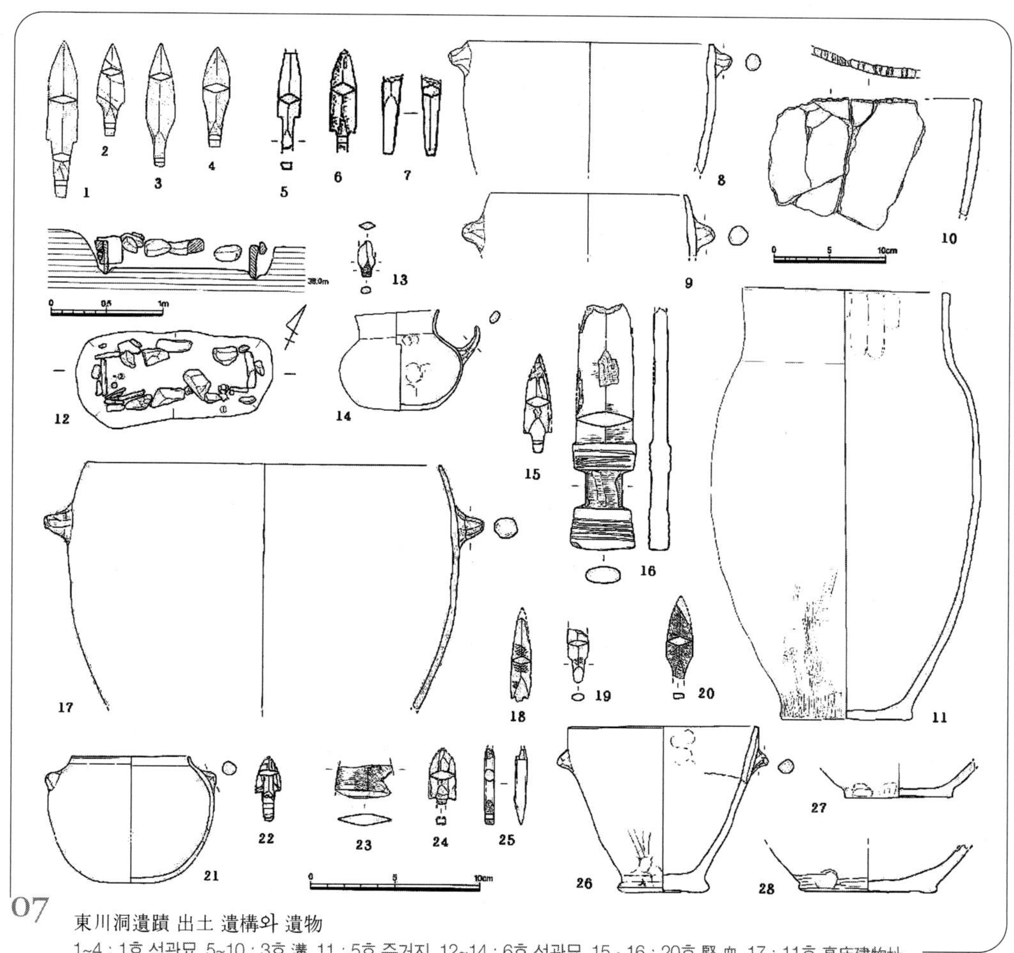

07 東川洞遺蹟 出土 遺構와 遺物

1~4 : 1호 석관묘, 5~10 : 3호 溝, 11 : 5호 주거지, 12~14 : 6호 석관묘, 15 · 16 : 20호 竪血, 17 : 11호 高床建物址, 18 · 19 : 27호 주거지, 20 : 33호 주거지, 21 · 22 : 37호 주거지, 23~25 : 32호 주거지, 26 : 85호 竪穴, 27 : 60호 주거지, 28 : 35호 주거지.

지가 주체를 이루는 시기의 3단계로 편년하였다. 필자도 층서관계에서 3단계 설정이 유효하다고 생각하지만, 유구와 유물의 시간성과 전술한 유구의 중복을 통하여 편년하고자 한다.

① 遺構의 編年

먼저 주거지는 館山里型住居址가 보이지 않으므로, 노지가 설치된 평면 장방형 또는 정방형으로서 대가족체가 분화된 전기 말경에 해당한다. 이 노지가 있는 방형계주거지는 松菊里系住居址보다 하층에 겹쳐있는 예가 있으므로 東川洞遺蹟 제1단계로 두어도 좋을 것이다. 그리고 松菊里系住居址도 상하층으로 겹친 3례가 있어서 2시기로 구분되어야 할 것이다. 따라서 전기 말의 방형계주거지[17]와 후기 전반 제Ⅰ·Ⅱ기의 松菊里系住居址로 단계설정이 가능하다.

무문토기의 기형은 전기의 長頸球形胴 壺에서 송국리식토기로의 변화(安在晧 2004)를, 구순부의 형태도 평탄 → 둥근 것 → 뾰족한 것으로의 組列을 시간성으로 삼았다. 전형적색마연토기에서 瘤附壺는 대구지역의 지역색을 지닌 것으로서 長頸에서 短頸 또는 無頸으로의 변화로 설정하였다.

석촉의 분류(安在晧 1991)는 a莖 : 莖을 납작하게 삭마한 범위가 신부까지인 Ⅲa류, b莖 : 莖을 납작하게 삭마한 범위가 관부까지 이른 것, c莖 : 莖의 일부분만 납작하게 삭마한 Ⅲb류. 銳角關 : 관부가 역자식인 것, 直角關 : 관부가 莖과 뚜렷한 경계를 가지며 직각에 가까운 것, 鈍角關 : 관부에서 곡선상으로 경부로 서서히 축약된 것. 이러한 석촉의 분류에서 시간성을 가지는 것은 관부의 각도로 추정하였지만, 銳角關은 이미 전기부터 존재하였던 것이고, 鈍角關의 경우는 후기에 발생하는 것으로써 시기구분의 지표가 되고, 이것이 더욱 발전한 鈍角關 c莖式의 菱形鏃은 더욱 늦은 시기에 출현한다고 판단된다. 莖의 형태는 화살대를 착장하는 다양한 석촉의 계통을 시사하는 것이라 생각하는 전기 a莖은 필자(1991)의 Ⅲf식, c莖은 平根二段莖式 계통이라고 판단되며, 이에 대해서 b莖은 一段莖式石鏃의 착장법에 속하는 것이라 판단된다. 따라서 전2자보다 후자가 늦은 시기로 생각한다.

그런데, 東川洞遺蹟의 松菊里系住居址에서 출토된 석촉은 모두 경말단부가 편평한 平根式이다. 필자는 송국리문화분포권 내에서 청동기시대 후기의 석촉은 경말단부가 뾰족한 尖根一段莖式이라고 주장(安在晧 1991)해 왔는데, 대구지역은 그러한 양상의 분포권에서 벗어난 것 같다. 그 상황을 알 수 있는 것으로 1호 석관묘의 석촉 공반상인데, 공반한 一段莖式石鏃 6점은 모두 平根式으로서 直角關 b莖式(그림 07-2)·直角關 c莖式(그림 07-1)·鈍角關 c莖式(그림 07-3)이다. 모두 平根式으로서 鈍角關 c莖式은 菱形鏃(그림 07-4)과 유사한 형태로서 흔히 남·북한강유역 후기의 지표유물인데 대구지역도 석촉에 한해서는 이 영역에 속하는 것이라 판단된다.

3호 溝는 원형주거지에 파괴되었는데, 직접 중복은 아니라도 3호 溝로 구획된 경작지는 모든 원형주거지보다 선행하는 유구로 판단해도 좋겠다. 즉 노지가 설치된 방형

---

17 6호 34호 38호 42호 49호 50호 52호 55호 60호 주거지.

계 주거지와 동시기로 볼 수 있고, 제1단계로 설정한다. 원형계 또는 松菊里系住居址는 대부분 다음의 2·3단계로 편년될 것이다.

무문토기의 문양은 口脣刻目文이 유일한 것이지만, 전술한 3호 溝 이외에 57호 원형주거지에서도 파편이 검출되었다. 57호는 그 하층에 38호 방형주거지와 완전히 겹쳐진 상태인데 개축한 것으로 보든지, 아니면 口脣刻目文土器를 하층의 38호 방형주거지에 소속된 것으로 판단해야 할 것이다. 따라서, 東川洞遺蹟에서 무문토기의 문양은 전기 말에 소멸한다.

2동의 주거지가 중복된 경우에서 서로의 벽면 일부가 겹친 경우가 있다. 이 경우는 평면의 양상에서 어느 쪽의 주거지 윤곽이 파괴되지 않고 완전한 형태인가로써 先後를 결정하지만, 필자의 경험에서는 판단이 어려운 경우이며 반대의 축조순서일 수도 있다. 즉, 주거지가 폐기되기 시작하면 주거지의 벽면이 떨어져 붕괴되는 경우가 있는데, 후축된 주거가 폐기될 때 후축 주거의 벽면인 선축 주거지의 내부토가 떨어져 나와 후축 시기의 주거지 상면에 쌓일 수 있다는 점이다. 이러한 현상으로 인하여 후축된 주거에 의해 파괴된 선축의 주거가 오히려 후축된 주거의 공간을 침범한 양상으로 나타날 수도 있을 것이라는 생각이다. 따라서 벽면 정도만 중첩된 경우에는 유구 조영시기의 선후관계는 간단한 문제는 아니다. 본 東川洞遺蹟의 32호-33호와 58호-59호 주거지의 경우가 이러한 현상을 보일 수 있어서 보고된 그대로의 축조순서를 재검토할 필요가 있고, 유물의 공반상과 토층의 분석을 통하여 정리해야 할 것이다. 특히 32호-33호 주거지의 중복에 11호 高床建物이 33호 주거지 상부에 설치되었다. 11호 高床建物은 32호 주거와도 매우 근접하고 있어서 이 3자는 서로 다른 시기로 파악해야 할 것이다. 그렇다면 이 3자는 각각 제1~3단계에 속해야하는데, 32호 주거지에서 전기의 유물을 확인할 수 있다. 그것은 석검의 鋒部에 가까운 신부편(그림 07-23)인데 폭이 넓은 형식으로서 有溝二段柄式石劍임이 틀림없고, 천공석기라고 보고된 2점의 석기 중에는 전기로 편년할 수 있는 長莖의 단면이 원형인 석촉의 莖部(그림 07-25)가 있다. 그리고 11호 高床建物址의 柱穴에서는 兩耳附深鉢(그림 07-17)이 매납되어져 있었는데 내경하는 구연에 구순은 뾰족하여 본유적에서는 가장 늦은 시기의 것임을 알 수 있다. 따라서 이 3자는 32호 주거지가 1단계, 33호 주거지가 2단계 그리고 11호 高床建物은 3단계로 편년해도 좋을 것이다.

東川洞遺蹟은 유물의 시간상을 파악할 수 있는 자료가 많지 않다. 무문토기에서 심발형토기는 직립구연에서 내경구연화로의 경향은 있지만, 27호 주거지처럼 이 양자가 공존하는 예도 있어서 명확히 구분짓기는 어려움이 있다. 호형토기는 직립장경에서 직립단경으로 다시 외반구연으로의 경향을 띠지만 동체부의 형태에 따라서 공존의 경우(安在晧 2001)도 상정되므로 본 東川洞遺蹟의 원형 주거지를 세분할만한 자료는 그다지 많지 않은 상황이다. 5호 주거지의 直立長頸長胴 壺가 外反口頸 松菊里式壺에 先行한다는 것은 설정 가능한 것이다. 무문토기의 구순부가 뾰족한 형태는 늦은 단계로 소속시켜도 본 東川洞遺蹟 河道 Ⅰ·Ⅱ층의 유물을 통해서도 파악할 수 있는 것으로서 무방하겠지만, 평탄한 것과 둥근 형태는 늦은 시기에도 존속할 가능성은 있겠다.

　석촉은 전기 말인 3호 溝와 이와는 다른 공반상을 보이는 1호 석관묘를 비교할 필요가 있다. 1호 석관묘에서는 直角關 c 莖式·直角關 b 莖式·鈍角關 c 莖式(그림 07-3·4)이 공반되었는데, 直角關 c 莖式은 이른 시기인 3호 溝에서도 출토되므로 시간성이 긴 형식임을 알 수 있다. 따라서 이 양자를 단순 비교한다면 "直角關莖 a 式 → 直角關 b 莖式·鈍角關 c 莖式"의 순서로 우선 설정할 수 있다. 주거지 중복에서 앞서 선축된 것으로 파악한 32호 주거에서는 鋭角關莖a式 석촉(그림 07-24)이 검출되었고, 후축의 33호 주거에서는 鈍角關莖 b 式(그림 07-20)이 출토되었다. 37호 주거지에서는 鋭角關 莖 b 式(그림 07-22)이 출토되었는데 인접한 57호 주거지보다 선축된 것으로 보고자 한다. 27호 주거지는 28호 주거지에 인접하는데 석촉(그림 07-18)은 鋭角關莖a式이지만 노지와 중앙토광이 없으며, 중앙1열 4개의 주혈을 가진 말각장방형인 주거지로서, ⅠD식과 ⅡD식의 주거가 결합한 듯한 형태이다. 노지를 가진 제1단계보다는 늦은 제2단계로 편년해도 좋겠다. 그리고 20호 수혈에서는 有溝二段柄式石劍(그림 07-16)이 출토되었는데 直角關 a 莖式石鏃(그림 07-15)과 공반되었으므로, 이것도 이른 시기인 3호 溝에서 출토된 석촉 형식이다. 또 6호 석관묘에서는 鈍角關 b 莖式石鏃(그림 07-13)과 赤

08 東川洞遺蹟의 松菊里系住居 분류 —————
兪炳琭 2002에서

色磨研把手附外傾口頸 壺(그림 07-14)가 출토되었는데, 석관묘(그림 07-12)는 단벽 쪽에만 판석을 사용하고 장벽 쪽에는 비어있어서 소위 大坪里型石棺(이주헌 2000)으로 판단된다. 이 大坪里型石棺墓는 木棺墓로의 이행과정에 있는 형식으로 추정되므로, 본 편년의 제3단계에 해당할 것으로 추정된다.

그러므로, 제1단계의 直角關a 莖式・直角關c 莖式・銳角關莖 a 式 석촉은 2단계까지 존속하고, 2단계에는 銳角關莖 b 式 석촉이, 제3단계에는 直角關 b 莖式・鈍角關莖 b 式・鈍角關 c 莖式 석촉이 나타나는 것으로 설정해 두고자 한다.

나머지 주거지에서는 무문토기의 구연부만 출토되므로, 구순부의 형태로써 시기를 구분하면 표 4와 같다. 이렇게 유물을 분류하여 3단계의 시기구분을 하였다. 여기서 35・60호 주거지에서는 구연부가 출토되지 않았지만 저부편의 형태에서 底緣에서 동체부로 쌓아지는 각도가 매우 완만한 형태(그림 07-27・28)로서 동체부가 球形인 것을 시사한다. 즉 球形胴의 壺를 전기로 둘 수 있고, 60호는 土壙式爐址가 있는 장방형주거지인 것과도 일치한다. 그리고 1단계의 35호 주거지는 원형 Ⅰ A식이므로 이른 시기의 유물을 가진 원형주거를 2단계로 조정하고, 반면에 2단계로 둘 수 있는 타원형주거이지만 중앙에 土壙式爐址가 설치된 48호 주거지는 표4의 결과로서도 1단계에 둘 수 있을 것이다.

결론적이지만, 3호 溝의 경작지는 1・2호 溝의 경작지보다 이른 시기의 것인데(兪炳琭 2002), 원형주거지가 3호 溝의 경작지에 조영되었으므로, 3호 溝의 경작지는 제1단계로, 원형주거와의 중복이 보이지 않는 1・2호 溝의 경작지는 제2・3단계로 편년된다. 이렇게 경작지의 위치가 변경된 것은 연속적인 경작이 이루어지지 않은 것을 시사하며, 이는 홍수 등의 재해로 인하여 취락이 침수 혹은 매몰되고, 河道가 변경되면서 제1단계와 제2・3단계의 집단이 교체된 것을 시사한다고 추정된다. 따라서 제1단계와 제2단계 사이에는 시간적 틈이 있었던 것으로 설정한다. 그래서 제1단계를 전기 말, 제2단계는 후기 전반Ⅱ기, 제3단계는 후기 후반Ⅰ기로 시기 구분하고자 한다. 이상의 작업을 통하여 편년한 것이 표5이다.

표 4 _ 口脣 形態에 따른 編年 단계

단계	1단계		2단계						3단계			
구순\유구	48	50	2	20	46	1	7	43	16	18	23	54
평탄	○	○	○	○	○				○			
둥글음			○	○	○	○	○	○				
뽀족									○	○	○	○

표 5 _ 大邱 東川洞遺蹟의 시기 구분

시기	유구 주거지		무문토기		적색마연토기 (호)	석촉 (관 일단경)	석검
			기형문양	구순			
1단계 전기 말	32호	방형	직립구연심발	평, 둥		銳角關 a 莖 一段長莖式	유구 이단병
	20호 수혈		직립구연	평		直角關 a 莖	유구 이단병
	3호 구		□脣刻目文심발	평, 둥	직립장경	銳角關 a 莖, 直角關 c 莖	
2단계 후기 전반 II 기	3호	원형	직립구연	평, 둥		銳角關 b 莖	
	5호	원형	직립장경장동호	평, 둥			
	11호	원형				直角關 a 莖	
	12호	원형	직립구연심발	평		直角關 a 莖	
	13호	원형	내경구연소형발	둥		銳角關 a 莖	
	19호					銳角關 b 莖	
	22호	방형	내만동천발	둥			
	25호	원형				銳角關 b 莖	
	27호	방형	직립구연				
			내경구연심발	평, 둥		銳角關 a 莖	
	29호	원형	내경구연	둥	注口附송국리식	直角關 a 莖	일단병
	30호	원형				直角關 c 莖	
	33호	원형	직립구연	평		鈍角關 b 莖	
	36호	방형				直角關 a 莖	
	37호	원형	직립구연	둥	無頸 瘤附	銳角關 b 莖	
	53호	원형				直角關 a 莖	
	31호 수혈					直角關 c 莖	
	74호 수혈					直角關 c 莖	
	2호 석관				내만장경		
3단계 후기 후반 I 기	4호	원형	외반구연소형발	뾰			
	26호	원형		뾰	무경 류부, 내경경외반구연	銳角關 a 莖	
	28호	원형					일단병
	31호	원형	직립구연송국리식	평, 뾰			
	40호	원형		뾰	무경 류부		
	57호	원형	□脣刻目文-38호둥				
	11호 고창		파수부내경구연발	뾰			
	37호 수혈		외반구경송국리식	뾰			
	1호 석관				直角關 c 莖, 直角關 b 莖, 鈍角關 c 莖		
	6호 석관				외반구경파수부	鈍角關 b 莖	

※ 무문토기 구순부의 형태에서 평 : 평탄, 둥 : 둥근 것, 뾰 : 뾰족한 것

② 聚落의 變遷

취락의 변천을 주거지의 규모에 따른 대형주거의 존재와 각주거의 입지 그리고 경

작지, 분묘와 주거의 분포 등을 통하여 살피고자 하며, 주거 면적[18]은 그림 09처럼 분류하고자 한다.

• 제1단계 취락

1단계의 취락은 노지가 설치된 방형계의 주거

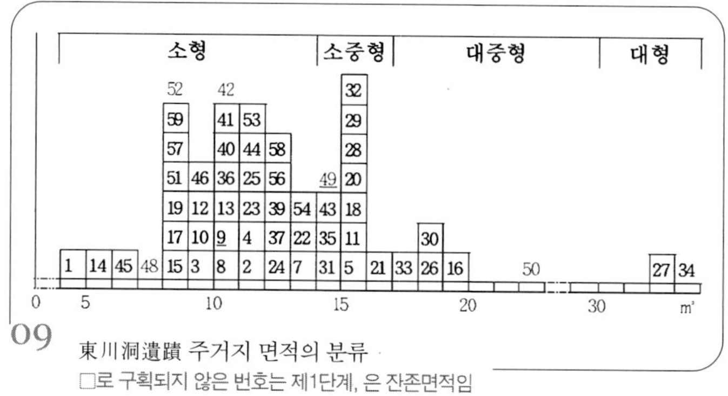

09 東川洞遺蹟 주거지 면적의 분류
□로 구획되지 않은 번호는 제1단계, 은 잔존면적임

지군을 중심으로 조영되었다(武末純一 2005). 즉, 경작지인 3호 溝와 함께 32 · 34 · 42 · 48 · 49 · 50 · 52 · 55 · 60호 주거지이다.

주거군은 크게 3개 군으로 나뉘는데, 전체적인 모습은 大住居群-倉庫群-耕作地-小住居群-河川의 순서로 구성되는 것으로 大坪里遺蹟의 취락 형태(李相吉 1997)와 유사하다. 대평리의 경우는 대주거군과 경작지 사이에 墓列로써 구획되고 있는 양상과 동일할 것으로 추정된다. 대주거군과 경작지 사이에 분포하는 3호 석관묘는 시기를 알 수가 없고, 역시 시기를 알 수 없는 분묘로서는 4 · 5호 석관묘가 있지만, 주거지 사이에 위치하므로 본 단계의 무덤으로 보기는 어려움이 있다. 그러나, 이들 무덤이 경작지와 주거지의 경계를 긋는 배열로는 볼 수 없고 단지 점상으로 분포하고 있을 뿐이다. 그리고, 대주거군은 중앙의 공지를 사이에 두고 동-서 2개군으로 분리되었다. 2개 이상의 氏族集團으로 구성된 취락으로 보인다.

보고된 바에 따르면 50호 주거지가 가장 규모가 큰 것이라서 墓地에 인접할 가능성도 있지만, 보고서의 검토를 통하여 34호 주거지가 50호나 49호 주거지보다 폭이 더 넓다. 또한 床面式爐址가 短壁 가까이에 설치된 것을 보면 복수의 노지를 가지며 주혈이 설치되지 않은 鳳溪里型住居址로 추정된다. 바닥이 매우 얕아서 주거지의 대부분이 삭평된 것이라 생각하는데, 그 연장선상 벽면에 85호 竪穴이 존재한다. 12호 高床建物과 중복된 이 85호 竪穴에는 파수부발(그림 07-26)이 매납되어 있는데, 필자는 이 수혈이 34호 주거지의 저장혈이라고 추정하고 싶다. 外反口緣의 小形鉢이지만 구순부가 평탄하므로 충분히 1단계에 해당하는 것이다. 이렇게 34호 주거지를 복원한다면 대략 35m²

---

18 주거지 면적을 재검산한 것으로 보고서의 도수분포와는 다른 결과를 보인다.

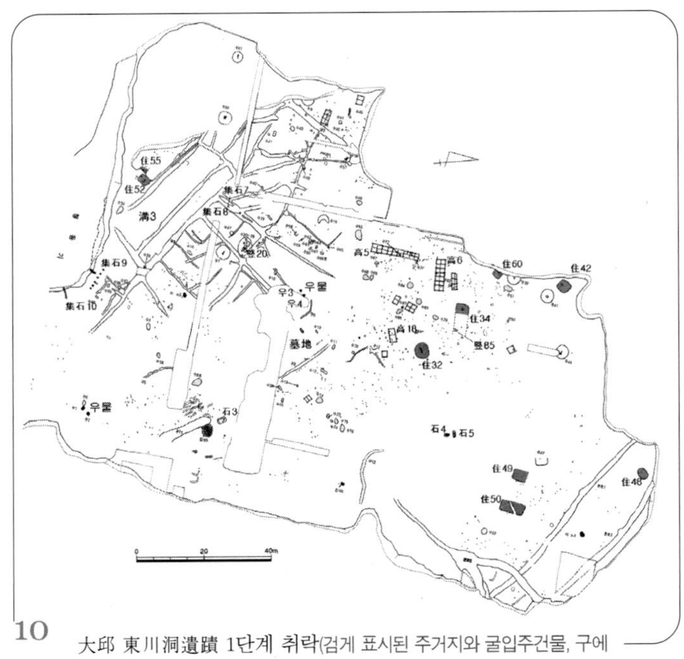

10　大邱 東川洞遺蹟 1단계 취락(검게 표시된 주거지와 굴입주건물, 구에 번호가 부여된 것은 본 단계가 확실하고 나머지는 불명임)

에 달하는 대형주거가 되고, 입지의 특징은 후술할 5호-6호 高床建物로 구성된 ㄱ字狀의 대형 高床倉庫에 가장 근접한다는 점이다.

高床倉庫는 제3단계의 29·30호 원형주거지와 중복된 5호 高床建物인데, 세장방형의 대형으로서 6호 장방형의 대형 高床建物과 ㄱ자상으로 축조된 것 같다. 2단계와 3단계의 주거군은 동일 부족의 연속적인 집단이기 때문에 만약 2단계에 건축된 취락에서 가장 규모가 크고 상징적인 세장방형의 高床倉庫가 사라지고 그 자리에 3단계의 일반주거가 조영될 수는 없다고 생각한다. 따라서, 5·6호 대형 高床倉庫는 제1단계에 소속되는 것이며, 취락의 공공적인 건물이었을 것이다. 그리고 18호 高床建物은 3단계의 31호 주거지와 매우 인접한 空間重複이므로 1·2단계라고 추정된다면, 부근에 위치하는 1단계 32호 주거지와 2단계 33호 주거지에 소속될 가능성이 있다. 33호 주거지는 중앙의 高床倉庫와 관련된 世帶共同體長의 가옥이므로 18호 고상건물과는 관련이 없을 것이고, 1단계의 32호 주거지와 관련된 高床倉庫로 해석하고 싶다.

高床倉庫는 개개 주거군에 소속된 소형과 公共用이면서 대형주거군에 소속된 대형으로 구분된다. 세장방형의 대형 高床建物이 ㄱ字狀으로 배치되어 대형주거에 인접하면서 취락의 공공적인 성격을 띠지만, 개별가옥에 부속된 高床建物은 32호 주거지에 대해서 18호 高床建物이 가능성이 있고, 그 외는 보이지 않는다. 그런데 만약 32호 주거지처럼 개별가옥에 소속된 高床建物을 상정한다면, 당연히 동쪽 氏族의 주거군에 소속된 高床建物도 있었을 것이다. 그러나 이곳에는 대중형주거도 존재하지만 高床建物은 보이지 않는다. 아마 이곳에 밀집한 自然流路인 溝에 의해서 삭제되었는지도 모르겠다.

• 제2단계 취락

제2단계[19]는 1단계의 집단이 이동한 뒤 새로운 대규모 집단이 移住하여 제1·2호 溝 耕作地를 開田한 시기이다. 주거역은 1단계의 3호 溝 경작지까지 확대되었으며, 주거는 1동 독립적인 것과 3~5동이 世帶共同體를 이루는 것이 있다. 世帶共同體는 5호-2·3·1것과 / 33호-35호-36·37·46호 / 30호-29호-10·17·59호주거군이다. 世帶共同體를 구성하는 각 주거의 규모는 「小中型 1동-小型 다수」로 이루어지거나 「大中型 1동-小中型 1동-小型 다수」 주거로 이루어지는 것이 있다. 규모가 작은 전자는 5호주거군으로서 취락의 외곽에 입지하며, 규모가 큰 후자는 30호주거군과 33호주거군은 중심부에 입지하는 차이를 보인다. 취락의 중심부에는 27호 대형주거가 입지한다. 대형주거에 인접한 高床建物址는 7~10호로서, 9호와 10호[20]는 일렬로 배열되었고, 측면 2칸의 구조로서 비록 이 양자 사이에서 주혈이 검출되지 않았으나 2칸×5칸의 중형 고상 창고로 판단하고 싶다. 즉, 高床建物址 9+10호와 7호·8호가 八字狀으로 배치되었다. 모두 측면 2칸의 공통점이 보인다. 이 高床建物群을 중심으로 南쪽에는 大型住居 27호가, 東쪽엔 33호 大中型住居가, 西쪽엔 大中型의 30호住居가 인접하여 배치되어 있다. 이 3자의 대형과 대중형 주거는 각각 世帶共同體의 대표자처럼 高床建物을 前面에 두고 입지한 것이다. 다시 말해서 世帶共同體라고 판단되는 주거군에서 가장 큰 규모의 주거가 高床建物 前面에 입지하고 있다. 이러한 양상은 광장을 공유하면서 군집화된 世帶共同體가 서로 대면하는 형태의 川上里型(하진호·김명희 2001)에 가까운 취락구조이다.

결국 제2단계 취락은 최소 4단위의 氏族集團으로 구성된 川上里型으로서, 중앙부의 高床建物을 공유하는 형태이다. 이 시기의 경작지는 1단계의 경작지와는 다른 곳에 開田되었다. 필자는 1·2호 溝狀遺構가 3호 溝狀遺構와는 다르게 방향이 바뀐 것이라 생각하는데, 이것은 구하천의 유로 변경에 따른 것이라 판단된다. 즉, 2단계에는 유적지

---

19 몇 몇 주거지는 유물과 상관없이 단계가 설정되었다. 58호는 표5에서 59호보다 빠를 것 같았지만, 2단계의 주변 29호와 인접하여 3단계로 옮겼고 59호를 2단계로 결정했다. 14호도 2단계의 13호와 인접하여 3단계로, 18호는 2단계의 10호와 인접하면서 뾰족한 구순을 가진 무문토기가 출토되어 표8에서 3단계로 하였는데 직접 중복된 17호는 2단계로 삼았다.

20 高床建物로서 평면 정방형을 띠고 2칸×2칸으로 된 것은 1호·10호 高床建物이 있는데, 武末純一(2005)처럼 독립된 입지로 보아 망루의 가능성도 생각할 수 있고, 삼한 또는 삼국시대의 것일 수도 있다고 판단되는데, 1호는 10호보다도 규모가 큰 別種이다. 그러므로 본 東川洞遺蹟에서는 2칸×2칸의 高床倉庫는 일반적인 형태에서 벗어난 것이라고 판단되며, 9호를 10호 高床建物의 연장으로 보고자 한다.

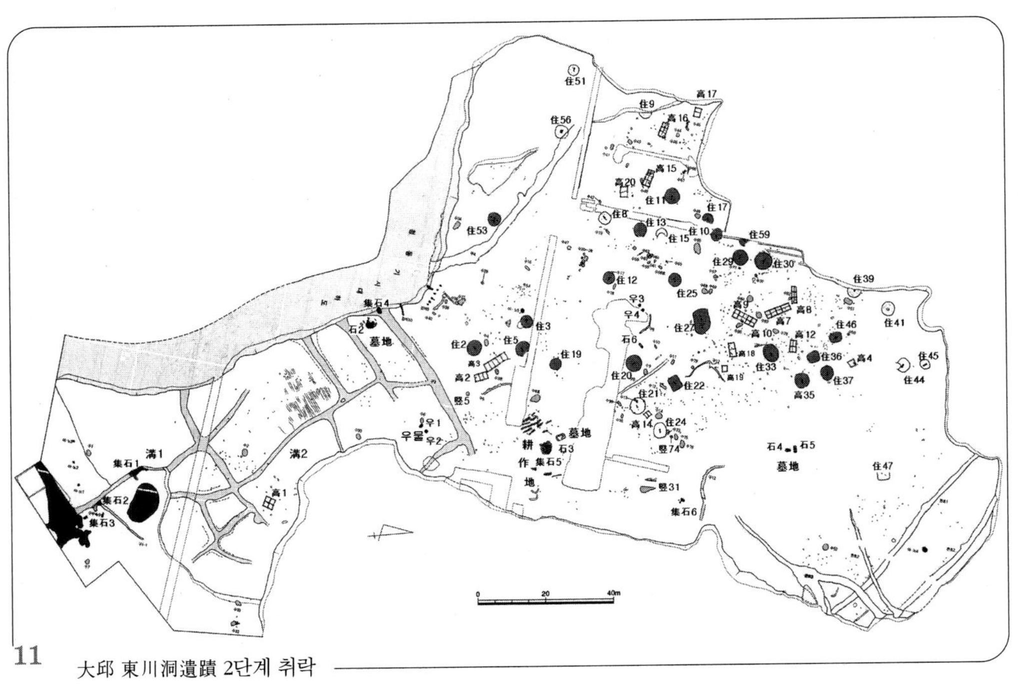

11 大邱 東川洞遺蹟 2단계 취락

의 동쪽 삼국시대하천 방향으로 유로가 형성되었을 것이다. 1·2호 溝狀遺構의 중심 溝는 이것과 평행하며, 5호 集石 인근의 경작지 밭이나, 5·6호 集石遺構는 경작지에 만들어진 集石이라고 판단된다. 아마도 의례와 관련된 소산인지(李相吉 2000, pp50~56) 아니면 경작시에 나온 돌을 모아 둔 것이라고 생각된다. 이렇게 본다면 集石이 분포하는 곳은 경작지였다고 단정지어도 좋을 것이다. 그렇다면 墓는 대부분 경작지의 주변부에 조영된 것으로서 이러한 관념은 진주 大坪里遺蹟에서 확인되듯이 농경활동이 하나의 儀禮行爲로서 祖靈의 主管과 後援으로서 인간의 노동력을 통하여 작물을 재배하고 수확한다는 관념을 반영한 것이라고 판단된다. 그리고, 이 경작지와 주거역의 경계에는 비록 點狀이긴 하지만, 군데군데 2~5호 석관묘가 분포한다. 물론 무덤은 2호 석관묘만이 본 2단계에 해당하지만, 3호 석관은 6호 석관과 같이 大坪里型石棺으로서 제3단계로 편년된다. 따라서, 제2·3단계의 경작지는 연속적인 경작활동이 있었을 것이므로 住居群―墓域―耕作地―河川이라는 취락경관을 복원할 수 있을 것이다.

• 제3단계 취락

3단계의 취락은 규모가 쇠퇴하였고, 동쪽의 경작지가 깎여 나가면서 더 이상 존속

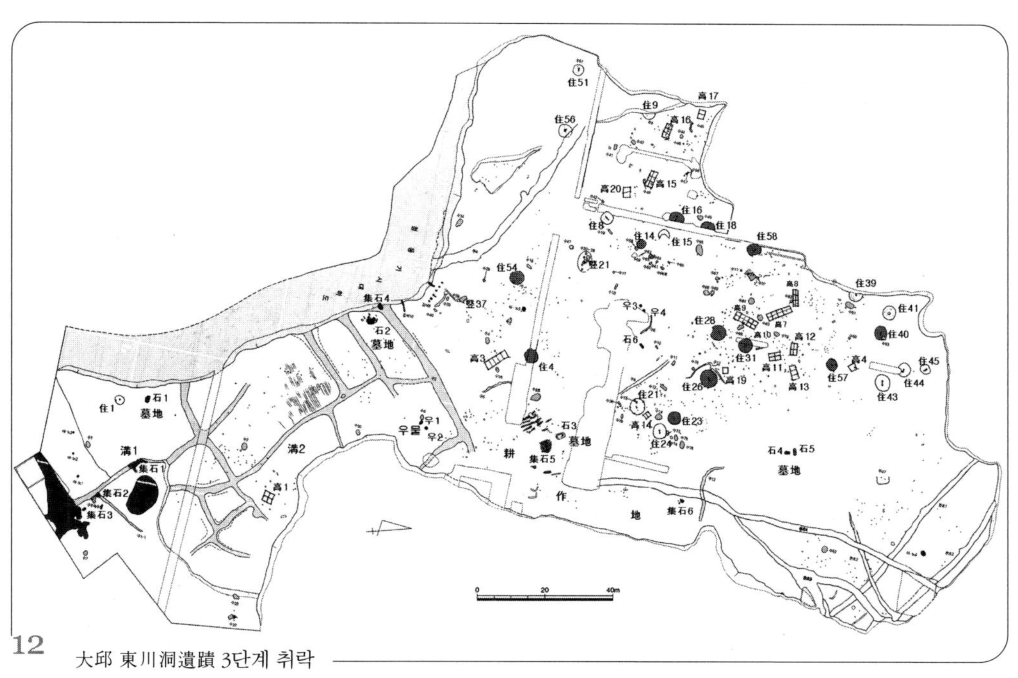

12 大邱 東川洞遺蹟 3단계 취락

하지 못하였던 것 같다. 주거군은 4개소로 분리되고, 世帶共同體는 26호-28호·31호-23호 주거와 16호-18호-14호·58호 주거로서 주거의 규모가「大中型-小中型-小型」으로 구성된 2개의 주거군이 동서로 나누어져 있다. 그 외는 소형주거가 남북에 각 2동씩 산재한다. 이러한 주거군은 중앙의 6호 석관묘와 3호·4호 우물을 둘러싸고 있는 모양이다. 즉 이 시기에는 취락의 구심체로서 대형주거는 보이지 않고 대중형주거 2동이 병존하는 씨족연합체적 성격이다. 그러나 이 시기에 취락은 더욱 확대되어서 발굴지역의 범위를 벗어난 곳에 취락의 중심지가 있었는지도 알 수 없고, 그곳에서는 대형주거가 여전히 존재하였는지도 모르겠다.

　제2단계의 중앙 高床建物 7~10호는 특정지역으로서의 성격은 찾을 수 없다. 오히려 11호 高床建物이 3단계임이 틀림없는 것을 보면 주변의 12호·13호 高床建物과 함께 放射狀의 군집을 이루는 高床倉庫群이 본 단계의 중심적인 高床建物群인지도 모르겠다.

　반면에 世帶共同體 16호주거군에서 대중형주거인 16호 주거는 서쪽에 편재하는데, 유적지 서쪽에 군집하는 高床建物群 15~17호·20호 高床建物과 관련된 것임이 틀림없다. 그리고, 개별주거로서는 4호 주거와 3호 高床建物,[21] 57호 주거와 4호 高床建物이 각각 관계있다고 생각된다.

따라서 이 시기에는 친족관계로 구성된 소집단 또는 世帶共同體 단위마다 별도의 창고인 高床建物을 소유하고 있으므로, 개별주거단위 또는 世帶共同體단위의 독립된 생산과 소비활동이 이루어진 것이라 생각된다.

한편 우물이라고 보고된 4基의 수혈유구는 그 당시 地下水面까지 바닥이 도달했을지는 의문이지만 해발은 석관묘의 바닥과 같고 주거지 바닥과는 1m 정도 낮은 높이다. 이 우물이 食水用이거나 농경에 사용된 農耕用水(武末純一 2005)라고 하기에는 규모나 깊이 구조적인 면에서 무리가 따른다. 농경용수는 오히려 레벨이 낮았을 구하천에서 구하였을 것이다. 그래서 필자는 이 수혈유구가 우물이라면 2개씩 조합을 이루고 경작지와 주거역의 경계에 위치하므로 농경의례 시에 聖水로 사용되었을지도 모르겠다. 혹은 의례와 관련하여 大形의 木柱를 세웠던 시설인지도 알 수 없다. 하여튼 중앙광장에 설치된 2기의 우물과 6호 석관묘는 의례의 공간이었을 것이다. 경작지와 주거군의 경계로서 무덤의 列狀 배열은 본 단계에도 전 단계처럼 그대로 존속되었을 것이다.

취락의 동쪽 경작지가 있었을 곳은 水邊地域으로서 하천의 범람이 있었을 것이다. 環濠와 여러 줄의 溝라고 보고된 이곳은 모두 하천의 범람으로 생긴 自然溝라고 판단한다. 필자는 이 環濠라는 유구에서 유물의 출토량이 매우 적고, 또한 완만한 U字狀의 단면 모습도 인공적이라기 보다는 자연적인 형상이며, 특히 주거군과 하천의 사이에 環濠가 만들어졌다고는 판단하지 않기 때문이다. 그리고 環濠聚落에서는 일본의 吉野ヶ里遺蹟(七田忠昭 2005)처럼 주거군과 묘역은 구분되며, 동일 구획 내에 공반하는 경우는 없다고 본다.

이상에서 東川洞聚落은 3단계로 편년되지만, 전기 말 1단계와 다음의 2단계는 불연속이며, 동일집단으로도 보기 힘들다. 후기에는 두 시기가 연속하며, 농경지의 파괴로 인하여 취락은 종말을 맞은 것 같다. 1단계의 高床建物은 대형의 세장방형과 장방형으로 조합된 ㄱ字狀이며, 취락의 공공건물이었다. 2단계에는 대형주거는 1동이 존재하고, 중앙에 조영된 高床建物群은 중형으로서 世帶共同體에 소속된 개별창고적인 성격이 짙은 것이었다. 3단계에는 개별 高床建物뿐이며, 공공적인 것은 없고, 중앙광장에는

---

21 高床建物 3호와 4호는 규모면에서 3호가 크다. 그런데 이와 관련된 주거군은 3호 高床建物 시기의 것이 世帶共同體를 이루는 큰 규모이다. 따라서 이러한 역전이 잘못이라면, 제2단계에서 3호 高床建物이 世帶共同體의 주거 범위를 침범하지 않은 것으로 다시 교정하여 주거와 高床建物의 규모적 비례감을 바르게 할 수 있을 것이다.

의례적인 기능을 가졌다고 판단하였다.

　주거군과 농경지 그리고 하천의 순서로 취락이 조성되는 것은 일반적인 沖積地聚落과 같고, 주거군과 농경지 사이에 公共用의 高床倉庫가 조영되는 것은 제1단계이며, 분묘가 설치되는 것은 제2단계인 후기부터이다.

(4) 泗川 梨琴洞遺蹟

　泗川 梨琴洞遺蹟은 낮은 미구릉지로서 취락이 집중적으로 발굴된 가地區는 수혈주거지 24동, 掘立柱建物址 25동, 묘 73기, 소형 수혈 또는 주혈군, 溝 등이 검출되었다(崔鍾圭 · 金賢 외 2003). 분묘는 전기와 후기의 두 시기로 편년(金賢 2003)되었지만, 梨琴洞型주거지(이종철 2006)와 유물의 분석을 통해서 3단계로 나눌 수 있고, 平地建物로 구성된 마지막 단계의 취락를 추가하면 총4단계로 설정될 수 있다. 따라서 본고에서는 梨琴洞遺蹟의 요지(安在晧 2009b)만 줄여서 설명하고자 한다.

　제1단계는 전기 말이다. 취락은 5동의 주거지와 취락의 외곽에 5개군의 묘역으로 구성된다. 이중에서 주거지의 폭과 노지 수에서 44호 주거지가 가장 대형으로서 세장방형에 속하며, 51호묘를 제외한 나머지 4개소의 墓域에는 모두 區劃墓가 존재한다. 몇 개의 群集 형태로서 하나의 취락공동체를 형성한 川上里型聚落(하진호 · 김명희 2001, 安在晧 2001)에 속한다. 高床建物은 12호가 원형주거와의 중복에서 확실한데, 평면규모가 대형이면서 獨立棟支柱를 가진 구조이며 취락 내에서 가장 규모가 큰 44호 주거지와 장축이 일치하고 가장 인접하다는 점에서, 이 주거지와 관련되어 의례가 이루어지던 장소가 아닌가 추정된다. 세장방형의 16호 高床建物과 17호 高床建物이 ㄱ字狀으로 배치되며, 주거군에서 멀리 떨어져 있어서 특정 가옥의 소속이라기보다는 취락공동 또는 44호-30호-53호 주거 공동의 高床倉庫였을 것이라 추측할 수 있다.

　제2단계는 후기 전반의 新段階로서 1단계와는 연속되지 않는다. 2단계의 60호 平地建物은 인접한 3동의 주거로 구성된 世帶共同體와 관련된 것이다. 이 주거군이 60호 平地建物보다 묘역에 더욱 근접한 양상으로서 60호 平地建物을 죽음의 세계와 주거의 생활공간을 이어주는 神殿과 같은 기능을 가졌다고는 보지 않는다. 특이한 것은 3동의 世帶共同體에는 주거의 增築 흔적이 보이듯이, 60호 平地建物에도 周溝가 설치된 60-A호에서 세장방형의 60-B호로의 증개축된 것으로 보았고, 60-A · B호 平地建物을 3동 주거의 世帶共同體와 관련된 소위 계절성가옥으로 간주하였다. 이 世帶共同體가 초대형의 平地建物을 소유할 수 있는 것은 제2단계의 7동 주거지에서 대형주거 1동인 9호 주거가 이에 근접하고 있기 때문이다. 그리고, 이 世帶共同體는 묘지에 가장 근접해 있는 입지적 특성을 보인다. 필자(2001)는 후기에 출현하는 취락구조에서 취락 내 단 1동의 대형주거는 묘지나 의례와 관련된 시설물에 근접한다는 입지적 특성을 지적한 바 있듯이 본 梨琴洞遺蹟 2단계의 경우도 이와 같은 것이라고 판단하고 싶다.

이렇게 계절성주거로서 平地建物을 상정한다면, 63호 주거[22]에도 인접하여 1동의 平地建物도 동일하게 가정할 수 있다. 이러한 계절성가옥인 平地建物은 농경활동 기간 동안 거주한 곳으로서 창고의 기능도 겸하였을 것이다. 그리고 60-B호 초대형 平地建物은 首長의 거처로서 의례가 행해지던 취락의 공공적 공간(武末純 2001)으로도 사용되었을 것이다. 이외 소형의 단독 주거에 소속된 高床建物도 존재한다.

제3단계는 후기 후반의 古段階로서 2단계에 연속한다. 취락은 10동의 원형수혈주거로서 가장 규모가 큰 시기이다. 초대형의 61호 高床建物이 이 시기에 속하지만, 나머지 掘立柱建物은 시기를 알 수 없다. 다만 소형주거와 인접한 곳의 소형 高床建物은 부속 창고로서 상정되고, 그 외 6동의 대형(10호 주거)·중형주거의 인접한 곳에서는 高床建物이 존재하지 않아서 61호 초대형의 高床建物과 관련시켰다. 다시 말해서 취락의 中·上位階層의 사람들은 생산물을 공유하고 그 관리는 대형주거의 首長이 맡게 된 것을 시사하는 것으로 판단하였다.

61호 高床倉庫는 주거역과 묘역의 경계에 입지한다. 이것을 神殿으로 볼 것인가는 앞으로의 연구에 주목해야겠지만, 진주 大坪里遺蹟의 농경지와 생활역의 사이에 입지하는 열상의 묘역 이 祭場(李相吉 2000, p.198)으로서, 墓의 구획선 너머의 농경지는 神들의 세계라는 관념과 농경의 풍요를 기원하는 의식에는 祖靈들의 후원이 필요하고 또 조상신들에 의해서 농경활동이 거행되고 인간은 그것을 대리한다는 관념에서 중간지점에 곡창으로서의 기념물적인 건축물이 조영된 것이 아니겠는가. 그런 의미에서 61호 高床倉庫는 祖靈을 만나는 의례공간으로서의 기능이 더욱 높은 건물이라고 판단된다.

마지막 4단계를 유구와 유물로서 편년하지 못하지만 木柵列이라고 보고된 것을 平地建物의 장벽으로 추정하여, 平地建物로서만 구성된 취락으로서, 3단계에 연속하는 것으로 추정하였다. 61호 高床建物은 이 시기에도 존속하였던 것이 틀림없다. 이러한 平地建物에서의 주거양식은 제2단계에서 상층 계층의 계절성주거로 채용된 바가 있었

---

22 제3단계인 29호 주거지와의 관련도 상정 가능하지만, 이렇게 되었을 때 공간적으로 두 유구 사이가 너무 근접하여 공간적인 중복이 일어나게 되는 불합리를 지적할 수 있다.

기 때문에 특별히 혁신적인 것은 아니고, 특정계층의 상징건물이었던 것이 제4단계에 와서는 일반가옥으로 확대되었던 것이다.

이상으로 梨琴洞遺蹟의 각 단계별로 취락의 구조를 요약하였다. 전기 말(1단계)에는 공동체의 완전한 통합은 이루어지지 못하고 몇 개의 군집-친족집단-으로 구성된 川上里型聚落이라고 판단된다.

제2단계에는 梨琴洞聚落에도 首長이 등장하면서 有力世帶共同體를 정점으로 계층화가 이루어지지만, 개개 주거단위의 창고를 부속건물로 소유하여, 생산과 소비는 아직 世帶共同體 또는 단혼가족 단위로 독립되었던 단계이었다. 취락의 구조는 玉峴3期型聚落과 유사한 점이 있다.

제3단계에는 곡물과 같은 생산물이 함께 보관되고 분배되었던 전형적인 首長社會라고 할 수 있다. 필자는 전기 말 전후에 출현한 초기 首長은 의례를 통한 사회통합에 주력한 종교적 首長인 반면, 잉여생산물의 관리와 통제를 통한 경제·정치적 首長은 늦게 출현할 것이라고 추측한 바(安在晧 2004)가 있었다. 본 3단계의 취락에서 이러한 경제·정치적 首長의 출현을 시사하는 증거를 확보한 것이라고 생각한다. 檢丹里3期型聚落보다 더욱 발전된 취락형태이다.

제4단계는 이러한 首長社會가 더욱 발전한 것으로서 취락의 구조는 이제부터 都市化로의 방향선상에 올라 선 것이라고 생각된다.

제1단계 집단이 떠나고 제2단계에 새로운 집단이 梨琴洞遺蹟에 안착한 것은 전기 말경 首長 출현에 의한 地域共同體의 再編으로 야기된 사회정세의 불안(安在晧 2009a)이라고 할 수 있다.

(5) 保寧 寬倉里遺蹟

寬倉里遺蹟은 분묘유적 1개소와 취락유적 5개소, 그리고 생산유적 1개소가 확인된 복합유적으로서, 취락유적은 가장 규모가 큰 B區域과 인접한 소구릉의 F·E·D區域이 나란히 분포하고 있다(吳相卓·姜賢淑 1999, 李弘鍾·姜元杓 외 2001). 본고에서는 掘立柱建物址가 다수 발견된 중심취락 B區域에 대해서 살펴보고자 한다. 寬倉里遺蹟의 취락구조에 대해서 필자(2004)는 2단계로 크게 나누어 살펴보았으나, 유구의 동시성에 대한 근거를 제시하지 못한 상태였으므로 재고되어야할 부분이 많을 것이다. 본고에서도 지면관계상 대략만을 살펴볼 수밖에 없고, 남은 문제는 과제로 남기고자 한다.

• 편년

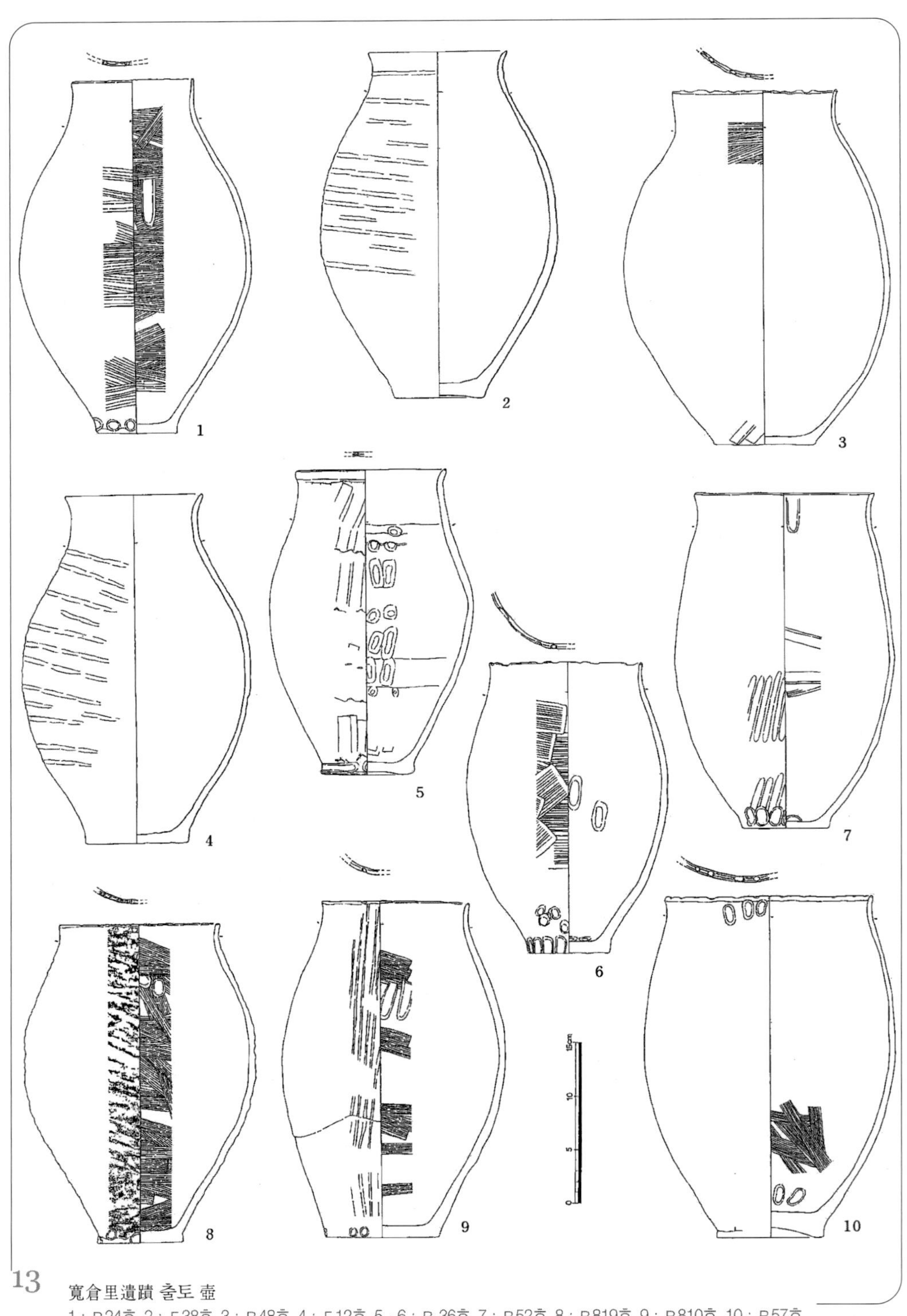

13 　寬倉里遺蹟 출토 壺
　　1 : B24호, 2 : F38호, 3 : B48호, 4 : F12호, 5 · 6 : B36호, 7 : B52호, 8 : B819호, 9 : B810호, 10 : B57호
　　* 표5에 사용된 자료임.

편년의 자료로서는 송국리식토기 壺를 사용하고자 한다. 본유적의 토기를 포함한 송국리식토기에 대한 李弘鍾(2000)의 분류는 송국리식토기가 口脣刻目文 直立口頸인 휴암리식토기를 祖型으로 삼아서, 口脣刻目文이 시문된 壺의 口頸이 완만하게 外反하는 것(1단계)에서 外反口頸의 打捺土器(2단계)로 마침내 짧은 外反口緣壺로 변천한다고 보았다. 필자도 頸이 직립인 것에서 외반으로 다시 짧은 외반구연의 방향성은 찬동하고 싶다.

松菊里式 壺의 분류는 매우 어려워 깊은 관찰이 필요하다.[23] 먼저 송국리식토기에서는 口頸과 胴體의 경계선이 없으므로 각 부위의 특성을 살필 수 없는 점인데, 필자는

표 6 _ 寬倉里遺蹟 출토 中型 · 大型 壺의 속성 · 형식과 편년

壺 (주거지)	器高	胴徑	口頸高 /器高	口頸高 /口徑	胴徑/胴高	口徑/胴徑	底徑/胴徑	型式	組列 序列	段階
B 24	33.90	30.00	0.11 B	0.32 a	0.75 ii	0.52 I	0.35 1	I a1식	1	I 기
F 38-1	33.30	29.40	0.11 B	0.29 a	0.77 ii	0.58 II	0.38 2	IIa2식	3	II 기
B 48	34.20	30.30	0.11 B	0.24 b	0.84 ii	0.62 II	0.38 2	IIb2식	4	
B 805	35.10	33.00	0.05 C	0.13 b	0.75 ii	0.62 II	0.37 2	IIb2식	4	
F 12	33.45	28.80	0.13 B	0.34 a	0.77 ii	0.60 II	0.45 3	IIa3식	4	
B 40	25.50	20.40	0.20 A	0.33 a	0.97 i	0.76 III	0.37 2	IIIa2식	4	
F 38-2	25.35	22.65	0.10 B	0.20 b	0.82 ii	0.68 III	0.35 1	IIIb1식	4	
B 36-1	27.90	25.05	0.10 B	0.19 b	0.76 ii	0.75 III	0.40 2	IIIb2식	5	III 기
B 36-2	29.25	24.30	0.16 A	0.34 a	0.80 ii	0.73 III	0.46 3	IIIa3식	5	
B 52	32.10	28.80	0.10 B	0.19 b	0.73 ii	0.81 IV	0.39 2	IVb2식	6	
B 819	30.00	28.80	0.04 C	0.07 c	0.78 ii	0.70 III	0.37 2	IIIc2식	6	
F 8	24.30	21.75	0.10 B	0.18 b	0.84 ii	0.77 III	0.44 3	IIIb3식	6	
B 810	31.80	29.55	0.07 C	0.15 b	0.72 ii	0.66 III	0.50 4	IIIb4식	7	IV 기
B 57	32.25	30.30	0.06 C	0.09 c	0.79 ii	0.83 IV	0.43 3	IVc3식	8	

※ 器高와 胴徑에서 B 40, F 8, F 38-2는 중형으로 분류되고 나머지는 모두 대형토기임.

---

23 분류에서 가장 먼저 고려되어야 할 부분이 系統의 문제이다. 寬倉里 壺의 系統에서는 대 · 중 · 소라는 규격외에도, 打捺土器와 非打捺土器라는 대분류가 존재할지도 모르겠다. 打捺技法은 기벽을 늘리는 효과가 있으므로 長胴을 成形하려면, 아마도 圓筒形에 가까운 모습으로 粘土帶를 積輪하고 打捺하여 長胴한 모양으로 완성하였을 것이다. 그러나 전통적인 기법인 木理調整技法이나 물손질은 정면할 때 器壁의 확장이 조금은 있으나, 적륜한 형태에서 크게 벗어날 정도의 큰 변형은 이루어지지 않을 것이라는 판단이다. 그렇다면 똑같은 長胴壺를 만들 기획이라도, 전 · 후자의 두 기법의 기형에는 製作工程의 差異는 분명하게 존재하게 된다. 이에 따라서 결국은 동시기의 壺라도 두 기법의 차이에 따라 각각 별개의 형태적 계통을 가질 가능성은 높다는 것이다. 그러나 본고에서는 적은 자료로써 분류한 시안에 불과하므로 이 제작상의 분류는 적용하지 않는다.

內彎 형태의 동체가 □頸으로 이행하는 變曲點을 頸-胴의 경계로 인식하였다. 또 壺의 자료는 □頸만으로는 분류가 힘들므로, □頸과 胴體를 모두 알 수 있는 자료만을 선정하여 분류에 사용하고자 하였다. 그러다 보니 문제점은 자료의 수가 적다는 점이다. 이 數量의 문제는 결과의 신뢰도에도 크게 영향을 미치기 때문에 본 편년의 결과는 확률 상으로 낮을 가능성도 있겠다. 그러나, 형식학적으로 분류된 유효한 속성으로써 결합된 형식 즉, 개체의 속성들이 상호 平行關係에 놓여있다면, 각형식은 시간적 선후관계에 있다는 것을 증명해 보인 것이나 다름없으므로 편년의 결과는 만족할 수 있겠다.

壺의 속성은 □頸·胴體의 행태와 두 속성간의 관계로써 설정할 수 있다. 즉 □頸은 □徑과 頸高와의 비율 즉 □頸의 長短을 통하여 長頸에서 短頸으로의 方向性을 설정할 수 있다. 그리고 □頸은 直立·外傾·外反으로의 組列과 시간성을 설정할 수 있다. 동체의 형태는 胴徑과 胴高의 관계로서 전기의 球形胴에 유사한 형태에서 長胴으로의 변화가 있는데, 표 6의 결과에 따르면 모두 長胴에 가까운 것으로서 차이를 보이지 않아 의미는 없고, 또한 胴最大徑 位置도 대부분 中位에 속하는 것으로서 모두 같은 형태로 판단해도 좋은 결과였다. 이러한 상황에서 □頸·底와 胴體와의 관계에서는 각각의 直徑만을 비교해도 충분히 형태를 분류할 수 있었다. 첫째 □徑과 胴徑의 相關은 전기의 球形胴에 가까운 것은 □徑＜＜胴徑이고 長胴의 경우는 □徑에 대해 동경의 부품이 적은 것으로 계량적 분류가 가능하다. 또한 底徑／胴徑을 통해서 球形胴은 계측수치가 작고, 長胴의 경우는 그 수치는 크다. 필자는 □徑과 底徑이 胴徑에 대하여 그 비율이 크다는 것은 동체부의 부품이 적다는 것으로서 토기 제작의 단순성 용이성과 관련된 것이라고 판단한다. 이러한 계량분류로써 속성을 설정하였고, 속성간의 相關關係에서 자료의 수량이 적어서 완벽한 상관을 보이지는 않지만, 유효한 상관은 찾을 수 있었다.

이렇게 분석하여 각 속성 중에서 시간적 속성으로서 가장 유효한 속성 3개로써 표 7처럼 壺의 型式을 계통적으로 설정[24]할 수 있었다. 필자는 형식 서열에서 보이듯이 각 단계는 3개의 속성 중 단 1개의 속성에서 최소폭의 변화를 보이므로, 더 이상의 세분된 편년안은 존재하지 않을 것이라 판단한다. 따라서, 모두 8단계의 상대편년이 가능하다고 믿지만, 주거지에서는 2단계의 新古 유물이 공존하는 것이 일반적인 현상(安在晧

---

24 이러한 계통적 형식조열은, 이미 앞 시기에 소멸된 속성은 되살아나지 않는다는 순서배열법의 원리와 시간의 흐름을 속성의 방향성에 따른 것으로서 이 방향성은 種의 진화처럼 역행할 수 없다는 형식학적 원리에 따른 것이다.

2007)이므로 寬倉
里遺蹟은 최소 4
단계 즉 4世代가
연속하는 취락임
을 알 수 있다. 그
시기는 후기 전반
이 중심이며, 松菊
里遺蹟의 원형주
거지보다는 이른
시기임이 틀림없

표 7 _ 寬倉里遺蹟 출토 中型 · 大型 壺의 型式系列圖와 編年

단계	형식 계열	조열 순서	속성의 평행 관계		
I 기	Ⅰa1식 → (Ⅱa1식) (Ⅰb1식)	1 / (2)	Ⅰ	a	1
Ⅱ기	Ⅱa2식 (Ⅱb1식) → Ⅲa2식 Ⅱa3식 Ⅱb2식 Ⅲb1식	3 / 4	Ⅱ / Ⅲ	a / b	1 2 3
Ⅲ기	Ⅲa3식 Ⅲb2식 → Ⅲb3식 Ⅳb2식 Ⅲc2식	5 / 6	Ⅲ / Ⅳ	a b c	2 3
Ⅳ기	Ⅲb4식 (Ⅳc2식) → Ⅳc3식	7 / 8	Ⅲ / Ⅳ	b / c	3 / 4

다. 그런데 편년에서 남은 문제는 대부분의 자료가 파편으로서 □頸과 胴體 일부분만
확인될 뿐이라는 것이다. 이렇다면 편년의 단위를 더욱 넓게 잡아서 □頸部의 특징만
으로 편년할 수밖에 없게 된다.

토기의 각 형식이 1세대씩의 時間帶를 의미한다면, 실제 취락의 모습은 표6의 형식
서열 1단계의 취락, 1+2단계의 취락, 2+3단계의 취락, …… 7+8단계의 취락, 8단계의
취락으로 복원될 가능성이 높다. 사실 편년은 共伴遺物이나 層位關係[25]를 통해서 반드
시 검증이 필요하지만, 2점 이상 출토된 B36호 주거지와 F38호 주거지의 壺 각형식이
동일 단계거나 1단계의 差異라는 점에서는 분류가 바르게 되었음을 시사한다고 판단
하고 싶다. 그리고 표 7처럼 속성의 平行關係가 성립하기 위해서는 조열순서 두 단계를
합쳐 4단계로 만들 필요도 있다. 이것은 세분화된 8단계가 아직 자료결핍으로 인해 불
안정하다는 점을 인정하고 시기구분의 불량을 제거하기 위함이기도 하다. 이상에서 寬
倉里B區域은 최소 4단계 동안 영위된 長期存續 據點聚落으로 간주해도 좋다.

· 聚落 構造

掘立柱建物은 B~D區에서 확인되지만, 구릉의 최하단부에 입지하는 D區에는 직접
농경생산을 담당했던 집단의 주거인 소형주거와 掘立柱建物로써 구성되어 있다. 본고
에서는 생산유구와 대형주거도 공존하는 B · C區를 중심으로 고찰하고자 한다.

---

25 약간의 유구 중복관계를 토기의 편년안으로써 검토하면, 15호(Ⅱa식, Ⅰ~Ⅱ기)→14호(Ⅳb식,Ⅲ기) 주거
지, 73호(Ⅱa식)→60호(Ⅳb식) 주거지, 76호(Ⅰa식, Ⅰ기)→57호(Ⅳc3식,Ⅳ기) 주거지, 78호(Ⅰc식,Ⅱ기)
→63호(Ⅳb식,Ⅲ기) 주거지 등으로 층위상의 서열과 본 편년안이 整合性을 띤다고 판단된다.

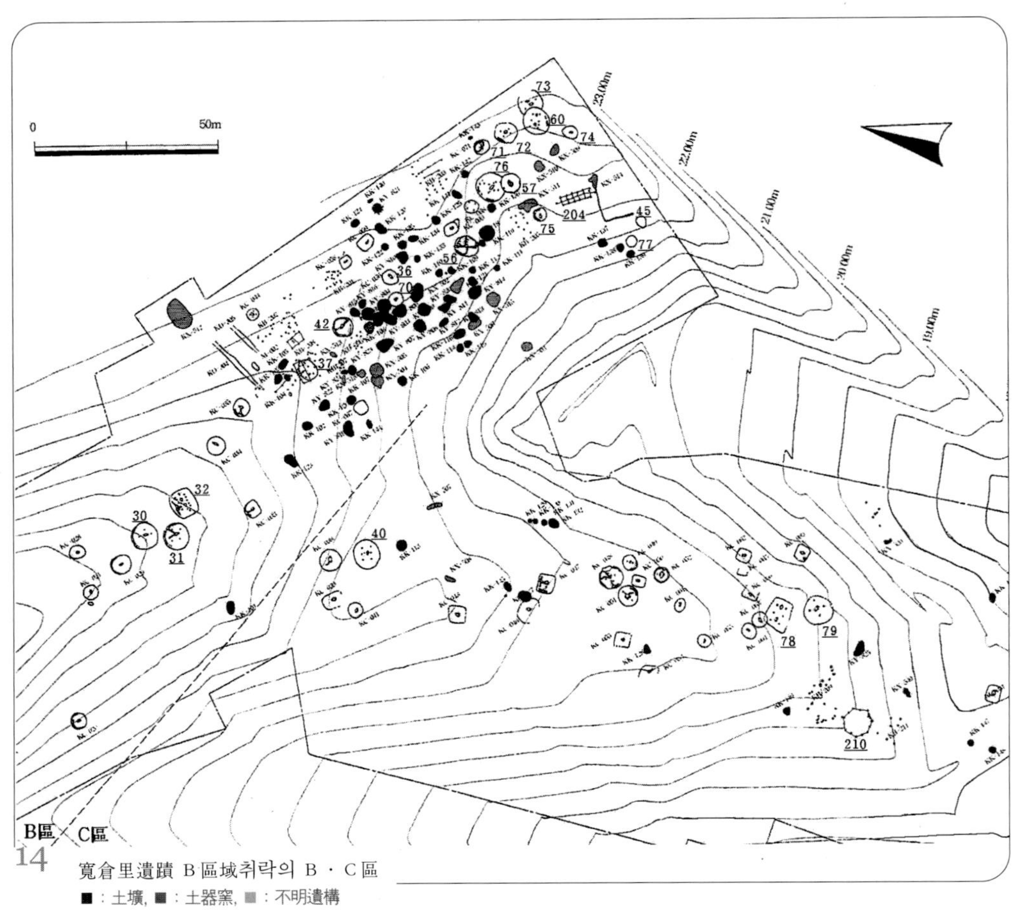

14 寬倉里遺蹟 B 區域취락의 B · C 區
■：土壙, ■：土器窯, ■：不明遺構

　　B區의 掘立柱建物은 獨立棟支柱가 있는 204호 高床建物과 土器窯를 둘러싸고 분포하는 柱穴 또는 小穴이 있다. 필자(2004)는 전자를 창고의 기능으로 73호 중형주거가 관리하고, 후자는 토기생산과 관련하여 32호 대형주거에 의해 주관된 儀禮의 흔적이라고 하였다. 그리고, 후자의 주혈 중에는 소형의 高床建物로 복원될 가능성이 높고, 군집한 토기요가 전문적인 토기생산의 증거로 간주한다면, 이 주혈은 토기 乾燥場으로서 또는 보관창고로서의 高床建物이었을 가능성도 고려할만하다. 또 이러한 성격의 高床建物 주변에 祭壇이 설치되어 토기생산과 관련된 의례가 거행되었으리라 생각된다. 그런데, 의례의 주관은 대형주거의 거주자라고 판단되는데, 주변의 주거 중에서 40m²이상[26]의

---

26 구고에서는 B · F區域의 주거로서 작성된 히스토그램을 통하여 45m²이상을 대형주거로 구분하였으나, B區域만을 두고 보면 25m² · 40m²를 경계로 소형 · 중형 · 대형주거로 분류할 수 있다.

대형에 해당하는 것은 30·31·32·76호 주거와 C區의 40호 주거이다. 여기서 고려할 것은 토기 생산의 존속기간이다. 즉 취락존속기간동안 토기 생산이 계속되었는지 특정 기간동안에만 생산되었는가라는 정황이다. 만약 전자의 경우라면 최소 4世代동안 지속되었을 것이므로, 인근에 시기가 다른 4동이상의 대형주거가 계속 조영되었을 것이다. 그리고, 후자의 경우는 805호 土器窯와 중복된 70호 주거의 존재로서 추정할 수 있다. 70호 주거는 시기를 추정할만한 자료가 없지만 後築된 805호 窯址는 제Ⅱ기에 속한다. 따라서 70호 주거는 제Ⅰ기에 속하고 이 시기에는 토기의 專業的 生産이 이루어지지 않았다고도 추정된다.

직접 토기가마의 연대를 壺의 型式으로써 살펴보면, 803호는 Ⅳc식으로 Ⅳ기, 807호는 Ⅳb식으로 Ⅲ기 이후, 808호는 Ⅱa식으로 Ⅱ기, 821호·822호는 Ⅲb식으로 Ⅱ기 이후, 823호는 Ⅲa식으로 Ⅱ·Ⅲ기에 각각 해당한다. 따라서, 제Ⅱ기부터 제Ⅳ기까지의 專業的 土器生産이 있었다고 판단되는데, 이와 관련하여 窯址 주변의 대형주거의 시기도 살펴보자.

土器窯址의 북서 구릉 능선상에 입지하는 30호는 Ⅱb식으로 Ⅱ기, 31호는 불명, 32호는 Ⅲb식으로 Ⅱ기 이후, 土器窯址의 동남쪽에 인접한 76호는 추정 Ⅰa식으로 Ⅰ기, 서쪽 능선상에 입지하는 40호는 Ⅱ기로 편년되었으나 Ⅲb식도 존재하므로 Ⅱ기 이후에 해당한다. 즉 76호 주거지가 Ⅰ기에 해당할 뿐 나머지 30호·32호·40호 주거지는 Ⅱ~Ⅳ기에 해당하므로, 各期마다 대형주거가 1동씩 존속할 가능성은 있다고 보아진다. 특히 30호·(31호)·32호 대형주거지는 동일 장소에 서로 인접하므로 틀림없이 시기가 서로 다른 것임이 확실하다. 따라서, 토기의 전업적 생산이 시작된 제Ⅱ기부터 土器窯址를 한눈에 관망할 수 있는 구릉상에 대형주거가 조영되고 토기 생산을 관장하였을 것이라고 판단된다. 이 시기 打捺技法은 토기제작의 혁신적인 기술이라고 볼 수 있는데, 흔히 토기의 외래계 제작기술은 토기제작자의 移住를 시사하는 요소로서 필자는 寬倉里遺蹟에 打捺技法을 사용하는 지역 아마도 春秋 변혁기 중국으로부터의 移住民이 있었다고 보고 싶고, 寬倉里遺蹟의 점토대토기도 한반도 최초의 점토대토기(朴淳發 2004)로서 이처럼 移住의 산물일 것이다.[27] 그리고, 이것이 전업적 토기생산체제라면 틀림없이 토기의 소성유구와 乾燥臺, 工房 그리고 土取場 등을 갖추었을 것이며, 14도의 土器窯址를 둘러싼 토광과 불명유구 그리고 주혈 등은 이러한 시설물이리라 추측된다.

204호 高床建物은 평면적 26.3m²로서 장방형의 대형(2도)에 속하는데, ㄷ字狀의 가옥 배열로 이루어진 중앙의 空地에 입지한다. 이곳의 주거지는 개축이나 증축으로 볼 수 없는 중복이지만, 여러 시기의 주거가 혼재한다. 대체로 Ⅰ·Ⅱ기의 주거(76호-73호-71호·75호)는 대형-중형-소형과 이 상층에 조영된 Ⅲ·Ⅳ기의 주거(57호·60호)는 중형-소형으로 구성되었다. 204호 高床建物이 대형이며 獨立棟支柱가 있는 특별한 형태이므로, 공동체의 소속으로서 취락의 공공용일 가능성이 높다. 따라서, 首長이 존재하던 대-중-소형의 주거로 구성된 Ⅰ·Ⅱ기의 취락에 포함된 건축물일 것이다. 이 단계의 대형주거 76호는 Ⅰ기에 속하므로, 최초 寬倉里취락이 건설될 때의 중심지로서, 제사적 기능이 강한 건물로 추정된다. 그러나, Ⅱ기 이후에도 204호의 기능은 존속되었을 것이다. 다만 이 부근이 土器窯가 집중되는 지역으로 변화하면서 대형주거만 위치를 옮겨 관장되었을 것이다.

210호 掘立柱建物은 平地建物로 판단된다. 한 변이 모두 3개의 주혈로 구축된 평면 7각형으로서 남동쪽 한 변에 4개의 주혈로 구성된 것이 입구로 보고되었다. 면적은 대형주거에 필적하는데, 주변에는 주혈군이 분포하고 대형주거 2동이 근접하고 있다. 이 대형주거는 Ⅱ기의 78호 방형주거와 Ⅱ~Ⅳ기의 79호 원형주거인데, 다른 주거보다 210호 平地建物에 가장 가깝게 배치되었다. 이렇게 시기가 다른 대형주거가 같은 장소에 존속한다는 점은 이곳이 공공적인 중요성을 지닌 C區의 광장과 같은 기능의 장소이며, 이곳의 210호 平地建物은 공공성을 지닌 건물임을 시사하는 것이다.

213호 掘立柱建物址는 平地建物이다. 평면은 장방형이고 34.2m²의 대형이다. 위치하는 곳은 구릉의 말단 평지이다. 이 D區에는 대형주거가 존재하지 않는데, 구릉 말단부 평지의 농경지에 근접하여 농경의 직접담당자로서 하위집단 구성원들의 주거구역으로 추정된다. 213호 平地建物은 농경생산과 관련된 이들의 공용시설일 것이다.

---

27 무문토기의 제작에서 굳이 打捺技法을 도입하여 기존의 제작방법과 현격한 차별을 표출하여 사회적 영향이 크다고 한다면, 무문토기인들도 적극적으로 새로운 技術을 도입할 수 있을 것이다. 그러나, 새로운 기술의 도입을 통해서도 그다지 이로운 변혁을 창출하지 않는다면 굳이 무문토기인이 서투른 기술을 구사할 이유는 없고, 打捺技法의 토기제작이 익숙한 집단에 의해 제작된 절충식으로 판단해야 할 것이다.

深澤芳樹·李弘鍾(2005)도 打捺技法은 移住의 결과로 보고 있는데, 구체적으로 산동반도에서 수도농경 문화복합의 파급된 결과로 보았다. 필자는 수도농경이 전기 말경에는 한반도에 출현하였다고 판단하므로, 후기전반 이 시기에 처음으로 산동반도에서 남서부지역으로 파급되었다고는 할 수 없고, 水稻作 출현 시기의 상황 즉 遼寧式銅劍과 環濠, 區劃墓 등으로 본다면 그 기원지역은 요동지역이라고 판단된다. 寬倉里시기 후기전반의 제2차 수도농경문화파급이 있었다면, 寬倉里遺蹟의 원형주거에서 출토된 점토대토기의 전파와 관련시켜야 할 것이므로, 이 역시 제1후보지로서 요동지역을 제외할 수 없다.

본 유적을 발굴한 李弘鍾(2005)은「寬倉里 B 區域의 취락은 크게 두 계층이 중앙광장(210호 掘立柱建物 주변)을 중심으로 영역을 달리하여 배치되어 있었으며, 上位階層은 취락의 통제, 토기·석기 등 필수품의 생산과 보관, 농업생산물의 전체적인 보관과 분배, 교역 등을 담당하였고, 下位階層은 단위세대를 중심으로 직접 농경생산에 종사한 취락시스템이었을 것으로 판단된다」고 하였지만, 필자(200쉬으로 이미 寬倉里 B 區域을 최상위에서 하위까지 4개의 집단으로 구분하고 각 계층적인 집단은 묘사와 의례, 토기생산, 농경경영, 노동부담으로 분업화된 20취락이며, 취락은 구심적 구조가 아니라 렬상의 배열 구조인 점을 특징으로 꼽았으며, 이러한 형태의 취락을 寬倉里型聚落으로 명명한 바 있다. 또 金載昊(2006)도 이와 유사한 내용을 발표한 바 있다.

이상에서 寬倉里 Ⅰ기를 주거지의 형식이나 석기의 조성(孫晙鎬 2003) 그리고 Ⅰa1식 壺의 형태 등으로 보아 청동기시대 후기 전반으로 볼 수 있다. 그런데, 長胴이면서 直立頸의 壺는 Ⅰa1식 이전의 頸-胴界가 명확한 형식이 존재하므로, 잠정적으로는 후기 전반 Ⅱ기 정도로 두고자 한다. 그리고, 松菊里遺蹟에서 다수 확인되는 짧은 外反口緣의 長胴壺인 Ⅲc2식이 출현하는 Ⅲ期를 후기 후반 Ⅰ기로 설정하고자 한다.

따라서 후기 전반Ⅱ기에 조영된 204호 高床建物은 대형주거를 가진 소규모취락의 공공건물이며, 獨立棟支柱를 가진 의례공간이었다고 추정된다. 후기 전반Ⅲ기 이후의 평면 칠각형의 210호 平地建物은 李弘鍾(2005)의 견해대로 寬倉里 B 區域 취락의 중앙부로서 취락단위의 공공건물이었는지, 필자(2004)처럼 C 區 집단의 공공건물이었는지는 알 수 없지만, 공공건물의 입지에 대한 문제로서 취락의 공간적 중심지에 위치하는가 혹은 취락이나 단위집단 내 首長의 거처 혹은 대형주거 주변에 있는가라는 차이이다. 필자는 泗川 梨琴洞遺蹟에서도 이러한 상황을 보았듯이 平地建物은 개인 또는 세대공동체적 屬性이 강한 것이라 생각하여, 여전히 C 區집단의 소속으로 파악해두고자 한다. 이런 의미에서 계곡에 임한 D區의 213호 平地建物도 규모는 대형급이지만, D區 농경민의 공공건물로 보고자 하는 것이다.

⑹ 少數의 掘立柱建物을 가진 聚落

지금까지 살펴보았듯이 高床建物이 장방형 또는 세장방형이면서 규모면에서 대형 또는 초대형인 것은 공공건물로서 축조되고, 취락의 首長과 관련된 것임을 알 수 있었다. 이에 반하여 소형의 高床建物은 개별주거 또는 世帶共同體 단위에 속하는 것이었다.

하남 渼沙里遺蹟(尹世英·李弘鍾 1994)의 KB202호 高床建物은 2×3칸 정방형의

대형인데, 인접한 주거지는 모두 이 高床建物보다 규모면에서 작은 것이므로, 다소 떨어져 위치하는 KC034호의 세장방형 館山里型住居址가 이 高床建物과 관련된 것이라고 판단된다. 주거지에서 출토된 口脣刻目突瘤二重口緣斜線文土器는 문양분류 IVE3식에 해당하는 중서부지역권 전기 제III기에 속하지만, 문양형식으로는 전기 말(安在晧·千羨幸 2004)에 속할 것이다. 이 시기의 충적지에 입지하는 미사리취락에는 더 많은 掘立柱建物址가 존재할 가능성은 높다. 발굴된 지역에 한한다면 단기간에 형성된 취락이라고 판단된다.

울산 檢丹里遺蹟(鄭澄元·全玉年 외 1995)의 高床建物은 단 1동만 環濠時期로 편년되었으나, 사실은 망루의 역할로 상정하여 環濠內로 귀속시켰을 뿐 명확한 논증은 없다. 그것이 91호 溝 주변의 것이며, 이외에도 三國時代의 2호 窯址의 부속시설 흔적이라고 생각한 것도 있다. 그러나 이 後者도 窯址나 측면 작업장의 지붕과는 무관한 것이라 생각한다. 아마도 이것이 高床建物일 가능성은 있을 것이다. 특히 後者는 69호 大型住居와 인접한 것이므로, 高床建物이 위치할만한 장소라고 추정하고 싶다. 후대의 窯址와 중복되면서 高床建物의 흔적이 파괴되었다고 판단되고, 전자는 柱間距離가 주거지의 양상과 비슷하므로 삭평된 주거지의 주혈흔이라고 판단된다. 유적의 형성시기에 대해서는 논란이 많지만, 필자는 전기 말~후기 전반2기로 생각한다.

울산 玉峴遺蹟(경남대학교 박물관 외 1999)은 미보고이므로 상세하게는 다루지 못하지만, 필자(2001)는 주거지의 중복양상에서 3시기로 설정될 수 있으며 전기 후반3기~후기 전반1기에 해당한다고 추측한다. 高床建物은 광장부에서 검출되는데 33.8m²의 초대형이면서 평면이 2.34 : 1의 정방형을 띠고, 제사적 기능이 강한 공공건물이라고 추정하였다. 구릉의 정상부에 입지하는 4호 주거군과 같은 후기 전반1기의 시기로 파악하였다.

대구 西邊洞遺蹟(朴升圭·兪炳琭 외 2002)은 전·후기 주거지군이 남북으로 분리되어 있는데 각각에서 高床建物이 2동·1동씩 분포한다. 1호·2호 高床建物은 18호 주거지와 평행하고 가장 근접해 있는데, 18호 주거지는 중앙1열주혈식이면서 口脣刻目文深鉢, 長身無莖式石鏃, 有溝二段柄式石劍이 출토되었고, 석기도 제작하였다. 시기는 전기 후반III기 또는 전기 말로 보아도 좋을 것이다. 1호·2호 高床建物은 뭔가 제사의 흔적이 아닐까 생각되는 수혈과 주혈이 많은 곳이며, 廣場과 같은 공간에 입지하고 있어서 공공용일 가능성도 있지만, 高床建物의 규모가 중형과 소형이므로, 중심적인 공공건물은 아니라고 판단된다. 後期聚落은 모두 소형주거로서 구성되는데, 취락의 동쪽에 인접하여 溝로써 구획된 밭이 펼쳐져있다. 소형의 3호 高床建物 1동은 이 경작지에 설치되었다. 이것이 동시기의 양상이라면 경작지의 작물을 들짐승으로부터 보호하기 위해 망루와 같은 기능을 가진 원두막이라고 생각된다.

경산 玉谷洞遺蹟(박종섭·최은아 2005)에서는 소형의 高床建物 3동이 발견되었다. 분산되어 설치되었는데, 개별주거에 속한 창고로 보인다.

화천 龍岩里遺蹟(金權中·洪周希 외 2007)의 高床建物은 동-서방향의 帶狀으로 분포하는데, 정방형의 중·소형으로서 이른 단계의 것은 없는 것 같다. 보고서의 Ⅱ·Ⅲ 단계에 대부분 속하지만, 후기의 것이 많으리라 생각된다(李秀鴻 2007). 특별히 군집의 양상도 보이지 않고 분산되어 있으며, 高床建物의 규모로 보아 대부분 개별주거에 부속된 건물일 것으로 판단된다.

3. 高床建物의 사회성

지금까지 高床建物이 발견된 11개 유적의 분석을 통하여 高床建物의 시간성과 사회적 기능과 성격에 대해서 추론하였다. 다시 말해서 高床建物이 출현하면서 사회의 변화가 무엇인지를 알고자 하였다. 일반적인 사고로서는 창고의 기능을 지닌 高床建物의 출현 배경에는 생산량 증대의 획기나 새로운 농경법인 水田農耕의 출현과 연결시킬 수 있겠는데, 과연 그러한 추정이 가능한지 또 취락 네트워크망 속에서 高床建物을 가진 취락을 據點聚落의 일요소로 규정할 수 있는가라는 등의 문제점을 점검해보고자 한다.

據點聚落을 중심취락 또는 중핵취락이라는 용어로써 차별도 하지만, 상위집단의 취락이라는 점에서는 차이가 없다. 흔히 據點聚落이란 면적과 인구수에서의 大形聚落이며, 長期存續聚落이며, 사회·정치·경제의 中心聚落으로 요약할 수 있다. 高床建物 즉 창고의 존재를 據點聚落의 요건으로 들기도 한다. 高床建物의 출현은 전술하였듯이 淸道 陳羅里遺蹟 19호 주거지[28]처럼 평면 세장방형에 中央1列柱穴과 土壙式爐址가 설치된 전기 후반Ⅱ기 시점부터 출현하는 것으로 생각된다. 이 형식의 주거지가 조영된

---

28 이런 형식의 주거지를 陳羅里型住居址라고 명명한다.

표 8 _ 高床建物 · 平地建物의 속성과 취락 특성

遺蹟	高床建物(平地建物)							聚落		
	시기	유구명	형태	규모	귀속	인근유구	배치	존속기간	성격	입지
陳羅里	전기후반Ⅱ기	1호 ,2호	세,장방형	대,중형	1개 세대	대형주거	ㄱ자	7 단계	거점 취락	충적지
	후기전반 Ⅰ	3호	세장방형	대형	취락	소형주거	단독			
	~후반 Ⅰ	4호	(세)장방형	대형	대형주거	대형주거	단독			
下西里	전기후반Ⅲ기	17호, 24호	정방형	소형	소형주거	소형주거	단독	3 단계	거점 취락	구릉
	전기 말	18-19호	세장방형	대형	平地建物	平地建物	단독			
玉峴	~후기전반 Ⅰ	19호주주변	정방형	초대형	취락	공지	단독	3단계	거점	구릉
渼沙里	전기 말	202호	정방형	대형	대형주거	?	단독	?	주변	충적지
東川洞	전기 말	5호, 6호	세, 장방형	대형	취락	대형주거	ㄱ자	1단계	주변 취락	충적지
	후기전반Ⅱ기	7~10호	장, 정방형	중,소형	3개 세대	대형주거	八자	2 단계		
		2호	정방형	소형	1개 세대	중형주거	단독			
	후기전반Ⅲ기	3호, 4호	장, 정방형	중,소형	소형주거	소형주거	단독			
		11~13호	정방형	소형	1개 세대	소형주거	放射			
		15호	정방형	중형	1개 세대	중형주거	단독			
梨琴洞	전기 말	12호	?방형	초대형	취락	대형주거	단독	1 단계	주변 취락	선상지
		16호, 17호	세,정방형	대,중형	취락	空地	ㄱ자			
	후기전반Ⅲ기	60호平地建	세장방형	초대형	1개 세대	중형주거	단독	3 단계	거점 취락	
	후기후반 Ⅰ 기	61호	세장방형	초대형	취락	중형주거	단독			
	후기후반Ⅱ기					空地				
檢丹里	후기전반Ⅱ기	2호요주변	?	?	대형주거	?	단독	3단계	거점	구릉
寬倉里 B 區域	후기전반Ⅱ기	204호	장방형	대형	소취락	空地	단독	4 단계	據點 聚落	구릉
	후기전반Ⅲ기	201호平地	七角形	대형	소취락	空地	단독			

시기 전후부터 천안 白石洞遺蹟처럼 대규모취락이 등장하는 것 같다. 따라서, 據點聚落 ― 陳羅里型·館山里型住居址 ― 高床建物이 상호 밀접한 관련이 있는 것 같다. 표 8에서 3단계 이상 존속한 경우를 장기존속으로 간주하고 據點聚落의 요건을 갖추었다고 가정하면, 高床建物은 據點聚落에 많다고 할 수 있다. 그리고 일반적인 현상은 아닐지 몰라도, 주거지의 수가 많고 면적도 넓으며 넓은 경작지를 가진 대구 東川洞遺蹟과 발굴된 주거지의 수도 적고 東川洞처럼 넓은 可耕地를 예상할 수 없는 泗川 梨琴洞遺蹟을 비교하면, 취락공공용의 大型高床建物이 설치된 곳은 梨琴洞遺蹟이다. 梨琴洞遺蹟과 東川洞遺蹟의 차이점으로서는 분묘의 양상에서 梨琴洞이 우위를 보이는데, 東川洞遺蹟의 분묘는 산발적인 분포이며 그나마 수가 적지만, 梨琴洞은 매우 계획적인 열상의 군집이면서 수효도 많다는 점, 그리고 구획묘가 조성된 점 등이 큰 차이라고 하겠다. 결국은 분묘의 규모와 배열과 군집도가 취락의 사회적 위상을 나타내는 것으로서, 高床建物의 사회적 위치도 이와 밀접한 관련성을 가지는 것이 아닌가 생각된다. 이런

양상에서 고상건물은 의례적 기능이 강한 것이라고 판단되고, 淸道 陳羅里遺蹟이나 열상의 군집을 보이는 진주 대평리유적 등은 梨琴洞유적의 경우에 해당한다고 말할 수 있다.

구릉형취락이 평지형취락보다 거점취락의 입지로서 선택된 것은 충적지는 항시 홍수의 위협이 있으므로 장기간 취락이 존속할 수 없기 때문일 것이다. 그러나 대평리유적처럼 후기가 되면 한랭기를 맞이하여 하상이 낮아져서 범람의 위기가 적어진 시기에는 평지에서도 거점취락이 출현하였다고 생각된다.

전술하였듯이 高床建物의 출현은 청도 진라리1단계로서 전기 후반 II 기이다. 이 시기는 陳羅里型住居 또는 館山里型住居가 출현하는 시점으로서, 대략적으로는 支石墓와 대규모취락이 등장하는 시점과도 상통할 것이다. 그리고, 영남지역에서는 有溝二段柄式石劍도 이 시기에 제작되기 시작하고 이와 동시에 區劃墓의 축조도 시작되는 것이라 판단된다.

이 시기부터 전기 말에 걸쳐 ㄱ字狀의 高床建物이 배치되는 것이 특징으로 보인다. 대체로 주거형태와 같은 세장방형이면서 대형에 해당하는 규모로서 취락 전체의 공용창고의 성격으로 추정된다. 이후 청동기시대 후기까지 취락공동체에 속하는 高床建物의 시설물은 형태로는 세장방이며 대형 이상의 규모를 가지는 속성을 유지하고 있다. 이것은 취락의 중심지에 해당하고 또한 기념물적인 建造物로서 의례적 기능이 첨가되면서는 다음 세대에도 존속 유지되어 首長權의 繼承(安在晧 2009a)과도 관련된 것이라고 추정하고 싶다. 이러한 관점에서 의례적 기능의 대형 세장방형 高床建物址가 존재하는 취락은 首長이 존재하는 據點聚落으로 인정되어도 좋을 것이다. 高床建物의 수효가 많지 않으나 대형 1동을 조성한 예로서는 울산 玉峴遺蹟이 해당한다. 의례의 기능을 가진 것이라는 판단은 제사유구나 묘지 또는 독립된 공간의 대형주거에 가까이 입지하는 경우를 통하여 추측될 수 있다.

충적지취락인 청도 陳羅里遺蹟 4단계에서도 취락단위의 의례용 高床建物이 존재하지만, 진라리4단계에는 역시 충적지인 東川洞2段階聚落과 마찬가지로 2개의 대형주거가 공존하며, 2동의 대형주거가 어떠한 상징적인 공간에 입지하는지는 아직 충분히 설명하기는 어려운 실정이다. 아마도 동시기에 2동의 대형주거가 존재한다는 현상으로는 首長의 존재를 예측하기는 어렵고, 氏族의 연합체적 사회구조로서 首長 출현의 直前 양상일 것이다. 한편 龍岩里遺蹟은 주거 밀도가 높은 대규모 장기존속취락임이 분명하지만, 대형의 高床建物은 보이지 않는다. 이처럼 충적지취락은 생산담당취락으로서의 기능이 강했던 것이라 생각되는 것이다. 그러나, 반드시 평지성취락에는 대형의 高床建物이 부재인 것은 아니다. 대구 東川洞의 경우도 1단계인 전기에는 대형의 高床建物이 陳羅里나 梨琴洞의 전기취락처럼 ㄱ字狀의 배치라는 특징을 보이고 있었다. 그러나, 집단이 연속되지 못하고 移住하였던 것이 陳羅里遺蹟과는 다른 점인데 아마도 취락의 입지가 河中에 가까운 곳이라서 잦은 홍수나 토양침식으로 영속적인 생활을 할 수 없었던 이유였을 것이다. 이런 까닭에 據點聚落으로서 성장하지 못하였다고 판단된다. 그리고, 地域共同體 속에서의 개별취락 각각의 위상은 전기와 후기는 매우 다른 분위기였다고도 보여진다. 아마도 후기에는 수장을 중심으로 더욱 경쟁적이며, 지역확장의 경쟁 속에서 전기의 취락은 후기가 되면서 그 위상의 변화를 가져온 경우가 많았으리라 추측된다.

이러한 평지성취락에 반하여 거점취락의 구릉지취락은 단 1동의 대형주거가 존재하고 대형 고상건물도 존재한다. 梨琴洞遺蹟에서는 묘지도 존재하지만 조상신을 모시는 의례가 있었던 것이 확실한데, 구릉지에 입지하는 취락에서만 볼 수 있는 현상은 아닌가 생각된다. 울산 玉峴遺蹟에서도 취락의 중앙 공지에 대형 高床建物이 입지하며 의례와 관련된 시설물이라고 추정된 바(安在晧 2001) 있다. 다시 말해서 구릉지는 평지의 충적지보다 자연 환경과 지리적인 우위를 차지하지만, 주변 계곡부에 水田이 조성될 수 있다는 특성을 가진다. 아마도 이 水田은 首長의 의례와 관련된 것이라 추측된다. 충적지는 생산을 담당하는 농경집단이라면, 구릉지의 首長집단은 의례를 통하여 지역공동체를 통합하는 중추집단으로서 취락간의 네트워크가 형성된 것이라 판단된다. 이에 비한다면 비록 구릉지에 입지하는 취락이라도 경주 下西里聚落은 海村으로서 또 다른 기능을 담당했던 취락도 존재하는 것이다. 곡물의 생산량으로는 하천변의 밭쪽이 훨씬 많았다는 것을 시사하는 것이 충적지에 보이는 高床建物이다. 생산과 소비에 대해서는 생산지로부터 據點聚落이 공급을 받았다는 견해(김장석 2008)가 있듯이, 계층적인 상하관계로 두고 본다면 首長 居所에서 저장의 기능이 상대적으로 약한 것은 사실이다.

청동기시대 후기가 되면 전기에 보이던 高床建物의 취락용 창고와 의례의 기능이 통합되어 하나의 대형 세장방형 高床建物로 조영되고, 梨琴洞遺蹟의 예처럼 취락의 중심지 상징적인 기념물로서 존재하게 된다. 이러한 현상도 역시 구릉형취락에서만 보이는 현상이며, 역시 水田址와 관련된다. 따라서 首長居所로서의 丘陵型 據點聚落(水田을 통한 의례와 사회통합 기능)이 정점에 위치하고 그 하위에 생산을 담당한 충적지의

平地型聚落이라든가 소규모의 구릉형취락으로써 공동체네트워크가 형성되는 것이라 판단된다. 이러한 관계는 후기가 되면 거점취락의 입지는 구릉지뿐만이 아니라 하안 충적지까지도 확대되었다.

高床建物의 출현은 청동기시대 전기 후반에 이르러 뚜렷해진다는 점은 이 시기에 이전시기보다 田作의 획기적인 변화가 있었다고 유추해야할 것이다. 그 전까지의 일반적인 田作은 강안충적지로서 배수가 쉽고 비옥한 사질토양에서 가능하였는데, 전기 후반Ⅱ기부터는 인구의 증가와 住居區域의 확대 그리고, 區劃式田이 나타난 시대적 상황과 관련된 것은 아닌가 추측된다. 따라서, 水田의 등장은 高床建物과는 관련이 적고 오히려 의례와 관련된 首長의 등장이라는 시기와 연동한다고 판단된다. 이 시기 首長이 권력의 계승을 위하여 의례의 체계가 수립되었을지도 모르겠다.

그럼 지금까지의 서술 내용을 요약하면서 본고를 끝맺고자 한다.

嶺南에서 청동기시대 水田이 확인된 취락유적은 울산 玉峴遺蹟·也音洞遺蹟·屈火里遺蹟·西部里遺蹟·華亭洞遺蹟 정도가 모두이며, 屈火里遺蹟과 西部里遺蹟은 소수의 주거지만 확인될 뿐이며, 華亭洞遺蹟은 경작층과 주거지층의 시기를 달리 한다. 따라서, 水田취락의 형성이나 구조를 살피지는 못하고 水田의 등장 시점에 나타나는 취락의 특징을 통하여 水田이 미친 영향을 추정할 수밖에 없었다. 그리고 곡물 저장과 관련된 高床倉庫의 동향을 취락의 구조 속에서 살피고자 하였다.

논유구는 크게 階段式 논과 小區劃式 논으로 분류되는데, 階段式 논으로는 울산 也音洞遺蹟이 가장 빠른 것으로서 전기 말경으로 추정되며, 小區劃式 논은 울산 屈火里 생기들유적과 玉峴遺蹟에서 전기 후반3기 또는 말부터 조성되었다고 추정된다. 따라서, 區劃式 논이 水稻作 농경과 함께 한반도로 유입되면서, 기존의 田作 농경과 절충되어 階段式 논이 파생된 것이라고 보는 것이 좋겠다.

한편 掘立柱建物址 중에서 창고로 추정되는 高床建物의 출현은 청도 陳羅里1단계로서 전기 후반2기이다. 이 시기는 館山里型住居가 출현하는 시점으로서, 크게는 지석묘와 대규모취락이 등장하는 시기이다. 이 시기부터 전기 말까지는 ㄱ字狀으로 배치된 高床倉庫가 취락의 중심에 배치되는데, 대체로 주거형태와 같은 세장방형(길이/폭=4.5 이상)이면서 대형(20~35m²)에 해당하는 규모로서 취락 전체의 공용창고의 성격으로 추정된다. 그리고 구릉형취락에서는 의례와 관련된 초대형(35m²이상) 장방형 高床建物이 사천 梨琴洞1期 전기 말 취락에서 보인다. 후기에 해당하는 사천 梨琴洞3期 취락이나 울산 玉峴Ⅲ期 취락처럼 구릉형의 據點聚落에서는 1동의 초대형 세장방형 高床建物이 축조되는데, 이것은 전기의 공용창고와 의례장소라는 두 가지의 기능이 통합된 복합기능의 건축물로 추정된다. 이외 高床建物은 中·小型의 개별창고도 존재한다. 대형의 세장방형이라는 高床建物은 취락공용의 건조물로서, 전기의 館山里型住居의 형태를 답습한다는 전통성을 상징으로 삼았다고 추측되는데, 취락의 중심지에 해당하고 또한 기념물적인 건물로서 의례적 기능이 첨가되면서는 다음 세대에도 존속 유지되어 首長權의 계승과도 관련된 것이라고 추정하고 싶다. 이러한 관점에서 대형 세장방형 高床建物이 존재하는 취락은 首長이 존재하는 據點聚落으로 인정되어도 좋을 것이다.

결국 의례를 통한 사회통합을 주도한 首長은 전기 말경에 출현하였다고 판단된다. 이 시기를 전후한 시점에 주목할 만한 고고학적 현상은 遼寧式銅劍 또는 이에 상응하는 石劍과 대형의 區劃墓, 環濠, 취락내 단1동의 대형주거와 핵가족체주거 그리고 水田과 적색마연토기의 지역색 등이 나타나는 것이다. 이 모든 것은 儀禮와 威信財 그리고 權力의 발생과 정체성의 확립이라는 점으로 귀결되며, 역시 首長의 출현과 맞물리는 현상으로 파악할 수 있다. 그리고 後期 後半이 되면서는 前段階의 사회가 지속적으로 발전하여 거대한 石築式·葺石式區劃墓가 등장하는 지역통합의 首長社會에 이르게 된 것이다고 생각한다.

이러한 양상은 大邱 以南의 嶺南 南部地域에서 두드러지는 현상이지만, 韓半島 南韓의 공통된 현상일 것이다. 기존의 혈연적 共同體 聚落은 首長을 중심으로 地域共同體로 再編되면서 離合集散이 일어났을 것이라 생각한다. 前期 末부터 일어나기 시작한 이러한 사회 再編成의 영향은 각 聚落의 이동을 재촉하였을 가능성도 높다. 호서지역의 송국리계 주거취락이나, 울산지역의 울산식 주거취락에 단기취락이 밀집하는 현상은 이러한 취락의 잦은 이동성에 기인한 것이다. 또 이 여파는 이 시기 日本列島에 韓半島의 農耕文化가 전래된 배경과도 무관하지는 않다.

전기 말 전후의 특히 구릉형취락에서 친족으로 구성된 단위집단 몇 개가 연합한 취락이 한 단위의 취락공동체로 통합되는 과정에서 의례를 관장하는 首長의 주거는, 취락내 단 1동의 대형주거에 해당하며, 이 대형 주거는 취락의 외곽에서 중앙으로 그리고 의례와 관련된 묘지나 제사 관련 시설에 가까운 곳으로 이동한다(安在晧 2001). 이에 따르면 首長의 등장은 사회통합을 위한 의례행위로써 성립한 것이며, 동시기의 水稻作도 首長 등장이라는 사실과 관련된 것이라고 추측된다. 그러나 이 시기 水稻作을 통한 식량생산의 증대는 아직 구체적으로 구명된 바는 없고, 창고의 기능을 가진 高床建物

이 주로 강안 충적지임을 감안하면 이 시기에도 여전히 田作을 통한 생산이 중심이었다고 봐야하겠다. 따라서, 이 시기의 水稻作의 의미는 의례용의 水稻 生産과 水田의 부수적인 기능으로서 水田址로 모여드는 물고기와 조류 그리고 사슴이나 맷돼지 등의 짐승을 유인하는 장소로서 활용되었을 것이라는 의견(甲元眞之 2002)에 주목할 필요가 있다고 생각한다. 즉 수전을 통한 단백질 공급은 의례행위로써 농경사회의 통합수단으로 활용되었을 것이다. 필자(2001)는 울산 玉峴遺蹟에서도 취락의 중앙 空地에 초대형 高床建物이 입지하며 동물뼈가 검출된 竪穴 등이 의례와 관련된 시설물이라고 추정한 바 있다.

이러한 首長居所는 주로 구릉형취락에 해당한다. 아마도 구릉지는 평지의 충적지보다 안전성에서나 자연 환경과 지리적인 優位를 차지하지만, 주변 계곡부에 水田이 조성될 수 있다는 특성을 가지기 때문일 것이다. 결국 전기 말부터 구릉지의 據點聚落(水田農耕)을 頂點으로 충적지의 농경취락(田作)과 다양한 소규모 취락간의 네트워크가 형성된 것이 지역공동체의 한 형태일 것이라 판단된다. 이에 반하여 진주 大坪里遺蹟의 경우는 충적지 據點聚落으로서의 한 형태이다. 이러한 취락 성격과 입지 관계는 이미 後藤直(1994)이 취락 입지의 농경활동과 경제·사회적 효율성에서 구릉지와 충적지의 취락이 地域共同體의 중심지로서 발전한다고 설명한 바 있었다. 충적지의 據點聚落이 등장하는 시기는 大坪里의 예처럼 後期일지도 모르겠다. 필자(2006)는 후기가 되면서 기후 한랭화로 인하여 지하수면이 하강하고 대부분의 취락이 저지대까지 이동하는 현상을 볼 수 있을 것이라고 예상하였는데, 이때는 하안 충적지에도 범람을 피할 수 있는 곳이 있어서 대규모취락이 조성될 수 있는 여건이 만들어졌을 것이라고 추측된다. 따라서, 구릉성의 據點聚落은 전·후기에 지속되지만, 후기에는 평지성 據點聚落도 출현한다고 생각된다.

高床建物의 출현은 농경생산성이 향상되었음을 시사하는 것으로 보아야 할 것이다. 이 시기를 기점으로 田作의 획기적인 技術이나 農法이 개량되었을 가능성이 높고, 뒤이어 출현한 水稻作은 특정한 목적을 위하여 도입되었을 뿐, 일본 彌生社會와는 달리 한반도에서는 생산력 증대와 직결된 것은 아닐 것이라 생각한다.

본고를 작성하기까지 盧重國선생님을 위시한 수리시설 관련 공동 연구자들과 郭鍾喆선생님, 동국대박물관의 李東憲·姜廷茂 학형들의 교시와 도움이 있었음을 밝히고 감사드린다.

●참고문헌●

慶南大學校博物館 외, 1999,『蔚山 無去洞 玉峴遺蹟』, 發掘現場 說明會資料.

곽종철, 2002,「우리 나라의 선사~고대 논밭 유구」『韓國 農耕文化의 形成』, 한국고고학회 학술총서 2, 학연문화사.

곽종철 · 이진주, 2002,「우리나라의 논유구 집성」『韓國의 農耕文化』第6輯, 京畿大學校 出版局.

곽종철 · 이현석 외, 2004,『蔚山也音洞遺蹟』, 密陽大學校博物館.

金京和 · 黃大一, 2003,『蔚山 鉢里遺蹟』, 蔚山文化財研究院.

金權中 · 洪周希 외, 2007,『龍岩里』, 江原文化財研究所.

＿＿＿＿＿＿＿＿＿ 외, 2008,『泉田里』, 江原文化財研究所.

金吉雄 · 金鎬詳 외, 2004,『陽南 下西里遺蹟』, 東國大學校 慶州캠퍼스 博物館.

金度憲, 2004,「1. 無文土器時代 遺構」『蔚山華亭洞遺蹟』, 蔚山文化財研究院.

金度憲 · 權志瑛 외, 2004,『蔚山華亭洞遺蹟』, 蔚山文化財研究院.

金度憲 · 徐正珠 외, 2002,『蔚山栢川遺蹟』, 蔚山文化財研究院.

김성욱, 2008,「청동기시대의 어로상」『청동기시대 생계와 사회경제』제2회 한국청동기학회 학술대회.

김영민 · 김현철 외, 2005,『국도24호선(울산-언양)확 · 포장구간내유적』, 蔚山大學校博物館.

김장석, 2008,「송국리단계 저장시설의 사회경제적 의미」『한국고고학보』67, 한국고고학회.

金載昊, 2006,『保寧 寬倉里 住居遺蹟 研究』, 東亞大學校 大學院, 博士學位論文.

金賢, 2003,「梨琴洞 支石墓의 配置形態와 築造順序」,『泗川 梨琴洞 遺蹟』, 慶南考古學研究所.

박달석, 2005,「고찰」『淸道 陳羅里遺蹟』, 영남문화재연구원.

朴宣映, 2004,『南韓 出土 有柄式石劍 研究』, 慶北大學校 大學院, 碩士學位論文.

朴淳發, 2004,「Ⅴ.맺음말」『扶餘 九鳳 · 蘆花里 遺蹟』, 忠南大學校 百濟研究所.

朴淳發 · 李晟準 외, 2004,『扶餘 九鳳 · 蘆花里 遺蹟』, 忠南大學校 百濟研究所.

朴升圭 · 朴達錫 외, 2005,『淸道 陳羅里遺蹟』, 嶺南文化財研究院.

朴升圭 · 兪炳琭, 2002,『大邱 東川洞聚落遺蹟』, 嶺南文化財研究院.

朴升圭 · 兪炳琭 외, 2002,『大邱 西邊洞聚落遺蹟Ⅰ』, 嶺南文化財研究院.

朴升圭 · 河眞鎬 외, 2002,『蔚山 川上里聚落遺蹟』, 嶺南文化財研究院.

박종섭 · 최은아, 2005,『慶山 玉谷洞 遺蹟Ⅰ』, 韓國文化財保護財團.

배덕환, 2005,「先史 · 古代의 地上式建物」『東亞文化』創刊號, 東亞文化研究院.

裵眞晟, 2001,「柱狀片刃石斧의 變化와 劃期」『韓國考古學報』44, 韓國考古學會.

＿＿＿, 2005,「檢丹里類型의 成立」『韓國上古史學報』第48號, 韓國上古史學會.

＿＿＿, 2006,「東北形石刀について」『七隈史學』7, 福岡大學人文學部歷史學科.

孫晙鎬, 2003,「磨製石器 分析을 통한 寬倉里遺蹟 B區域의 性格 檢討」『韓國考古學報』51, 韓國考古學會.

沈奉謹, 1989,「日本 彌生文化 初期의 磨製石器에 대한 研究」『嶺南考古學』6, 嶺南考古學會.

安承模, 2000,「稻作의 出現과 擴散」『韓國 古代의 稻作文化』, 국립중앙박물관 학술심포지움 발표요지.

______, 2005,「韓國 南部地方 新石器時代 農耕 硏究의 現狀과 課題」『韓國新石器硏究』第10號, 韓國新石器硏究會.

安在晧, 1991,『南韓 前期無文土器의 編年』, 慶北大學校大學院 碩士學位論文.

______, 1992,「松菊里類型의 檢討」『嶺南考古學』11, 嶺南考古學會.

______, 2001,「中期 無文土器時代의 聚落 構造의 轉移」『嶺南考古學』29, 嶺南考古學會.

______, 2004,「中西部地域 無文土器時代 中期聚落의 一樣相」『韓國上古史學報』第43號, 韓國上古史學會.

______, 2006,『靑銅器時代 聚落硏究』, 釜山大學校 大學院 博士學位論文.

______, 2007,「編年을 위한 屬性配列法」『考古廣場』創刊號, 釜山考古學硏究會.

______, 2009a,「松菊里文化成立期の嶺南社會と弥生文化」『弥生文化誕生』弥生時代の考古學2, 同成社.

______, 2009b,「靑銅器時代 泗川 梨琴洞聚落의 變遷」『嶺南考古學』51, 嶺南考古學會.

安在晧・千羨幸, 2004,「前期無文土器の文樣編年と地域相」『福岡大學考古學論集』, 小田富士雄先生退職記念事業會.

安在晧・黃昌漢 외, 2002,『慶州 隍城洞 267遺蹟』, 東國大學校 慶州캠퍼스 博物館.

吳相卓・姜賢淑, 1999,『寬倉里遺蹟』, 亞洲大學校博物館.

兪炳琭, 2002,「Ⅳ.考察」『大邱 東川洞聚落遺蹟』, 嶺南文化財硏究院.

尹世英・李弘鍾, 1994,『渼沙里』第5卷, 渼沙里先史遺蹟發掘調査團.

李健茂, 1992,「韓國의 靑銅器文化」『特別展 韓國의 靑銅器文化』, 國立中央博物館 외, 汎友社.

李相吉, 1997,「진주 대평리 田作址의 구조와 의의」『호남고고학의 제문제』제21회 한국고고학전국대회.

______, 2000,『靑銅器時代 儀禮에 관한 考古學的 硏究』, 大邱曉星가톨릭大學校 大學院 博士學位論文.

______, 2002,「南部地方 初期農耕의 現段階」『韓日 初期農耕 比較硏究』, 大阪市學藝員等共同硏究 韓半島綜合學術調査團.

李秀鴻, 2007,「大形掘立柱建物의 出現과 그 意味」『考古廣場』創刊號, 釜山考古學硏究會.

이종철, 2006,「松菊里型 住居址 硏究의 爭點과 課題」『송국리유적 조사 30년, 그 의의와 성과』, 송국리유적 국제학술대회, 한국전통문화학교.

李柱憲, 2000,「大坪里 石棺墓考」『慶北大學校考古人類學科20周年紀念論叢』, 慶北大學校 人文大學 考古人類學科.

李炫錫・金成美, 2005,『蔚山 西部里 南川遺蹟』, 蔚山發展硏究院 文化財센터.

李亨源, 2006,「천천리 취락의 편년적 위치 및 변천 -송국리유형의 형성과 관련하여-」『華城 泉川里 靑銅器時代 聚落』한신대학교박물관.

李弘鍾, 2000,「初期 農耕社會의 住居와 聚落」『韓國古代文化의 變遷과 交涉』, 서경문화사.

______, 2005,「寬倉里聚落의 景觀」『송국리문화를 통해 본 농경사회의 문화체계』, 고려대학교 고고환경연구소, 서경문화사.

李弘鍾・姜元杓 외, 2001,『寬倉里遺蹟』高麗大學校 埋藏文化財硏究所.

李弘鍾・朴性姬 외, 2004,『麻田里 遺蹟』高麗大學校 埋藏文化財研究所.

全虎兒・金榮珉 외, 2001,「울산 화정동유적」『울산연암동유적』, 蔚山大學校博物館.

鄭澄元・全玉年 외, 1995,『蔚山檢丹里마을遺蹟』, 釜山大學校博物館.

정현석, 2009,「울산 명산리 영어마을 조성부지내 유적」『갈등과 전쟁의 고고학』, 제33회 한국고고학전
    국대회.

崔得俊, 2008,『蔚山屈火里생기들遺蹟』, 蔚山文化財研究院.

崔鍾圭・金賢 외, 2003,『泗川 梨琴洞 遺蹟』, 慶南考古學研究所.

河仁秀, 2001,「東三洞貝塚 1號住居址 出土 植物遺體」『韓國新石器研究』第2號, 韓國新石器研究會.

하진호・김명희, 2001,「蔚山 川上里 環濠聚落에 대하여」『제14회 조사연구회』, 영남문화재연구원.

黃昌漢, 2008,「靑銅器時代 裝飾石劍의 檢討」『科技考古研究』14號, 아주대학교박물관.

甲元眞之, 2002,「東アジア先史時代漁撈」『東アジアと日本の考古學IV』.

近藤喬一, 2000,「東アジアの銅劍文化と向津具の銅劍」『山口縣史』資料編 考古1, 山口縣史編さん室.

武末純一, 1991,「九州の掘立柱建物Ⅰ」『弥生時代の掘立柱建物』, 埋藏文化財研究會.

＿＿＿＿, 2001,「北部九州弥生聚落」『弥生時代聚落』, 大阪府立弥生文化博物館 編, 學生社.

＿＿＿＿, 2005,『韓國無文土器・原三國時代の集落構造研究』-平成14・16年度科學研究費補助金〈基
    盤研究(C)(2)〉研究成果報告書-.

深澤芳樹・李弘鍾, 2004,「松菊里式土器におけるタタキ技法の檢討」『2002年度 共同研究成果報告書』
    大阪府文化財センター.

庄田愼矢, 2007,『南韓 靑銅器時代의 生産活動과 社會』, 忠南大學校大學院 博士學位論文.

春成秀爾, 2006,「弥生時代の年代問題」『弥生時代の新年代』新弥生時代のはじまり 第1卷, 雄山閣.

七田忠昭, 2005,『吉野ヶ里遺跡』日本の遺跡2, 同成社.

後藤直, 1995,「朝鮮半島原始時代農耕集落の立地」『第四紀研究』第33卷 第5號, 日本第四紀學會.

조현종 _ 국립중앙박물관

2 한반도 농경의 시작과 도작의 수용

1. 한반도의 初期農耕

農耕이란 사람에게 필요한 食物을 획득하기 위하여 지속적이며 순환적으로 유용한 植物의 종자나 球根 등을 심고 가꾸는 것을 말한다. 이러한 농경은 食用을 위한 야생 짐승의 사냥과 식물채집, 그리고 물고기잡이로서 생활을 영위해 온 인류가 새로이 동물과 식물을 길들여 사육하고 재배하게 됨으로써 비롯되었다. 農耕開始로 인해서 인류의 생활은 자연경제상태에서 점차 생산경제체계로 바뀌어가게 되었고, 그 결과 인류는 사물의 인식을 비롯한 思考體系의 전환과 더불어 사회문화 전반에 걸쳐 새로운 변화가 수반되었다. 인류사에서 이 변화는 차일드(CHILDE,V.G, 1950)가 정의한 『農業革命 또는 新石器革命』이라고 하는 새로운 문화단계 즉 新石器時代의 시작이며(JASON W, SMITH, 1976), 농경과 함께 定着生活, 土器 및 磨製石器의 제작과 盛用이라는 문화적 특징을 동반하는 것으로 알려지고 있다.[1]

세계의 농경은 각지에서 고유한 양상으로 전개되었다고 보는 것이 일반적이지만, 최초의 농경은 약 10,000~8,000년 전경에 이집트 나일강유역과 서남아시아의 메소포타미아 평원에서 한정적으로 이루어졌다. 초기의 농경은 대체로 홍수나 강의 범람으로 인해 형성된 沖積土地帶를 배경으로 한 이른바 비옥한 초생달지역(fertile crescent)에서 시작되었다. 작물의 재배는 물과 직접적인 관련을 맺고 있기 때문에 초기 농경민들에

---

[1] 일반적으로 식량생산을 동반한 신석기시대의 개념은 중근동과 중국 등 초기문명발상지를 제외한 대부분 지역에서는 적용하기 어렵다. 오히려 수렵과 채집상태에서 토기발명, 정착취락, 그리고 마제석기의 본격화 단계를 지칭하는 예가 많으며 식량의 생산은 좀 더 시간이 지난 뒤에 나타나는 경우가 대부분이다.

게는 물의 공급이 원활하고 토양의 비옥도가 높은 대하천의 주변지역이 農耕地로 先占
되었던 것이다. 이와 함께 초기단계의 농경유적인 나일강변의 파유믹(Fayumic)에서는
대규모 관개시설이 발견됨으로써 당시에 이미 진보적인 농업기술이 발생하고 있음을
보여준다(鄭容福譯, 1989). 초기 농경단계에서 길들여진 야생동물은 개·염소·양·
소·돼지 등이며, 식물로는 밀과 보리, 기타 禾本科植物이 있고, 거의 같은 시기에 중국
의 揚子江 하류지역에서는 벼(Oryza sativa L.)재배가 이루어지고 있음이 밝혀지고 있
다(嚴文明, 1989).

한편, 우리나라에서 농경과 관련된 식물자료, 즉 곡물은 신석기시대에 속하는 여러
유적에서 확인되고 있다. 유적출토 곡물의 종류는 조·피·기장 등 잡곡류가 대부분이
며, 최근에는 벼, 압흔, 禾粉, plant-opal 등 벼 관련 자료도 꾸준히 증가되고 있는 추세
이다. 하지만 출토유적의 層位와 더불어 곡물에 대한 同定의 신뢰성에 대해서 문제점
이 지적되고 있을 뿐 아니라 식물고고학적인 해석에도 어려움이 따르고 있다(安承模,
2007).

이 글에서는 우리나라 초기농경과 관련하여 우선 한반도 내 대표적인 신석기시대유
적에서 출토된 곡물에 대해서 보고서를 중심으로 관련 유구와 유물의 내용을 개관하고
자 한다. 다음으로 한반도 초기도작의 개시와 관련하여 외래작물인 벼가 한반도에 수
용되는 과정을 살펴봄으로써 전파와 수용에 관련된 초기도작 전개과정을 서술해 보고
자 한다.

1) 신석기시대 곡물 출토유적의 검토

한반도의 신석기시대의 유적에서 보고된 곡물은 전체 20개소에서 출토되고 있으며
이를 표로 만들면 다음과 같다.[2]

표 1 _ 한반도 신석기시대 곡물 출토 자료

연번 \ 유적	유적명	출토곡물
1	평양 남경	조(粟)

---

2 국립중앙박물관에서 발간한 한국 선사유적 출토 곡물자료 집성에 의거함(2006.12).

2	황해 봉산 지탑리	조 또는 피(稗)
3	황해 봉산 마산리	조
4	황해 청단 소정리 (2지점 4호)	피
5	인천 용유도 남북동	벼과의 껍질
6	인천 강화 우도	벼 압흔(壓痕)
7	경기 고양 가와지 (일산 2지역)	벼, 벼 화분(禾粉)
8	경기 고양 성저리 (일산 1지역)	벼
9	경기 고양 주엽리 새말 (일산 3지역)	벼 plant-opal
10	경기 김포 가현리	벼, 조
11	강원 양양 오산리	보리(?,麥)
12	충북 충주 조동리	벼
13	충북 청원 소로리	벼
14	충북 옥천 대천리	벼, 벼 plant-opal, 조, 밀(小麥?), 보리(?), 기장(黍), 녹두(綠豆)
15	부산 동삼동	조, 기장
16	부산 금곡동 율리	벼 · 기장 · 수수의 plant-opal
17	경남 김해 농소리	벼 · 조 · 기장 · 수수의 plant-opal
18	경남 창녕 비봉리	조
19	경남 진주 상촌리 (B지구)	조, 기장
20	전남 나주 가홍리	벼 화분

* 국립중앙박물관, 2006, 『한국 선사유적 출토 곡물자료 집성』 요약

그리고 전체적인 이해를 돕기 위하여 그 가운데 비교적 이른 시기의 유적을 중심으로 위치 및 관련 유구, 공반 유물의 출토상을 간략하게 요약하여 기술하고자 한다.

(1) 평양 남경 유적(2지역)

평양시 삼석구역 호남리 남경마을에 이루어진 유적으로 북한의 사회과학원 고고학연구소에서 1979년에서 1981년 사이에 조사하였다(김용간 · 석광준, 1984). 유적은 대동강변의 충적대지상에 위치하며 신석기시대에서 청동기시대, 그리고 초기철기시대에 걸치는 복합유적이나 청동기시대가 중심시기이다. 신석기시대에 속하는 31호 주거지에서 조와 도토리가 갈돌과 갈판, 석기류와 함께 출토되었으며, 청동기시대의 곡물은 36호에서 벼, 수수, 조, 콩, 기장, 그리고 11호에서도 기장이 출토되었다.

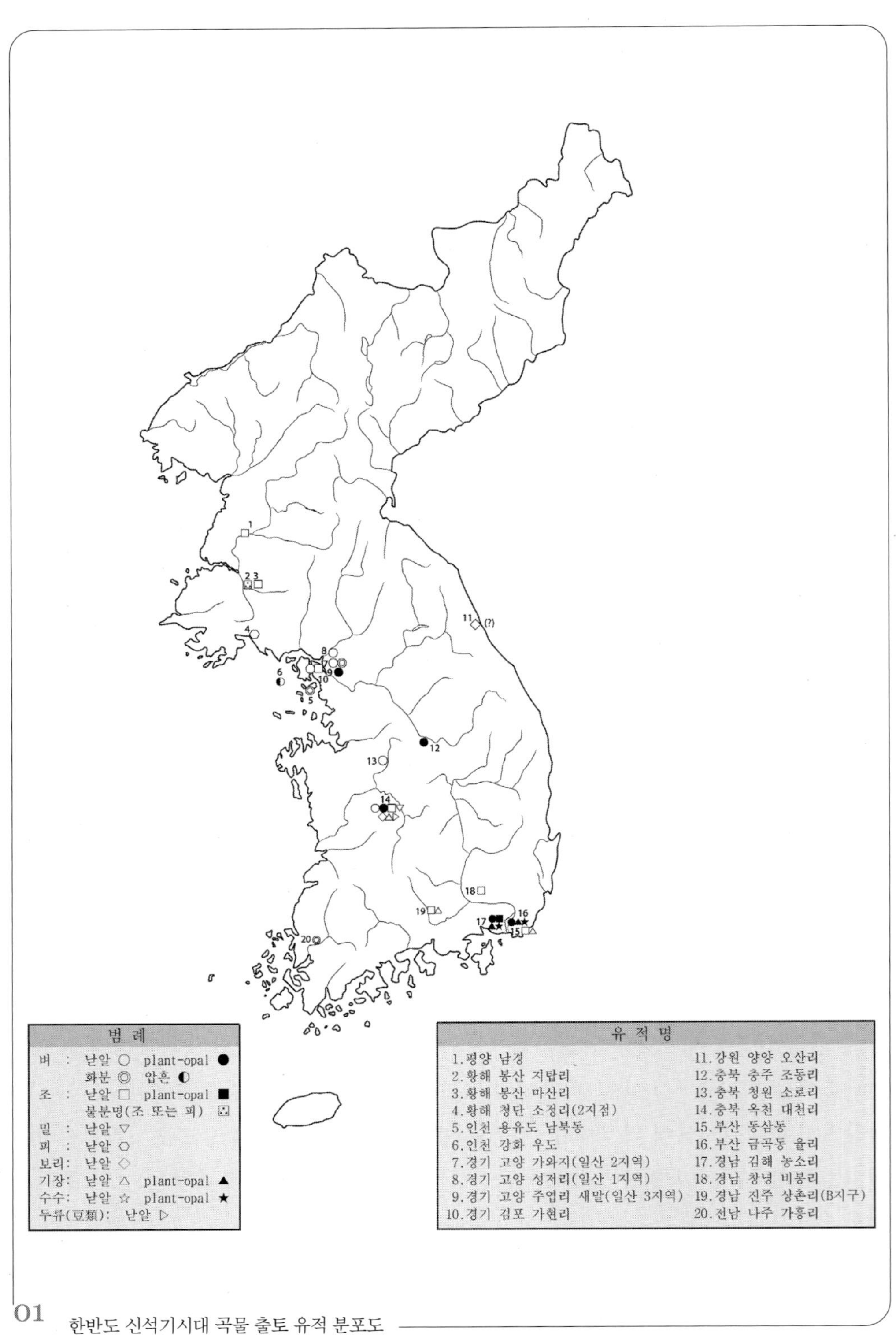

01 한반도 신석기시대 곡물 출토 유적 분포도

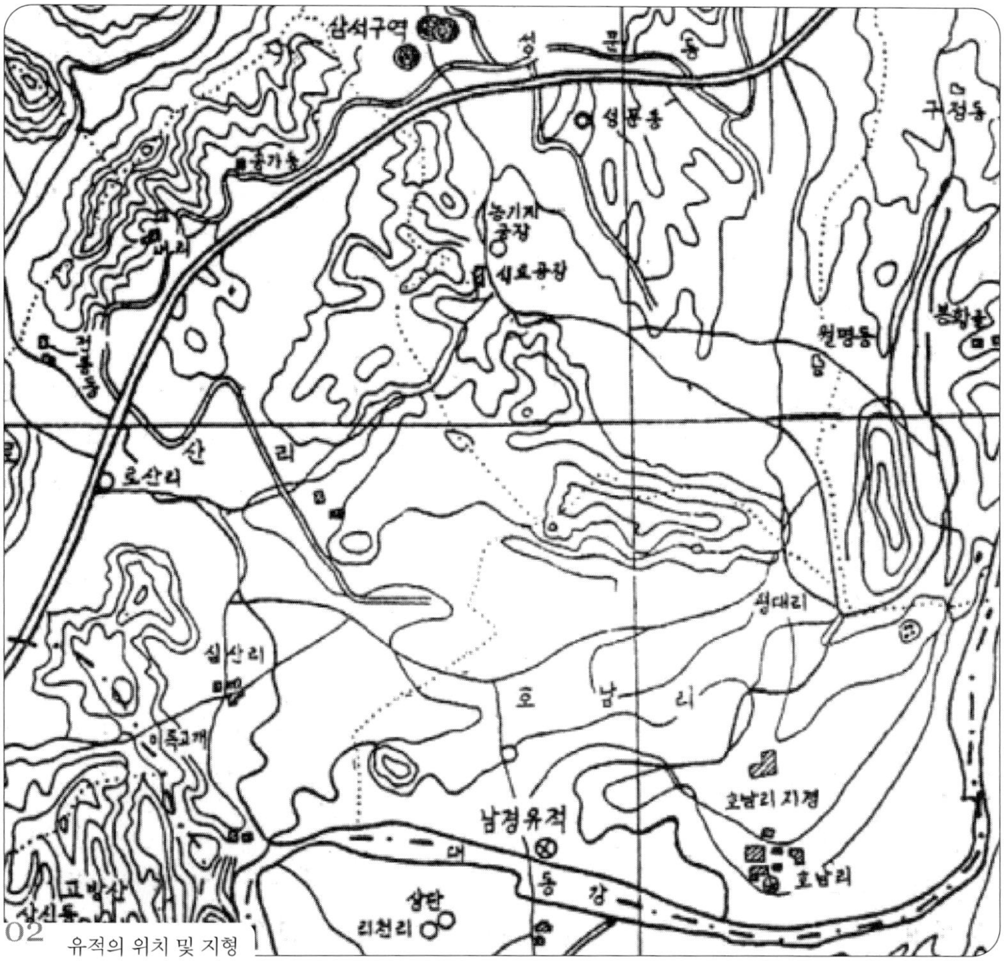

02 유적의 위치 및 지형

03 탄화 조

(2) 황해 봉산 지탑리유적

　　황해북도 봉산군 지탑리에 위치한 유적으로 1957년 북한 사회과학원 고고학 및 민속학연구소에서 조사하였다. Ⅰ지구와 Ⅱ지구로 구분 발굴하였으며 두지역에서 모두 신석기시대 및 청동기시대 문화층, 그리고 고대문화층이 확인되었다. 이 가운데 신석기시대에 해당되는 2지구의 2호 주거지에서 탄화된 낟알이 토기에 담긴 채 출토되었는데 조(또는 피)로 보고되었다. 주거지는 모죽인 방형이며 내부에서 돌보습, 갈판, 돌낫 등의 석제농구와 함께 타래무늬가 촘촘하게 시문되고 尖底 또는 丸底의 즐문토기가 출토되었다.

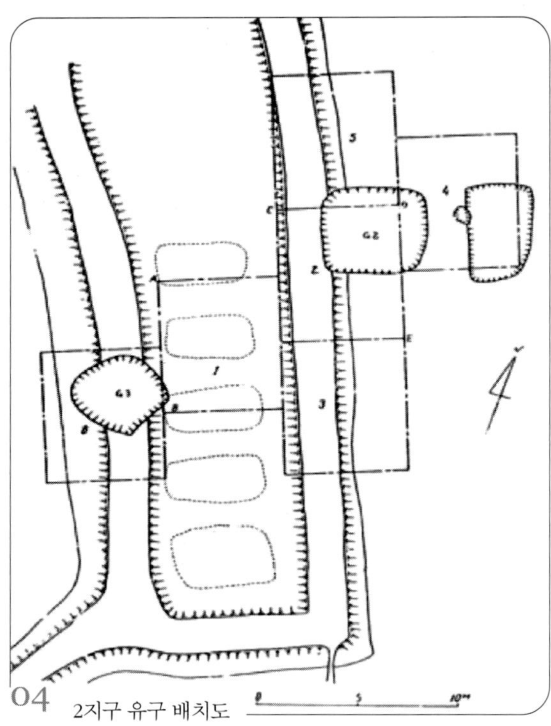

04　2지구 유구 배치도

05　곡물 출토 상태

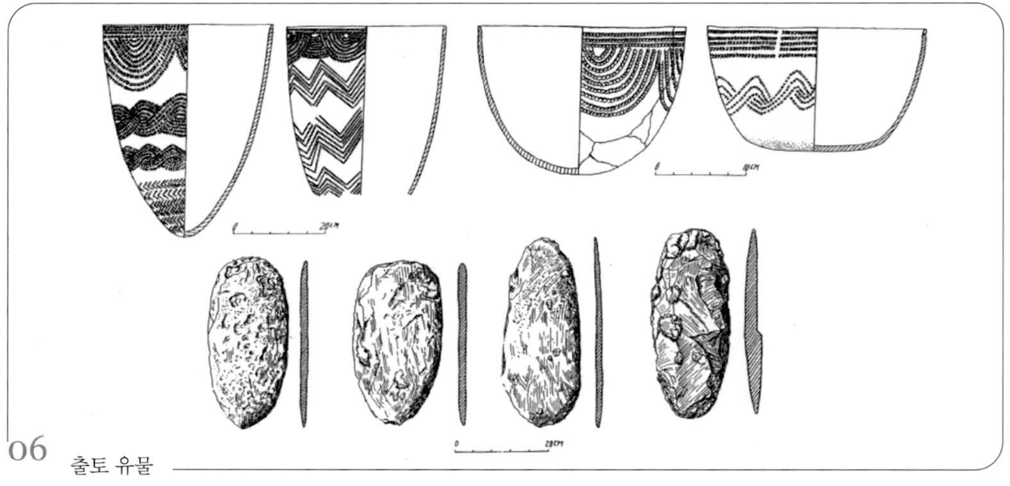

06　출토 유물

⑶ 황해 봉산 마산리유적

황해도 봉산군 마산리에 위치한 유적으로 1987년과 1988년에 걸쳐 신석기시대의
주거지 12기와 청동기시대 주거지 10기, 돌널무덤 1기가 조사되었다. 특히 신석기시대
에 해당되는 7호 주거지에서는 중앙부에서 탄화된 조가 1되 가량 출토되었고, 가래씨
도 확인된 바 있다. 신석기시대에 속하는 대부분 주거지에서 각종 도끼류와 갈판ㆍ갈
돌이 출토되고 있으며 전체적인 유물상은 지탑리유적의 제2층과 유사하다.

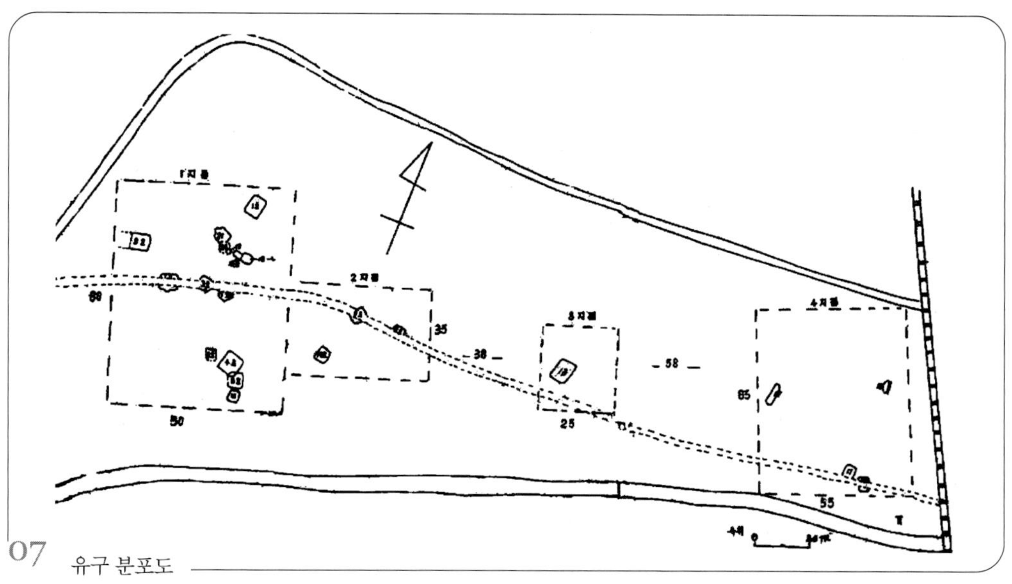

07 유구 분포도

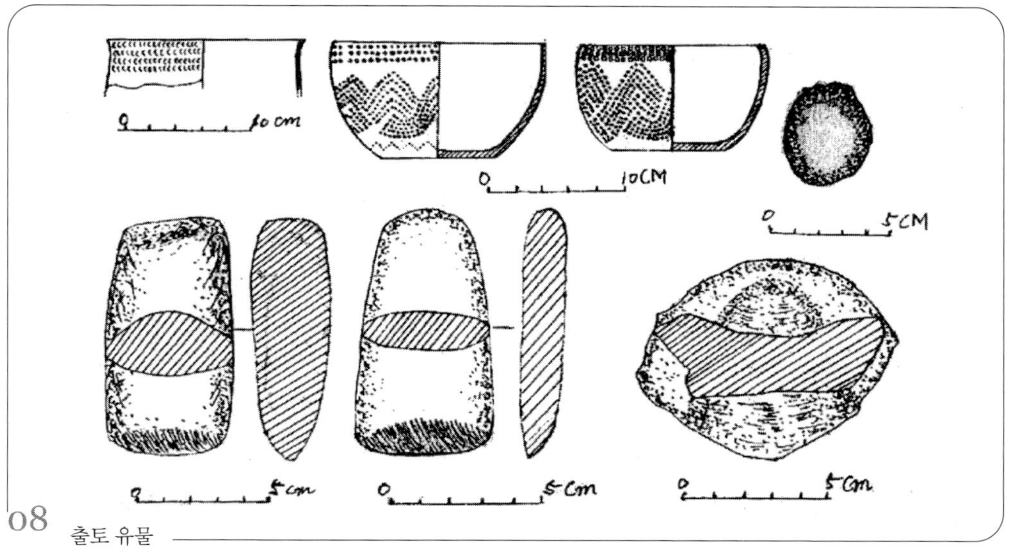

08 출토 유물

⑷ 인천 용유도 남북동유적

　　인천시 용유도 남북동 일원의 해안에 접한 신석기시대 유적으로 길이 400m, 폭 50m 가량으로 동서로 길게 형성되어 있다. 조사는 유적 중심부로 추정되는 해안 사구 정상부에서 동서 방향으로 시굴갱을 설치해 층위와 유구를 확인하는 방법으로 진행되었는데 사구 정상부에서 해안을 향한 북쪽 사면 일대에서 총 88기의 야외노지 시설이 확인되었다. 야외노지에서 채취한 토양시료를 수동식부유법으로 분석한 결과 다수의 종자가 확인되었는데 이 가운데 52호 야외노지 하층 소토부에서 벼과 小穗更이, 그리고 노지 바깥에서 채취한 토양시료에서 이삭줄기가 확인되었으며 나머지는 견과류이거나 種不明의 것이 대부분이다.

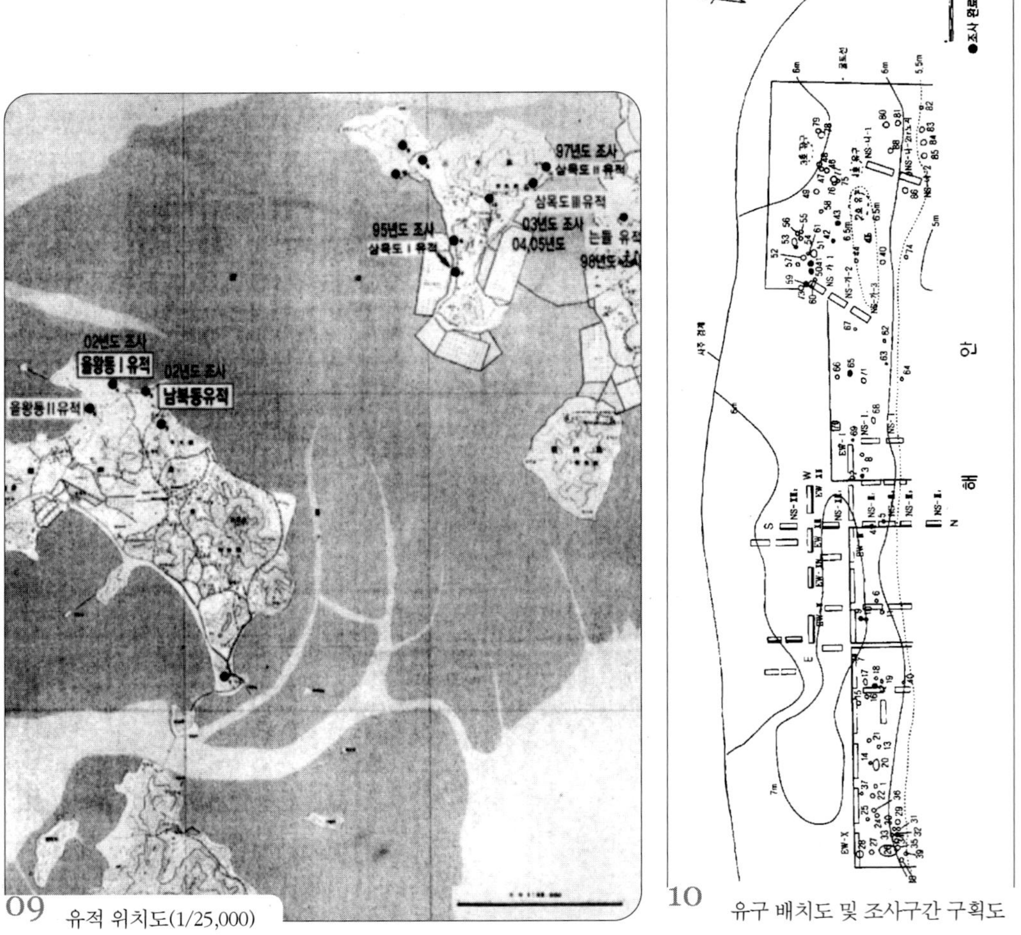

09　유적 위치도(1/25,000)　　　　10　유구 배치도 및 조사구간 구획도

⑸ 경기 고양 가와지유적(일산 2지역)

경기도 고양군 송포면 대화4리 가와지마을에 위치한 유적으로 일산지구 조성을 위한 토지구획사업에 의해 1991년 조사되었다(이융조 외, 1994). 발굴조사는 크게 3지구로 구획하여 진행되었는데 그 가운데 1·2지구의 Ⅳ층(가외지층-청동기시대)과 Ⅲ층(대화리층-신석기시대)으로 구분된 층위에서 볍씨를 비롯한 식물유체가 확인되었다. 대화리층은 인위적인 채취와 경작으로 5-20cm 정도 남아 있는 토탄층 아래에 위치하며 시굴과정에서 가래나무와 열매, 나뭇잎 등과 함께 벼 낟알이 확인되었다고 한다. 이 층위에 대한 연대분석결과는 4,330±80B.P.로 보고되었다. 퇴적층에 대한 조사로 관련된 유구와 공반된 유물은 없다.

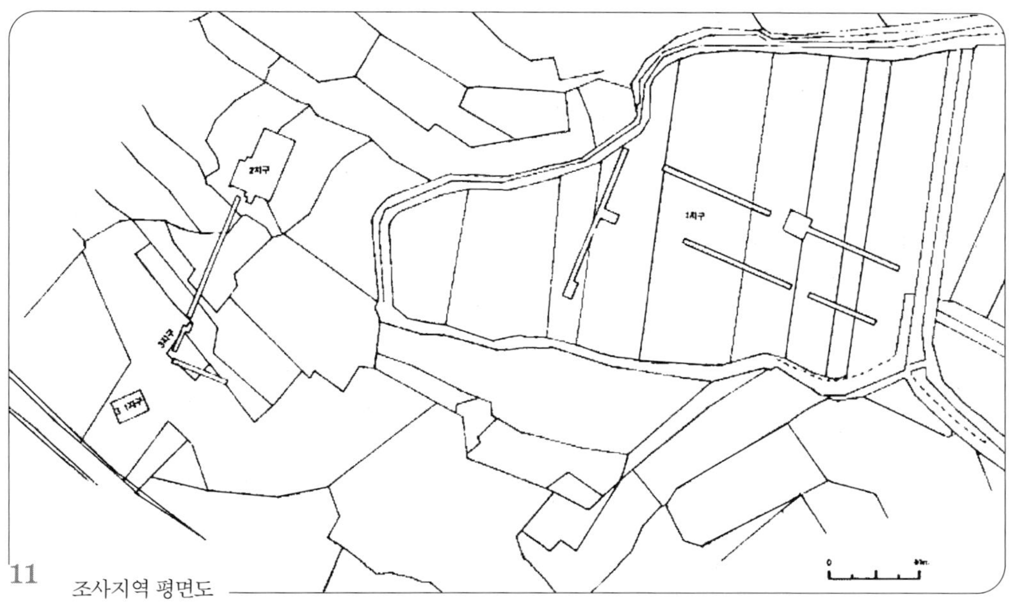

11 조사지역 평면도

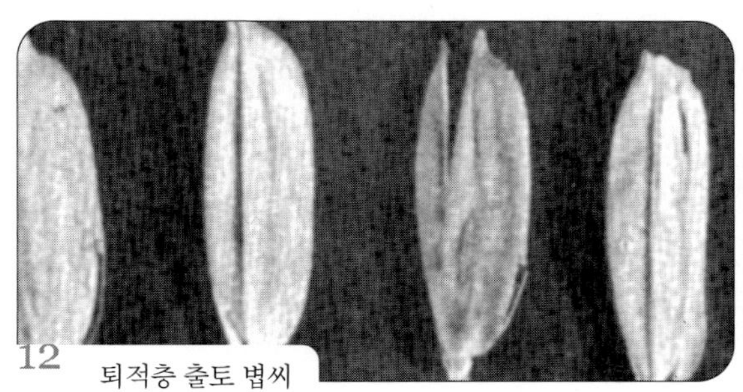

12 퇴적층 출토 볍씨

13 벼과 꽃가루(×400)

⑹ 경기 고양 성저리유적(일산 1지역)

가와지 주변유적으로 가와지와 함께 조사되었다(손보기 외, 1992). 성저리 1지역의 층위 중 갈색 토탄층 상부에서 볍씨가 사과, 개살구, 가래 등과 함께 출토되었다. 볍씨가 출토된 토탄층의 연대는 4,070±80B.P.로 시기적으로는 대화리층에 이어진다. 볍씨의 외형에서 자포니카보다는 길고 인디카보다는 좀 짧은 특징을 보이는 것으로 보고하였다.

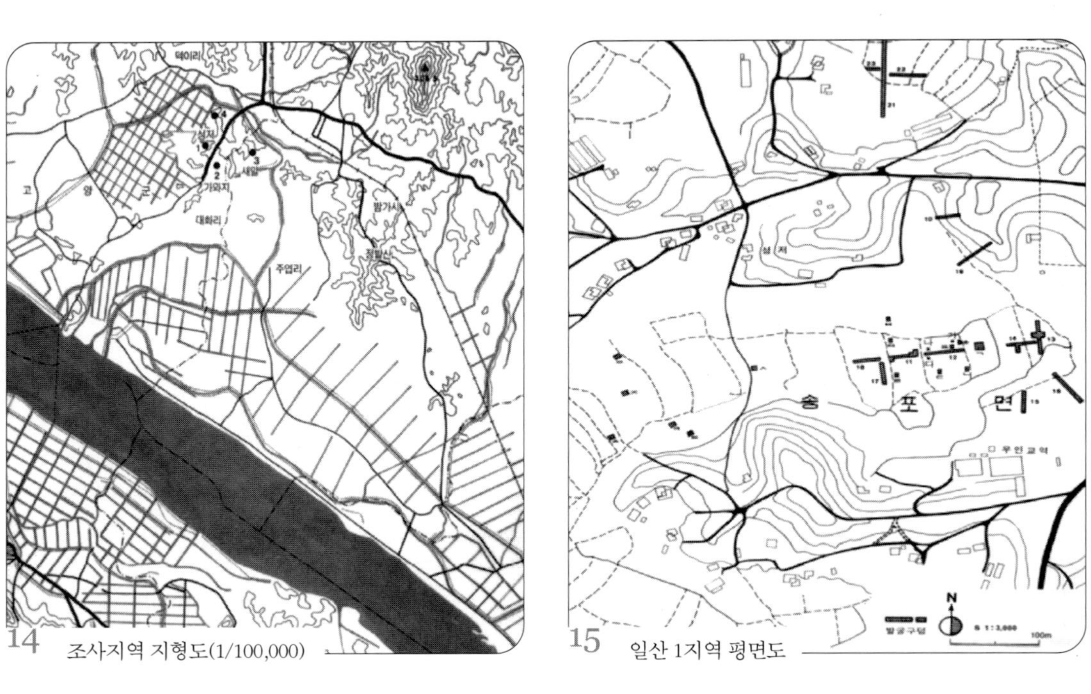

14   조사지역 지형도(1/100,000)   15   일산 1지역 평면도

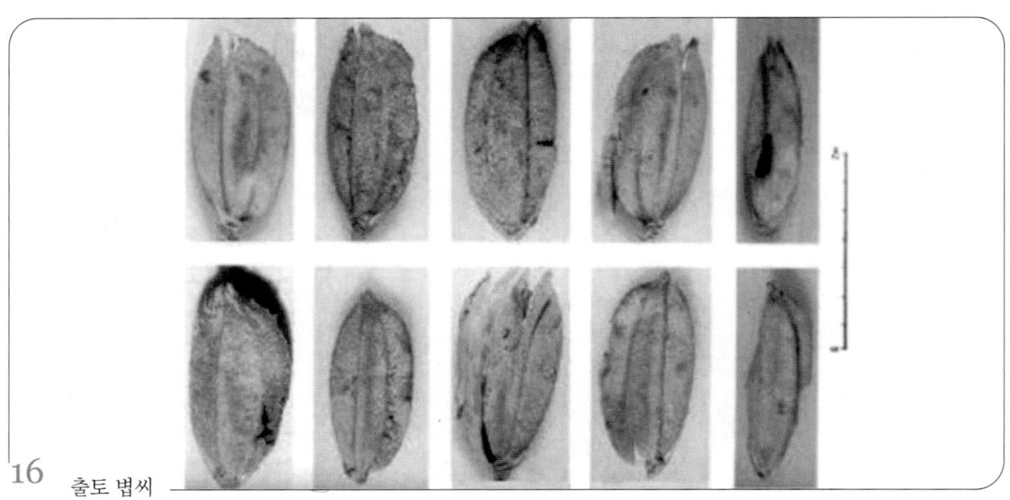

16   출토 볍씨

⑺ 경기 김포 가현리유적

경기도 김포군 통진면 가현리에 위치한 토탄층유적이다. 이 지역의 토탄은 주로 목재가 탄화과정에 있는 것인데, 나뭇잎, 각종 초본식물 등을 비롯해서 종류를 알 수 없는 씨앗도 육안으로 확인된다. 이 층에 대해서 고식물학적인 분석을 시행한 결과 쌀(Oriza Sativa L. Japonica), 조(Echinochloa crusgalli L.) 등의 탄화 곡물이 확인되었다. 이 층의 연대는 4,010±25yrB.P.로 파악되었다(任孝宰, 1990).

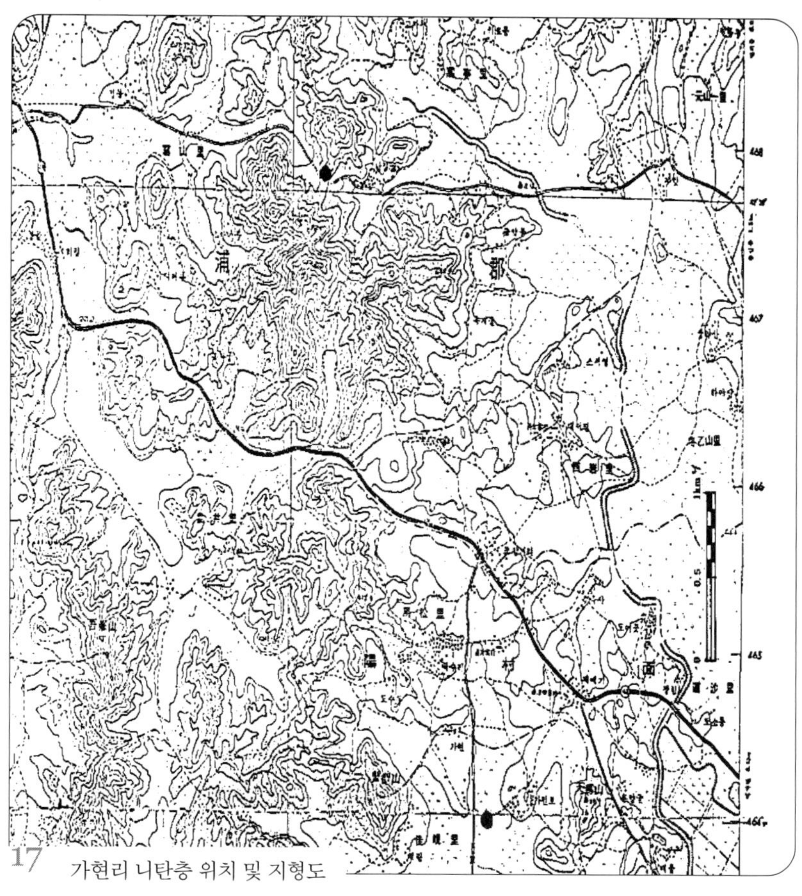

17 가현리 니탄층 위치 및 지형도

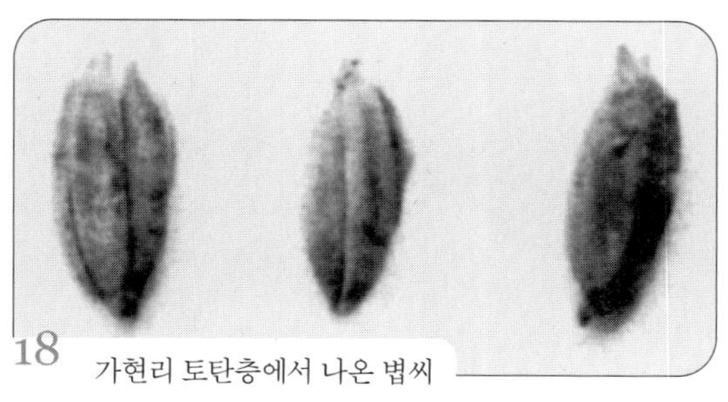

18 가현리 토탄층에서 나온 볍씨

⑻ 충북 청원 소로리유적

충청북도 청원군 옥산면 소로리에 위치한다. 1994년 3월 처음 발견되어 1996년 ~1998년까지 충북대학교박물관의 주관하에 조사되었다. 연대는 1문화층은 후기구석기시대 늦은 시기로, 2문화층은 1문화층보다는 약간 앞선 후기구석기시대로, 3문화층은 중기구석기시대로 구분된다. 이 유적의 2개층(위층 ; 13,010B.P., 14,820B.P. 아래층 ; 17,310B.P.)으로 이루어진 토탄층에서 볍씨가 출토되었으며 볍씨는 고대형 장립과 단립의 2가지 벼와 유사벼 1, 2 등 4종류가 보고되었다(忠北大學校博物館, 2000).

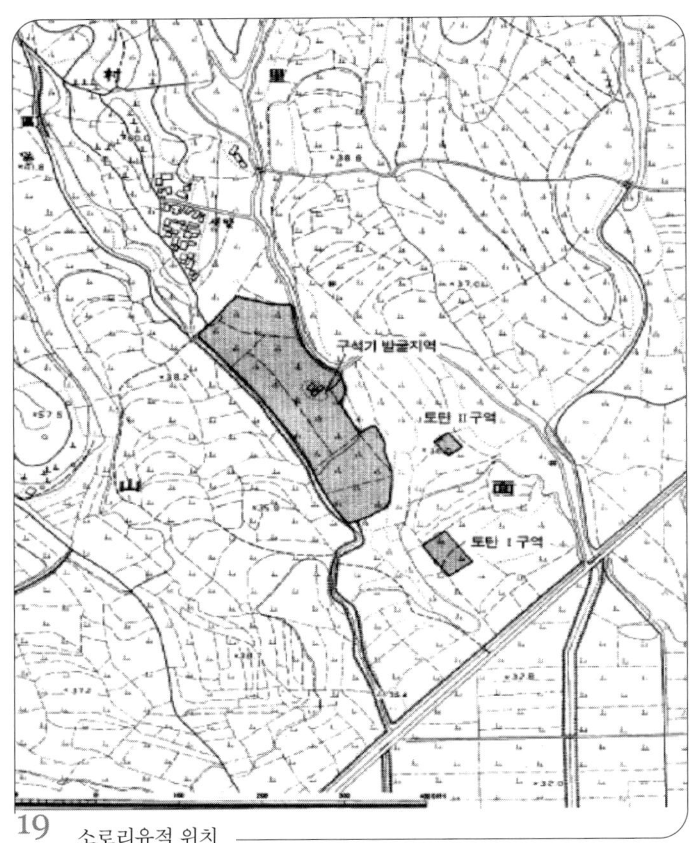

19 소로리유적 위치

20 고대벼(장립)

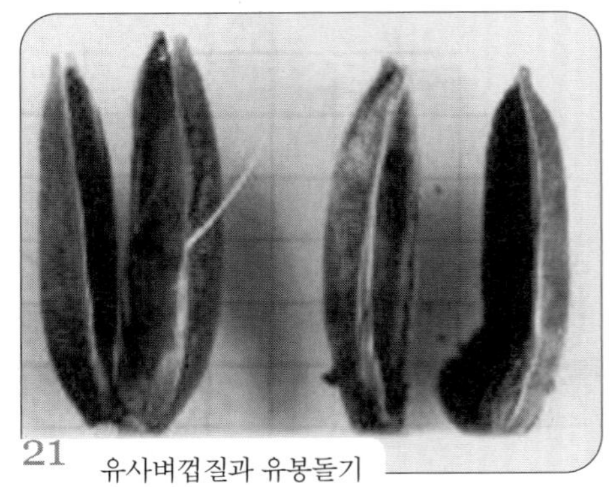

21 유사벼껍질과 유봉돌기

(9) 충북 옥천 대천리유적

유적은 충청남도 옥천군 옥천읍 대천리 산 329번지에 해당되며, 해발 497m의 마성산에서 뻗어 내린 구릉에 위치한다. 2000년 경부고속철도 공사로 인하여 한남대학교에 의해 조사되었다. 조사결과 드러난 유구는 신석기시대의 주거지 1동으로 동서향을 장축으로 한 평면 장방형이며 동쪽 일부는 파괴되었다. 주거 내부에서는 두 개의 화덕 및 저장공이 확인되었고 토기류와 석기류, 그리고 식물유체가 출토되었다. 곡류에는 벼껍질과 탄화미, 보리, 밀, 조, 그리고 녹두알과 같은 콩과식물의 씨앗도 수습되었다(한남대학교중앙박물관, 2003).

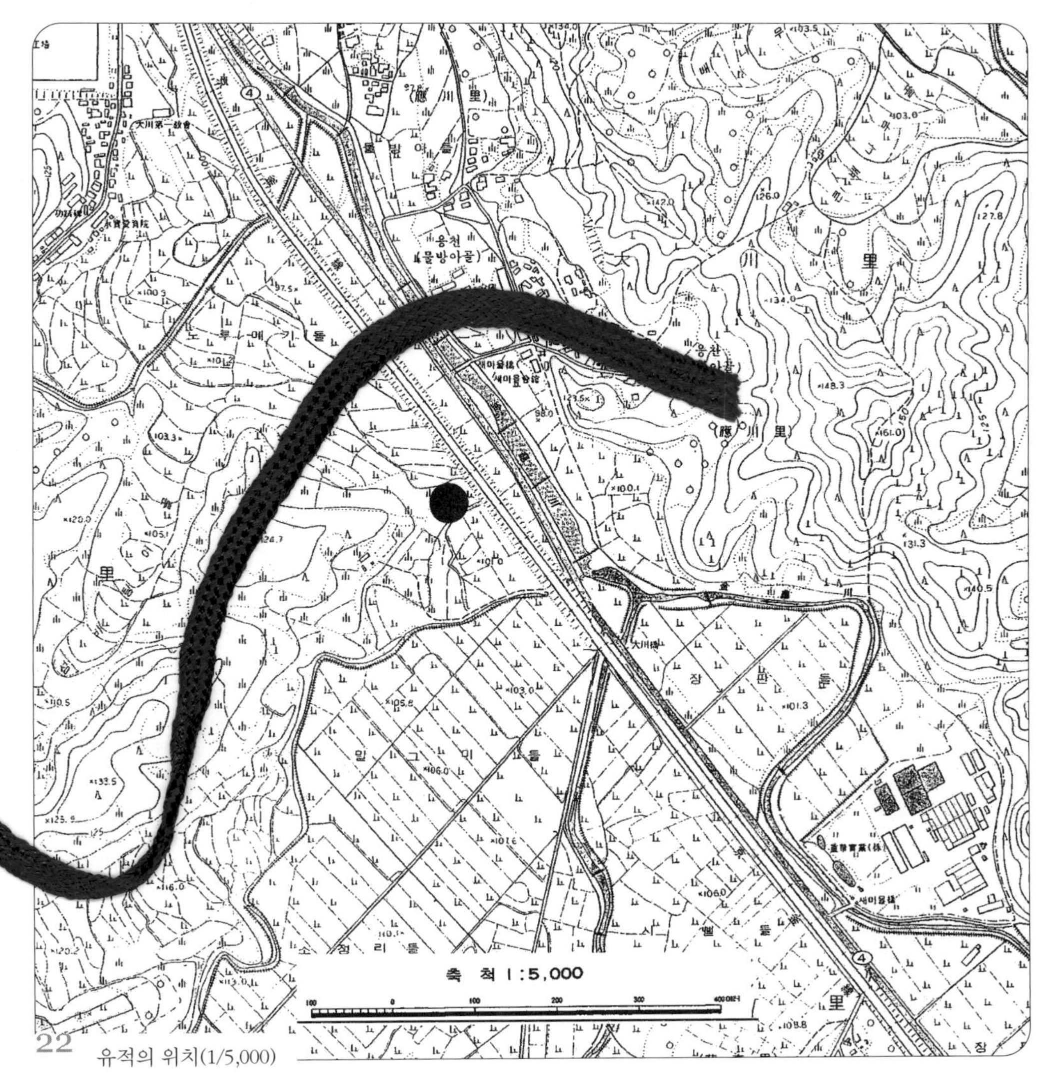

22 유적의 위치(1/5,000)

출토 위치 및 상태	종류
주거지 내부 토양 물체질	벼껍질(1)
	7.0/3.7/-
	쌀알(6)
	보리(4)
	5.2/2.1/
	밀(3)
	4.8/2.9/
	조
	삼
	-/-/2.6~3.2
	벌집
	종자미상 열매
	15/-/5~7
내부 토양시료 식물규소체	재배벼

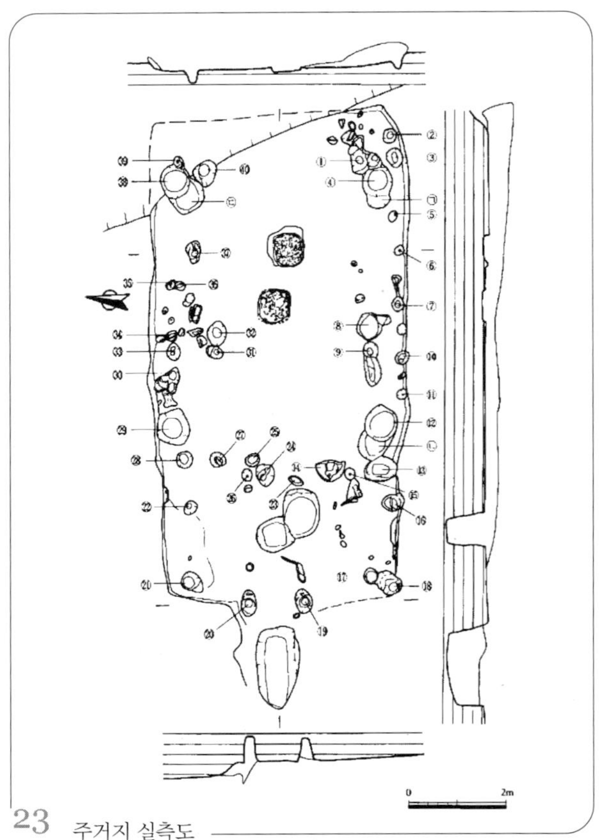

23 주거지 실측도

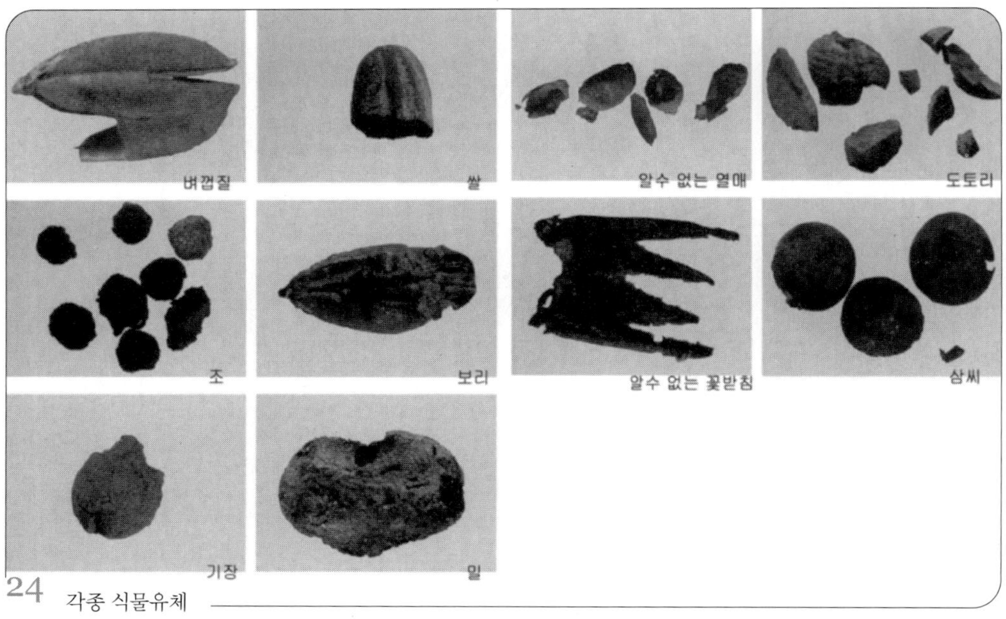

24 각종 식물유체

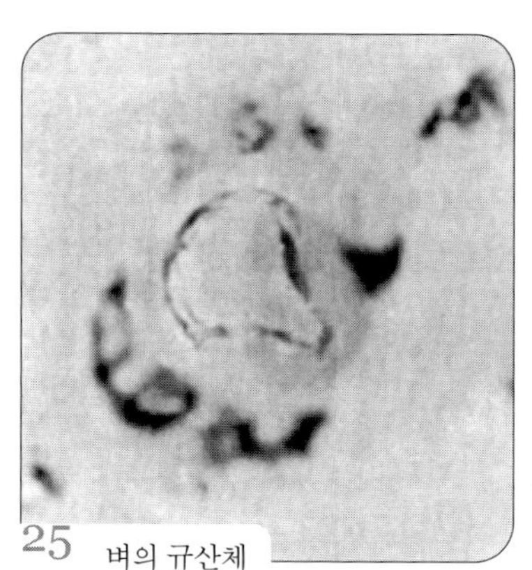

25　벼의 규산체

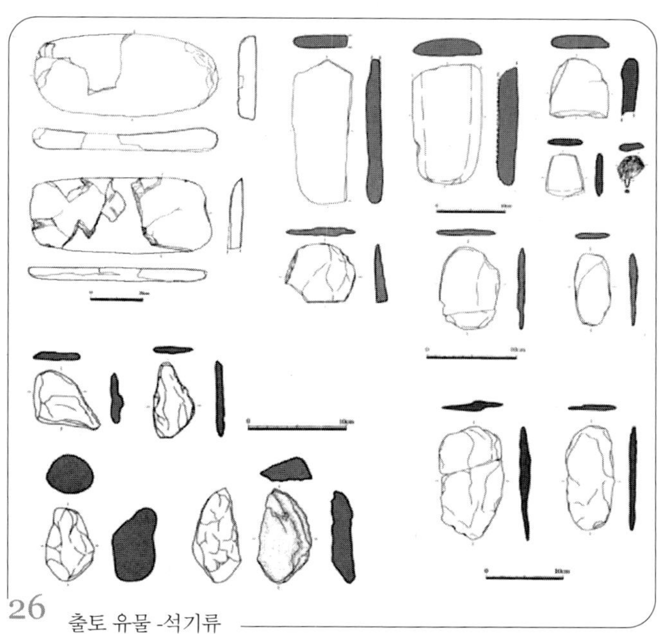

26　출토 유물 -석기류

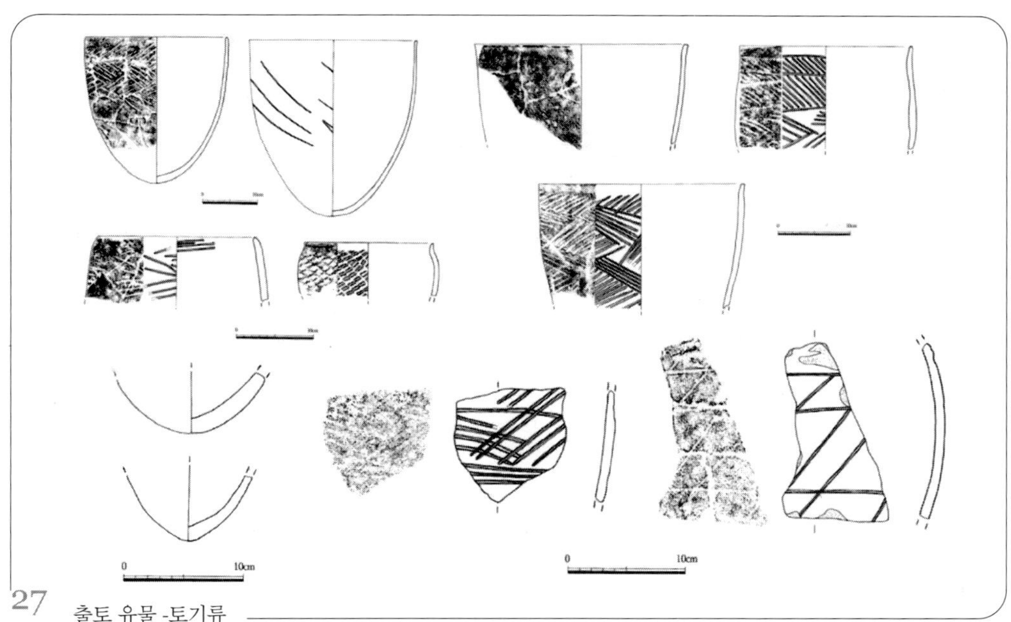

27　출토 유물 -토기류

⑽ 부산 동삼동유적

부산광역시 영도구 동삼동 750-5 · 6 일원에 속하는 동삼동패총 주변지역으로 유적의 정화 및 유물 전시관 건립계획을 추진함에 따라 1999년 5월부터 8월까지 발굴조사가 실시되었다. 이 과정에서 조사구간 내에 설치된 D. E 시굴갱에서 주거지 3기가 중복되어 있는 것이 확인되었고, 그 중 1호 주거지 상면에서 출토된 유물을 정리한 결과 조와 기장 등의 식물유체가 확인되었다. 채취한 토양시료는 약 20*l* 가량으로 *浮游法*을 적용하여 식물유체를 분리하고 동정한 결과 총 6종 131립이 확인되었다. 그 가운데 조와 기장은 각각 75립, 16립 등으로 동삼동 식물유체 중 70%를 차지하고 있었다(하인수, 2001). 한편, 조를 직접시료로 하여 측정한 AMS 방사성탄소연대는 4,590±100B.P.로 기원전 3,000년대 중반 이후에 편년되고 있다(李炅娥, 2007).

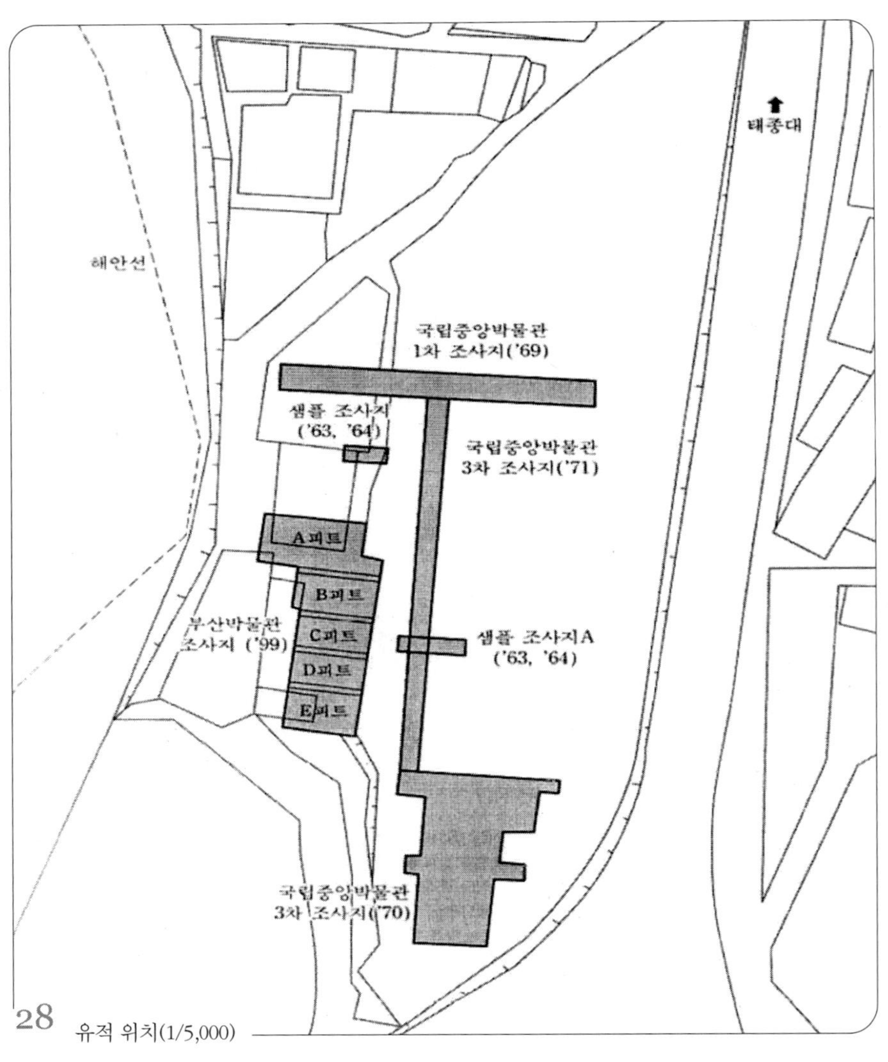

28 유적 위치(1/5,000)

29 1호 주거지 전경

단위 : mm

출토 위치 및 상태	종류
주거지 상면 소토	조(75)
	0.8~1.3/0.8~1.2/0.6~1.2
	기장(16)
	1.6~2.0/1.3~1.7/1.1~1.5
	불명종자

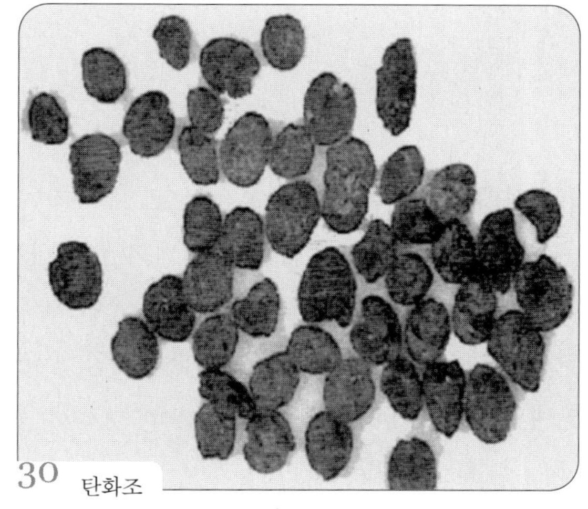

30 탄화조

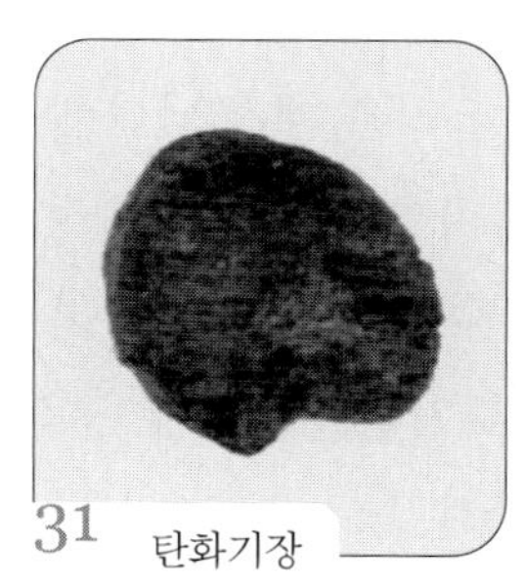

31 탄화기장

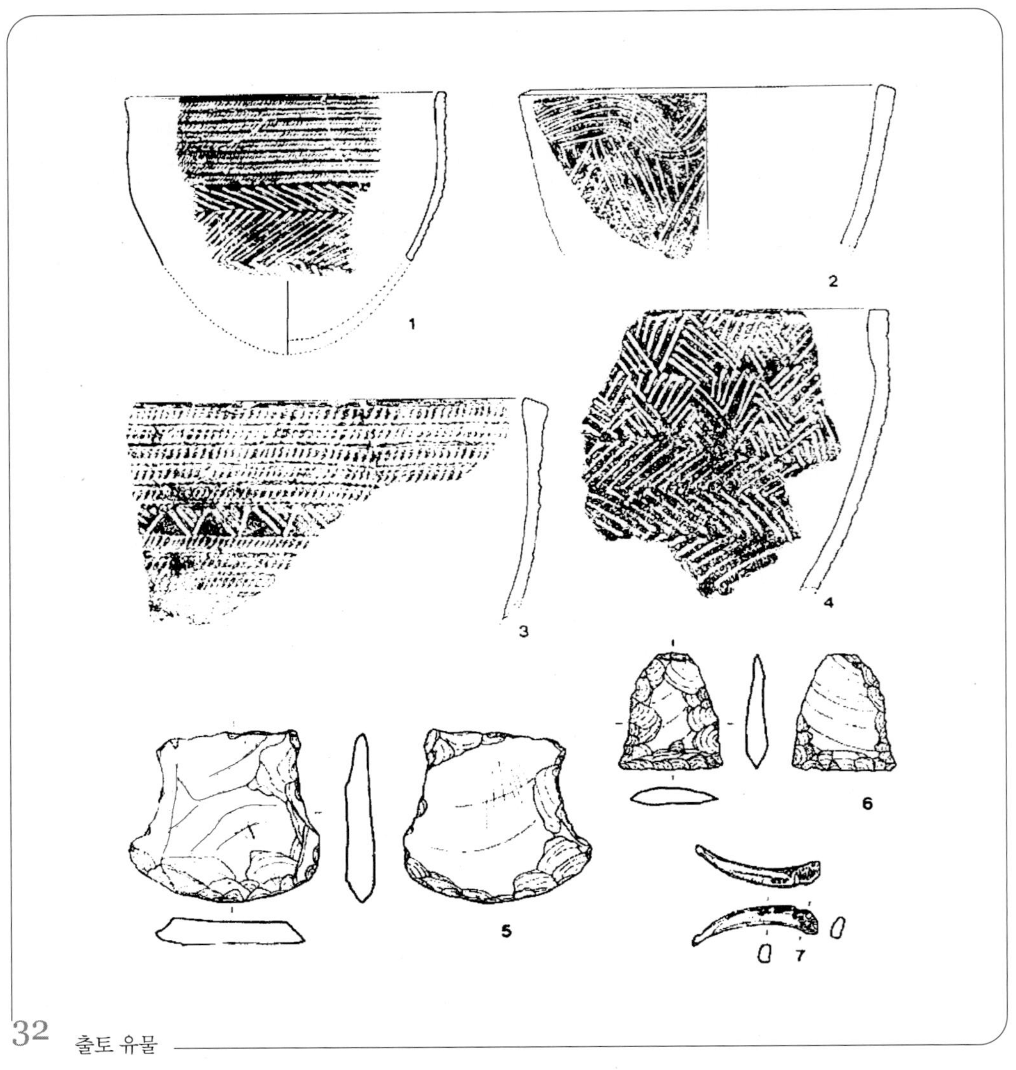

(11) 경남 김해 농소리패총유적

경상남도 김해군 주촌면 농소리에 위치한 신석기시대 패총유적으로 1964년 확인되었다. 유적은 패총 남단에 해당하는 A지구와 B지구, 삼매산 기슭의 C지구로 나뉘었으며, 이 가운데 조사된 유적은 B, C지구이다. 출토된 유물은 석부, 지석, 공이, 녹각제 찌르개, 뼈연모와 압인문 및 이중구연토기 등이다(부산대학교 박물관, 1965). 1993년 출토된 토기편을 시료로 분석한 결과 벼와 수수, 기장 등의 규산체(plant-opal)가 검출되었다(郭鍾喆·藤原宏志·宇田律徹朗·柳澤一男, 1995).

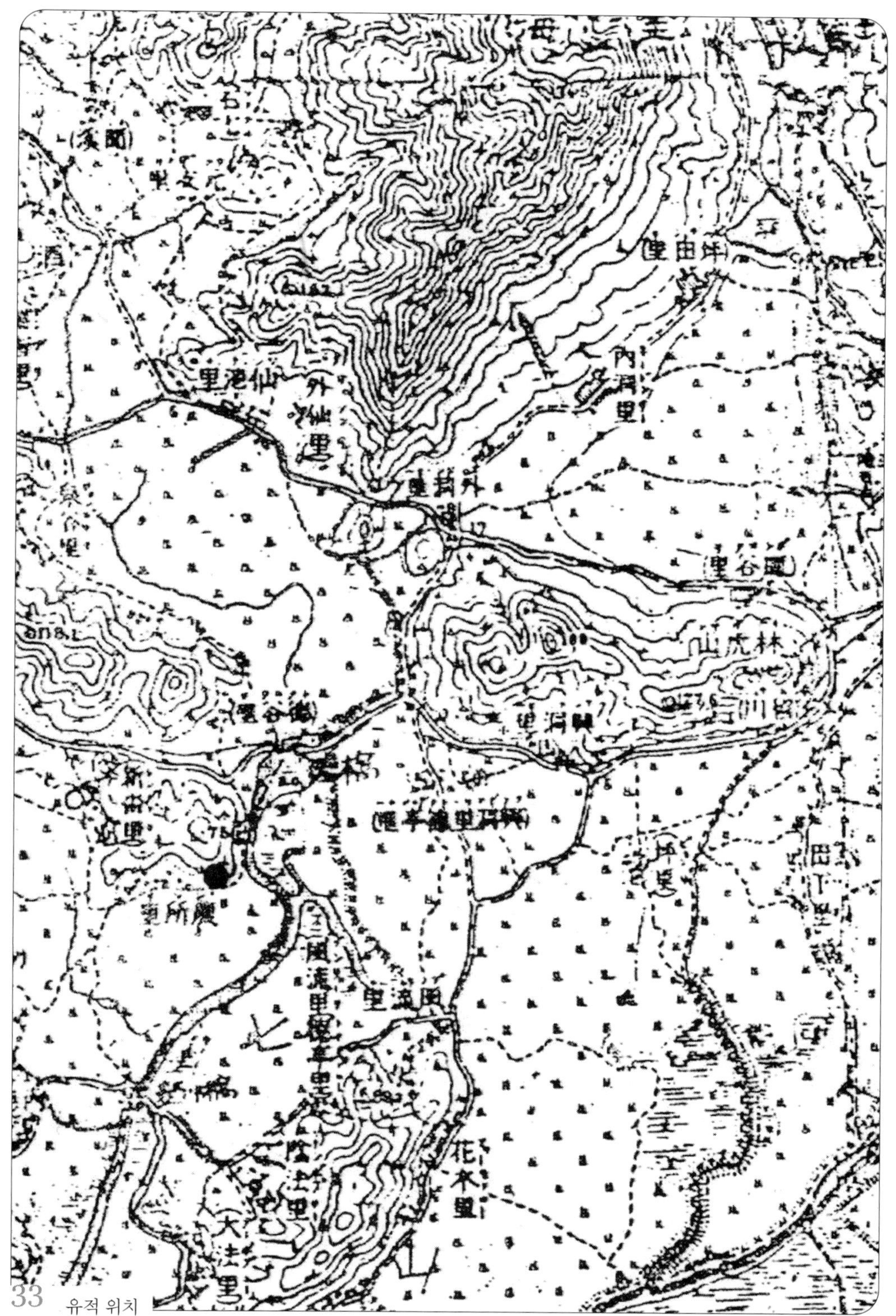

33 유적 위치

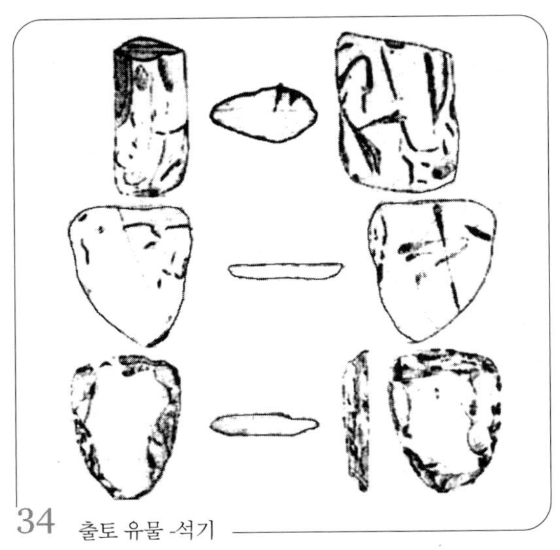
34 출토 유물 - 석기

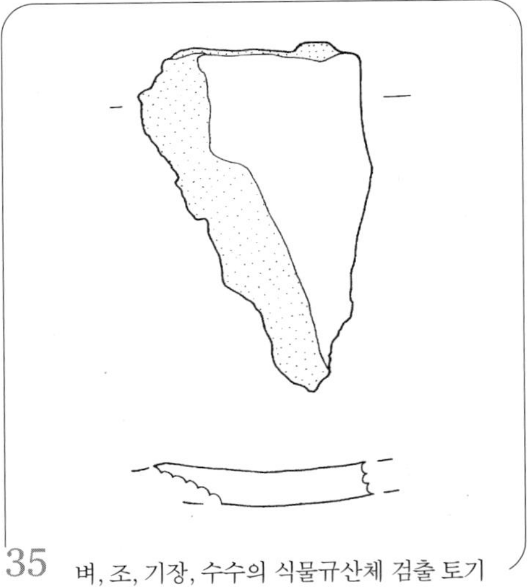
35 벼, 조, 기장, 수수의 식물규산체 검출 토기

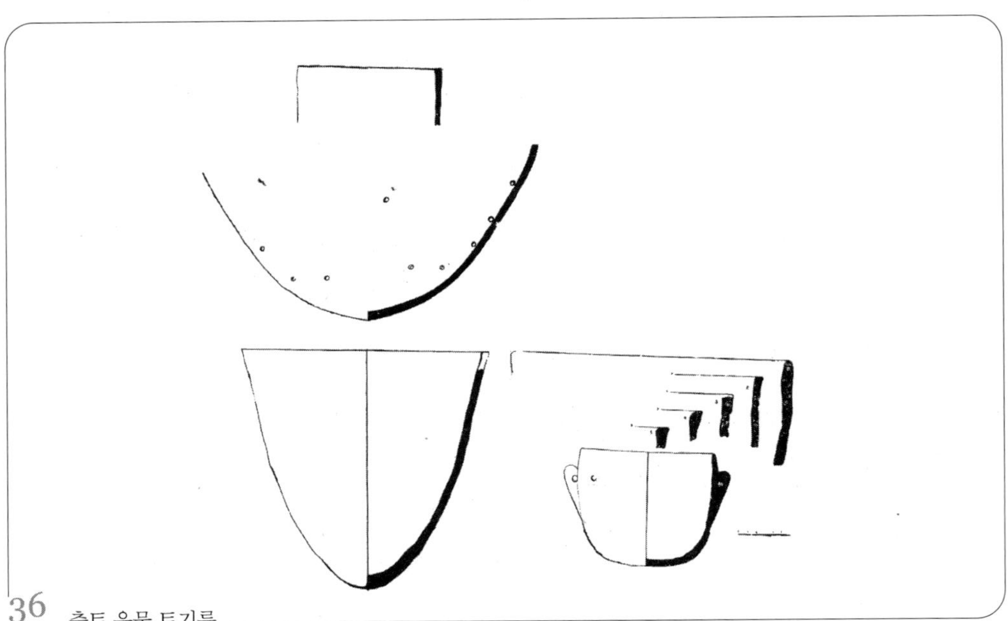
36 출토 유물 - 토기류

⑿ 경남 창녕 비봉리유적

경남 창녕군 부곡면 비봉리 44번지 일대의 양배수장 설치계획으로 조사된 패총과 하부 저습지유적으로 2004·2005년 김해박물관이 발굴하였다. 조사 결과 신석기시대의 패총과 소토유구, 야외노지, 도토리 저장공, 소형수혈 등이 확인되었으며 다량의 토

기류와 석기류와 함께 통나무 배, 그리고 식물유체가 확인되었다(任鶴鐘 外, 2008). 이
가운데 전기의 IV피트 제1패층과 중후기의 I 피트 내에 위치한 야외노지에서 탄화된
조가 각 1립씩 검출되었다(李炅娥, 2005).

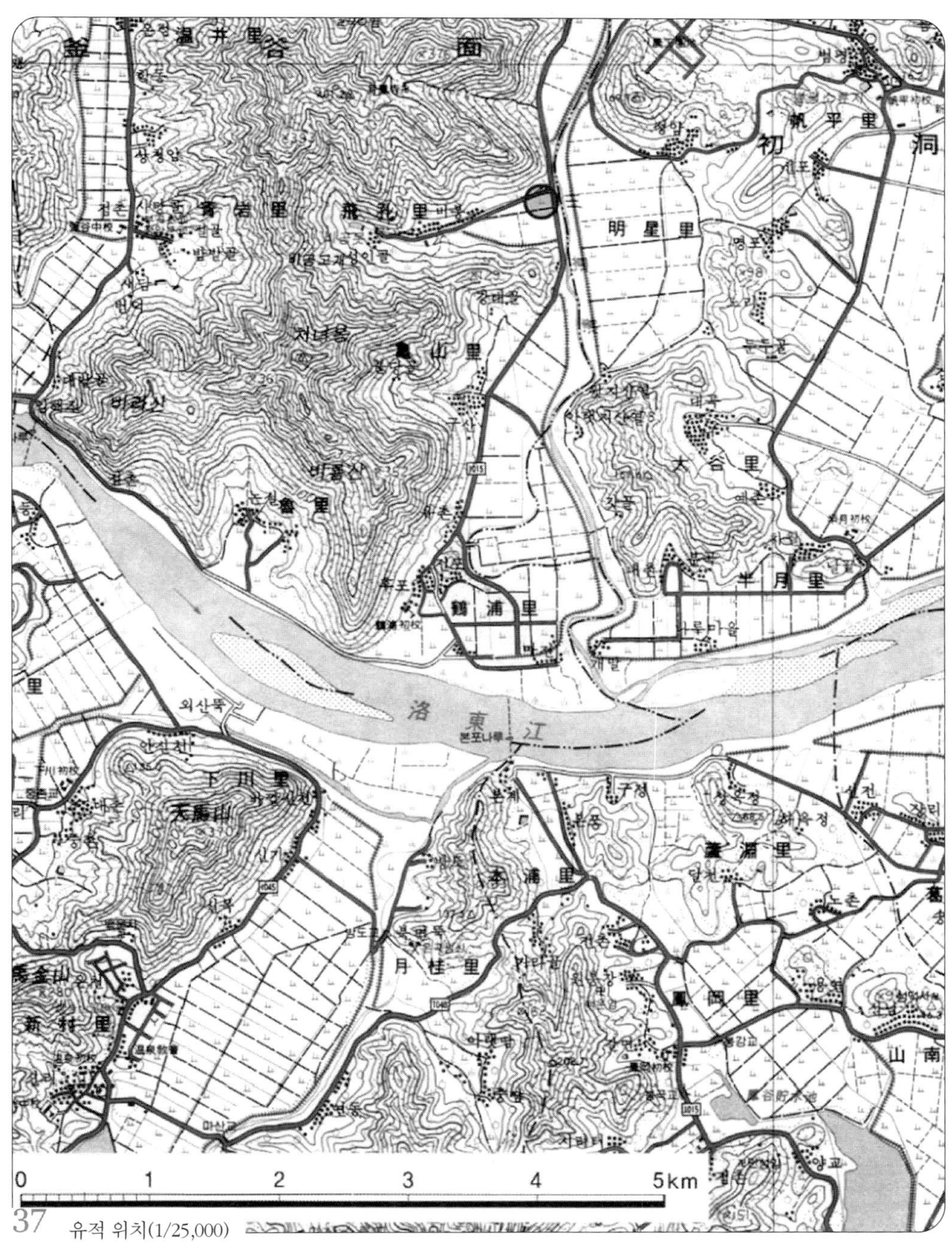

37 유적 위치(1/25,000)

N
A패총
신축배수장
교란구덩이
주거지
1pit
야1
소7
소6
저16
저9
저13
저12
저7
저8
저11
소1
저5
저10
야5
야3
소2
야4
저15
야2
소3
소4
저5
저4
저6
2pit
4pit
야6
저2
소5
저1
5pit
저14
3pit
1패총
2패총
0   5   10 m

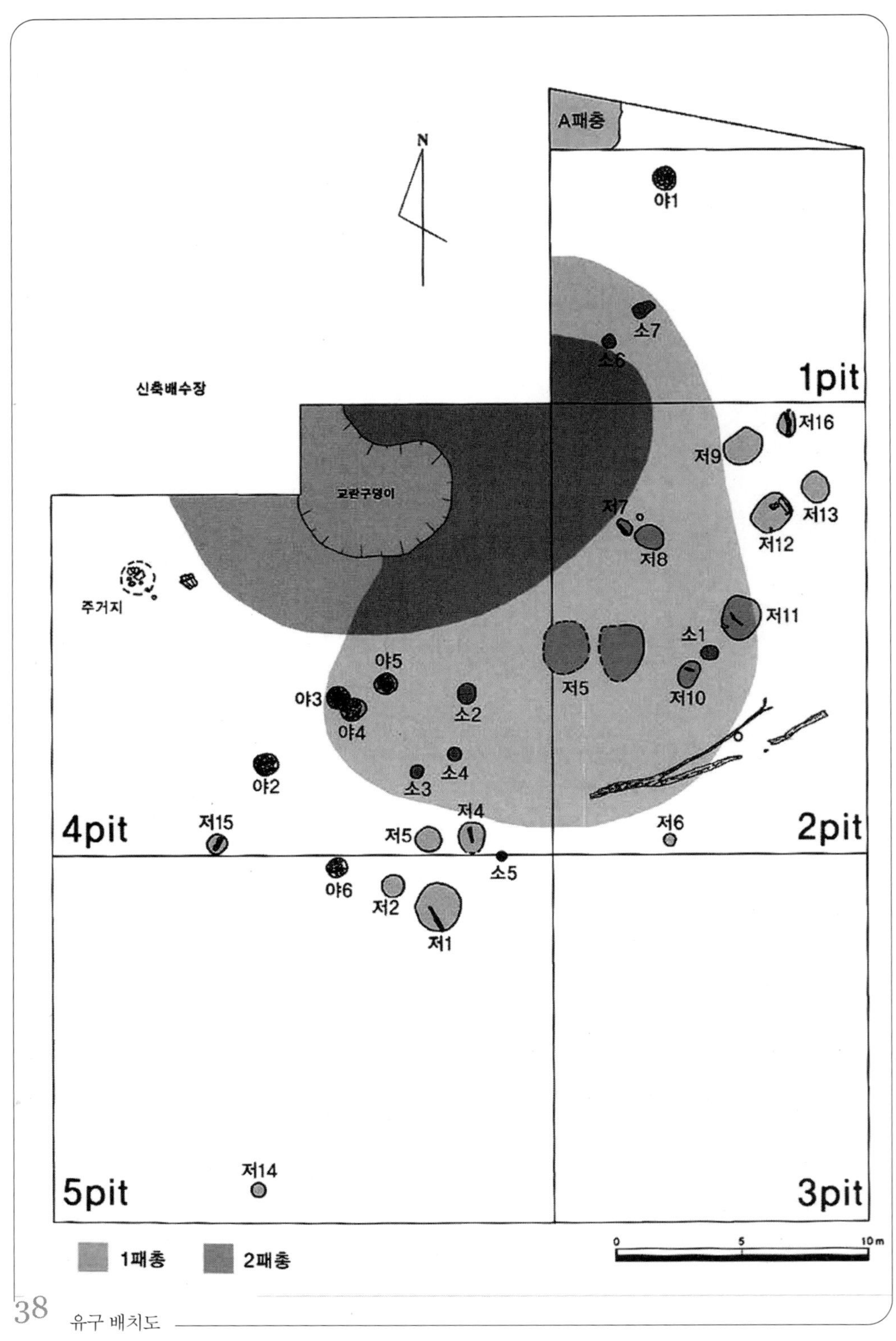

38 유구 배치도

⒀ 전남 나주 가흥리습원

영산강 중류지역의 강변충적대지인 濕原으로 1978년 지표하 6m까지의 퇴적토를 시굴하고 분석한 화분분석결과 벼화분이 검출되었다. 보고서는 지표하 6m 지점에서 벼화분이 검출되었으며, 지표하 1.3~1.5m에 위치한 회청색 유기질 점토층의 방사성탄소연대가 1500±90B.P.이므로 여기에 퇴적속도를 고려하여 적어도 3000b.p. 이전에 주변지역에서 벼 재배가 이루어졌을 가능성을 추정하였다(安田喜憲 外, 1980).

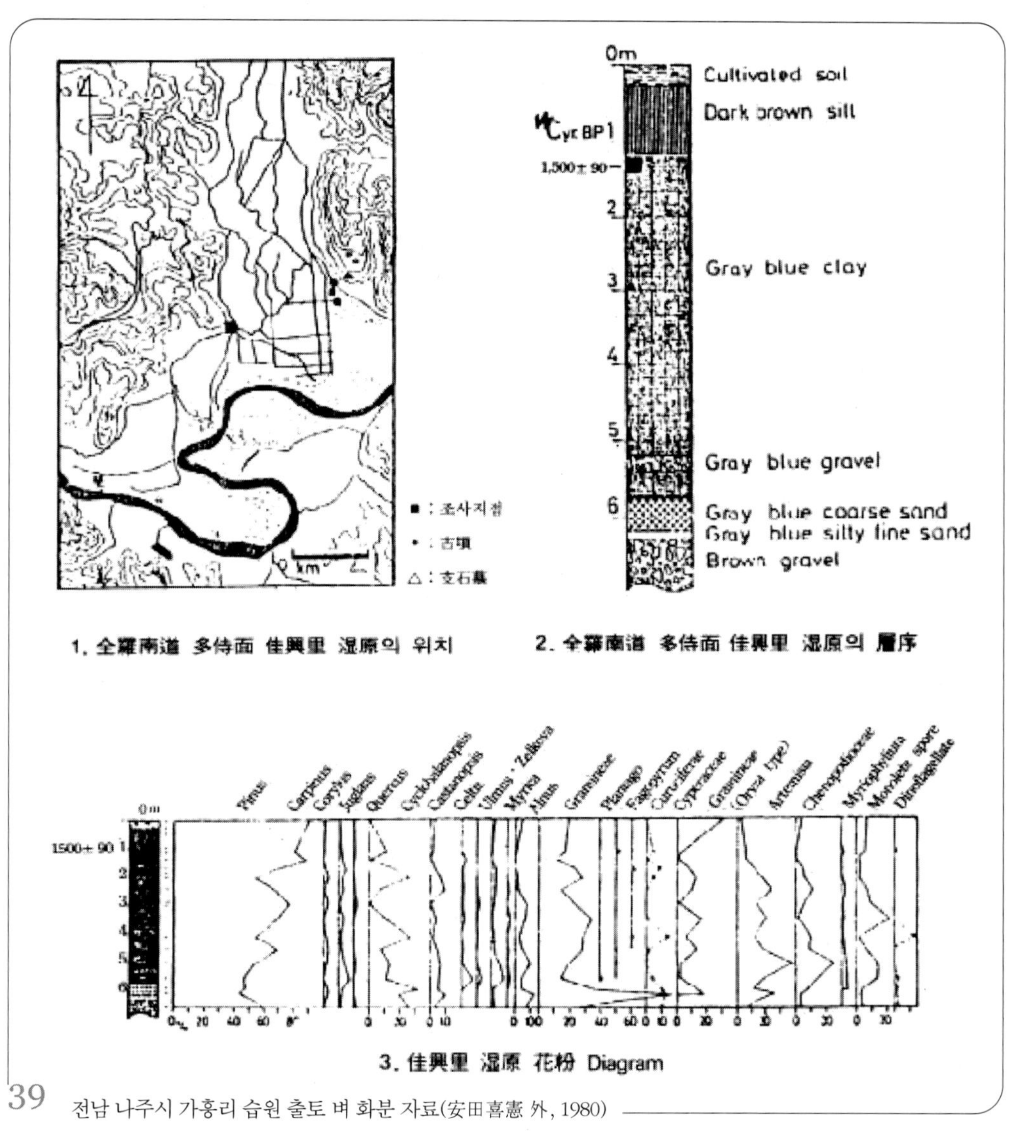

1. 全羅南道 多侍面 佳興里 濕原의 위치　　2. 全羅南道 多侍面 佳興里 濕原의 層序

3. 佳興里 濕原 花粉 Diagram

39　전남 나주시 가흥리 습원 출토 벼 화분 자료(安田喜憲 外, 1980)

2) 한반도 초기 농경의 성격

이상에서 살펴보았듯이 한반도 신석기시대 유적에서 확인된 곡물은 조와 기장, 그리고 벼 관련 식물유체가 주류를 이루고 있음을 알 수 있다. 남경유적과 지탑리유적, 그리고 마전리유적에서 조가 출토됨으로써 우리나라 신석기시대 중기 이후가 되면 북부지방에서는 중국 화북지역과 같이 밭농사에 의한 잡곡농사가 이루어졌다는 것은 분명해졌다(甲元眞之, 1973, 李賢惠, 1997). 이른바 궁산문화 2기에 해당되는 당시의 대표적인 농경도구는 돌삽이나 괭이, 그리고 골각기로 된 굴지구와 돌낫 등의 수확구가 있다.

남부지방에서도 밭농사와 관련된 곡물자료가 창녕 비봉리(조), 부산 동삼동(조ㆍ기장)과 김해 농소리(조ㆍ기장ㆍ벼)유적 등에서 점차 확인되고 있어(李炅娥, 2005), 한반도 초기 농경연구의 시공간이 크게 확대되는 상황에 놓여 있다. 특히 이경아는 동삼동유적에서 확인된 재배작물의 밀도와 절대연대를 근거로 신석기시대 중기에 남해안지방에서 조와 기장이 중요한 자원이었으며 내륙인 한반도 중북부지방은 더욱 이른 시기에 조와 기장이 재배되었을 가능성을 제기하였다(李炅娥, 2007). 이와 함께 창녕 비봉리유적에서 출토된 조에 대한 연대측정결과에 따라서 우리나라 초기농경의 시작이 신석기시대 전기로까지 소급될 수도 있게 되었다.

한편, 조와 기장을 중심으로 한 한반도의 초기 농경양상은 중국의 화북지방의 旱地農法이 요녕지방을 통해서 들어왔을 가능성이 많다. 이것은 각 유적에서 공반되는 갈판과 石鋤를 標識로 하는 농구조합상이 이미 지적된 바와 같이 요서지역 신석기문화와 관련된다고 보기 때문이다(安承模, 2007).

다음으로 현재까지 파악된 신석기시대의 초기도작 관련자료는 탄화미, 볍씨, 토기압흔, 농경도구로 대표되는 유물자료와, plant-opal 분석이나 화분분석과 같은 자연과학적 분석결과가 있다. 앞에서 살펴 본 것처럼 자료의 대부분이 유적에서 출토된 고고학적 자료이며, 근래에 들어서 자연과학적 분석에 의한 자료검출이 빈번해지고 있는 상태이다. 유적은 대체로 경기도 일산ㆍ김포ㆍ강화지역 등 한강 하류지역과, 충청 내륙지역, 그리고 영산강과 낙동강 주변지역에 분포하고 있음이 확인된다. 유적의 시기는 13,000년 전의 소로리유적(李隆助, 1999)을 제외하면 대부분이 신석기시대 중기 이후에 해당된다. 물론 이것은 보고된 자료를 그대로 인용한 것으로 공반유물의 부재, 강변에 위치한 자연퇴적층, 희박한 편년근거 등 해결되지 않는 부분이 존재하고 있다. 그러나 청동기시대가 되면 신석기시대에 비해 벼자료 관련 유적이 크게 증가할 뿐 아니라 청동기시대 전기 후반단계부터는 도작의 구체적인 증거인 논의 확인빈도가 높아지고 있어 도작은 보다 구체성을 띤다.

따라서 보고된 우리나라 초기 유적의 벼 자료를 당시에 현지에서 직접 재배되고 산출된 수확의 결과물로 보기에는 세심한 주의가 필요하다. 기원지를 중국에 두고 있는 도작은 양자강유역에서 시작되고 주변지역으로의 확산과 전파가 이루어지는 과정에서 외래작물로서 한반도로 유입된 것임을 상기할 필요가 있다. 그리고 우리나라에 벼자료가 어느 정도 들어오기 시작하는 출현시기와 도작이 본격적으로 시작되는 단계를 분리해서 2원적으로 접근해야 한다. 즉, 도작의 수용에 선행하여 산발적이든 그렇지 않든 간에 그것을 유도하게 한 등장의 단계가 존재한다. 왜냐하면, 전파에 의한 등장과 이후의 수용단계, 그리고 기술의 발전과 본격적인 확산에 이르는 각각의 단계 사이에는 일정한 적응기간이 필요하기 때문이다. 이것은 전형적인 밭농사에 의한 잡곡 생산단계에서 도작이라고 하는 새로운 농경기술의 선택과 정착화가 필연적으로 가져올 불안의 크기만큼 초기 단계의 적응은 장시간이 소비되었을 가능성이 높다는 지적과 궤를 같이한다(金壯錫, 2002). 적응기간, 소위 시험운용 기간은 새로 도입되는 기술이 가져올 위험도와 비용을 감소시킬 뿐 아니라 오히려 기존의 생계경제를 강화시키는 전략이기도 하다.

여기에서, 沃川 大川里遺蹟에서 보고된 탄화미는 공반유물이나 유구 등에서 주목되는 자료이다. 식물자료는 6粒의 탄화미와 함께 벼 껍질, 조, 기장, 보리, 밀, 삼씨, 도토리 등과 토양분석에서 검출된 plant-opal이 있으며, 菱形集線文을 비롯한 신석기시대 토기와 함께 갈돌, 갈판, 돌도끼, 숫돌, 굴지구 등이 공반되었다. 날이 넓은 사다리꼴의 소형 합인석부와 굴지구를 중심으로 한 석제공구의 조합상과 출토곡물을 살펴보면, 이 유적은 잡곡 중심의 밭농사단계에 위치하고 있음을 알 수 있다. 무엇보다도 동일한 주거지에서 탄화미를 비롯한 다양한 곡물자료가 유물과 함께 공반된 사실은 농경유적으로서 높은 신뢰도를 반영한다. 그러나 당시 도작이 생계에서 차지하는 비중은 극히 낮았을 것으로 판단된다. 유적의 생계는 출토된 식물자료에서 알 수 있듯이 조·기장·보리·밀 등의 잡곡농사를 통해서 안정화를 도모하였고, 여전히 도토리와 같은 견과류가 중심이 되는 채집이 유효하게 결합된 양상이었다.

이러한 양식은 우리나라 신석기시대의 이른바 농경유적에서 주로 언급되고 있는 현상이며(宋恩淑, 1998), 大川里遺蹟은 여기에 새로이 벼가 부가된 사례이다. 이러한 예는 이미 농소리패총에서 검출된 규산체가 조와 기장, 그리고 벼로 동정되는 것과도 연결되는 현상이다. 즉, 조와 기장 등의 밭농사체계에 벼가 결합되는 混作 양상은 신석기시대에서 지금까지 연결되는 전통적인 것으로 한반도 농경의 기본골격이라 하겠다. 이와 유사한 이른시기의 농경형태는 용산문화단계의 중국 山東省 楊家圈遺蹟(北京大學考古實習隊·山東省文物考古研究所, 2000)에서도 찾아볼 수 있다. 이 유적은 조와 기장으로 대표되는 화북지방의 粟作農業 단계에서 새로이 江南起源의 수도작이 부가되고 있을 뿐 아니라, 일부 석부와 석도 등의 농공구류에서도 우리나라와 유사성이 인정되고 있다.

그러나 대천리유적의 식물자료는 몇 가지 결함이 지적되고 있다. 예컨대, 보고된 맥류자료는 중국이나 시베리아보다도 빠르게 나타나고 있는데, 이러한 결과는 편년범위에서 벗어나는 것이어서 출토자료 자체에 대한 신빙성의 문제가 제기되고 있는 상태이다(安承模, 2007). 그럼에도 불구하고 벼자료에 국한하여 살펴보면, 그동안 신석기시대로 보고된 여느 자료와 달리 이 유적에서는 유물과 함께 공반됨으로써 설득력 있는 연대를 갖게 되었다. 이러한 자료의 특성과 더불어 적극적인 절대연대의 확보가 요청되고 있지만, 현 시점에서 한반도 벼자료의 초현시기는 적어도 기원전 3000年紀 중후반경으로 보는 것이 무방하리라 생각된다.

이와 함께 우리나라에서 벼자료의 출현과 도작의 등장, 발전, 그리고 집중화과정은 단계별로 매우 점진적이고도 연속적으로 진행된 것으로 판단된다.

2. 도작의 기원과 수용

1) 稻作의 기원과 확산

우리나라를 비롯한 동북아시아의 도작문화가 중국의 양자강유역에 기원을 두고 있다는 것은 재론할 여지가 없게 되었다. 비록 更新世에 야생벼가 존재하였다고 하더라도 그것이 아열대나 온대의 수생식물인 벼가 이 지역에서 재배벼로 발전하였을 가능성은 없다고 보기 때문이다.

중국에서의 도작은 야생벼의 작물화 과정으로 이해하여 고고학자뿐만 아니라 작물학이나 유전학을 비롯한 농학, 민속학의 오랜 연구대상이었다. 아시아 재배벼의 기원에 대해서는 이미 종합적인 정리가 이루어진 바 있다(許文會, 1991 및 安承模, 1999).

그동안 재배벼의 기원지로 거론된 지역은 중국을 비롯해서 인도, 동남아(타일랜드), 운남(버마-아쌤) 등지이다. 지금은 중국이 도작의 기원지라는 데는 대부분 동의하고 있으며, 중국기원설은 다시 雲南起源說과 華南起源說, 그리고 長江下流起源說로 요약된다. 운남기원설은 농학자들에 의해 거론되고 있는데 유전적·형질적으로 재배벼와 가장 근접한 야생벼의 분포지라는 데 근거를 두고 있다. 그러나 실제 벼 재배를 보여주는 유물이 출토되는 유적의 추정연대는 기원전 1,000년경으로 시기적으로 늦다. 화남기원설은 야생벼의 분포와 신석기시대 조기에 해당되는 출토 농구에 근거하여 기원전 8,000년경의 벼 재배 가능성을 추정하였으나, 당시 유적에서 발견된 재배벼가 없다는 한계가 있다. 장강하류기원설은 1973년 河姆渡遺蹟(浙江省博物館, 1978) 등 양자강 하류지역의 여러 유적에서 신석기시대 벼 유체가 확인되면서 본격적으로 거론되기 시작하였다. 이 일대는 강변의 충적평지로 물이 풍부하고 토지가 비옥할 뿐 아니라 沼澤地가 잘 발달되어 있고, 온난 습윤하여 현재도 야생벼가 넓게 서식하고 있다. 이와 함께 유적에서 출토된 최고의 탄화미와 재배에서 수확 및 가공에 이르는 각종 농구 등이 확인되어 도작 기원지로서의 조건에 부합되는 것으로 이해하고 있어 현재 양자강유역이 중국 도작의 발상지임을 부정하는 연구자는 거의 없다.

이와 함께 1980년대 양자강 하류에서는 羅家角遺蹟(羅家角 考古隊, 1981), 草鞋山遺蹟(日本文化財科學會, 1996)과 같이 도작과 밀접한 관련이 있는 앙소문화 단계의 신석기시대 유적이 확인되었다. 1990년대 이후에는 장강 중류와 회하 상류지역에서 河姆渡遺蹟보다 더 오래된 신석기시대 도작유적이 추가되었다. 기원전 7,500년경의 湖南 彭頭山遺蹟(裵安平, 1989), 기원전 6,500년경의 湖北 城背溪遺蹟, 그리고 裵李岡文化 단계의 河南 賈湖遺蹟(기원전 7,000년경)이 대표적이다. 이 유적들의 확인으로 중국 도작의 기원시기가 소급될 수 있었을 뿐만 아니라, 도작 기원지의 범위가 장강 하류에서 장강 중류, 그리고 회하 일대까지로 확대되는 계기가 되었다. 특히 2000년대 들어 장강하류에서는 절강성의 跨湖橋遺蹟과 浦江 上山遺蹟이 조사되면서 도작연구는 새로운 국면에 접어들었다. 浦江 上山遺蹟은 기원전 8,000년경으로 편년되는 중국 최고의 도작유적으로 도작의 기원이 신석기시대 시작단계로 소급된다는 단서를 열었다. 이 유적은 타제석기와 마제석기가 공반되고 태토에 벼 껍질이 다량 혼합된 저온소성의 붉은색 토기 등이 출토되어 이 유적이 구석기시대에서 신석기시대로 이행되는 초기단계, 즉 수렵과 채집, 그리고 농업복합적인 경제유형단계에 놓여 있음을 반영한다.

최근, 중국 도작연구에서 새로운 경향의 하나는 그동안 양자강 하류에 국한되었던 도작의 연구범위가 회하유역으로, 나아가 황하 하류와 중류에 이르기까지 점차 확대되고 있다는 점이다(이경아, 2006). 이 점은 회하유역의 상류지역에 위치한 賈湖遺蹟과 하류지역의 龍虯莊遺蹟을 통해 파악할 수 있다. 또한 황하지역은 건조농업지대로 도작의 존재는 사실상 부정되었지만, 최근 여러 유적의 조사에서 탄화미를 비롯한 벼 자료가 확인되면서 재고를 요하게 되었다. 황하 하류에 위치한 도작유적으로는 后李文化期의 月莊遺蹟(기원전 6,000년경)과 용산문화기의 校場鋪遺蹟, 棟林遺蹟이 대표적이다. 月莊遺蹟의 벼 자료는 황하 하류지역에서 적어도 기원전 6,000년대에 쌀을 식용하였다는 근거가 되고 있다. 황하 중류지역의 자료는 앙소문화 후기의 河南 羽林莊南遺蹟(기원전 3,000년경)과 定州市 大河村遺蹟(鄭州市文物考古硏究所, 2001), 南交口遺蹟(魏興濤 外, 2000), 그리고 용산문화 후기에 속하는 河南 李樓遺蹟(李璠, 1994) 등 점차 출토 유적 수가 증가하고 있는 실정이다. 그리고 산동지역에서는 楊家圈遺蹟과 兩城鎭遺蹟(欒豊實, 1997), 趙家庄遺蹟(燕東生·蘭玉富, 2006)이 알려지고 있다.

하지만 중국 북부지역에 위치한 이러한 유적은 야생벼의 분포권에서 벗어나 있어 기원연구보다는 도작의 전파와 확산의 관점에서 연구되어야 할 것이다. 출토된 대부분의 벼 자료가 조나 기장과 같은 乾作農業의 생산물과 함께 공반되고 있는 점은 교역 또는 교환물의 형태로 외부에서 유입되었을 가능성도 배제할 수 없다.

이상에서 살펴 본 바와 같이 중국에서의 도작의 기원 시기는 上山遺蹟이 기원전 8,000년경으로 가장 빠르고 그 중심지는 양자강 중하류지역이다. 근래에는 회하 상류의 賈湖遺蹟 등 점차 지역범위가 확대되어가는 경향이 나타나고 있다. 이와 함께 건조지 잡곡농경지대로 알려진 황하 중하류지역에서도 벼가 출토됨으로써 도작의 기원과 전파, 그리고 구체적으로는 수도작인 벼 재배기술에 대한 검토가 필요하게 되었다.

2) 초기도작의 수용경로

기원지를 중국 양자강유역으로 하는 초기도작이 어떤 경로를 통해 한반도에 수용되었는지에 대해서는 그동안 많은 연구자들의 견해가 발표되었으나 아직까지는 일치된 견해에 이르지는 못하고 있다(高倉洋影, 1992). 그 이유는 도작의 기원지인 중국에서 벼 자료의 축적에도 불구하고 이를 구체적으로 입증할 수 있는 재배경지, 곧 水田遺蹟에 대한 조사가 본격적으로 이루어지지 않고 있기 때문이다.

　　그동안 거론된 한반도 도작 유입경로는(沈奉謹, 1991 및 許文會, 1991), 크게 양자강 하구의 강남지방에서 또는 淮河일대에서 직접 황해를 건너 한반도 서남해안에 도착한다는 渡海說과 산동반도-요동반도를 거쳐 육로로 한반도 북서부로 유입된다고 하는 陸路說 등으로 요약할 수 있다. 그러나 필자는 도작전파루트의 규명이 일본열도를 중심으로 전개되어 온 그동안의 과정에서 탈피하고 최근 한국과 중국의 도작자료의 출현 및 전개과정에 대한 연구성과에 근거하여 淮河渡海說과 廟島群島經由說로 압축하고자 한다. 이러한 구분의 근거는 중국의 도작전개과정에서 회하유역이 비교적 빠른 시기에 기원지적 성격을 보이고 있을 뿐 아니라, 한반도 서남부지역과 장강 하류역의 강남과는 벼자료를 비롯한 고고학적 자료, 당시의 항해술 등에서 직적접인 관련을 찾아 볼 수 없기 때문이다. 즉, 양자강 하류에서 시작된 도작은 기원전 7,000~기원전 5,000년경의 裴李崗文化 시기에 양자강 중류에 이르고 동북으로 산동반도 남부에 가까운 江蘇省으로 확산되고 있다. 강소성의 도작유적은 馬家浜文化期(기원전 4,500~기원전 3,700)의 海安靑墩遺蹟(南京博物院, 1983)과 동시기의 靑蓮崗文化期에 속하는 高郵 龍虯庄遺蹟 및 龍山文化期의 贛愉 鹽倉城遺蹟이 대표적이다(嚴文明, 2000). 그리고 산동성 동남부 지역에 위치한 兩城鎭遺蹟과 趙家庄遺蹟의 주거지에서도 탄화미가 출토됨으로써 도작 전파경로 추정에 중요한 자료가 되고 있는 것이다.

　　淮河渡海說은 산동반도 동남부 회하일대에서 황해를 직접 건너 한반도 중서부지역으로 연결되는 이른바 渡海說이다(박태식 외, 1996). 신석기시대 중국 및 한반도 사이에 황해를 건너 사람과 물자의 직접적인 이동을 의미한다. 이 견해는 일산지역을 비롯한 김포일대에서 확인된 벼자료에 근거를 두고 있고 보고된 시기는 일견 整合性이 인정되지만, 양 지역간 초기도작을 시사하는 고고학적인 물질문화의 이동근거는 매우 희박하다.[3] 즉, 半月形石刀, 支石墓, 有段石斧, 櫛文土器의 일부 기형과 문양 등과 같은 신석기시대 이후 요동반도와의 교류양상은 한반도에서 확인되고 있지만, 이를 산동반도나 강남지역과 직접적으로 관련시켜 볼 수 있는 문화요소는 거의 알려진 바 없기 때문이다(安承模, 1993). 추후 자료의 증가를 기다려 볼 수 있으며 따라서 가능성을 열어 두고자 한다.

　　다음 廟島群島經由說은 산동반도에 도달한 벼농사가 북부에서 발해만을 건너 遼東

3　그러나 철기 개시기를 전후한 시기가 되면 산동반도와 한반도 북서부 지역간 渡海를 통한 직접교류의 가능성은 매우 높다.

半島를 경유한 뒤 한반도 북서부지역으로 유입되는 경로이다. 이 경로의 특징은 산동반도와 요동반도의 사이의 廟島群島를 경유한다는 것이다. 산동반도 북단에서 요동반도 남단의 老鐵山間에는 廟島群島가 위치하는데, 이 섬들 중 가장 북쪽인 北隍城島와 노철산과 거리는 40km 정도로 사람이나 물자의 이동이 비교적 용이하다는 데 근거를 두고 있다. 이 경로 주축은 산동반도의 楊家圈遺蹟에서 검출된 기원전 2,400년경의 벼 자료이다. 그리고 최근 구체적으로 논의되고 있는 廟島群島의 문화상과 함께 근래에 밝혀지고 있는 大嘴子遺蹟에서 출토된 탄화미(游修齡, 1991)와 文家屯遺蹟(宇田津徹郎, 2004)에서 벼 plant-opal의 검출과 더불어 요동반도 일대의 고고학적 성과에 근거를 두고 있다. 예컨대, 楊家圈遺蹟을 비롯한 산동의 도작농업은 강남지역에서 江蘇省 북부를 거쳐 들어 온 水稻作이며, 이와 함께 하남과 하북지역으로 전파된다. 이들 지역은 大汶口文化 단계의 선사시대에도 유사한 문화요소가 나타나고 있다. 특히 산동지역 용산문화시기에 속하는 兩城鎭遺蹟, 趙家庄遺蹟, 棟林遺蹟 그리고 楊家圈遺蹟 등의 植物種實分析結果는 중요작물로서 조와 기장, 그리고 벼가 재배되고 있으나, 동시기 산동반도 서부의 황하유역에 위치한 校場鋪遺蹟에서는 중심작물로 조가 재배되고 있음을 보여준다(趙志軍, 2007). 이것은 淮河一帶가 도작중심지임에 비해서 용산문화단계의 산동지역은 지역에 따라 상이한 곡물생산 유형, 즉 조와 기장 등 밭작물 중심형과 여기에 논작물로서 벼를 재배하는 稻旱混作形으로 존재하고 있었다는 것이다(欒豊實·濱名弘二 譯, 2004). 이러한 혼작유형은 한반도에서의 초기 도작유적의 유형과도 동일한 양상이다.

한편, 요동반도는 신석기시대부터 산동반도와 밀접한 문화적 관계에 놓여 있었음은 이미 알려져 있다. 지금으로부터 4,500년 전경의 龍山文化와 小珠山上層文化 시기에 요동반도에 미친 산동반도의 영향은 매우 크게 확대되어 토기는 黑陶와 흑갈색의 折沿罐環足器, 豆, 罐 등 산동반도의 용산문화와 거의 유사하게 일치되어 가는 경향을 보인다(王錫平, 2004). 그리고 산동반도의 大汶口文化 및 龍山文化 단계의 수확구와 기경구로 구성된 석기류와 각종 토기류 등은 요동반도 남단의 大蓮地區에서도 유사한 양상으로 발견된다. 이러한 영향은 산동반도와 요동반도 사이에 위치한 묘도군도를 통해서 이루어지는데 실제 묘도군도에는 산동반도의 문화단계와 같은 유형의 유적이 분포하고 있고, 일부 지역에서는 요동반도 영향도 발견되고 있다.

한편, 요동반도 남단의 문가촌유적은 기원전 2,000년경에 해당되는 요동반도 끝단에 위치한 유적으로, 최근 유적에서 출토된 붉은 소토에서 벼의 plant-opal이 검출되었

다. 이 자료는 시기적으로
산동의 楊家圈遺蹟과는
병행하지만, 인근의 大嘴
子遺蹟에 비해서는 1천여
년이나 앞선다. 따라서 요
동반도에서의 도작 확산
시기는 더욱 소급되어질
가능성이 높아졌다. 大嘴
子遺蹟의 F3호 주거지에
서는 곡물이 壺形土器에
담겨 탄화된 상태로 출토
되었으며, 분석결과 탄화
미와 기장으로 판명되었
다(大連市文物考古硏究
所, 2000). 유물은 大嘴子
遺蹟의 1기 단계에서는 산
동반도 용산문화 요소인
杯와 豆 등이 반영되고 있

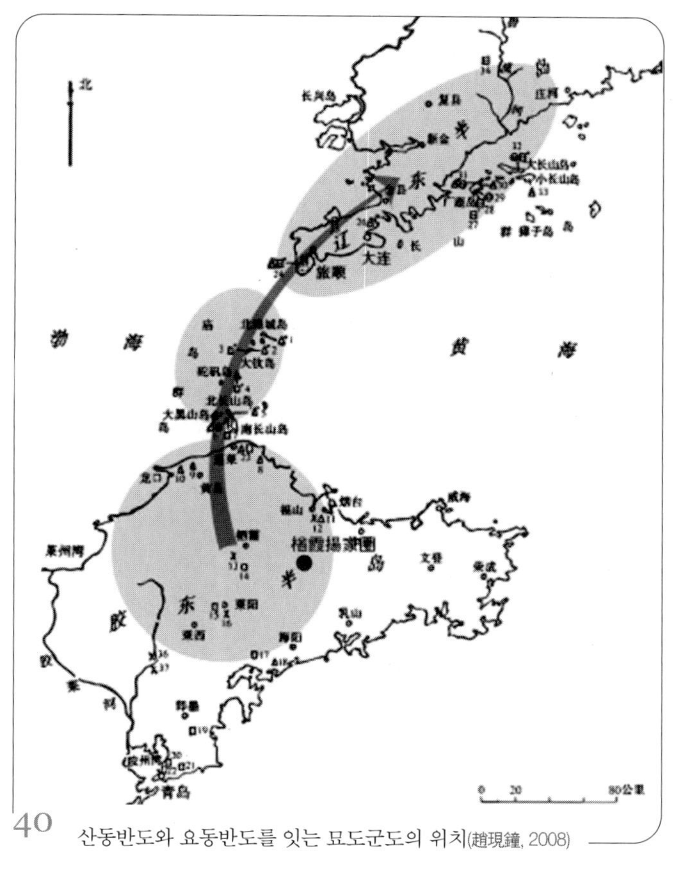

산동반도와 요동반도를 잇는 묘도군도의 위치(趙現鐘, 2008)

으며, 2기 단계가 되면 토기양상은 대부분 산동반도의 岳石文化와 흡사해진다. 산동반
도의 岳石文化인들이 廟島群島를 통교함으로써 발생한 양상으로 해석해야 한다는 견
해가 제시될 만큼, 岳石文化는 이미 大嘴子遺蹟 2기 단계에 절대적인 영향을 주고 있는
것이다(王錫平・李步靑, 1990). 기장과 함께 출토된 탄화미는 북위 39°선에 해당되는
최북단의 것으로 그동안 공백으로 남아 있었던 동북지방의 도작연구의 획기적인 자료
가 되었다. 동시에 도작이 강남에서 출발해서 회하를 거쳐 산동반도에 도착한 뒤 묘도
군도를 지나 요동에 이른다고 하는 전파경로의 구체적인 근거를 제공했다. 3기층의 연
대가 기원전 1,000년경으로 추정되기 때문에, 楊家圈遺蹟의 자료와는 일천년 정도의
시기차를 나타내고 있다. 하지만 도작의 전파경로를 알 수 있는 중요한 유적이며, 앞으
로 이른 시기의 벼관련 자료가 발견될 가능성이 높다.

　요동지역은 반월형석도나 지석묘, 유단석부, 그리고 서포항 2기 및 궁산 1기의 토기
등 신석기시대 이후의 한반도 문화요소와의 관련성은 이미 거론된 바 있다(安承摸,

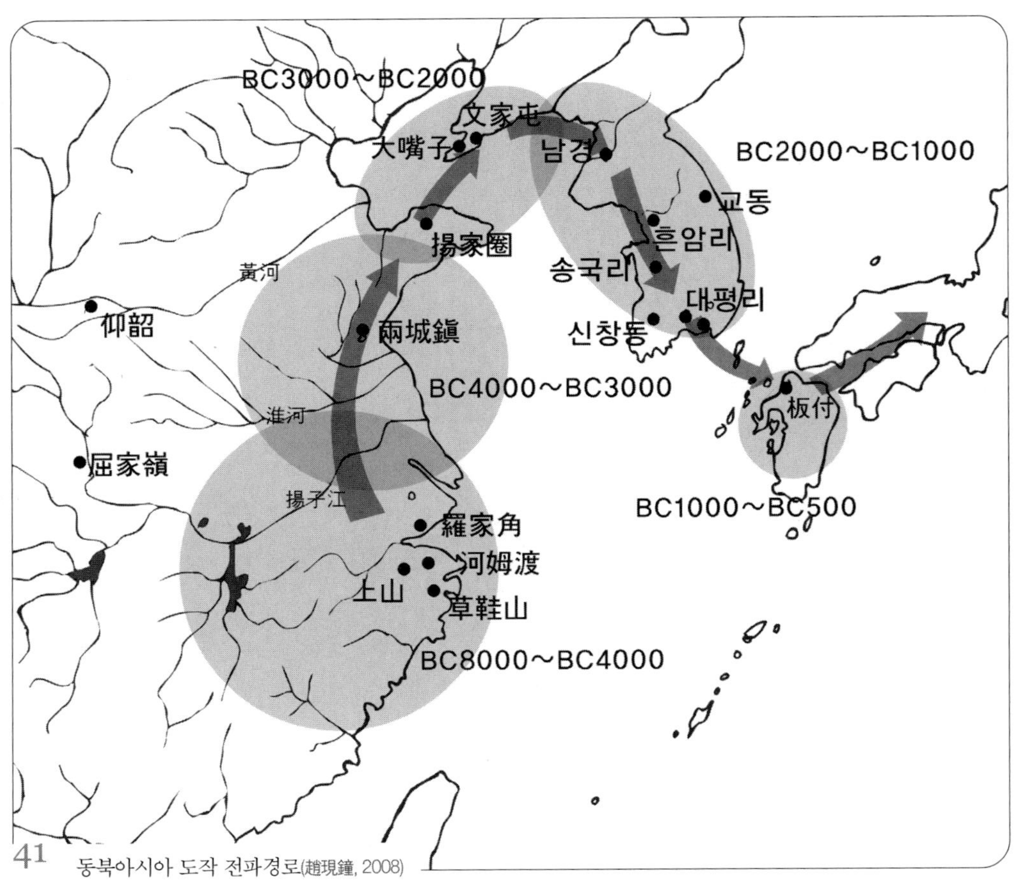

41 동북아시아 도작 전파경로(趙現鐘, 2008)

2000). 大嘴子遺蹟의 벼 자료가 검출되기 이전에 요동반도가 한반도 도작의 유입경로로 거론된 것은 이러한 고고학 자료에 근거한 것이다. 이것은 도작유입 이전 시기인 기원전 4,000년~기원전 3,000년 초반 경에 요동 지역에서 발전한 조와 기장을 위주로 한 밭농사가 한반도에 유입되는 것을 통해서도 증명된다. 문화의 전파와 수용이 단선적인 경로에 의해서 설명될 수 없다는 것은 당연하다. 하지만, 지금까지의 고고학적 자료에 근거하여 보면, 한반도의 도작 수용경로는 산동반도와 묘도군도 및 요동반도를 경유하여 한반도에 유입된 것으로 판단된다. 이는 그림 41과 같이 단계별 전파과정으로 요약할 수 있다. 이와 같은 경로는 기본적으로 신석기시대 이후 청동기시대에 이르는 단계의 초기유형으로 볼 수 있으며 점차 황해 횡단이 이루어지면서 다양한 전파경로를 통해 중국과의 교류가 이루어진 것으로 판단된다. 그리고 이의 연장선상에서 일본의 도작농업은 한반도에서 파급되었다고 보는 것이 일반적이다(後藤直, 1984, 高倉洋影, 1992).

3. 要約 - 초기농경과 도작의 수용

 한반도 초기농경은 중국의 화북과 요동지역 旱地農法에 의한 조와 기장을 주축으로 하는 밭작물이 중심이다. 그 시기는 지탑리유적 등에서 보는 것처럼 신석기시대 중기에 북서부지방에서 먼저 시작되며 이어서 지역적 확산이 이루어지는 것으로 파악되어 왔다. 그러나 최근 식물고고학적인 접근이 이루어지면서 남부지방에서도 중기 이후의 시기에 해당되는 출토유적의 수가 증가하고 있어, 밭농사의 확산은 이미 이전 시기에 이루어졌을 가능성이 제기되고 있으며 창녕 비봉리유적에서와 같이 전기로 소급될 가능성도 높아지게 되었다. 그러나 밭농사의 구체적인 근거인 밭유구가 청동기시대의 유적에서는 확인되고 있지만, 신석기시대 유적에서는 검출예가 없어 어려움이 있다.

 한편, 외래작물인 벼자료가 신석기시대 중기 이후의 지역에서 꾸준히 증가되고 있지만, 그것을 도작의 증거로 보기에는 무리가 따르고 있다. 앞선 시기로 보고된 유적이 대부분 강변 퇴적지로 유물과 유구가 공반되지 않아 적극적인 수용이 어려운 상황이다. 옥천 대천리유적은 유구 및 관련 유물과 함께 벼껍질 및 탄화미와 함께 조, 기장, 보리, 밀, 삼씨, 도토리, 그리고 토양분석에서 벼 plant-opal이 검출됨으로써 양호한 자료를 제공하였다. 이로써 한반도 벼자료의 출현기를 기원전 3000년기 중후반경으로 추정하는 근거가 되고 있지만, 여전히 연대측정 등 보완이 이루어지면 우리나라 도작개시에 대한 중요한 단서를 제공할 가능성이 높다. 그러나 당시 도작이 생계에서 차지하는 비중은 극히 낮았을 것으로 판단되며 이는 청동기시대에도 크게 개선된 것으로 생각되지는 않는다. 당시의 생계는 출토된 식물자료에서 알 수 있듯이 조·기장·보리·밀 등의 잡곡농사를 통해서 안정화를 도모하였고, 여전히 도토리와 같은 견과류가 중심이 되는 채집이 유효하게 결합된 양상으로 생각된다. 이와 같은 조와 기장 등의 밭농사체계에 벼가 결합되는 混作 양상은 신석기시대에서 최근에 이르기까지 연결되는 한반도 농경의 기본골격이라 하겠다. 중국의 중국 山東省 楊家圈遺蹟의 농경형태도 이와 유사하며 조와 기장으로 대표되는 화북지방의 粟作農業 단계에서 새로이 江南起源의 수도작이 부가되고 있을 뿐 아니라, 일부 석부와 석도 등의 농공구류에서도 우리나라와 유사성이 인정되고 있다.

 한반도에 수용되는 도작은 기원지인 양자강유역에서 시작되어 북향하여 산동과 요동을 거치는 경로가 설득력이 있다고 판단된다. 그리고 전파과정에는 일정한 단계가 있으며, 또 각 단계 사이에는 상당한 시간이 소요되었음을 알 수 있다. 각 단계별 지역의 물질문화의 내용을 총괄하면, 강남과 회하지역, 회하와 산동지역, 산동과 요동지역, 그리고 요동지역과 한반도는 같거나 유사한 특징을 공유하고 있다. 그러나 인접지역의 단계를 건너뛰게 되면 거리와 시간에 비례하여 문화요소의 상호 관련성은 낮아지고 있다. 즉, 한반도에서 원거리에 위치할수록 문화요소의 유사성은 찾아보기 힘들게 되는 것이다. 그것은 각 지역의 자연환경과 문화적 전통에 차이가 있고, 초기단계에서 전파의 핵심이 농경지와 결합된 농민의 이동이 아니라 기술과 정보의 전수로 이루어졌기 때문인 것으로 생각된다. 더구나 중국의 완성된 旱地農業地帶인 華北地方에서 水稻作이 차지하는 비율과 생산성은 높지 않았을 것이다. 따라서 재배경험의 축적과 기술의 전파는 매우 제한되었고 그 결과 전파의 속도가 遲滯된 것으로 생각된다.

●참고문헌●

Child V. Gordon, 1950, "The Urban Revolution", *Town planning Review21*.

Jason W. Smith, 1976, "The Agricultural Revolution", *Foundations of Archaeaology*, pp.348~368. California State University, Los Angeles.

甲元眞之, 1973, 「朝鮮の初期農耕文化」『考古學研究』73, 考古學研究會.

高倉洋影, 1992, 「稲の來た道」『季刊考古學』37, 雄山閣.

郭鍾喆·藤原宏志·宇田律徹朗·柳澤一男, 1995, 「新石器時代 土器胎土에서 검출된 벼의 plant-opal」 『韓國考古學報』第32輯, 韓國考古學會.

具滋振, 2003, 『옥천 대천리의 신석기시대 집자리에 대한 연구』, 한남대학교대학원 석사학위논문.

國立中央博物館, 2006, 『한국 선사유적 출토 곡물자료 집성』, 동북아 선사문화 연구총서.

金權九, 2003, 「靑銅器時代 嶺南地域의 生業과 社會」, 嶺南大學校 博士學位論文.

김동일, 2003, 「마산리유적 발굴보고」『마산리, 반궁리, 표대유적발굴보고』, 백산자료원.

김용간·석광준, 1984, 『남경유적에 관한 연구』, 과학·백과사전출판사.

金壯錫, 2002, 「남한지역 신석기-청동기시대 전환 : 자료의 재검토를 통한 가설의 제시」『韓國考古學報』 48, 韓國考古學會.

김정희, 1997, 『우리나라 선사시대 벼농사의 새로운 연구 -한강유역 토기 바탕흙에 식물규소체 분석 자료를 중심으로-』, 충북대학교대학원 석사학위논문.

南京博物院, 1983, 「海安靑墩遺蹟」『考古學報』第二期, 農業出版社.

野口彌吉 鄭容福 譯, 1989, 『農學槪論』, p.15.

大連市文物考古研究所, 2000, 『大嘴子』, 大連市文物考古研究所.

도유호, 1961, 『지탑리원시유적발굴보고』유적발굴보고 제8집, 과학원출판사.

佟偉華, 2004, 「胶東半島與遼東半島原始文化的交流」『胶東考古學研究文集』, 烟台市博物館·烟台市文物管理委員會.

藤原宏志, 1998, 『稻作の起源を探』, 岩波新書.

羅家角 考古隊, 1981, 『桐鄕縣 羅家角遺址 發掘報告』, 浙江省文物考古學刊.

欒豊實, 1997, 「海岱龍山文化的分類分期類型」『海岱地區考古研究』, 山東大學出版社.

欒豊實·濱名弘二 譯, 2004, 「海岱地區先史農業の生成, 發展及び關連する問題」『東アジアと日本 : 交流と變容』創刊號, 九州大學.

박정미, 2001, 『한국 선사시대 재배벼의 특징에 관한 연구』, 충북대학교대학원 석사학위논문

박태식·이융조, 1996, 「고양 가와지 1지구 출토 벼 낟알들과 한국 선사시대 벼농사」『농업진흥청 농사시험연구소 논문집』.

裴安平, 「彭頭山文化的稻作遺傳興中國史前稻作農業」『農業考古』1989-2期.

변사성·고영란, 1989, 「마산리유적의 신석기시대 집자리에 대하여」『조선고고연구』4.

부산대학교 박물관, 1965,『농소리패총발굴조사보고서』.

北京大學考古實習隊·山東省文物考古研究所, 2000,「栖霞楊家圈遺址 發掘報告」『胶東考古』, 文物出版社.

서울대학교박물관, 2006,『용유도 남북동·을왕동 Ⅰ유적』.

손보기 외, 1992,「일산 1지역 고고학조사」『일산 새도시 개발지역 학술조사 보고』1, 한국선사문화연구소.

宋恩淑, 1998,「湖南 內陸地域 新石器文化에 대한 考察」『湖南考古學報』7, 湖南考古學會.

沈奉謹, 1991,「韓國 先史時代 稻作農耕」『韓國考古學報』27, 韓國考古學會.

安在晧, 1991,「南韓前期 無文土器의 編年」, 慶北大學校 碩士學位論文.

______, 2006,「靑銅器時代 聚落研究」, 釜山大學校 博士學位論文.

安田喜憲 外, 1980,「韓國における環境變遷史と農耕の起源」『韓國における環境變遷史』.

安承模, 1993,「東아시아 初期收穫具의 種類와 分布」『民族文化』6, 한성대학교 민족문화연구소.

______, 1997,「韓民族과 農耕文化의 起源에 대한 批判的 小考」『연구논문 2집, 역사와 문화』, 동의대학교 인문사회연구소.

______, 1999,『아시아 재배벼의 起源과 分化』, 學硏文化社.

______, 2000,「한반도 벼농사 기원에 관한 제논의」『韓國古代史論叢』9, 駕洛國史蹟開發研究院.

______, 2007,「作物遺體를 中心으로 본 韓半島 先史農耕」『日本考古學協會 2007年度 熊本大會 研究 發表資料集』, 日本考古學協會 2007年度 熊本大會實行委員會.

嚴文明, 1982,「中國稻作農業的起源」『農業考古』1982-1·2期.

______, 1989,「略論中國栽培稻的起源和傳播」『北京大學學報』1989-2期.

______, 1989,「再論中國稻作農業的起源」『農業考古』1989-2期.

______, 2000,『農業發生與文明起源』, 科學出版社.

______,「略論中國栽培稻的起源和傳播」『北京大學學報』1989-2期.

燕東生·蘭玉富, 2006,「山東胶州趙家庄先秦聚落考古和重要收穫」『中國文物報』.

王錫平, 2004,「試論環渤海地區史前文化的交流」『胶東考古研究論集』, 烟台市博物館?烟台市文物管理委員會.

王錫平·李步青, 1990,「試論胶東半島與遼東半島史前文化交流」『中國考古學會第六次年會論文集』, 文物出版社.

宇田津徹郎, 2004,「中國新石器時代における水田稻作とその廣がりについて」『東アジアと日本:交流と變容』創刊號, 九州大學.

魏興濤 外, 2000,「三門峽南交口遺址仰韶文化稻作遺存的發現及期意義」『農業考古』3.

游修齡, 1991,「對大嘴子遺蹟出土炭化米的鑑定意見」『遼海文物學刊』, 1991-1期.

이융조·박태식·하문식, 1994,「한국 선사시대 벼농사에 관한 연구 -고양 가와지 2지구를 중심으로-」『성곡논총』25.

李弘鍾, 1997,「韓國 古代의 生業과 食生活」『韓國古代史研究』12, 韓國古代史學會.

______, 2000,「우리나라 초기 수전농경」,『한국농공학회지』42권 43호, 한국농경학회.

______, 2000,「初期 農耕社會의 住居와 聚落」『韓國古代文化의 변천과 교섭』, 서경문화사.

______, 2003,「松菊里型聚落의 景觀的 檢討」『湖西考古學』9, 湖西考古學會.

任孝宰, 1990,「경기도 김포반도의 고고학 조사연구」『서울대학교 박물관 연보』2, 서울대학교 박물관.

이경아, 2005,「植物遺體에 基礎한 新石器時代 '農耕'에 대한 觀點의 再檢討」『韓國新石器研究』第10號, 韓國新石器研究會.

______, 2006,「중국 출토 신자료의 검토를 통한 벼의 작물화에 대한 고찰」『韓國考古學報』61, 韓國考古學會.

______, 2007,「東三洞貝塚 1號住居址 출토 植物遺體 분석보고」『東三洞貝塚 淨化區域 發掘調査 報告書』, 釜山博物館.

李璠, 1994,「汝州李樓遺址出土炭化粮粒的鑒定」『考古學報』1.

이상길, 2002,「南部地方 初期農耕의 現段階」『韓日 初期農耕 比較研究』, 大阪市學藝員共同研究 韓半島 綜合學術調查團.

李俊貞, 2001,「수렵·채집경제에서 농경으로의 轉移 과정에 대한 이론적 고찰」『嶺南考古學報』28, 嶺南考古學會.

李賢惠, 1997,「韓國고대의 밭농사」『震檀學報』84, 震檀學會.

日本文化財科學會シンポジウム稲作起源を探る實行委員會, 1996,『シンポジウム稲作起源を探る - 中國·草鞋山遺蹟における古代水田稲作』.

任鶴鐘 外, 2008,『飛鳳里』, 國立金海博物館.

鄭容福 編譯, 1989,『農學概論』, 富民文化社, p.15.

浙江省博物館, 1978,「河姆渡遺址動植物遺存的鑑定研究」『考古學報』1978-1期.

鄭州市文物考古研究所, 2001,『鄭州大河村 上』, 科學出版社.

趙志軍, 2007,「山東龍山時代(4600~4000B.P.)的地農業經濟特點和布局」『日本考古學協會 2007年度 熊本大會研究發表資料集』, 日本考古學協會 2007年度 熊本大會實行委員會.

趙現鐘, 2004,「우리나라 稲作農耕의 起源과 稲作類型」『농업사연구』3권2호, 한국농업사학회.

______, 2008,『韓國 初期 稲作文化 研究』, 全南大學校 大學院.

忠北大學校博物館, 2000,『淸原 小魯里 舊石器遺蹟』.

何德亮 外, 2004,「試論楊家圈遺存的文化性質」『胶東考古研究論集』, 烟台市博物館·烟台市文物管理委員會.

하인수, 2001,「동삼동패총 1호 주거지 출토 식물유체」『한국신석기연구』제2호.

한남대학교중앙박물관, 2003,『옥천 대천리 신석기유적』.

許文會, 1991,「韓國 栽培稲의 起源과 傳來」『韓國考古學報』27, 韓國考古學會.

後藤直, 1984,「朝鮮半島における稲作の始まり」『考古學ジャーナル』228, ニュー·サイエンス社.

이홍종 _ 고려대학교

3 도작문화의 정착과 확산

1. 도작농경과 환경

현재 아시아를 중심으로 가장 많이 재배되고 있는 식물은 벼로써 그 기원은 기원전 5,000년 이전으로 거슬러 올라간다. 유럽에서 신석기시대에 밀의 재배가 본격화됨으로서 정착농경생활을 가능하게 하였다면 아시아에서의 벼 재배 또한 같은 맥락에서 이해할 수 있다. 우리나라에서 농경의 개시는 신석기시대부터이지만 유물의 조합상으로 볼 때 대부분 전작농경과 관련된 도구로서 도작농경이 본격화되기 시작하는 단계는 청동기시대부터이다.

청동기시대의 개시는 기원전 13세기를 전후한 시기에 시작하여 철기시대가 개시되는 기원전 3세기경까지 지속된 것으로 보고 있다. 청동기시대의 시기구분은 학자에 따라 이견이 있지만 크게 조기, 전기, 후기의 3시기로 나누어 보고 있는데, 이는 청동기시대 무문토기의 특징과 문화적 양상을 고려한 시기구분이다. 조기를 대표하는 각목돌대문토기는 신석기시대를 대표하는 빗살무늬토기의 전통에서 벗어난 새로운 토기양식으로서 일명 미사리식으로 명명되기도 한다. 그러나 지금까지 조사된 유적의 분포를 보면, 한강유역의 미사리, 강원도 정선, 경상도 남강유역 등 매우 국지적인 분포권을 형성하고 있다. 그러나 토기양식 및 절대연대로 보아 분명히 전기에 선행하는 양식이기 때문에 일단 청동기시대 조기로 설정하고 있다. 전기는 역삼동식과 가락동식으로 대표되는 문화로서 지역성과 시기성이 뚜렷하기 때문에 전기로 설정하는데 이견이 없다. 단지 전기에서 송국리식토기로 대표되는 후기에로의 이행과정에서 전기의 역삼동식에서 연속성을 갖는 것인지 아니면 외부로부터 유입에 의해서였는지에 대해서는 두 가지 견해가 맞서고 있다.

송국리문화는 주지하는 바와 같이 도작농경문화를 정착시키고 확산시킨 문화이다. 문화적 특징으로는 수전지 조영의 본격화, 새로운 주거형의 등장, 송국리식토기라는 외반구연 옹형토기의 등장, 유구석부 삼각형석도와 같은 새로운 석기의 출현을 지적할 수 있다. 송국리문화가 내재적 발전과정에서 출현한 것인지 아니면 외부의 영향에 의한 것인지는 매우 중요한 의미를 가진다. 송국리문화는 전기와 다른 문화적 특징들로 이루어져 있고 유물상, 유구상에 있어서도 뚜렷이 구분된다. 때문에 일부 재지적 요소가 가미된 지역이 있다하더라도 외부로부터의 영향에 의해 성립된 것으로 판단된다. 송국리문화의 등장과 더불어 본격화된 도작농경문화는 일본지역으로 전파되어 야요이문화를 완성시켜 나가는데 크게 작용하였다.

1) 도작농경 개시기의 환경

수전에서 벼를 재배하기 위해서는 그에 맞는 기후환경과 벼가 생육할 수 있는 토양이 갖추어진 지형을 선택하는 것이 최우선이다. 현재 우리나라에서 벼가 재배되는 지형을 보면 산간 계곡부까지 확대되어 있지만 초창기 도작농경이 정착되는 단계는 집단의 밀집도가 적고 개전을 위한 기술적 수준이 미미하였기 때문에 지형 선택은 범람이 잦았던 평야지역이나 산간 곡부까지 수전지를 확대하지는 못하였을 것으로 판단된다. 따라서 도작농경을 영위했던 취락의 입지를 분석하면 그들이 어떠한 농경지를 선호 하였는지 판단할 수 있다. 송국리유형의 취락은 저지대와 인접해 있는 낮은 대지성 구릉 혹은 평야지역의 단구면이나 자연제방상에 입지하고 있다. 전기의 취락이 산지 혹은 산지로부터 뻗은 비교적 높은 지점에 입지하는 것과는 차이점을 보여주고 있다.(이홍종, 2003)

송국리유형 취락의 입지가 전기와 차이점을 보이는 것은 그들이 구릉 하단부나 자연제방의 배후습지를 활용하였다는 것을 보여주는 것이다. 그렇다면 송국리유형이 등장하기 이전의 전기단계에는 왜 수전농경지에 적합한 지형 주변에 취락을 선택하지 않고 송국리단계에 들어서서 비로소 취락이 입지하게 되었는지는 당시의 기후조건, 생업활동 등 여러 가지 측면에서 접근해야할 것이다. 쌀은 전기 단계의 주거지만이 아니라 신석기 주거지에서도 출토되고 있다. 따라서 한반도에 쌀이 등장한 것은 송국리단계 훨씬 이전부터이다. 그렇지만 안정된 수전지를 선택하고 그 주변에 취락이 입지하는 것은 송국리단계에 접어들어서 본격적으로 이루어지고 있다. 때문에 송국리문화를 한반도 도작문화를 정착시킨 문화로서 위치시킬 수 있는 것이다. 취락입지의 변화는 생업환경과 밀접한 관련을 가질 수밖에 없다. 따라서 송국리단계에 접어들어서 비로소 취락입지가 변화하게 되었는지를 살펴보는 것은 생업환경 조건의 변화를 파악하는데 도움이 될 것이다.

벼를 재배하기 위해서는 저습환경이 필수적이다. 그렇지만 저습환경이라고 해서 아무 곳에서나 벼를 재배할 수는 없다. 잦은 범람이나 하천의 유속이 빨라서 침식이 강하게 이루어지는 저습지는 경작지로 적합하지 못하다.(이홍종, 2000b) 벼를 재배할 수 있는 저습지 환경이 만들어져야지만 비로소 도작농경이 본격화될 수 있는 것인데, 송국리문화 단계에 어떠한 환경변화가 있어서 도작농경이 정착할 수 있었는지를 살펴보도록 하겠다.

2) 기후변화에 의한 저습지의 이용

기후조건에 의한 환경의 변화는 인간만이 아니라 동물들의 생존전략에 막대한 영향을 끼치게 마련이다. 따라서 기후에 의한 저습지환경의 변화는 그 곳을 이용하고자 하는 인간의 생존전략을 바꾸어 놓았을 것이다. 기원전 10세기경을 전후하여 약 200여년간 지구의 기후는 평균기온 보다 4도 정도 한랭하였던 것으로 알려져 있다. 이러한 증거는 유럽의 지리학자들에 의해 처음 제기되었지만 해안사구 및 평야지역에 대한 고고학적인 층위조사 결과 분명하게 드러났다. 기원전 10세기 이전은 기후가 매우 온난하여 현재의 평야지역은 범람에 의해 사구의 형성이 계속되고 그 배후는 습지환경이 지속되고 있었다. 이러한 습지환경이 종식된 것은 한랭화가 도래 하면서 부터이다. 한랭화는 해수면의 하강을 초래하고 그에 따라 선상지를 비롯한 평야지역은 오랜 기간 범람의 영향을 받지 아니하게 된다.(甲元眞之, 2007)

범람의 영향에서 벗어난 사구 및 습지는 외부로부터 토양이나 물의 유입이 차단되면서 변화가 발생하게 된다. 사구의 상부와 습지에는 그 토양에 맞는 식물의 생육이 활발해지면서 사구에는 건육식물이 습지에는 갈대 및 부들과 같은 습지식물의 번식이 왕성해 진다. 이러한 식물의 생육은 토양화를 가속화시켜 인간이 이용하기에 적합한 비옥한 토양을 만드는 계기가 되었던 것이다. 인간이 살기에 가장 부적합했던 사구나 습지가 오히려 가장 비옥한 땅으로 변하면서 인간의 점유가 빠르게 진행되어 사구에는 취락이 형성되고 습지는 수전과 같은 농경지로 이용되었던 것이다.

3) 개전지의 선택

개전지의 선택은 정착농경생활을 지속하는데 있어서 가장 기본적이면서 중요한 부분에 해당된다. 최소한의 노동력과 비용으로 최대의 효과를 올릴 수 있는 장소야말로 최우선시 되었던 지역임에 분명하고, 그러한 지역의 개전은 초기 정착농경 단계부터 매우 활발하게 진행되었을 것으로 추정된다. 한반도에서 초기 수전농경이 개시된 시점은 흔암리와 같은 전기의 주거지에서 탄화미가 출토되는 점으로 볼 때, 송국리단계 이전으로 거슬러 올라갈 가능성이 높다. 그렇지만 이러한 전기 취락의 입지는 수전농경을 본격화시킨 송국리단계와는 확연히 구분되어 산지 능선부를 주로 선호하고 있다. 곡간저지대와 접한 구릉부를 선택한 송국리취락의 입지와는 확연히 구분된다. 이러한 사실은 전기 취락이 비록 벼농사를 행하였다 하더라도 곡간 저지의 극히 일부 예를 들면, 홍수나 범람의 피해에서 벗어난 산지 하단부의 높은 지역—천수답 지형—을 개전지로 선택할 수밖에 없었을 것이다. 취락의 입지 또한 송국리단계와 비교해서 상대적으로 높은 지형에 위치하고 있는 것도 곡간저지대가 상시 범람지역이기 때문에 피해를 최소화시키고자한 불가항력의 선택이었다고 판단된다. 따라서 전기의 벼농사는 취락의 입지환경과 저지대의 지형환경 변화를 고려할 때, 일상적인 식량자원이라기 보다는 특수한 목적의 재배식물로서 기능하였을 가능성이 매우 높다.

송국리단계에 접어들면, 저지대와 접한 구릉 혹은 평지의 자연제방에로 취락이 확대된다. 취락입지의 변화는 생업환경의 변화를 직접적으로 반영하는 것으로서 송국리형취락의 이동은 저지대에 대한 이용에 매우 적극적이었다는 것을 의미한다. 수전의 입지와 관련된 지형적 조건은 크게 4개 유형으로 구분되고 있다.(工樂善通, 1991)

A류 : 고저차가 적은 충적지나 편평 대지상에 위치하는 것으로 수전을 작게 구분하지 않고 상당히 크게 구획함을 특징으로 한다. 따라서 넓은 면적을 수평으로 침수시키기 위해서 논둑은 B, C 유형에 비해서 규모가 커진다. 또한, 이 입지는 지하수위가 높은 경우가 많기 때문에 지반이 연약하여 둑이나 도랑의 축조 시 나무 등 여러 가지 인공물을 박거나 쌓아서 보강하는 경우가 많다. 수전간의 고저차도 거의 없는 관계로 인공의

수로를 통해서 취수로를 만들고, 보를 쌓아 관개와 배수의 조절을 행한다. 우리나라의 경우 하안단구나 자연제방의 배후습지 지형이 이에 해당된다.

B류 : 낮은 구릉의 하단부로부터 저습지에 걸쳐 완만한 경사지를 이용한 것으로 수전구획은 대개 작은 편이지만, 경사도의 정도에 따라 대소는 결정된다. 그 형태는 등고선에 좌우되어서 부정형인 것이 많다. 이렇게 경사지를 이용할 경우, 한꺼번에 넓은 면적의 평탄지를 조성하기에는 많은 양의 흙이 처리되어야 함으로 상당한 노동력이 요구되기 때문에 필연적으로 작은 면적별로 단차를 만들면서 나누어 가는 것이 보통이다. 이 때, 등고선의 변환점이나 지형이 변하는 지점에 따라 폭이나 높이가 큰 둑을 우선 둘러서 대구획을 만들고 다음으로 그 안을 작은 둑을 이용해서 소구획 한다. 그러면 약간 높은 곳으로부터 경사지를 향해서 내려가는 부분에서는 좁은 부정형의 구획이 되고, 저습지로 갈수록 대개 넓은 방형 혹은 장방형의 구획을 취하게 된다. 이러한 B류는 약간 높은 곳 또는 경사지의 위쪽에 관개용 수로나 웅덩이를 설치해서 취수하고, 둑의 일부를 잘라 수구로 하여 높은 논에서 낮은 논으로 순차적으로 급수하는 방법을 취하게 된다. 논산 마전리, 울산 무거동 등 조사된 청동기시대 수전은 대부분 이러한 유형에 속하는데, 지금까지의 조사가 주로 구릉의 취락조사와 연관되어 저지대 일부만이 조사되었기 때문이다.

C류 : 구릉과 접하면서 거의 경사가 없는 저평지에 만들어진 수전으로 소구획의 수전이라고는 하지만 한 구획의 면적이 극단적으로 작다(5m² 전후-10m² 정도). 일반적으로 방형이며 바둑판처럼 정연하게 배치되어 있지만 규격성을 갖고 있는 것은 아니다. 이러한 극단적인 소구획 수전도 지형에 의한 일정 범위를 큰 둑으로 두르고 그 안을 바둑판 모양으로 구획하는 것이 대부분이지만 대구획이 확연하지 않은 것도 존재한다. 이 유형의 관개는 구릉과 저평지가 접하는 곳을 따라 설치된 인공수로에 의해 논에서 논으로 자연스럽게 급수가 이루어진다. 부여 노화리유적이 이러한 유형에 속한다.

결국, 수전지의 선택은 당시의 기술적 요인, 용수조절 능력, 지반의 특성에 따른 구획 등과 지형적인 자연조건에 의해 좌우되면서 사회적인 변화와 밀접히 연관된 것이기 때문에 당시 사회의 모습이 총체적으로 집약된 형태라고 볼 수 있다.(이홍종, 2000b)

2. 도작농경의 정착과 확산

청동기시대 전기는 한랭화가 본격화되기 이전으로 선상지성 곡저부는 하천의 이동이 계속되면서 습지가 넓게 펼쳐져 있었고, 평야지역은 홍수에 의한 범람이 빈번하면서 사구와 습지가 형성되고 있었다. 전기의 취락이 저평지 주변의 구릉이나 산록부에 입지하고 있지 않은 이유도 습지지역인 곡저부를 이용할 수 없다는 것과 갑작스런 범람에 의한 피해를 최소화하기 위한 조치라고도 볼 수 있다. 이러한 평야지역이 한랭화가 나타나면서 곡저부가 펼쳐진 구릉이나 평야지역의 자연제방에로 취락이 이동하게 된다. 취락이 저지대 근처에로 이동하였다는 것은 한랭화로 인해 범람이 멈춘 자연제방이 주거환경으로서 적합하였으며 아울러 배후습지는 홍수나 기타 재해로부터 안전하고 비옥한 토양이 형성되어 경작지로서 매우 선호되었다는 것을 의미한다. 생업활동의 기반이 되는 저지대 이용에 매우 적극적으로 대처해 나아갔다는 것은 도작농경의 정착이 본격화되었음을 증명하는 바이기도하다.

1) 송국리문화의 특질

松菊里文化가 타문화와 구별될 수 있는 문화체계는 무엇인지 그리고 그 문화를 구성하는 개별적 요소인 文化的 屬性은 무엇인지를 인식할 필요가 있다. 松菊里文化의 문화체계 중 이전 시기와 가장 두드러진 차이점은 수전농경과 관련된 취락 경관에서 찾아볼 수 있고, 개별 문화속성으로서는 주거형, 토기, 석기(유구석부, 삼각형석도) 등의 경제활동과 관련된 유구와 유물에서 살펴볼 수 있다. 취락경관에 있어서는 북부지역의 일부유적을 제외한 충청전역에서 수전농경이 영위 가능한 경관을 보여주고 있다.(이홍종, 2003) 송국리주거형은 건축 기술적인 측면에서 이전의 것들과는 확연히 구별되는 松菊里文化만이 갖고 있는 가장 독특한 속성에 속한다. 따라서 松菊里住居型은 松菊里文化의 여러 속성 중에서도 제1요소에 속한다. 제2요소로서는 토기를 들 수 있다. 송국리식토기는 외반구연의 옹형토기가 자비용토기로 사용되었다. 직립구연의 발형토기를 자비용으로 이용하였던 이전 시기의 것들과는 큰 차이점을 보여주고 있다. 또한 초기에 속하는 서해안지역의 송국리식토기는 제작기법에 있어서 이전의 무문토기와는 다른 타날기법을 사용하고 있다. 토기의 제작기법은 학습되어지는 것이기 때문에 송국리식토기는 이전의 무문토기와는 다른 제작집단 혹은 그 영향에 의해 만들어졌다는 것을 의미한다. 제3요소로서는 삼각형석도와 유구석부의 출현을 지적할 수 있다. 驛三洞段階에서는 삼각형석도가 출토되지 않고 장주형석도가 52%를 차지하는데 비해 송국리단계가 되면 삼각형석도가 57%를 점유하고 있어(이진민, 2004), 삼각형석도의 등장이 松菊里文化의 파급과 궤를 같이하고 있음을 보여준다.

2) 송국리문화를 보는 시각

청동기시대 후기로 대표되면서 정착 수전농경문화인 송국리문화가 충청지역에 처음으로 등장하였다는 점에 대해서는 이견이 없지만, 등장과정에 대해서는 크게 두 가지 학설이 있다. 하나는 소위 자생설이고 다른 하나는 외래설이다. 자생설은 충청북부지역 전기의 무문토기문화에서 점진적인 과정을 거쳐서 송국리문화가 탄생하고, 이후 인구압 등의 요인에 의해 금강유역에로 이주하여 송국리문화가 완성되었다는 견해이다.(안재호, 1992 · 김장석, 2003) 자생설의 증거로는 충청북부지역의 주거형 및 토기의 변화과정에서 그 근거를 삼고 있다. 주거형은 장방형에서 변화한 노지가 존재하는 방형계의 전기 주거지에서 변화하여 방형계의 송국리형 주거지가 나타나고 이후 원형의 송국리형 주거지로 이행하였다는 것이다. 토기 또한 방형의 송국리형 주거지에서는 전기 양식인 직립구연의 무문토기가 주로 출토되는데 비해서 원형의 송국리형 주거지에서는 전기 양식이 소멸하고 외반구연의 송국리식토기가 출토되고 있어 양자 사이에는 분명 시기차가 설정될 수 있다는 것이다. 따라서 송국리문화는 소위 역삼동식이라 칭하는 전기 양식에서 그 계보를 구할 수 있다고 보는 것이다. 형식학적인 측면에서만 본다면 위 견해는 일면 타당성을 갖는 것처럼 보인다. 반송리식이라는 역삼동계 주거형의 변형을 하나의 형식으로 만들어 역삼동계와 송국리계의 중간 형식으로 설정하고 있다.(이형원, 2007) 반송리식 주거형에서 송국리식 주거형으로 변화하였다고 주장하는 증거로서 제시한 중앙 기둥은 송국리식 주거형의 중앙 기둥과는 전혀 다른 형태에 속한다. 또한 노지를 기본으로 하던 주거형이 노지를 폐기하고 양쪽에 기둥을 설치한 형태만을 갖고 송국리형 주거지에 앞선 형식으로 보는 것은 무리하게 순서를 맞추기 위한 형식조합에 지나지 않는다. 주거 형태가 전혀 다른 역삼동계에서 송국리계로의 계기성을 설정하는 것은 형식학적인 모순에 빠질 수밖에 없다. 형식의 조합은 편년과 계통을 전제로 한다. 충청북부지역에서 역삼동식-반송리식-송국리식으로 편년상의 순서는 분명 인정된다. 그렇다고 그것이 바로 계통성이 반영되었다는 것을 의미하지는 않는다. 유구나 유물의 변화에는 내적·외적인 많은 요소들이 작용한다. 특히 외적 작용이 일어나지 않는 고립된 지역에서는 수천년간 전혀 변화하지 않는 모습도 민족지 조사에서 관찰되는 바이다. 유물상에서도 유구석부, 삼각형석도 등 송국리문화에서 처음 등장하는 석기는 전기의 양식과 분명 구분된다. 토기 또한 외반구연이라는 형태가 등장하는데 이의 기원을 직립구연에서 찾는 것은 무리이다. 일본의 야요이 조기 토기인 직립구연의 유우스식 토기로부터 외반구연의 이타즈께식 토기의 기원을 찾고자 하는 연구도 재지집단의 주체설을 강조하기 위한 설정으로서 형식학적으로 많은 비판을 받고 있는 것도 같은 이유로 설명될 수 있다. 전기문화의 중심지역인 천안-아산지역의 인구압으로 인해 금강 중하류유역에로의 인구이동도 상정하고 있지만(김장석, 2003) 이 시기에 갑자기 인구압이 일어날만한 환경적 요인이 있었는지는 미지수이다. 따라서 물질을 포함하는 문화변동 과정을 설명하는데 있어서 다양한 교류나 영향을 배제하고 내재적 변화만을 강조한다면 당시 사회상을 왜곡할 뿐만 아니라 고고학의 본질적 연구방법을 호도하는 것이다.

외래설은 우리나라가 아닌 다른 지역(황하 중하류 지역으로 추정)에서 금강유역에로 수전농경문화가 처음 등장한 이후, 전기의 전통이 강하게 남아있는 충청북부 및 남부지역으로 확산되면서 한반도의 수전농경문화가 정착되었다는 견해이다.(이홍종, 2005) 위 견해도 비교될 수 있는 고고학적 증거를 제시하지 못하고 있다는 허점을 갖고 있다. 그렇다고 그것을 문제 삼아 자생적 변화에 의해 송국리문화가 성립되었다는 증거로 삼을 수는 없다. 송국리문화가 갖고 있는 물질과 문화상이 이전 사회의 그것과 다르다는 것은 곧 새로운 문화가 관여하였음을 의미하는 것으로 해석 가능할 것이다. 이러한 의미에서 필자는 문화변동을 이해하는데 있어서 송국리문화가 한반도내에서 자생하였다는 발상은 매우 위험한 사고방식이라 판단하고, 현재로서는 직접적으로 연결한 만한 고고학적 증거 자료는 없지만 한반도가 아닌 다른 지역으로부터의 유입 가능성을 염두에 두고 외래설을 주장하였던 것이다. 따라서 송국리문화의 외래기원설은 송국리문화가 전기의 문화요소를 그대로 이어받아 자체적으로 완성되어간 것이 아니라 다른 지역으로부터 새롭게 이주한 집단이 금강 중하류유역 및 차령산맥 이남의 서해안지역에 처음 정착하고, 이어서 당진-서산-아산-천안을 잇는 충청북부지역 및 호남·경상지역으로 확산되면서 기존의 문화와 접목하게 되고 전기의 문화 요소가 포함된 송국리문화에로 변화한 것으로 판단된다.

3) 등장배경

　　한반도에서 송국리문화의 등장은 우리 역사상 중요한 의미를 갖는다. 쌀 재배의 본격화로 정착농경생활이 이루어지게 되면서 지배자가 등장하게 되고 집단의 이합과 같은 사회적 변화를 가속시키는 계기가 된다. 그렇다면 수전농경문화가 충청지역에 처음으로 등장하게 된 배경은 무엇인지에 대해 살펴볼 필요가 있을 것이다. 기원전 11세기 주를 건국한 세력은 한랭화가 시작되면서 중국 서북지역에서 이동하여 상을 멸망시킨다. 주가 남하하게 된 원인에 대해서는 여러 학설이 있겠지만 한랭화가 진행되면서 북쪽에서 남쪽에로의 인구이동이라는 측면을 주장하는 연구자도 있다. 이러한 인구이동은 연쇄작용을 불러 일으켜 황하 상류지역에서 황하 중하류지역으로 상당수의 이주민을 발생시키게 된다. 황하 중하류유역은 범람으로부터 안전한 단구 혹은 곡간부가 농경에 적합한 지역으로 각광 받았기 때문에 일찍이 많은 집단이 이곳에 정착하였다는 사실은 고고학적으로 증명되고 있다. 그런데 이러한 곳으로 다른 지역의 주민이 이주하면서 기존 정착민과 사회적 · 경제적 갈등관계가 일어날 수밖에 없었을 것이다. 결국, 황하 중하류유역에로의 인구집중현상이 발생하게 된 원인은 단순한 주변지역의 인구압에 의해서 행해진 것이 아니라 기후변동에 의한 집단의 이동과 사회적 · 경제적 이유에서 발생한 현상으로 파악하고 있다. 이러한 황하 중하류유역의 인구집중현상은 이후 이 지역에서 외부지역으로 대량의 인구이동을 유발했을 것으로 보고 있다.(葛劍雄, 1997)

　　황하유역 주민의 대규모 인구이동이 유발되었던 시기와 충청지역에 송국리문화가 등장했던 시기는 거의 평행한다고 볼 수 있다. 따라서 도작농경을 기본으로 하는 송국리문화의 충청지역 정착은 이러한 역사적 · 사회적 · 경제적 배경에서 찾을 수 있으리라 판단된다. 이들은 처음부터 전기의 문화양식과는 다른 완성된 도작농경 기술을 갖고 있었던 집단으로서, 범세계적으로 진행된 기후환경 변화에 의해 저습지가 수전지로 이용 가능하게 되면서 금강 중하류유역에 정착하여 수전농경체제를 구축하고 다른 지역에로 영향을 끼쳤다고 생각할 수 있다.

4) 정착과 확산과정

　　금강 중하류유역에 정착한 송국리문화는 이후 충청북부지역에로 영역을 확대해 가
는 모습을 보여주고 있는데, 그 과정은 유구 및 유물상으로 보아 다음과 같이 설명될 수
있다.(이홍종, 2005)

　　松菊里型聚落이라함은 평면 방형 혹은 원형이면서 내부 중앙에 타원형의 토광과 주
혈이 설치된 松菊里型住居群을 총칭하는데, 주거형은 형태에 따라 12종류로 구분된
다.(그림 01) 그런데 4주공이 가미된 2型 주거지는 내부면적이 23m² 이상의 대형주거
지를 축조하기 위한 기술적인 문제이자 취락내의 위계문제와도 관련이 있는 것으로 판
단된다.(이홍종, 2005)

　　충남지역 松菊里型聚落의 분포를 보면, 차령산맥을 기준으로 서쪽은 당진·서산권
의 서안북부지역, 보령지역의 서안 중부지역, 서천지역의 서안남부지역으로, 동쪽은
천안·아산권의 북부지역, 부여·논산권의 남부지역, 대전권의 동부지역으로 나누어
볼 수 있다.(이홍종, 2002)

　　서안북부지역에서 조사된 松菊里型聚落은 방형의 松菊里型住居址가 우세를 보이
는 가운데 유물은 驛三洞系와 松菊里系가 모두 공반되는 양상을 보여준다. 서안중부지
역은 관창리유적의 분석결과, 전체적으로는 원형의 송국리형주거지가 52%로 약간의
우세를 보이지만 중심구역에서는 원형이 67%로 훨씬 많다. 출토된 토기는 필자의 송국
리식토기 편년안에 기초하면 Ⅰ, Ⅱ단계에 집중하고 있다.(그림 02)

　　서안 남부지역은 원형의 송국리형주거지가 압도적인 우세를 보이는 가운데 출토된
옹형토기는 松菊里系가 주류를 점하면서 寬倉里系가 약간 공반될 뿐 驛三洞系는 거의

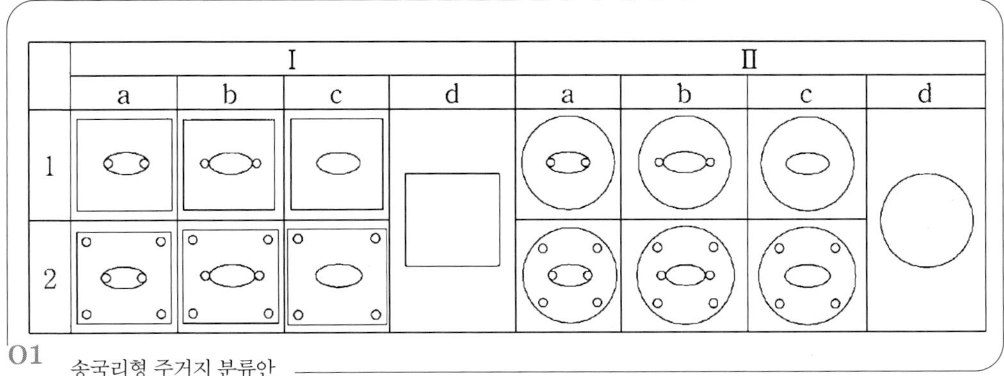

01　송국리형 주거지 분류안

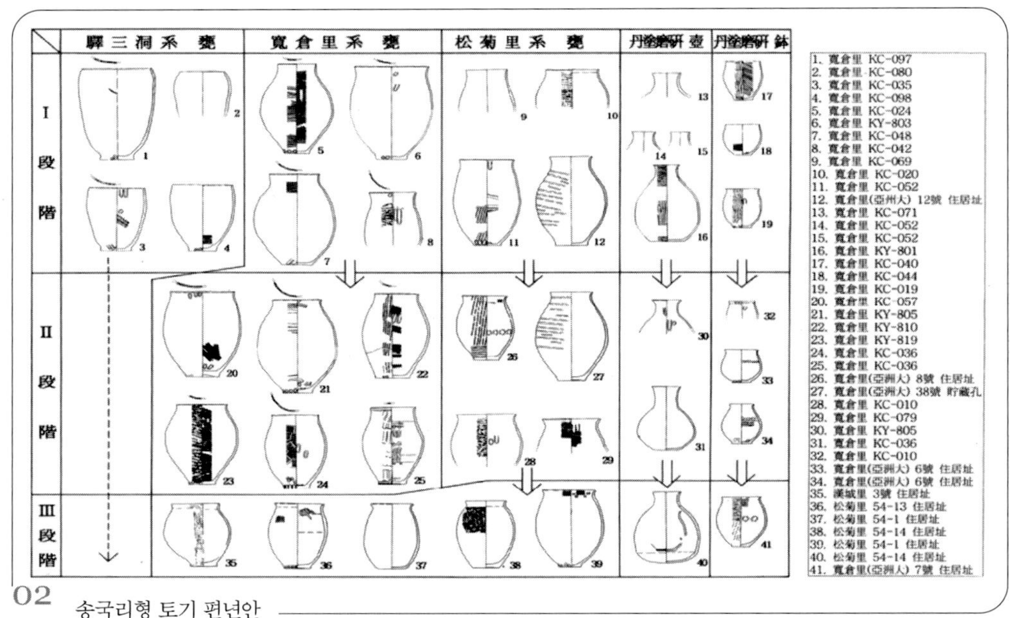

02 송국리형 토기 편년안

출토되지 않는다. 이들 지역의 토기는 I-III단계에 걸쳐 모두 존재하는 것으로 파악된다. 북부지역은 방형의 松菊里型 주거지가 압도적인 우위를 점하는 가운데 토기 또한 대부분 역삼동계에 속한다. 따라서 송국리식토기와의 비교 편년은 불가능하지만 실연대의 검토 결과 II기 이후에 속하는 것으로 판단된다. 동부지역은 조사된 주거지의 개체수가 많지는 않지만 방형의 송국리형주거지와 원형의 송국리형주거지가 혼재하는 양상을 보여주고 있다. 송국리식토기만을 갖고 보면 II기 이후에 속하는 것으로 판단된다. 남부지역은 원형의 송국리형주거지가 대부분을 차지하고 있는 가운데 토기는 편년상으로 대개 II, III기에 속한다. 이를 종합해서 볼 때, 송국리문화는 서안중부지역과 서안남부지역에서 다른 지역에로 확산되는 과정에서 송국리형주거지는 수용되지만 토기는 기존 집단의 것을 그대로 이어가는 것으로 추정된다. 따라서 松菊里型住居址의 분포권은 곧 松菊里文化가 확산된 공간적 범위에 해당되며 출토된 토기는 해당 집단의 성격을 반영하고 있는 것으로 판단된다. 이를 토대로 볼 때, 충청지역의 松菊里文化는 지역성이 인정되며 이는 곧 파급과정을 반영하는 것이다. 필자는 파급과정을 크게 3類型으로 나누어 보았다. 송국리형토기만 공반되는 것을 松菊里類型, 驛三洞系土器만 공반되는 것을 在地系類型, 松菊里型土器와 驛三洞系가 折衷된 형태를 寬倉里類型으로 구분하였다. 서안남부지역에서 출토된 토기는 松菊里型土器가 주류를 점하는 가운데

折衷系인 寬倉里式이 공반되지만, 역삼동계토기는 거의 출토되지 않는다. 서안중부지역은 송국리식토기, 관창리식토기, 역삼동계토기가 모두 확인되지만 관창리식—송국리식—역삼동계의 순으로 점유율을 보이고 있다. 서안북부지역은 역삼동계가 대부분을 점유하는 가운데 관창리식과 송국리식이 약간 공반될 뿐이다. 남부지역은 송국리형토기가 주류를 점하는 가운데 관창리식과 역삼동계는 거의 확인되지 않는다. 동부지역은 송국리형토기가 주류를 점하지만 역삼동계도 30% 정도를 점유하고 있다. 반면, 북부지역은 극히 일부 송국리형토기가 확인되지만 역삼동계가 압도적인 우세를 점하고 있다. 이를 정리하면, 송국리유형은 남부지역이 가장 강하고 다음으로 서안남부지역—동부지역—서안중부지역의 순이다. 관창리유형은 서안중부지역이 중심적인 지역이지만 서안남부지역에서도 일부 확인된다. 재지계유형은 북부지역이 중심적인 지역이지만 그 다음으로는 서안북부지역과 동부지역의 순이다. 따라서 송국리문화는 중심지적 지역에 해당되는 서안남부지역에서 서안중부지역-서안북부지역, 서안남부지역-남부지역-북부지역 및 동부지역에로 확산되어 간 것으로 사료된다. 이러한 모습은 호남과 경상 등 남부지역으로의 확산과정에도 그대로 적용될 수 있다.

3. 일본으로의 진출과정

위에서 살펴본 바와 같이 도작농경이 한반도에서 본격화되기 시작하는 단계는 송국리문화가 등장하는 기원전 900년을 전후한 시기이다. 송국리문화는 이후 충청이북 및 호남·경상지역에로 확대되면서 우리나라 전역에 도작농경이 보편화되기 시작한다. 또한 송국리문화는 한반도만이 아니라 일본에로 진출하여 도작농경을 전파하기에 이르는데, 그 시기는 일본에서의 고고학적 편년 및 절대연대를 종합해서 볼 때, 기원전 800년을 약간 상회하는 시기로 추정된다. 일본에로의 진출은 단순히 수도작 기술과 관련된 문화만의 전파가 아니라 弥生(야요이)의 물질문화가 점진적으로 완성되어간 것으로 보아 인간의 지속적인 교류도 함께 이루어졌음을 알 수 있다. 이러한 현상은 일본의 도작농경이 완성되어 가는 과정에서 나타나고 있는 유물의 형식이 송국리문화와 연계되어 변화하는 모습에서 그 증거를 찾을 수 있다. 본 장에서는 야요이토기가 완성되어 가는 과정에서 그 계보와 모티브를 통해 한반도 농경집단이 야요이 농경사회 형성과정

에 어떻게 영향을 끼쳤는지를 살펴보기 위해 필자의 기존 논문을 요약 정리해 보았다.(이홍종, 2006)

1) 야요이의 개시

北部九州(큐슈)지역 야요이문화의 탄생은 물질적으로는 繩文(죠몬)문화적 요소도 많이 포함하고 있지만 수도작과 관련된 일련의 문화체계가 새롭게 등장하여 성립된 문화로서, 주거형은 송국리형, 토기는 夜臼(유우스)식이라 불리우는 刻目突帶文土器를 공반한다. 이 시기를 일본에서는 승문 만기 후반 혹은 야요이 조기로 편년하고 있는데, 죠몬 만기를 주장하는 입장은 각목돌대문토기를 죠몬계통으로 보고 죠몬문화의 주도 하에 농경기술과 관련된 새로운 문화체계를 수용한 것으로 보고 있다.(田中, 1986) 즉, 문화체계의 한 요소인 토기만을 갖고 문화전체의 흐름을 파악하였던 것이다. 그런데 이러한 각목돌대문토기가 남강댐 지역을 비롯한 남한지역에서 점차 출토례가 증가하고 있는데 수도작과 관련된 직접적인 관련성은 아직 찾을 수 없지만 남강댐 유역의 하안 단구상에 위치한 취락의 입지여건으로 보아 배후습지를 이용한 수도작과 관련된 기술체계를 인식하고 있었을 가능성도 배제할 수는 없다.

일본 각목돌대문토기의 기원에 대해서는 이론의 여지가 많지만 북부 큐슈에서는 송국리형주거지와 공반되는 점으로 보아 수도작과 관련된 일련의 문화체계는 이들 토기집단에 의해 완성되어 간 것으로 파악할 수 있다. 이러한 사실은 송국리문화의 문화체계와 제1요소인 주거형은 받아드리되 제2요소인 토기는 기존의 것을 그대로 사용하고 있는 충청 북부지역 혹은 한반도 남부지역과 거의 같은 모습을 보여주고 있다. 실제 송국리식토기는 이 보다 늦은 단계인 야요이 전기에 등장한다. 그런데 각목돌대문토기 자체도 죠몬토기에서 그 계보를 구할 수 없기 때문에 한반도 남부지역과 관련되었을 것으로 생각한다. 야요이문화를 탄생시킨 각목돌대문토기가 죠몬토기에서 자생한 것이 아닌 이상 한반도 남부지역 주민의 이동을 상정할 수 있다. 문제는 이들 집단이 새로운 농경문화를 갖고 간 것인지, 아니면 선 이주 후 새로운 농경문화를 주도적으로 받아드린 것인지에 대한 검토가 필요할 것이다.

야요이시대의 개시는 도작농경을 수반한 제문화가 북부 큐슈지역을 중심으로 처음 등장하는 시점으로서 그 상한은 기원전 450년경으로 비정되어 왔으나 최근 역사민속박물관의 토기에 대한 AMS 측정에 의해 기원전 930년까지 소급되어야 한다는 주장이 제기되면서 개시기에 대한 절대연대는 상당히 혼란스러운 상황이다. 그간 일본의 고고학적 편년은 유물의 형식이나 중국의 기년명 등과의 비교에 의한 상대연대를 중시해 왔다. 아울러 방사성탄소연대의 측정에 의한 절대연대가 상당히 축적되었음에도 불구하고 절대연대에 대한 신뢰는 상대연대의 틀 속에서 선택적 작위적으로 취급되었다는 사실 또한 부정할 수 없다. 아울러 우리나라와 중국의 고고학적 편년연구가 축적되면서 일본과의 교차연대 폭이 벌어지자 기존의 편년에 대한 비판이 일어나게 된 것이다. 방사성탄소연대의 보정작업에 의한 절대연대를 모두 신뢰할 수는 없지만 연대 측정치가 집적되고 상대편년의 순서와 같이 움직인다면 절대연대에 대한 신뢰는 받아드리지 않을 수 없다. 최근 야요이의 절대연대도 상대연대와 순서는 같지만 실연대만 다른 것이기 때문에 그에 대한 신뢰는 무시할 수 없게 되었다.

야요이사회는 새로운 도작농경의 등장과 그에 따른 제반 변화가 시작된다는 점에서 이전의 죠몬사회와는 다른 특징을 갖고 있고, 그 기원이 한반도에 있다는 사실은 주지의 사실이다. 따라서 우리나라의 어떤 집단이 어느 시점에 일본에로 진출해서 야요이사회의 탄생에 기여했으며, 이후 야요이 사회가 어떠한 변화과정을 거쳐 완성되어 갔는지는 한국과 일본의 교차연대를 통한 연구가 우선되어야 한다. 최근 역사민속박물관이 야요이토기에 대한 AMS 방사성탄소연대측정 결과를 바탕으로 제시한 연대를 보면, 야요이 조기는 기원전 930년경, 전기는 기원전 810년경, 중기는 기원전 350년경, 후기는 기원 전후로 실연대를 제시하고 있는데 이는 기존의 연대보다 무려 500년 이상이 소급된 것이다.(藤尾, 2004) 이러한 연대는 토기의 탄착흔에 대한 연대측정을 바탕으로 제시한 것이기 때문에 비슷한 시기 무문토기 연대와의 비교검토가 필요하다. 양 지역의 실연대를 기준으로 볼 때, 각목돌대문토기·역삼동식토기는 야요이 조기의 유우스식토기와 어느 정도 관련성이 있고, 송국리식토기는 이타즈께식과 공반한다.(이홍종, 2006)(그림 03)

야요이 성립기 토기의 편년적연구는 山崎純男(1989), 田崎博之(1994), 藤尾愼一郎(1987)氏 등 주로 큐슈지역의 연구자들에 의해 주도되었다. 큐슈지역의 각목돌대문토기는 야마노테라(山ノ寺)식과 유우스식이 있는데, 이들 두 형식의 토기는 같은 시기에 지역성을 달리하면서 공존했던 것으로 보는 것이 현재의 일반적인 견해이다. 따라서 수전농경과 함께 가장 먼저 등장한 북부 큐슈지역의 야요이 조기 토기는 유우스식으로 불리우는 각목돌대문토기이다. 유우스식은 유우스Ⅰ, 유우스Ⅱa, 유우스Ⅱb로 구분되는데, 유우스IIb는 전기로 편년되고 있는 板付(이타즈께)I식과 공반된다. 따라서 조기에 해당되는 토기는 유우스I, 유우스IIa이고, 전기에 속하는 토기는 유우스IIb, 이타즈께I, 이타즈께II가 해당된다.(그림 03) 유우스토기와 이타즈께식 토기의 차이는 구연부의 외반 유무에서 찾을 수 있다. 유우스식토기는 외반구연토기가 존재하지 않는

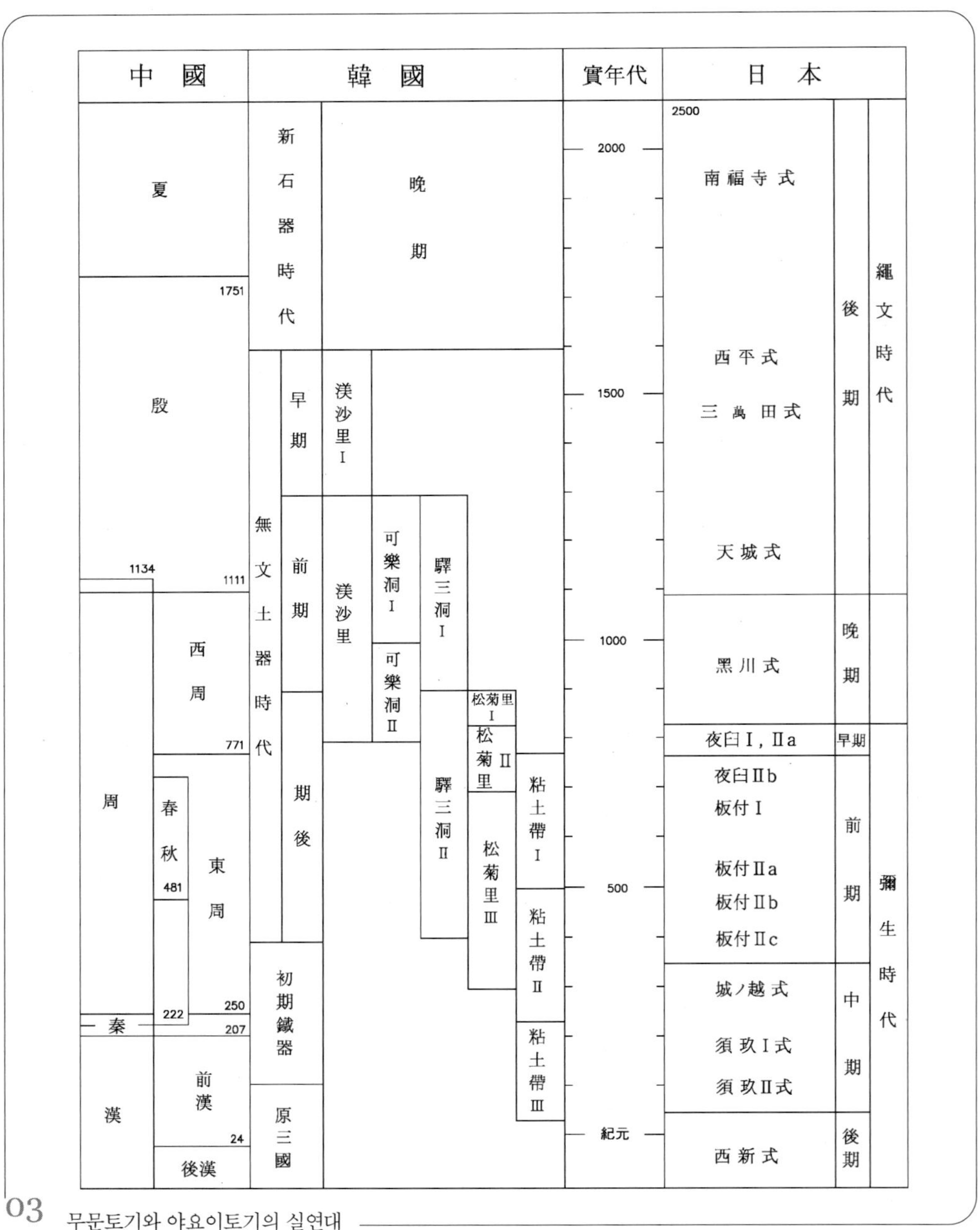

03 무문토기와 야요이토기의 실연대

반면, 이타즈께식토기는 형태상 유우스와 유사하더라도 모두 외반구연을 특징으로 한다. 조기와 전기의 시기구분도 바로 이 이타즈께식토기의 등장이 획기가 되는 셈이다.(이홍종. 2000a) 유우스식토기는 기형 혹은 제작기법상 죠몬적인 요소와 비죠몬적인 요소를 모두 포함하고 있고, 이타즈께식토기는 형태상 유우스식과 유사한 것도 있지만 제작기법이나 기형상에 있어서 현저한 차이점이 지적된다. 山崎純男(1989)는 유우스식과 이타즈께식 옹형토기를 유형에 따라 유우스토기는 4류, 이타즈께토기는 2류로 구분하고 있다.(그림 04)

절대연대로 제시된 야요이문화의 개시시기가 송국리문화의 개시시기와 역전관계를 보인다면 통계처리의 신빙성에 대한 의문을 가질 수밖에 없을 것이다. 그런데 야요이토기의 절대연대는 죠몬토기의 연대 분포곡선에 맞추어 통계 처리한 결과 송국리문화 보다 상회하는 연대가 제시되었다. 절대연대는 상대연대의 순서로 나타나면서 각 단계별로 일정한 시기에 집중하는 연대치를 보였을 때, 비로소 신뢰성을 가질 수 있는 것으로서 이 시점이 곧 그 토기형식의 등장시기로 볼 수 있는 것이다.

절대연대로 측정된 유우스 I 식에 해당되는 3점의 연대는 각각 기원전 930~800년(91.2%), 550~390년(66.3%), 820~540년(95.1%)으로서 기원전 760~340년 사이에서 2σ의 시기 폭이 너무 넓어 중심연대를 설정하기에 어려움이 있다. 때문에 죠몬토기인 黑川(구로가와)식12점의 보정연대와 유우스 I 식 3점의 보정연대 그래프를 그대로 겹쳐서 중복되는 경계선 부근(기원전 930~915년)을 개시연대로 설정한 것이다.(藤尾外, 2006) 하나의 토기 형식에 대한 연대는 측정된 연대치가 일정한 시기에 분포할 경우 비로소 그 연대를 신뢰할 수 있으며 이를 등장시기로 보는 것이 타당할 것이다. 따라서 동일 토기형식에 대한 연대측정이 많으면 많을수록 실연대에 대한 신뢰도는 높을 것이다. 집적된 절대연대의 측정치로 본 송국리문화의 등장 시기는 기원전 900년경에 해당되기 때문에 야요이 조기 연대는 절대 이를 상회할 수 없다. 따라서 측정된 유우스 I 식 토기의 중심연대를 안정적인 절대연대로 본다면, 야요이 조기는 기원전 850~800년경, 전기는 800~750년경으로 개시연대를 설정할 수 있을 것이다.(이홍종, 2006)

2) 야요이의 주민

고고학에서의 토기는 형식을 설정하고 편년을 행하는데 공헌한 뿐만 아니라 집단의

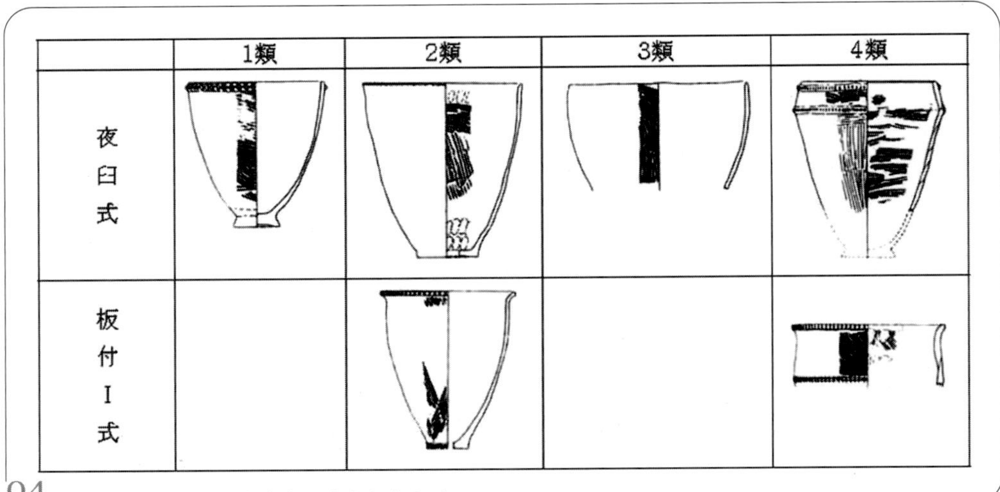

	1類	2類	3類	4類
夜臼式				
板付Ⅰ式				

04 유우스식 토기와 이타게식 토기의 유형(축척 1/10)

이동과 동질성 여부를 판단하는 기준이 된다. 따라서 새로운 문화의 수용은 기존의 토기형식을 변화시키고 새로운 토기형식을 만들어 내기도한다. 야요이문화가 송국리문화의 영향에 의해 성립된 것이 확실한 이상 야요이토기도 무문토기와 접목하면서 변화하였을 것으로 판단된다. 야요이 성립시기의 무문토기로는 미사리식토기(각목돌대문토기), 역삼동식토기, 송국리Ⅰ·Ⅱ·Ⅲ식토기가 있고, 야요이토기는 조기의 유우스Ⅰ·Ⅱa식, 전기의 유우스Ⅱb·이타즈께Ⅰ식·이타즈께Ⅱ식토기가 있다.

우리나라에서 가장 이른 시기의 각목돌대문토기는 미사리유적에서 출토된 것으로서 기원전 17~16세기이고, 남부지역의 송죽리유적과 어은유적의 각목돌대문토기는 기원전 13~10세기대로서 일본에서 각목돌대문토기가 등장하기 직전에 해당된다. 필자는 일본 각목돌대문토기의 출현에 대해서 우리나라 남부지역의 영향을 주장해 왔다.(이홍종, 2000a) 안재호(2004)도 본촌리유적 3호주거지 출토 각목돌대문토기가 나바타께유적 출토 유우스토기의 절대연대와 거의 같다는 것에서 일본 각목돌대문토기의 출현을 남부지역에서 구한바 있다.(藤尾외, 2006)는 한국남부의 각목돌대문토기는 포탄형(Ⅰ류)만 존재하는데 비해 일본에서는 만곡형(Ⅳ류)이 세토나이카이(瀬戸內)·긴끼지역을 중심으로 분포하고 있는 점을 들어 기종구성이 다르고 각목의 시문법이나 기면조정 등 세세한 부분에서 차이가 인정된다는 점을 지적하면서 직접적인 영향관계에 대한 언급은 회피하지만 그 차이는 우리나라와 일본에서 출토되고 있는 점토대토기와 같은 정도라면서 어느 정도 관계를 인정하고 있다. 이처럼 야요이 조기토기인 각목돌대문토기의 출현문제에 대해서는 한일 학자간에 견해차가 있다. 야요이문화가 탄생하는 과정에서 주거지는 송국리주거형이 등장하지만 토기 자체는 송국리식토기가 아니라 각목돌대문토기가 공반되고 있기 때문에 야요이문화의 주체는 송국리식 토기집단이 아니라 각목돌대문 토기집단으로 해석하는 것은 당연하다. 따라서 일본에서의 각목돌대문토기 성립배경은 곧 야요이문화의 주체집단 문제와 결부되기 때문에 매우 중요한 의미를 갖는 것이다. 그렇다면 남부지역에서 송국리문화를 인식하고 있었던 역삼동식토기와 각목돌대문토기를 사용했던 집단이 그 주체가 될 수밖에 없었을 것이다. 중부지역에서 송국리문화가 출현할 당시 남부지역은 역삼동식과 각목돌대문토기가 공존하였던 시기이다. 때문에 송국리문화의 영향권 하에 있었던 남부지역의 두 토기집단의 이주에 의해 야요이문화가 시작되었을 것으로 판단된다.

3) 야요이 사회의 변화

유우스식이나 이타즈께식과 병행 혹은 선행하면서 이들 토기에 영향을 주었다고 생각되는 무문토기로는 미사리식(각목돌대문토기), 역삼동식A · B, 관창리식, 송국리식토기의 5종류가 있고 이후, 점토대토기가 청동기와 함께 북부 큐슈지역을 중심으로 진출하게 된다. 이들 무문토기의 직간접적인 영향은 야요이사회의 발전과정과 맥을 같이하고 있는데 크게 3단계로 구분할 수 있다.(그림 05)

(1) 제1단계(파급기)

북부 큐슈지역의 각목돌대문토기(미사리식)는 기형상 죠몬토기와 유사한 것도 있지만(IV류), 그 밖의 옹형토기나 호형토기의 계보는 죠몬토기에서 구하기 어렵다. 또한 이들 토기의 등장은 죠몬문화에서는 계보를 구할 수 없는 수전농경과 관련된 새로운 기술체계가 출현하는 것과 궤를 같이하고 있어 우리나라 농경문화의 파급과 깊은 관련성을 갖고 있다. 유우스식토기는 총 4류로 구분된다. 이 중에서 Ⅰ류는 시기상 선행하는 우리나라 남부지역의 미사리Ⅱ식토기와 관련된다고 볼 수 있다. 유우스토기 중 전혀 관련성을 찾아볼 수 없는 토기는 IV류로서 이러한 기형은 죠몬 만기토기에서 그 계보가 찾아지고 있지만 각목돌대문기법은 역시 미사리식토기의 새로운 요소가 절충된 것으로 이해할 수 있다. 문제는 이들 유우스토기가 일본에서는 수전농경과 결합한 형

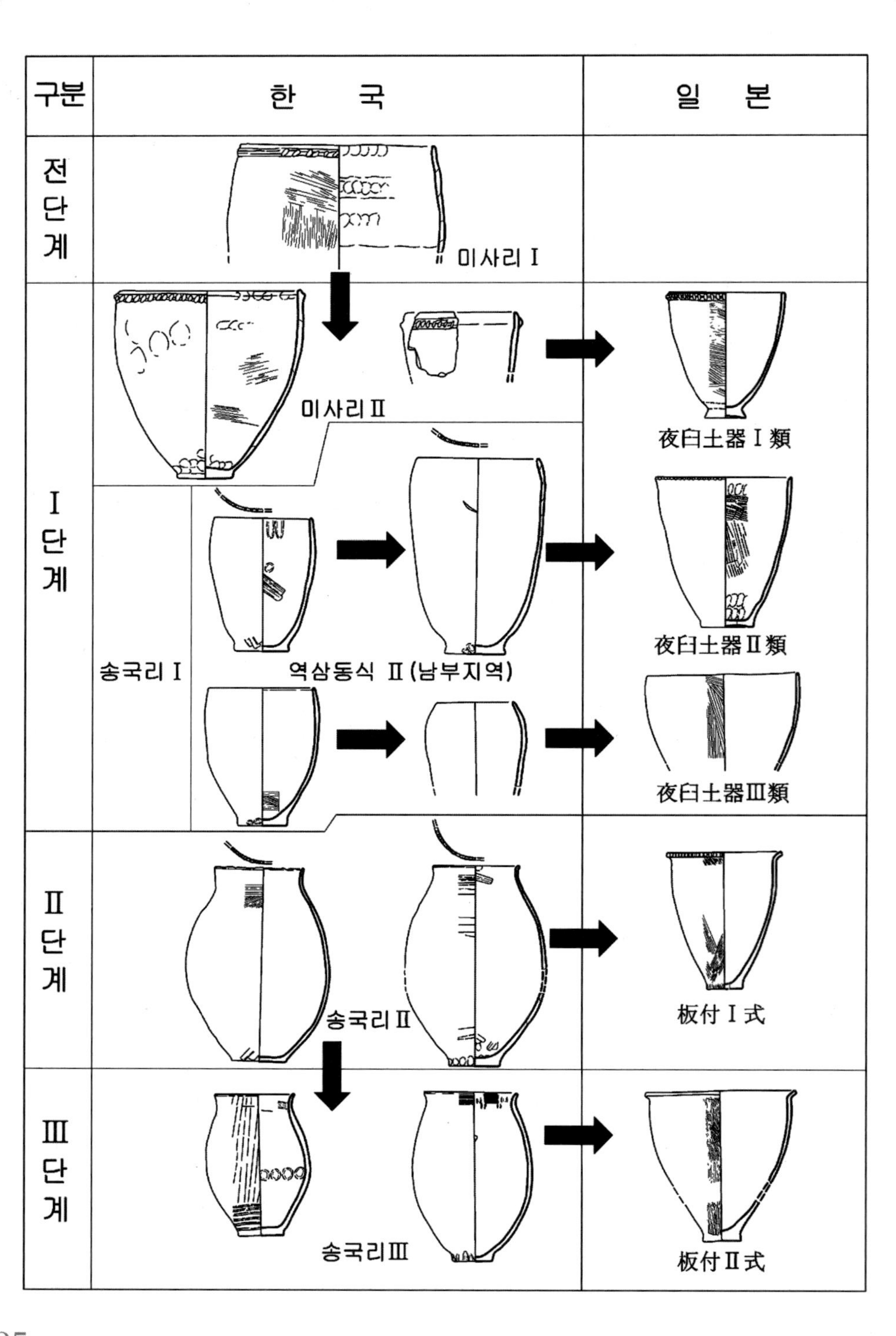

05 야요이 토기의 계보도(축척 1/10)

태로 등장하고 있지만, 우리나라에서는 아직 그러한 관계를 보여주는 유적이 확인되지 않고 있다는 점이다. 또한 유우스IIb식토기는 송국리형주거지와 공반되지만 우리나라에서는 아직 이러한 관계가 확인되지 않는다. 문화의 흐름에 따라 지역별로 물질문화의 조합상에 차이점이 존재했음을 시사한다. 역삼동식토기는 구순각목문(A)(유우스II류)과 구순각목문이 없는(B)(유우스III류) 두 종류에서 유우스식토기와의 관련성을 찾을 수 있다.

각목돌대문토기는 중부지역의 한강유역과 남부지역의 남강유역에 분포권을 갖고 있으면서 충적대지상에 입지하고 있다. 이러한 입지여건으로 보아 일찍이 배후습지 혹은 대지상의 전작농경과 관련된 농경집단의 가능성이 제기되었다.(이홍종, 2003) 이후 조사성과가 축적되면서 각목돌대문토기와 역삼동계토기는 중부지역에서는 전작농경과 관련이 깊지만 남부지역에서는 수도작 농경의 파급에 의해 그 기술체계를 인식하였을 것으로 생각하였다.(이홍종, 2005) 수전이 조사된 옥전유적에서 각목돌대문토기편이 출토되고 있고, 역삼동식토기는 송국리주거형과 공반되고 있어 이러한 가능성을 추정케 한다. 따라서 야요이 조기의 유우스토기는 수도작 기술체계를 인식하고 있었던 남부지역의 각목돌대문토기집단과 역삼동계토기집단의 이주와 관계가 있을 것으로 추정된다. 바로 이 단계가 야요이 조기에 해당하는 시기로서 구분상 제1단계에 해당되는 파급기로 설정하고자 한다.(이홍종, 2006)

⑵ 제2단계(변혁기)

송국리식토기 가운데 구순각목문을 시문한 토기가 있는데(관창리식이라 부르기도 함), 충남 서해안 중남부지역에 집중 분포하고 있다. 필자는 이 토기의 성립에 대해서 송국리문화가 정착하는 과정에서 재지계토기인 역삼동식의 구순각목기법이 송국리식토기에 절충된 형식으로 보았다. 같은 시기의 유적에서 각목문이 시문된 것과 생략된 것이 혼재하는 양상이 송국리문화의 초창기 양상이라면, 늦은 단계가 되면 각목문이 사라지고 외반구연의 송국리식토기만 출토된다. 때문에 다른 지역에서는 이러한 토기를 거의 찾아볼 수 없다.

송국리식토기는 크게 3단계의 형식변화를 보이는데(이홍종, 2005), 송국리II는 처음으로 외반구연옹이 출현하는 이타즈께 I 식토기와 평행한다. 이타즈께 I 식은 야요이 조기와 전기를 구분하는 토기형식으로서 외반구연이라는 새로운 형식의 채용과 더불어 외경접합·판목구조정에 있어서 송국리식토기의 제작기법을 그대로 반영하고 있다. 그렇지만 동체부 기형은 유우스토기를 계승하고 있다. 이처럼 이원적인 요소가 모두 반영된 원인에 대해 필자는 문화접촉과 변동이라는 측면에서 볼 때, 유우스Ⅱ류에 제작기법과 외반이라는 특징적인 요소만 절충시킨 형식으로서, 이는 두 문화체계의 접촉과정에서 새로운 요소들의 채용과 수정이 이루어지면서 나타나는 물질변화현상으로 이해하고자 한다. 결국, 이타즈께 Ⅰ 식토기는 송국리문화의 직접적인 파급과정에서 등장한 새로운 토기형식으로서 교류와 변동이라는 측면에서 볼 때, 제2단계인 변혁기에 해당된다.

⑶ 제3단계(완성기)

송국리문화의 직접적인 파급은 유우스토기의 기형은 존속시키면서 송국리식토기의 구연부와 제작기법을 절충시켜 이타즈께 Ⅰ 식토기를 성립시키는 획기를 이룬다. 이후도 송국리문화의 파급은 지속적으로 진행되면서 다시 한 번 야요이토기에 변화를 초래하는데 이타즈께Ⅱ식에로의 변화가 이에 해당된다. 이타즈께Ⅱ식은 유우스부터 이타즈께 Ⅰ 식 단계까지 존속되어 오던 구순각목문이 사라진 토기이다. 구순각목문의 탈락은 송국리식토기의 변화와 동일한 과정으로서 양 문화의 교류가 지속적이고 활발하게 유지되어 왔음을 의미한다. 또한 이 단계(야요이 전기말)에는 북부 큐슈지역을 중심으로 점토대토기와 더불어 세형동검이 등장한다. 이는 정착농경을 중심으로 발전하던 야요이사회의 또 다른 변화로서 지배체제가 확립되었음을 뜻한다.

이처럼 토기간의 관계로 보아 야요이문화의 성립은 단 한 번의 충격이나 정보에 의한 것이 아니라 지속적이고 활발한 송국리문화의 파급과 교류에 의해서 성립해간 것임을 알 수 있다. 야요이 성립기 토기의 연구에서 적어도 3차에 걸친 무문토기문화의 파급이 있었으리라 지적한 山崎純男(1989)의 견해도 이러한 맥락에서 이해될 수 있을 것이다.

이상에서 필자는 수전농경문화로 대표되는 송국리문화의 등장배경과 정착 및 파급과정에 대한 견해를 피력하였다. 송국리문화가 한반도에 등장하게 된 배경은 전기 문화로부터 자생하였다는 견해와 외부로부터 유입되었다는 견해가 제기되고 있다. 필자는 기원전 10세기 이후 범세계적인 기후변동(한랭화현상)에 의해 황하 중하류유역에서 역사적 · 경제적 · 사회적 환경변화가 일어나면서 대규모 주민이 다른 지역에로 이동을 하게 되는데 그 과정에서 일부 집단이 한반도로 이주하였을 것으로 생각하였다. 물질적 증거로는 주거형, 외반구연의 자비용 옹형토기, 삼각형석도, 유구석부 등이 전기의 양식과는 계통을 달리한다는 점과 외부의 충격없이 갑자기 물질적·문화적 변동이 발생한다는 것은 역사적으로 찾아보기 힘든 현상이기 때문이다.

송국리문화가 등장하게 된 시기는 한랭화가 진행되면서 범람화현상이 멈추게 되어 사구와 구릉의 곡저부 및 평야지역 배후습지의 토양화가 진행되면서 안정적으로 수전농경을 영위할 수 있는 자연환경이 조성되었던 시기이기도 하다. 따라서 금강 중하류 유역에 처음으로 정착한 송국리문화는 급속도로 주변지역에로 파급된다. 그 결과, 충청북부지역과 호남 및 경상지역에서는 주거형과 도구는 수용하면서도 자신들의 토기는 그대로 유지하는 이원적인 형태의 문화수용현상이 나타난다.

한편, 남한의 전지역으로 파급되는 시기와 때를 같이하여 송국리문화는 일본 북부 큐슈지역에로 진출하여 일본 역사상 제1혁명이라는 야요이문화를 탄생시킨다. 이후, 송국리문화와 야요이문화는 지속적인 교류가 이루어지면서 외반구연과 각목돌대문이 절충된 이타즈께 I 식 토기의 변혁기를 거쳐 각목돌대문이 탈락한 순수한외반구연의 이타즈께 II 식이 등장하면서 야요이문화는 완성기에 접어들게 된다. 적어도 3번의 획을 이루면서 야요이문화가 완성된 것이다. 이후 안정된 야요이사회는 소국을 중심으로 한반도와 청동기를 둘러싼 교역을 진행하면서 발전하게 된다.

●참고문헌●

金壯錫, 2003, 「충청지역 송국리유형 형성과정」 『韓國考古學報』 51, 韓國考古學會.

______, 2006, 「충청지역의 선송국리 물질문화와 송국리유형」, 『한국상고사학보』 51.

安在晧, 1992, 「松菊里類型의 檢討」 『嶺南考古學會』 11, 嶺南考古學會.

______, 2004, 「한국농경사회의 성립」 『국립역사민속박물관연구보고』 119.

이진민, 2004, 「중부지역 역삼동유형과 송국리유형의 관계에 대한 일고찰」 『한국고고학보』 54.

이형원, 2007, 「반송리 청동기시대 취락의 구조와 성격」 『화성 반송리 청동기시대 취락』, 한신대학교 박물관.

이홍종, 2000a, 「무문토기가 미생토기 성립에 끼친 영향」 『선사와 고대』 14.

______, 2000b, 「우리나라의 초기 수전농경」 『한국농공학회지』 제42권 제3호.

______, 2002, 「송국리문화의 시공적전개」 『호서고고학』 제6 · 7합집.

______, 2003, 「송국리형취락의 경관적검토」 『호서고고학』 제9집.

______, 2004, 「韓國中西部地域における無文土器時代の實年代, 彌生農耕の起源と東アジア」 『國立歷史民俗博物館國際研究集會』 2004(3).

______, 2005, 「송국리문화의 문화접촉과 문화변동」 『한국상고사학보』 48.

______, 2006, 「무문토기와 야요이토기의 실연대」 『한국고고학보』 60집.

최성락, 2006, 「일본 야요이시대 연대문제에 대하여」 『한국고고학보』 58.

藤尾愼一郎, 1987, 「板付Ⅰ식(式)甕形土器の成立とその背景」 『史淵』 第124輯.

______, 2004, 「新彌生年代の試み」 『季刊考古學』 第88號, 雄山閣.

藤尾愼一郎 외, 2006, 「彌生時代の開始年代 -AMS-炭素14年代測定による高精度年代體系の構築」, 『彌生時代の新年代』, 雄山閣.

工樂善通, 1991, 『水田の考古學』, 東京大學出版會.

山崎純男, 1989, 「彌生文化成立期における土器の編年的研究」 『鏡山猛先生古稀記念古文化論攷』.

家根祥多, 1993, 「遠賀川식(式)土器の成立をめぐって -西日本における農耕社會の成立-」 『論苑考古學』.

家根祥多, 1997, 「朝鮮無文土器から彌生土器へ」 『立命館大學考古學論集』 Ⅰ.

田中良之, 1986, 「繩文土器と彌生土器」 『彌生文化の研究 3 : 彌生土器 Ⅰ』, 雄山閣.

田崎博之, 1994, 「夜臼식(式)土器から板付식(式)土器へ」 『牟田裕二君追悼論集』.

春成秀彌, 1973, 「彌生時代はいかにしてはじまったのか -彌生土器の南朝鮮起源をめぐって-」 『考古學研究』 20-1號.

甲元眞之, 2007, 「環境變化の考古學的檢證」 『砂丘形成と寒冷化現象』.

葛劍雄, 1997, 『中國移民史』, 福建人民出版社, 福州.

수리시설과 수리기술의 발달

1. 청동기시대~초기철기시대의 수리시설 _ 곽종철
2. 삼국 및 통일신라의 수리시설 _ 전덕재
3. 동아시아 고대 수리토목기술의 발달과 확산 _ 성정용

곽종철 _ 우리문화재연구원

1 청동기시대~초기철기시대의 수리시설

1. 用水源

　農業水利에 있어서는 用水源의 종류와 관개시설의 형태, 수리관행, 수리조직의 성격, 수리공간의 배치, 용수의 과부족 등 여러 가지 지표를 사용하여 유형화할 수 있으며, 그 중 가장 중요시되는 것은 용수원의 종류로 보고 있다. 즉 용수원의 차이에 따라 관개시설의 형태와 구조, 관리 조직의 성격 등이 크게 달라지며, 관개라고 하는 기능에서 본 농업지역의 구조까지도 규정할 수 있다고 한다.[1]

　이와 같은 용수원이 현재까지 발굴조사를 통해 확인되거나 추정되는 것으로는 계류 및 하천, 湧泉, 수혈, 둠벙, 저수지, 저습지 등이 있으며, 문헌기록(특히 조선시대)에서는 이외에도 雨水, 融雪水, 논 저장水, 潮汐이용 淡水 등도 알려지고 있다.[2] 그리고 용수원 가운데에는 하천의 배후습지(춘천 천전리유적 B지역, 밀양 금천리유적 등)나 구 하천유로(대구 동천동유적 3-Ⅰ구역, 대구 칠곡 생활유적) 등 그 자체가 확인된 예도 있지만, 그 수는 매우 적다. 오히려 수로, 집수시설, 논 등의 존재 및 위치관계 등으로 보아 어느 정도 추정 가능한 경우가 많다.

---

1 정치영, 2000, 「智異山地 벼농사의 灌漑體系와 물관리方法」『대한지리학회지』제35권 제2호, pp.227~241.
2 이외에도 곡내 습지화에 따라 상승된 곡내의 지하수 등을 병용할 가능성도 있다.
　곽종철, 2001, 「우리나라의 선사~고대 논 밭유구」『한국 농경문화의 형성』, pp.25~93(특히 pp.33~34).

1) 湧泉水

    현재까지의 발굴조사 사례에서 보면, 용천(지점) 자체가 확인된 것은 아니나, 비교적 규모가 작은 곡저평야의 곡두~곡 중앙부쪽에 수로, 집수시설, 논 등이 존재함과 동시에 수로가 곡두쪽으로 설치되어 있어, 산·구릉 사면 말단부와 곡저평야 곡두의 경계지점 부근 일대에 湧泉水가 있는 것으로, 그리고 그것을 주 용수원으로 추정할 수 있는 경우가 있다. 청동기시대에는 논산 마전리유적 등 10예 정도가, 초기철기시대~원삼국시대에는 천안 장산리유적 등 2예가, 삼국시대에는 청동기시대의 것과 동일 유적 5예, 삼국시대만의 예로 5예 총 10예 정도가, 고려·조선시대에는 함안 오곡리유적 등 2예 이상이 각각 확인되고 있다.(부록 〔표 2〕 참조)

    이처럼 용천지점이 곡두에 있는 경우 용천수는 산·구릉 사면 말단부(곡저평야와의 경계부)에 설치된 수로를 따라 흘러 내리면서 경사가 낮은 곡저평야면쪽의 논에 공급 되거나(논산

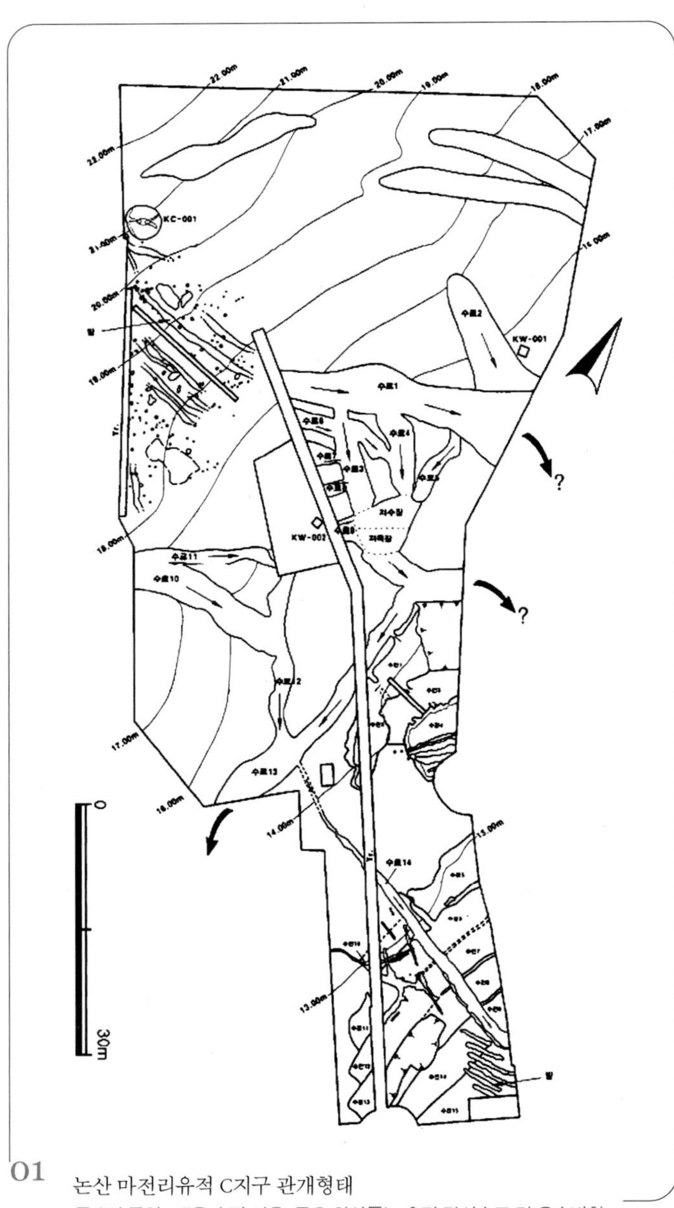

01 논산 마전리유적 C지구 관개형태
주 3의 문헌 p.7을 수정 인용, 굵은 화살표는 추정 간선수로 및 유수방향

마전리유적 C지구 등 - 그림 01),[3] 곡 중앙부의 자연유로를 따라 흘러 내리다가 어느 지점에서(보를 거쳐) 논으로 공급되는(보령 관창리유적 G유적 등), 비교적 한정된 방식의 관개형태를 띠게 된다. 그리고 곡두쪽의 용천(수)은 더욱이 곡저평야라는 지형조건, 수문조건 등과 연계되어 청동기시대 이래로 시대를 불문하고 논+수로 관개형태가 고정되는 것이다.

한편, 중소규모의 하천 범람원에도 湧泉지점이 있고, 이를 용수원 내지는 음용수, 또는 祭儀場으로서 이용되는 사례가 확인된다. 대구 동천동유적 3- I 구역의 집수지 2호는 溝들의 합류지점이며, 일부에 석제 호안도 보이고 있다. 그런데 이 집수지 2호의 동북쪽에 있는 2단 굴광부분과 부근의 집석 3호는 각각 용천지점으로 추정된다.(그림 02)[4] 동천동유적이 입지하는 선상지 내지는 선상지성 곡저평야에는 지하를 흐르던 伏流水가 선단부 등의 지표에서 용출되는 사례가 많으며, 평지의 유적에서 용천 및 집수시설이 확인된 일본 石川縣 荒木田유적(8세기 후반~9세기 中頃 - 그림 03)[5]과 같은 예도 있기 때문이다. 그리고, 앞서의 곡저평야 곡두의 용천수와 함께 지표수가 일단 지하에 침투했다가 다시 용천해서 지표에 나타나는 伏流水는 소위 自由面地下水(不壓地下水)[6]의 하나로 간단한 공사로서 획득할 수 있고, 계절적 수량 변화가 적은데다가 지표수가 없어지는 가뭄시에도 일정 수량을 얻을 수 있다는 장점이 있다.[7] 그리고 이러한 용천수의 특성 때문에 청동기시대 이래로 많이 이용되어져 온 것 같다.

그런데 용천수는 수온이 낮아[8] 논에 곧바로 공급하게 되면 냉해를 입기 쉬워 수로를 통과시키는 과정 동안이나 집수시설에 일단 저장해서 수온을 상승시켜 이용하는 대책이 필요하다. 곡저평야 곡두부에 위치하는 논산 마전리유적 C지구의 저수장 및 저목장(그림 01)은, 용천지점에서 여러 수로를 통해 들어온 물을 일단 저장, 재분배하는 곳으로, 수량 조절, 유속 조절에도 필요했겠지만 수온 상승 시설이라는 역할도 아울러 있었던 것으로 추정된다.

---

3 高麗大學校 埋藏文化財研究所·韓國道路公社, 2004, 『麻田里 遺蹟-C地區』, p.7 등.

4 (財)嶺南文化財研究院, 2002, 『大邱 東川洞聚落遺蹟-본문1, 본문2-』, pp.8~11, (본문1), pp.330~335.

5 第7回 東日本埋藏文化財研究會山梨大會實行委員會·山梨考古學協會, 1998, 『第7回東日本埋藏文化財研究會 治水·利水遺跡を考える -人は水とどのようにつきあってきたか-』第1分册資料編, p.406.

6 農業用地下水研究グルブ·日本の地下水編集委員會, 1986, 『日本の地下水』, pp.2~11, (株)地球社.

7 金賢熙·崔基燁, 1990, 「韓國傳統灌漑施設의 類型과 立地特性」『應用地理』第13號, pp.65~140.

8 閔丙燮, 1972, 『新刊 農業水利學』.

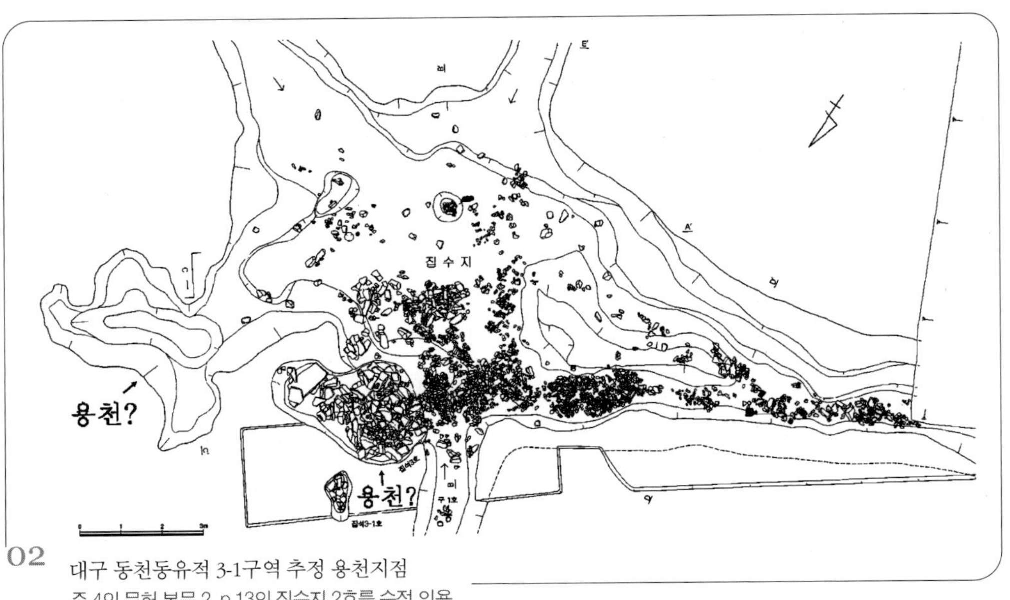

02 대구 동천동유적 3-1구역 추정 용천지점
주 4의 문헌 본문 2, p.13의 집수지 2호를 수정 인용

03 일본 荒木田유적의 용천지점 겸 집수 시설
주 5의 문헌, p.406

또 용천수는 수량은 안정적이기는 하나 그 양이 많지 않아 넓은 범위에 걸쳐 관개할 수 없다. 따라서 곡저평야의 경우 용수 공급 가능범위(내지는 논 조성범위)가 곡 내의 일부에 그쳤을 가능성도 있으며, 최대로 잡아도 곡 내부로서 완결되며, 바깥까지는 미치지 못했을 것이라고 추정된다. 부족한 용수는 雨水로서 보충하거나, 아니면 또 다른 대책이 필요했을 것이다. 그런 한편으로 용천지점과 수로가 확인되지 않은 청동기시대의 울산 야음동유적 II지구의 계단식 논을 천수답 내지는 건답

직파답으로 보는 견해가 제기된 것도 이러한 정황 때문이다.

2) 溪流 · 小河川

청동기시대부터 계류나 소하천을 용수원으로 하는 사례가 확인되고 있다. 보령 관창리유적 G구역 등이 대표적이며, 삼국시대에도 대구 동천동유적 3-I 구역 수리시설, 대구 칠곡 생활유적 등의 예가 있다. 그리고 이용되는 하천규모로는 전자가 1/50,000지도에 하천 표시가 겨우 되는 정도의 1전후?, 후 2자가 1전후?~1이상 정도로 각각 추정된다.[9] 그런데 하천 본류는 아니나 범람원의 배후습지를 용수원으로 하는 청동기시대의 밀양 금천리유적, 춘천 천전리유적 등도 고려한다면 청동기시대부터 하천 이용의 관개형태도 반드시 단조로운 것만은 아니었던 것 같다.

한편, 계류나 소하천의 물을 곧바로 논에 공급하기 어려울 때는 보를 설치하거나 수로를 연결해 논에 용수를 공급하는 형태를 취하게 되는데, 삼국시대 대구 동천동유적 3-I 구역 삼국시대 수리시설처럼 작은 제방, 연결 수로에 이르기까지의 도수시설, 집수시설, 보 등이 구비되는 경우도 있다.

2. 集水시설

현재까지 조사된 집수시설로서 가장 이른 것은 청동기시대의 대구 동천동유적 3-I 구역 집수지 2호의 동북쪽 2단 굴광 부분 및 주변부로 용천지점에 약간의 시설을 해서 일정량의 물 저장도 가능케 한 것으로 보인다.(그림 02)

다음, 용천지점은 아닌 것 같으며 지표하의 체수층(滯水層)이나 암반 절리면을 따라 물이 흐르는 깊이까지를 굴착해 주변의 물을 모으는 우물·둠벙도 확인되고 있다. 사

---

9 郭鍾喆, 1993, 「先史·古代 滔資料 出土遺蹟의 土地條件과 稻作·生業」 『古文化』42·43, pp.3~78(특히 56~61).

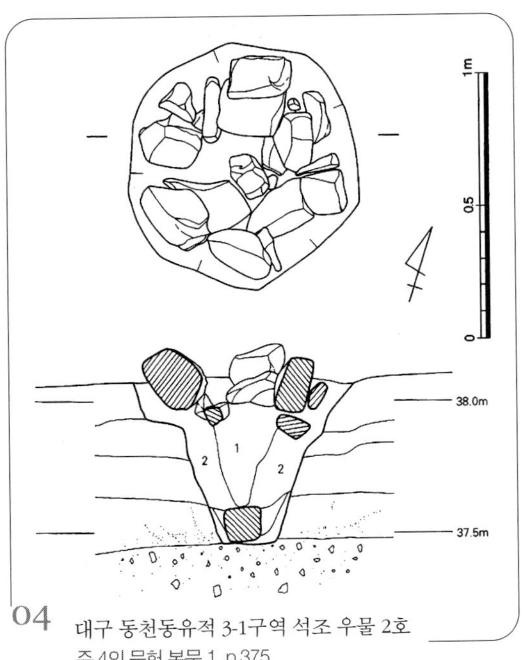

04 대구 동천동유적 3-1구역 석조 우물 2호
주 4의 문헌 본문 1, p.375

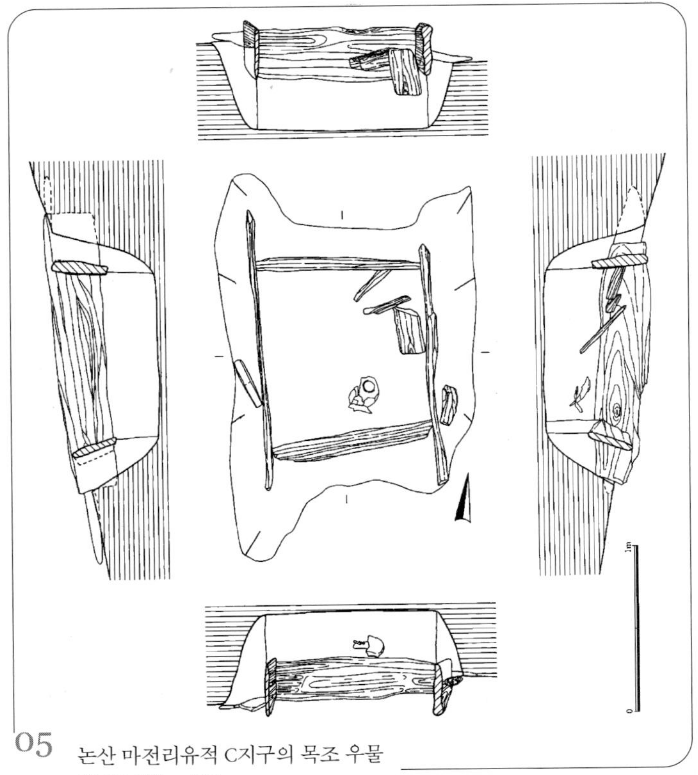

05 논산 마전리유적 C지구의 목조 우물
주 3의 문헌, p.129

레로는 청동기시대의 대구 동천동유적 3-Ⅰ구역의 석조 우물 4기(그림 04),[10] 논산 마전리유적 C지구의 목조 우물인 시설 3·6호와 우물 1·2(그림 05),[11] 일부는 삼국시대 이후의 고려~조선시대, 일부는 1990년까지 사용된 무안 양장리유적 나지구의 둠벙 시설물(施設物) 7개소와 기타 시설물(석조물) 1기(그림 06),[12] 근·현대의 밀양 가인리유적 A유구(저수시설 - 그림 07)[13] 등이 있다.

이 가운데 무안 양장리유적 나지구의 둠벙 대부분은 지하수가 흐르는 A하천의 유로상에 설치되었으며, 둠벙 시설물 B의 경우 평면 □자형에 가깝고 북동-남서방향으로 설치되었으며, 직경 3m, 깊이는 1m이상이다.[14]

밀양 가인리유적 A유구(저수시설)는 하안 단구면상에 설치된 것으로, 평면 반원형 내지는 약간 타원형으로 추정되며, 직경 16.7m 전후, 깊이는 72cm정도이다. 둠벙 바닥에는 두께 1cm 정도의 실트를 다짐처리해 누수방지를 꾀하고 있다. 추정 저수

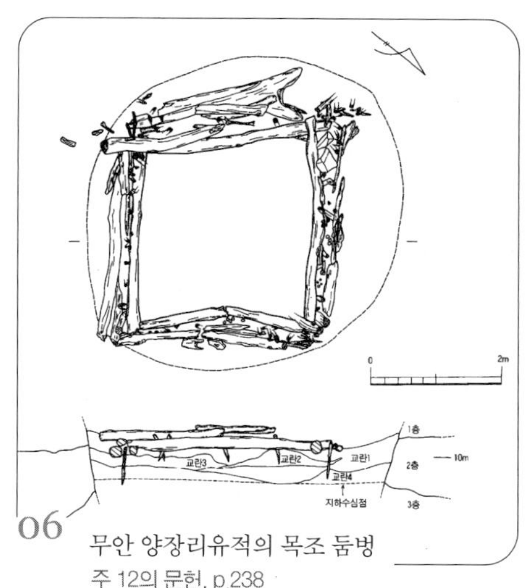

06 무안 양장리유적의 목조 둠벙
주 12의 문헌, p.238

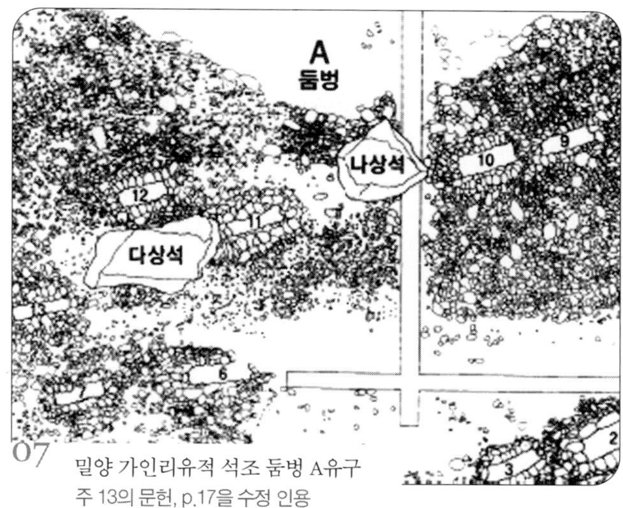

07 밀양 가인리유적 석조 둠벙 A유구
주 13의 문헌, p.17을 수정 인용

면적은 157m³ 정도에서 지나지 않아 제한된 범위의 관개밖에는 할 수 없었던 것 같다.(그림 07)

다음, 자연유로, 인공 굴삭 수로 등을 통해 물을 특정지점에 모으는 것으로, 소위 집수지(유구) 내지는 저수지(유구), 웅덩이, 수혈 등도 있다. 사례로는 청동기시대의 대구 동천동유적 3-Ⅰ구역 집수지 1·2호, 논산 마전리유적 C지구의 저수장 및 저목장, 춘천 천전리유적 B지역 1호 수로 이후 설치된 보(필자 견해 : 집수시설)와 웅덩이, 삼국시대의 대구 동천동유적 3-Ⅰ구역 삼국시대 수리시설중의 저수시설(시설A), 웅덩이 A·B, 고려~조선시대의 함안 오곡리 87번지 유적 수혈 1·2·3·12·38·39호 등이 있다.

다음, 용수원이자 집수시설의 기능도 겸비하는 하천의 배후습지 내지는 구유로적의 예로는 청동기시대의 춘천 천전리유적 B지역 저습지(그림 08),[15] 밀양 금천리유적의 습지, 진주 창촌유적의 습지, 조선시대로 추정되는 양산 소토리유적 저습지 등이 있다.

이상 살펴본 바와 같이, 아직 그 예가 많지는 않으나 청동기시대부터 다양한 집수시

---

10 주 4의 문헌(본문 1), pp.373~377.

11 주 3의 문헌, pp.124~133.

12 木浦大學校博物館·務安郡·韓國道路公社, 1997,『務安 良將里 遺蹟』, pp.236~239.

13 密陽大學校博物館·(社)慶南考古學研究所·慶北科學大學博物館·釜山地方國土管理廳, 2004,『佳仁里遺蹟-밀양 산내 우회도로 축조공사구간내 발굴조사 보고서-』, p.17·72·73.

14 주 12의 문헌, p.236.

15 江原文化財研究所·原州地方國土管理廳, 2008,『泉田里 B지역』, p.279 등.

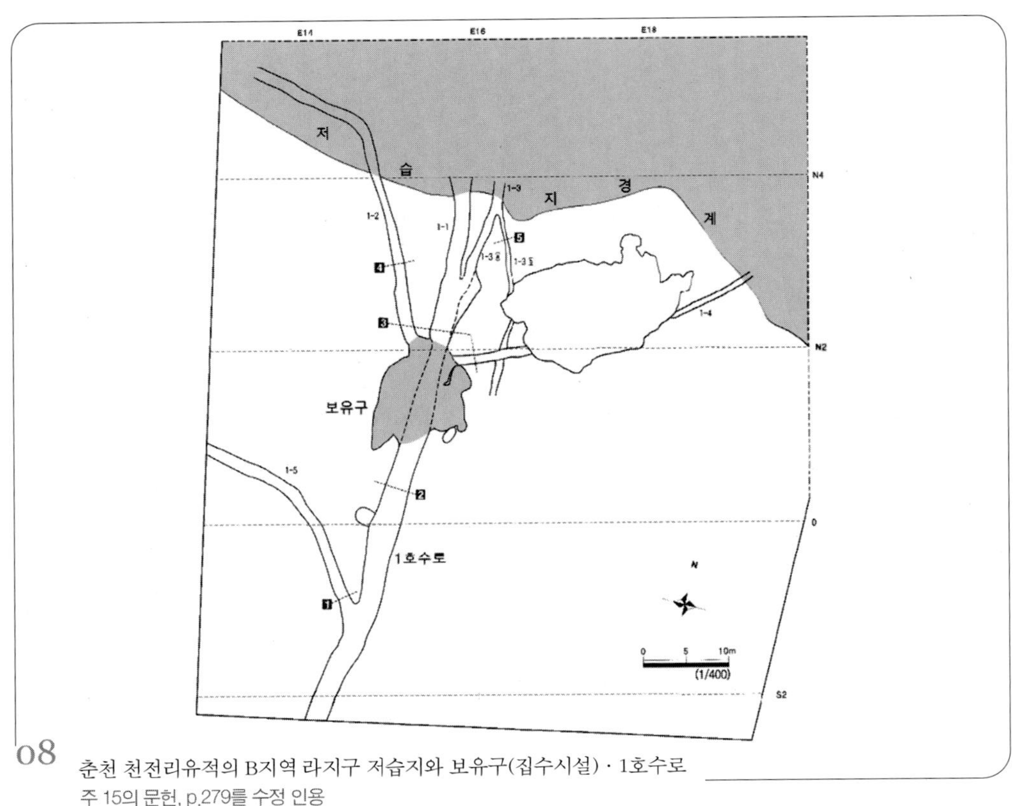

08 춘천 천전리유적의 B지역 라지구 저습지와 보유구(집수시설)·1호수로
주 15의 문헌, p.279를 수정 인용

설이 확인되고 있어, 해당 지역의 수문조건에 기초한 집수형태·시설이 사용되어 왔음을 짐작케 한다. 한편, 아직 해당 유구가 확인되지 않았으나, 조선시대의 문헌기록과 재래관행을 보면 坰畓, 蒲江 등도 알려지고 있다. 양자는 논을 이용하는 것이며, 계절적으로 사용하며, 제한적인 관개용수를 확보하기 위한 시설이다. 坰畓은 가장 높은 곳에 위치하는 논의 논두렁을 높이 쌓아 추수후부터 이듬해 모내기철까지만 물을 가두는데 그 이후에는 논으로 이용한다.[16] 坰畓인지 분명치는 않으나 조선시대 세조 3년(1458) 곽유의 상소문 가운데 습답에 논두렁을 높이 쌓아 눈녹은 물을 담아두었다가 파종시에 아래의 논에 관개한다는 기록이 보이고 있다. 또 이러한 방식은 동북 타이의 평원·대지에서도 알려지고 있다. 연 강수량이 800~1200mm 정도 밖에 되지 않아 논 농사지역으로는 한계지에 가까운 이곳에서는 가물면 높은 쪽의 논에 물을 담아 두면 지하로 침

---

16 宮嶋博史, 1983, 「李朝後期の農業水利」『東洋史研究』41(4), pp.8~9를 주 60의 문헌, p.239에서 재인용.

투되어 아래쪽의 논에서 용출해 용수가 되도록 하는 일종의 집수시설 역할을 하기도 한다. 물론 비가 제대로 내려 준다면 높은 쪽의 논도 벼를 심는다.

蒲江은 낮은 부분에 위치한 논 한 배미를 파서 저수하는 것으로, 필요시 이곳의 물을 퍼올려 관개하는 것이다.[17] 일반적으로 저습지대에서 이용하는 방식으로, 이 또한 극히 제한된 면적에만 관개했다고 한다.[18] 그리고 일제강점기에도 전남 능주 부근, 진도, 경남 의령·함안 간, 경북 용궁 부근 등지의 사례가 알려지고 있을 뿐만 아니라, 충남 논산, 강경 일대에서도 논의 低地부분에 둑을 쌓아 빗물을 저장해 두었다가 이용했다고 한다.[19] 또 전남 나주지역 등에서는 개석곡, 곡저평야의 논 한 곳에 겨울에 물을 저장해 일시적으로 작은 저수지처럼 만들어 두었다가, 다음 해 봄의 모내기때 이 물을 이용하며, 물을 퍼내고 난 논에도 모내기를 하였다고 한다.[20]

한편, 우리나라의 포강과 비슷한 것이 일본의 はりだめ인데, 千葉縣 九十九里浜 평야지역의 사례가 알려지고 있다. 보통 논보다는 논둑을 조금 크게 하며, 필요에 따라 水口를 여러군데 만들어 둔 것이 있으며, 매년 봄 모내기 때만 이용하므로 저수지가 아닌 溜라고 불리우는 것도 있었다고 한다. 그리고 이러한 방식이 저수지 출현 이전의 수리시설의 한 형태로 보고 있다.[21] 그런데 이 포강(はりだめ)과 같은 것으로 추정되는 유구

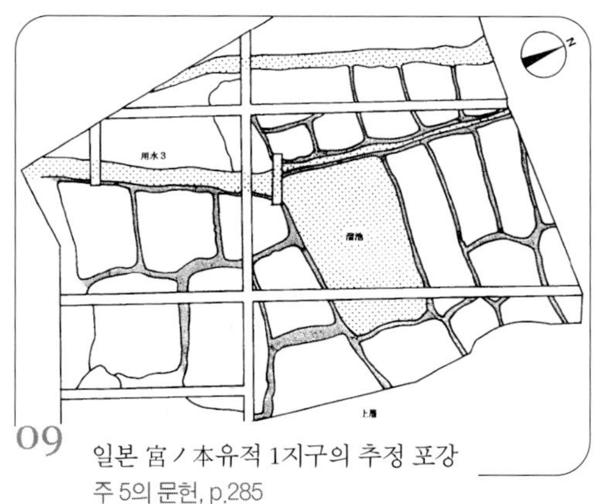

09 일본 宮ノ本유적 1지구의 추정 포강
주 5의 문헌, p.285

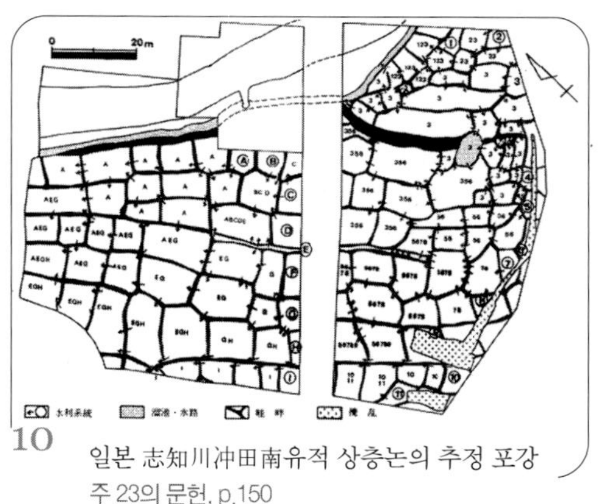

10 일본 志知川冲田南유적 상층논의 추정 포강
주 23의 문헌, p.150

---

17 주 1의 문헌, p.239.
18 金羅美·李鐵求, 1986, 「微地形과 水利와의 관계-山麓地型 水田과 低濕地型 水田의 비교-」『關東地理』 창간호, pp.51~62.
19 日本農商務省, 1906, 『韓國土地農産調査報告 慶尚道·全羅道』, pp.350~352.
20 전 영남작물시험장 노영팔 선생님의 도움말씀.

가 일본에서 보고되고 있다. 하천 좌안의 자연제방상에 입지하는 신석현 신정시 고유(新潟縣 新井市 高柳)지역의 宮ノ本遺跡 1地區에서 확인된 溜池狀유구(14세기, - 그림 09)[22]는 燒山火山灰에 매몰된 논들중의 하나로, 다른 논들은 논면이 평탄한데다가 사람의 족적, 경작구 흔적 등이 보이는데 비해 이 논의 경우만 논면이 평탄하지 않고 족적, 경작구 흔적 등이 없어 물을 저장한 시설로 추정된다고 한다. 또 兵庫縣 志知川沖田南 유적 상층 논(彌生後期~古墳前期) 가운데 하나가 주변의 논들로부터 물을 받아 다시 주변의 논들로 물을 공급하는, 포강 형태인 것으로 추정하고 있다.(보고서의 溜池 - 그림 10)[23]

이상, 垌畓, 蒲江에 대해 간단히 살펴보았는데, 선행 연구에서도 제시한 바와 같이 특히 포강이 논이나 평지를 굴삭해서 물을 저장해서 논의 모내기 시기 등에 논에 용수를 공급한다는 점, 더욱이 가을에 물을 퍼낸 뒤 물고기를 잡거나 의도적인 養魚시설로 발전하는 점(일본의 경우)에서는 제방을 쌓아 본격적인 저수와 관개를 목적으로 하는 저수지 출현 이전에 선행하는 형태, 특히 皿池의 시원형태에 가까운 것으로 자리매김할 수 있다는 점이 주목된다. 다만, 皿池는 반드시 논만을 이용해 집수시설화하는 것은 아니며, 3~4면에 제방을 쌓아 만들며, 경우에 따라서는 여수토, 수문을 갖추기도 하며 (제천 유등지), 규모가 포강이나 둠벙보다 훨씬 크고, 경우에 따라서는 규모가 큰 저수지와 親池 - 子池의 관계를 가져 일정한 규모를 가진 지역 전체의 관개체계망의 하나로서 편성된다는 점에 차이가 있다.

---

21 古島敏雄·森浩一, 1978, 「對談 古代の池にめぐって」『日本古代文化の探究·池』, pp.309~348, 社會思想社.

22 주 5의 문헌, pp.284~285.

23 (財)兵庫縣文化協會, 1987, 『淡路·志知川沖田南遺跡』, p.150의 溜池·水路표시 부분.

3. 水路

1) 수로 자체

(1) 수로 확인 유적의 수

　　계류나 소하천과 같은 자연유로[24]와는 달리 인공 굴삭된 것이거나 것일 가능성이 있으며, 논 등의 경작지와 연결 내지는 근접하는 수로, 구, 구상유구로는 약 60개 유적의 사례가 있다. 그러나 모두 수로로서 확정지을 수 있는 것도 아니고, 일부는 수로 추정 내지는 경작 관련시설 추정 정도로 기재된 것도 있다. 게다가 논과 연결되며 동일층면, 즉 동시존재·동시기능한 것으로 명확히 판단되는 것은 의외로 몇 안된다. 청동기시대에는 8개 유적을, 초기철기시대~원삼국시대에는 전무 내지는 1~2개 유적을, 삼국시대에는 최소 7개(청동기시대의 유적과 같은 유적 2개 포함)에서 최대 14~15개 유적(청동기시대의 유적과 같은 유적 5개 포함)을, 고려·조선시대~근·현대에는 4개(삼국시대의 유적과 같은 유적 2개 포함)~7개 유적(삼국시대의 유적과 같은 유적 4개 포함)을 각각 예로서 들 수 있을 정도, 즉 청동기시대 이래로 최소 십수개 유적에서 최대 20여개 유적 정도만 확인된 셈이다.

(2) 수로와 하천 규모

　　집계된 표 1에서 보듯이, 청동기시대부터 이미 수로를 굴삭해서 논 등에 용수를 공급했다는 것을 알 수 있다. 또 논과 수로 결합형태가 확인되는 유적은 상류역부터 하류역에 이르기까지 모두 확인되고 있어, 현재로서는 더 이상의 검토는 어려운 것 같다. 또 논과 수로 결합형태가 확인된 유적 가운데에는, 산·구릉 사면 말단부를 개석한 개석곡·곡저평야의 예가 10예 전후로 가장 많고, 하천 규모는[25] 1/50,000지도에 하천 표시가 없는 1미만이거나 하나의 하천 표시만 있는 1전후의 것이 일반적인 것 같다. 그 다음이 다소 규모가 큰 곡저평야에 1전후~1이상의 것이 2~3예 정도, 산·구릉 사면 말단부와 하천 범람원의 경계부에 위치하며 1전후~1이상인 것이 2~3예 정도, 하천 규모를 추

24　忠南大學校　百濟研究所·高麗大學校　埋藏文化財研究所·大田地方國土管理廳, 2004, 『扶餘　九鳳·蘆花里　遺蹟』, p.36에서는 (자연)유로와 수로를 구분하는 개념을 제시하고 있다.

25　주 2의 문헌.

정하기 어려우나 하천 규모가 비교적 큰 하천의 배후습지(내지는 구유로적) 1예 정도
가 각각 확인된다. 현재로서는 금호강의 1차 지류인 팔계천의 구유로 내지는 分流路에
설치된 대구 동천동유적 삼국시대 수리시설보다도 더 큰 하천의 利水·수리시설은 아
직 확인되지 않았다.

(3) 수로의 길이, 평·단면 형태와 수로 바닥 경사

청동기시대 유적에서 확인된 수로 가운데 길이가 비교적 긴 것을 살펴 보면, 부여
구봉리유적의 경우 제 6수로가 87.6m, 인접 노화리유적의 2호 수로가 15m, 울산 옥현
유적의 45m, 마산 망곡리유적의 120m 정도이다. 수로인지 여부가 반드시 명확치는 않
으나 춘천 천전리유적 B지역의 경우 1-5a 수로가 92.2m, 1-5c 수로가 280.5m, 1호 수로
가 124.6m이상이다. 수로의 길이는 폭·깊이 등과 함께 굴삭토량·투입 노동력의 문
제[26], 더 나아가서는 굴삭도구·기술·집단의 문제를 점검해가는 단서를 제공할 수도
있으나, 이는 장래의 과제로 남기기로 한다.

유적에서 확인되는 수로의 평면형태를 보면 직선적인 것은 없고 꾸불꾸불하거나 꺾
이거나 하는 것이 많은데, 현재로서는 그 이유를 잘 알 수 없다. 다만, 측량기술을 동원
해 일정 범위내에서는 가능한한 직선적으로 설치되는 현대의 수로와는 달리 부정형의
수로가 대부분인 것은 측량기술의 발달·미발달의 문제보다도 수로 굴삭지점의 자연
지형경사, 토질, 표토나 기반암의 두께나 심도, 굴삭도구와 투입 노동력 등을 고려하면
서 합리적이고 유연하게 대응한 것이 아닐까 짐작될 뿐이다. 이외에 후술하는 바와 같
이, 수로가 꾸불꾸불하거나 하는 것은 수로내에 용수가 통과하는 과정중에 수온 상승
효과도 아울러 의도하고 있는지도 모르겠다.

수로의 단면 형태는 다소 완만한 U자형 등이 많고, 일부 V자형이 확인되고 있는데,
전자가 상대적으로 많은 것은 굴삭 노동량, 단위시간당 최대 통수량, 측벽 붕괴 문제 등
에서 효율적이기 때문으로 알려지고 있다.[27] 단면 V자형은 상대적으로 간단히 굴삭되
나, U자형의 경우 예리한 날을 가진 도구가 필요하거나 굴삭 노동력이 배 이상이 필요
한 것으로 알려지고 있다. 그러나 단위시간당 수로를 통과하는 유량을 같이 하려면 단

---

26 6세기~8세기의 일본 예를 보면, 구의 굴삭에 1인 1일 4m³의 예, 일반적인 굴삭에 1인 1일 2m³의 예, 점
　　질토(엄밀히는 埴) 굴삭에 1인 1일 최대 3.48m³의 예 등이 알려지고 있다.(저수지 제방 부분 참조).
27 주 21의 문헌, p.318.

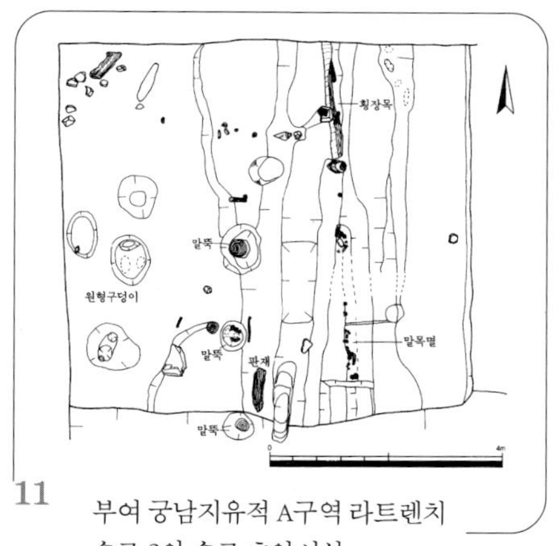
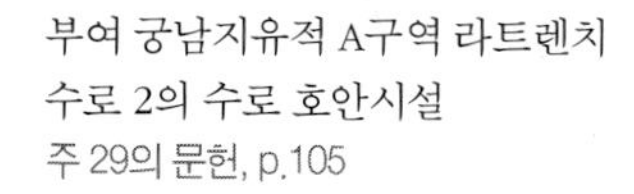

11 부여 궁남지유적 A구역 라트렌치
수로 2의 수로 호안시설
주 29의 문헌, p.105

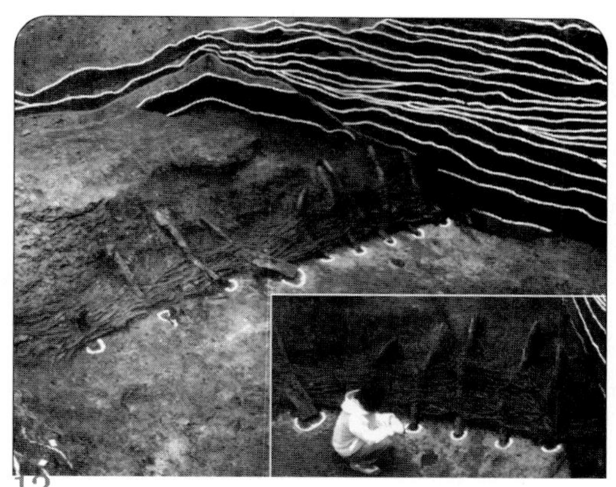

12 함안 성산산성 동문지쪽 저수지 목책 호안시설
주 30의 문헌, p.172에서 재인용

면 V자형쪽이 더 깊이 파야 하며 수로 측벽이 붕괴 · 침식되기 쉽다. 또 상대적으로 짧은 시간에 수로내 수위가 상승해 수로 바깥으로 범람되기 쉽다. 따라서 단면 U자형은 깊게 파지 않더라도 단위시간당 통과하는 유량을 최대한 담보하기 위한 지혜가 스며들어 있는 것이다.[28]

다음, 수로의 폭과 깊이의 상관관계에 대해서는 일반적으로 용수원에서 몽리지역으로 올수록 최소의 단면적으로 최대의 물을 보낼 수 있는 단면 형태, 즉 폭〈깊이의 형태로 굴삭하나, 몽리지역 내에서는 논에 용수 유입이 수월하도록 폭〉깊이의 단면 형태를 띠는 것으로 알려지고 있다. 그러나 이번의 자료집성에서는 용수원, 논, 그리고 양자를 연결하는 수로 모두가 확인된 예가 적어서인지, 본래의 수로 어깨선이 삭평되었거나 유수침식 · 붕괴에 따른 변형 때문인지 뚜렷한 법칙성을 찾기는 어려웠다.

⑷ 수로 둑 · 수로 양안의 호안 · 보강시설, 수로 바닥의 다지기 · 깔기

확인된 수로는 흙을 굴삭한 그대로 이용하는 것이 대부분이다. 그런데 수로둑이나 수로 양안에 호안 · 보강시설을 하거나 수로 바닥을 다지거나 무언가를 깐 예도 일부 보인다.(표 1 참조) 호안 · 보강시설의 대부분은 종말목과 횡목 그 어느쪽을 먼저 박거나 두는 등으로 해서 서로 엇갈리게 해서 만든 것이다. 또 판재를 사용하거나, 초본류와

---

28 주 8의 문헌, p.237 · 240 등.

돌같은 것으로 더욱 보강한 것도 있다.(그림 11)[29] 또 종말목을 박고 탄력성이 있는 나뭇가지로서 종말목간을 서로 엇갈리게 해서 柵처럼 만든 부여 동나성유적 능산리지점 토성(체성) 기저부(지엽부설 통로유구쪽) 말목열, 함안 성산산성 동문지쪽 집수지의 나무 울타리 예(그림 12)[30] 등도 수로 호안을 생각하는데 참고가 된다.

한편, 부분적이나마 돌로서 호안을 한 경우도 있다. 마산 망곡리유적의 경우 대형수로에 붙여서 설치한 암거의 입수부 주변의 수로벽을 판석으로서 호안하거나 판석에 구멍을 뚫어 암거내로 물이 유입되도록 하고 있다. 수로와 수로의 분지지점 등에는 유수의 흐름이 급격해지거나 소용돌이 등이 생겨 침식되기 때문에 이로 부터 보호하기 위한 것으로 보인다.(그림 13)[31] 사천 덕곡리유적처럼 구 1호 내부 양안에는 돌을 세워 호

13 마산 망곡리유적 Ⅲ-1구간 석조 호안 및 석조 암거시설(주 31의 문헌)
　　上 : 수로 관련 1지점. 下 : 수로 관련 2지점

29　國立扶餘博物館, 2007,『宮南池』, p.105.

30　국립문화재연구소, 2007,「함안 성산산성 국내 최대의 목간 출토 유적」『2006 한국고고학저널』, pp.170~174.

31　(재)우리문화재연구원, 2008,「마산 진북 일반지방산업단지 조성부지내(Ⅲ-1구간)유적 발굴조사 약보고서」.

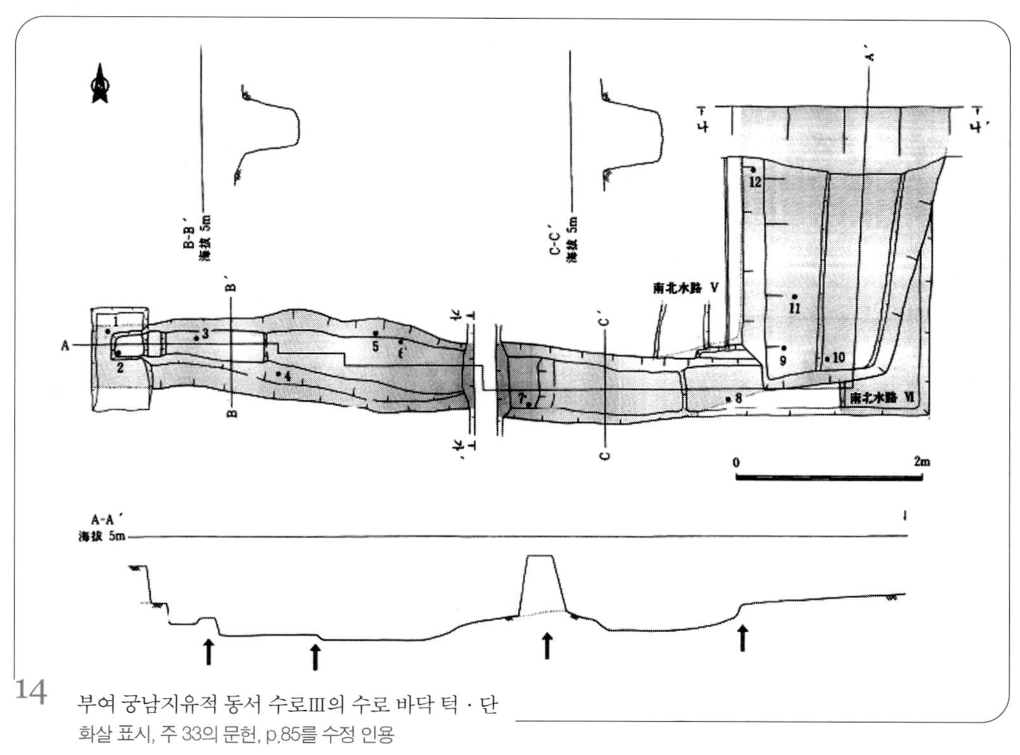

14 부여 궁남지유적 동서 수로Ⅲ의 수로 바닥 턱 · 단
화살 표시, 주 33의 문헌, p.85를 수정 인용

안하거나, 서쪽 배수구 바닥에는 자연석을 깔거나, 35호처럼 아예 암반층을 굴삭하고 돌을 이용해 구조물을 설치하는 것도 같은 이유 때문인 것으로 보인다.[32]

⑸ 수로 내 웅덩이, 수로 바닥의 턱?단, 임시 물막이 시설

수로의 폭 일부가 갑자기 넓어지거나, 수로 바닥이 주변보다 더 깊은 凹상을 이루거나(수로 내 웅덩이), 凸상(턱), 단을 이루는 것이 있다. 수로 내 웅덩이 사례로는 청동기시대의 부여 구봉리유적의 제6수로, 인접 노화리유적의 1호 · 2호수로, 삼국시대의 부여 구봉리유적의 제1수로, 조선시대의 부여 구봉리유적의 수로와 울산 옥현유적의 조선시대 수로 등이 알려지고 있다. 그리고 수로 바닥의 凸상(턱)의 예로는 1999년~2001년 조사한 부여 궁남지유적의 삼국시대 동서수로Ⅱ-2, Ⅲ이 있다.(그림 14)[33]

수로 내 용수의 수온을 의도적으로 상승시키는 방법이 몇 알려지고 있는데, 먼저 수

---

32 慶南考古學研究所, 2006, 『泗川 德谷里 遺蹟(Ⅱ)-低濕地-』, p.39 등.

33 國立扶餘文化財研究所, 2001, 『宮南池Ⅱ-現 宮南池 西北便一帶-』, p.85.

로를 직선적이지 않고 꾸불꾸불하게 만든다던지, 가능한한 길게 수로를 설치하거나, 논배미 내에 우회수로를 만들거나 하는 방법이 알려지고 있다.[34] 어떻게 해서던 용수가 수로를 통과하는 시간을, 논에 도달하는 시간을 길게 함으로서 대기와 日射에 더 많이 노출시켜 수온을 상승게 하는 것이다. 앞서 언급한 바와 같이 유적에서 확인된 수로가 직선적이 아니고 꾸불꾸불하게 설치된 배경에 수온 상승효과도 의식한 것이 아닌가 싶다.

이외에 溫水池를 만들어 용수를 일정기간 저장해 수온을 올리는 방법도 있다.[35] 논산 마전리유적 C지구의 저수장 및 저목장이 수온 상승효과도 의도한 것일 가능성에 대해서는 앞서 언급한 바가 있다. 또 안동 저전리유적의 1호 · 2호 저수지 또한 유속 조절 뿐만 아니라 수온 상승효과도 의도한 것으로 보는 견해도 이러한 맥락에서 납득할 수 있다.[36]

또 하나 수온 상승효과를 볼 수 있는 방법으로는 용수가 유입되는 논의 수구를 조절하는 방법이 있다.[37] 물론 이는 수온상승이라기보다

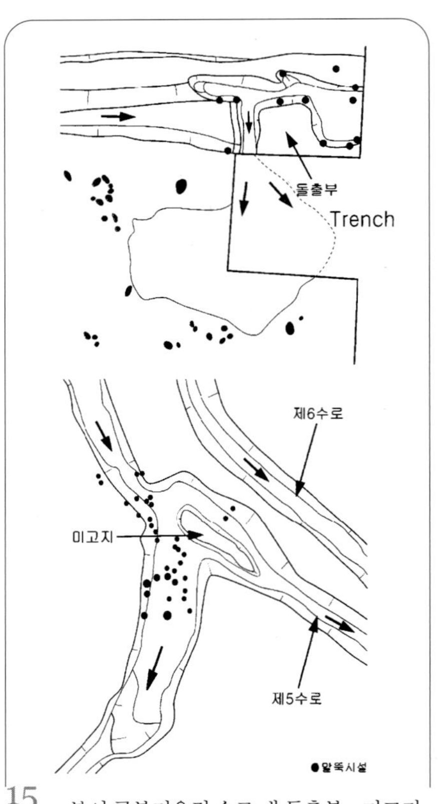

15 부여 구봉리유적 수로 내 돌출부 · 미고지
주 24의 문헌, p.48을 수정 인용

---

34 주 1의 문헌, pp.236~238.

35 주 1의 문헌, p.237.

36 이한상, 2007, 「靑銅器時代의 灌漑施設과 安東 苧田里遺蹟」『한 · 중 · 일의 고대 수리시설 비교 연구』, pp.43~61. 그리고 일본 山梨縣 甲府市 塩部유적(奈良 · 平安시대)의 수로(SD16)는 습지(溜)에서 연결되어 오다가 만곡됨과 동시에 크게 부풀어지는데 용수의 유속 저하 내지는 수온 상승의 溫め施設로, 群馬縣 新田村 中屋敷 · 中村田유적 보고문에서는 수로(奈良 · 平安시대)의 폭이 크게 넓어지는 지점을 「溜」라 부르고 수온상승을 위한 溫め로, 群馬縣 勢多部 峯岸유적(平安시대)에서는 용천지점 연결 수로 일부를 막아서 수온을 상승시키는 시설로 각각 추정하고 있는데(주 5의 문헌), 수로내 웅덩이, 턱, 단의 기능을 상정하는데 도움이 된다.

37 이는 止水관개로도 불리울 수 있는 것인데, 물이 부족할 때만 약간씩 물을 보충해 주고 나머지 기간 동안에는 완전히 수구를 막아 찬물이 유입되지 않도록 하는 것이다. 조선시대 농서(박지원의 『課農小抄』)에서도 그 사례가 알려지고 있다. 또 논 하나에 수구를 두 개 이상 만들어 이용하는 방법도 있는데, 한 곳의 수구만 이용할 경우 냉해가 그 부분에만 집중되므로, 여러 개의 수구를 만들어 번갈아 사용함으로써 특정 수구 부분의 피해를 분담시키는 것이다.(주 1의 문헌, p.236)

는 오히려 차가운 용수가 논 안으로 급격히 유입·확산되는 것을 막는 것인데, 청동기시대의 밀양 금천리유적에서 확인된 논의 수구 및 물막이 돌들은 논으로 유입되는 용수의 수량 조절과 냉수 유입 방지가 목적이었던 것 같다.

⑹ 입수부, 수구, 수구에 가까운 논면내의 웅덩이와 할석

청동기시대의 부여 구봉리유적 제5수로 입수부의 웅덩이, 논산 마전리유적 C지구 논 입수부의 할석, 삼국시대의 부여 노화리유적 2호·3호 수로의 웅덩이 및 낙수돌 등은 아마도 뜻하지 않은 급격한 용수의 유입이나 논면간에 단차가 커 낙차에 의해 생겨나는 논면내의 침식을 줄이거나, 오히려 의도적으로 작은 웅덩이를 파고 할석 등을 깔아 논면의 침식방지를 노리거나[38] 웅덩이에 물이 고임으로서 수온 상승효과를 노린 것으로 추정된다.

⑺ 수로 내 돌출부·미고지

수로내에서는 돌출부, 미고지가 확인되는 경우가 있다. 부여 구봉리유적 제5수로(청동기시대)에서는 북쪽 중앙부에 돌출부가, 수로 분기점에 島같은 미고지가 각각 확인되며(그림 15),[39] 인접 노화리유적 1호수로의 지선수로(3개, 청동기시대)내에도 미고지가 확인되고 있다. 또 부여 합송리유적의 삼국시대 수로내에도 미고지와 돌출부가 확인되고 있다.

일반적으로 수로내에서 굴곡이 심한 곳에는 그 내측에 유수의 흐름을 완화시키기 위해 半島狀의 돌출부 등을 조성하는 예가 있는 것으로 보아, 수로내 돌출부나 미고지 또한 만일 의도적으로 조성된 것이라면, 수로내 용수의 分水나 유로변경 유도, 수량·유속의 조절을 함께 노린 것으로 보인다.

2) 수로의 유형

유적 확인의 수로를 보면 간단한 기능분화가 엿보인다. 그 첫째가 용수원에서 농경

---

38 이홍종, 2000, 「우리나라의 초기 수전농경」『한국농공학회지』제4권 제3호, pp.1~13(특히 p.10).
39 주 24의 문헌, p.48 등.

지간을 연결하는 수로(용수간선, 간선수로), 간선수로에서 분지해 농경지에 용수공급하는 수로(용수지선, 분지수로), 분지수로에서 다시 분지해 농경지에 직접 용수공급하는 수로(용수지거, 취수로, 분지수로) 등으로 나누어 볼 수 있기 때문이다.

그런 한편으로 수로를 세부 지형조건 및 경사, 용수원의 내용과 위치, 수로와 논의 위치관계 등과 한테 어우러 보면 몇 개로 유형화할 수 있을 것으로 보이며, 이를 통해 수로의 기능이 보다 뚜렷해질 뿐만 아니라 일정 범위내의 관개형태까지도 검토가 가능해질 것 같다.

⑴ 논산 마전리유적 C지구 유형

논산 마전리유적 C지구(그림 01)[40]에서는 구릉 사면 말단부에 등고선 방향과 직교 내지는 사교하는 방향으로 설치된 작은 수로 대부분은 일단 저수장 및 저목장에 합류한 뒤 다시 등고선 방향과 평행하는 방향(즉 구릉 사면 말단부와 곡저평야의 경계부)을 따라 조성된 수로 13에 연결된다. 이 수로 13이 간선수로의 하나로 추정되며, 곳곳에 설치된 수구를 통해 직접 논에 용수가 공급되고 있다. 그리고 몇 개 논들로 이루어진 논 단위내의 높은 쪽 논에 용수공급 → 단위내 논둑월류관개 → 간선수로(때로는 곡 중앙부) 배수라는 방식이 반복 전개되었을 것으로 추정된다. 이와 같은 곡저평야 곡두(계류의 최상류역)의 논, 수로 결합형태를 동 유적명을 따서 논산 마전리유적 C지구 유형으로 설정하며, 사례로는 부여 송학리유적 가지구, 울산 야음동유적 II지구 등이 있다.

한편 동 유적 동 지구의 수로 14는 논들의 중앙부를 관통하는데, 아마도 후대의 것으로 추정된다. 그러나 만일 수로 14가 인접한 논들과 동시존재·동시기능한 것이라고 한다면, 수로 14에 걸쳐진 보 등이 없는 것으로 보아 인접 논에 직접 용수를 공급하는 용도가 아닌, 배수처였을 것으로 추정한다. 즉 구릉 사면 말단부에 설치된 간선수로 13 등이 주 용수로이고 곡 중앙의 수로 14는 좌우논의 배수처라는 관계가 성립한 것일 가능성도 있다. 그런 한편으로 이 수로 14는 조사지역을 벗어난 좀 더 곡 하류쪽, 즉 곡 중앙부~곡구쪽으로 오면서, 후술하는 보령 관창리 G구역의 예처럼 보를 설치해 좌우의 논에 용수를 공급하는, 용수로 기능으로 전환되어 갔을 가능성도 있다.

---

40 주 3의 문헌.

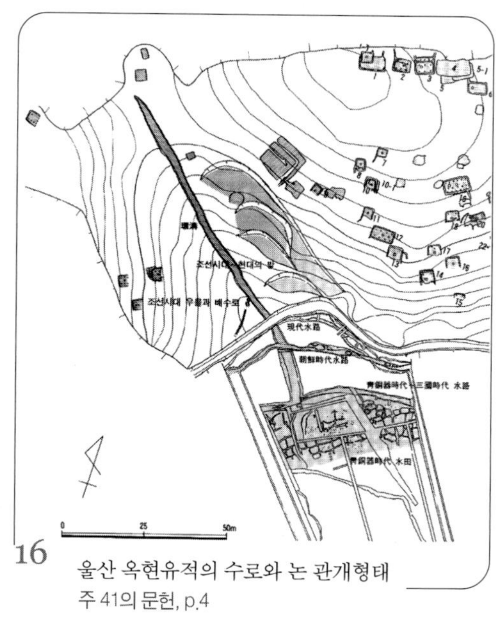

16 울산 옥현유적의 수로와 논 관개형태
주 41의 문헌, p.4

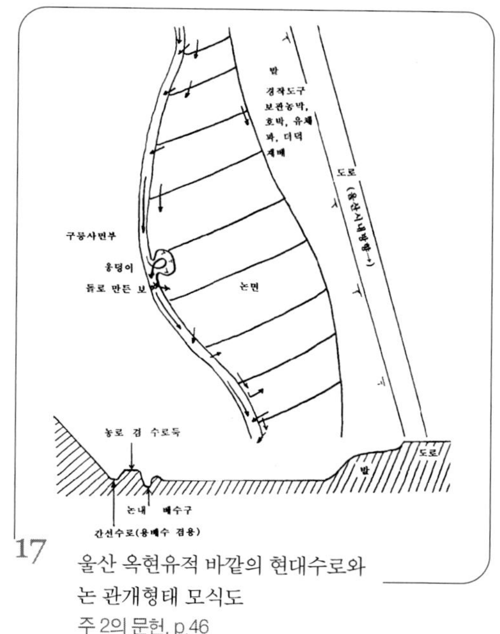

17 울산 옥현유적 바깥의 현대수로와
논 관개형태 모식도
주 2의 문헌, p.46

(2) 울산 옥현유적 유형

비교적 규모가 큰 곡저평야를 형성하는 무거천의 상류역에 위치하는 울산 옥현유적에서는 청동기시대~삼국시대 수로, 조선시대 수로, 현대 수로가 각각 확인되었는데, 그 모두가 논면보다 높은 저구릉 사면 말단부와 곡저평야의 경계부에 위치한다.(그림 16)[41] 물론 조선시대, 현대로 오면서 곡저평야 내에서 논면이 확대됨에 따라 수로의 위치가 조금씩 높은 위치로 이동하기는 해도 기본적으로 수로 高, 논면 低라는 위치관계는 변함이 없다. 이는 곡저평야라는 지형조건 및 곡내 지형경사, 곡두쪽의 용수원, 그리고 여기서 연결되는 간선수로와 논면간의 위치관계가 고정된데서 비롯되는 것으로 보인다.

조사지역 바깥의 현지 조사자료(그림 17)[42]를 아울러 참고하면, 옥현유적의 관개형태는 아마도 곡저평야의 곡두쪽의 용천수, 雨水 등을 용수원으로 하며, 저구릉 사면 말단부와 곡저평야의 경계부에 설치된 수로(간선수로) 곳곳에 수구가 설치되고 몇 개의

---

41 慶南大學校博物館·密陽大學校博物館, 1999, 「蔚山 無去洞 玉峴遺蹟」, pp.4~5.
42 주 2의 문헌, p.46. 발굴조사지역과는 곡 반대쪽(무거천 우안)에 해당.

논들로 이루어진 논 단위내의 가장 높은 쪽 논에 용수를 공급하면 그 아래의 논들에게는 수구를 통해 논둑월류관개가 이루어진 뒤 다시 간선수로(때로는 곡 중앙부)로 배수되는 방식이 반복되어가는 것으로 보인다. 그리고 이러한 관개형태가 삼국시대, 조선시대, 현대에도 그대로 적용된 것으로 판단된다.

따라서 이러한 관개형태를 울산 옥현유적 유형으로 명명하며, 이 유형에 해당되는 유적으로는 후술하는 울산 서부리 남천유적, 마산 진동유적 II지구, 마산 망곡리유적 III-1구역 등이 있다.

⑶ 보령 관창리유적 G구역 유형

보령 관창리유적 G구역의 예는 곡저평야 중류역 중앙부를 흐르는 수로 내지는 자연유로에 洑를 설치하고 수위를 상승시켜 수로 내지는 자연유로 양쪽에 있는 논의 수구를 통해 직접 용수를 공급하는 관개형태이다. 따라서 일단 상기 유적 유형들과는 구분되므로, 하나의 유형으로 설정하였다.(그림 18)[43]

그러나 곡 중앙부의 수로나 자연유로 이외에, 저구릉 사면 말단부 좌우 양쪽 또는 어느 한쪽에도 또 다른 간선수로가 있어 곡 중앙부의 洑관개와 연동된 것인지, 아니면 보다 곡 상류쪽에는 논산 마전리유적 C지구 유형, 울산 옥현유적 유형과 같은 관계형태였으나 곡 중앙부로 오면서 곡 양안 내지는 한쪽의 간선수로는 없어지고 곡 중류역

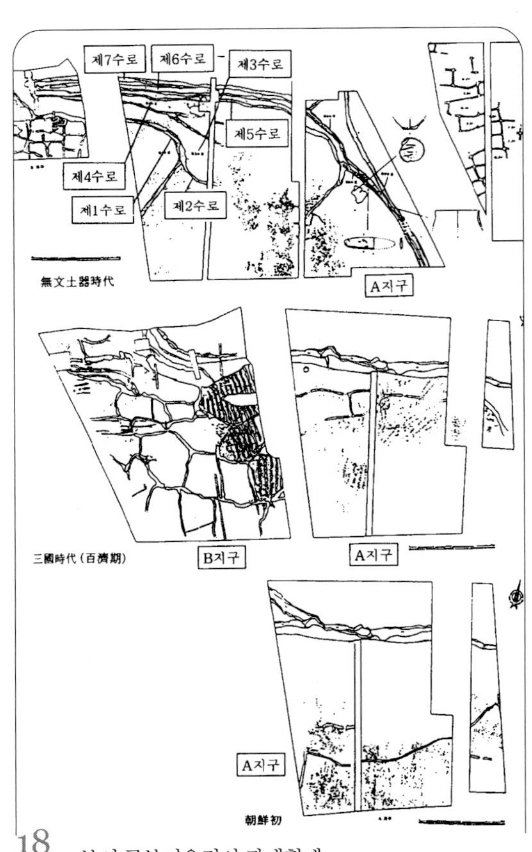

18

부여 구봉리유적의 관개형태
주 24의 문헌, pp.45~46을 주 44-b의 문헌, p.61에서 재인용

---

43 高麗大學校 埋藏文化財硏究所 · (株)大宇, 2001, 『寬倉里 遺蹟』.

의 중앙부를 흐르는 수로(논
산 마전리유적 C지구 수로 14
처럼)나 자연유로내에 보를
설치해 수위상승시켜 주변의
논들에게 공급하는 관개형태
였는지, 현재로서는 알 수 없
다. 어쨌던 그 어느쪽이라도
곡내 운용의 관개형태라는 점
에서, 또 곡저평야 내부가 최
대 논·수로 조성범위이자 자
기완결적인 점에서는 논산 마
전리유적 C지구 유형, 울산 옥
현유적 유형과 같다.

⑷ 부여 구봉·노화리유적 유형

부여 구봉·노화리유적은
즉 곡저평야 곡구 바깥~전방

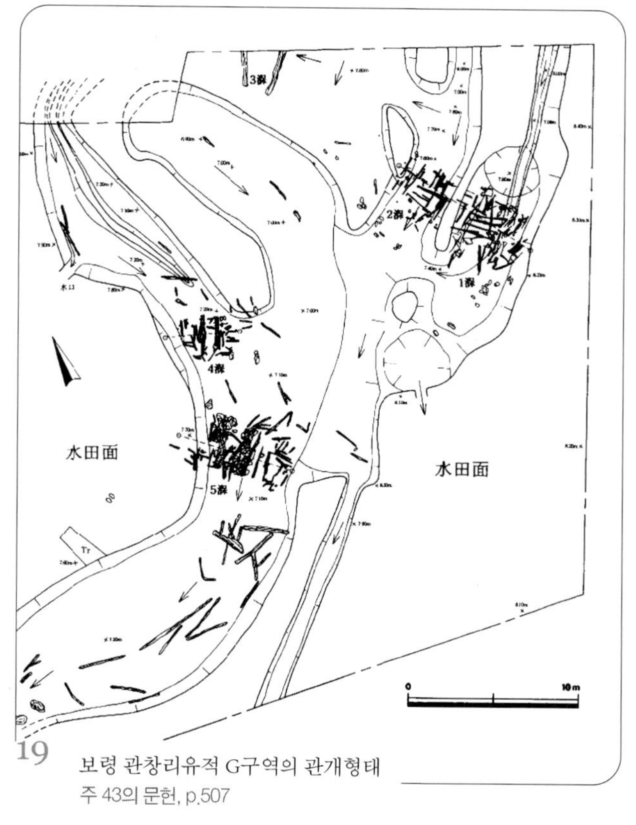

보령 관창리유적 G구역의 관개형태
주 43의 문헌, p.507

의 하천 범람원(구룡천의 배후습지)의 경계부에 조성되었다. 이 유적의 수로와 논도 시
대를 불문하고 수로가 논면보다 높은 지점(북쪽)에, 논은 수로에 접해 낮은 쪽에 각각
조성되었으며, 간선수로 곳곳의 입수부를 통해 논에 용수를 공급하거나 수로가 분지되
어 낮은쪽의 논에 용수가 공급된 것으로 보인다.(그림 19)[44] 세부 지형조건이나 여러 개
의 간선수로, 분지수로를 제외하면 기본적으로 울산 옥현유적 유형 등과 통하는 바도
있다.

그런 한편으로 곡저평야 바깥에 조성되는 관계로 용수원은 불명이며, 수로와 논의
최대조성범위가 유적의 좌우 즉, 구룡천의 배후습지역과 평행하는 범위 전체까지로
확대될 가능성도 배제하기 어렵다. 따라서 곡저평야 내부에서 자기완결되는 논산 마
전리유적 C지구, 울산 옥현유적, 보령 관창리유적 유형과 다른 논, 수로 관개형태, 그

44-a 주 3의 문헌, pp.45~46 등.
44-b 金度憲, 2003, 「先史·古代 논의 灌漑施設에 대한 檢討」『湖南考古學報』18輯」, pp.55~81.

리고 이와 관련되는 집단, 지역사회의 규제와 통합이 상정된다. 또 곡저평야 내부와
는 달리 구룡천의 홍수범람의 피해도 상정되므로, 논, 수로 등도 반복적으로 재조
성·재굴삭 하는 가변적인 상황도 상정된다.

⑸ 밀양 금천리유적 유형

동천의 하류역 우안에 형성된 자연제방(내지는 point bar)에서 배후습지(구유로적?)
에 걸쳐 조성된 유적으로, 청동기시대의 논과 수리 관련시설은 자연제방에서 배후습지
로 이행하는 경계부에 조성되었다. 고려시대 또는 그 이후의 수로도 크게 보아 이 경계
부에 조성된 것이다. 청동기시대의 수로는 배후습지를 용수원으로 하며, 상 하 2열로
서로 평행하고 그 각각의 아래에 논이 조성되어 있다. 그리고 수로와 접하는 논둑 곳곳
에 수구가 설치된 것으로 보아 상하 2열 수로 각각은 용배수겸용의 간선수로이면서도
낮은쪽의 수로는 윗쪽 수로, 윗쪽 논에서 배수된 물을 받는 배수로 역할도 겸하였던 것
으로 보인다. 그리고 아래쪽 수로와 논의 최종 배수처는 배후습지였을 것으로 추정된
다.(그림 20)[45] 이와 유사한 수로로는 창원 반계동유적(삼국시대)의 예가 있다. 이 유적
에서는 곡저평야(선상지 저위면)내에 논과 수로가 조성되었는데, 수로는 곡저평야의
중앙부, 그것도 곡을 가로질러 설치되었다. 아마도 밀양 금천리유적의 아랫쪽 수로처
럼 보다 윗쪽(곡두쪽)에 있었을 수로에서 공급된 용수가 윗쪽의 논들을 거쳐 곡 중앙부
의 이 수로에 배수되게 되고, 이 곡 중앙부의 수로는 다시 곡 아래쪽(곡구쪽)의 논들을
적시는 용수로였던 것으로 추정된다.

어쨌든 이 밀양 금천리유적의 예는 자연제방과 배후습지의 경계부에 조성되었으며,
배후습지(구유로적?)를 용수원으로 하며, 배후습지에 설치된 洑(논·수로와 동시기 여
부는 불명)로서 수위상승 및 취수구(수로)로 용수 유도→상하 2열의 수로와 그 각각에
수반된 논에 용수를 공급하는 관개형태여서, 별도로 밀양 금천리유적 유형으로 명명코
자 한다.

한편, 이 밀양 금천리유적과 비슷한 입지조건인 춘천 천전리유적 B지역의 경우도
이 유형에 속할 가능성이 있다. 저습지에 연결된 5개의 작은 수로가 합쳐지는 1호수로
는 관개용의 간선수로로 추정된다.(그림 20) 단 논과의 관계가 확인되지 않아 상세는

---

45 이상길·이미영, 2003, 「密陽 琴川里遺蹟」『고구려고고학의 제문제』제27회 한국고고학전국대회, p.162.

불명이다. 또하나, 수로는 확인되지 않았으나 진주 평거동유적에서 확인된 조선시대의 논은 2열(?)의 자연제방대(내지는 point bar)사이를 흐르는 소하천(구유로적?)보다 약간 높은 곳에 조성되어 있는데, 아마도 취수원은 소하천의 보다 상류쪽에서(洑 취수인지 수로만인지는 불명이나) 간선수로를 통해 논에 관개하는 형태(그림 21)[46]로 추정되는 점에서 밀양 금천리유적의 예와 통하는 바가 있다. 이에 비해 동 유적 서북쪽의 구릉 사면 말단부와 I 지구 자연제방 사이의 저지대(구유로적?)에 조성된 삼국시대 논 또한 수로는 확인되지 않았으나, 간선수로가 있었다면 아마도 그 위치는 조사지역 바깥인 구릉 사면 말단부쪽에 설치되었을 것으로 추정된다. 만일 그러하다면 이는 부여 구봉·노화리유적 유형(그림 18)에 해당되는 것이며, 수로내에 반드시 보를 설치하지 않아도 관개 가능했을 것으로 보인다. 동시에 그 어느 쪽의 유형이던 남강의 홍수범람에 의한 논, 수로의 매몰과 재조성·재굴삭하는 예가 빈번하였을 것 같다.

20 밀양 금천리유적의 습지·보·수로·논 관개형태
주 45의 문헌, p.16을 주 44-b 문헌의 p.59에서 재인용

---

46 慶南發展研究院 歷史文化센터, 2007, 「晋州 平居洞遺蹟」진주 평거 3지구 택지개발사업지구(Ⅰ구역)내 문화유적 추가발굴조사 지도위원회 및 현장설명회자료, p.6.

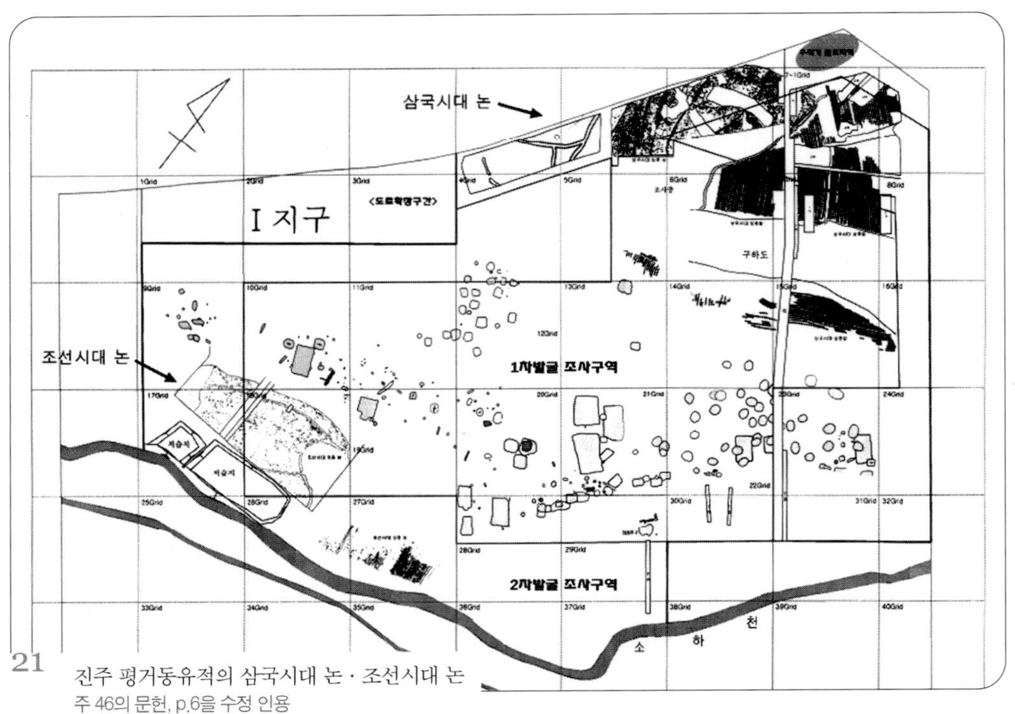

21 진주 평거동유적의 삼국시대 논·조선시대 논
주 46의 문헌, p.6을 수정 인용

이상 논·수로가 확인된 유적의 지형조건, 용수원·수로·논 3자의 관계 등을 기초로 5개 유형으로 나누어 살펴보았다. 그런데 설정한 5개 유형 가운데 논산 마전리유적 C지구 유형, 울산 옥현유적 유형, 보령 관창리유적 유형은 크게 보면 곡저평야내에 전개된 유역별·지점별 전개유형일 가능성도 있어 장차 하나의 유형으로 재정리할 필요가 있을지도 모른다. 다시 말하면 논산 마전리유적 C지구나 부여 송학리유적 가지구의 예를 비교적 규모가 작은 곡저평야의 곡두쪽(최상류쪽) 관개형태로, 울산 옥현유적 유형을 곡 상류쪽 관개형태로, 보령 관창리유적 유형을 곡 중앙부~곡구쪽(중류역~하류역쪽)의 전형적인 예로 각각 재정리·재검토할 필요가 있을지도 모른다. 그런 한편으로 부여 구봉·노화리유적 유형과 진주 평거동유적의 삼국시대 논 관개형태(상정)를 하나로, 밀양 금천리유적 유형, 춘천 천전리유적 B지역, 진주 평거동유적 조선시대 논 관개형태를 하나로 각각 일괄해서 재검토할 필요 또한 있을 것 같다.

이외에 대구 동천동유적 3-I구역 삼국시대 수리시설의 경우도 장차 별개의 유형으로 설정할 필요가 있을지도 모르겠다.

다음, 이러한 유형들의 존재를 통해 이미 청동기시대부터 지역지역의 지형조건, 수문조건에 적합한 형태의 논농사가 다양하게 전개되었다는 것을 알 수 있다. 의외로 다

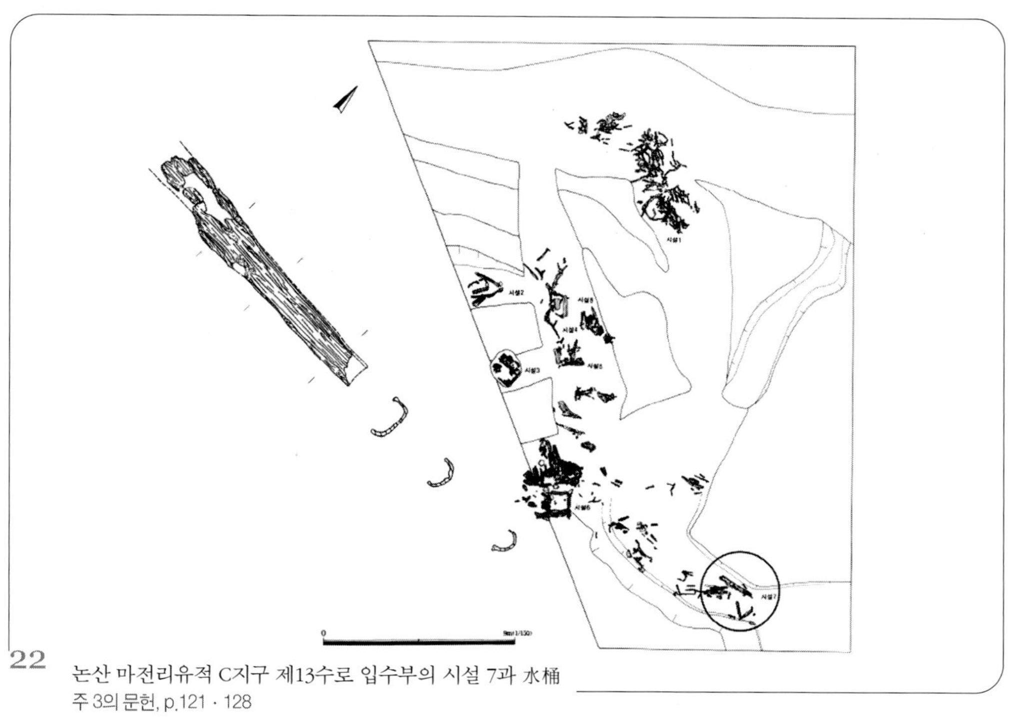

22 논산 마전리유적 C지구 제13수로 입수부의 시설 7과 水桶
주 3의 문헌, p.121 · 128

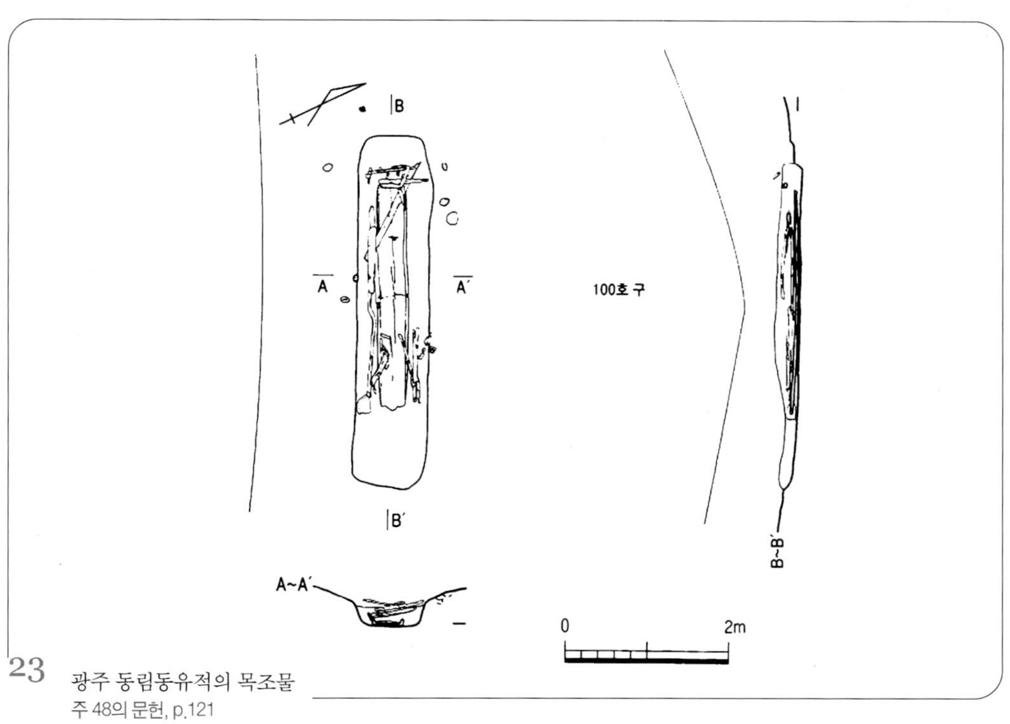

23 광주 동림동유적의 목조물
주 48의 문헌, p.121

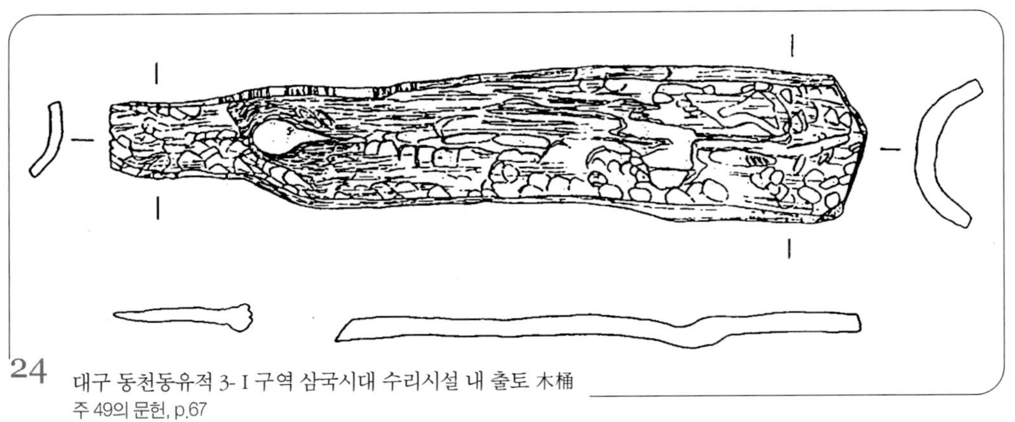

24 대구 동천동유적 3- I 구역 삼국시대 수리시설 내 출토 木桶
주 49의 문헌, p.67

양성, 발단된 단계의 모습이 상정되며, 이보다 선행 형태의 논농사가 보다 이전의 시대나 시기에 존재했을 것이라는 상정도 해보고 싶다.

그런 한편으로 지형조건, 용수원·강우량 등의 문제와 관련된 수문조건 등에 따른 제약도 여전히 존재했던 것 같다. 그렇다고 미발달, 원시적 수준이라는 의미는 아니다. 이후의 삼국, 조선시대, 일부는 경지 정리사업 실시 이전인 1950년대까지, 일부는 현재까지 각각의 관개형태가 그대로 답습되고 있기 때문이다. 그리고 이러한 한계가 어느 정도 극복할 수 있었던 것은 역시 저수지(곡지, 谷池)의 출현이자 대규모 하천 관개의 발달, 그리고 1960년·70년대의 논·수리시설을 대대적으로 정비한 경지정리사업 등인 것으로 보인다.

3) 桶 내지는 導水管 · 導水施設, 暗渠

통나무를 반으로 쪼개고 그 안을 파내어 단면 반원형으로 만들어 수로나 보 등에 설치해 물을 일정 방향으로 유도하는 기능을 가진 桶 내지는 導水管으로 보이는 예가 드물게나마 확인된다. 청동기시대의 논산 마전리유적 C지구의 시설 7은 간선수로로 보이는 제 13수로 입구부에 설치되어 있어 보고서에서는 水桶으로 추정하고 있다.(그림 22)[47] 단, 관련시설 등이 확인되지 않고, 원위치가 아닐 가능성도 있어 상세한 내용은

---

47 주 3의 문헌, p.121 · 128.

더 알 수 없다. 삼국시대
의 광주 동림동유적 100
호 구 내에 100호 구의
주축방향과 평행하게
설치된 목조 구조물(그
림 23)[48]은 굴광내에 설
치되어 있는데다가 구
조물의 북쪽끝이 말목
으로 고정되어 있다. 따
라서 무덤(목관묘)인지
도수관(시설)인지 명확
치않으나, 만일 도수관
(시설)이라면 혹 그 상
부에 목조구조물과 직

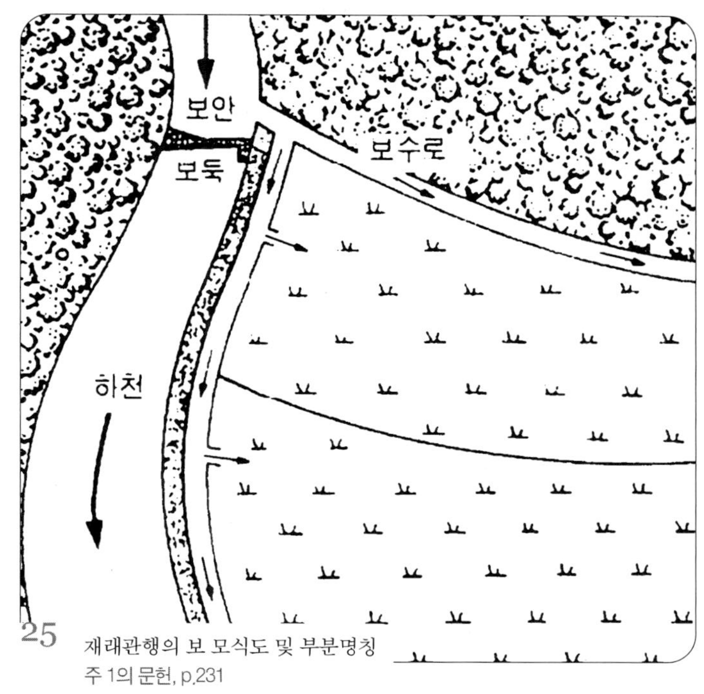

25 재래관행의 보 모식도 및 부분명칭
주 1의 문헌, p.231

교하는 방향으로 제방(?)상의 성토체가 있었을 가능성도 배제하기 어렵다.

대구 동천동유적 3-Ⅰ구역의 삼국시대 수리시설에서는 도수시설로 보이는 시설 H·G와 함께, 웅덩이 A에서 단면 반원형의 桶 내지는 도수관 같은 것이 확인되고 있다.(그림 24)[49] 단 정식 보고서 미간으로 그 상세한 내용은 알 수 없다.

한편, 암거시설로는 청동기시대의 경우 마산 망곡리유적 Ⅲ-1구간의 석조 암거 2기가 있다.[50] 길이 120m, 폭 3m 정도의 대형 수로에서 지선수로가 갈라 나가는 지점에 대형수로의 측벽을 파고 거력과 판석을 이용해 석조 암거를 설치하였다. 암거의 바닥면은 대형수로의 바닥면보다 낮다. 또하나의 암거도 대형수로의 측벽 일부에 판석으로 호안하고, 그 판석에 덧대어 석축암거를 만들었는데, 암거의 입수부에 해당되는 판석 부분에는 구멍을 뚫어 수로의 물이 암거내로 흘러들어 가도록 하였다.(그림 13)

부여 동나성유적 능산리 지점에서는 나성의 체성 아래에 설치된 석조 암거 2기가

---

48 (財)湖南文化財研究院·大韓住宅公社, 2007, 『光州 東林洞遺蹟 Ⅳ』, pp.121~122, 229~331 등.

49 권태용, 1999, 「대구 동천동 유적 수리시설 발굴조사개보」 『제10회영남매장문화재연구원 조사연구발표회집』, pp.47~67, p.61·67 등.

50 주 31의 문헌, p.37.

확인되었다.[51] 이 암거에 대해서는 뒤에 다시 언급하기로 한다.

조선시대의 사천 덕곡리유적 1~4 · 11pit의 구 3호(서구, 길이 36m)에서는 구의 남쪽과 서쪽에 설치된 암거가 확인되었다.[52] 이에 대해서는 앞서 언급한 바 있다.

4) 洑

보는 하천을 막아 수위를 높여서 하천 유로 옆으로 새로이 수로를 만들어 인근 경지에 물을 공급하는 수리시설의 하나로, 인위적으로 물길의 차단과 수위상승, 물의 일부 혹은 상당 부분을 특정 방향으로 유도하는 것이 특징이다. (그림 25)은 보 및 관련시설 모식도이다.[53]

(1) 洑 확인 유적

현재까지 확인 · 조사된 보 관련 유적은 9개소이며, 청동기시대부터 그 존재가 알려지고 있다. 이외에 논산 마전리유적 C지구의 경우 뚜렷이 보가 특정되지 않으며, 부여 궁남리유적의 경우 수로내 바닥에서 凸상으로 돌출한 것을 보로 추정하고 있으나 재검토의 여지가 있으며, 경산 임당 저습지유적도 보 혹은 제방의 존재를 필자 나름대로 추정해 보았을 뿐 구조물 그 자체가 확인된 것은 아니다. 이처럼 보가 확인 · 조사된 유적 수는 의외로 적다. 보 확인 유적을 정리하면 다음과 같다.(일부 유적은 시대별 중복)

청동기시대 - 보령 관창리, 부여 구봉 · 노화리, 안동 저전리, 밀양 금천리유적(4개소)
초기철기~삼국시대 - 천안 장산리, 무안 양장리유적 나지구(2개소)
삼국시대 - 광주 동림동, 대구 동천동유적 3- I 구역, 대구 칠곡 생활유적(3개소)
고려 · 조선시대와 연대불명 - 광주 동림동, 무안 양장리유적 나지구, 보령 관창리 유적(3개소) 등

(2) 보 설치 하천의 규모

보가 설치된 수로나 자연유로의 규모를 결정하는 일대의 하천규모는 1미만에서 1전

---

51 忠南大學校百濟研究所 · 大田地方國土管理廳, 2003,『泗沘都城 -陵山里 및 軍守里地點 發掘調査 報告書-』, p.27 · 29 · 30 등.
52 주 32의 문헌, p.39 등.
53 주 1의 문헌, p.231.

후?, 1이상 정도로 추정되므로, 보를 설치하는 계류나 하천의 규모는 크지 않았던 것으로 보인다. 이는 수로나 자연유로에 설치된 보의 규모(평면길이)가 수 m정도에서 십 수m 전후까지가 대부분인데서도 알 수 있다.

그런 한편으로 밀양 금천리유적이나 춘천 천전리유적 B지역의 예에서 보듯이 곡저평야를 벗어난 보다 큰 하천의 범람원까지도 전개·진출하고 있는 것으로 보아, 더욱이 삼국시대로 오게 되면 대구 동천동유적 3-Ⅰ구역 삼국시대 수리시설이나 대구 칠곡 생활유적의 예처럼 보다 큰 하천 유로(분유로)에서도 전개되고 있어, 후대로 올수록 발달되어 가는 하천관개가 상정된다.

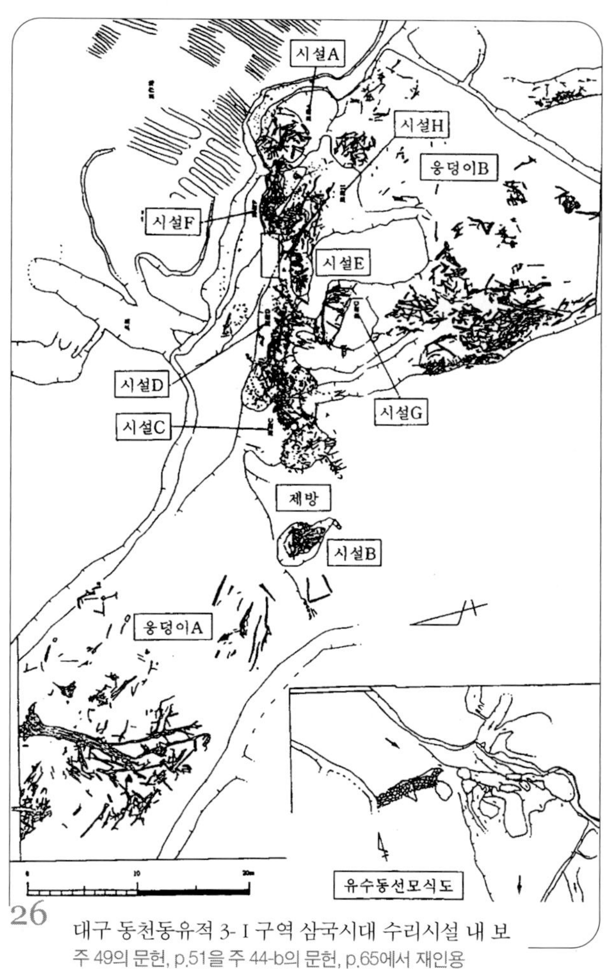

26 대구 동천동유적 3-Ⅰ구역 삼국시대 수리시설 내 보
주 49의 문헌, p.51을 주 44-b의 문헌, p.65에서 재인용

(3) 보의 축조방법

조사사례도 적고, 보의 잔존상태 등을 고려하면 일률적으로 말하기 어려우나, 보의 규모도 작고, 종말목을 박고 그 사이사이에 횡목, 잔가지 등을 끼우고(역의 순서인 경우도 있다) 전면이나 배후에 초본류를 깔거나 돌이나 니토 등을 채우는 정도로 비교적 구조가 단순한 것이 대부분인 것 같다. 이 때문에 홍수범람, 급류 등으로 파괴되기 쉬워 매년 새로 설치하거나 수리가 필요할 것 같다.

그런데 조선시대의 『杏蒲志』에서는 大川에 설치한 보에다 수로를 연결해 먼곳까지 용수를 보내거나 관개면적이 매우 넓은 보의 존재도 상정되므로, 후대로 올수록 보의 구조도 강고하고 규모도 다양했을 것으로 추정된다.

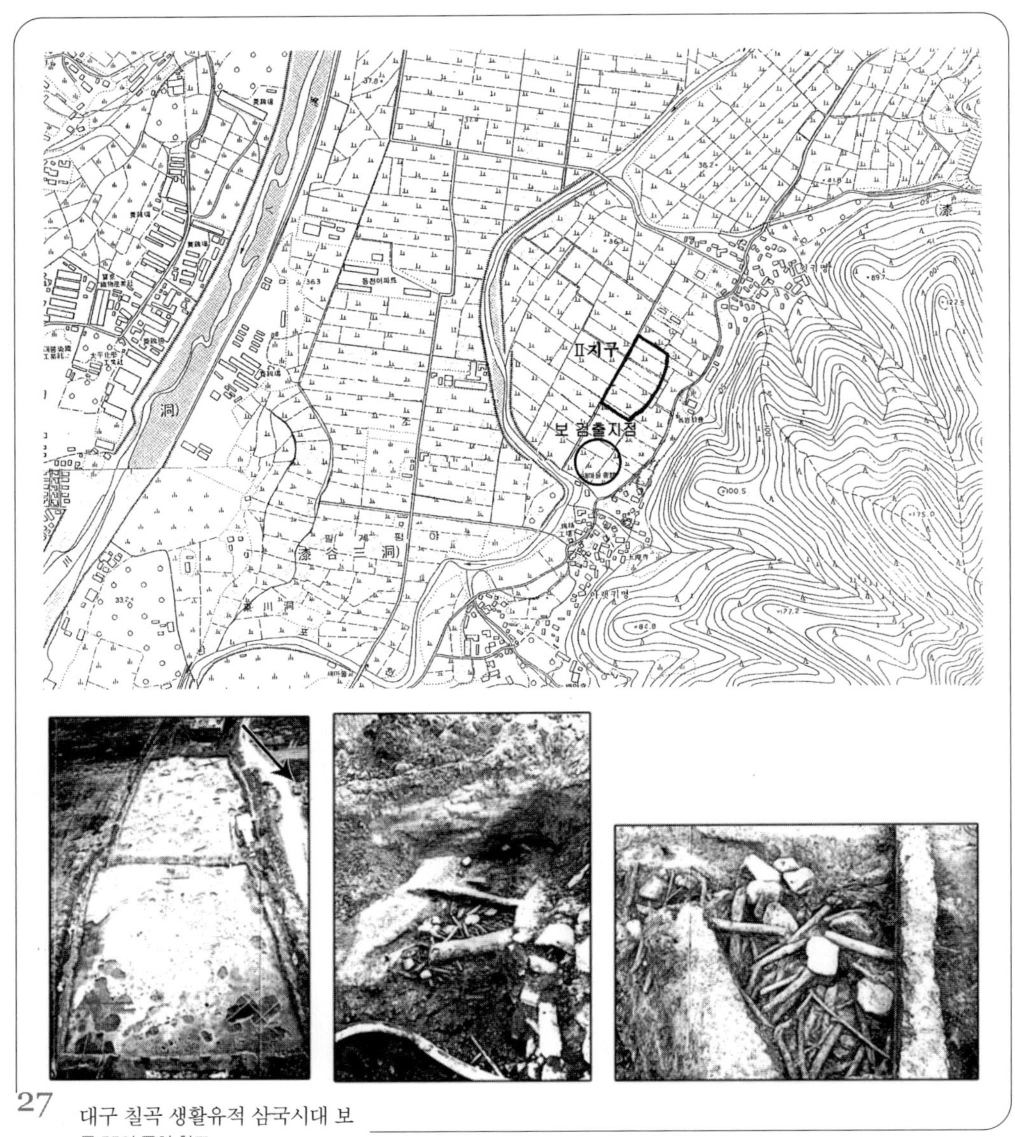

27 대구 칠곡 생활유적 삼국시대 보
주 55의 문헌 참조

(4) 보의 2개 유형

보는 하천유로나 수로, 그리고 논 없이는 존재하지 않으므로 3자의 결합형태하에 파악할 필요가 있다. 그리고 보가 위치하는 지형조건 및 하천규모도 아울러 고려해 보면, 보의 운용면에서 크게 2개 유형이 있는 것 같다. 그리고 이 유형들은 이전부터 직간접적으로 지적되어 왔다.

1유형 : 수로 내지는 자연유로내에 설치된 보로서 수위상승시켜 수구를 통해 곧바로 인접 논에 직접 용수를 공급하는 유형이다. 간선수로가 구릉 사면 말단부와 곡저평야 경계부에 위치하는 경우에는 반드시 수위상승의 보가 필요없을 수도 있으나, 곡 중앙에 간선수로나 자연유로가 있는 경우는 통상 수로나 자연유로의 바닥이 인접 논면보다 낮은 경우가 많아 이 유형이 채용되거나 될 가능성이 있다. 천안 장산리유적, 보령 관창리유적 G구역의 보(그림 19)가 이러한 기능을 가지며, 무안 양장리유적 나지구의 경우는 1유형인지 후술하는 2유형인지 판단키 어렵다.

또 부여 구봉·노화리유적의 경우는 곡저평야 바깥이기는 하나 미세한 지형경사 때문에 간선수로에서 곧바로(수구를 통해서) 논에 용수 공급도 하나 간선수로에서 뻗어나가는 지선수로에 보를 설치해 인접 논에 용수를 공급하는 방식을 병용하고 있다. 1·2유형의 중간형태 내지는 복합형인 것 같다.

2유형 : 규모가 큰 곡저평야나 하천 범람원에 많이 조성되었을 것 같다. 보가 수위를 상승시킴과 동시에 굴삭된 수로에 용수를 보내는, 유로변경의 기능을 가지는 유형이다. 대표적인 것으로는 밀양 금천리유적 예가 있으며(그림 20), 수로·논과 보를 동시존재·동시기능했다는 전제하), 논 자체는 확인되지 않았으나 대구 동천동유적 3-Ⅰ구역 삼국시대 수리 시설쪽의 보(그림 26)[54]나 대구 칠곡 생활유적의 보(그림 27)[55]도 이에 해당되는 것 같다.

이상 현재까지의 자료로서 2개 유형으로 정리해 보았으나, 자료의 증가에 따라 재분류·재정리가 필요할지도 모르겠다. 하천 범람원이라도 소하천인 경우나 분류(分流)가 있는 곳에서는 1유형 방식도 가능하다고 생각되며, 양 유형의 중간 형태 내지는 병용하는 형태도 있기 때문이다.

⑸ 선사~고대 논 형태와 보 관개

최근 둑 구획논(凸상 돌출의 논둑으로 구획된 소구획·부정형논)과 단 구획논(계단식논)이라는 논 형태와 수로·보의 결합 형태를 제시한 논고가 발표되었다.[56] 자료의

---

54 주 49의 문헌, p.51.

55 慶北大學校博物館, 2006, 『大邱 漆谷 生活遺蹟』. 단 도면 3.25는 유적 조사 당시 현장 견학한 필자가 작성한 도면, 필자 촬영의 사진이다. 이때문에 보의 존재위치가 부정확할 수도 있다. 어쨌던 본고의 개제에는 경북대학교 고고인류학과 박천수 교수님, 박물관의 이재환 선생님의 양해를 받았다. 두 분께 감사드립니다.

56 주 44-b의 문헌, p.77 등.

제약은 있으나 현재까지는 둑 구획논에서만 용수로와 보가 수반되므로 단구획논과는 다른 경영형태, 즉 둑 구획논이 관개시설을 갖춘 논인데 비해 단 구획논은 천수답과 같은 형태로 경영되었을 가능성을 제기하였다. 흥미로운 견해라 생각된다.

그러나 울산 옥현유적의 예처럼 간선수로가 구릉 사면 말단부와 곡저평야의 경계부에 위치하며, 발굴조사범위 내에서는 보는 없고, 간선수로에서 논으로 직접(수구를 통해서) 용수를 공급받는 예도 있다. 또 단 구획논이라도 애초부터 논둑이 없는 것을 상정한 것은 아닌데다가, 현대의 사례에서 보이는 논둑을 가진 단 구획논과 수로·보 결합형태가 장차 유적에서도 확인될 가능성이 있다고 생각된다. 게다가, 둑·단 구획논과 보의 문제는 별개 차원의 것으로 생각되기 때문이다. 또 보라는 것이 반드시 목조 구조물만으로 존재하는 것은 아니고, 소형 수로나 취수로의 경우 흙이나 돌 등의 임시 물막이시설로서도 간단히 수로를 임시 폐쇄시켜 수위상승, 유로변경, 논에의 용수공급 등이 가능하다고 보여진다. 따라서 보(수로 포함해서)로서 둑 구획논과 단 구획논의 구별, 더나아가서는 관개형태와 경영형태까지 해석이 전개될 수 있는지는 장차 자료의 축적을 기다려 재검토할 필요가 있다고 생각된다.

4. 저수지(제방)

현재까지 발굴조사 되었거나 문헌기록 등을 통해 일정한 검토가 가능한 삼국시대~조선시대의 제방 7개소 가운데 제천 유등지를 제외하고는 모두 谷池(山谷型)이거나 곡지로 추정되며, 현재까지 상주 공검지, 당진 합덕제, 제천 유등지 3개소가 발굴조사되었다. 그러나 3개소 모두 조선시대 후기~근·현대의 것이거나 연대불명이며, 명확하게 고대의 것으로 확인된 예는 아직 없다. 단 문헌기록상 삼국시대이자 축조 연대가 뚜렷한 것으로는 영천 청제(초축 : 536년), 저수지 자체가 확인되지 않은 대구 무술오작비(573년)가 있다.

한편, 저수지 제방은 산성이나 읍성, 대형 봉토분, 하천제방, 방조제, 토성(체성) 등과 함께 대규모 토목공사가 필요한 것이다. 그리고 이 대형 토목 구조물처럼 축조에 있어서는 지형조건 및 기초지반, 수문조건, 제방의 축조지점 선정[57], 제방의 평단면 형태 및 제원, 축제 재료와 소요 토량, 공급처, 채굴·운반, 성토방법, 축제 기술자 집단 및 투입 노동력, 부속시설, 소요경비, 공사기간, 관개체계 및 관련 시설, 수리관행, 유지·보수와 운영 관련 사항 등을 고려한 기본 계획 및 설계가 필요한 것으로 알려지고 있다. 여기서는 이러한 제 사항가운데 발굴조사 성과와 문헌기록 등을 통해 밝혀졌거나 추정되는 것을 중심으로 정리해 보고자 한다.

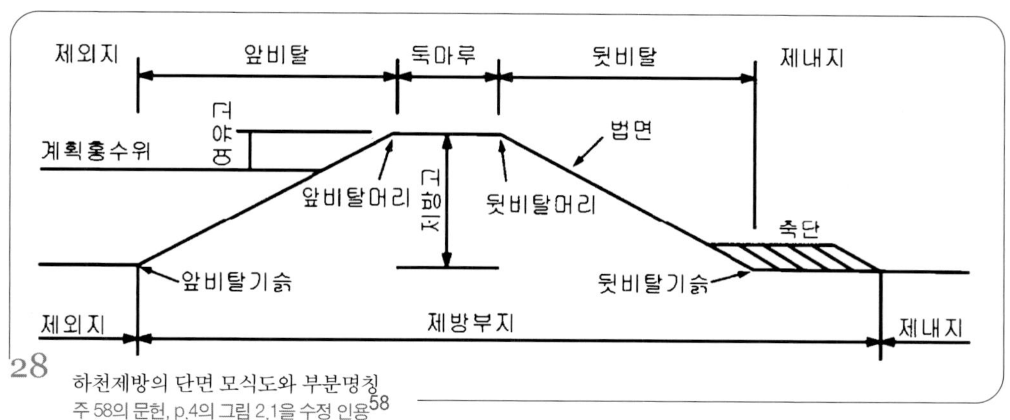

28 하천제방의 단면 모식도와 부분명칭
주 58의 문헌, p.4의 그림 2.1을 수정 인용[58]

1) 저수지 제방의 입지(이하 제방·토성 일괄)

위치불명의 대구 무술오작비와 皿池인 제천 유등지를 제외한 5개의 谷池는 저구릉 사면부를 개석한 소하천이 형성한 곡저평야의 곡구에 위치하며, 그 곡구 좌우에 있는 저구릉 사면부를 연결하되, 저구릉 사면부끼리 가장 근접하는 지점을 선택해 축제되고 있다. 그리고 제외지에 담수한 물의 수압을 고려해, 제내지쪽으로 약간 돌출해 다소 弧狀을 이루면서도 제방의 길이를 줄이는 등의 경제적 합리성도 추구되고 있다. 이에 비해 皿池인 제천 유등지는 선상지성 곡저평야면(?)이라는 완만한 사평탄면을 굴삭해 축조한 것이다.

한편, 현재 저수지 제방이 확인되는 곳은 대부분 대하천의 중·상류역에 합류하는

---

57 주 8의 문헌, p.183 등.
　특히 저수지의 집수면적(유역면적)은 관개면적의 3~4배 정도가 적당한 것으로 알려지고 있다.
58 金鎭哲, 2005, 『河川堤防의 破壊要因 分析 및 對策에 關한 研究』, 영남대학교 산업대학원 석사학위논문, p.4에서 재인용.

지류 소하천의 (최)상류역에 위치하나, 하천유역별, 지역·시대별 상황에 대해서는 현재로서는 조사 사례가 적어 더 이상은 알기 어렵다.

2) 제방의 축조

- 임시 배수로의 설치

저수지(谷池) 제방은 하천유로에 직교하는 방향으로 설치되기 때문에 제방의 축조에 있어서는 축제에 방해가 되지 않도록 하천유로를 어떤 형태로던 일시적으로 폐지 내지는 유로 변경해야 한다. 그러나 아직 우리나라의 조사예는 없다.

- 기초지반의 처리

제방 축조지점에는 제방과 기초지반의 밀착을 좋게 하기 위해 (구)지표층의 수목, 풀, 부식토 등을 제거하는데, 함안 가야리 제방유적의 예를 보면 기반토 위에 구지표층의 부식토 등이 확인되지 않아 구지표층의 일정 부분은 미리 삭평·제거된 것 같다. 이

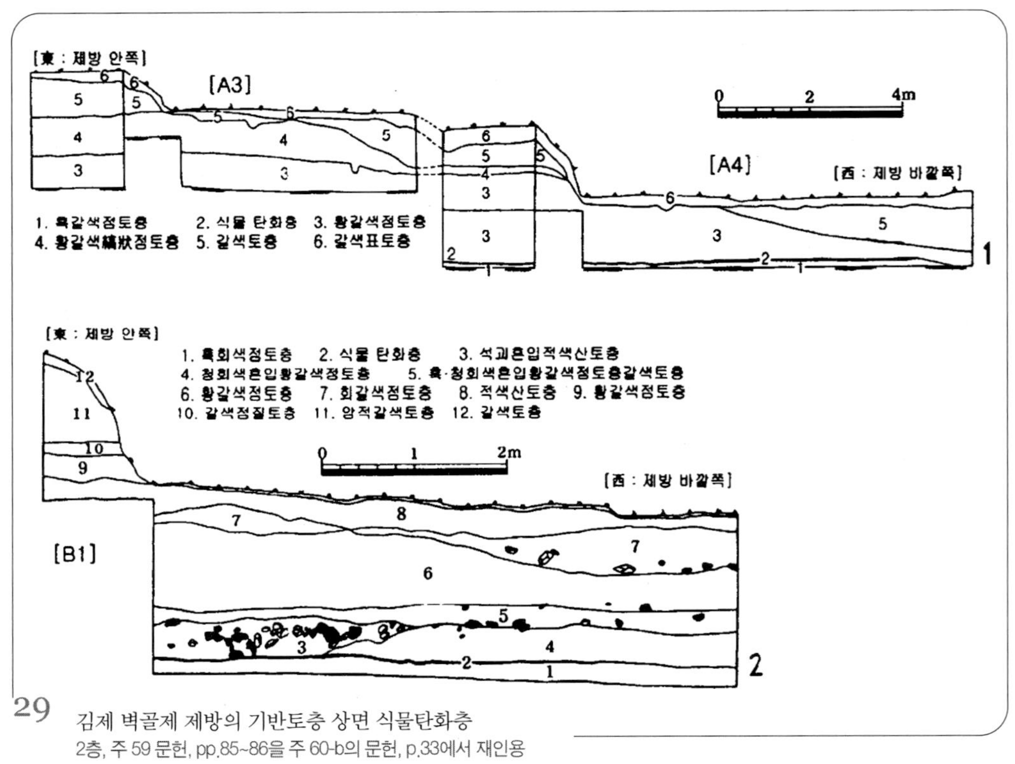

29 김제 벽골제 제방의 기반토층 상면 식물탄화층
2층, 주 59 문헌, pp.85~86을 주 60-b의 문헌, p.33에서 재인용

30 김해 봉황동 저습지유적의 말목열
시굴 확장부 1pit 및 말목열, 주 62의 문헌, p.66

외에 김제 벽골제의 기반토층으로 보고 된 식물탄화층(그림 29)[59]의 경우 구지표층 일부가 제거된 자연층인가, 인공 부설의 부엽층인가에 따라 축제 연대에 논란이 있어 왔으나 부엽층으로 밝혀짐에 따라 B1Tr 식물탄화층의 식물유체를 시료로 해서 얻은 14C 연대(1,600± 100B.P, 1,576±100B.P, 1,620±110B.P)를 벽골제의 축조 연대로 인정할 수 있게 되었다.[60]

다음, 구지표층 등을 제거하는 기초지반의 cutting은 계단상, 凸상, 凹상으로 하게 되는데, 함안 가야리 제방유적에서는 3자 모두 확인되며, 더욱이 3Tr 제외지쪽의 경우 凹상 cutting된 턱부분에 제방 법면 끝부분을 맞닿게 해 제체를 支持하고 있다.

다음, 투수성이 높은 사력층 등에 축제를 하게 되면 지반누수가 발생하게 되는데, 함안 가야리 제방유적의 경우, 구지표층이 삭평·제거된 기초지반 위에 최초 성토하는 흙은 보통 점성강한 흙을 깔거나 반복 성토하는데, 기초지반을 통해 제체내로 침투하는 물을 차단키 위해 불투수성材를 포설하는 대책과 맥이 닿아 있는 것인지도 모르겠다.

---

59 尹武炳, 1976, 「金堤 碧骨堤 發掘報告」 『百濟硏究』7, pp.67~92.

60-a 주 59의 문헌, p.11.

60-b 尹武炳, 1998, 「碧骨堤의 堤防과 水門」 『金堤 碧骨堤 水利民俗遺物展示館 開館記念 國際學術討論會 發表論文集』, pp.9~15 및 심정보 교수님의 도움 말씀.

연약지반에는 기초지반의 안정과 제체 침하 방지를 위한 대책이 필요하게 되는데, 서울 청계천유적에서는 다리 교각 설치이전에 주변에 많은 말목(지정말목)을 박아 지반침하를 방지하고 상부 구조물의 유동을 방지케 하고 있다.[61] 김해 봉황동 저습지유적(6세기말~8세기 - 그림 30)[62]에서도 미고지 주변의 저습지 부분에 많은 말목을 촘촘히 박고 있는데 상부 구조물이 무엇인지는 불명이나 이 또한 연약지반에 대한 대책의 하나로 보인다. 즉, 상부 구조물의 하중에 따른 지반 침하 및 측방변위를 줄여 지반의 지지력을 향상케 한 것으로 보인다.[63]

다음, 기반토층의 cutting 등으로 마련된 기저부면 내외에 대한 지반 누수와 침하 방지대책이 시공되고 나면 기저부면에 식물유기체 등을 포설하는 부설재공법이 시공되는 경우가 여럿 있다.

발굴자료에서 확인된 부설재공법을 굳이 세분한다면 敷葉공법, 敷組쑦공법 등이 있으며, 상주 공검지, 당진 합덕제, 김해 봉황동유적(한옥생활체험촌 조성부지), 함안 가야리 제방유적, 김제 벽골제, 서울 풍납토성, 김해 봉황토성, 부여 능사, 부여 동나성유적 능산리지점 등의 사례가 알려지고 있다. 그리고 재래관행(저수지 제방의 성토)에서도 점토를 한층 깔고는 마른 솔잎을 한층 깔고 다시 점토를 한층 깔고 그 다음은 생솔잎이나 여러 가지 나뭇잎을 역시 한층 간 뒤에 다시 점토를 까는 등 성토와 부설재를 반복 시공하였다고 한다. 그리고 점토를 깔 때마다 무거운 나무토막을 잘라서 만든 '망께'라는 것에 줄을 걸어 여러 사람들이 쥐고서 올렸다가 내리치며 땅을 다지는데, 이렇게 하면 점토와 유기질이 혼용일체가 되어 전체가 탄력성을 가지기 때문으로 「발로 밟으면 내려갔다가 지나가면 다시 올라온다」고 표현하고 있다.[64]

이 부설재공법의 사례와 역할에 대해서는 이미 많은 논고가 공표되고 있어,[65] 더 상술하지 않는다. 다만, 부설재공법은 삼국시대 이전 축조의 몽촌토성, 김제 벽골제를 필두로 토성(나성)·제방·사지 등의 주요 토목 건축물 등에 (먼저?) 채택되고 후대로 오면서(?) 하천제방등과 같은 대형 토목 구조물에도 시공되어 근년에 까지 이르고 있으

---

61 서울特別市·中央文化財研究院, 2004, 『서울 淸溪川 復元區間內 淸溪川 遺蹟』, p.212·215·217·230·239·245 등.

62 釜山大學校博物館, 2007, 『金海 鳳凰洞 低濕地遺蹟』, p.66(도면 4)등.

63 (社)日本道路協會, 1986, 『道路土工 軟弱地盤對策工指針』, p.91, 126~127 등.

64 月城農地改良組合·慶州水利誌編纂委員會, 1983, 『慶州水利誌』, pp.85~86.

며, 특정지역 편중현상은 보이지 않는다는 점은 부연해 두고 싶다.

- 제방 축제 재료

제방 등의 축제에 필요한 재료, 특히 土·石의 조달에 있어서는 제방의 종류 및 기능, 제방의 구조(Type), 평탄면의 형태 및 제원 등에 기초한 설계와 사전 준비가 필요하다. 현재까지 조사된 예를 보면 축제 재료는 대부분 흙이고, 돌은 제방 법면부에 포설하거나 석축하는 정도로 제한적으로 사용되며, 조선시대~근·현대로 올수록 약간 사용예가 많아지는 것 같

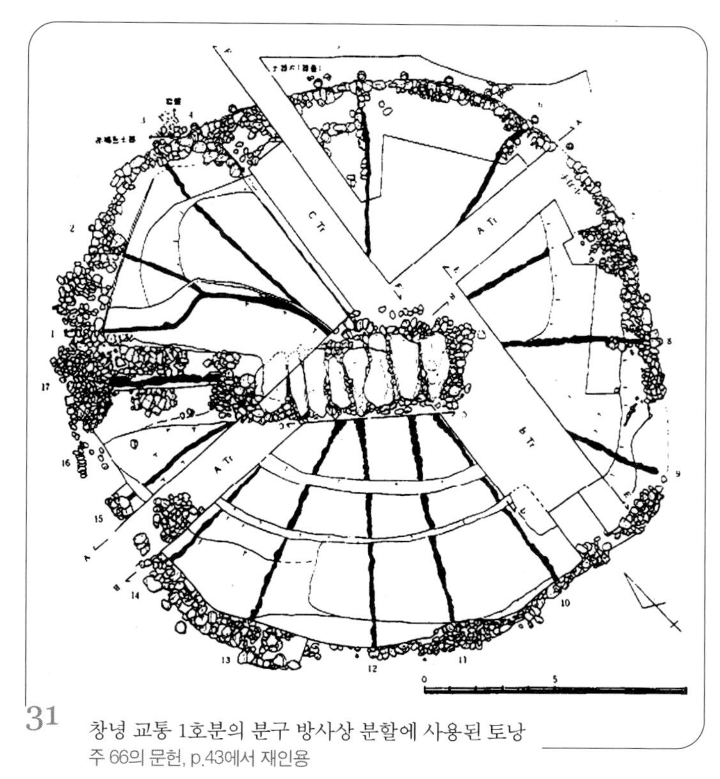

31 창녕 교동 1호분의 분구 방사상 분할에 사용된 토낭
주 66의 문헌, p.43에서 재인용

다. 사용되는 흙은 상대적으로 점성이 강한 것(실트질점토 등)과 약한 것(사질실트~실트질사)을 교대로 반복 성토하거나 양자를 섞은 것을 많이 사용하고 있는데, 사질토를 주로 쓰는 경우는 조잡하게 만든 제방, 간단한 소규모의 제방, 조선시대~현대의 제방 등에 많다.

65-a 門田誠一, 1994, 「古墳時代における土木技術の系譜と開發の展開」『文化史學』第50號, pp.151~175.

65-b 工樂善通, 1995, 「古墳時代における「敷葉工法」-日本古代の-土木技術に關しての豫察-」『奈良國立文化財研究所創立40周年記念論文集 文化財論叢II』, pp.497~514, 同朋舍出版.

65-c 門田誠一, 2004, 「東アジアにおける盛土工法の系譜に關する豫察-風納土城の土壘構造にふれて」『大阪府立狹山池博物館研究報告』1, pp.17~28.

65-d 小山田宏, 2005, 「百濟의 土木技術」『古代都市와 王權』, pp.371~385.

65-e 小山田宏, 2008, 「敷葉工法の再檢討 -天然素材を用いた土構造物の補强-」『季刊考古學』第102號, pp.45~47.

32 함안 가야리 제방유적의 토낭
주 67의 문헌

33 부여 동나성유적 능산리지점 출토
담가형 목제품
주 51의 문헌, p.301

34 부여 능사 출토의 지게발채
주 69의 문헌, p.359

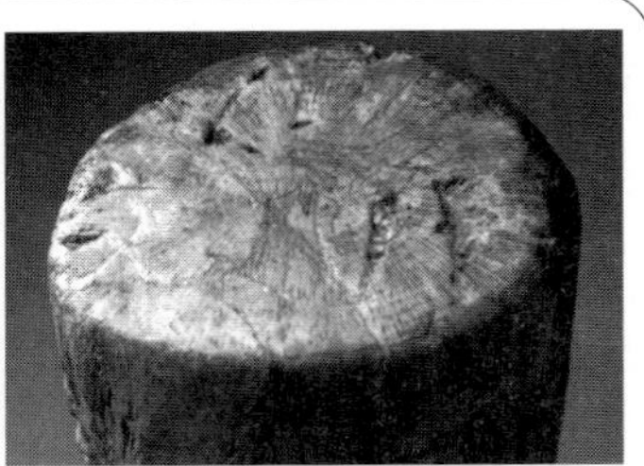

35 일본 六大 A유적 출토 달구(タコ)(左)와 狹山池 개수시 사용된 달구(干本つきタコ)
주 72의 문헌, p.52

다음, 기저부면에 처음 성토하는 점성이 강한 흙은 제방 축조지점을 굴삭해 낸 흙이거나 주변의 범람원(습지) 등에서 굴삭한 것일 가능성이 높다.(예를 들면 함안 가야리 제방유적 등) 점성이 약한 흙은 주변 범람원의 것, 일부는 주변 구릉에서 채토한 것도 있는 것 같다. 이에 비해 조선시대 국가주도형의 대규모 제방 축제에 소요되는 다량의 대형 석재나 목재는 타지에서 운반해오거나, 시장을 열어 그 시장에 모이는 사람들에게 의무 지참케 해 획득하려는 경우도 있었던 모양이다.

다음, 굴삭한 흙의 운반과 성토와 관련해 최근 주목되는 것이 土囊이다. 이미 삼국시대의 창녕교동 1호분 등을 비롯한 무덤의 분구를 방사상으로 구획하는데 사용한 예가 알려지고 있으며(그림 31)[66], 삼국시대의 함안 가야리 제방유적에서도 확인되고 있다. 크기(가로×세로×두께cm)는 33.65×25.5×12.5cm, 무게21kg, 47.3×32.5×12.5cm, 무게 32kg 정도이다.(그림 32)[67] 따라서 토낭은 삼국시대부터 대형 봉토분 등에 사용되었으며, 후대로 올수록 저수지 제방, 하천제방 등 규모가 크거나 정교한 축제·토목구조물 등에는 사용되어 온 것 같다.

다음, 축제토의 굴삭·운반·성토에도 여러 도구가 사용되었는데, 운반구로는 부여 동나성유적 능산리지점의 지엽부설 통로유구 부근에서 출토된 擔架形 목제품(그림 33)[68], 부여 능사 제2목책열과 제3목책열 사이에서 출토된 지게 발채(그림 34)[69] 등이, 성토·달구질 도구로는 김해 봉황토성의 木棒(狀의 흔적)이,[70] 재래 관행 예(저수지 제방)로는 망께[71] 등이 있다. 일본에서는 3~4세기의 三重縣 六大 A유적 출토의 タコ, 狹山池 개수시에 사용된 千本つきタコ(그림 35) 등이 있다.[72]

---

66 江浦 洋, 2008,「土のう使用と敷葉・版築技法 古墳築造と土のう積み工法」『季刊考古學』第102號, pp.39~47(특히 p.43)

67 권순강·송영진·김성미·이수용·김지현, 2008,「함안 가야리 제방유적」『第32回 韓國考古學全國大會 發表資料集』게제, 咸安郡·(재)우리문화재연구원, 2010,『咸安 伽倻里 堤防遺蹟』 이외에도 최근 달성 죽곡리 고분군 1호분(5세기후엽)의 분구 구획에 모래주머니(토낭?) 사용예가 보고되고 있으며, 대구 불로동 93호분에서도 녹색점토가 사용되었다고 보고하고 있다.
   (재)경상북도문화재연구원, 2008,『達城 竹谷里 古墳群』, pp.271~282.

68 주 51의 문헌, p.53·301 등.

69 國立夫餘博物館, 2007,『陵寺 부여 능산리사지 6~8차 발굴조사 보고서』, p.359 등.

70 (재)삼강문화재연구원 최종규 소장님의 도움 말씀.

71 주 64의 문헌, p.85.

72 大阪府立狹山池博物館, 2001,『古代の土木技術』, p.52.

3) 제체 성토작업

- 중심 구조물(芯)

　서울 풍납토성 동성벽 A·B지점 체성의 성토는 먼저 기저부위의 중앙에 일정 높이를 중심 토루(흙)를 판축성토하고 그 좌우에 각각 덧대기 성토(토루)를 하고 있다.(그림 36)[73] 흙으로 된 중심 토루가 일종의 芯 역할을 한 것이다. 저수지 제방의 재래관행 예를 보면 기초지반을 깊이 파거나 기초지반면 위에 직경 30~50cm 정도의 통나무를 가로로 깔고 그 사이에 中心粘土와 같은 불투수성재를 메워 먼저 축조한 뒤 좌우 덧대기

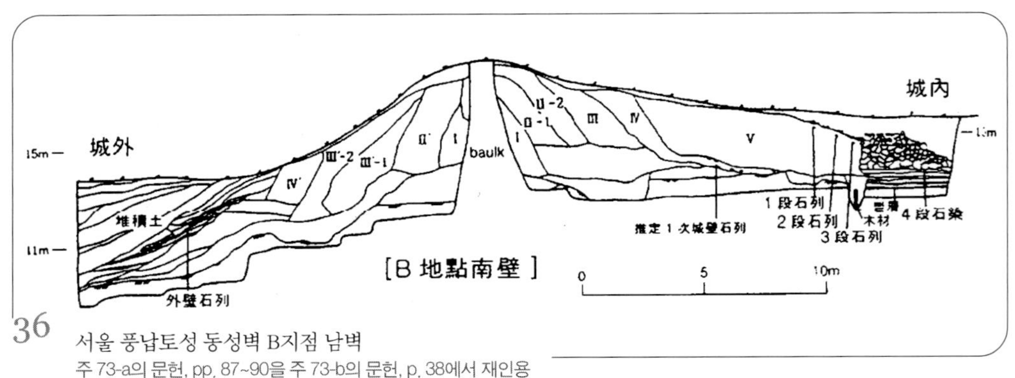

36 서울 풍납토성 동성벽 B지점 남벽
주 73-a의 문헌, pp. 87~90을 주 73-b의 문헌, p. 38에서 재인용

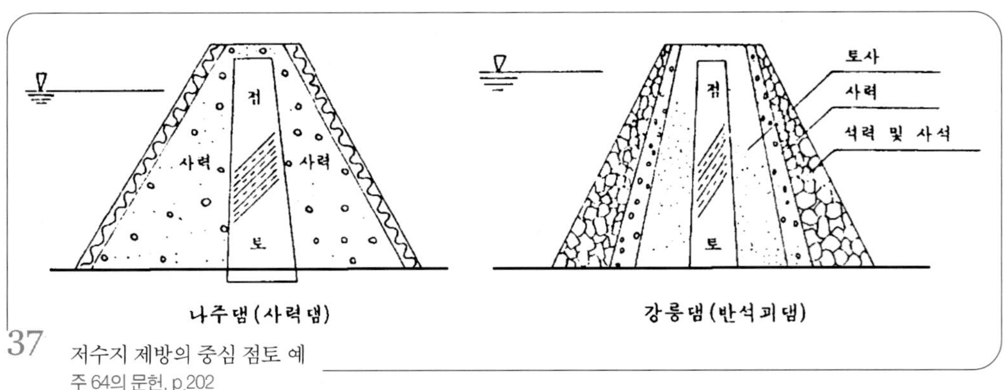

37 저수지 제방의 중심 점토 예
주 64의 문헌, p.202

73-a 국립문화재연구소, 2002, 『風納土城Ⅱ-동벽 발굴조사 보고서』
73-b 成正鏞, 2006, 「金堤 碧骨堤의 性格과 築造時期 再論」 『한·중·일의 고대 수리시설 비교 연구』, pp.25~42

성토를 하고 있다.(그림 37)[74] 1960년대까지는 중심점토형 흙댐이 많이 축조되었던 모양이며, 그 기원이 어디까지 올라가는지 알 수 없다. 일본에서는 元祿(1688년~1703년) 직전이 되어서야 비로소 기록에 나타난다고 한다.[75]

한편, 조선시대~근대의 제방 혹은 제방 관련 문헌기록 가운데에는 축제의 중심구조물로서 목재 등을 사용한 예가 있다. 김제 벽골제의 1415년 중수에 관한 기록 가운데 양지교 쪽의 웅덩이에 나무다리와 다섯겹의 목책을 세운 뒤 흙을 채워 넣었다는 기록이나, 소규모의 방조제 축조에 제방 중심에 말목열을 박고 싸리나무 등으로 담장을 만든 뒤 그 좌우에 흙을 발라 방조제 제방을 완성하는 예) 뒤의 (그림 66) 등이 그러하다.

물론 발굴자료에서도 목조구조물을 芯으로 했거나 했을 가능성이 있는 것으로서 서울 풍납토성 동성벽 A · B지점, 상주 공검지 제내지쪽, 부여 동나성유적 능산리지점의 외부목열과 지엽부설 통로유구쪽 목열 등이 알려지고 있다. 그러나 현재까지 조사된 대부분의 사례를 보면 목조구조물을 집중 시설하는 예는 적고, 기저부면의 중앙부나 편측에 흙으로서 최초 성토한 뒤 이를 하나의 芯처럼 의거해 제외지나 제내지 어느쪽으로 덧대기 성토를 하거나 최초 성토단위 위에 계속 덮어씌우는 방법으로 성토하고 있는 것이 많다.

- 성토방법 세부

현재까지 조사된 예를 보면, 보다 점성 강한 흙과 약한 흙을 반복 성토 내지는 유사 판축상으로 해 가는 것이 대부분인데, 후대로 올수록 이러한 시공방법이 점차 흐트러지는 것 같다.

즉 성토가 조잡해지는 것 같은데, 역으로 이는 제체 안정을 위한 또 다른 대책이나 시공이 행해지고 있음을 의미하는 것인지도 모르겠다. 성토작업 과정을 보면, 풍납토성처럼 중심토루 → 좌우 덧대기 성토한 예, 상주 공검지 제방[76]과 함안 가야리 제방유적(뒤의 그림 44 · 그림 45)[77]처럼 제내 · 제외지쪽으로 덧대기 성토한 예, 당진 합덕제(그림 39)[78], 부여 서나성유적 군수리지점처럼 제외 · 제내지쪽으로 덧대기 성토한 예 등 다양하게 나타난다. 현재로서 그 이유를 명확하게 알 수 없다.

---

74 주 64의 문헌, pp.85~86.

75 주 21의 문헌, p.329.

76 慶尙北道文化財研究院, 2005, 「상주 공검지 복원 · 정비사업부지내 유적 발(시)굴조사 약보고서」, p.14.

77 주 67의 문헌.

78 忠南大學校博物館, 2002, 『唐津 合德堤』, p.15.

이외에 성토작업 가운데에는 기반토층 상면 뿐만 아니라 일정 높이까지 부설재 공법(부엽공법, 부조타공법 등)이 계속 사용되기도 하며, 토낭이 사용되거나 다지기 작업의 실시 등에 대해서는 앞서 언급한 바 있다.

- 성토작업중의 보수흔적

특히 연약지반상에 제방을 축조하는 경우, 제방의 하중이

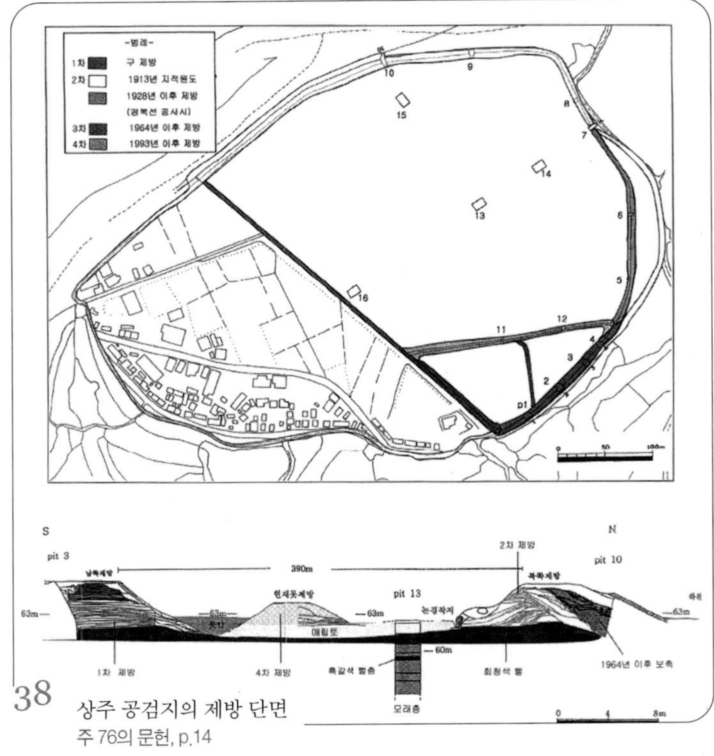

38 상주 공검지의 제방 단면
주 76의 문헌, p.14

지반의 강도보다 크면 연약지반에는 미끌림 붕괴가 일어나 붕괴된다. 함안 가야리 제방유적(2Tr)에서는 아마도 성토작업중의 붕괴때문에 전 단계 성토작업단위 사면부에 보수흔적으로 보이는 덧댄 흔적이 있다.

- 餘盛土

특히 제체를 연약지반에 시공하는 경우, 지반 침하를 예상해 더쌓기를 하는데 더쌓기 높이는 일반적으로 제체 높이의 1~3% 범위내에 실시한다고 한다.[79] 조선시대 문헌 기록에 이미 더쌓기에 대한 기록이 보인다.

- 小段

제방 법면 말단부에 小段같은 것을 덧대어 제체 하중에 따른 제체의 침하와 미끌림 붕괴를 방지하는 공법을 시공한듯 한 흔적이 함안 가야리 제방유적에서 확인된다. 단 1Tr 남장벽 제외지쪽 제방 법면 말단부에만 확인되고 있어, 이러한 대책공법인지 여부

---

79 주 64의 문헌, pp.203~204.

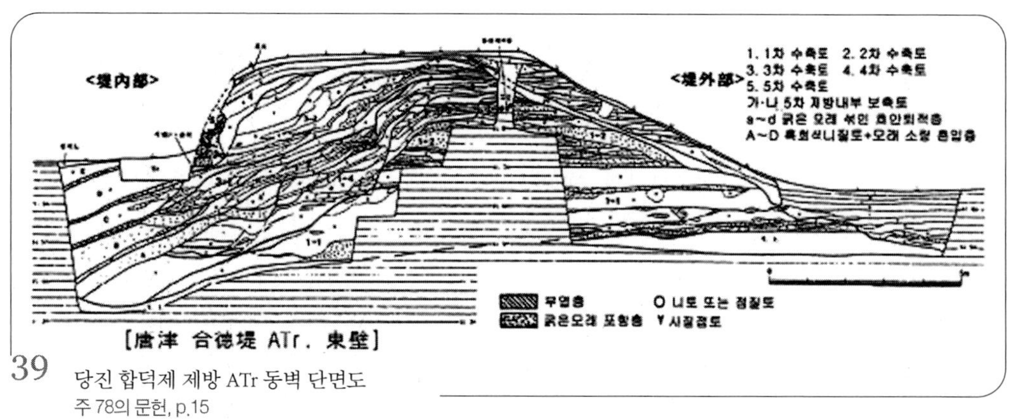

39 당진 합덕제 제방 ATr 동벽 단면도
주 78의 문헌, p.15

는 잘 알 수 없다.(그림 36)[80]

- 호안대책

상주 공검지 2차제방의 경우 제외지쪽 법면 말단부에 석축을, 제내지쪽 법면 중심부~말단부에는 철사망내에 돌을 채운 것(망태, 농(籠))을 각각 시공해 호안하고 있다. 풍납토성 동성벽 A·B지점(그림 36 참조)[81]에서도 제내지쪽 법면 말단부에 많은 돌로서 석축(? 적석?)하고 있는데, 호안대책인지 체성 내부로 침투하는 물의 배수, 체성의 침하방지, 체성의 지지와 붕괴를 막는 역할을 하는 것인지 잘 알 수 없다.

4) 기타

- 저수지 바닥 누수방지 처리

특히 사력질의 기초지반에 저수지·원지를 축조한 경우, 바닥에는 어떤 누수방지 처리를 할 필요가 있다. 평양 대성산성내 1호못의 경우에는 池底에 진흙과 잔돌을 섞어 굳게 다진 후 그 위에 보통의 자연석을 깔고 있다. 경주 안압지의 池底에는 생토층인 황색토층 위에 剛灰다짐층이 부분적으로 남아 있다고 한다. 누수방지를 위한 것으로 보이며, 안압지가 사력질의 선상지에 입지하는 점과 무관하지 않은 것 같다.[82] 또 밀양 가

---

80 주 67의 문헌.
81 주 73-a의 문헌.

인리유적 A유구(둠벙) 바닥에도 조사와 세력이 혼입된 실트를 두께 1cm 정도로 다짐 처리 하였다.

　- 저수지내의 島

　조선 정조 2년(1778)에 내려진 堤堰節目에는 「못을 팔 때 생기는 흙을 멀리 내다 버리지 못하고 못안에 쌓인 채 두는 까닭에 못안에는 여러 개의 작은 섬이 생기게 되는데, 큰 못은 수십개나 되고 작은 못일지라도 십여 개가 넘는 까닭으로 저수지 면적이 축소되어 물이 붇지 않으니…」라는 기록이 보인다. 아마도 배토처가 제대로 없었거나, 암반 표출 등으로 굴착불가였거나, 공사기간·투입 노동력 부족 등이 그 이유로 추정되며, 저수율을 높이기 위하여 저수지의 내용적을 크게 하는 방안이 거론되었음을 알 수 있다.[83] 그런데 경주의 안압지나 구황동 원지유구의 예처럼 의도적으로 池內 입수구 부근에 小島를 설치해 급격한 유입수 때문에 池가 세굴되는 것을 막기 위해 분류시킴으로서 수세를 약화시키는 것도 있다. 또 일본의 8세기대 輕部池의 경우도 못안에 섬처럼 십자형에 가깝도록 성토하고 있는 것[84]도 같은 맥락에서 이해된다. 따라서 저수지내로 흘러 들어오는 소하천이나 계류의 급격한 유수 유입을 막아 수세를 약화시키거나, 침전 토사의 분산 등을 고려해 의도적으로 남겨두었을 쪽으로도 볼 필요가 있다.

5) 방수시설

　- 底桶·垂(斜)桶

　제체의 성토가 끝나면 제체의 일부를 절개해 底桶 등의 방수시설을 묻고 다시 되메우기를 하거나, 미리 제방둑의 일부를 조정해 만수한 물이 제방둑을 넘어 자연배수할 수 있도록 한 餘水吐를 설치하게 된다. 桶은 목제·석제·도제·와제(木製·石製·陶製·瓦製) 등이 있는데, 木桶의 경우 통나무를 반으로 쪼개어 속을 파내어 둘을 합체해 쓰거나 판재를 뚜껑으로 하거나 아예 판재를 조립한 것이다.

　경주 안압지(674년)에서는 저수지 제방의 桶구조의 일단을 엿볼 수 있는 시설이 몇

82　郭鍾喆, 1992, 「한국과 일본의 고대 농업기술」, 「韓國古代史論叢」第4集, p.82에서 재인용.
83　상주문화원·상주산업대학교, 1995, 『상주·함창 공갈못 共儉池』, p.57에서 재인용.
84　주 21의 문헌, p.332에서 재인용.

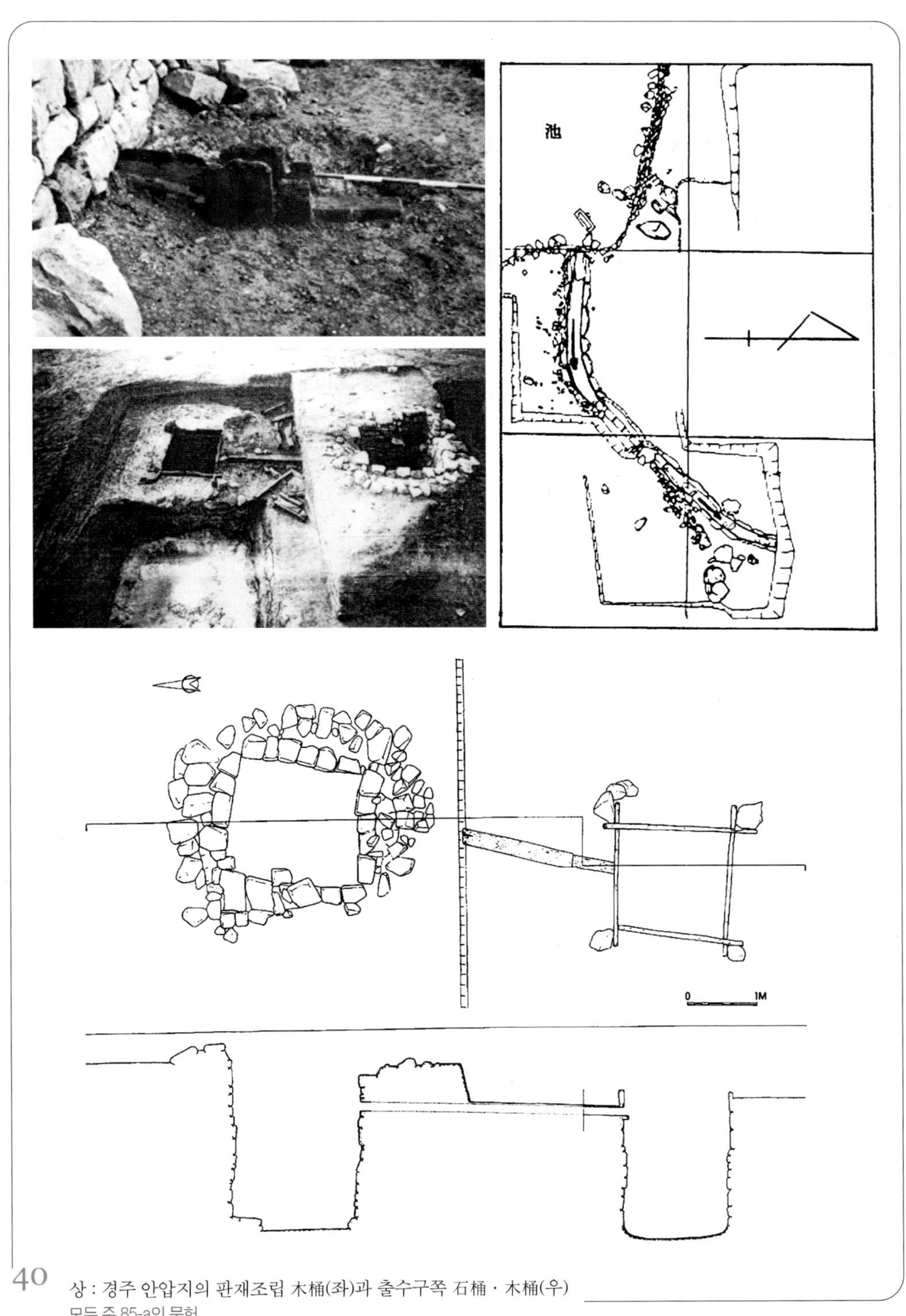

상 : 경주 안압지의 판재조립 木桶(좌)과 출수구쪽 石桶·木桶(우)
모두 주 85-a의 문헌
하 : 부여 구아리 백제유적의 우물간 연결 목제 도수관
주 86-b의 문헌, p.93 · 141 · 152

확인되었다.[85] 서안 석축 E23구 석축 기저부에서는 판재구조물이 확인되는데, 잔존상 태는 불량하나 底桶인 것 같다. 그러나 더 이상의 구체적인 판단은 어렵다. 또 안압지 내로 유입된 물은 연못 북안 가까운 지점에 매설된 石桶와 木桶를 통해 연못 바깥으로 배수하도록 되어있다. 게다가 木通의 곳곳에 구멍을 뚫어 목재 마개로서 수량을 조정 하도록 되어있다.(그림 40)[86]

이를 통해 제체내에 설치되는 底桶의 존재와 수량조절 장치가 부착된 桶구조가 7세 기 무렵에는 존재했음을 알 수 있다. 또 부여 구아리유적에서도 북편 우물지(석조)에서 1차 정수된 물이 남편 우물지(목조)로 흘러보내 저장하는데 이용된 목제 도수관통, 6세 기 중반~백제말)이 확인되었다.(그림 40)

한편, 문헌기록상에서 가장 이른 시기의 桶 사례로는 영천 청제의 정원명(貞元銘, 798년) 비문에 나오는 '上排掘里'가 있으며, 문헌사학 분야에서는 제체 매설의 桶구조 로 파악하고 있다.[87]

이상 살펴본 바를 재정리하면, 청동기시대부터 통나무를 반으로 쪼개 그 속을 파내 어 반원형의 한쪽 등을 이용한 시원형태(?)의 桶 내지는 도수관이 보 등의 수리시설의 일부로서, 또 삼국시대의 하천관개 관련 시설의 하나로서 이용되어 왔음이 확인되고 있다. 삼국~통일신라시대에는 원지 방수시설로서 底桶(?)과 출수로쪽의 수량조절이 가 능한 石·木桶이, 그리고 백제에서는 우물시설의 일부로서 桶가 각각 사용되고 있어, 점차 桶의 구조와 운용이 발달해 가고 있음을 알 수 있다. 그러나 아직 8세기 무렵의 일 본예처럼 지상에 지주를 받치는 高桶(수로교 내지는 架桶)같은 것과, 조선시대 저수지 의 방수시설로서 底桶과 垂(斜)桶이 결합되는 형태 또한 아직 확인되지 않았다.

한편, 조선시대로 오면 底桶와 垂(斜)桶의 결합운용 형태, 垂(斜)桶 구조를 이용한 수량·수온 조절장치 등에 관한 기록이 곳곳에 보인다. 태조 4년(1396) 정분의 진언에 의한 上書에서 저수지의 제체내에는 底桶으로서 石溝(石桶)를 매설하고 그 石溝의 제

85-a 文化公報部 文化財管理局, 1978, 『雁鴨池發掘調査報告書』, pp.60~64 등.

85-b 주 82의 문헌, p.84 .

86-a 주 85-a의 문헌, pp.73~76.

86-b 扶餘文化財研究所·忠淸南道, 1993, 『扶餘舊衙里百濟遺蹟 發掘調査報告書』, pp.12~15·93· 141~153(특히 p.13).

87 전덕재, 2007, 「통일신라의 水田農法과 永川菁堤」 『한·중·일의 고대 수리시설 비교 연구』, pp.73~76 등, 계명대학교 출판부.

내지쪽에 木桶(垂(斜)桶)을 세우고, 목통의 내면에는 세 개 내지 다섯 개 정도의 구멍을 뚫어서 수위에 따라 구멍을 열어 물이 흐르도록 하고, 막아서 물이 흐르지 못하게도 한다. 석구 외면에는(石溝의 제외지쪽에는) 가로로 나무 물통을 설치하고(木槽를 석구에 덧대어 설치하고) 물통 양 끝으로 물이 흐르도록 하였다고[88] 하는

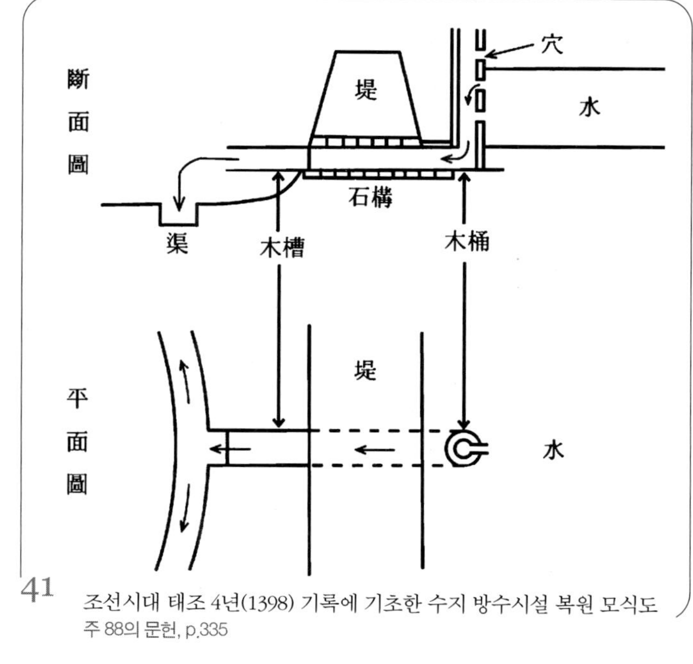

41 조선시대 태조 4년(1398) 기록에 기초한 수지 방수시설 복원 모식도
주 88의 문헌, p.335

것으로 보아 저통底桶(石溝)과 수량조절이 가능한 垂桶 결합구조가 운용되고 있었으며, 더욱이 底桶 바깥쪽으로는 木槽를 덧대어 방수된 물이 도랑의 좌우로 나누어 흐르도록 하는 등, 발달된 저수지 관개의 일단을 엿 볼 수 있다. 그림 41은 管野修一의 복원도이다.

　그런데 일반적으로 물은 온도가 낮을수록 무거운데, 저수지의 경우 수심이 깊어질수록 차갑고 표면수는 태양열로 데워져 온도가 높아진다.[89] 관개용수의 수온은 높은 쪽

88　管野修一, 1986, 「李朝初期農業水利の發展」『朝鮮學報』第百十九・百二十輯, pp.327~362(특히 p.335).

89　權丙卓, 1986, 「菁堤文簿 資料解說」『民族文化論叢』第7輯, pp.205~209.
　1929년부터 1976년까지 영천 청제의 운영과 관련된 기록서류인 「菁堤文簿」를 소개·해설하는 글 가운데 청제내에 설치된 垂(斜)통(桶)의 개폐나 조절과 관련된 사례를 지역 주민의 전언으로서 언급하고 있다. 즉 窟案이란 직책은 저수지 제내지쪽에 설치된 垂(斜)통(桶)의 穴을 물방망이(封屈木)로 막거나 뽑아서 방수시설의 개폐 및 수량조절 등을 담당한다. 이른 봄 깊이 16척의 찬물속으로 헤엄쳐 들어가 굳게 닫힌 물방망이를 뽑는데, 古老들이 증언한 바에 따르면 찬물속으로 헤엄쳐 들어가는 것도 힘든 일이지만, 3~5분씩 몇 번이고 물속에 들어가 작업하다 마침내 봉굴목이 열렸을 때는 자칫하면 강한 수압 때문에 木통(桶) 속으로 빨려들어 간다. 둑에 기다리던 사람들은 안절부절하고 있을 때, 굴안이는 좃대(원통의 위치를 표시하기 위하여 막아둔 대나무 장대)를 타고 올라오곤 하는데, 이때 그의 얼굴이 새파랗게 질려있더라고 전하고 있다.

이 벼의 생육에 유리하므로 구멍이 뚫린 垂桶을 이용하면 수량 조절뿐만 아니라 수온이 높은 표면수부터 제하의 몽리지에 공급할 수 있는 점도 垂桶의 의의로서 중요하다.

한편 태종 14년(1414) 이은의 上書에 보듯이 저수지에는 立穴柱(수량 조절장치가 있는 垂桶 埋連筒, 제체하에 底桶을 매설)해야한다는 기록이나, 세종 즉위년(1418)의 우희열 言에 나오는 경북 성주읍내 저수지의 立桶貯水 隨意決塞도 모두 상기의 것과 같은 구조를 의미하는 것으로 생각된다. 이외에도 저수지의 水桶을 저수지의 규모에 따라 1~3개 설치해야 한다는 세조 5년조 기록이나, 제언의 좌우 물 길에 돌을 깔아서 터지거나 갈려 나가지 못하게 해야 한다는 기록도 보인다. 방수로는 방수에 따라 세굴되기 쉬우므로, 방수로 바닥에 돌을 포설케 할 것을 지시한 것이다.[90]

조선 정종 22년 정시원의 상소에는 현대의 도수용 潛管인 設筒之法이 설명되고 있다. 즉 "질그릇으로 中通外圓의 筒을 구어서 가락지를 만들어 접속하여 땅속에 묻고 筒中으로 물을 대는데 도중에 만일 川壁에 부디치면 지세에 따라서 땅 속으로 건너가게 하여 건너편에서 다시 지세에 따라 水筒을 세워 물을 올리는 것이니 그 이치는 다름이 아니라 水流가 筒中에 들어가서 그 압력으로 배출되는 까닭으로 높은 곳을 넘어가는 것입니다"라고 하고 있다.[91] 이러한 잠관의 사용은 더욱이 架桶(수로교, 高桶)과 연결되면 멀리까지 도수할 수 있어 넓은 범위에 걸친 관개와 개발이 가능해진다. 또 이 잠관을 이용해 수압으로서 높은 곳에 물을 뿜어 올리는 기술은 과거의 광산기술과 연결되는 점도 주목된다.

이처럼 조선시대에는 전기부터 저수지 제방에 底桶와 수량조절이 가능한 垂(斜)桶 결합운용 형태가 보급되어 가며, 제언의 규모에 따라 水桶 수를 달리해야 한다던지, 방수로 바닥에 세굴 방지용의 돌 포설, 지세의 고저에 따라 筒의 지중매설 및 역 사이폰원리를 이용한 잠관형의 사용 등, 발달해가는 저수지 관개의 일단을 엿볼 수 있다. 물론 그런 한편으로 水桶보급의 미비를 전하는 기록도 때때로 보이고 있다.

- 餘水吐

저수지의 물이 만수상태를 넘거나 장마나 홍수 등에 의해 저수지내의 수위가 상승하게 되어 그대로 제방둑을 넘어 버리면, 土堰의 경우 제방 그 자체가 유실될 위험이 높아진다. 따라서 제방둑 상면 한쪽에 미리 물길을 내어 만수위 이상의 물이 자연스럽게

---

90 주 83의 문헌, p.56에서 재인용.
91 주 64의 문헌, p.102에서 재인용.

넘쳐흘러 내려갈 수 있도록 유도케하는 것이 餘水吐이다. 김제 벽골제의 경우 水餘渠와 流通渠가 여수토로 알려져 있다.[92] 또 1872년 이전 축조의 제천 유등지(皿池)에는 여수토가 2개소 있으며,[93] 이 가운데 돌로 호안석축한 여수토 1개가 조사되었다. 이외에 여수토에 관한 문헌기록으로는 태조 4년(1396)의 정분의 진언에 의거한 上書에 제언의 일변에는 특별히 목통의 上穴보다 약간 낮게 돌을 쌓아서 장마 때의 범람에 대비한다고 한 것 등이 있다.

6) 제방의 상면, 법면부 보호

제방의 축조가 끝나면, 건조나 풍우에 의한 약화나 침식 등에 대처하기 위해 제체의 표면부에 별도의 처리가 필요하게 된다. 우리나라에서는 제체의 법면부 등에 돌을 포설하거나 수목을 심는 방법 등이 알려지고 있다. 부여 궁남지(634년)의 제방 둘레에 楊柳를 심거나, 고려 인종 24년(1170) 南大池의 제방 상면에 奇花異木을 심거나, 조선 태조 15년(1415) 김제 벽골제 중수시 제방 내외에 버드나무를 5열 심어 제체를 안정시키라고 한 것이나, 경국대전에 저수지 내외면에 많은 잡목을 심게하고 벌목하면 처벌토록 한 조항이 있다던지, 중종11년(1516)에 저수지에 나무를 심게 한다던지, 제천 의림지의 조선시대 옛 그림[94]에 제방 상면과 법면부에 버드나무의 표현이 보이는 것 등은 제체의 강화와 보호가 1차적인 목적이었던 같다.

그리고 이러한 植木은 일본의 고대 문헌기록 곳곳에도 엿보여, 저수지의 제체보호와 관련해서는 공통적인 대응방식이 있어 왔던 것 같다. 다만 明治이후에는 제방에 심은 나무들이 태풍 때문에 흔들리거나 뿌리채 뽑혀져 오히려 제체를 약화시킴에 따라 점점 제거하게 되었다고 한다.

---

92 洪思俊, 1978,「三國時代의 灌漑用池에 對하여-碧骨堤(金堤)와 碧骨池(唐津郡-)」『考古美術』, pp.5~22.
93 忠北大學校博物館・堤川市, 2000,『義林池 精密基礎調査 附錄:堤川 柳等池 試掘調査』, p.295.
94 주 93의 문헌, p.241.

7) 築堤 土量과 投入 勞動力

　저수지 제방에 대한 축제 토량과 투입 노동력에 대해 분석한 연구로는 영천 청제를 대상으로 한 권병탁(1987)의 논고가 있다.[95] 청제의 정원명(貞元銘, 798년) 비문 자료를 토대로 청제 좌우의 구릉을 제외한, 순수히 축제에 투입된 토량은 1,159.3m³이며 축제에 61일간 연인원 14,130명이 동원되었으므로, 흙의 1m³ 비중을 2.0톤으로 계산해 1인당 평균 운반량을 164.2톤(82.1m³)으로 추산하였다. 그런데 이를 굴삭 · 채토, 운반, 성토 각각에 소요되는 1인 노동력을 총괄한 수치로 본다면, 1인 1일 굴삭 · 채토량, 운반량, 성토량 각각은 더욱 적어진다.

　한편, 일본에는 문헌기록이 여럿 남아 있어 1인 1일 굴삭 · 채토량, 운반량, 성토량에 대해 비교적 구체적인 수치가 제시되고 있다. 먼저, 8세기 초기 장원의 하나인 桑原庄의 溝 굴삭에 관해 『算經十書』의 기록을 토대로 龜田隆之(1973)는 1인 1일 굴삭량을 140 立方尺(4m³)으로 추산하였다.[96] 이에 비해 相原嘉之(2008)는 7세기 宮東山의 조영에 관여한 1인 1일 굴삭토량을 2m³로, 운하(狂心渠)의 굴삭배토에는 1인 1일 1m³(단 굴삭만일 경우는 1인 1일 2m³)로 각각 추산하였다.[97] 또 岡山縣 津寺유적에서 확인된 6세기말~7세기전반의 대규모 호안시설의 축조에 있어서 성토의 대부분을 차지하는 점질토의 채토를 「埴」의 채토와 같이 본다면 『延喜式』卷34 木工寮 堀埴の制에 의거해 1인 1일 최대 3.48m³를 굴삭하는 것으로 추산하였다.[98]

　굴삭한 흙의 운반에 관해서는 250m 거리를 1인 1일 1m³로 계산하는 예도 있으며(일본의 전방후원분 관련 추산), 宮東山 조영시에는 1인 1일 2m³로 추산하는 예(相原嘉之, 2008)[99]도 있다.

　성토에 있어서는 狹山池의 慶長 연간 개수시 『地方凡例錄』을 근거로 7町반을 운반해서 1坪(5.7m³)의 제방 성토에는 16인이 필요한 것으로 본 연구도 있다.[100] 또 같은 근

---

95 權丙卓, 1987, 「新羅灌漑制度研究-永川 菁堤를 중심으로」 『新羅文化祭學術發表論文集』 第8輯, pp.166~167.

96 龜田隆之, 1973, 『日本古代用水史の研究』.

97 相原嘉之, 2008, 「飛鳥における齊明朝の土木技術」 『季刊考古學』 第102號, pp.53~57(특히 pp.55~57).

98 柴田英樹, 1995, 「第5章 考察 第5節 河道の護岸施設」 『津寺遺跡』 2 岡山縣埋藏文化財發掘調査報告 98, pp.583~592(특히, p.580).

99 주 97의 문헌, pp.55~57.

100 大阪府立狹山池博物館, 2004, 『近世を拓いた土木技術』, p.14.

세 중기의 「川邊新川普請大積」에는 1평(5.7m³)의 성토에 5인 (1인 1일 1.14m³으로 환산), 바다 가까운 낮은 제방은 4인(1인 1일 1.425m³으로 환산)이 각각 필요한 것으로 기록되어 있다.[101] 이에 비해 7세기의 궁동산의 조영에 있어서 판축성토는 1인 3일에 2m³로, 뒤채움 성토에 1인 1일 2m³로 각각 추산하고 있다.[102]

한편, 강산현 진사유적의 호안시설에 이용된 토사의 성토에는 『연희식』권34 목공요 축제의 제에 근거해 1인 1일 1m³로 추산하였다.[103]

이상 굴삭 내지는 채토, 운반, 성토 각각에 대한 1인 1일 노동량 추산치 사례를 보면, 대부분 일본의 예인데다가, 시대·지역의 차이, 굴삭·채토지점의 조건 차이, 단순성 토인지 판축성토인지 여부, 1인 1일 노동량 추산 근거의 차이 등등 다양하며, 추산치도 차이가 커서 일률적으로 논하기 어렵다. 이런 부분은 다음 기회에 검토하기로 하겠다.

8) 저수지의 축조와 운용관리

이 부분은 크게 축조 주체, 축조에 관여하는 집단·기술·도구, 축조 이후의 운용관리의 3가지 측면에서 살펴 볼 필요가 있다.

먼저, 축조 주체가 국가, 특권신분층, 지방호족 내지는 지역의 수령, 지역주민, 승려 등인가에 따라 저수지의 규모 및 몽리면적의 대소, 축제 소요 노동력, 소요 예산 및 자재의 조달, 노동편성, 분쟁과 갈등의 조정, 축조 이후의 운용관리 면에서 차이를 보일 수가 있을 것으로 추정된다.

다음, 저수지의 축조에 관여하는 집단, 기술, 도구면에서는 일본의 사례, 예를 들면 狹山池의 축조·개보수 등과 관련된 연구성과가 참고가 될 것 같다. 협산지의 축조·개보수 등에는 적어도 저수지 축조의 기본이 되는 설계와 측량관련 기술 및 집단, 토목 관련 기술 및 집단, 桶의 제작과 관련된 조선기술의 영향, 광산기술 및 집단, 석재의 채석 가공·석축 관련 기술 및 집단, 제철 내지는 단야기술 및 집단 등의 관여가 상정되고 있다.[104] 우리나라의 경우에도 광산기술 및 집단의 관여가 상정되는 부분은 있다. 자연

---

101 주 100의 문헌, p.50.
102 주 97의 문헌, p.56.
103 주 98의 문헌, p.590.

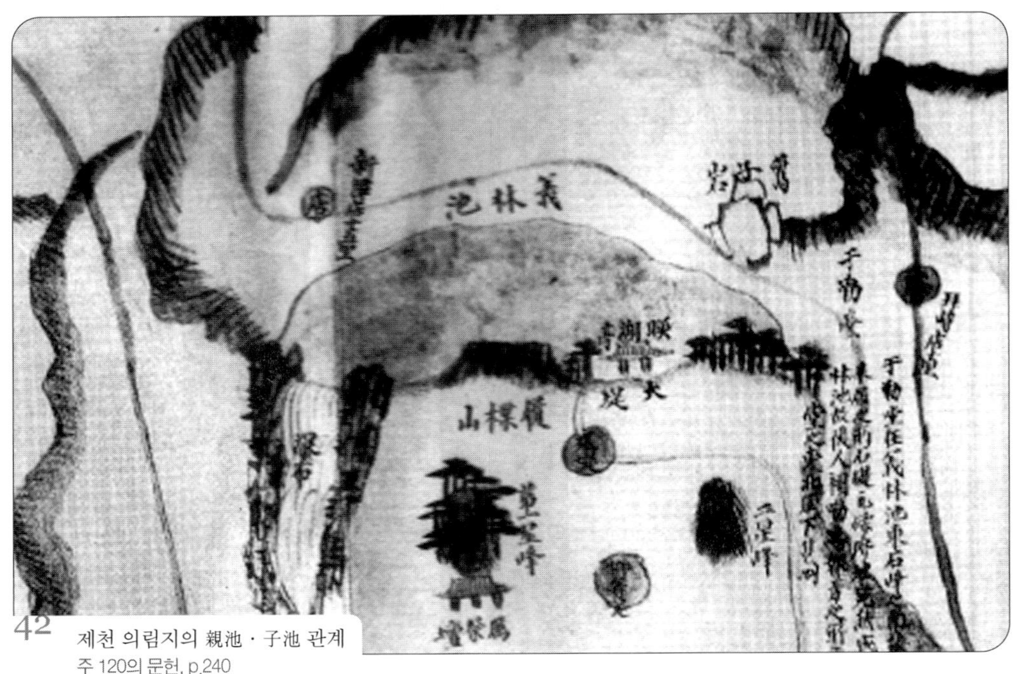

42 제천 의림지의 親池 · 子池 관계
주 120의 문헌, p.240

암반을 터널식으로 굴착한 밀양 수산제의 수문이나 영조 40년 청천강의 굴착시에 鐵丈이라는 광산도구의 사용, 재령군의 海倉筒의 물길 굴착시 광산 굴착집단인 鉛軍의 동원기록[105] 등이 있기 때문이다.

다음, 저수지 축조이후의 운용관리 가운데 특히 중요한 것이 저수지의 수리관행이다. 그러나 발굴조사를 통해 이를 밝혀내기는 어렵고, 다만 조선시대의 옛 그림을 통해 제천 의림지와 그 남쪽의 작은 皿地간에 소위 親池一子池 관계가 성립되어 있음을 엿볼 수 있다.(그림 42)[106] 谷池인 의림지에서 남쪽으로 내려오는 線을 수로라 본다면 이것이 皿池와 연결되고 있고, 여기서 다시 다른 어떤 특정지역으로 연결되어 가는 모습이 표현되어 있다. 이는 아마도 저수지 간에 여분의 물을 주고 받는 관계를 시사하는 것으로 판단된다. 그리고 이를 통해 집단, 지역간에 상호 유기적 관계 또한 상정할 수 있다. 물론 상호유기적 관계가 파행적이 되거나 하면 분쟁과 민란으로 이어졌던 모양으로, 상주 공검지의 물을 둘러싼 상주 · 함창 읍민간의 소송, 1893년의 충청도 당진 합덕

---

104 주 100의 문헌, p.17 · 29 · 30 · 57 등.
105 宋讚燮, 1985, 「17 · 18세기 新田開墾의 확대와 經營形態」 『韓國史論』12, pp.231~304(특히 p.259).
106 주 93의 문헌, p.240.

리의 민란, 1894년의 전라도 고창의 동학난 등은 수리문제로 일어난 대표적인 갈등사례이다.[107]

또 하나 저수지의 수리관행과 관련되는 것으로는 모내기 시기의 물을 저수지에 의존하는 경우이다. 저수지 수문 방류시기가 모내기 시기가 되므로 저수지 몽리 범위내 논들의 농작업 개시시기가 고정되어 가게 된다.[108] 뿐만 아니라 아마도 재배되는 벼품종과 수확기까지도 스스로 강제될 수 있는 측면이 있다. 따라서 저수지 관개에만 의존하는 경우 농작업과 수리면에서 오래된 관행이 유지된다고 한다.

한편, 각종 수리시설의 축조·보수시기를 보면, 저수지의 경우 영천 청제 정원명(798년) 비문에 나타나는 보수공사 시기가 2월 12일에서 4월 13일까지이거나, 조선시대 태조 4년(1396)의 저수지 보수시기가 만추~초동 무렵인 점 등에서 보아, 저수지 관련 공사는 가능한 한 농번기를 회피하며, 갈수기에 공사를 해야하는 필요성 때문에 특정 계절에 실시하는 것 같다. 이는 하천제방, 洑 등의 공사도 마찬가지이며, 일본의 경우에도 일본서기, 고사기 등에 나타나는 造池溝의 시기는 농한기가 많다고 한다.[109] 또 대판부 팔미시 龜井유적 堤(5세기 말~6세기 초)의 제체내 부엽층에서도 ドクゼリ의 종자가 탈립되지 않은 채 花序마다 달려 있어 7월~10월경에 堤가 축조된 것으로 추정되는 것도 같은 맥락에서 이해할 수 있을 것 같다.[110]

이처럼 시대, 지역과 관계없이 농경생산이 생업경제의 중심이 되어 가는 상황하에, 더욱이 저수지에만 관개용수를 의존하거나 저수지 관개 탁월지역에서는 농한기에 각종 수리시설의 축조와 보수가 집중적으로 행해지는 것은 어쩌면 자연스러운 현상이며, 한일간에 함께 보이는 勸農의 내용도 아마도 이와 무관치 않을 것 같다.

9) 저수지의 또 다른 기능

저수지는 농업용수를 저장·방류하는 기능뿐만 아니라, 관상용, 유원지, 捕魚와 養

107　金鐵洙, 1993,「朝鮮時代의 尙州地方 堤堰에 관한 硏究」『尙州文化硏究』第3輯, pp.32~33.
108　주 21의 문헌, pp.336~337.
109　주 96의 문헌.
110　尾谷雅彦, 1980,「古墳時代中期における築堤工事について」『龜井·城山』, (財)大阪文化財センター.

魚, 때로는 鳥獵의 무대이며, 연밥·연근, 마름 등의 생산, 저수지 바닥 퇴적물의 비료 이용, 제의의 장(場) 등 다양한 연계성을 가지고 있다. 이는 한·중·일의 明器·화상석 등의 유물, 문헌기록, 재래관행 등을 통해 알 수 있다.

우리나라의 경우 경주 안압지에서는 토제어망추(管狀), 철제의 작살 등이, 하남 이성산성 내 저수지에서도 석제·토제어망추 등이 각각 출토되었다. 문헌기록으로는 삼국사기의 경주 남산사지 석탑 관련 기록에 보이는 池魚, 고구려의 池中 잉어 관련 기록, 조선시대 태종 9년(1409) 兼以養魚, 세조 3년(1457) 만추~초동에 걸쳐 제내의 물고기를 잡기위해 저수지 제방을 헐어뜨리는 決壞取魚者, 신증동국여지승람에 보이는 밀양 수산제의 못 안에 연, 마름, 세모마름이 자라고 물고기와 자라 등이 서식하는 정황, 조선시대 옛 그림에 보이는 제천 의림지내의 낚시와 관상풍경 등은 이러한 정황을 반영하는 것이다.

5. 하천제방

발굴조사에서 확인된 하천제방 8개소 가운데 삼국시대의 것으로는 대구 동천동유적 3-Ⅰ구역의 수리시설쪽 제방, 김해 봉황동 유적(한옥생활체험촌 조성부지내 유적) 68호 제방 등이 있으며, 이외의 것은 조선시대~근·현대의 것이다. 그런데 편의상 하천제방으로 일괄했어도, 이 가운데에는 추정되는 기능 등을 고려하면 일괄하기 어려운 것도 있다.

1) 대구 동천동유적 3-Ⅰ구역 삼국시대 제방유구[111]

유적은 금호강의 지류인 팔계천 좌안에 형성된 선상지성 곡저평야면에 위치하며, 제방유구(6세기)는 다른 수리시설과 함께 북동쪽의 구유로 내지는 분유로에서 확인되

---

111 주 49의 문헌, pp.54~55.

었다. 정식 보고서 미간으로 상세는 불명이나, 일반적인 하천제방과 다르다는 것은 앞서 언급한 바 있다. 제방 유구의 규모는 길이 14m, 폭 3~4m로 소형이며, 직경 10~20cm의 냇돌을 사용하는 비교적 간단한 구조의 것이다.(그림 46의 제방 부분)

본 유구를 제방으로 추정하게 된 것은 아마도 제방 추정의 凸상 미고지와 굴삭한 수혈내에 설치된 입방체의 나무틀(시설 B), 제방 보강시설 및 건축부재 때문일 것이다. 그리고 제방 중앙에는 제방 기초시설로 추정되는 시설 B가, 제방 서쪽에는 평면 ㄷ자형의 건축부재 3매가 각각 확인되며, 제방 북쪽의 말목열은 제방 보강시설로 추정하고 있으며, 특히 시설 B는 수혈을 파고 그 안에 입방체의 나무틀을 짜고 제방과 함께 돌을 쌓은 것으로 일본의 枠와 같은 것으로 보고 있다.

개보문의 설명처럼 방형으로 조립된 틀의 네모서리에 수직의 말목이 결합되어 있고 바닥에 여러 개의 통나무가 걸쳐져 있는 것으로 보아, 일본의 하천제방에 쓰이는 枠와 같거나 유사한 형태의 것으로 볼 수 있을 것 같다. 문제는 일본의 하천제방에 쓰이는 枠 내지는 木工沈床(枠)[112]은 제방 기초시설이 아니고 하천제방의 법면 말단부에서 제외지쪽(하천유로쪽)으로 덧대어 제방이 하천유수로부터 세굴되는 것을 방지하는 호안시설(水制)의 하나라는 점, 그리고 하천 유로 양안에 짝을 이루어 설치되는 하천제방에 시공되는 점에서 동천동 유적의 것과는 차이가 있다. 장차 상세한 비교 검토가 요구된다.

또 삼국시대 김해 봉황동(한옥생활체험촌 조성부지 내) 유적의 68호 제방(그림 54), (그림 55)[113]에서도 입방체의 나무틀이 사용되었으며, 삼국시대 이전 축조의 서울 풍납토성 동성벽 A지점 내벽 IV토루 법면부의 석렬 및 석축에는 지금의 비탈면 보호공 등에 시공되는 목제틀(횡목과 종목이 서로 직교해 방형을 이루는 목제틀)이 사용된 흔적(그림 43)[114]이 확인된다. 우리나라에서도 삼국시대 이전~삼국시대의 제방, 토성같은 대형 토목공사에 枠類(木工沈床)나 방형 목제틀이 사용된 점은 주목되며, 장차 일본의

112-a 畑大介, 1995, 「近世の治水用枠類をめぐる一考察-甲洲の事例か-」『山梨考古學論集』IV, pp.415~431.

112-b 知野泰明, 1998, 「近世文書にみる治水・利水技術」『治水・利水遺蹟を考える -人は水とどのように つきあってきたか- 第7回東日本埋藏文化財研究會 第II分冊發表要旨・紙上發表編』, pp.155~166.

112-c 畑大介, 1998, 「第5章 考察」『鹽川下河原堤防遺蹟發掘調査報告書』, pp.71~95.

112-d 菲崎市教育委員會 등, 2008, 『藤原下河原堤防遺蹟』.

113 (財)慶南考古學研究所, 2007, 『金海 鳳凰洞 遺蹟 -金海 韓屋生活體驗館 造成敷地 內 遺蹟 發掘調査 報告書-』, p.22 등.

114 주 73-a의 문헌, pp.175~176.

그것과 관련적으로 검토할 필요가 있다.

2) 함안 가야리 제방유적 · 밀양 수산제

이 사례들은 하천변에 축제되었으며, 하천 유수의 범람 등을 막는 점에서는 여타 하천제방과 같다. 다만 제내지쪽의 어떤 시설물의 보호가 1차적인 기능을 가진 것이 특징이며, 제방이 1개로서 완결되는 점이 다르다.

　- 함안 가야리 제방유적(아라가야 왕궁지 추정 토성지, 삼국시대 - 그림 44 · 45 · 46)[115]

　본 유적의 제방은 계티천이 개석해 형성한 곡저평야의 곡구 양안에 있는 침식성 저구릉 말단부를 서로 연결한 것이다. 제방 길이는 직선거리로 약 283.6m로 추정되며, 일직선상으로 연결되는 것이 아니고 제방 중앙부분이 제외지쪽으로 약간 돌출하는 평면

43 서울 풍납토성 동성벽 A지점 내벽 IV토루 석렬 및 석축
주 73-a의 문헌, p.176

115　주 67의 문헌.

44 함안 가야리 제방유적의 제방 단면
주 67의 문헌, 2Tr 북장벽

45 함안 가야리 제방유적 제방 단면
주 67의 문헌, 1Tr 남장벽

형태이다. 각 Tr에서 확인된 제방 단면은 크게 보아 사다리꼴이며, 그 규모는 각기 다르다.[116]

제방은 아마도 구지표층을 제거하면서 기반토층을 계단상, 凸상, 凹상으로 조정한 뒤 그 위에 점성 강한 실트질점토와 약한 사질실트를 교호 반복성토하는 것이 기본이며, 3~5개 단위의 성토작업을 제외지쪽으로 해 나갔다. 기반토 직상에서 일정 높이까지 부설재를 깔거나(3Tr 남장벽), 토낭을 사용하기도 하였다. 1Tr 남장벽 제외지쪽에 小段도 확인되고 있다.

이 제방은 제내지쪽의 층 단면 양상 등으로 보아 저수지 제방으로 보기 어렵고, 삼국시대의 해수면 변동 상황을 고려하더라도 방조제로도 볼 수 있으나,[117] 하천제방으로 보는 것이 자연스럽다. 더욱이 하천제방 가운데서도 산·구릉과 산·구릉을 연결해 제내지쪽을 홍수범람으로부터 보호하는, 그리고 제방이 하나로서 완결되는 소위 山附堤와 유사한 기능을 가진 것으로 추정된다.

- 밀양 수산제 동아대학교 박물관 조사지점(그림 47)[118]

밀양 수산제는 낙동강 하류역 좌안에 합류하는 지류인 용진강 하류역 우안에 있는 저구릉들을 연결해 축조된 제방이다. 이전부터 삼한시대의 저수지로서 알려져 왔으며, 제방의 위치, 개축 등의 역사적 경위에 대해서는 조선시대의 『世宗實錄地理志』, 『新增東國輿地勝覽』 등에서 그 일단을 알 수 있다. 이후 손정태(1989)에 의해 수문이 발견되

---

116 주 67의 문헌, p.361의 표 1참조.

117 단, 대조위이면서 태풍·홍수범람 등이 겹치는 특별한 시점에 해수가 역류하는 것을 막는 기능은 있었을 수 있다.

118 東亞大學校博物館, 1993, 『密陽 守山堤 水門址 基礎調査報告書』.

었으며(1987), 수산제의 기능이 용진강 지류의 外水를 막고 제내지의 물을 제내지에 조성된 둔전의 관개에 이용된 것으로 추정하였으며, 제방 길이는 1,040m, 제방 폭은 약 18m로 보고하였다.[119]

　이후 동아대학교 박물관에 의해 발굴조사가 실시되었으며, 제방 아래에 있는 암반을 굴착한 터널의 양단 가까이에 목조의 개폐장치가 달린 구조로 확인되었다.[120] 그리고 수문에서 출토된 유물로 보아 조선시대 후기의 것이며 일부는 근년까지 사용된 것이 확인됨에 따라 조사지점의 제방이 삼한시대로 소급하기 어렵다는 점도 아울러 판명되었다.

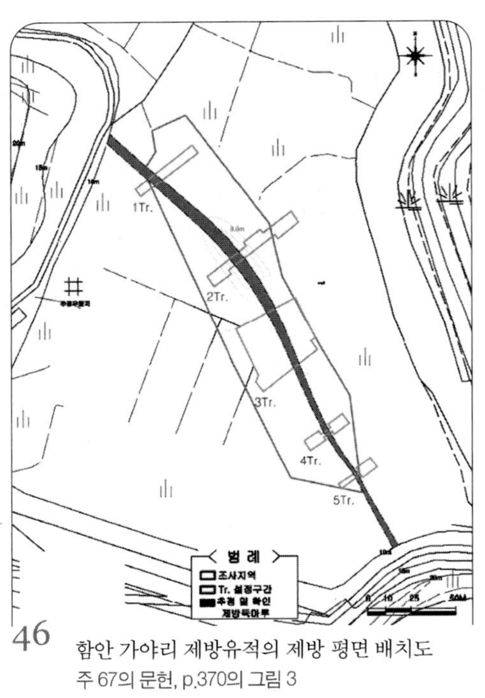

46 함안 가야리 제방유적의 제방 평면 배치도
주 67의 문헌, p.370의 그림 3

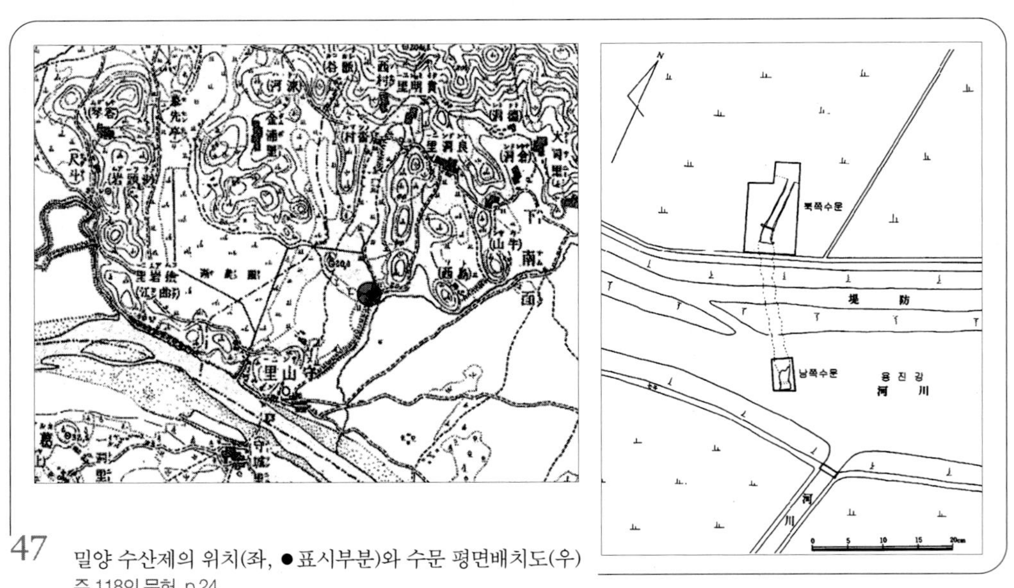

47 밀양 수산제의 위치(좌, ●표시부분)와 수문 평면배치도(우)
주 118의 문헌, p.24

---

119 손정태, 1989,「密陽의 守山堤」『鄕土文化』創刊號, pp.63~71.
120 주 118의 문헌.

2005년 박종안에 의해 기존의 연구성과와 문헌의 검토, 현지조사, □傳 등을 토대로, 수산제 관련 조선시대의 문헌에 저수지의 규모, 관개면적에 대한 기술이 없고 제방 위치 등에서 보아 저수지설에 다시 의문을 제기하였다.[121] 그리고 이 제방 수문이 손정태(1989년)의 추정처럼 낙동강 홍수범람시의 역류수 유입 방지와 함께 제내지 주변의 계류를 저수(國農湖)했다가 홍수 범람이후에 배수하는 기능을 가진 것으로 파악하였다. 또 수산제가 신라 진흥왕대에 자연제방을 토대로 성토 해 축조된 것으로 파악하는 등 흥미로운 견해를 피력하였다.

필자는 수산제가 일반적인 저수지(특히 谷池)는 아니며, 낙동강·용진강의 범람·역류를 막아 제내지를 보호하기 위한 목적이며, 발굴조사에서 확인된 수문은 주로 배수기능을 목적으로 설치되었다는 기존의 견해에 찬성하고 싶다. 수산제의 축조지점을 보면 통상적인 저수지의 제외지쪽에 있어야 할 몽리지가 뚜렷하지 않고 용진강의 유로나 범람원으로 되어 있어, 제외지쪽으로 물을 공급하는 저수지로서는 부자연스러운 부분이 있기 때문이다. 또 낙동강의 범람시 이웃 주민들이 모두 수문에 모여 강물의 범람을 막았다는 주민들의 전언(박종안, 2005)에 따른다면, 수문은 제내지의 배수 뿐만 아니라 낙동강·용진강의 범람·역류시의 제내지 유입 차단 역할도 아울러 한 것으로 보인다. 또 수산제와 관련된 인물인 고려시대 김방경은 수산제 뿐만 아니라 연해지역 방조제 축조에 관여했던 점을 고려하면, 수산제를 반드시 저수지 제방만으로 보기 어렵기 때문이다.

더욱이 낙동강 대안의 주천강(낙동강 1차지류)이 조석의 영향에 따라 *海水*가 그대로 역류하는 감조하천인 것처럼, 마찬가지로 1차지류인 용진강 역시 감조하천이거나 조석의 직·간접적인 영향을 받는 것으로 추정된다. 즉 수산제의 제방은 낙동강·용진강의 범람·역류 뿐만 아니라 때로는 해수의 유입도 막는 방조제적인 역할도 겸비하였던 것으로 보인다.

따라서 현 수산제의 제방은 용진강 유로와 거의 평행하게 근접하기는 해도 용진강의 유로를 고정·유도시키는 하천제방이 아니고, 제방이 1개로서 완결되는, 그리고 제내지의 보호가 주기능인 소위 山附堤와 유사한 기능을 가진 것으로 추정된다. 또 발굴조사시 확인된 수문은 암반 굴착의 터널식이어서 광산의 굴착기술 및 집단의 관여가

---

121 박종안(朴種安), 2005, 「密陽 守山堤에 대한 검토」『密陽文化』2005년 제6호, pp.88~123.

상정된다.

3) 전형적인 하천제방

하천의 양안에 설치되어 제방이 쌍을 이루며, 하천 범람방지와 하천 유로의 고정 및 유로 변경유도 등이 1차적인 기능인 하천제방으로는 부여 서나성유적 군수리지점, 경주 구황동 신라왕경숲 조성부지내 유적의 구 북천 제방, 울산 어음리유적 B지구 제방 등이 있으며, 밀양 수산제 2008년도 한국문물연구원 조사지점도 이에 속할지도 모르겠다.

- 부여 서나성유적 군수리지점(그림 48)[122]

제방은 1950년 전후에 금강 중류역 좌안의 활주사면부 미고지(구 pointbar)를 중심으로 축조된 것이다.

4개 Tr에서 확인된 제방 단면을 보면, 기반토 위에 있는 조선시대 문화층 상부 일부까지를 삭평·정지한 뒤 그 위에 크게 2단위의 성토작업으로서 축조·완료한 것 같다. 성토재는 사질점토가 주이며, 제내지쪽으로 덧대기 성토한 것 같다.

이 제방은 금강의 홍수 범람을 막기 위한 하천제방으로, 물론 제내지 보호도 아울러 가지고 있는 것으로 판단된다.

- 경주 구황동 신라왕경숲 조성사업 부지 내 제방

축조시점은 불명이나 1960년대까지 사용된 제방으로, 현재의 경주 북천 제방인 천

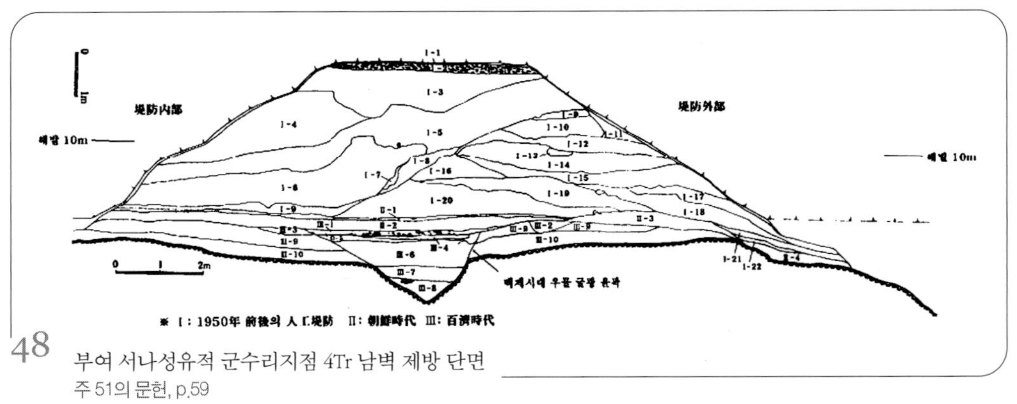

48 부여 서나성유적 군수리지점 4Tr 남벽 제방 단면
주 51의 문헌, p.59

---

122 주 51의 문헌, p.56~209 등.

군로쪽 제방보다 남쪽에서 확인되었다. 북천 좌안(남쪽)의 공격사면부에 축조된 南岸제방의 제외지쪽 제방 부분이다.

　제방이 위치하는 북천은 삼국시대부터 최소 3차례 이상 범람하였으며[123], 고려 현종 때에는 북천이 경주시 중심가로 곧장 유입되고 있었던 모양으로 홍수 범람을 막기 위

49　제방 석축
주 123의 문헌, p.31

50　점토대 평·단면도
주 123의 문헌, p.32

51　경주 구황동 신라왕경숲 조성사업 부지 내 제방 확인지점과 점토대 확인지점 (■표시 부분) 평면 배치도
주 123의 문헌, p.112를 수정인용

123　국립경주문화재연구소·경상북도산림환경연구소, 2008, 『경주 구황동 신라왕경숲 조성사업 부지내 유적 발 굴조사보고서』, pp.11~14 등.

해 전라·충청·경상도의 군인과 인부를 동원해 제방을 높이 쌓고 제방에 나무를 심었다고 전한다.(東京雜記, 1669년) 또 조사지역에서 멀지 않은 북천 우안에 세워진 閼川堤防修改碑(1707년)도 북천의 범람과 경주 읍내의 피해를 전하고 있다.[124] 이 수개비가 있는 곳에서 조사지점 부근까지 일대는 좁은 협곡부를 지나 급격히 유역이 넓어지는 선상지의 선정 가까운 곳이어서 유수 침식을 크게 받는 곳으로 추정된다. 또 하천 양안에 축조된 제방때문에 제방 내에 북천 운반의 토사가 쌓여 天井川이 됨으

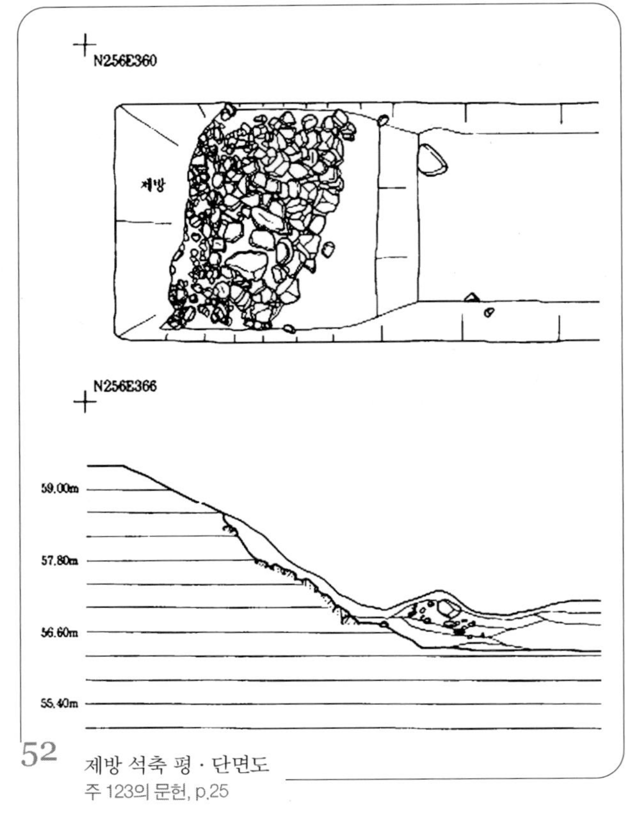

제방 석축 평·단면도
주 123의 문헌, p.25

로서 범람하거나 破堤되는 것이 많았을 것으로 보여, 기존의 제방을 더 높이 쌓거나 인위적으로 하천 유로를 변경해 주어야 하는 일이 여러 차례 있었을 것으로 추정된다.

한편, 조사된 제방은 E360~E440 라인에 걸쳐 3개소에서 확인되었다. 제방의 축조는 먼저 북천의 하상퇴적층 일부를 굴삭하고 그것을 제방의 토대로서 쌓아 올린 뒤, 바깥쪽(법면부)에는 최대 직경 30~60cm 정도의 냇돌을 막돌쌓기 수법으로 석축하고, 석축 안쪽에는 보다 작은 냇돌로서 뒷채움하였다. 제방의 법면각도는 55°정도이며, 잔존하는 제방 높이는 0.7m 이상~1.9m 정도이다.(그림 50)·(그림 51) 제방 법면부를 석축해서 護岸하는 것은 후대로 올수록 많아지는 경향과도 무관하지 않겠지만, 무엇보다도 급류를 쏟아내는 북천의 공격사면부라서 유수 침식을 막기 위한 것으로 보인다.

한편, 이 석축 제방과 함께, 북천 하상쪽에 동서 방향으로 길게 조성한 1열의 점토대

---

124 주 64의 문헌, pp.234~237.

가 확인되었다.(그림 50), (그림 51)

하상퇴적층을 거의 수직으로 파내고 황갈색~적갈색 점질토를 채워 넣은 것으로, 추정 길이 약 71m, 폭 1m, 높이 1.1~1.2m이다. 이 점토대의 기능에 대해서는 평면 형태가 곡류하는 북천의 남안을 에워싸고 있으므로 하상퇴적층 내부에 형성되는 수맥을 의도적으로 차단키 위한 것으로 보고하고 있다. 그런데 이 점토대가 북천 하상쪽에 ⌒ 의 평면형태로 설치되었으며, 제방, 점토대의 위치가 북천의 급류를 토해내는 선상지 선정 가까운 곳의 공격사면부라는 점을 고려하면, 제방 호안시설(水制)의 일종인 소위 「土出し」이거나 그와 유사한 기능을 가진 시설일 가능성도 고려해 봄직하다.

- 울산 어음리유적 B지구(그림 53)[125]

확인된 조선시대의 제방(석렬유구)은 태화강 중류역에 합류하는 감천 하류역 좌안에 위치하며, 현 감천제방보다는 더 산사면 말단부쪽에 축조된 것이다. 그리고 현 제방 축조이전의 감천 東岸(좌안)의 제방 제외지쪽 법면부에 시설된 석축의 일부로 보인다.

제방 축조방법의 상세는 불명이나, 구지표층 등을 제거해 드러난 풍화암반층에 축조하였으며, 堤體의 성토재는 하천 퇴적물 등을 이용한 것 같고, 경주 구황동의 예처럼 성토 후 제방의 내외 법면부는 모두 석축 호안한 것으로 추정된다.

한편, 제방의 기능에 대해서는 감천 범람 방지용 제방으로 보고되고 있다. 이 견해는 타당한 것으로 보이며, 필자 의견을 덧붙이면 山附堤같은 제방이 아니라 현 감천 제방 이전에 축조된, 하천 범람 방지 및 유로 유도 · 고정 등의 전형적인 하천제방으로 추정된다.

- 밀양 수산제 2008년 조사지점

2008년 (재)한국문물연구원에서 제방 일부를 절개 · 조사하였으나, 자료 미입수로 그 내용은 알 수 없다.

4) 김해 봉황동 유적(한옥생활체험촌 조성부지 내 유적) 68호 제방[126]

김해 분성산 서남쪽의 구지봉 부근 일대에서 남쪽으로 뻗어 내리는 침식성 저구릉

---

125 中央文化財硏究院 · 釜山地方國土管理廳, 2001, 『蔚山於音里遺蹟』, pp.53~54 · 126 등.

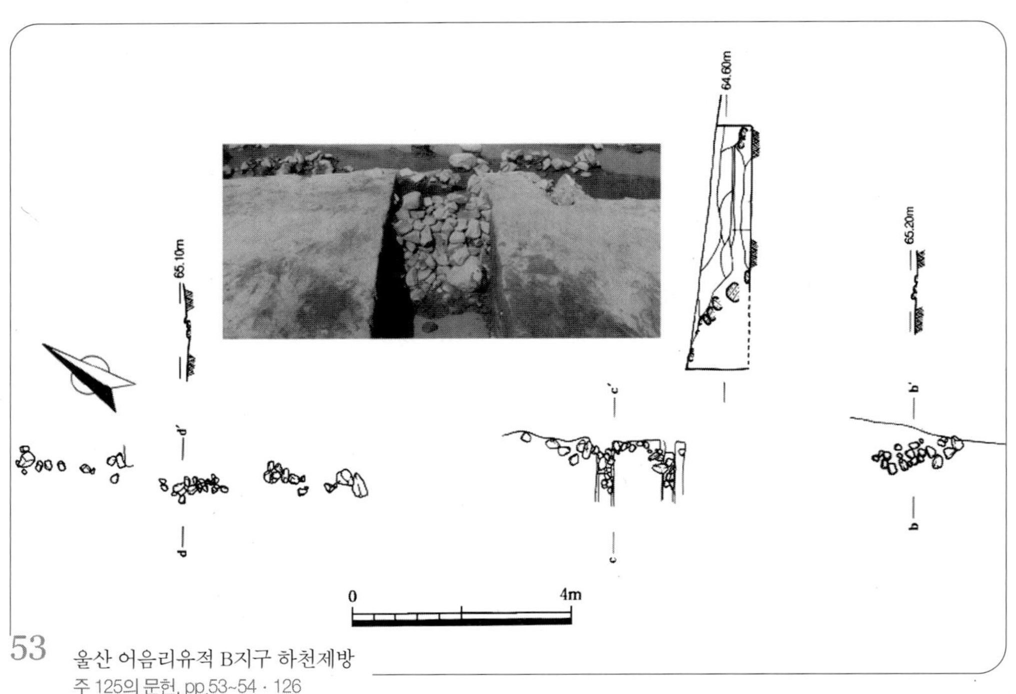

53 울산 어음리유적 B지구 하천제방
주 125의 문헌, pp.53~54 · 126

의 사면 말단부 가까이에 위치하며, 제방(68호) 및 제방 관련 목조시설과 구유로적?, 저
습지(70호)가 확인되었다.

제방 축조과정을 필자 나름대로 정리하면 다음과 같다.

68호 제방 축조 이전에 북쪽에서 쓸려 내려온 생활폐기물 등이 퇴적되어 기반토층
을 이루고 있었으며(~5호)층, 기반토층 상부(기저부면)는 정지한 것 같다. 5층 상면이
계단상을 이루며, 그 직상인 4층에 부엽층이 포설되기 때문이다. 그리고 이 부엽층의
단면상 포설범위는 蘇培慶(2007) 복원의 하단 침상에는 미치지 않는다. 어쨌든 이 부엽
층 포설을 전후해서 패각혼입의 4-①~⑥층이, 그리고 그 위에 역시 점성이 강한 흙에
패각분이 혼입된 3층이 각각 성토되었다. 2층의 하면(3층 상면)에는 침상재 흔적으로
추정 · 보고된 목재흔적이 곳곳에 나타나는데, 2층 내부의 석재와 함께 蘇培慶(2007)이
상하 2단 침상으로 복원한 근거가 된 것 같다. 그리고 이 2층까지를 제방의 성토체로 보

126-a 주 113의 문헌.

126-b 蘇培慶, 2007, 「金海 鳳凰洞遺蹟의 堤防狀遺構」『慶考研紀要』創刊號, pp.55~65, 그리고 상하 2단
　　　　침상 복원도는 이 논고의 p.63 등.

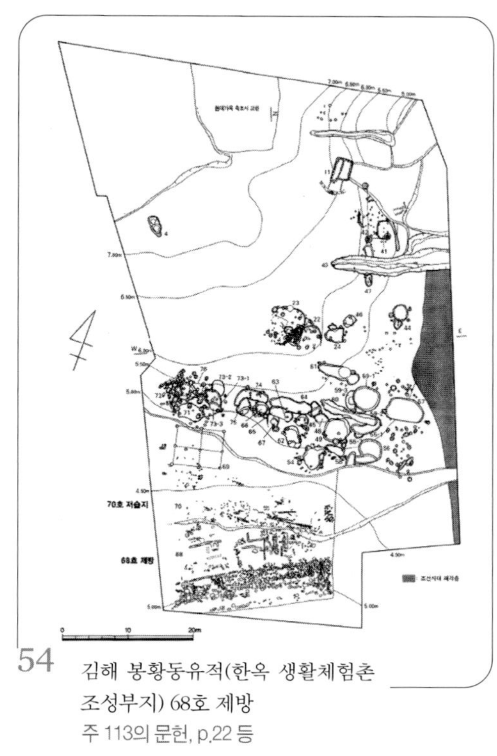

54 김해 봉황동유적(한옥 생활체험촌
조성부지) 68호 제방
주 113의 문헌, p.22 등

55 제방 법면부 석축(?). 梯子土臺 내지는 굵은
횡목? · 沈床 추정 범위
필자견해, 주 113의 문헌, 별지도면 1을 수정 인용

고 있다.

　그런데 2층까지를 제방 성토체로 보며, 2층 내의 석축, 석재를 상하 2단 침상으로, 그리고 상단 침상부분을 제방 상부로 각각 복원한데에는 무언가 부자연스러운 부분이 있는 것 같다. 먼저 평면 노출된 석재와 목재의 양상을 보면, 본래의 모습이라기 보다는 제방 축조 이후의 어느 시점에 상당히 변형되었을 가능성이 있다. 상하단 침상부분이 침상 흔적과 내부 충전석이 일부 남아 있더라도 본래의 모습은 어떤 이유에선가 상당부분 제거된 상태이기 때문이다. 특히 2층이 입자고운 사질토로 이루어진 점도 이를 방증하는 것으로 보인다. 따라서 만일 이러한 추정이 타당하다면, 2층내에 잔존하는 석재를 특히 상단 침상으로 복원하는 데에는 무리가 있다.

　또 하나 주목하고 싶은 부분은 4층에 포설된 부엽층의 수직범위 부분이다. 현재까지의 제방, 나성의 체성 등을 보면 부엽층 포설범위는 기반토층을 cutting하거나해서 마련한 기저부면의 범위와 대체 일치하는 경우가 많으므로 상단 침상 복원 범위는 오히려 사라져 버리고 없는 제방의 성토체 부분으로 볼 수도 있다. 또 상단 침상 복원부분에는 제방의 주축방향과 평행하는 凹상의 구 같은 것이 있는데, 이는 그림 57, 그림 58에[127]

56 68호 제방 전경
주 113의 문헌 도판, p.75 등

제시한 제방 법면부 석축 최하단석 등을 지지하기 위해 설치하는 梯子土臺와 같은 종·횡목 결합체 흔적 내지는 굵은 횡목들이 놓였다가 부식·소멸되었거나 인위적으로 제거한 흔적으로 추정해 볼 수도 있다.(그림 55 참조)

이상의 추정을 재정리하면 다음과 같다. 먼저 68호 제방 축조에 있어서는 기존 퇴적, 형성된 기반토층을 계단상으로(?) cutting 정지하고, 제방 성토체가 위치할 부분에는 부엽층을 포설하였다. 그리고 아마도 제거 되었을 2층 위의 층까지도 주로 흙으로 성토해서 제체 성토를 완료한 뒤, 제방 법면부만을 석축하기 위해 성토체를 cutting하고 법면 말단부에 梯子土臺 비슷한 것이나 굵은 횡목을 같은 것을 제방 주축방향을 따라 파고 설치한 뒤 법면부 표면을 석축하고 내부 뒷채움석해서 석축 제체를 완성시킨 것으로 보인다. 그리고 제체 법면 말단부에서 시작해 제외지쪽으로 입방체의 나무틀(枠, 木工沈床)을 최소 2열 이상~최대 4~5열 전후로 설치하고, 그 안에 돌을 충전시켜 (하단)침상을 완료한 것으로 보인다.[128] 대체로 그림 57, 그림 58과 같거나 유사한 구조의 제방으로 추정하고 싶다. 그리고 이러한 제방은 2층 상부의 형성과 관계되는 어떤 이유때문에 침상 상부와 제방 법면부 대부분이 제거되었으며, 2층의 입자고운 사질토가

---

127 주 112-d의 문헌, p.2 · 圖版 15 · 18.
128 일반적으로 침상 충전 석재들의 상면 수평레벨은 제방 법면 말단부의 석축 최하단석보다는 높게 나타나는데, 68호 제방도 그러한지는 알 수 없다.

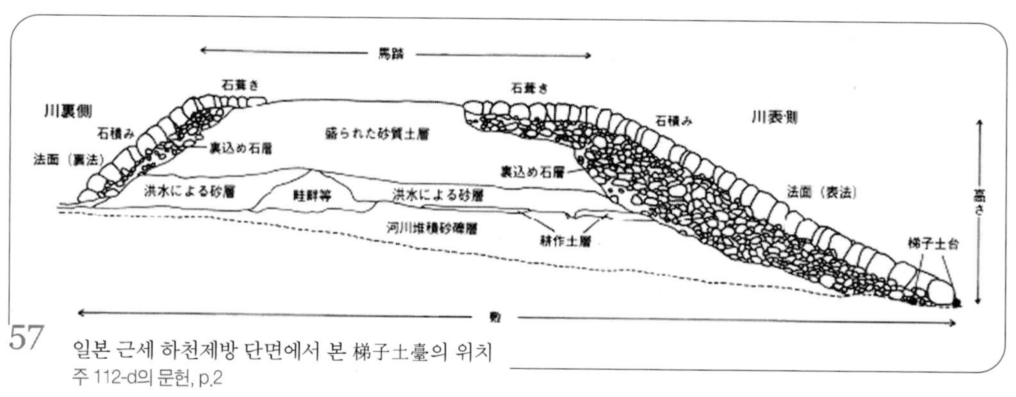

57 일본 근세 하천제방 단면에서 본 梯子土臺의 위치
주 112-d의 문헌, p.2

58 제방 단면과 梯子土臺와 枠
주 112-d의 문헌, 圖版15 · 18

제거의 원인을 밝히는 단서가 될 것 같다. 또 제방과 동시기의 배수구는 제방 서쪽끝 가까이에 제방 주축방향과 대체로 직교하는 석조 암거(그림 55의 ←표시 부분)가 아닌 가 한다.

다음, 본 68호 제방의 기능문제로, 과연 제방인가 하는 점도 여전히 재검토의 여지가 있다고 생각된다. 앞서 언급한 바와 같이, 68호 제방에는 일본 근세~근대 하천제방의 수제(水制)로서 쓰인 침상 및 충전석이 확인되고 있어 하천제방의 요소를 가지고 있는 것으로 판단된다. 그럼에도 불구하고 하천제방으로 판단해 버리기에는 납득하기 어려운 점이 있다. 하천제방의 제외지쪽 법면 말단부에서 수평으로 설치되는 침상 등은 통상 일본의 예로 보면 비교적 규모가 큰 하천에, 그리고 하천 양안에 축제된 전형적인 하천제방에 설치되는 것인데, 68호 제방의 주변 일대에 현재로서 그렇게 큰 규모의 하천이 상정되지 않기 때문이다.

이 문제는 장차 68호 제방 주변 일대의 발굴조사와 매몰 미지형의 검토 등을 통해 재검토할 필요가 있다.

6. 防潮堤

1) 방조제 축조와 해안 沿海 간척의 자연환경적 배경

　한국 · 중국 · 일본 3국의 문헌기록에 기초한 고기후의 복원적 연구성과를 보면 Holocene (B.P 10,000년~현재) 후반기의 기후 온란 · 한랭 판정은 서로 일치하지 않는 것이 많다.[129] 다만 크게 보면 12~16세기와 17~18세기의 한랭현상은 대체로 일치하고 있다. 또 지형환경분석에 기초한 高橋學의 연구 또한 문헌기록에 기초한 고기후 연구성과와 연대적으로 일치하지 않으나 크게 보면 일치하는 부분도 있다. 더욱이 지형환경분석 연구성과는 우리나라의 관개 발달사, 특히 고려~조선시대의 방조제 축조와 연해 간척의 자연환경적 배경을 이해하는데 시사하는 바가 많다. 따라서 관련 부분을 이하에서 요약 정리해 보고자 한다.

　일본의 승문시대부터 중세말 이후까지의 11stage(그림 59)[130]가운데, 10세기말~12세기 초두 무렵(stage 9)에는 하천의 침식으로 하천 연변을 따라 낮은 崖가 형성되는데(단구화), 그 결과 임해충적평야에는 하천의 범람을 입지 않는 단구면과, 하천범람의 위험성이 상존하거나 커진 범람원면이 성립한다. 그리고 단구면은 지하수위가 낮아져 습답의 감소와 건답 내지는 건답 가능지의 증가, 2모작의 전개, 같은 지표면을 계속 논으로 쓰게 된데 따른 논토양의 노후화 등의 현상이 확인된다. 뿐만 아니라 단구화, 지하수위의 저하때문에 종래의 하천관개 시스템이 파괴되거나 기능이 저하되어 보다 상류쪽에 논 공급용 취수구를 새로 설치할 필요가 생겨나게 되고, 일본에 大唐米같은 內乾品種이 도입(11세기 후반~14세기)된 것도 이러한 상황에 대처하기 위한 것으로 파악하고 있다. 또 지하수위의 저하에 따라 황폐해 버렸거나 해가는 토지의 재개발을 위해 새로운 관개시스템이 도입되며, 평지에 소규모 저수지인 皿池가 축조되기 시작한 것도 이 무렵(12세기) 이후로 보고 있다. 또 도시에서 생활용수 확보를 위해 深井戶가 굴삭되는 것도 이 무렵이다.

129　金蓮玉, 1985,『한국의 기후와 문화 -한국 기후의 문화 역사적 연구-』, pp.365~367 등에서 일괄 인용, 이화여자대학교 출판부.
130-a　高橋學, 1994, 「古代末以降における地形環境の變貌と土地開發」『日本史研究』380號, p.33~49.
130-b　高橋學, 2003,『平野の環境考古學』, pp.132~147.

그런 한편으로 단구면보다 낮은 범람원면에는 하천범람이 집중하게 되어 토지조건이 불안정해지며, 하천 운반 토사가 바다를 메워 淺海화하며 삼각주를 성장·육화시켜 연해 간척을 가능케한 배경이 되었다. 일본에서 연해 간척, 해면 간척으로 토지개발이 성공한 사례가 많아지는 것도 대개 12세기(후반)부터로 알려지고 있다.

다음, stage 11(14세기말~16세기 초두)무렵, 즉 일본의 중세말~근세 초두에는 현 범람원에 하천 범람이 집중함으로서 대규모 자연제방이 형성되었고, 15세기 무렵부터는 하천제방에 의한 하도고정이 시작됨에 따라 하천제방 내에 토사가 퇴적되어 하상이 급격히 높아지게(天井川化하게) 된다.

이러한 상황은 이후 계속되어 근세로 오게 되면 하천은 토사를 바다에 쏟아내게 되어 광범위한 간석지(조간대)를 만들게 된다. 게다가 16세기 후반~18세기 중반에 소빙기(小氷期, 연평균기온 2°C 저하)가 도래해 기후가 한랭하게 되고 해수면이 내려가 연해지역에 토지개발이 가능한 장소가 확대됨으로서 간척에 의한 논 조성이 급속하게 발전하게 된다.

그런데 이러한 일본의 기후 한랭화, 해수면 저하, 하천운반 토사량의 증가, 삼각주의 육화, 간석지의 확대와 같은 연해지역의 전개상황을 인접하는 우리나라의 고려~조선시대의 방조제 축조 및 간척을 진전시킨 자연환경적 배경으로 이해해도 큰 무리가 없을 것으로 생각된다.

2) 김제 벽골제의 축조지점과 방조제(적) 기능

일본 연해지역(임해충적평야)의 자연환경적 변화, 전개상황이 크게 보면 우리나라의 상황과도 다르지 않았다는 전제하에, 호남평야, 동진강 하류역, 김제 벽골제 주변 일대의 연구성과들과 비교해 재정리하면 다음과 같다.

권혁재·조화룡의 연구에[131] 따르면 김제 벽골제가 있는 동진강 하류 하구역 일대를 비롯한 호남평야의 경우 저구릉을 제외한 충적지의 대부분은 과거 후빙기의 해수면

131-a　權赫在, 1975, 「湖南平野의 沖積地形에 關한 地理學的 研究」『地理學』第12號, pp.1~20.
131-b　조화룡, 1986, 「만경강 연안 충적평야의 발달」『경북대학교 교육연구지』28, pp.19~35.
　　　조화룡, 2006, 『한국의 지형발달과 제4기 환경변화』, pp.203~220에서 재인용, 한울아카데미.

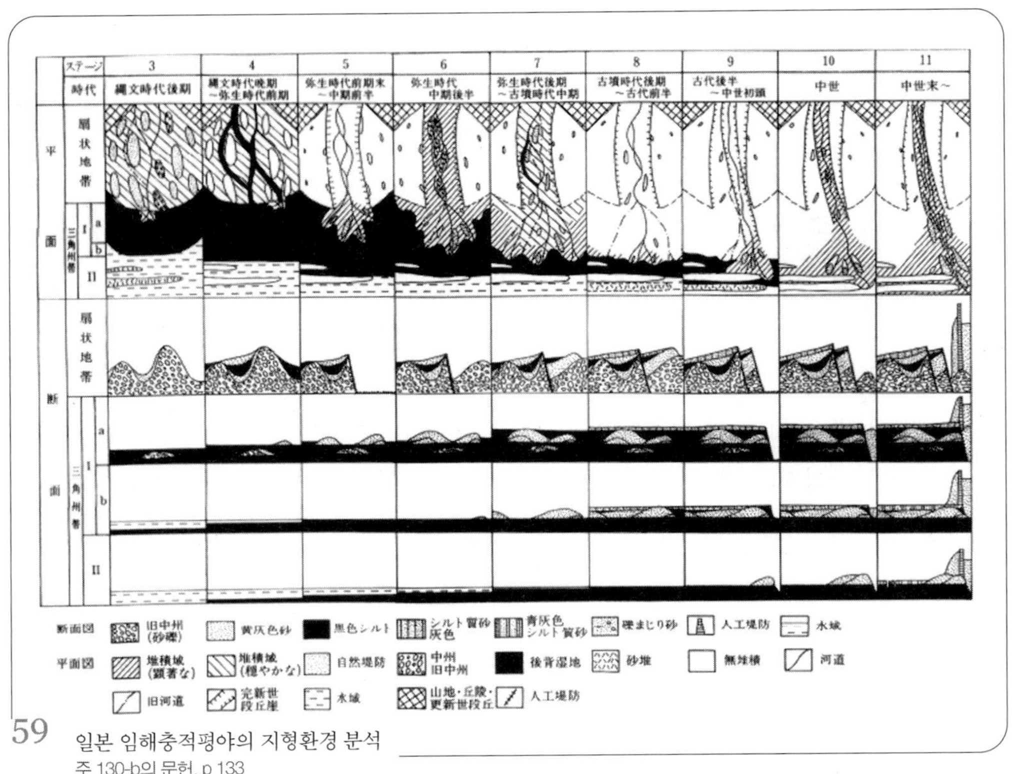

59 일본 임해충적평야의 지형환경 분석
주 130-b의 문헌, p.133

상승시 바다였다고 밝히고 있다. 그리고 벽골제보다 더 내륙쪽인 김제역 앞의 두동천 범람원의 충적층 층서 해석(그림 61)에서도 표토(논) 아래 60cm 지점부터 나타나는 담청색의 점토층은 식물뿌리 흔적, 게의 생흔화석 등에서 보아 간석지 퇴적층으로 판단하고 있다. 이는 이리시-월봉리간의 복선공사에 앞서 실시된 Boring조사 자료를 분석한 조화룡의 연구결과와도 대체로 일치한다. 다시 말하면 과거 Holocene의 최고 해수면 상승기(대략 B.P 6,000년 전후)이후의 꽤 후대까지도 김제 벽골제보다 더 내륙쪽까지가 바다의 영향을 받는 간석지였다는 것이다. 그리고 이러한 충적층의 층서 해석과 김제 벽골제 발굴조사에서 밝혀진 층서들을 대비해 보면, 벽골제의 최하층인 흑회색 점토층은 앞서 두동천 범람원의 충적층 층서 가운데 표토(논) 60cm 아래의 식물뿌리가 있었다는 담청색 점토층(간석지 퇴적층), 혹은 그 아래의 토탄층(표토하 2.5m~4.5m, 호소성퇴적물), 토탄층 아래의 유기물 다량 함유의 흑색 점토층 그 어느쪽과 대비되는 것이 아닌가 추정된다. 그리고 그 어느쪽과 대비되더라도 벽골제보다 훨씬 더 내륙쪽인 김제역 앞 부근의 표토 60cm 아래에서 수m이상 퇴적되어 있는 담청색 점토층이 간석지(갯벌) 퇴적물임을 고려하면, 적어도 벽골제의 축제지점이 바다의 직간접적인 영향하에 있었음이 간취된다.

만일 이러한 층서대비와 해석이 크게 보아 다탕하다고 한다면, 벽골제의 축제 지점은 염생습지 부근 일대 내지는 염생습지보다도 더 지면이 높아져 갈대가 자라는[132] 배후쪽이었을 가능성이 있다. 이상 재정리하면, 벽골제의 최초 축조시점부터 적어도 벽골제가 중수되는 태종 15년(1415) 무렵까지도 벽골제는 직접적이던 간접적이던 *海水*의 문제를 배제하고는 기능(축조목적)을 논하기 어렵다고 판단된다. 즉 방조제(적)의 기능을 완전히 배제하기는 어렵다. 이러한 점은 조선시대의 「新增東國輿地勝覽」에 전하는 벽골제의 제외지쪽(서쪽)인 大極浦에는 조류의 흐름이 격심하여서 축제(중수)에 어려움이 있어 둑을 쌓아 그 기세를 죽이는 해수방지 공사를 사전에 실시한 기록이라던지, 20세기

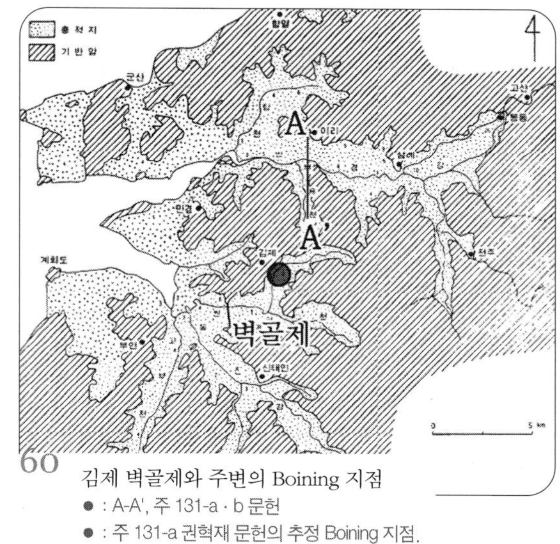

60 김제 벽골제와 주변의 Boining 지점
● : A-A', 주 131-a · b 문헌
● : 주 131-a 권혁재 문헌의 추정 Boining 지점.
A-A' : 주 131-b 조화룡 문헌의 Boining 지점.

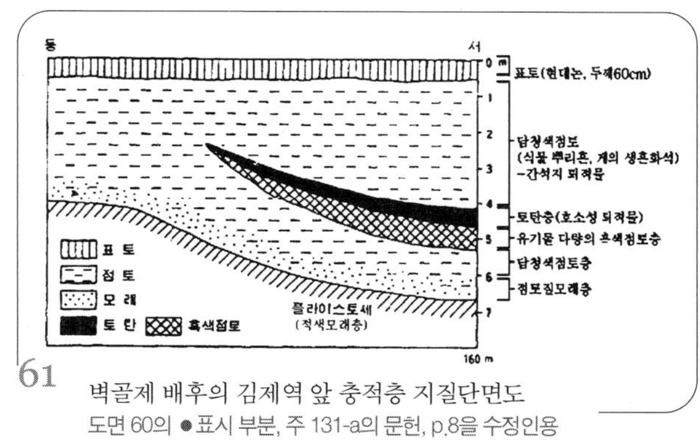

61 벽골제 배후의 김제역 앞 충적층 지질단면도
도면 60의 ● 표시 부분, 주 131-a의 문헌, p.8을 수정인용

---

132 權赫在, 1974, 「黃海岸의 干潟地 發達과 그 堆積物의 起源 -錦江, 東津江, 河口間의 干潟地를 中心으로-」『地理學』第10號, pp.1~20.
　일반적인 간석지(갯벌, tidalflat)는 만조시에는 침수하고 간조시에는 대기중에 노출된다. 여기에 퇴적물질이 계속 운 반·퇴적되면 점점 위로 성장해서 지면이 높아진다. 이렇게 되면 大潮의 만조시에만 침수되며, 대기중에 노출되는 시간이 길어지게 되고 마침내는 鹽生植物(나문재 등)이 정착해서 염생습지로 변화한다. 염생습지는 통상 간석지 배후에 있는 거의 육화한 습지대로, 만조수위보다 약간 높거나 만조시에 수몰되더라도 연 수회 내지는 수년에 1회 정도인 곳이다. 어쨋든 염생식물이 정착하게 되면 潮流의 운반물질이 거기에 고정되게 되어 더욱 지면이 높아지게 되고, 이상고조위에만 해수의 침입을 받게 되고 갈대 등이 생육하게 된다. 이렇게 해서 간석지는 안정상태로 접어 들고, 지면도 단단해지고 넓고 평탄해, 해수의 침입방지, 염분제거, 수리시설의 설치 등이 가능하게 되면 논 등으로 간척할 수 있는 좋은 조건을 가지고 있다.

의 김제역 앞의 평야지대가 해발고도가 2m로 벽골제 부근보다 1m정도 낮아 과거에도
바다의 조류가 원평천과 두동천의 합류점 부근까지 출입하였으며, 홍수와 대조위가 겹
치면 신태안까지 조석의 영향을 받았다고 하는 사실에서도 엿볼수 있다. 그런 한편으
로, 직접 해수에 맞닿아 침식을 받는 지점에 축제된 강화 선두언(후술)이 제방 법면부
를 석축하고 있는데 비해, 벽골제가 기본적으로 흙으로 된 제방이라는 점은 직접 해수
에 맞닿아 침식을 받는 지점에 설치한 것이 아닐 가능성을 시사하고 있다.

3) 벽골제의 축조

　　벽골제의 기능 이외에 벽골제 관련 사항으로서 부엽공법의 채용 및 축제 연대, 목조
구조물 이용 여부를 살펴보고자 한다. 벽골제 발굴조사 보고문에 기재된 제 2층인 흑색
식물탄화층(두께 1~2cm)이[133] 인위적으로 포설한 부엽층인 점에 대해서는 앞서의 제

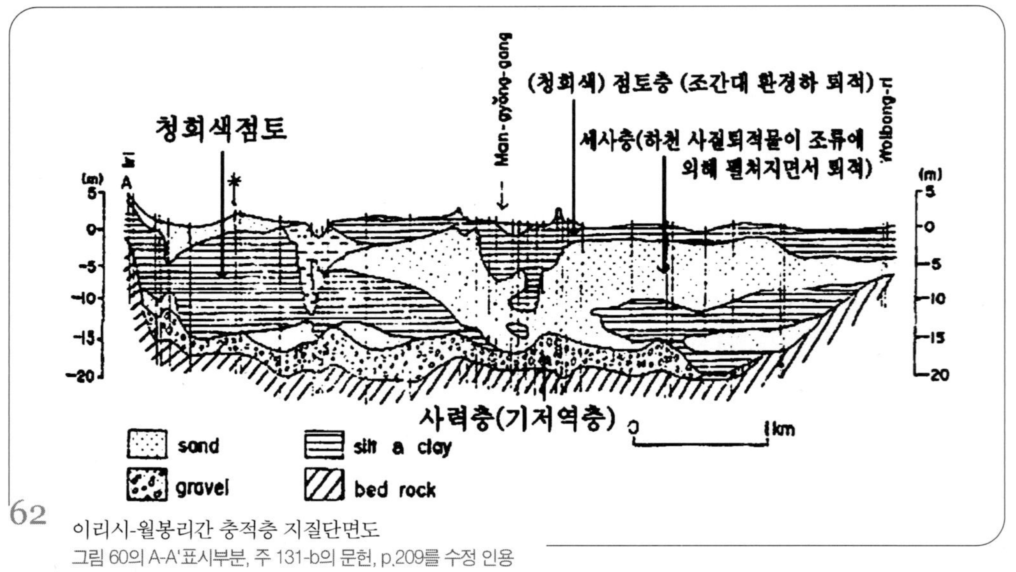

62 이리시-월봉리간 충적층 지질단면도
그림 60의 A-A'표시부분, 주 131-b의 문헌, p.209를 수정 인용

133-a　大阪府立狹山池博物館, 2002,『重原とその時代の開發』, p.53.
133-b　한편, 이하 문헌에서는 그림 64의 古代, 中世, 近世를 각각 第Ⅰ, 類型 第Ⅱ類型, 第Ⅲ類型으로 표현
　　　하고 있다.
　　　小山田宏一, 2007,「東大寺領猪名莊の築堤開補田」『大阪府立狹山池博物館研究報告』4,
　　　pp.45~58(p.55의 圖13).

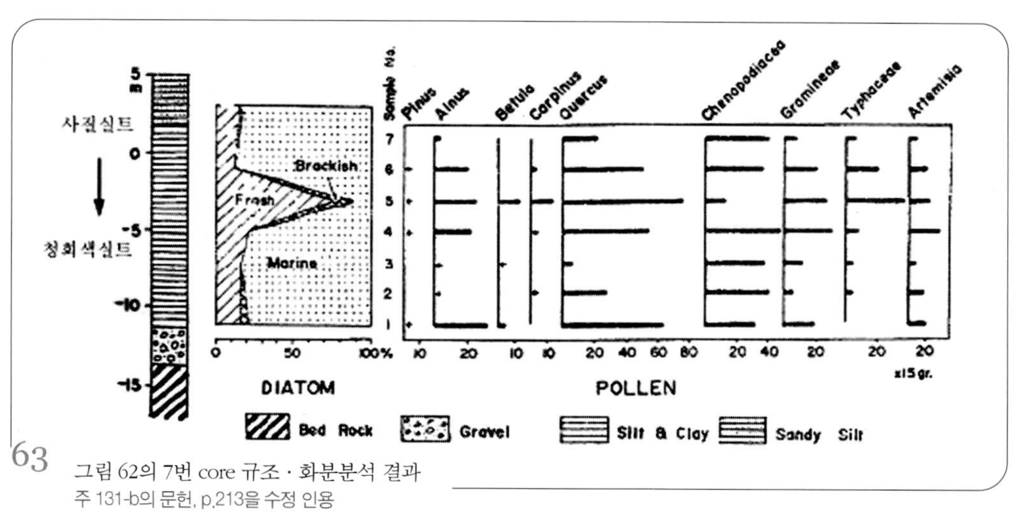

63 그림 62의 7번 core 규조 · 화분분석 결과
주 131-b의 문헌, p.213을 수정 인용

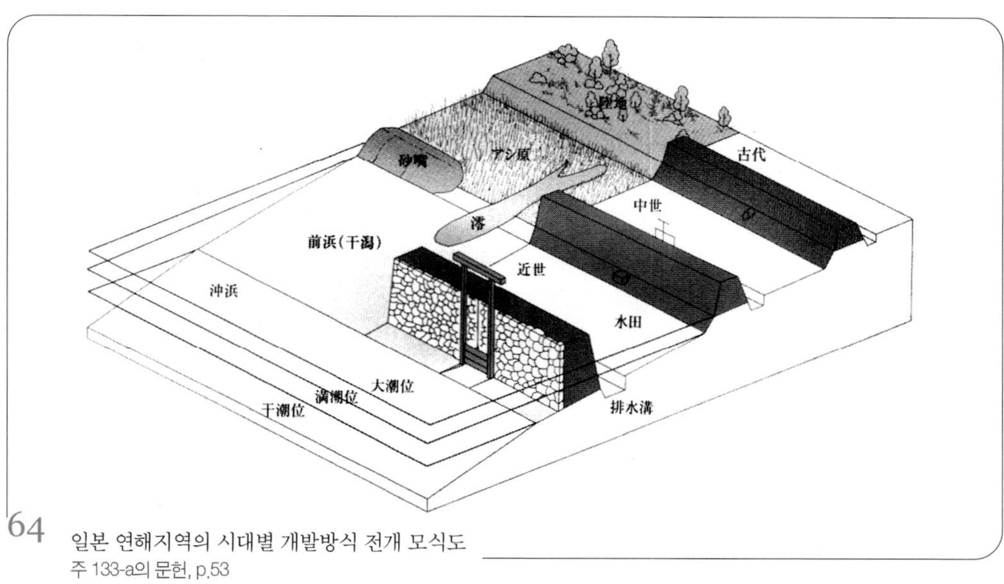

64 일본 연해지역의 시대별 개발방식 전개 모식도
주 133-a의 문헌, p.53

방 「기초지반의 처리」부분에서 언급한 바 있다. 따라서 벽골제가 A.D 4세기에 축제되었음이 인정될 뿐만 아니라, 서울 풍납토성의 사례와 함께 이른 시기부터 부엽공법이 시공되었음을 전하는 것으로서 주목된다.

다음, 이 B1Tr의 경우 식물탄화층 상면에는 석괴 내지는 이질토 혼입의 山土層, 점토층이 먼저 성토되는데 매우 점성이 강한 흙으로 추정되며, 제방의 최초 성토작업단위에 해당된다. 보고문에는 이로서 일단 기초공사가 완료되었다고 한다. 이후 그 위에 다시 몇 개 단위의 성토작업을 거쳐 제방이 완성된 것 같다. 그런데 발굴조사에서는 벽골제의 축조에 말목열 내지는 목책과 같은 목조 구조물을 사용한 흔적이 확인된 바 없으나, 태종 15년의 중수시의 양지교 관련 기록에서 보아, 벽골제의 중수시에 목조구조물을 芯으로 이용한 공법이 구사되었을 가능성에 대해서는 앞서 언급한 바 있다. 간석지, 염생습지 배후의 보다 육화한 구간도 크게 보면 연약지반이므로 본격적인 제방 축제 이전에 기반토층(기저부면)에 말목열이나 목책 등의 구조물을 제체의 芯으로서 이용하는 공법은 충분히 상정 가능하기 때문이다.

4) 강화 선두언(선두포 간척지의 축제)

강화 선두언은 국가 주도로 축제된 방조제이다. 조수의 흐름이 비교적 약하고, 배수용 수문을 세울 곳에 암반이 깔려 있었고, 주변에서 쉽게 채석할 수 있어서 간척하기에 좋은 조건을 갖추고 있었으며, 내륙쪽으로 만입하는 곳의 가장 폭이 좁은 곳을 선정해 축제하였다.(그림 65)[134] 그러나 이곳은 조석간만의 차가 심해 실패를 거듭하다가 개축

65 「江都」『海東地圖』, 18세기 후반에 보이는 강화 선두언
주 134의 문헌, p.7

---

134 인천광역시 강화군청 · 인하대학교 박물관, 2002,『江華 船頭堰 선두리 배수개선사업부지내 문화유적 지표조사』, p.7 등.

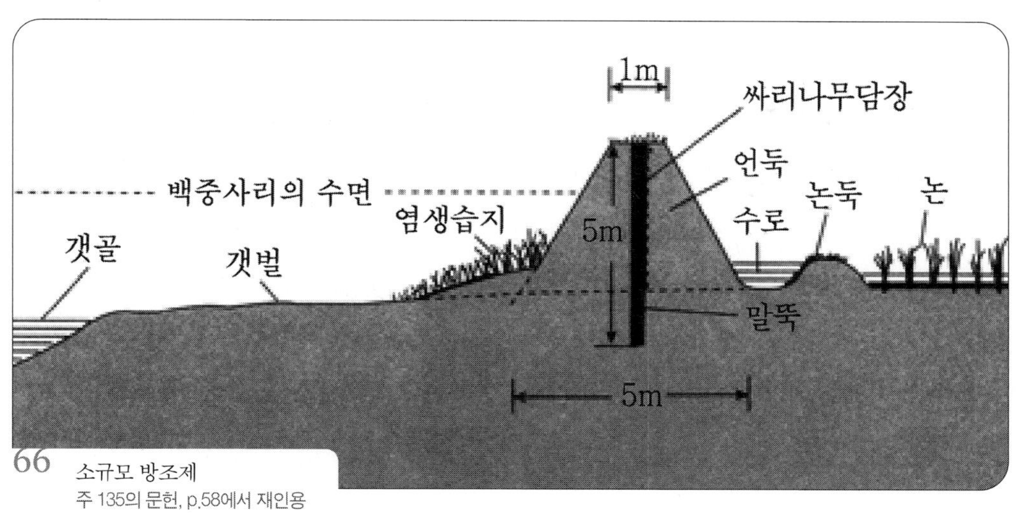

66 소규모 방조제
주 135의 문헌, p.58에서 재인용

시점을 上弦인 4월 8일로 잡아 개축하여 4월 10일 물을 다시 가로막아 단기간에 축제하였다고 한다. 축제에 있어서는 먼저 가장 깊은 곳을 먼저 메워 막고 좌우에 수문을 설치해 물길을 바꾸었다. 그리고 물이 깊은 곳은 제체 내부는 흙으로, 제내·제외의 법면을 모두 석축하였고 물이 얕은 곳은 바다쪽만 석축해 파도나 조수에 대비하였다.

이외에도 문헌기록을 통해 축제에 있어서는 다음과 같은 사실도 알 수 있었다고 한다.

- 제방을 돌로 쌓을 때 진흙바닥으로 돌을 운반하기가 어렵기 때문에 판자를 깐 후에 그 위로 돌을 운반함.
- 돌을 쌓을 때에 석회를 접착재료로 사용함.
- 선두포 수문에 들어갈 石子는 목장 안에 돌을 浮出, 曳運하여 사용함.
- 돌을 떠서 실어 나을 때에 생칡을 사용함.

수문은 최초 축조시(숙종33년, 1707년)에는 동서 2개가 있었으나, 1863년 제내지쪽 물을 원활하게 배수키 위해 제방 중앙에 수문 1개소를 추가 설치하였다. 수문은 주로 양 옆을 돌로 고정시키고 나무판을 돌 사이에 넣어 개폐시키는 장치로, 조수가 밀려올 때는 열어 바닷물을 둑 안쪽으로 유도하여 조수의 힘을 약화시켰다. 또 많은 비로 인해 내륙 쪽에서 물이 일시에 흘러 내려올 때도 열어 둑이 파괴되는 것을 막았다. 그리고 매년 서리가 내린 후 中筒에 저수했다가 이듬해 해동한 후 방수하였으며, 봄·가을의 농한기에 잡석으로 증축하거나 목책을 설치하였고(護岸), 나무를 식재하는 등 제방을 보강하기도 하였다.

한편, 선두언과 달리, 개인이나 소규모 집단이 축조하는 방조제는 대체로 조위가 낮은 조금 때를 택하여 지면이 비교적 높은 염생습지에 축조되었다.[135](그림 66)그리고 축제에 있어서는 우선 5m 정도의 말뚝을 1m 내지 2m 간격으로 갯벌에 박고 이들 말뚝에 의지하여 싸리나무, 솔가지, 칡, 갈대 등으로 엮은 담장을 친 후, 담장의 앞과 뒤에 개흙을 쌓아 둑을 만들었다. 말뚝은 1m 정도가 땅속에 박히므로 제방의 높이는 약 4m가 되며, 제방의 밑부분 폭은 약 5m, 윗부분 폭은 1m 정도가 되었다고 한다. 제체 법면부에는 염생습지의 식물을 입혀 조수의 침입으로부터 제체를 보호하거나 蘆草를 심어 제체를 보호하기도 하였다고 한다.

5) 벽골제 축조 이후~현대

제방 축조가 완료되더라도 제내지의 토지에는 염분이 많아 곧 바로 농경지로 이용하기 어려우므로 염분 제거가 필수적이다. 연해지역의 간척과 관련한 조선시대의 건의문이나 임원십육지 등에서도 염분으로 인한 수확 감소를 논하고 있다. 염분 제거의 방법은[136] 여럿 알려지고 있으나, 조선시대에는 제방 제내지쪽의 저수지나 어떤 水源에서 도랑을 통해 물을 끌어 들여 농경지에 물을 고이게 해 상당 기간 토양속의 염분을 용해시킨 뒤 배수하는 방법이 주로 사용되었던 모양이다. 김제 벽골제의 경우, 제내지쪽에 크고 작은 하천이 흐르며, 보다 상류쪽의 계곡에 저수지를 만들어 염분제거와 관개용수의 보급이 가능한 조건을 갖추고 있었다고 보여진다.

그런 한편으로 태종 18년(1418) 禹希烈의 上書에서 '벽골제의 5개 수문이 큰 川와 같아서 1만여경을 관개할 수 있었다는 것이나, 1415년의 중수이래 제방 아래 넓은 들에는 禾穀이 무르익어 이를 바라보면 구름과 같습니다. 그러나, 몇 군데는 筒을 잇대어 견실하지 못하여, 전지 70여경이 아직도 다 개간되지 못하고 있으니 진실로 한스럽습니다' 라고 한 점으로 보아, 제외지쪽의 토지 상당 부분이 筒을 잇대어 도수하더라도 논 등으로 개척·이용되고 있었음을 시사한다. 또 1415년의 중수시 완성된 5개의 수문 가운데 제방 양 끝의 수문 2개(水餘渠, 流通渠)가 제내 만수시 자연유출 되도록 한 여수토

---

135 박영한·오상학, 2004, 『조선시대 간척지 개발-국토의 확장과정과 이용의 문제』, pp.103~111, 서울대학교 출판부, p.57.

였다는 점 등을 고려하면, 적어도 조선시대 전기에는 벽골제가 저수기능과 제외지 농경지로 관개용수를 공급하는 기능도 있었다고 보여진다.

이는 벽골제의 또 하나의 기능을 파악하는데 중요한 것 같다. 다시 말하면 방조제의 가능성이 고려되는 한편으로 조선시대 전기 무렵에는 제외지에 용수를 공급하는 저수지의 역할도 하는, 일견 모순된상황이 드러나게 되는 것이다.

이에 대해 필자는 다음과 같이 정리해 보고자 한다. 벽골제가 최초 축조시에는 방조제내지는 그 기능을 겸하는 것으로서 축조되었으며, 해수의 침입을 방지하고 제내지쪽 농경지(특히 논)의 개간 및 보호가 주목적이었다고 추정된다. 그러던 것이 계속적인 해수면의 저하에 따라 바다는 현 하구쪽으로 후퇴하게 되고 하천 운반의 토사가 퇴적됨으로서 바다가 간석지로, 다시 염생습지로, 더욱이 완전히 육화하게 됨으로서 마침내는 제외지도 개간 가능한 토지조건으로 점차 전환되어 갔다고 추정된다. 이러한 변화 과정속에 조선시대 전기의 벽골제는 갯골이나 감조하천의 유로를 따라 역류하는 해수를 차단하는 정도로 그치고 오히려 제방의 제내지쪽 일부에 모은(고인) 물을 제외지쪽 농경지에 공급하는 것을 주목적으로 하는 저수지적인 기능으로 전환되어 갔다고 추정된다.(이때의 제내지쪽은 하천관개나 계류관개로 추정) 그러던 것이 어느 시점엔가 저수지의 기능은 축소되어 갔으며, 마침내 제외지쪽 농경지도 제내지쪽에서 내려오는 하천유로로 관개하는 하천관개에 의존한 것이 아닌가 추측된다. 그리고 이전의 저수지에서 저수면적이 현저히 축소된 것이 대동여지도의 벽골제의 표현이며, 그 기능이 더더욱 축소 내지는 소멸되고 기존 저수지의 대부분이 논으로 전환된 것이 1917년의 지형도에 나타난 벽골제의 모습(그림 67)[137]이 아닌가 추정된다.

6) 한 · 일간의 연해 간척의 전개상황

때때로 기후가 온난해지는 시기도 있었으나, 크게 보면 12세기~18세기에 있었던 기후 한랭화는 해수면 저하와 하천에 의한 토사 운반 퇴적의 활발화에 따라 연해지역에

136-a 村山英行, 1986, 「干拓地」『URBAN KUBOTA』 25.

136-b 주 135의 문헌, pp.69~71.

137 주 73-b의 문헌, p.27 · 29에서 재인용.

서는 간석지가 확대되고 삼각주의 육화·확대를 가져왔다. 이는 한·일 양국에 공통되는 자연환경적 변화이며, 이에 대한 인간 집단의 대응, 특히 연해지역의 간척이라는 현상 또한 유사하게 전개되었던 것 같다. 우리나라의 경우 연해지역·해도에 대한 간척은 이미 고려시대부터 전개되고 있었으나, 특히 12세기부터는 연해지역의 저지에 대한 간척이 활발해져 갔다는 것은 이미 문헌사학분야, 사회경제사분야의 연구성과에 의해 밝혀져 있다.

고려 인종 12년(1134년) 張文緯에 의한 樹州(현 경기도 부평)에서의 저습지 배수를 위한 溝渠공사, 의종대 林民庇에 의한 溟州(현 강원도 강릉)에서의 漑田을 위한 浚渠사업, 의종 6년(1152년) 李文著에 의한 洪州(현 충남 홍성)의 거준설, 의종 14년(1160년) 吳元卿에 의한 靈光에서의 防潮堤 수축, 명종 연간 崔甫淳에 의한 齊安(현 황해도 황주)의 간척과 安南大都護府(전

67 대동여지도(상)와 1917년 무렵(하)의 벽골제
주 73-b의 문헌, p.27·29에서 재인용

북 전주)의 방조제 수축과 간척, 몽고침입시 金方慶에 의한 葦島의 방조제 공사와 守山堤 보수, 고종 43년(1256년)의 梯浦·互浦·貍浦·草浦 등의 방조제 수축과 좌·우 屯田의 설치, 李元尹에 의한 梁州(경남 양산)의 저습지 개발 등이 바로 그러한 사례이다.

이어 14·15세기에도 연해지역의 개간에 따른 경지 확대는 계속되어 간다. 세종실록지리지에 서·남해에 접한 군현 대부분의 논 비율이 50% 이상으로 나타나게 되고, 16세기에는 왕실, 중앙관료, 재경 사족 등의 특권 신분층이 연해지역을 대규모 간척하거나 목마장, 강무장으로 이용되던 섬의 평탄지까지도 개간하기에 이르렀다.[138]

17·18세기에 들어와서도 築堰築垌 등에서 엿보이듯이, 연해지역의 간척과 농경지는 더욱 확대되고 干拓村이라는 새로운 촌락도 형성되어 간다. 방조제의 축조 주체도 국가, 특권 신분층, 소지역 집단, 개인에 이르기까지 다양하였다. 그림 68은[139] 조선시대의 대표적인 간척 사례만을 제시한 것이다.

한편, 일본의 연해지역 간척 전개상황도 경향적으로 보면 대체 비슷한 것 같다. 일본에서도 가장 오래된 방조제인 龜井유적의 5세기말~6세기초 제방을 필두로, 방조제 축조와 연해 간척은 8세기부터 확대되기 시작해 특히 12~13세기(혹자는 12세기부터)에는 그 사례가 급증하고 있다.(그림 69)[140] 그리고 축제와 간척이 砂嘴, 砂州, 浜堤 배후저지, 干潟 등에서 전개되었으며,[141] 12~13세기의 경우 개발의 규모도 수십 町 이상이며, 모두 해수가 침입해 오는 황무지였다고 한다. 축제 방법은 흙으로서 판축에 가까운 형태로 성토하였으며, 13세기에는 중국 강남의 방조제 기술이 도입되었으며, 15·16세기에는 籠, 搦을 사용하게 되며, 제체에 개흙을 부착시켜 인공적으로 억새(?) 군락지를 조성해 논을 조성하기도 하였다.[142] 또 흙으로 만들던 것을 돌(石塘)로 만들어지게 된다.

7. 토성(나성)의 體城-부여 동나성 유적 능산리지점(그림 70)[143]

제방은 아니나 제방과 축조기술면에서 부분적으로 연결되는 것으로는 평지 토성의

138-a 李泰鎭, 1989,「15·6세기의 低平·低濕地 開拓 동향」『國史館論叢』2, pp.133~165.

138-b 李泰鎭, 1989,「15·6세기 韓國 사회경제의 새로운 동향 : 底地 개간과 인구 증가」『東方學志』第六十四輯, pp.1~18.

139 주 135의 문헌, p.23·43·54.

140 주 133-a의 문헌, p.48.

141 鈴木 信, 1988,「防潮堤構築技術からみた中世干拓の起源と系譜について」『考古學と技術』同志社大學 考古學シリーズ IV, pp.483~496.

142 太田順三, 1982,「河口干潟における中世的開發の展開と繪圖-十三·四世紀の有明海沿岸の干拓-」『莊園繪圖の 研究』, pp.261~306.

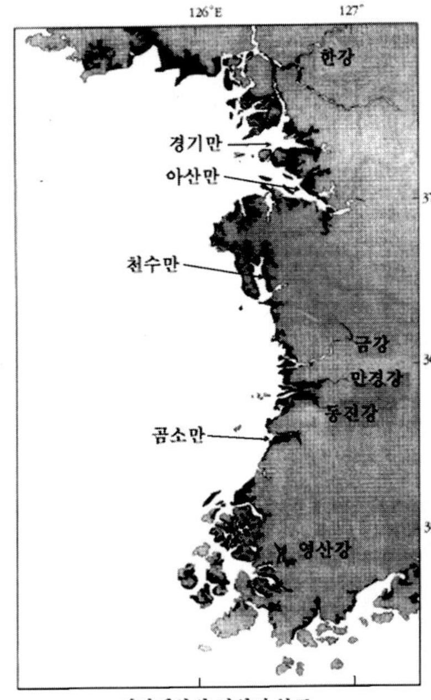

서남해안의 간석지 분포

조선시대 대표적인 간척의 사례

시기	조선전기			조선후기		
경기도	풍진고양포 강화도 불음도 평택 평택 굴포 남양 신지곶			남양 대부도	남양 인천 제물포 김포 매향포 안산	강화 대청포 강화 자연도 강화 마니산 강화 굴곶언 강화 선두포 인천 자연도
충청도				태안 안흥진	덕산	
경상도	해운포			김해 함안		
전라도	부안 옥구	영암 복소포 영암 지남제 나주 와포	순천 돌산도	장흥		해남 노화도 진도 굴포리 강진 고금도 나주 비금도
황해도				당포	재령 재령강변 봉산 산산진	
평안도				정주	대천	의주 사자도 용천 신도
함경도					경원 고이도	

조선전기의 대표적인 간척지 분포

조선후기의 대표적인 간척지 분포

68 조선시대 전·후기의 대표적인 간척 사례
주 135의 문헌, p.23·43·54

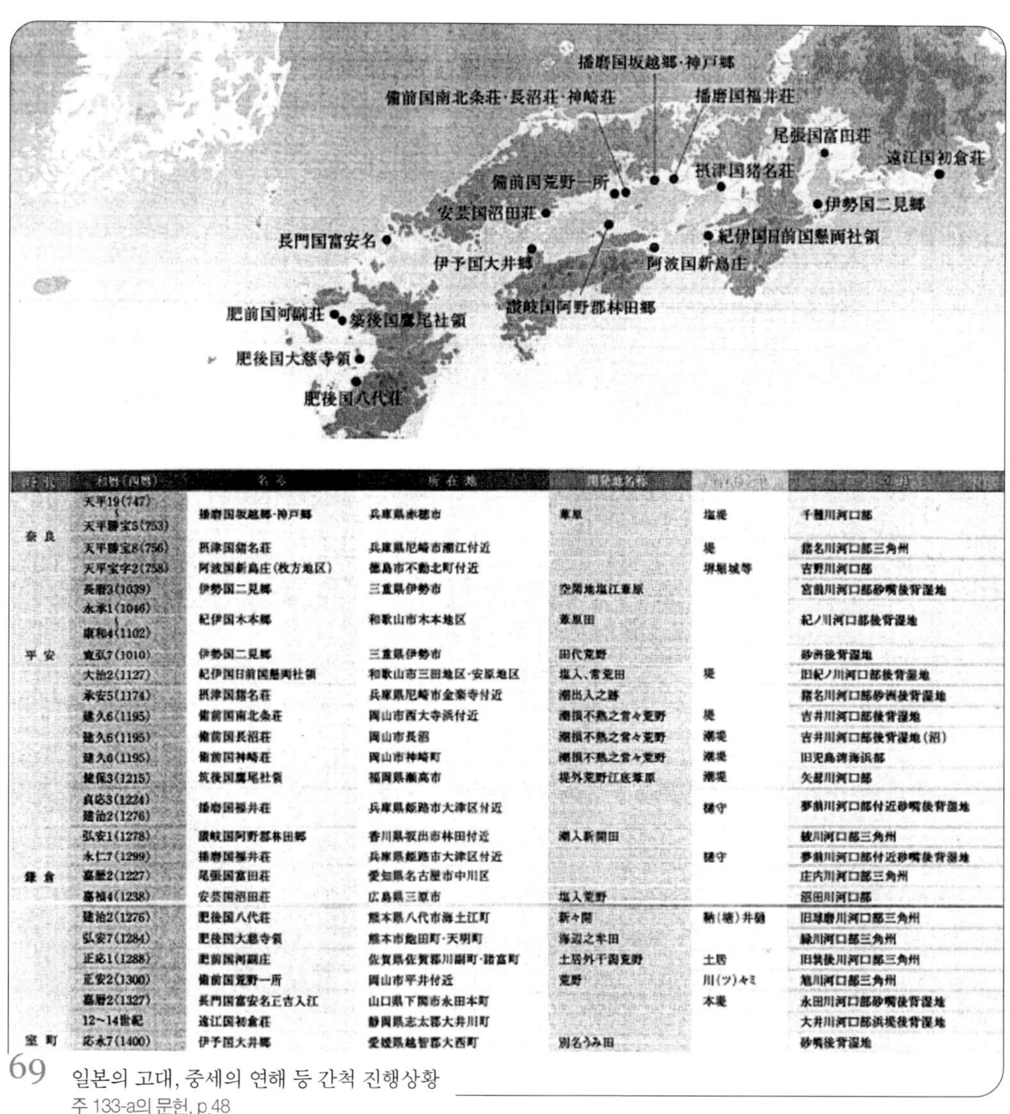

69 일본의 고대, 중세의 연해 등 간척 진행상황
주 133-a의 문헌, p.48

체성, 원지, 寺址, 波止場, 선착장유구 등이 있으며, 사례로는 김해 봉황동 저습지유적, 김해 봉황토성, 김해 봉황대유적(가야인 생활체험촌 조성부지 유적), 서울 풍납토성, 부여 동나성유적 능산리지점, 김해 관동유적, 부여 능사, 서울 청계천유적, 경주 안압지, 구황동 원지 등이 알려지고 있다.

---

143 주 51의 문헌, pp.24~55, 295~301 등.

이하에서는 이 가운데 부여 동나성유적 능산리지점 발굴조사에서 밝혀진 체성의 기저부 범위를 포함한 구조의 문제, 체성의 부속시설인 석조 암거와 해자에 대해서 약간의 견해를 덧붙여 보고자 한다. 단, 체성의 발굴조사시 현장 견학을 하지 못한 관계로 이하에 언급하는 것은 어디까지나 필자의 추정·억측에 지나지 않음을 미리 양해구하고 싶다.

1) 체성 기저부 범위와 구조

보고서에서는 체성의 기저부 범위(보고서의 성벽 기부 범위)를 外部木列에서 서쪽의 일정 범위까지로 보고하고 있으며, 제내지쪽 법면 말단부에는 지엽부설 통로유구가 부가된 것으로 보고 있다.

본 체성은 곡저평야 내를 흐르는 왕포천의 범람원에 축조된 것으로, 이러한 연약지반에 대형 구조물을 시공할 때는 구조물의 하중에 따른 침하를 방지하고 지지력 확보와 안정을 위해 어떤 대책·처리를 하는 것이 일반적이다. 능산리지점의 이 외부목열도 이러한 의도로 시공된 것 같다. 그런데 지엽부설 통로유구쪽에도 외부목열과 평행하는 말목열이 확인되고 있는데, 이 말목열(이하 내부목열로 약칭)도 외부목열과 짝을 이루며, 같은 의도로 시공된 것으로 볼 수 없을까 하는 점이다.

즉, 기저부 상면 범위내, 좁게는 체성의 법면 말단부 가까이의 체성 내부에 외부목열과, 종말목에 탄력성이 있는 나뭇가지를 횡으로 서로 엇갈리게 엮어 柵처럼 만든 내부목열 2자를 체성의 芯처럼 시공한 것이 아닌가 추정하고 싶다.

다음, 체성 부분의 평·단면도 및 관련 도판을 보면 부엽층의 포설 범위는 외부목열에서 내부목열뿐만 아니라 그 바깥쪽 지엽부설 통로유구의 부엽층까지도 포함해 기저부 상면 포설의 부엽층 범위로 볼 수 없을까 하는 점이다. 통상 기반토층을 정지해 마련한 기저부면의 범위와 부엽층 포설범위가 대개 일치하는 경우가 적지 않기 때문이다.

다음, 이와 같이 볼 경우 IV층의 해석 또한 관건일 것 같다. 보고서에서는 IV층을 기반토층인 저습지 자연퇴적층과 II층(체성 성벽토)의 혼합층으로 기재하고 있으며, 층단면도에서 보는 한 체성 축조 순서는 I → IV → II층이거나 I → IV·II인 점을 고려하면, IV층도 II층과 마찬가지로 성토층의 하나이자 II층 이전의 기저부 상면 작성층으로 판단되므로 IV층 상면도 기저부 범위로 볼 수 없을까 하는 점이다. 이상과 같이 볼 수 있다면 외부목열과 내부목열, 그리고 지엽부설 통로유구를 포함한 부엽층 포설범위, 성벽 내부쪽의 IV층 분포 범위, 체성의 기저부 범위가 서로 자연스럽게 체성의 구조로서 연결 · 해석할 수 있지 않을까 생각된다.

2) 석조 암거시설(그림 70)

보고서에서는 체성 바깥, 왕포천 상류쪽에 설치된 암거 입수부의 각도와 체성의 주축방향 각도가 서로 직각(90°)를 이루지 않으며, 체성 바깥에 수성퇴적층이 일부 퇴적된 뒤에 암거가 설치되었으며, 석조 암거 주변에 산란된 조선시대 자기편(16세기)[144]의 존재를 들어 석조 암거를 체성과 무관한 조선시대의 것으로, 더욱이 석조 교각이 있었

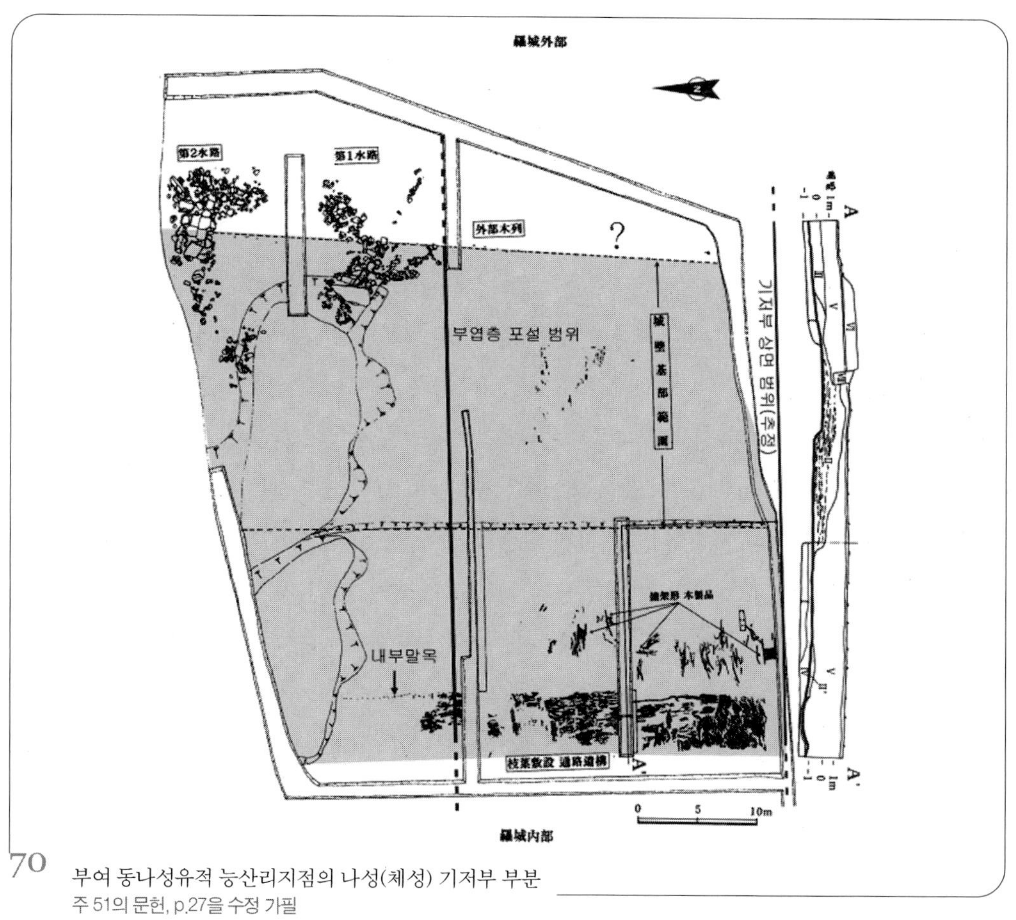

70 부여 동나성유적 능산리지점의 나성(체성) 기저부 부분
주 51의 문헌, p.27을 수정 가필

71 부여 동나성유적 능산리지점 토성아래의 석조 암거수로(좌 : 제1수로, 우 : 제2수로)
주 51의 문헌, p.298 등

던 것으로 해석하고 있다.

그런데 체성의 주축방향과 석조암거의 입수부 각도가 반드시 직교하지 않는다고 해서 후대로 볼 수 있는 적극적인 증거가 되지는 못할 것 같다. 또 석조 암거와 연결되는 목제의 방수시설이 만일 제체내에 매설되어 있었다면, 석조 암거 배후의 유수침식흔(그림 70 참조)을 달리 해석해 볼 수 있는 여지가 있다고 생각된다. 저수지의 경우 제체내에 매설되는 底桶은 제방 성토를 일단 완료한 뒤 다시 굴삭해 매설하고 다시 그 위에 성토·충전한다. 그런데 底桶이 木桶이던 石桶이던 그 내부를 통과하는 물의 누수와 유속 때문에(특히 목조의 底桶 경우) 손상되어 제방 전체의 붕괴로 이어지는 경우가 있다고 알려지고 있다. 이 부분이 제방 가운데 가장 약한 부분 중의 하나인 것이다. 석조 암거 배후의 유수침식흔은 이러한 손상 때문이거나, 체성 바깥인 왕포천 상류쪽의 급격한 유수 유입때문에 체성 상부 및 제체내의 목제 방수시설조차도 유실·제거되고 석조 암거만 남은 흔적으로 볼 수 없을까. 만일 그렇게 볼 수 있다면, 자기편(16세기) 산란 연대는 석조 암거 설치 연대와는 무관한, 후대의 소산으로 볼 수도 있다.

이외에 석조 암거 2기 각각의 입수부 각도를 연장해 보면 양자는 서로 겹치고 있어 동시축조, 동시기능한 것으로 볼 수 있는지 여부는 현재로서는 판단하기 어렵다.

---

144 주 51의 문헌, p.33.

3) 해자

　보고서에서는 체성 축조 이후 체성 바깥, 즉, 왕포천 상류쪽에 형성된 수성퇴적층인 III층의 존재로서 해자의 존재를 추정하고 있는 것 같다. 그런데 통상 湛水를 하지 않는 하천제방의 경우에도 제내지쪽에는 제방과 접해 일정 범위의 수성퇴적물이 형성되고 있는 예가 있다.(예 : 함안 가야리 제방유적 등) 제내지(성벽의 외부) 곡저평야쪽에서 흘러 내려오는 물이 어느 정도 고이기 때문인데, 이 때문에 제방 기저부의 양 끝, 경우에 따라서는 제방 법면 말단부를 명확히 확인(판단)하기 어려운 경우도 있다. 고인 물 때문에 환원되어 버려 제방 축조 이후의 수성퇴적층 등과 구분하기 어렵기 때문이다.

　만일 이렇게 볼 수 있다면, 체성의 추정 해자에 대해서는 또 다른 근거 제시가 필요할 것 같다.

2 | 삼국 및 통일신라의 수리시설

전덕재 _ 경주대학교

1. 삼국초기의 수리시설과 수전경영

삼국과 통일신라시대의 수리시설을 연구하고자 할 때, 첫 번째, 문헌과 금석문에 전하는 수리시설 관련 자료를 정리하는 것이 필요하다. 그런데 문헌과 금석문에 전하는 내용을 통해서 수리시설의 구조나 취수·배수방법, 築堤의 양상을 구체적으로 알기 힘들다. 이러한 한계를 고고학 발굴 자료를 통하여 보완할 수 있다. 두 번째 주목해야 할 연구방법은 바로 최근까지 조사된 수전유구와 아울러 관개시설에 대한 검토라고 말할 수 있다. 삼한의 대표적인 저수지로 알려진 김제의 벽골제, 상주의 공검지, 제천의 의림지, 밀양의 수산제 등에 대한 고고학적인 조사가 진행되었다. 이에 따라 그것들의 축제 방법, 축조 연대, 취수·배수시설 등에 대한 궁금증이 일부나마 해소되기도 하였다. 더구나 최근에 청동기나 삼국초기의 수전유구 및 수리관개시설에 대한 조사가 증가되었는데, 이를 기초로 청동기와 삼국초기 수전경영의 다양한 모습에 대한 이해가 크게 진전되었음은 물론이다.

세 번째 연구방법은 고대 중국이나 일본의 수리관개시설과 우리나라의 그것과 비교 검토하는 것이다. 중국에서 고대에 축조된 수리시설이 지금까지도 사용되는 경우가 적지 않다. 게다가 제언과 관련된 문헌 자료들이 풍부하게 전하여 다양한 수리시설의 이해에 커다란 도움을 주고 있다. 반면에 일본에서는 고대의 수리시설에 대한 발굴 조사가 비교적 활발하게 이루어졌고, 그에 기초하여 다양한 유형의 수리시설에 대한 정리가 가능해졌다고 말할 수 있다. 종래에 한국에서 발굴 조사된 수리시설에 대한 검토는 이와 같은 일본측 자료에 힘입었다고 말하여도 과언이 아닐 정도였다. 주변 나라들의 수리시설에 대한 깊이 있는 이해체계는 우리나라 고대 수리시설의 연구에 크게 참고가 된다고 하겠다.

최근에 여러 곳에서 삼국시대 논유구가 발견되었다. 울산 무거동 옥현유적을 비롯하여 부여 구봉리유적, 부여 궁남지, 울산 야음동유적, 창원 가음정동유적, 진주 평거동유적 등에서 수전유구가 발견되었고, 이밖에 여러 유적에서 소규모의 수전유구들이 조사되었다.[1] 그런데 이러한 수전유구들은 소하천이나 계곡의 물을 洑와 같은 시설을 설치하여 막고 관개한 유형에 해당한다. 보는 물길을 막아 물의 흐름을 정체시켜 수위를 상승시키는 기능을 가지는 수리시설이다. 중국 남송시대 강남지역 東路 徽州지역에서는 산간을 흘러내려온 하천에 관목과 통나무를 던져 놓고 이를 모래 및 진흙과 섞어 굳혀서 제방으로 물의 흐름을 막았다고 한다. 이것을 일반적으로 塌이라고 불렀으며, 물길의 흐름을 옆으로 돌려 용수로를 통하여 수전에 물을 대었는데, 이것에 의하여 관개되는 수전을 洑田이라고 부른다.[2] 조선시대부터 현재까지 가장 흔한 수리시설이 바로 이와 같은 보로 알려졌다.

유수량이 많지 않은 지류하천일 경우에는 土砂만 40~60cm 정도로 쌓아도 물길을 막아 引水가 가능하지만, 하천의 규모가 좀 큰 경우에는 하천을 가로질러 냇바닥에 먼저 큰 돌을 듬성듬성 넣은 다음 같은 간격으로 말뚝을 친 뒤 그 위에 토사, 자갈 등을 쌓아 올려 洑堤를 만드는 것이 일반적이다. 이것보다 더 유수량이 많은 하천의 경우는 말뚝 사이를 싸리바디와 솔가지로 막은 후, 거기에 돌과 자갈을 채우고 가마니에 흙이나 모래를 채워 넣어 일정한 높이로 쌓아 올려 보를 완성하였다. 여기서 싸리바디는 싸리나무를 일정한 크기로 잘라 마치 발처럼 엮어서 만든 두루마리같은 것을 가리킨다. 고대의 유적에서도 보와 관련된 것들이 여럿 발견되었다. 먼저 보령 관창리와 천안 장산리유적에서 보가 발견되었는데, 수로는 폭 3~6m, 깊이 0.5~1m의 규모이다. 두 유적의 보 모두 먼저 물길을 가로지르는 방향으로 말목(지름 5~10cm, 잔존길이 30~60cm)을 박은 다음, 횡방향으로 나무를 덧대어 만든 것이다. 종래에 말목의 크기와 수로의 깊이를 고려하여 보의 높이는 1m인 것으로 추정하였다. 대구 동천동유적에서도 보 시설로 추정되는 것이 발견되었다. 나무와 돌을 가지고 洑堤를 만든 것이 특징적인데, 길이

<hr>

1 곽종철 · 이진주, 2003, 「우리나라의 논유구 집성」 『한국의 농경문화』6.
　곽종철, 2002, 「우리나라 선사~고대 논밭유구」 『한국 농경문화의 형성』, 학연문화사, pp.26~33.
　김도헌, 2003, 「선사 · 고대 논의 관개시설에 대한 검토」 『호남고고학보』18.
　양기석, 2005, 『백제의 경제생활』, 주류성, pp.165~176.
2 김현희 · 최기화, 1990, 「한국 전통 관개시설의 유형과 입지조건」 『응용지리』13, p.81.

15m 이상, 높이 1m 이내의 규모로 추정되고 있다.[3]

그런데 하천의 유로를 보제로 막고, 물길을 옆으로 돌려서 관개하는 보전의 경우, 대체로 山谷間이나 하천 연변에 위치하는 것이 일반적이었다. 특히 전자의 경우 수전을 비교적 소규모로 조성하는 것이 보편적이었음이 유의된다. 울산시 무거동 옥현유적에서 청동기와 삼국시대, 조선시대의 수전유구가 발견되었다.[4] 이곳에 있는 논은 동서로 길게 연결된 해발 35m 내외의 평탄한 구릉과 구릉 사이의 좁은 골짜기에서 흘러내린 소하천에 설치한 보와 같은 시설에서 작은 수로를 통하여 관개하였다. 조선과 삼국시대의 수전은 서북에서 동남방향으로 낮아지는 골짜기 내의 미지형경사를 따라 계단상으로 배치되었다. 삼국시대의 것은 조선시대 논에 비하여 논둑의 폭이 매우 조밀하며, 단위면적은 32~44평 정도의 규모이다. 반면에 청동기시대의 수전은 지형의 경사가 상대적으로 완만한 골짜기의 중심부쪽에 조성되었고, 그 모양은 방형, 장방형, 부정형 등 다양하며, 논둑에 의하여 구획되어진 수전의 단위면적은 1평 미만 3평 전후 정도였다.

충남 부여군 구룡면 구봉리유적에서도 청동기에서 백제시대에 이르는 수전이 발견되었다. 구봉리유적의 제1경작면에서 청동기시대의 수전이 발견되었는데, 수전은 가로 3×세로 4m로 소구획이며, 북측에서 남측으로 갈수록 낮아지는 형태를 띠고 있다. 제2경작면에서 발견된 수전은 대략 3세기 말~4세기 전반 이후에 조성된 것으로서 한 구획 수전의 규모는 대략 8×6m 정도다.[5] 부여 궁남지에서 백제의 수전이 발견되었다. 발굴 결과 확인된 수전면은 모두 10면이었고, 확실한 구획을 보여주는 것은 5면 정도였다. 평면형태는 말각장방형을 띠거나 부정형이고, 그 규모는 10평(6.3m×5m=31.5m²)에서 4~5평이었다. 논둑은 약 20~30cm 너비로 일정하지 않았으나 논 둘레의 둑은 대체로 일정한 폭을 유지하며 돌려져 있었다.[6] 일반적으로 경사가 완만한 곳에서는 방형의

3　김도헌, 2004 「선사·고대 논의 관개시설에 대한 검토」『호남고고학보』18, p.71.
　한편 무안 양장리 저습지에서 발견된 木列構造物 가운데 일부는 洑 시설물과 관계가 있음이 밝혀졌는데, 보고자는 이를 토대로 유적층위 가운데 9층이 퇴적되거나 퇴적된 이후 시기에 계곡에서 흘러내린 하천 근처에 논둑과 유사한 구조물과 더불어 수전에 물을 공급하기 위하여 洑를 설치하였고, 또 저습지가 조성되던 삼국시대 무렵에도 저습지 주변의 수전에 물을 공급하기 위한 도수시설을 설치하였을 것이라고 추정한 바 있다(木浦大學校 博物館·務安郡·韓國道路公社, 1997,『務安 良將里 遺蹟』, pp.336~337).
4　경남대학교 박물관·밀양대학교 박물관, 1999, 「울산 무거동 옥현유적」.
5　충남대학교 백제연구소, 2001, 「구룡-부여간 도로확장 및 포장구간내 문화유적 발굴조사 약보고서」.
6　申光燮 外, 1993, 「扶餘 宮南池 第2·3次 發掘調査槪報」『考古學誌』5.

구획을 규칙적으로 만들고, 경사가 급한 곳에서는 부정형의 구획을 만들었다고 한다.[7] 궁남지의 수전이 장방형 또는 부정형이므로 그것은 약간 경사진 구릉지에 조성된 것으로 보인다. 한편 충남 부여군 능산리 나성유적에서도 남북축에 가로 5~6m, 세로 4~5m 크기로 정형화된 方形의 소구획 水田이 발견되었다.[8] 이밖에도 여러 유적에서 삼국시대의 수전이 발견되었는데, 그 규모는 대체로 앞에서 설명한 수전과 비슷하였다.

그런데 삼국초기의 수전을 반드시 보와 같은 수리시설로 관개한 것만은 아니었다. 다음의 기록을 살펴보자.

國人에게 南澤에 稻田(논)을 개간하라고 명하였다(『삼국사기』 백제본기제2 고이왕 9년)

위의 기록에 보이는 '澤'은 자연적으로 물이 고여있는 소택지나 저습지를 의미한다. 수리관개기술이 저급한 수준이라면, 수전은 물의 공급이 원활한 지역에서 우선 개발되는 것이 상례였다. 가장 대표적인 곳이 바로 소택지나 저습지, 그리고 그 근처였다. 국인에게 명하여 남택에 稻田을 개간하게 한 것은 초기에 백제가 소택지나 저습지, 또는 그 근처를 수전으로 개간하도록 적극 권장하려는 의도의 반영이다. 삼국초기에 소택지나 저습지 근처에 수전을 얼마만큼 개간하였는가를 알 수 없다. 그러나 백제에서 소택지를 수전으로 개간하기를 장려하였음을 참조하건대, 적지 않은 비중을 차지하였을 것으로 짐작된다.

소택지나 저습지 근처에 조성된 수전은 소택지 등에서 道水施設을 통하여 연중 물의 공급을 원활하게 받을 수 있어 안정적으로 벼농사를 지을 수 있다. 또한 細粒土이기 때문에 간단한 목제 농기구로 갈이작업과 흙덩이를 부수는 작업을 쉽게 할 수 있다는 이점도 있다. 실제로 수전에서 흙덩이를 부수거나 땅을 고를 때 사용된 쇠스랑 모양의 나무괭이와 고무래가 광주 신창동이나 무안 양장리 저습지유적에서 발견되었다.[9] 반면에 이러한 곳에 조성된 논은 지하수위가 높고, 배수가 불량한 담수전이기 때문에 생산성은 그리 높지 않았다. 우선 담수상태가 오래되면, 공기의 유통이 나빠지고 기온이 내려가서 유기물질을 분해하는 미생물의 활동이 감소된다. 산소의 공급이 원활하고 기온

---

7 都出比呂志, 1989, 「古代水田の二つの型」『日本農耕社會の成立過程』, 岩波書店, p.49.
8 「백제 선진 농업 기술 눈부셨다」(문화일보 2004년 7월 7일).
9 國立光州博物館, 1997, 『光州 新昌洞 低濕地 遺蹟Ⅰ』, pp.91~94.
   木浦大學校博物館·務安郡·韓國道路公社, 1997, 앞의 보고서, pp.246~272.

이 적당하게 높을 때, 이들이 왕성하게 유기물질을 산화 분해하여 벼의 생육에 필요한 질소, 인산, 칼리 등의 영양분을 공급할 수 있다. 게다가 아주 적은 양으로써 벼의 생육을 정상화하는 극미량의 원소를 제공한다고 한다.[10] 그러나 배수가 불가능한 담수전에서는 미생물이 왕성하게 활동할 수 없기 때문에 벼의 생육에 필요한 영양분을 충분하게 공급하지 못해 다수확에 지장을 받았던 것이다. 또한 배수가 불량하였기 때문에 산소의 공급이 원활하게 이루어지지 않아 根腐現象의 피해를 입기가 쉬웠다.

소하천이나 계곡에 흐르는 물을 보와 같은 시설물로 막아서 관개한 논의 경우 관개와 배수가 비교적 원활하여 저습지의 경우보다 생산성이 약간 높다고 할 수 있지만, 그러나 보와 같은 간단한 시설물로 물을 막아서 수위를 높이 상승시키기가 곤란하기 때문에[11] 그것에 의하여 관개할 수 있는 지역은 하천 연변의 좁은 범위에 한정될 수밖에 없다. 자연제방이나 또는 그것과 저습지 사이의 중간지대까지 관개가 가능하기 위해서는 한 단계 더 진전된 관개기술의 개발을 기다려야만 하였다. 또한 토사의 유입이나 홍수, 하천의 유로 변경 등에 의하여 수리시설이 매몰되거나 파괴되기 쉬웠다. 여기다가 가뭄이 들어서 소하천이나 계곡의 물이 말라버리면 논농사를 짓지 못한 경우도 자주 발생하였으리라고 짐작된다. 이런 의미에서 삼국초기에 보와 같은 간단한 수리시설로 관개한 논의 생산성도 그리 높았다고 말할 수 없다.

2. 삼국 중·후반기 堤堰의 축조와 수전의 확대

종래에 제천의 의림지, 김제 벽골제, 의성군 단밀면의 대제지, 상주의 공검지, 밀양의 수산제 등을 삼한의 저수지로 이해하였다. 이러한 주장을 처음 제기한 연구자는 이병도선생인데, 선생은 『삼국지』 위서 동이전 한조에 전하는 마한의 優休牟涿國, 변진의 彌離彌凍國, 難彌離彌凍國, 古資彌凍國 등의 '牟涿'이나 '彌凍'이나 하는 것을 '물둑' 또는 '물동'의 음역으로 이해하고, 이들 국명은 모두 水堤로 인하여 생긴 것으로 보았으며, 나아가 밀양의 수산제를 바로 미리미동국시대로부터 전래되는 저수지로 추

---

10 趙伯顯·吳旺根·李東碩, 1972, 『土壤肥料』, 語文閣, p.48~64.
11 보통 작은 규모의 洑에 의하여 물을 상승시킬 수 있는 높이는 수십 cm에서 1m 내외에 불과하였다고 한다.

정한 다음, 벽골제 등도 역시 마찬가지라고 주장한 것이다.[12] 선생의 견해는 국사교과서를 비롯한 일반 개설서에서 그대로 받아들여져 거의 통설로 굳어지다시피 하였다. 이 가운데 문헌상으로 삼국시대까지 소급할 수 있는 자료가 전하는 것은 제천 의림지와 김제의 벽골제뿐이다.

제천의 의림지는 우륵이 처음 축조하였다는 전설이 전하나[13] 그대로 믿기 어렵다. 『성종실록』 성종 5년(1474) 8월 4일조에 洪允成이 제천 의림지는 前朝에 쌓았다고 언급하였다.[14] 한편 李裕元의 문집 『임하필기』 권13 문헌지장편 호서사군조에 세종 때에 정인지가 제천 의림지의 제방을 쌓고 물을 가두었다는 내용이 보인다.[15] 홍윤성이 말하는 전조는 바로 세종대를 가리키는 것으로 이해된다. 그러면 이때 처음으로 의림지의 제방을 쌓았다고 볼 수 있을까? 그렇지 않았을 것이다. 三淵 金昌翕은 의림지가 천년된 저수지라고 이야기하였고,[16] 또한 澤堂 李植(1584~1647)은 中古時代부터 의림지의 제방 덕을 보았다라고 언급하였다.[17] 김창흡이 의림지가 천년이 된 저수지라고 언급한 것은 의림지를 쌓은 것이 오래되었다는 표현으로 이해하는 것이 바람직하다. 중고시대부터 덕을 보았다는 이식의 언급 역시 마찬가지 맥락으로 이해된다. 김창흡과 이식의 언급을 주목할 때, 의림지를 조선 세종대에 처음 쌓았다고 보기는 어려울 것이다.

의림지를 삼국시대에 쌓았음을 엿보게 해주는 측면이 의림지가 위치한 제천의 옛 이름이 奈吐 또는 奈堤였다는 점이다. 『삼국사기』 잡지제4 지리2 삭주조에 따르면, 奈堤郡은 본래 고구려 奈吐郡이었는데, 경덕왕이 나제군으로 고쳤다고 한다. 고려시대에 제천을 堤州라고 불렀는데, 조선시대에 이식은 제방 때문에 이렇게 명명한 것이라고 언급하였다. 여기서 말하는 제방은 바로 의림지를 가리키는 것임이 분명하다. 나제라는 명칭 역시 의림지와 연관시켜 이해하는 것이 합리적일 듯싶다. 한편 『삼국사기』 잡지제6 지리4 고구려 우수주조에서 나토군을 또는 大堤라고도 부른다고 하였다. 나토

---

12 이병도, 1956,「韓國水田의 紀元」『두계잡필』.

13 정인구, 1974,「의림지 築堤에 관한 일고찰」『한국임학회지』23.

14 御經筵 講訖. 上問領事洪允成曰 延安南大池 今欲遣人修築若何. 允成對曰 待農隙發遣爲便. 堤川義林池 前朝時所築 近因守領捕魚 堤築決毀 此堤灌漑甚廣 亦宜築之. 上曰 然(『成宗實錄』성종 5년 8월 4일).

15 又義林池 世宗朝 命鄭麟趾 儲水而築之堤 如天作. 深不可測 此其尤者也(『林河筆記』권13 文獻持掌編 湖西四郡).

16 千年貯水混天成 百頃侵山滿地淸 蕩取峰陰龍氣碧 … 果使吳湖能若此 季鷹寧不薄簪纓(『三淵集拾遺』卷3 詩 同賦義林池).

17 提縣以堤名 提功自中古 呀然千頃陂 空洞開天宇 … 日夕思樂土 卽此羨豊美 旋途屢回顧(『澤堂先生集』卷4 詩 義林池).

군, 즉 제천에 의림지라는 큰 제방이 위치하였기 때문에 그곳을 대제라고도 불렀을 것이다.[18]

제천의 의림지를 고구려에서 大堤 또는 奈吐라고 불렀으므로 고구려가 제천지역을 차지하였을 때에 의림지가 존재하였음이 분명하다. 고구려가 한강유역에 진출한 것은 475년 장수왕의 한성 함락 이후이다. 고구려가 한강 상류지역을 신라에게 상실한 것은 551년(진흥왕 12)이다. 따라서 적어도 551년 이전에 제천의 의림지를 쌓았다고 볼 수 있을 것이다. 문제는 의림지를 쌓은 연대를 언제까지 소급할 수 있을까에 관해서이다. 고구려가 한강유역에 진출하기 이전에 백제가 남한강 상류지역을 차지하였을 것이므로 제천지역 역시 475년 이전에 백제의 영토였다고 볼 수 있다. 4~5세기 무렵에 백제가 규모가 큰 저수지를 축조하였으므로 백제에서 제천의 의림지를 축조하였다고 추정하여도 사실상 크게 문제가 되지 않을 것이다. 다만 마한의 어떤 소국이 제천의 의림지를 쌓았다고 추정해볼 수도 있지만, 현재로서 그것을 입증하기가 그리 쉽지만은 않다. 앞으로 의림지가 본격적으로 발굴된다면, 이에 대한 어떤 단서를 확보할 수 있으리라고 기대된다.

상주 공검지와 밀양 수산제의 경우, 고려시대에 수축하였다는 기록만이 전할 뿐이다.[19] 다만 공검지의 경우, 고려 명종 때에 司錄 崔正份이 舊址를 근거로 修築하였다고 전하므로[20] 그것을 쌓은 것은 그 이전임이 확실시된다. 그러나 언제까지 소급할 수 있는가를 알려주는 구체적인 자료는 전하지 않는다. 사실 고고학적인 발굴 조사를 통하여 이 문제를 해결할 수밖에 없는데, 이러한 궁금증을 해소하기 위하여 근래에 공검지와 수산제에 대한 고고학적인 발굴 조사를 실시하였으나 아직까지 두 저수지를 삼국시대에 쌓았다는 고고학적인 증거를 찾지 못한 것으로 알려졌다. 벽골제와 의림지의 경

---

18 '吐' 자가 들어가는 지명을 경덕왕대에 모두 堤 또는 隄로 개칭하였음을 엿볼 수 있다. 예를 들면 경덕왕대에 漆吐縣을 漆隄縣(경남 함안군 칠원면)으로, 高句麗 主夫吐郡을 長堤郡(인천광역시 북구 계산동·임학동 일대)으로, 高句麗 束吐縣을 楝(棟)隄縣(강원도 평창군 용평면 속사리 일대)으로, 高句麗 吐上縣을 隄上縣(강원도 통천군 벽양면 ; 북한의 강원도 통천군 벽암리)으로 개칭한 것이다. 이와 같은 지명 개정을 통하여 고구려나 신라에서 제방을 '吐'라고도 불렀음을 엿볼 수 있다. 따라서 奈吐라는 지명 역시 의림지를 염두에 둔 표현이라고 볼 수 있지 않을까 한다.

19 이동주, 2006, 「밀양 수산제 수문의 발굴조사와 성격」『석당논총』36, pp.8~20.
박정화, 2007, 「상주 공검지의 축조과정과 그 성격」『한·중·일의 고대 수리시설 비교 연구』, 계명대 출판부, pp.110~111.

20 高麗明宗時 司錄崔正份因舊址築之 堤長八百六十步 周一萬六千六百四十八尺(『新增東國輿地勝覽』권28 慶尙道 尙州牧 山川).

우, 삼국시대에 쌓은 것은 분명하지만, 나머지 저수지도 그러하였을까에 대해서 현재 상황에서 단정하기 어렵다고 말할 수 있다. 그렇다고 하더라도 그것들을 삼국시대에 쌓지 않았다고 단정해서도 곤란할 것이다. 향후 이에 대한 면밀한 검토가 더 요구되지만, 일단 여기서는 삼국시대에 쌓았을 가능성에 더 무게를 두고자 한다.

앞에서 언급한 저수지들은 제언에 해당하는 것이다. 보는 물의 수위를 상승시키는 역할을 하나 물의 흐름을 완전히 막는 수리시설은 아니다. 보가 설치되었다고 하더라도 물은 보를 넘어서 흐를 수도 있었던 것이다. 그러나 제언은 물을 완전히 막아 가두는 수리시설을 말한다. 따라서 洑보다 제언의 축조에 많은 노동력이 필요하였고, 뿐만 아니라 철제농공구의 보급과 아울러 보다 더 진전된 축제술이 전제된다고 하겠다. 4세기나 그 이전 시기에 쌓은 것으로 보이는 풍납토성은 모래와 진흙을 판축법으로 두들겨 층층이 쌓았다고 한다.[21] 판축법은 이미 낙랑시대에 쌓은 지탑리토성이나 성현리토성 등에서도 확인되므로[22] 그것은 이른 시기부터 토성을 쌓는 기법으로서 널리 보급되었다고 하겠다. 5세기 단계에 새로 개발된 축제기술과 관련하여 개로왕대에 '烝土하여 성을 쌓았다'는[23] 점을 주목할 필요가 있다. '烝土築城'은 진흙을 쪄서 굳게 성을 쌓는다는 의미로 이해된다. 이러한 방식은 판축법보다 더 진보된 축조방식이라고 여겨지며, 제방을 쌓을 때에도 역시 이러한 방식이 활용되었을 것이다.[24]

한편 흙과 초본류를 교대로 깔고 판축법으로 쌓아 올라가는 축제방식, 즉 敷葉工法도 아울러 주목할 필요가 있다. 일본의 오오사카부 카메이(龜井)유적에서 5세기 말~6세기 초의 제방유구가 발견되었다. 부엽공법으로 하천을 막고 제방을 쌓은 것이라고 한다.[25] 최근에 함안 성산산성 성벽의 붕괴와 유실을 예방하기 위하여 부엽공법으로 계곡 중심부를 댐처럼 막았음이 확인되었다. 발굴자에 따르면, 부엽공법의 내용은 나뭇

---

21 金元龍, 1973, 『韓國考古學槪說』, 一志社, p.176.

22 윤용구, 1996, 「한국고대의 '중국식 산성'에 대하여」 『한국고대사논총』8, p.332.

23 於是盡發國 烝土築城. 卽於其內 作宮室樓閣臺樹無不壯麗. 又取大石於郁里河 作槨以葬父骨. 緣河樹堰 自蛇城之東 至崇山之北(『三國史記』百濟本紀第3 蓋鹵王 21년 가을 9월).

24 五胡十六國의 하나였던 赫連夏의 수도 統萬城(중국 섬서성 정변현)을 만들 때, '땅을 쪄서 만들었다'고 전하는데, 성벽의 화학 감정에 따르면, 그 성토의 주성분은 모래(석영), 점토, 그리고 탄산칼슘(석회)이라고 한다. 여기서 '땅을 쪄서 만들었다'는 것은 이 세 가지가 합쳐졌을 때 증기를 내면서 갑자기 체적이 팽창함으로써 모래와 진흙이 압축되는 공법을 가리키는 것으로 이해되며, 이 공법으로 쌓은 통만성은 콘크리트와 같이 매우 단단하다고 알려져 있다(박한제, 2003, 『영웅시대의 빛과 그늘』, 사계절, p.259). 흙을 쪄서 성을 쌓는 백제의 방식이 위와 같았다고 단언하기 곤란하지만, 일단 참고할 만한 가치가 있다.

25 廣瀬和雄, 1991, 「耕地と灌漑」 『古墳時代の研究』4(生産と流通Ⅰ), 雄山閣, p.22.

01 부엽공법 재현

가지를 매우 치밀하게 엮어 울타리를 세운 다음, 그 안에 나뭇가지와 잎, 풀 등을 다져 메운 것이었다고 한다.[26] 이밖에 풍납토성, 부여 나성, 김제 벽골제, 이천 설봉산성 등에서도 부분적으로 부엽공법의 모습이 발굴 조사되었다고 알려졌다. 조선초기에 벽골제의 제방을 견고히 하기 위하여 먼저 목책(나무울타리)을 세우고 거기에 흙을 메워서 제방을 더 쌓았으며, 제방 안팎에는 버드나무를 2열로 심어서 그 기반을 든든히 하고 수문을 다섯 곳에 만들었다. 제방이 파괴된 곳에는 나무를 가로와 세로로 연결하여 움직이지 않게 든든히 세우고 제방 밑에는 돌을 많이 깔며, 만약에 돌이 없으면 솔가지를 많이 쌓아 물이 새지 않게 했다고 한다.[27] 조선시대에도 부엽공법으로 제방을 쌓았음을 알려주는 사례이다.

4~6세기 삼국시대에 철제농기구와 공구가 널리 보급된 사실에 대해서는 이미 연구가 활발하게 이루어져 통설화되었다. 더구나 대규모 제언을 축조하기 위하여 많은 노동력을 조직적으로 동원하려면 강력한 국가권력의 존재를 전제로 한다. 이러한 여러 가지 조건을 두루 고려하건대, 삼한 소국이 의림지 등을 축조하였다는 견해는 면밀한 재검토가 요구된다고 하겠다. 실제로 『삼국사기』 등의 문헌에는 4세

---

26 국립가야문화재연구소, 2008, 「함안 성산산성 13차 발굴조사 현장설명회 자료」.
27 이광린, 1961, 『이조수리사연구』, 한국연구총서 제8집.
　　최상준 외, 1996, 『조선기술발전사』4〈리조전기편〉, 과학·백과사전종합출판사, p.214.

기 이후에 삼국이 대규모 제언을 축조하였음을 알려주고 있어 주목된다.

> 처음으로 벽골지(碧骨池)를 만들었는데, 둑의 길이가 1,800보였다(『삼국사기』 신라본기제2 흘해
> 이사금 21년)
> 시제(矢堤)를 새로 쌓았는데, 둑의 길이가 2,170보였다(위의 책, 신라본기제3 눌지마립간 13년)
> 담당 관청에 명하여 제방을 수리하게 하였다(위의 책, 신라본기제4 법흥왕 18년 3월)

　오늘날 벽골지는 전라북도 김제지역에 소재하고 있다. 때문에 종래에 첫 번째 기사
를 백제와 연관시켜 흘해이사금 21년(330) 무렵에 벽골제를 축조하였다고 이해하기도
하였으나,[28] 여기에 언급된 벽골지의 정확한 위치에 대해서는 재고의 여지가 있다. 다
만 통일신라기 원성왕대에 신라가 全州 등 7주의 사람들을 징발하여 벽골제를 增築한
적이 있는데, 전주를 중심으로 역부를 동원했으므로 이때 증축한 것은 김제에 소재한
현재의 벽골제임이 틀림없다고 보인다. 여기서 '증축' 했다는 표현에 주목한다면, 그것
은 통일기 이전 백제에서 처음 쌓았을 가능성이 높다. 백제가 전북의 마한세력을 그 영
역으로 편제한 6세기 전후에 그것을 축조하지 않았나 한다.

　눌지마립간 13년(429)에 축조한 시제의 위치나 그 실체를 정확하게 알 수 없다. 다
만 그것을 쌓은 결과 제방 안쪽에 안정적인 경작지가 다수 확보되었을 것이다. 세 번째
기사는 신라정부가 제방의 건설과 수리에 깊은 관심을 표명한 것이다. 실제로 536년
(법흥왕 23)에 작성된 영천 청제비 병진명(536년)은 법흥왕대에 菁堤를 축조하였음을
알려준다.

　다음의 기사들은 5~6세기에 백제에서도 수리관개시설의 확충에 관심을 기울였음을
알려준다.

> 國人을 징발하여 흙을 쪄서 성을 쌓고, 안에서는 궁실과 누각, 臺榭(돈대와 그 위의 건물)를 지었
> 는데, 모두 장려하지 않음이 없었다. 또한 郁里河에서 큰 돌을 취하여 槨을 만들어 부친의 유골을
> 安葬하고, 강 연변을 따라 제방을 쌓았는데, 蛇城의 동쪽에서 崇山의 북쪽까지 이르렀다(『삼국사
> 기』, 백제본기제3 개로왕 21년 가을 9월).
> (왕이) 명령을 내려 제방을 完固하게 하고, 서울과 지방에서 遊食하는 자들을 몰아 歸農케 하였다
> (위의 책, 백제본기제4 무령왕 10년 봄 정월).

28　이광린, 1961, 앞의 책.
　　윤무병, 1976, 「김제 벽골제 발굴보고」 『백제연구』7.

앞의 기사는 백제가 5세기 후반 개로왕대에 한강변에 제방을 쌓았음을 알려주는 자료이다. 제방의 기능은 한강의 범람으로 인한 가옥이나 농토의 유실을 막는 데 있었을 것이다. 이때 제방 안쪽의 저습지나 평탄한 구릉지를 경작지로 개간했을 것이다. 뒤의 기사는 6세기 전반에 백제가 제방의 축조와 수리에 상당한 관심을 표명했음을 전하는 것이다. 물론 제방에는 하천의 범람을 막기 위하여 하천변에 설치한 것과 아울러 저수지나 소하천에 설치한 작은 수리시설 등이 포괄되었을 것이다.

이처럼 백제와 신라가 5세기부터 향상된 축제기술을 바탕으로 저수지와 대규모 수리시설을 축조하면서 농지 가운데 수전의 비중이 이전보다 훨씬 높아졌을 것이다. 이때에 축조한 저수지 가운데 가장 대표적인 것이 바로 벽골지인데, 백제가 전북의 마한 세력을 그 영역으로 편제한 6세기 전후에 축조하였을 것이다. 이것은 중국의 陂(坡)와 같이 하천이 산곡으로부터 평지에 흘러가는 지점에 제방을 쌓은 산곡형 저수지에 해당한다. 이런 유형의 저수지는 경사면을 제방으로 막는 것이기 때문에 축조에 노력이 적게 든다. 게다가 경사를 이용하므로 면적은 좁지만 수심이 깊어 충분한 저수량을 얻을 수 있는 장점이 있다고 한다.[29] 백제와 신라에서도 여러 가지 장점을 지닌 산곡형 저수지를 많이 건설했다고 보인다.[30]

삼국초기에 소하천의 분류나 지류를 차단하여 주변의 경작지에 물을 공급하는 관개시설인 湺를 통하여 수전에 관개하였음을 고고학적 자료를 통하여 살필 수 있다. 그러나 이것으로 물의 수위를 높이 상승시키기가 어려웠기 때문에 하천 연변의 제한된 범위의 수전만 혜택을 받았다. 그것보다 규모가 큰 관개시설을 만든 단계에는 수위를 더 높이 상승시키는 것이 가능했으므로 더 넓은 범위의 경작지가 혜택을 받았을 것이다. 『삼국유사』와 후대의 문헌기록에 따르면, 벽골제의 축조 이후 그것에 의하여 혜택을 받은 蒙利畓이 무려 1만 4천여 결[31] 또는 9,840결 95부에[32] 이르렀다고 전한다. 그리고 근래에 영천 청제에 의하여 혜택을 받은 수리안전답이 2,014두락(약 300,000평)이었다

---

29 반면에 하천이 운반하는 대량의 토사로 빨리 매몰될 수 있는 바, 자주 준설공사를 해주어야 한다.

30 이밖에 구체적인 실례는 발견되지 않지만, 삼국시대에 平地型 저수지도 축조했을 것으로 추정된다. 이런 유형의 저수지는 중국의 塘에 해당하는 것으로서 평지를 파고 그 파낸 흙을 둑으로 쌓아올려 만들었다. 처음 만들 때에 노력이 많이 들고, 저수량이 상대적으로 적어 전체 저수지에서 차지하는 비중은 그리 높지 않았을 것이다.

31 『三國遺事』 王曆篇에 乞解尼師今代에 벽골제를 쌓았는데, 둘레가 □만 7천 26보이고, □□가 1백 66보이며, 논이 1만 4천 70(結)이었다고 전한다.

고 알려졌다.[33] 제언으로 관개하는 수전의 면적이 보에 의하여 관개되는 그것에 비하여 엄청나게 넓었음을 시사해주는 자료로서 유의된다. 이때 물을 공급할 수 있는 대상지로 자연제방 또는 그것과 배후저습지 사이의 중간지대, 비교적 높은 지형에 위치한 평탄한 구릉지 등을 들 수 있다. 특히 산곡형 저수지는 영천 청제의 경우에서 보듯이[34] 골짜기의 흐르는 물을 저장하여 그 아래의 완만한 경사지에 조성된 경작지에 수로를 통하여 물을 공급하는 것이 일반적이었다.

5~6세기 삼국에서 수리관개기술의 발달에 따라 초기에 관개가 불가능한 구릉지나 완만한 경사지에도 물을 공급하여 수전으로 조성하는 것이 가능했다. 이러한 지역은 소택지나 저습지 근처의 수전과 달리 배수가 양호한 곳에 해당한다. 이러면 根腐의 피해를 줄일 수 있다. 더구나 이러한 지역에 위치한 수전은 급수와 배수가 원활하게 이루어지는 것이 일반적이다. 급수와 배수가 원활해지면, 산소가 충분하게 공급되어 미생물에 의한 유기물질의 분해가 왕성해져[35] 벼가 생육에 필요한 영양소를 충분하게 공급받게 되는 이점이 생긴다. 대규모 저수지와 수리시설을 만들어 건전지역에 물을 공급하여 수전을 조성하는 것 역시 토지생산성의 증대, 즉 단위면적당 수확량의 증대와 직결되었던 것이다.[36]

---

32 『新增東國輿地勝覽』卷33 全羅道 金堤郡 고적조에 조선 태종 15년에 벽골제를 重修하고 지은 벽골제중수비의 내용이 전한다. 여기서 '둑의 길이는 6만 8백 43尺이고, 둑 안의 둘레는 7만 7천 4백 6보이며, 다섯 개의 도랑을 파서 논에 물을 대는데, 논은 무릇 9천 8백 40結 95卜 이라고 하니, (모두) 古籍에 적혀 있다' 라고 기술하였다. 古籍에 몽리답이 9,840結 95卜 이라고 전한다고 하였으므로 몽리답에 대한 상황은 조선시대가 아니라 고려시대의 상황을 전하는 것으로 이해할 수 있지 않을까 한다. 한편 『太宗實錄』太宗 18년 (1418) 1월 13일조에 우희열이 임금에게 바친 上書文이 전하는데, 여기에 벽골제의 몽리답이 1만 여 頃에 이른다고 언급한 내용이 보인다.
33 권병탁, 1986, 「청제제도 연구」『민족문화논총』7, 영남대 민족문화연구소, p.19.
34 영천 菁堤는 해발 500m 가량되는 菜藥山에서 흘러내리는 溪水를 막아 만든 저수지로서 그 아래의 완만한 경사지에 조성된 경작지에 물을 공급하였다.
35 유기물의 분해 소모는 주로 호기성 세균에 의하여 이루어지기 때문에 공기의 유통이 좋을수록 분해는 왕성하여 부식의 집적량이 적어지는데, 산소와 공기의 혼합가스 중 산소가 6~8% 이하가 되면 유기물의 분해가 충분히 이루어지지 못한다고 한다(郭判洲・盧愼圭, 1974, 『土壤學槪論』, 正音社, p.60).
36 八賀晋, 1966, 「古代における水田開發-その土壤的環境」『日本史研究』96.
　　八賀晋, 1972, 「古代の農耕と土壤」『古代の日本』2.

3. 통일신라 수리관개기술과 수전농법의 발달

통일신라시대 수리관개기술의 발달 양상에 관해서는 798년(원성왕 14) 4월 영천 청제를 보수할 때에 제방에 길이 12步인 '上排堀里'를 설치한 사실을 통하여 살필 수 있다.[37] 현재 영천지역에서 굴통을 빼구리라고 부르는데, 빼구리를 한문으로 표기한 것이 바로 排堀里다.[38] 여기서 굴통이란 청제의 수문(수통)을 말하며, 지금도 거기에 시멘트로 만든 굴통, 즉 수통이 설치되어 있다. 排는 물을 배수한다는 의미로 해석되고, 堀은 물을 배수하는 굴을 가리키는 것으로 보인다. 즉 배굴리는 바로 청제에 저장된 물을 배수하는 굴이란 뜻이고, 여기에다 명사형 접미사 리를 덧붙인 것으로 이해된다. 조선시대에 배굴리는 일반적으로 水桶으로 표기하였다.

수통을 木桶이라고도 부르듯이 그 재료는 나무였다. 『임원경제지』 본리지 권2 수리조에서 '소위 배수하는 것은 나무를 파내 筒으로 만들고 방죽(제언의 제방) 안에 꼽아 둔다' 라고 언급한 사실에서도[39] 이를 입증할 수 있다. 7~8세기 고대 일본의 오오사카부 쯔루타마이케토우(鶴田池東)유적에서 목통이 발견되었는데, 직경이 35cm, 현재 남아있는 길이가 4.1m였고, 약 3도의 경사로 설치되어 있었다고 한다.[40] 그리고 청제의 수문을 시멘트로 만들기 이전에 역시 나무로 수통을 만들었으며, 기사년(1929) 수통을 개선할 때에 그것을 만들기 위하여 준비한 長桶松木의 두께가 1척 5촌(45cm)이었다고 한다.[41] 고대 일본의 사례와 최근의 수통 직경을 참고하건대, 이때 설치한 배굴리의 직경은 대략 40cm 내외였다고 봄이 합리적일 것이다.

통일신라시대 청제에 설치된 수통을 어떻게 운영하였는지를 알려주는 자료는 전해지지 않는다. 다만 최근의 운영현황은 그것을 짐작케 해주는 자료로서 유의된다. 수통

---

37 貞元十四年戊寅 四月十三日 菁堤治記之. 謂洑堤傷故 所內使 以見令賜矣. 弘長卅五步 岸立弘至深六步三尺 上排堀里十二步 此如爲二月十二日元四月十三日 此間中了治內之(永川 菁堤碑 貞元銘).

38 노재환·박홍배, 1969, 「영천 청제에 대한 소고」『매일신문』 9월 17일자와 9월 19일자에서 영천지역에서 굴통을 빼구리라고 부른 사실을 근거로 排堀里를 굴통으로 이해한 이래 대부분의 학자들이 이에 동조하고 있다(金昌鎬, 1983, 「永川 菁堤碑 貞元十四年銘의 再檢討」『韓國史硏究』43, p.119 ; 이우태, 1985, 「永川 菁堤碑를 통해 본 菁堤의 築造와 修治」『변태섭박사화갑기념사학논총』, 삼영사, pp.117~211).

39 其所爲泄水者 只剞木爲筒 揷於堤岸之中 而高下一定 不可移易已(『林園經濟志』本利志 권2 水利陂塘水門法).

40 廣瀨和雄, 1991, 「水稻農業」『古墳時代の硏究』4(生産と流通), 雄山閣, p.23.

41 이에 관한 자세한 사항은 權丙卓선생이 『民族文化硏究』7(1986)에 소개한 「菁堤文簿」에서 확인할 수 있다. 참고로 「菁堤文簿」는 1929년부터 1976년까지 46년 동안 청제회에서 청제의 관리와 관련된 내용을 기술한 회계장부이다(權丙卓, 1986, 「菁堤文簿 資料解說」『民族文化硏究』7).

은 본래 배수시설이다. 그러나 벼농사를 짓는 시기가 아닐 때에 물을 저장할 필요가 있으므로 수통을 막아두지 않으면 안 된다. 수통을 막는 통나무, 즉 물방망이를 일반적으로 封木 또는 封屈木이라고 불렀다. 물을 저장할 때에는 봉목을 끼워 수통을 막아두었다가 관수가 필요할 때에는 그것을 수통에서 뺐던 것이다. 근래에 수통에서 봉목을 꼽거나 빼내는 작업을 전문적으로 담당하는 사람을 窟案이라고 불렀다. 영천지역 古老들에 따르면, '찬물 속으로 헤엄쳐 들어가는 것도 힘든 일이지만, 3~4분 동안씩 몇 번이고 물 속에 들어가 작업하다 마침내 봉굴목이 열렸을 때는 자칫

02 사야마이케의 동통(東樋) 통관(樋管) 방수부(放水部)

하면 강한 수압 때문에 木桶 속으로 빨려들어 간다. 둑에 기다리던 사람들이 안절부절 하고 있을 때, 굴안이는 쫄대(원통의 위치를 표시하기 위하여 박아둔 대나무 장대)를 타고 올라오곤 하였는데, 이때 그의 얼굴이 새파랗게 질려 있더라' 라고 한다. 이처럼 굴안이가 봉목을 수통에 꼽거나 빼는 일이 워낙 고되고 전문적인 기술이 필요하였기 때문에 근래에 굴안이에게 水沉畓, 즉 보수조로 堤有畓 1,118평(7두락)의 경작용익권이 주어졌다고 한다.[42] 통일신라시대의 자료는 전해지지 않지만, 최근의 청제 수통의 운영은 크게 참조가 된다고 하겠다.

정원 14년(798)에 상배굴리를 설치하였으므로 그 아래에 위치한 하배굴리는 이전에 설치하였다고 볼 수밖에 없다. 이에서 798년 이전 시기에 제방에 수통을 설치하여 관개하는 방식을 도입하였다고 추론할 수 있다. 백제 토목기술을 기초로 축조한 일본 오오사카부 사야마이케(狹山池)의 경우, 616년에 木桶을 설치하여 관·배수하였다고 알려졌다.[43] 신라에서도 적어도 7세기 중반 무렵부터 목통을 설치하기 시작하였다고 추론

---

42 이 내용은 權丙卓, 1986, 「菁堤文簿 資料解說」『民族文化研究』7, pp.207~208을 참조하여 정리한 것이다.

43 市川秀之, 1998, 「狹山池の樋と堤」『第7回東日本埋藏文化財研究會 治水・利水遺跡を考える』第Ⅱ分冊, p.64.

해볼 수 있을 것이다. 그런데 청제비 정원명에 배굴리에 관한 내용이 언급된 것에 반하여 병진명에 그에 관한 언급이 없다. 청제를 처음 쌓을 때에 배굴리를 설치했다고 한다면, 그에 대하여 기술하였을 것이다. 그러나 그렇지 않았다는 것은 당시에 배굴리를 설치하지 않았다는 의미로 받아들일 수 있다. 그러면 당시에는 어떠한 방법으로 灌水하였을까? 수통을 설치하지 않은 제언은 일반적으로 둑을 決潰하여 관개하였다. 조선시대에도 수통을 설치하지 않았을 경우에 이와 같은 방법을 사용하였다고 한다.[44] 근대까지도 수통이 자주 썩어서 이와 같은 방법으로 관수하였다. 일제가 1913년(大正 2)에 조선의 수리에 관한 구관(옛 관습)을 정리하여 보고한 자료가 전하는데, 이 가운데 저수지를 총괄하여 관리하는 堤監考 의무의 하나인 決堤의 발의에 대하여 다음과 같이 보고하였다.

근래 제언이 황폐하고 퇴색된 결과, 옛날의 수문은 대부분 파괴되었기 때문에 그 흔적이 남아 있지 않다. 따라서 매년 가을철 7월에 堤를 수리해서 겨울철에 물을 저장하고 봄철에 물을 사용할 무렵 제를 터 놓는 번거로움이 있었다. 그런 까닭에 監考는 매년 봄 3월 못자리를 준비하는 시기에 小決(조금 터 놓음), 이식을 하는 시기에 大決(크게 터 놓음, 하지 4, 5일전에 몽리자와 시기를 협의함)의 감독을 하였다. 따라서 이와 같은 제의 결궤 대소는 자체 합의에 의하여 행해지고 있었는데, 이식 때의 대결은 5척 내지 1장에 이르렀다.[45]

여기서 말하는 수문은 수통을 말하는 것으로 보인다. 서유구는 『임원경제지』에서 수통이 막히기 쉽고 자주 썩어서 비용이 많이 든다고 언급하기도 하였다. 조선 세조대에 호조에서 大堤에는 수통 3개를, 中堤에는 2개를, 小堤에는 1개를 설치하게끔 지시하도록 요청하였다는 기록이 전하는데,[46] 이는 조선초기까지도 수통을 설치하여 관수하는 것이 일반화되지 않았음을 반증하는 자료이다. 일반적으로 수통을 설치하여 관수가 일반화된 시기는 조선 중·후기로 이해하고 있다. 이와 같은 점을 염두에 둔다면, 통일신라시기에 비록 수통을 설치하여 관수하는 관개기술이 개발되었지만, 그리 널리 활용되었다고 말하기 곤란할 것이다. 그리고 나아가 그 이전에도 방죽을 결궤하여 관수하는 관행이 보편적이었다고 추론할 수 있겠는데, 영천 청제 병진명에 배굴리에 관한 사

---

44 조선 정조 2년(1778)에 반포된 「제언절목」에서 수통을 설치하면 決潰하여 물을 관개하는 수고로움을 덜 수 있다고 하였다.
45 본 내용은 국사편찬위원회의 한국사데이타베이스 중추원자료에서 인용한 것이다.
46 堤堰 無洩水木桶 則易致決毀 請設水桶 大堤三 中堤二 小堤一(『世祖實錄』권17 세조 5년 8월 辛丑).

실이 전하지 않은 이유도 바로 이에서 찾을 수 있지 않을까 한다. 당시 어느 부분을 결궤 하였는지 불분명하지만, 일단 조선시대 제언의 좌우에 배치 한 水道로 불리는,[47] 즉 제방보 다 약간 낮게 쌓아 홍수시에 물이 넘쳐 흐르도록 만든 무넘이(餘水吐)를 일차적으로 결궤 하지 않았을까 한다. 물론 이 에 대해서는 앞으로 좀 더 세밀

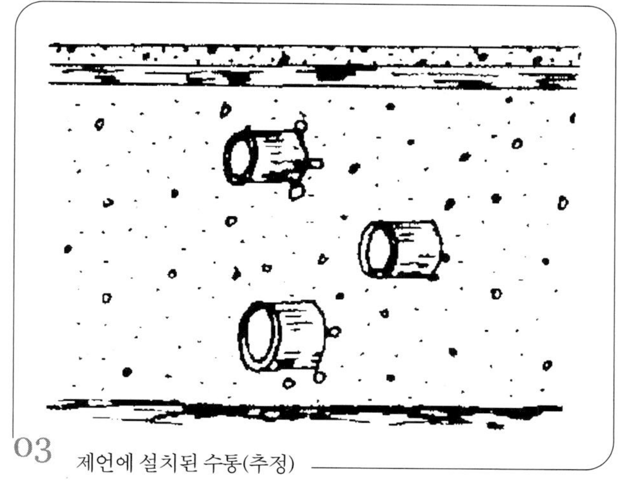

03 제언에 설치된 수통(추정)

한 고찰이 필요할 듯싶다. 아무튼 통일신라기에 수통을 설치하여 관개하는 제언을 축 조하였다는 것은 수리관개기술의 발달과 관련시켜 매우 유의된다고 하겠다.

영천 청제의 현존 방죽의 길이는 225m 정도이다. 이것은 청제비 병진명에 전하는 鄧(둑의 길이) 92尋(1심=8척)과 비슷한 거리에 해당한다.[48] 한편 대구무술오작비에 578년(진지왕 3)에 쌓은 塢(제방)의 길이가 50보라고 전하는데, 이것을 미터법으로 환 산하면, 90m(당척 기준) 또는 105m(고려척 기준) 정도에 해당한다. 영천 청제의 사례 에서 보듯이 제방의 길이가 100~200m에 해당하는 경우, 수통을 설치하여 관수하는 것 이 일반적이었다고 짐작해볼 수 있다. 그런데 수통보다 훨씬 더 안전하게 관수할 수 있 는 방법이 바로 수문을 설치하는 것이다.

서유구는 『임원경제지』에서 堤岸 둑의 한 부분을 헐어 양 옆에 벽을 만들고 이 벽에 홈을 만들어 일정한 크기의 판자를 층층이 꼽아 물을 흘려보내는 斗門의 방법을 알지 못한다고 하였고,[49] 또 다른 저서에서는 闥牖(수문을 말함)을 열고 닫아 引水와 排水를 적절하게 조절하는 것이 조선에는 없다고 언급하기도 하였다.[50] 서유구의 언급은 조선

---

47 『世祖實錄』권17 세조 5년 8월 辛丑조에 호조에서 제언의 관리에 대하여 아뢴 내용 가운데 '堤堰 좌우의 水道에는 돌을 깔아서 터지고 무너지지 않도록 하십시오' 라는 기록이 전한다.
48 1척을 당척 기준으로 30cm로 설정하고 92尋을 미터법으로 환산하면, 대략 220.8m(8×92×0.3m)가 된다. 당시에 고려척(1척 35cm)을 사용하였다고 한다면, 이것보다 더 길었다고 볼 수도 있다.
49 김현희 · 최기화, 1990, 앞의 논문, p.79.
50 문중양, 2000, 「조선 수리학의 종합」『조선후기 수리학과 수리담론』, 집문당, p.221.

후기에도 수문을 활용하여 관수하는 것이 널리 일반화되지 못하였음을 알려주는 사례로 주목된다. 그런데 조선시대에 수문을 활용하여 관수한 제언이 있었다. 그것이 바로 벽골제였다.

벽골제에 수문이 5개 있었다. 조선 태종 15년(1415) 벽골제를 修築할 때에 세운 중수비의 내용이 『신증동국여지승람』 권33 전라도 김제군 고적조에 전한다. 그에 따르면, '長生渠·中心渠·經藏渠의 세 수문은 그 전 돌기둥을 보수하였고, 水餘渠와 流通渠의 두 수문은 돌을 쪼개어 주춧돌로 삼고 느티나무 기둥을 세웠다. 또 양쪽의 석주심이 움푹 들어간 곳에는 느티나무 판을 가로질러서 내외로 고리와 쇠줄을 달아 나무판을 들어 올리면 물이 흐르도록 하였다' 고 전한다. 지금도 벽골제의 수문지에 두 개의 大石柱가 남아 있다. 그것들은 서로 마주보고 좌우로 대립하고 있다. 서로 마주보는 안쪽면에 각각 폭 20cm, 깊이 12cm의 홈(凹溝)을 위에서 아래까지 팠는데, 맨 아래쪽에 이르러 길이 63cm, 폭 30cm의 확대부를 만들었다. 나무로 만든 둑판을 이 홈에 嵌入하여 그것을 상하로 이동시키면서 방수량을 조절하였던 것으로 추정된다.[51]

벽골제에 관·배수용 수문이 5개 있었다고 하는데, 거기에서 배출된 물은 장생거·중심거·경장거 등으로 불리는 인공수로를 통하여 벽골제 아래의 수전에 관개되었을 것이다. 여기서 문제는 언제부터 수문을 설치하여 관·배수하였을까에 관해서이다. 조선 태종 15년(1415) 벽골제를 수축할 때, 장생거·중심거·경장거 세 수문의 돌기둥을 보수하였다고 전한다. 그 이전에 돌기둥을 이용한 수문이 존재하였음을 시사해주는 자료이다. 이를 통하여 고려시대에는 분명하게 돌기둥을 이용한 수문이 설치되어 있었음을 유추할 수 있다. 그러면 과연 통일신라시대까지 소급하는 것이 가능할까? 문제는 원성왕 6년(790) 벽골제를 수축할 때에 수문을 설치하였다고 볼 수 있을까에 관해서이다. 다음의 기록은 조선시대에 수문과 더불어 수통을 설치하여 관개하였음을 알려준다.

신이 근래 전라도 김제군 벽골제를 보니, 사방 둘레가 2息이 넘는데, 수문 다섯 개가 있고, (수문에서 흘러내려오는 물이) 大川과 같아서 1만 여 頃을 관개할 수 있었습니다. 옛 사람이 처음으로 堤堰을 쌓아서 水利를 일으켜 그 功이 매우 컸습니다. 甲午年(1414)에 修築한 이후 둑방 아래 넓은 들에는 禾穀이 무르익어 이를 바라보면 구름과 같습니다. 그러나 몇 군데는 筒을 잇대어 堅實하지 못하여 田地 70여 頃이 아직도 다 개간되지 못하고 있으니, 진실로 한스럽습니다. 원하옵건대, 일찍이 築造에 경험이 있는 사람인 前知金堤郡事 金倣을 파견하여 그 고을 수령과 함께 筒을 잇댄

---

51 윤무병, 1976, 앞의 논문, pp.70~71.

곳과 水口가 무너진 곳을 단단하게 쌓는 것이 어떠하겠습니까?[『태종실록』 태종 18년(1418) 1월 13일].

위의 기록은 태종 18년(1418) 1월 13일에 判廣州牧事 禹希烈이 上書한 글 가운데 일부이다. 우희열은 태종 14년(1414) 갑오년에 수축하였다고 언급하였으나 벽골제를 수축한 해는 1415년(태종 16)이다. 우희열이 상서문에서 벽골제의 경우 수문 5개와 더불어 수통을 잇대어 관수하였다고 언급하였다. 조선초기에 벽골제의 둑에다 수통을 설치하여 관개하기도 하였음을 알려주는 자료로서 유의된다. 앞에서 통일신라시대에 영천 청제의 경우 수통을 설치하여 관수하였다고 언급하였다. 조선시대에 벽골제의 둑에 수통을 잇대에 관수하였으므로 통일신라시기에도 그러한 방법을 활용하여 관개하였다고 추정하여도 크게 문제가 되지 않을 것이다. 여기서 문제는 통일신라시대에 과연 고려시대처럼 수통과 더불어 수문을 활용하여 관개하였는가의 여부에 관해서이다. 현재 이를 입증할 수 있는 구체적인 증거를 문헌에서 찾을 수 없다. 고고학적인 조사를 통해서도 고려 이전에 만들었다는 구체적인 증거는 찾을 수 없었다. 다만 이 문제와 관련하여 벽골제의 규모를 고려할 필요가 있을 듯싶다.

『삼국사기』 신라본기에서 흘해이사금 21년(330)에 신라가 벽골제를 쌓았다고 전하는데, 이것이 바로 김제의 벽골제를 가리키는 것인가에 대해서는 좀 더 신중한 검토가 필요할 듯싶다. 1917년(大正 6)에 실측되어 1924년에 발행된 1/50,000의 지도를 보면, 남쪽의 월승리에서 북쪽의 포교리까지 남북 일직선으로 평야를 가로질러 약 2.7km 가량 제방이 남아 있는 것을 살필 수 있다고 한다.[52] 『대동지지』 김제군 벽골군조에 따르면, 벽골제의 길이가 2,600보(주척으로 약 3.3km)였다고 하였다. 또한 『신증동국여지승람』에서는 벽골제의 길이를 60,843척(주척 기준, 12,534m, 營造尺 기준, 18,740m)이라고 하였다. 둑의 길이에 대하여 여러 가지 이설이 있긴 하지만, 그러나 그것의 길이가 최소 1.2km에서 최대 3.3km에 이르렀음은 분명하다. 『삼국사기』 신라본기에 흘해이사금대에 쌓은 벽골제의 길이를 1,800보라고 전한다. 이때 쌓은 벽골제가 실제로 김제 벽골제를 가리키는가에 관해서는 신중한 고려가 요구되지만, 당척을 기준으로 1,800보를 미터법으로 환산하면, 3.24km가 된다. 이와 같이 긴 제방을 가진 삼국시대의 저수지

---

52 성정룡, 2007, 「김제 벽골제의 성격과 축조시기 재론」 『한·중·일의 고대 수리시설 비교 연구』, 계명대 출판부, p.67.

를 경상도지역에서 찾을 수 없다. 통일신라 경덕왕 때에 본래 백제의 벽골현을 김제군으로 개칭하였는데, 이것은 경덕왕대 이전 신라 및 백제에서 김제에 소재한 저수지를 분명하게 벽골제라고 불렀음을 입증해주는 자료이다. 이와 같은 여러 정황을 참고하건대, 『삼국사기』 신라본기 흘해이사금대의 기사에 전하는 벽골제의 길이 1,800보에 관한 내용은 백제 또는 통일신라시대의 벽골제의 길이를 소급하여 기록한 것으로 추정해볼 수 있지 않을까 한다.

이처럼 백제 또는 통일신라 벽골제의 길이가 3.24km나 되었고, 게다가 몽리답이 1만 4천여 結 또는 9,840결 95부(약 9.500m²)에 달하였다고 할 때, 과연 이렇게 긴 제방에 수통만을 가지고 1만 여 결이나 되는 넓은 몽리답에 효과적으로 관개할 수 있었을까에 관해서 의문을 가지지 않을 수 없다. 명확한 증거는 없지만, 이와 같은 의문을 해소하려면, 통일신라에서도 고려시대나 조선시대와 마찬가지로 수통과 아울러 수문을 설치하여 관개하였다고 보아야 하지 않을까 한다.

이상에서 통일신라시대에 벽골제의 경우 조심스럽게 수문을 설치하여 관수하였을 가능성을 검토하여 보았다. 그런데 제방을 결궤하여 관수하는 경우, 물의 낭비가 심하고, 필요할 때마다 수전에다 관개하는 것이 그리 쉽지 않았을 것이다. 더구나 결궤하는 과정에서 제방이 무너지는 사례도 적지 않게 발생하였을 것이다. 이밖에 매년 가을철에 다시 제방을 쌓는 수고로움도 결코 만만치 않았을 것이다. 반면에 수통이나 수문을 통하여 관개하는 경우, 수전에 물을 공급할 필요가 있을 시에 적절하게 대처할 수 있었을 것이다. 뿐만 아니라 수통이나 수문을 통하여 관개하기 때문에 물의 낭비도 그리 심하지 않았을 것이다. 그리고 注水의 불편함을 해소할 수 있었을 뿐만 아니라 가을철마다 다시 제방을 쌓는 수고로움도 덜 수 있었음은 물론이다. 그러나 수통이나 수문의 설치로 인한 효과는 단지 이것에만 그치는 것이 아니다. 수전농법의 발달과도 깊이 연관되었기 때문이다.

충남 부여군 구룡면 구봉리유적의 백제시대 논유구에서 고랑과 이랑의 흔적이 발견되었다. 웅진시기 백제 논유구인 제3경작면에서 논둑 시설과 발자국이 확인되었고, 거기에서 아울러 고랑과 이랑의 흔적으로 보이는 약간의 굴곡이 발견된 것이다. 3세기 말~4세기 전반 이후에 조성된 제2경작면의 수전면 내에서도 고랑과 이랑의 흔적이 발견되었다. 이와 유사한 사례는 부여 서나성유적, 대구 동천동유적, 울산 어음리유적, 창원 반계동유적에서도 확인되었다.[53] 종래에 동일 경작면에서 수전과 아울러 고랑 및 이랑의 흔적이 발견되는 것을 논밭의 반복 전환 이용의 흔적, 즉 조선시대의 '回還農法' 이나 함경도 길주평야에서 수 백 년 이래 수도작과 조나 콩 등의 잡곡 농사를 일정한 차례에 따라 교대하는 윤작농법과 관련시켜 이해하였다.[54] 그러나 논유구에 고랑과 이랑이 있다는 흔적만으로 그것을 논밭 전환 이용과 직결시키는 것에 쉽게 동의하기 어렵다.

논유구에 고랑과 이랑이 존재한 사실과 관련하여 『수서』 신라전에 '水陸兼種을 행하였다' 고 전하는 사실을 주목할 필요가 있다. 종래에 이것 역시 논농사와 밭농사를 매년 교대로 시행하는 輪作, 즉 '회환농법' 과 관련시켜 이해하였다.[55] 그러나 '수륙겸종' 은 한 해에 水種과 陸種을 아울러 행한 관행과 관련되었다고 추정되므로 이러한 이해는 문제가 있다.[56] 이는 고대의 수전농법과 밀접하게 연관성을 지녔을 것인데, 특히 이랑과 고랑을 만들고 고랑에다 파종하는 것으로 알려진 乾耕直播法과 관련되었을 것이다.

건경직파법은 곰베[䃴木]로 논의 흙덩어리를 분쇄하고 써레로 토양을 평평하게 정지하여서 파종처를 熟治한 다음, 볍씨[晚種] 1두를 宿糞이나 尿灰 1석과 잘 섞어 足種하는 것을 말한다. 일반적으로 고랑과 이랑을 조성하고, 고랑에 볍씨를 파종하여 밭작물과 같이 키우다가 雨期에 빗물을 담아 일반 水稻와 같이 키웠다고 알려졌다.[57] 건경직파법은 아시아지역 어느 곳에서도 유사한 예를 찾아볼 수 없는 우리나라만의 독특한 도작법이었다고 한다.[58] 그러나 수경직파법에 비하여 숙치와 김매기에 상당한 노동력이 소요되고, 또한 묘의 뿌리가 깊이 들어가지 않아서 한해를 만나면 쉽게 말라버리기 때문에 조선초기에 郭瑜는 水種에 힘쓰도록 적극 독려하기도 하였다.[59]

조선초기 세종대에 편찬된 『농사직설』에서 벼를 경작하는 방법을 소개할 때에 수경

---

53 곽종철, 2002, 앞의 논문, pp.55~56.

54 충남대학교 백제연구소, 2001, 앞의 약보고서.
   곽종철, 2002, 앞의 논문, pp.57~65.
   양기석, 2005, 앞의 책, p.116.

55 김용섭, 1992, 「農書輯要의 농업기술」 『조선후기농학사연구』, 일조각.

56 종래에 '水陸兼種' 을 윤작법과 연결시키기 어렵다고 보고, 이는 단지 중국인들이 신라에 밭농사와 논농사가 공존한 사실을 개략적으로 표현한 것에 불과하다고 주장하기도 하였다(김기홍, 1996, 「신라의 '水陸兼種' 농업에 대한 고찰」 『한국사연구』94).

57 건경직파법에 대하여 염정섭, 2002, 「수전 경종법의 양상」 『조선시대 농업발달 연구』, 태학사와 이태진, 1986, 「乾耕直播 稻作과 稻畦·畝種水田」 『한국사회사연구 -농업기술발달과 사회변동-』, 지식산업사가 참조된다.

58 문중양, 2000, 「조선 수리학의 전사」 『조선후기 수리학과 수리담론』, 집문당, p.65.

59 粳稻之性 旱耕水種 則其根已深 故雖有旱而不枯 幸有雨露 終見收成. 乾種之 則根不深入 故遇旱則枯. 故水種不可不務也(『세조실록』권9 세조 3년 9월 을유 郭瑜의 上書文) ; 염정섭, 2002, 앞의 논문, pp.44~45.

직파법을 가장 먼저 소개하고, 이어서 건경직파법과 이앙법을 소개하였다. 일반적으로
조선초기에 수경직파법이 가장 널리 보급된 작법이었기 때문에 『농사직설』에서 가장
먼저 소개하였다고 이해하고 있다.[60] 여기에 소개된 수경직파법의 내용을 정리하면 다
음과 같다.

> 추수를 끝낸 다음, 水源이 있는 비옥한 수전을 택하여 秋耕을 한다. 겨울에 施肥를 하고 2월 상순
> 에 다시 한번 起耕을 한다. 써레[木斫]로 토양을 평평하게 정지하고, 쇠스랑을 가지고 흙덩어리를
> 분쇄한다. 그런 다음 볍씨를 물에 3일 동안 담갔다가 꺼내 섬[空石]에 넣어 싹이 트도록 한다. 싹이
> 2푼[分] 정도 자랐을 때, 수전에 고르게 뿌리고 번지[板撈]나 고무래[把撈]로 볍씨를 흙으로 덮는다.
> 그리고 물이 흥건하게 담기도록 관개하고 묘가 자라서 올라올 때까지 새가 먹지 못하도록 쫓는다.
> 묘가 자라면 여러 차례에 걸쳐 김매기를 해준다. 그때마다 배수하고 김매기가 끝나면 관개한다.
> 또한 관개와 배수가 자유로운 곳에서는 제초작업을 마칠 때마다 물을 완전히 빼내어 苗根을 2일
> 간 햇볕에 쬐어준다. 벼가 익으면 물을 빼서 벼가 빨리 익도록 한다.[61]

일반적으로 수전에다 볍씨를 뿌리면, 벼의 뿌리가 깊이 들어가기 때문에 旱害를 만
나도 쉽게 말라 버리지 않아 다수확이 가능하고, 반면에 건답에다 直播를 하면 뿌리가
깊게 들어가지 않기 때문에 한해를 만나면 벼가 쉽게 말라 죽게 된다고 한다. 한편 김매
기를 끝낸 후에 수전에서 물을 완전히 빼고 묘근을 햇볕에 쬐어주는 것은 耐風 및 耐旱
性을 키우기 위해서였다. 그런데 수경직파법은 자유로운 灌水와 排水를 전제로 하여
가능한 농법이다. 즉 파종할 때나 김매기를 할 때에 관수하는 것이 요구되고, 김매기가
끝난 뒤에 묘를 튼튼하게 해주기 위하여 수전에서 물을 완전히 빼서 햇볕에 쬐어주는
것이 필요하다. 그리고 수확기에는 물을 빼서 벼가 잘 익도록 배려해야 한다. 담수전이
나 물이 부족한 경우는 자유롭게 관수하거나 배수하기가 곤란하므로 이와 같은 방식으
로 경작하는 것에 한계가 있을 수밖에 없다.[62] 곧 수경직파법으로 벼농사를 지으면 건
경직파법이나 또는 항상 담수상태에서 벼를 재배하는 것에 비하여 생선성이 훨씬 높았
던 것이다. 따라서 통일신라시기에 제방에다 수문이나 수통을 설치하여 관개하는 제언

---

60 이태진, 1979, 「14~15세기 농업기술의 발달과 신흥사족」 『동양학』9 ; 1986, 『한국사회사연구-농업 기술발
　달과 사회변동』, 지식산업사.
　김용섭, 1991, 『조선후기농업사연구』2(증보판), 일조각.
　이호철, 1986, 『조선전기농업경제사』, 한길사.
　염정섭, 2002, 앞의 논문.
61 수경직파법에 관한 내용은 염정섭, 위의 논문, pp.40~46 및 문중양, 2000, 「조선 수리학의 전사」 『조선후
　기 수리학과 수리담론』, 집문당, pp.62~63을 참조하여 정리한 것이다.

을 개발한 결과, 수경직파법에 의하여 경작되는 수리안전답의 비중이 더 높아졌을 것으로 예상되고, 나아가 그것은 농업생산성의 증대로 이어졌다고 추정해볼 수 있다.[63]

62 특히 담수전에서 벼를 재배할 경우, 배수가 자유롭지 못하기 때문에 뿌리가 썩는 根腐現像에 따른 피해가 심하였다. 근부현상을 없애기 위해서는 무엇보다도 먼저 논을 건조시키는 것이 최상책이다. 제언에 의하여 관개되는 수전은 대부분 경사진 구릉지에 위치하는 경우가 많았으므로 관·배수가 원활하였다. 따라서 제언에 의하여 관개되는 수전의 증가만으로도 생산성의 증대를 꾀할 수 있었음은 물론이다. 여기다가 決堤 방식이 아닌 水桶을 설치한 제언에 의하여 관개되는 수전은 보다 안정적으로 물을 공급받을 수 있었기 때문에 비교적 안전하게 수경직파법으로 벼를 경작할 수 있었을 것이다.
63 본 논고는 전덕재, 1999, 「백제농업기술연구」『한국고대사연구』15 ; 전덕재, 2006, 『한국고대사회경제사』, 태학사, pp.111~135 ; 전덕재, 2007, 「농업」『백제의 사회경제와 과학기술』, 충청남도역사문화원 ; 전덕재, 2007, 「통일신라의 수전농법과 영천 청제」『한·중·일 고대 수리시설 비교 연구』, 계명대학교 출판부 ; 전덕재, 2009, 「철제농기구의 보급과 농사의 혁명」『농업과 농민, 천하대본의 길』, 두산동아에 게재된 내용을 부분적으로 수정·보완하고, 여기에 새롭게 연구한 내용을 추가하여 정리한 것이다. 때문에 본문에서 여기에 언급된 필자의 논고에 대해서 일일이 각주를 달지 않았음을 밝혀둔다.

●참고문헌●

경남대학교 박물관·밀양대학교 박물관, 1999, 「울산 무거동 옥현유적」.

곽종철, 2002, 「우리나라 선사~고대 논밭유구」『한국 농경문화의 형성』, 학연문화사.

곽종철·이진주, 2003, 「우리나라의 논유구 집성」『한국의 농경문화』6.

廣瀬和雄, 1991, 「耕地と灌漑」『古墳時代の研究』4(生産と流通Ⅰ), 雄山閣.

국립가야문화재연구소, 2008, 「함안 성산산성 13차 발굴조사 현장설명회 자료」.

國立光州博物館, 1997, 『光州 新昌洞 低濕地 遺蹟Ⅰ』.

권병탁, 1986, 「청제제도 연구」『민족문화논총』7, 영남대 민족문화연구소.

______, 1986, 「菁堤文簿 資料解說」『民族文化研究』7.

김기흥, 1996, 「신라의 '水陸兼種' 농업에 대한 고찰」『한국사연구』94.

김도헌, 2003, 「선사·고대 논의 관개시설에 대한 검토」『호남고고학보』18.

김현희·최기화, 1990, 「한국 전통관개시설의 유형과 입지조건」『응용지리』13.

都出比呂志, 1989, 「古代水田の二つの型」『日本農耕社會の成立過程』, 岩波書店.

木浦大學校 博物館·務安郡·韓國道路公社, 1997, 『務安 良將里 遺蹟』.

문중양, 2000, 「조선 수리학의 전사」『조선후기 수리학과 수리담론』, 집문당.

______, 2000, 「조선 수리학의 종합」『조선후기 수리학과 수리담론』, 집문당.

박정화, 2007, 「상주 공검지의 축조과정과 그 성격」『한·중·일의 고대 수리시설 비교 연구』, 계명대
출판부.

성정룡, 2007, 「김제 벽골제의 성격과 축조시기 재론」『한·중·일의 고대 수리시설 비교 연구』, 계명대
출판부.

市川秀之, 1998, 「狹山池の樋と堤」『第7回東日本埋藏文化財研究會 治水·利水遺跡を考える』第Ⅱ分冊.

申光燮 外, 1993, 「扶餘 宮南池 第2·3次 發掘調査槪報」『考古學誌』5.

양기석, 2005, 『백제의 경제생활』, 주류성.

염정섭, 2002, 「수전 경종법의 양상」『조선시대 농업발달 연구』, 태학사.

윤무병, 1976, 「김제 벽골제 발굴보고」『백제연구』7.

윤용구, 1996, 「한국고대의 '중국식 산성'에 대하여」『한국고대사논총』8.

이광린, 1961, 『이조수리사연구』, 한국연구총서 제8집.

이동주, 2006, 「밀양 수산제 수문의 발굴조사와 성격」『석당논총』36.

이병도, 1956, 「韓國水田의 紀元」『두계잡필』.

이태진, 1986, 「乾耕直播 稻作과 稻畦·畝種水田」『한국사회사연구 -농업기술발달과 사회변동-』, 지식
산업사.

전덕재, 1999, 「백제농업기술연구」『한국고대사연구』15.

______, 2006, 『한국고대사회경제사』, 태학사.

______, 2007, 「농업」『백제의 사회경제와 과학기술』, 충청남도역사문화원.

______, 2007, 「통일신라의 水田農法과 永川 菁堤」『한·중·일의 고대 수리시설 비교 연구』, 계명대학교 출판부.

______, 2009, 「철제농기구의 보급과 농사의 혁명」『농업과 농민, 천하대본의 길』, 두산동아.

정인구, 1974, 「의림지 築堤에 관한 일고찰」『한국임학회지』23.

趙伯顯·吳旺根·李東碩, 1972, 『土壤肥料』, 語文閣.

최상준 외, 1996, 『조선기술발전사』4〈리조전기편〉, 과학·백과사전종합출판사.

충남대학교 백제연구소, 2001, 「구룡-부여간 도로확장 및 포장구간내 문화유적 발굴조사 약보고서」.

八賀晋, 1966, 「古代における水田開發-その土壤的環境」『日本史研究』96.

______, 1972, 「古代の農耕と土壤」『古代の日本』2.

3 | 동아시아 고대 수리토목기술의 발달과 확산

성정용 _ 충북대학교

고대 농경생산을 획기적으로 제고시키는데 기여한 중요한 요소 가운데 하나로 수전농경을 위한 안정적인 수원을 확보하는데 기여한 제언의 축조를 들지 않을 수 없다. 본고에서는 한국의 수리시설을 중심으로 그 축조 양상을 살펴보고, 특히 한반도 토목기술의 수용과 확산과정에서 중요한 역할을 한 것으로 여겨지는 백제를 중심으로 동아시아 수리토목기술의 기술적 계보와 그 확산과정을 검토하고 그 의의를 살펴보고자 한다.

이에 따라 본고에서 다루고자 하는 공간적 범위는 한국과 중국·일본 등 동아시아 지역이며, 시간적 범위는 수리관련 토목기술의 경우 시대가 내려와도 그다지 크게 변하지 않는 모습을 보이고 있기 때문에 발굴조사를 통해 그 축조 양상이 밝혀져 있는 근세 유적도 그 대상으로 한다.

전통적인 수리시설은 기본적으로 토축을 위주로 하고 있기 때문에, 이는 토성의 축조기술과 자연스럽게 연결된다. 고대 삼국 가운데 흙과 관련된 토목기술이 가장 발달한 나라는 풍납토성과 같은 도성을 처음부터 土築한 백제였다. 이 백제의 토축기술은 중원 지역의 것이 낙랑지역을 매개로 하여 이입된 것으로 보이는데, 이를 밝히기 위해서는 낙랑 지역의 토목기술 양상을 확인하는 것이 중요하지만 실제 고고학적 자료는 그다지 잘 알려져 있지 않으며 낙랑토성과 같은 토성의 존재를 통해 그 개요를 짐작해볼 뿐이다. 한편 백제에 정착된 수리토목기술은 백제와 왜의 밀접한 관계를 통해 5세기 무렵 긴끼[近畿]지역으로 전해져 왜의 저습지 개발을 촉진시키는 계기로 작용한 것으로 보인다.

한국에서 조사된 수리토목시설들의 양상을 검토해 보자.

1. 한국 수리토목기술의 양상

1) 김제 벽골제

　벽골제는 당진 합덕제 및 연안 남대지와 함께 조선 3대 堤堰의 하나로 꼽히는 거대한 제방이었다. 특히『新增東國輿地勝覽』의 벽골제 중수비 기록에 의하면 1415년에 대규모의 수축공사를 실시하여 북쪽부터 차례로 水餘渠와 長生渠·中心渠·經藏渠·流通渠 등 5개 수문을 보수 또는 신설하였는데,[1] 이들 5개 수문에 의한 몽리범위는 김제를 중심으로 북쪽의 만경현에서 서쪽의 부안현과 남쪽의 고부·인의현의 경계에 이르기까지 매우 광범위하여 관개면적이 9,840結 95負(약 9,500만㎡)에 달할 정도였다고 하니 이 제언의 규모를 짐작하기에 부족함이 없다. 그런데 이러한 벽골제가『삼국사기』와『삼국유사』에도 4세기대에 축조된 것으로 기록되어 있어(표 1), 고대 수리시설의 축조 양상과 국가 권력과의 관계를 보여주는 중요한 유적으로서 주목되어 왔다. 특히 1975년에 충남대학교박물관에서 실시한 장생거와 경장거 두 수문에 대한 발굴조사 결

표 1 _ 벽골제 관련 기록들의 제방길이와 둘레 (성정용, 2007, 표 1)

典據	길이		둘레		관개면적		비고
三國史記(330년)	1,800步	營造尺3,348m					
三國遺事(329년)	□□166步		□17,026步		水田14,07□	약9,300만㎡	전법 상등전 1결= 약2,000평
新增東國輿地勝覽	60,843尺	周尺 12,534m 營造尺18,740m	77,406步	1보=6주척 95,674m	9,840結95負	약9,521만㎡	A/貢法 1등전 1결=9,675㎡, 높이 17尺, 너비: 하변 70尺, 상변 30尺
興地圖書 金堤郡 碧骨堤條	1,800步	약2,343m	76,406步	上同?	9,840結 95負	上同	신증동국여지승람 전재시의 착오인 듯
大東地志 金堤 碧骨堤條	2,600步	1步=6周尺, 3,385m	80里	20,000m			
1975년 발굴보고서		약3km					최대저수면적 약3,700만㎡
1975년 실측		2,721m					홍사준 1978
벽골제안내판		3,300m	80리	20,000m		9,900만㎡	홍사준 1978

---

1 重修碑郡之南十五里 許有大堤名曰碧骨 古人舉金堤古名因以爲號郡亦因是堤之築改今名焉 堤之長六萬八百四十三尺 堤內周回七萬七千四百六步 開五渠灌漑水田凡九千八百四十結九十五負 古籍所載也其 第一曰水餘渠跨一水流至萬頃縣之南 第二曰長生渠跨二水流至萬頃縣之西潤富之源 第三曰中心渠跨一水流至古阜之北扶寧之東 第四曰經藏渠 第五曰流通渠竝跨一水流入仁義縣西 五渠所灌土皆沃饒是堤也[新增東國輿地勝覽 金堤郡 古跡條 碧骨堤 所引 重修碑]

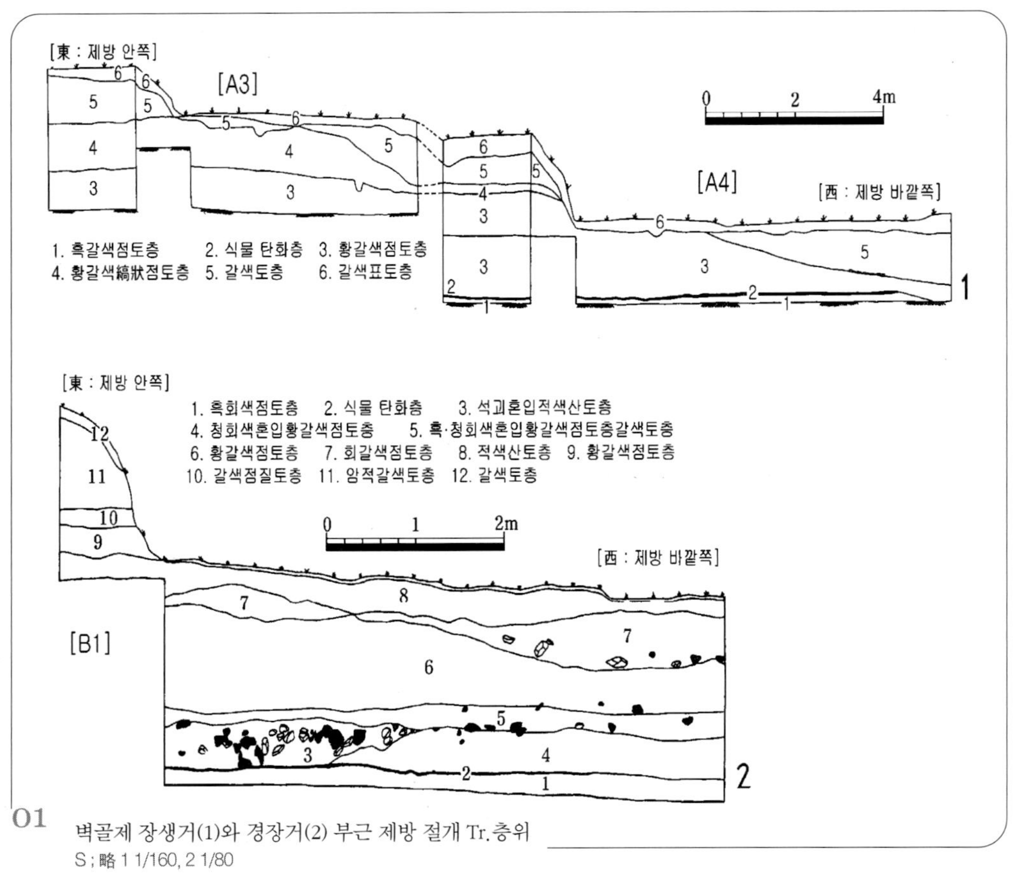

01 벽골제 장생거(1)와 경장거(2) 부근 제방 절개 Tr.층위
S ; 略 1 1/160, 2 1/80

과 모두 수문 양쪽에 대형 석주가 잘 남아 있고 앞쪽으로는 판석으로 된 방수로가 있었으며, 특히 경장거는 방수로 양 옆으로 잘 치석된 석재를 사용하여 2~3단으로 구축한 호안석축이 남아 있어 앞의 기록을 뒷받침해주고 있다. 그런데 무엇보다 주목되는 것은 이 수문 시설보다도 장생거 부근의 제방 절개 Tr. 조사에서 확인된 제방 축조 방법이다. 이 곳의 제방 최대 잔존 높이는 4.3m 가량인데, 특히 두께 2.4m 가량의 균질한 황갈색 점토를 사용한 1차 구축토 아래에 두께 1~2cm 가량의 흑색 식물탄화층이 깔려 있었다고 한다. 이 식물탄화층은 경장거의 생토층(흑회색점토층) 위에도 2~3cm 두께로 두텁게 깔려 있었는데(그림 01-2의 2층), 이것이 이른바 "부엽공법"의 흔적이다. 이 부엽층에서 채취한 시료의 연대가 1600±100BP(230~650AD), 1576±100BP(250~650AD), 1620±110BP(100~650AD) 등으로 나와 이 제방이 4세기대에 축조되었다는 결정적인 증거로 인용하게 되었다.

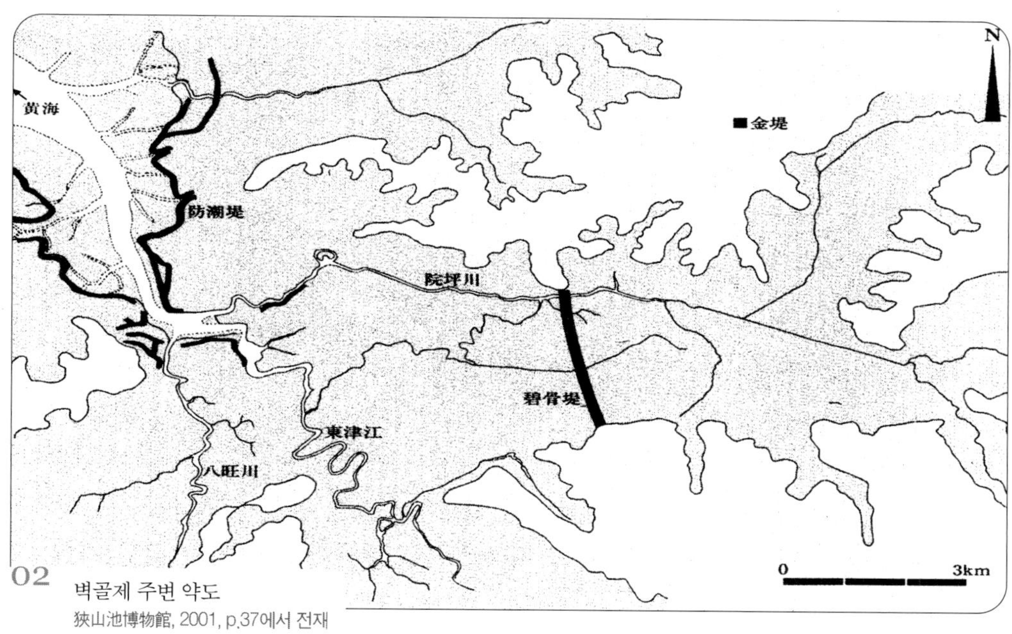

02 벽골제 주변 약도
狹山池博物館, 2001, p.37에서 전재

이처럼 벽골제는 기록과 조사 결과가 일치하는 듯이 보이며, 이 경우 고대에 거대한 제언을 축조한 극히 중요한 사례라 할 수 있다. 그런데 [표 1]의 기록들에 보이는 여러 차례의 수축 기록과 제방 내부토에서 와편이 출토되었다고 보고한 점(윤무병, 1976), 그리고 후술하는 바와 같이 백제의 영향을 받았다고 하는 일본 고대의 수리시설들이 모두 木樋을 사용하여 유수를 배출시킨 점 등으로 미루어 볼 때 정연하게 돌로 쌓은 현존 수문과 그 주변 제방이 곧 백제 때 것이라는 주장은 수긍하기 어려우며, 이는 1415년 수축 당시 축조된 것일 가능성이 높아 보인다(성정용, 2007a). 그러나 원성왕 때인 790년에 벽골제를 증축하였다는 기록을 존중한다면,[2] 벽골제는 최소한 그 이전에 이미 축조되어 있었던 것이 확실하다. 이 경우 초축 시기가 4세기보다 약간 늦은 웅진·사비기 무렵이거나, 혹은 처음 제방이 현존 제방과는 다른 위치에 축조되었을 가능성 등 여러 경우를 생각해 볼 수 있다(성정용, 2007a : 2007b). 그러나 이처럼 현존 제방의 축조시기가 문제가 된다 하여 벽골제의 의의가 감소하는 것은 아니다. 벽골제는 관개제언으로서의 역할뿐만 아니라, 대규모의 저수 기능을 통해 홍수시 수위 조절을 함으로써 제 바깥의 침수를 방지하는 한편 만조 특히 사리 때는 수위가 한껏 높아진 바닷물에 의해

---

2 六年(790) 春正月 以宗基爲侍中 增築碧骨堤 徵全州等七州人興役[三國史記 卷10 新羅 本紀 10]

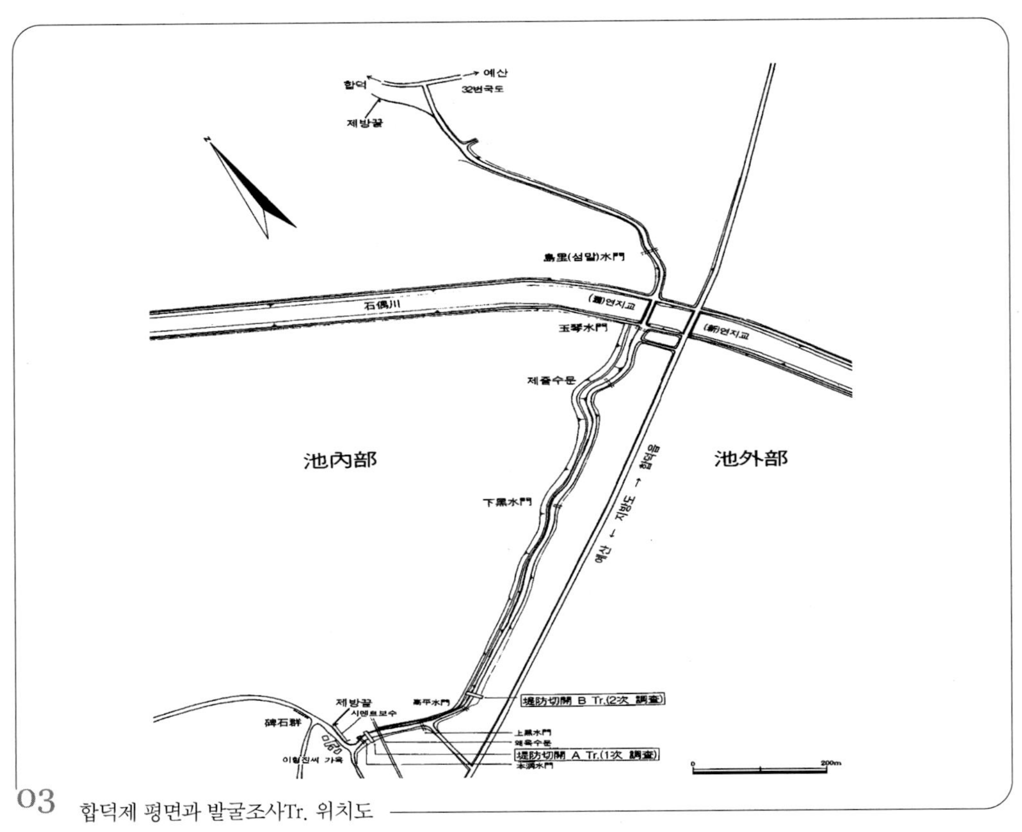

03 합덕제 평면과 발굴조사Tr. 위치도 ————

하천 흐름이 역류되는 것을 차단하여 堤 내의 농경지 침수도 방비할 수 있는 다목적인 역할을 수행했던 것으로 생각된다(그림 02, 성정용, 2007b). 특히 초축 당시에는 바닷물의 역류를 방지하는 방조제적 기능이 있었던 것으로 추정되고 있어(森浩一, 1993 ; 小山田宏一, 2005), 벽골제는 후술할 수산제 등과 함께 둑[堤]을 축조하여 제 내부의 저지대 개발을 촉진하는 築堤開田 방식의 효시라 할 수 있다. 또한 조사 지점 제방의 수축 시기가 문제가 되기는 하지만 벽골제에서 확인된 부엽공법은 풍납토성의 축성기법과도 통하는 것이어서 대규모 수리토목기술의 기술적 계보를 짐작해 볼 수 있다.

2) 당진 합덕제

당진군 합덕읍 대합덕리에 위치한 합덕제는 현존 길이가 1,770m에 달하는 대형 제방으로서, 본동 · 왜목 · 상흑 · 고평 · 하흑 · 제줄 · 옥금 · 섬말 등 8개소에 수문이 있다(그림 03). 이는 후삼국 때 견훤이 축조하였다는 世傳이 있으며,『조선왕조실록』성종실록과 중종실록 등의 기록에 의하면 고려 때 축조하였다고 한다. 1915년에 발간된 지도를 참조하면 제방을 포함한 둘레가 4.5km에 池 내부 면적은 37만 평 정도이며, 몽리범위는 서남편으로 하신리 일부와 북편으로 합덕리 창리마을 일부를 포함하여 길이 4.5km 너비 3.5km 범위의 290만 평 정도로서 세종 당시의 관개면적 127결(약 38만 평)과는 크게 차이가 있다.

  1997~98년에 걸쳐 본동 수문 부근의 2개 지점을 절개 조사한 결과 최대 5차례에 걸쳐 수축된 흔적이 확인되었다. 이 중 가장 하부에 있는 1차 제방은 기반토를 정지하고 그 위에 먼저 枝葉을 갈은 다음 점성이 강한 회(청)색 니토를 5~10cm 두께로 얇게 깔아 다지고 다시 지엽을 까는 것을 반복하여 40cm 내외 높이까지 쌓았다. 그 위로는 사질토와 점질토를 혼용하면서 제방 안쪽을 주로 보강 성토하여 제방을 완성하였다. 이처럼 합덕제에서도 제 축조를 위한 기초에 니토와 함께 부엽공법을 사용한 것이 확인되었는데, 부엽의 재료로는 짚과 같은 것이 사용된 것으로 보인다(그림 04) · (그림 05). 그런데 이 1차 제방은 C14연대측정결과와 제 내부에서 출토된 백자편 등으로 보아 17세기 무렵에 축조된 것으로 밝혀져 기록이나 世傳과는 큰 차이가 나게 되었다(成正鏞, 2002). 그렇다면 기록상의 초기 제방은 없었던 것일까? 혹 현 제방보다 상류쪽에 소규모의 초기 제언이 있다가 후대에 현재 위치에 축조하였을 가능성과 함께, 현 위치의 초

04 합덕제 제방 외부 축조 단면 모습

05 합덕제 제방 기저면의 부엽층

기 제언이 홍수 등으로 완전 유실됨에 따라 대대적으로 수축 공사를 실시하였을 수도 있다. 분명한 것은 현재의 제방이 조선 후기에 수축된 것이지만, 이 시기의 수리시설 축조 기술 또한 고대의 것과 전혀 다르지 않음이 다시 한 번 확인된 셈이다.

3) 상주 공검지

경상북도 지방기념물 제121호로 지정되어 있는 공검지는 일명 "공갈못" 으로 잘 알

06 상주 공검지 전경
박정화 2007에서 전재

려져 있다. 공검지는 산곡형의 자연지형을 이용하여 계곡부에 일자형의 제방을 축조한 것으로 보이는데(그림 06), 정비복원을 위해 2005년도에 제방 단면 절개조사가 실시되어 축조기법을 파악할 수 있게 되었다(박정화, 2007). 문헌에 의하면 공검지는 명종 25년(1195)에 옛 제방을 다시 쌓았다고 하므로 그 이전에도 존재가 확인된다(표 2).

표 2 _ 공검지 관련 기록

典據	길이		둘레		관개면적		비고
高麗史尙州牧							明宗 25년에 司錄崔正份이 예 터에 수축
世宗實錄地理志 尙州牧	860步	1,589m			260結	171만m²	明宗 25년에 司錄崔正份이 예 터에 수축
新增東國興地勝覽 山川 恭檢池	860步		16,647尺	5,127m			高麗 明宗때 司錄崔正份이 옛 터에수축
商山誌蒼石本	860步		16,647尺				高麗 明宗때 司錄崔正份이 옛 터에 수축

조사결과 공검지 제방 또한 뻘층 상면에 목제시설물과 나뭇가지 등을 깐 층(부여층)과 함께 흙을 성토하여 기저부를 형성하고, 기저부 상면의 중앙에 점토와 사질점토를 수평하게 쌓아 제방의 중심부를 만든 후, 제방의 내·외부는 중심부의 양쪽에서 비스듬하게 쌓아 마무리하였음이 확인되었다. 이러한 축조방법은 벽골제나 합덕제에서 확인된 양상과 역시 동일한 것이다(그림 07).

공검지 또한 비록 현존 제방의 축조시기가 기록과 부합하지 않을 수 있지만, 발굴조사된 주요 제방들의 축조기법

07 상주 공검지 층위 단면
박정화, 2007에서 전재

이 동일한 것은 시사하는 바가 크다.

4) 밀양 수산제

수산제는 우리나라의 대표적인 수리시설 가운데 하나인데, 『신증동국여지승람』밀양도호부조에는 고려 후기에 김방경(1212~1300)이 축조하였다 전하고 있다. 수산제는 1992년 말에 수문지에 대한 조사가 실시되어, 자연암반을 터널식으로 굴착하여 평소 일정량의 물을 흘려보낼 때만 이용하였던 것으로 추정되는 수문이 확인되었다(동아대학교박물관, 1993). 제방에 대한 본격적인 절개조사가 실시되지 않아 구체적인 축조기법을 알 수 없는 것이 아쉽다. 그런데 수산제는 통상적인 제언과 달리 낙동강에서 불과 1km도 떨어져 있지 않은 용진강변에 축조되어 있어 낙동강의 범람과 역류를 막아 堤 안쪽을 보호하면서 이 저습지의 경작지화를 촉진하는 방조제적 기능이 강하였던 것으로 보인다.(성정용, 2009 ; 곽종철, 본책 내용 참조.) 수산제는 결국 벽골제와 유사한 기능을 가진 築堤開田型의 예로서 주목된다.

5) 구례 봉북리유적

이 유적에서는 청동기시대 및 원삼국~삼국시대에 걸친 주거지와 무덤, 그리고 통일신라~조선시대에 걸친 저수지 관련 시설 등이 복합적으로 확인되었다(南道文化財研究院, 2007). 이 중 저수지의 동편에서 석축으로 된 배수시설과 함께 제방의 기초로 보이는 면이 확인되었다. 이곳에서는 제방의 내부 끝단으로 보이는 부분에 자연목이 제방과 나란하도록 배열되어 있는 한편, 제방으로 추정되는 부분에 길이 430cm 너비 120cm 범위에 나뭇가지 등을 부설한 흔적이 확인되었다. 제방 자체는 거의 남아 있지 않지만, 이 나뭇가지가 제방 기초부분에 깔은 부엽공법의 흔적으로 생각되고 있다. 축조시기는 확실히 알 수 없으나, 주변에서 확인된 배수시설에서 고려시대의 토기편이 보이고 있어 통일신라시대까지 소급될 수 있을 것으로 조사자는 추정하고 있다.

6) 함안 성산산성

　　성산산성은 1991년부터 발굴조사가 진행된 결과 동쪽 성벽 축조를 위한 기반토에서 다량의 목간이 출토되어 유명한 유적이다. 이 목간 출토지점은 계곡부를 가로질러 성벽이 축조되어 있는데, 이 일대는 성내의 가장 저지대여서 성 내부의 지표수와 지하수가 지속적으로 유입되어 성벽에 부담을 주게 된다. 이에 따른 석축성벽의 붕괴 방지를 위해 성벽 안쪽으로 폭 약 16.4m에 3.4m 높이로 성토를 하였는데, 이 성토층의 하부에 부엽공법이 사용되고 있음이 확인되었다(국립가야문화재연구소, 2008). 여기의 부엽공법에는 나뭇잎과 가지·지푸라기 등이 동시에 사용되었다고 하는데,[3] 부엽공법이 사용된 층의 너비는 15.2m에 최대높이는 2.4m 가량이다. 이는 삼국시대에 백제 지역 이외의 곳에서 부엽공법이 확인된 최초의 예로서, 최소한 삼국시대 후기에 저지대의 築堤기술이 성벽을 포함한 다양한 분야의 토목기술로서 광범위하게 확산되어 있음을 보여주는 것으로 생각된다.

2. 中國과 日本의 고대 수리토목시설

1) 中國의 수리시설

(1) 壽縣 安豊塘

　　陂塘은 중국의 저수시설을 가리키는 것으로서, 芍皮塘이 중국에서 가장 이른 蓄水灌溉堤堰의 예로 알려져 있다(王雙懷, 2009, 134). 이는 戰國 楚 莊王 17년(BC 597) 무렵에 孫叔敖가 安徽省 壽縣에 세운 것으로서, 후한대에 廬江太守로 부임한 王景이 後漢 建初 8년(83)에 이를 수리하고 稻田을 개간하였다고 하며[4] 建安 5년(200)에는 曹操도 이를 수리하였다고 한다.[5] 芍皮塘이 바로 지금의 安豊塘인데, 1959년에 실시된 제방

3　조사담당책임자인 이성준선생에게 구두로 확인하였다. 감사드린다.
4　『後漢書』列傳76 循吏列傳66 王景條.
5　『三國志』魏書 武帝紀.

조사에서 생토 위에 자갈돌을
깔고 그 위로 흙과 풀 등을 교호
로 쌓는 부엽공법이 최초로 확
인되어(殷滌非 1960),[6] 축조 시
기를 알 수 있는 제언으로서 그
구체적인 築堤 기술을 알려주
는 중요한 예이다.

(2) 灌縣 都江堰

강과 도랑을 막고 물의 수위
를 높이거나 물이 세는 것을 방
지하기 위한 시설을 堤壩라고

08 四川 都江堰전경
中國 旅遊出版社 編, 2005, p.4에서 전재

하는데, 전국시대 말기의 도강언과 秦漢 때의 山河堰 등이 그 대표적인 에로 꼽히고 있
다(王雙懷, 2009, 131). 이 중 都江堰은 四川省 省都에서 57km 가량 떨어진 岷江 중상류
와 陀江의 줄기가 갈라지는 곳에 위치하고 있는 수리시설로서, 秦 昭王 때 蜀郡 太守로
있던 李氷이 아들과 함께 BC256년 무렵 축조하였다고 전해진다. 이는 分水堤(角嘴)와
溢洪道(飛沙堰)·離堆引水口(寶瓶口)의 3부분으로 구성되어 있다. 分水堤는 岷江을
內·外江으로 2분하고 있으며, 내강 우안에 있는 溢洪道는 길이 240m로서 홍수 방지
역할을 하고 있고, 寶瓶口는 玉壘山과 離堆의 사이에 위치하여 내강의 유량을 통제하
도록 되어 있다고 한다(그림 08, 王雙懷, 2009, 132). 이처럼 도강언은 역사적으로 매우
중요하고 현재 모습이 축조 당시 원형을 유지하고 있는 것으로 추정되고 있지만, 구체
적인 축조 방법은 밝혀지지 않았다(中國旅游出版社 編 2005).

(3) 鄞县 它山堰

이는 寧波시내에서 약 30km 떨어진 浙江省 鄞县 인강진 서쪽의 타산 옆 장서 서구
에 위치하고 있는 제언으로서, 王元暐가 봉화강에서 들어오는 해조를 막고 제언의 물
을 동쪽으로 흘려 관개에 이용하도록 하기 위해 AD833년부터 건설하기 시작한 것으

---

6 보고서에서는 이를 풀과 흙을 혼합하였다 하여 "山草法"으로 부르고 있다(殷滌非 1960).

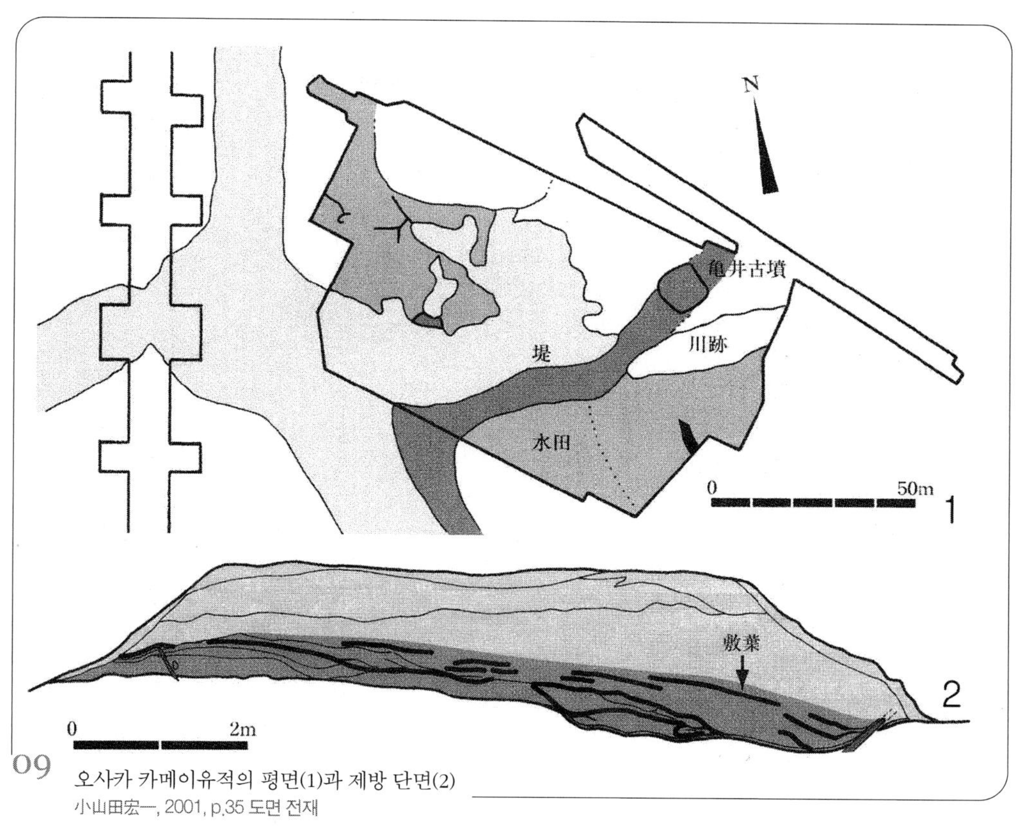

09 오사카 카메이유적의 평면(1)과 제방 단면(2)
小山田宏一, 2001, p.35 도면 전재

로 알려져 있다. 규모는 길이 133.7m에 너비 4.8m, 높이 3.85m이며, 돌과 점토를 섞어 축조한 것으로 알려져 있으나 구체적 축조 방법은 확인되지 않았다. 해수 범람 방지와 관개 등 다목적 측면에서 벽골제와 비교할 수 있는 제언으로 보인다.

2) 일본

(1) 오사카 카메이[大阪 龜井]유적

오사카[大阪]부 야오[八尾]시에 있는 카메이[龜井]와 큐호우지[久宝寺] 유적은 카와치[河內] 湖에서 남동쪽으로 약 2km 떨어져 있는데, 이 중 카메이유적은 저지대에 위치한 제방유적이다. 이 제방은 동에서 서로 흐르는 소하천과 직교하도록 되어 있으며, 북쪽에 있는 카메이고분을 지나 북동쪽으로 연장되고 있다. 제방 구축 방법을 보면 동쪽을 향하도록 말목을 박고 기저부부터 청회색 니질토와 흑회색점토 등을 얇게 블록상으로

10 오사카 큐호우지유적 水堤 전경
小山田宏一, 2001, p.34에서 전재

쌓아올리면서 그 사이사이에 갈대와 독미나리 등의 초본류를 깔고 있어 부엽공법이 이용되었음을 잘 보여주고 있다. 소하천과 만나는 부분의 경우 이처럼 점토와 초본류를 교호로 쌓아올린 높이가 0.6m쯤 되며, 그 위는 점토와 사질토를 이용하여 축조하였다. 하천 부분의 제방 잔존 높이는 1.8m이며, 북동쪽으로 가면서 기저면이 높아져 고분 주구 부분에서는 약 0.3m가량 된다. 제방 상부 폭이 6~7.5m에 하단부 폭은 9.5~10m 정도로서, 단면이 梯形을 하고 있다(그림 09). 축조 시기는 고분과 하상의 퇴적층에서 출토된 스에끼[須惠器] 형식 등으로 미루어 5세기 말~6세기 초 무렵으로 추정되고 있다 ((財)大阪文化財センター, 1980, 394~396).

당시 소하천이 유입되던 카와치호는 죠마치[上町]대지의 끝부분에서 오사카 灣과 연결되는데, 큰 비가 올 경우 요도[淀] 하천과 야마토[大和] 하천에서 흘러들어오는 물이 넘쳐나면서 하천이 역류한다. 여기에 만조와 태풍이 겹쳐지게 되면 해수면이 급격히 상승하면서 큰 피해를 입게 된다. 이 점과 함께 제방의 위치를 고려하면 카메이유적은 단순히 하천을 막기 위한 것이 아니라 하천의 역류에 의한 수해로부터 수전을 보호하기 위해 축조된 것으로 봄이 타당하며(小山田宏一, 2001), 벽골제의 기능과 관련하여 堤內의 경작지를 보호하기 위한 제언의 예로서 주목해보아야 한다.

(2) 오사카 큐호우지[大阪 久宝寺]유적

　　오사카[大阪]府 야오[八尾]市에 있는 큐호우지유적에서는 호안의 양쪽에서 물살 흐름과 반대방향으로 돌출되도록 설치되어 있는 길이 9m 이상에 폭 4.5m 정도되는 나무 결구 시설이 발견되었다. 이러한 나무 결구 시설의 내부가 점토와 돌로 채워져 있다면 소위 堰으로 불리는 제방 시설이 될 수 있으나, 이 유적의 나무 결구 시설 내부는 비어 있는 상태였다(그림 10). 이처럼 물살의 흐름과 반대방향으로 되어 있으면서 안에 아무 것도 채워져 있지 않은 나무 결구시설을 물의 흐름을 약하게 하여 河岸을 보호하기 위한 소위 "水制"라 보는 견해가 있다. 이러한 수제는 야요이[彌生]시대에는 없던 것으로서 하천의 특성을 숙지하는 치수 지식이 필요하며 나아가 한반도계 토기도 확인되고 있기 때문에 역시 한반도로부터의 도래인이 도입하였을 것으로 추정되고 있다(小山田

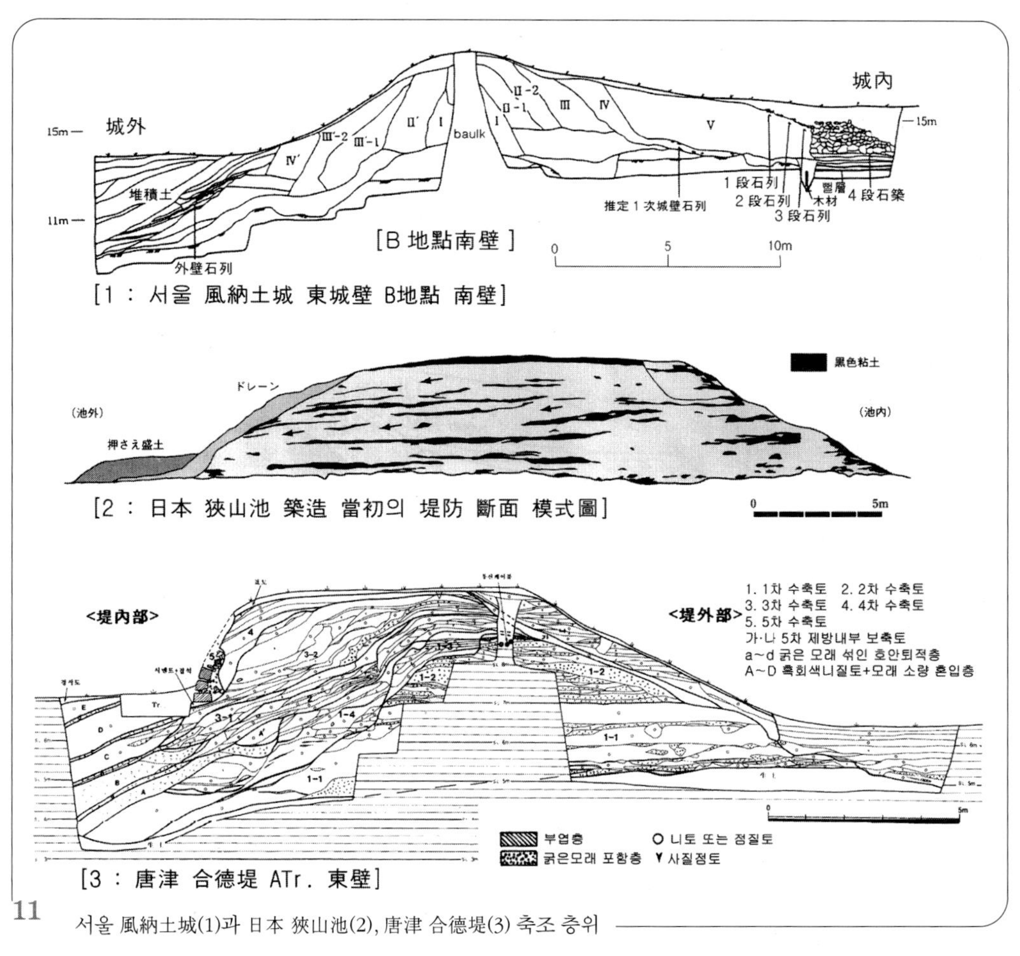

11　서울 風納土城(1)과 日本 狹山池(2), 唐津 合德堤(3) 축조 층위

大阪 狹山池의 飛鳥·奈良時代
東樋 노출 모습
小山田宏一, 2001, p.39에서 전제

大宰府 水城의 부엽층 모습
小山田宏一, 2001, p.43에서 전재

宏一, 2001).

(3) 오사카 사야마이케[大阪 狹山池]

사야마이케[陝山池]는 오사카 남쪽에 있는 텐노[天野]川을 가로질러 축조된 댐식 저수지로서, 『日本書紀』와 『古事紀』에 등장하는 유명한 제언이다. 이 유적은 제방 발굴조사에서 출토된 동쪽 도수관[東樋]의 연륜연대 측정결과가 616년 무렵으로 밝혀져 축조연대가 분명한 일본 최고의 저수지이다. 사야마이케의 제방은 동쪽과 중앙부의 축조양상이 다르지만, 기본적으로는 두 지점 모두 부엽공법이 사용되고 있다. 한편, 東樋이 있는 동쪽 제방의 경우에는 흙블록을 이용하여 축조한 것이 확인되는데, 제방 기저부에서 약 1m 높이까지는 이 흙블록과 부엽층을 교호로 쌓아올리고 있다. 그 위로는 흙블록을 판축에 사용되는 판자와 같은 역할을 할 수 있도록 구획을 만든 다음 그 안에 부엽과 흙을 채워 넣어 堤를 완성시키는 방법을 사용하고 있다.

이와 달리 中樋이 있는 중앙부의 경우 부엽층의 간격이 넓고 성토에 사용된 흙도 모래와 나무껍질 등을 혼합한 흑갈색점토가 주를 이루고 있다. 여기서 주목되는 것은 흑

갈색점토층과 모래·실트 등이 제 바깥을 향하도록 경사져 있으면서, 보송보송한 사질
토가 제 바깥면을 한 겹 덮고 있는 것이 확인된다는 점이다. 흙으로 만든 제방의 경우
저수된 물이 당연히 제 안으로 침투하게 될 수밖에 없는데,[7] 침투수가 堤 외측의 사면
으로 나가게 되면 곧 누수가 시작되는 위험한 상태가 되고 이는 곧 제방의 붕괴로 연결
될 수 있다. 그러므로 이 침투수를 배수하는 시설이 필요하게 되는데, 흑갈색점토는 물
이 통과하기 어렵기 때문에 침투수는 주로 작은 틈들이 있는 모래나 실트층을 지나 제
외측 사면의 하단부로 모이게 된다. 한편 제 바깥을 덮고 있는 보송보송한 사질토는 제
방 사면 말단부의 융기를 방지하기 위한 성토층으로 추정되는 土塊의 아래쪽으로도 계
속 이어지고 있다(그림 11·12). 이로 보아 이 사질토는 제내로 침투한 물을 배수시키
기 위한 배수토 역할을 하는 것으로 추정된다(小山田宏一, 2001, 39). 이처럼 사야마이
케는 부엽공법과 함께 堤內로 침투된 물을 배수시키는 드레인공법이 활용되는 등 고도
의 새로운 토목기술이 도입되어 활용된 중요한 예라 할 수 있다.

(4) 다이자이후 미즈끼[大宰府 水城] 유적

663년 백제부흥을 위해 파견한 대군이 백촌강전투에서 대패한 후 왜는 나당연합군
이 침공할 것을 두려워하여 다이자이후[大宰府]를 방어하기 위한 성곽 축조 등 대대적
인 토목공사를 벌이게 된다. 이에 대해 『日本書紀』는 "664년에 쯔시마[對馬]와 이끼[壹
岐 : 長岐縣], 쯔꾸시국[筑紫國 : 福岡縣] 등에 방위군과 봉수대를 설치하고, 또 쯔꾸시에
豪를 갖춘 大堤를 축조하였는데 이름하여 미즈끼[水城]라 불리운다" 하여 이름과 축조
연대가 구체적으로 나온다. 또 665년에는 "달솔 오쿠라이후쿠루[憶禮福留]와 달솔 시
히후쿠부[四比福夫]를 쯔꾸시에 파견하여 오노죠[大野城]와 키이죠[基肄城]를 축조하였
다"고 한다. 즉 망명한 백제 관료가 미즈끼 등의 축조에 직접 관여하였음이 문헌을 통
해 확인되며, 이는 곧 이들의 축조에 적용된 대규모 토목기술이 백제에 있었음을 보여
주는 것이다.

미즈끼는 오노죠 아래쪽의 후꾸오까 평야가 가장 좁아지는 지점에 계곡을 가로지르
도록 축조하여 북쪽의 하까타[博多]灣으로부터 침공을 대비하도록 만든 토루이다. 전체
길이는 1.2km 정도로서, 기저부 폭이 약 80m에 그 위에 쌓은 토루 본체의 하부 너비가

---

7 침투한 물의 수위를 일반적으로 浸潤線이라 부른다.

20m가량되며 전체높이는 10m 정도이다. 축조방법을 보면 기저부는 점질토와 사질토를 교대로 쌓고 가장 아래의 2·3층은 부엽공법을 사용한데 비해(그림 13), 그 상부의 토루 본체는 판축과 성토로 견고하게 축조되어 있는 차이를 보이고 있다. 전술한 사야마이케의 경우 堤 상하 전체에 부엽층이 있는데 비해 미즈끼는 기저부의 하층에만 부엽되어 있는 것이 특징이라 할 수 있다.

한편 기저부의 아래에는 토루 바깥으로 물을 빼내는 木樋이 최소 3개 이상 설치되어 있는데, 길이 약 80m에 히노끼 나무로 된 판재를 대형 꺾쇠를 이용하여 상자형으로 조립한 형태를 하고 있다.

3. 고대 수리토목기술의 확산과정과 그 의의

선사시대의 수리시설은 처음 간단히 보를 만들어 물길과 수원을 조절하는 데서부터 시작한다. 이후 삼국시대 무렵에 계곡의 일정 지점을 가로질러 둑[堤]을 쌓음으로써 관개에 필요한 물을 안정적으로 공급할 수 있는 저수지를 만들기 시작한 것으로 보인다. 『삼국사기』와 『삼국유사』에 기록되어 있는 矢堤 및 벽골제 등의 축조와 여러 제언에 대한 수리 기사는 이러한 사정을 말해주는 것이다. 그런데 보와 달리 본격적인 댐 즉 堤를 만들기 위해서는 그 규모에 따라 대규모의 노동력을 동원할 수 있는 강제력이 있어야 함은 물론 물의 압력과 누수 등에 견딜 수 있는 고도의 토목기술이 필요하다. 그런데 고대부터 堤를 만드는 가장 기본적이고 전통적인 방법은 토축하는 것으로서, 이는 토성의 축조기술과 자연스럽게 연결된다. 즉 성곽 축조와 같은 대규모 토목공사가 빈번하게 이루어지는 삼국시대에 堤堰의 축조가 일반화되는 것은 기술적 흐름으로 볼 때도 대단히 자연스러운 것이다.

고대 삼국 가운데 흙과 관련된 토목기술이 가장 발달한 나라는 풍납토성과 같은 도성을 처음부터 정교하게 土築으로 만든 백제임은 잘 알려져 있다. 풍납토성에서는 벽골제나 합덕제 등에서 보이는 부엽공법과 함께 중심토루에 기대어 내벽과 외벽의 판축토루를 연접해 나가는 分塊法, 일종의 터파기공법인 基粗法, 성벽이 중심토루에 역경사를 이루며 판축되는 역경사판축법, 성벽 외부를 보호하기 위한 敷石과 석축시설 등 다양한 토루 축조기법이 확인되고 있다(신희권, 2008). 중국에서는 이미 앙소문화기의

西山城址에서 다양한 토루 축조 기법이 확인되고 전국시대 성벽과 제방 축조에도 응용되고 있는데, 이러한 기술이 한반도에 도입되는 것은 언제일까?『史記』朝鮮傳에 나오는 王險城이 만약 토축으로 되어 있었다면 한반도 서북지방은 漢代 이전부터 중국과 관련성을 생각해 볼 수 있지만 왕험성의 실체를 아직 확인못한 지금 무어라 말하기는 어렵다. 다만 분명한 것은 풍납토성의 경우는 역시 한대 이후의 기술이 도입되어 축조된 것으로 봄(신희권, 2008, 71)이 타당하다. 이와 관련하여 AD83년에 안풍당을 축조한 것으로 알려진 여강태수 왕경의 존재가 주목된 바 있는데(권오영, 2005, 183), 천문과 산술·수리 등에 능한 왕경이 바로 낙랑 출신이다. 이러한 인물의 존재와 함께 낙랑토성과 소라리토성을 비롯한 토성들의 존재를 통해 낙랑 지역에 중원의 토목기술이 이식되어 있었음을 유추할 수 있으며, 백제가 낙랑과의 교류 또는 낙랑민의 유입을 통해 이러한 기술을 수용할 수 있었음은 자연스러운 일이라 할 수 있다. 그 유입 시기는 대개 3세기를 전후한 시점이었을 것이다.

이처럼 백제지역에 정착된 수리토목기술이 왜로 전해지는 데에는 두 개의 커다란 획기가 존재한다고 생각된다. 첫 번째 획기는 5세기 무렵으로 상정되는데, 큐호우지유적의 水制나 카메이유적의 부엽공법과 같은 새로운 토목기술이 긴끼지역에 유입되면서 대규모 저습지 개발을 촉진시킨 것으로 생각된다. 특히 카메이유적에서 확인된 부엽공법을 포함한 축제 기술은 이후 저지대 개발에 커다란 영향을 미친 것으로 보이는 점(小山田宏一, 2001, 36)에서 그 역사적 의의가 적지 않다. 그러한 대표적인 예가 도우다이지[東大寺]에 속해있는 효고[兵庫]縣의 쯔노쿠니[攝津國] 이나노쇼우[猪名莊]와 도꾸시마[德島]縣의 아와노쿠니[阿波國] 니이지마노쇼우[新嶋莊] 등 8세기 무렵 河口 부근 가까이에 개척된 장원들로서, 바다 쪽에 해수 진입을 막는 제방 즉 방조제를 만들어 그 안쪽 저지대에 대한 개발을 진행하였다. 이러한 제방 축조의 기술적 원류를 바로 카메이유적에서 구할 수 있으며, 일본에서 5세기 무렵에 이후 시기 치수공사의 원형이 탄생하였다고 볼 수 있다. 나아가 한반도로부터 이러한 기술의 도입 시기 역시 카메이유적의 예로 보아 5세기 무렵으로 볼 수 있을 터인데, 이와 관련하여 이 시기 키나이[畿內] 및 주변지역에서 백제계 벽주건물과 토기 등이 여러 유적에서 확인되는 점이 주목된다. 오사카에서는 나가하라[長原]유적에서 벽주건물과 함께 조족문토기와 타날문 심발형토기 등이 출토되는 한편 주변에서 반도계의 분구식 고분도 확인되었으며, 쿠와츠[桑津]유적에서도 벽주건물과 목간이 확인된다. 또 나라[奈良] 지역에서는 가쓰라기[葛城]市 난고[南鄕]유적과 텐리[天理]市의 이치노모토다까츠카[一本高塚]유적, 아스카[飛鳥]

지역의 다카토리[高取]市 시미즈다니[淸水谷]유적과 모리카시타니[森ヵシ谷]유적·간가쿠지[觀覺寺]유적·호란도[ホランド]유적·하우찌[羽內]유적 등 많은 유적들에서 벽주건물을 비롯한 반도계문물이 확인되고 있다(權五榮, 2008).[8] 벽주건물은 공주 정지산 유적의 조사 이래 백제지역에서 주로 확인되고 있어, 긴끼[近畿]지역에 벽주건물을 축조한 집단이 백제지역에서 이주하였을 가능성이 대단히 높다고 할 수 있다. 다만 이들 집단의 원향을 특정하기는 쉽지 않은데, 아직까지 이들 유적에서 한강유역의 백제와 직접 관련된 유물이 거의 출토되지 않는 대신 효고[兵庫]縣 데아이[出合]유적의 타날문 토기와 같이 4~5세기의 긴끼 및 주변지역에서는 금강유역 또는 서남부지역과 연관이 있어 보이는 유물들의 출토빈도가 현저히 높은 편이다. 이러한 유물상과 달리 『日本書紀』神功紀의 七支刀기사나 腆支王이 405년에 즉위를 위해 왜에서 귀국할 때 왜병 100명이 호위한 예[9]에서 볼 수 있듯이 백제와 왜의 중앙 사이에는 4~5세기 무렵 상당히 밀접한 관계가 있었음을 부인할 수 없다. 어쨌든 유물상으로 보면 5세기 무렵 왜 지역에 도입된 새로운 축제기술은 백제 중앙이 아닌 지역세력과의 관계를 통해 도입되었을 가능성도 있어 보인다. 그러나 무엇보다 댐을 축조하여 제 내부의 저지대를 개발하는 築堤開田 방식이 이미 전술한 벽골제에서 그 원형이 보인다는 점(成正鏞, 2008)에서 왜의 수리토목과 치수 기술이 백제의 영향임은 분명하다.

　　두 번째 획기는 바로 백제 멸망을 즈음한 시기로서, 보다 거대한 성곽축조와 같은 토목기술 및 도시계획 등이 도입된다. 바로 다이자이후 미즈끼[水城]와 키이죠[其肄城], 오노죠[大野城] 등과 같은 대규모 토목공사가 그것으로서, 이들은 백제계 고급관료들에 의해 직접 축조되었음이 기록으로 확인된다. 큐슈를 비롯한 왜 지역에 고대 산성이 축조되는 것도 이 무렵을 전후한 것으로 보아도 좋을 것이다. 특히 미즈끼는 다이자이후를 보호하기 위해 사비 나성을 모델로 하여 나성과 같은 역할을 할 수 있도록 지점을 선정하고 축조하였다 보는 견해가 있는 만큼(小山田宏一, 2001, 44), 백제 도래인들이 갖고 있던 지식과 경험이 고대국가의 도성 건설 등과 같은 대규모 토목사업에 상당한 역할을 하였을 것이다.

---

8 이 중 난고유적에서는 벽주건물과 함께 水邊제사로 보이는 도수시설 및 煙筒을 비롯한 다량의 한식계토기가 검출되었는데, 광주 동림동유적의 양상과 상당히 유사하여 영산강유역 주민의 이주가능성도 제기되고 있다(權五榮, 2008, 21).
9 『三國史記』百濟本紀 腆支王 元年條.

이처럼 낙랑을 거쳐 백제 지역에 정착하여 발달된 수리토목기술은 조선시대까지 거의 변화없이 이어지는 한편, 백제와 왜의 밀접한 관계를 배경으로 현해탄을 건너 전해짐으로써 왜 지역의 관개수리 및 토목기술의 토대가 되었던 것이다.

한편 사야마이케와 미즈끼의 목통은 백제 지역에서 저지대에 축조된 토루나 제언의 배수 시설 형태를 추정케 해주는 좋은 자료로 생각된다. 그런데 아직까지 백제 지역에서 목제 수로 시설이 확인된 예가 없는 반면에 부여 사비 나성의 동문지 주변에서는 성벽을 통과하는 왕포천의 유수를 처리하기 위해 석축 수로 시설을 했던 것으로 여겨지고 있다(박순발 외, 2003). 그러나 이는 상당한 규모의 하천수를 처리하기 위한 불가피한 시설이었을 것으로 생각되며, 제언의 배수로나 소규모 유수를 처리하는 데에는 아마도 일본의 예와 같이 목제 수통을 주로 이용하였던 것으로 봄이 타당할 것 같다. 앞으로 이러한 예의 발견이 기대된다.

●참고문헌●

국립가야문화재연구소, 2008,『咸安 城山山城』13차 발굴조사 현장설명회 자료.

權五榮, 2005,「物資・技術・思想의 흐름을 통해 본 百濟와 樂浪의 교섭」『漢城期 百濟의 物流시스템과
　　　대외교섭 』, 한신대학교학술원 제1회국제학술대회발표자료집, pp.173~196.

＿＿＿, 2008,「壁柱建物에 나타난 백제계 이주민의 일본 畿內지역 정착」『韓國古代史研究』49, 한국고
　　　대사학회, pp.5~49.

김도헌, 200,「한국의 청동기시대 수리시설」『정징원교수정년기념논총』.

南道文化財研究院, 2007,『求禮 鳳北里遺蹟』.

동아대학교박물관, 1993,『밀양 수산제 수문지 기초조사보고서』.

박정화, 2007,「상주 공검지의 축조과정과 그 성격」『한중일의 고대수리시설 비교연구』, 계명대학교 출
　　　판부.

박순발 외, 2003,『泗沘都城』, 忠南大學校百濟研究所.

成正鏞, 2002,『唐津 合德堤』, 忠南大學校博物館.

＿＿＿, 2007a,「金堤 碧骨堤의 性格과 築造時期」『한중일의 고대수리시설 비교연구』, 계명대학교 출판부.

＿＿＿, 2007b,「제5장 百濟의 土木技術」『百濟의 建築과 土木』, 百濟文化史大系 研究叢書15, 忠清南道
　　　歷史文化研究院, pp.481~518.

신희권, 2001,「風納土城의 築造技法과 性格에 대하여」『風納土城의 發掘과 그 成果』, 한밭 大學校 開校
　　　第74周年記念 學術發表大會論文集, pp.59~81.

王雙懷, 2009,「中國 古代 水利施設의 特徵과 變遷樣相」『의림지의 탄생배경과 그 역사성』, 제천 의림지
　　　국제학술회의, 충북대학교 중원문화연구소, pp.125~144.

尹武炳, 1976,「金堤 碧骨堤 發掘報告」『百濟研究』7, 忠南大學校 百濟研究所, pp.67~92.(1992,「金堤 碧
　　　骨堤 發掘報告」『百濟考古學研究』7, 百濟研究叢書 第2輯, 忠南大學校 百濟研究所, pp.345~376.
　　　에 전재)

＿＿＿, 1998,「碧骨堤의 堤防과 水門」『金堤 碧骨堤水利民俗遺物展示館 開館記念 國際學術討論會 發
　　　表論文集』.

李光麟, 1961,『李朝水利史研究』, 韓國研究叢書第8輯, (財)韓國研究圖書館.

이한상, 2006,「우리나라 古代 水利施設과 水山堤」『石堂論叢』第36輯, 東亞大學校 石堂傳統文化研究院,
　　　pp.49~76.

최종규, 2007,「風納土城의 築造技法」『풍납토성 500년 백제왕도의 비젼과 과제』, 풍납토성 발굴 10주
　　　년 기념 제16회 문화재연구 국제학술대회.

일본

九州歷史資料館, 1994,『大宰府史蹟 平城5年度發掘調査概報』.

工樂善通, 1995, 「古代築堤における敷葉工法」『文化財論叢』II, 奈良國立文化財研究所 創立40周年記念
　　論文集.

今西龍, 1934, 「全羅北道西部地方旅行雜記」『百濟史研究』, 東京 : 近澤書店.

奈良縣立橿原考古學研究所, 2003, 『南鄕遺跡群III』.

(財)大阪文化財センター, 1980, 『龜井・城山』.

大阪府立狹山池博物館, 2002, 『狹山池博物館 常設展示案內圖錄』.

小山田宏一, 2001, 「渡來人と治水技術」『圖錄 古代の土木技術』, 大阪府立狹山池博物館.

______, 2005, 「百濟의 土木技術」『古代都市와 王權』百濟研究叢書 第13輯, 忠南大學校百濟研究所
　　編, 서경, pp.371~385.

______, 2006, 「狹山池の堤の構造」, 『大阪府立狹山池博物館研究報告』3, pp.5~12.

市川秀之, 1998, 「狹山池の樋と堤」, 『第7回東日本埋藏文化財研究會 治水・利水遺跡を考える』第II分冊.

森浩一, 1993, 「溝・堰・濠の技術」, 『古代日本の技術と知慧』, 大阪書籍.

중국

國家文物局考古領隊培訓班, 1999, 「鄭州西山仰韶時代城址的發掘」, 『文物』1999-7.

馬世之, 2003, 『中國史前古城』, 湖北敎育出版社.

殷滌非, 1960, 「安徽省壽縣安豊塘發現漢代閘壩工程遺址」『文物』60-1期.

錢耀鵬, 1999, 「關于西山城址的特點和發歷史地位掘」『文物』1999-7.

中國旅游出版社 編 2005, 『都江堰』.

河南省文物考古研究所周口地區文化局文物科, 1983, 「河南淮陽平粮臺龍山文化城址試掘簡報」, 文物』
　　1983-6.

湖南省文物考古研究所, 1999, 「縣城頭山古城址1997-1998年度發掘簡報」, 『文物』1999-6.

荊州博物館・福岡敎育委員會, 1997, 「湖北荊州市陰湘城遺址東城墻發掘簡報」, 『考古』1997-5.

농업기술의 발전과 농경의례

1. 토지활용방식을 통해 본 한국고대 농업기술의 발전과정 _ 이현혜
2. 철제 농기구의 발전과 지역성 _ 김재홍
3. 한국고대의 농경의례와 그 변화 _ 주보돈

이현혜 _ 한림대학교

1 토지활용방식을 통해 본 한국고대 농업기술의 발전과정

1. 농업기술의 발달과 토지활용방식의 변화

한국농업기술의 연구 현황을 살펴 보면 연구자에 따라 연구 목적이나 접근 방법이 다양하다. 유물사관의 발전도식을 한국사에 적용하는 과정에서 농업기술을 다루기도 하고, 각 시대의 토지제도나 수취제도의 변화를 농업기술과 연계시켜 파악하기도 한다. 또는 사회사적 관점에서 정치사회적 발전과정을 설명하는 중요 근거로 농업기술의 변화를 주목하는 경우도 있다.[1]

농업기술의 정치·사회적 기능을 밝히기에 앞서 먼저 농업기술의 발달 과정을 체계화할 수 있는 기준이 필요하다. 농업기술의 발달 과정에 대해서는 도구나 에너지를 기준으로 掘棒사용단계—鋤·鍬농법단계—犁耕단계로 나누기도 하고, 토지활용방식에 따라 休閑단계—連作常耕단계—多毛作단계 등으로 구분하기도 한다. 토지활용방식을 결정짓는 핵심 요소는 기술, 인구, 환경 등이다. 이들 각 요소들이 복합적으로 작용한 결과가 토지활용방식으로 나타나기 때문에 토지활용방식의 변화는 생산기술의 변화를 나타내는 중요 지표라 할 수 있다. 그러므로 토지활용방식에 따른 구분은 각 단계별 농업기술의 수준을 판단할 수 있는 유용한 방법 중 하나이다.

이 글에서는 토지활용방식을 기준으로 한국고대 농업기술의 변화 추이를 파악하고자 한다. 토지활용방식의 발전단계는 Forest fallow(長期休耕)—Bush fallow(中期休耕)—Short fallow(短期休耕)—Annual cropping(1年1作)—Multicropping(多毛作)으로

---

1 이현혜, 1998, 『한국고대의 생산과 교역』, pp.4~9.

구분한 Ester Boserup의 분류 기준을 참고하였다.[2] Ester Boserup의 연구는 인구밀도와 농업생산기술의 상호관계에 대한 것으로 연구 대상지역이 대부분 밭농사지대이다. 그러므로 일찍부터 논농사를 겸해온 한반도의 경우, 적용 범위를 밭농사에 국한시켜야 하는 한계가 있다. 그리고 한국 선사시대나 고대사 분야에서는 아직도 인구 문제에 대한 연구사례가 거의 없어 Ester Boserup의 발전도식을 적용하고 검증할 만한 연구 토대가 형성되어 있지 않다. 그러나 시간적으로 공간적으로 다양한 자료를 종합한 이같은 설명의 틀을 한국 고대 밭농사 기술의 발전과정에 적용해봄으로써 한국고대농업기술의 발전 과정의 방향성과 보편성을 확인할 수 있을 것이다.

2. 신석기시대의 토지활용방식

농경의 시작은 신석기혁명이라고 부를 만큼 인류 문화의 발전 과정에서 획기적인 변화로 인식되어 왔다. 그리하여 각 지역마다 언제부터, 무슨 작물을, 어떠한 방식으로 재배하기 시작했는가 하는 것이 중요한 연구 과제가 되었다. 그간 우리 학계에서도 전파론적 시각에 편중되긴 하였지만 한반도 농경문화의 기원과 전래 과정을 밝히기 위해 많은 노력을 기울여 왔다.

현재까지의 연구에 의하면 한반도에 살던 주민들은 신석기시대 중기부터 조 등을 재배하는 원시적인 밭농사를 실시하였다. 황해도 봉산군 지탑리유적(2지구)은 이를 뒷받침하는 대표적인 유적으로써 이곳 2호 집자리에서 조 또는 피로 추정되는 탄화곡물과 돌로 만든 경작도구와 갈돌이 출토되었다.[3] 이 유적은 B.C. 3000년경[4] 또는 B.C. 3500년 이전으로 편년되고 있다.[5] 그리고 비슷한 시기에 해당하는 충북 옥천리 집자리 유적에서도 조, 보리, 밀, 벼 등 각종 탄화곡물이 출토되어 벼와 밀, 보리 재배 개시 시

---

2 Boserup, Ester, 1981, 『*Population and Technological Change*』, p.19.

3 황기덕·도유호, 1961, 『지탑리원시유적발굴보고』 유적발굴보고 8.

4 황기덕, 1984, 『조선원시 및 고대사회의 기술발전』, p.74.
　정징원, 1997, 「신석기시대의 유적과 유물」『한국사』2, 국사편찬위원회, p.375.

5 안승모, 1998, 『동아시아 선사시대의 농경과 생업』, p.14·383.

기에 대해 새로운 정보를 제공하였다.[6] 원시농경단계에서는 나무로 만든 굴봉만을 사용하여 농사를 짓는 경우도 있으므로 농기구가 나오지 않는다고 해서 농경 실시를 부인할 수는 없다. 마찬가지로 지탑리유적 보다 앞선 신석기시대 전기의 유적에서도 뿔괭이와 같은 굴지구가 출토되었으나 채집 활동시 식물뿌리를 캐는데 사용되었을 가능성이 있으므로 뿔괭이만으로 농경 실시를 단정할 수도 없다. 그런데 지탑리유적에서는 탄화곡물만이 아니라 굴지구, 돌낫, 갈돌 등 기경, 수확, 조리에 사용된 도구들이 골고루 출토되어 농경 사실을 구체적으로 뒷받침하고 있다.

지탑리에서 불과 8km 떨어진 봉산군 마산리 7호집자리에서도 탄화된 조가 출토되었는데 토기, 갈돌, 보습 등 유물, 유적의 성격이 지탑리와 유사한 것으로 밝혀졌다.[7] 이 밖에도 두만강, 한강, 금강 유역 등 한반도 각지의 신석기시대 중기와 후기 유적에서 지탑리유적에서 나온 것과 유사한 석제 굴지구들이 출토되었다. 서울 암사동유적,[8] 평양의 금탄리유적 신석기문화층,[9] 경북 금릉군 송죽리유적,[10] 대전 둔산유적 신석기시대 문화층[11] 등이 대표적이다. 이 유적들은 농기구의 형태만 닮은 것이 아니라 토기와 주거지의 입지 조건, 석촉, 갈돌 등 생활과 관련된 각종 도구들이 많은 공통점을 나타내므로 이들은 서로 비슷한 농경형태를 영위했던 것으로 볼 수 있다. 그러므로 이를 기원전 4000년기 이래 한반도에 살고 있던 신석기시대 주민들에게 널리 보급된 농경의 한 유형으로 간주할 수 있다.

그러면 이같은 농경 유형은 토지활용방식이란 기준에서 볼 때 어느 단계에 속했을까? Boserup의 발전도식에 의하면 인구가 가장 희박한 단계에서 나타나는 토지활용방식은 Forest fallow(長期休耕)이며 휴경기간은 10년 이상이다. 이 단계에서는 파종하기에 앞서 삼림을 개간하여 경작지를 마련하기 때문에 나무를 채벌하고 불에 태우는 伐木火耕(slash and burn cultivation)을 기본으로 한다.[12] 그리고 작업 과정은 伐木, 파종, 수확의 세 종류만으로 구성되고, 주요 생산도구는 벌목용 돌도끼, 掘地具, 수확구이다.

---

6 한남대학교중앙박물관, 2003, 『옥천대천리신석기유적』, pp.125~126.

7 변사성·고영남, 1989, 「마산리유적의 신석기시대집자리에 대하여」 『조선고고연구』 4, pp.17~19.

8 국립중앙박물관, 1994, 『岩寺洞』, p.188(도면 65-⑥), p.192(도면 67-④).

9 김용간, 1964, 『금탄리원시유적발굴보고』, p.8.

10 계명대학교 박물관, 1994, 『金陵松竹里遺蹟特別展圖錄』, PL 16.

11 충남대학교 박물관, 1997, 『屯山』, pp.246~252.

12 이러한 농경형태는 火田, 刀耕火種, 燒田, shift cultivation 등으로 불린다.

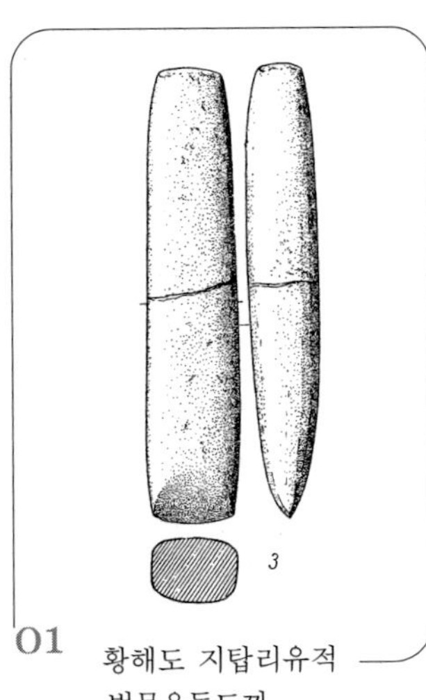

01 황해도 지탑리유적
벌목용돌도끼

02 웅기 서포항유적
벌목용돌도끼

03 웅기 서포항유적 돌따비

민족지 자료에 의하면 벌목화경 지역의 주된 굴지구
는 掘棒(digging stick)이며, 여러 종류의 작물을 섞어
서 파종하는 경우가 많다.[13]

한반도 신석기시대 중·후기 농경문화의 주된 생
산 도구는 석제였다.[14] 지탑리유적 등지에서 출토된
돌도끼는 길이 20cm, 너비 5.5cm 정도로 보통의 돌
도끼 보다 훨씬 크다. 이러한 돌도끼는 경작지 개간
작업에 필요한 伐木도구로 추정되며[15] 지탑리유적

04 금릉 송죽리유적 돌따비

주민들의 농경방식이 벌목화경에 의한 것이었음을 시사한다. 그런데 원시적인 벌목화
경단계에서는 한번 개간한 경작지는 2~3년 연속 이용한 후 삼림이 원상 회복될 때까지
휴경 하는데 삼림회복 기간은 기후와 자연환경에 따라 다양하다. 휴경기간이 길수록
토양 상태가 단단하고, 나무가 우거지게 되므로 벌목하여 불 태우더라도 경작지 여러
곳에 타다 남은 풀뿌리와 나무그루터기가 남아 있다. 그러므로 이러한 조건의 경작지
에서는 무겁긴 하나 석제 굴지구를 사용하는 것이 효과적이다.

---

13 D.B.Grigg, 1974, 『The Agricultural System of the World』, pp.57~58.

14 황기덕 · 도유호, 1961, 『지탑리원시유적발굴보고』, 유적발굴보고 8, pp.41~52.

15 『조선원시 및 고대사회의 기술발전』, 과학백과사전출판사, 1984, p.67.

이를 뒷받침하듯 지탑리유형의 유적에서 널리 출토되는 굴지구는 돌따비와 돌보습이다. 발굴보고서에서는 돌따비를 돌괭이라고 부르고 있지만 20cm를 전후하는 길고 무거운 돌도구를 괭이처럼 사용하는 것은 기능상 무리이다. 괭이는 날과 손잡이자루가 'ㄱ'자 모양을 이루며 몸쪽으로 끌어 당기면서 작업을 하는 도구이다. 반면 굴봉은 날 끝과 자루가 일직선을 이루며, 단단한 경지를 일굴 때는 자루가 휘지 않고 직선인 것이 좋다. 지탑리 등지에서 출토된 이른바 신바닥 모양 괭이라고 하는 석제도구는 괭이로 조합하는데는 적합하지 않으며 날과 자루가 일직선상에 있는 굴봉 내지는 돌따비로 보아야 한다. 이러한 모양의 굴봉은 민족지자료에서도 널리 확인되는 도구이다. 그러므로 이 유형의 유적에서 출토되는 길이 약 25cm 미만의 신바닥모양 기경구를 괭이로 부르는 것은 도구 본래의 기능과 맞지 않으므로 돌따비로 고쳐 불러야 할 것이다. 그리고 돌보습은 돌따비 보다도 훨씬 크다. 지탑리유적 2지구에서 출토된 돌보습 중 형태가 완전한 것만도 22개나 되며 큰 것은 길이 50~65cm, 작은 것은 30~40cm 정도이다.[16] 돌보습의 사용방법은 정확히 알 수 없지만 토양 표면을 얇게 긁어 파종구를 만드는데 쓰였을 것이다.

논농사에서는 원시 농경단계에서도 농경지의 특성 때문에 이미 뼈 또는 나무로 만든 농기구를 사용하였다.[17] 반면 밭농사에서는 인구 밀도가 낮고 휴경기간이 길어 토지활용도가 낮은 단계일수록 석제 기경구의 사용빈도가 높다. 휴경기간이 긴 농경 형태에서는 숲과 덤불을 불태워 경지를 마련한다. 이 경우 재가 토양 위에 쌓이게 되어 흙을 깊이 파지 않더라도 파종이 가능하고 석제 굴지구만으로도 간단히 파종구를 만들 수 있다. 파종을 위해 재가 쌓인 토양 표면을 긁듯이 지나가면서 선 모양의 파종구를 만들거나 나무그루터기를 피해 적당한 간격으로 둥근 파종구만 만들면 된다. 특히 나무 그루터기가 많이 남아 있는 상태에서는 원형 파종구를 만드는 것이 효율적이다.

05 지탑리유적 돌보습

16 황기덕 · 도유호, 1961, 앞 보고서, p.42.

17 浙江省文物管理委員會 外, 「河姆渡遺址第一期發掘報告」『考古學報』 1978-1.

이런 작업을 하는 데는 괭이형의 농기구 보다 掘棒류의 도구가 더 편리하다.

이처럼 신석기시대 중기단계 주민들이 돌따비나 돌보습 같은 대형의 석제 굴지구를 주로 사용했다는 것은 경작지가 장기간의 휴경으로 그만큼 단단한 상태였다는 것을 뜻한다. 그런데 이 유형의 유적들에서는 돌화살촉, 어망추 등 수렵, 어로도구가 농기구 못지 않게 큰 비중을 차지한다. 이는 당시의 생업경제가 농경의존도가 상대적으로 낮고 채집활동을 병행하는 형태였음을 나타낸다. 채집경제와 농경을 병행하는 것은 벌목화경단계의 중요 특징 중 하나이다. 따라서 여러 가지 측면에서 신석기시대 중기단계의 토지활용방식은 장기휴경단계에 속했던 것으로 추정된다.

이러한 유형의 농경은 사냥감과 식물 열매 등 수렵 채집 자원을 급속히 감소시키므로 삼림자원에 비해 인구가 희박하고 농경의존도가 낮은 단계에서 유용하다. 인구 밀도가 희박한 함경도 지역에서는 청동기시대 유적에서도 삼림벌채에 사용되었을 것으로 추정되는 대형돌도끼가 다수 발견된다.[18] 특히 함경북도 회령 오동이나 무산 호곡유적에서는 탄화된 기장, 수수와 함께 곰배괭이로 불리워지는 타제 굴지구가 다수 출토되었다. 무산 호곡유적에서는 곰배괭이가 10여 점이나 출토되었고, 8호 집자리에서는 14자루의 돌도끼가 출토되었다. 굴지구의 크기가 작고 가벼워지긴 하였지만 타제굴지구가 숫적으로 큰 비중을 차지하는 것으로 미루어 이 유적의 주인공들은 여전히 伐木火耕 농법을 사용했던 것으로 추정되고 있다.[19] 伐木火耕 농법도 원시적인 것으로부터 발달한 유형에 이르기까지 기술 편차가 크다.

청동기시대에 이르면 신석기시대에 비해 농경 의존도가 훨씬 높아지므로 호곡동 주민들 역시 보다 발달한 화경농법을 사용했음이 분명하다. 이처럼 자연환경과 인구밀도에 따라 속도 차이는 있겠지만 한반도에서도 신석기시대 중기 이래 휴경기간 단축을 향한 기술적인 변화가 지속되고 있었다.

06 회령오동유적 석제굴지구

---

18 『조선의 청동기시대』, 1984, 사회과학출판사.
19 황기덕, 1970, 「두만강유역의 청동기시대문화」『고고민속논문집』 2.

3. 청동기시대의 토지활용방식

1) 중기 휴경단계로의 진입

E.Boserup은 장기휴경 다음 단계로 Bush fallow(中期休耕)단계를 설정하였다. 그리고 중기휴경단계의 경우 농경 의존도에 따라 목축에 농경을 겸하는 조방적인 형태와 농경에 가축 사육을 겸하는 집약적인 형태로 구분하였다.[20] 한반도 청동기시대 주민들은 본격적인 식량생산단계로 진입하면서 작물 재배와 더불어 가축을 사육하였으므로 후자의 유형으로 분류될 수 있다. 한반도 농업기술의 전체적인 발달 과정에서 보면 청동기시대와 초기철기시대의 밭농사 기술은 화전농경에서 벗어나 단기휴경단계로 발달해가는 중간 단계에 속한다.

먼저 도구상으로 나타나는 변화를 보면 청동기시대의 유적에서는 석제 굴지구의 양이 크게 줄어 들고 굴지구의 크기도 작아진다. 그리고 수확구인 돌칼은 크게 늘어나지만 기경구의 비율은 오히려 줄어 들거나 확인되지 않는 경우가 많다. 반면 돌로 만든 대패, 끌, 자귀 등 공구들은 양도 늘고 형태도 정교해진다. 좋은 예로 서북한 청동기시대(팽이형토기문화)의 대표적 유적인 황해도 송림 석탄리유적을 들 수 있다. 이 유적은 장기간에 걸쳐 주민들이 거주하던 취락유적으로 이곳에는 100여 기 이상의 집자리가 밀집해있다. 이 곳에서 나온 석제유물을 보면 27기의 집자리에서 굴지구는 돌괭이 1점뿐인데 비해 수확구인 돌칼은 60개나 되고, 대패, 끌은 약 30개에 달한다.[21] 마찬가지로 평양 금탄리유적(팽이형토기문화층)에서도 석제 굴지구는 돌괭이 편 1점 정도로 아주 적고, 수확구와 돌도끼, 자귀, 대패, 끌 같은 공구 그리고 화살촉, 석검과 같은 무기들이 대부분이다.[22]

석제굴지구의 급격한 소멸과 석제공구류의 증가는 중남부지방의 청동기시대유적에서도 마찬가지이다. 이와 같이 굴지구의 존재가 미미한 것은 대부분의 기경구가 목제였기 때문이다. 실제 중남부 각지에서는 각종 목제 농기구 출토 자료들이 날로 늘어

---

20 Boserup, 1981, 앞의 책, p.45.

21 리기련, 1980, 『석탄리유적발굴보고』, 유적발굴보고 12.

22 한영희, 1983, 「角形土器考」『韓國考古學報』 14 · 5, pp.104~106, 표 4 참조.
　　사회과학원, 1964, 『금탄리원시유적발굴보고』, 유적발굴보고 10, p.46.

07 청동기시대 석제 공구류

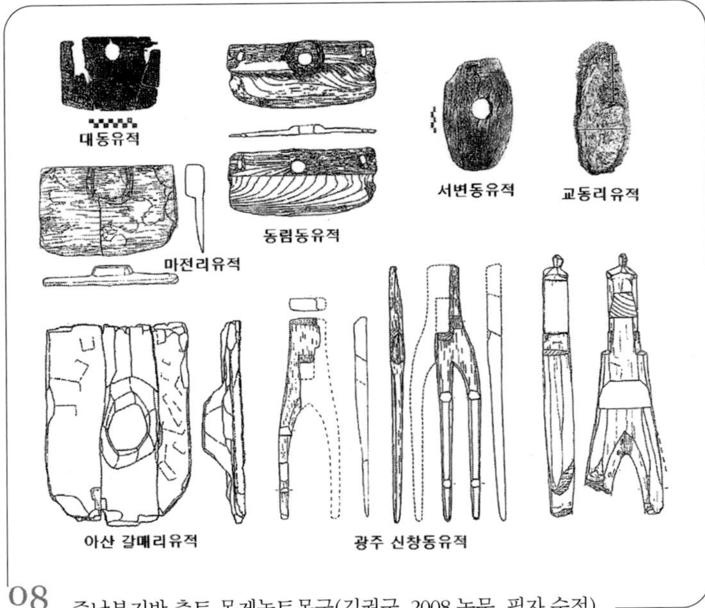

08 중남부지방 출토 목제농토목구(김권구, 2008 논문, 필자 수정)

가고 있다.[23] 이처럼 나무농기구 사용이 일반화된 배경에는 논농사의 비중이 크게 늘어난 것도 하나의 원인이 겠지만 보다 근본적인 것은 휴경기간의 단축이다.

일반적으로 개간할 삼림자원이 한계에 이르면 이전에 경작했던 땅을 삼림이 원상 회복될 때까지 기다리지 못하고 반복 경작하게 된다. 즉 한정된 지역 내에서 일정한 간격으로 땅을 묵히면서 순환경작하는 rotational bush fallow 체계로 전환하게 된다.[24] 그리고 휴경 기간이 10년 미만으로 줄어 들면 토양의 굳은 정도가 장기 휴경때 보다 훨씬 덜하기 때문에 돌 대신 나무 농기구 사용이 가능해진다.[25] 휴경기간이 줄어들면 나무들이 아직 크게 자라지 않아 대규모 벌목 작업은 필요하지 않고, 작은 나무들을 제거하고 수풀더미들을 불에 태우는 것만으로도 整地작업이 가능하다. 청동기시대 집자리유적 출토 유물을 살펴 보면 전기에서 후기로 갈수록 석제 굴지구가 점차 소멸하고 목제를 다루는 공구가 큰 비중을 차지한다. 이는 토지활용방식상 휴경기간 단축을 시사하는

---

23 김권구, 2008, 「한반도 청동기시대의 목기에 대한 고찰」『한국고고학보』67.
　　김도헌, 2008, 「선사·고대의 농구조합과 생산력의 변화」『영남고고학보』47, p.51.
24 Grigg, 앞의 책, 1974, p.60.
25 뉴기니아 원주민들의 민족지자료에서도 휴경기간이 10년 미만으로 단축되면서 석제농구 이외에 목제 농기구가 사용되기 시작하는 것으로 나타난다.
　　William G.Clark, 1966, 「From Extensive to Intensive Shifting Cultivation」『Ethnology』5-1, p.350.

중요 지표이다.[26]

　휴경 기간 단축을 입증하는 다른 하나의 자료는 밭 유구이다. 최근 10 여년간 청동기시대의 경작유구들이 여러 곳에서 조사되어 청동기시대 밭농사의 토지활용방식을 좀 더 구체적으로 검토할 수 있게 되었다.[27] 동남아시아 화전농경민에 대한 조사자료에 의하면 화전농경의 유형도 다양하고 기술 수준도 아주 원시적인 것으로부터 체계화되고 발달한 유형에 이르기까지 편차가 적지 않다.[28] 그러나 일반적으로 화전 농경민들은 삼림을 개간하여 1~2년 경작한 후 농경지를 떠나기 때문에 타다 남은 큰나무의 뿌리들을 완전히 제거하기 위해 추가적인 노력을 기울이지 않는다. 대개는 나무뿌리들이 완전히 썩어 없어지기 전에 경작지를 휴경하기 때문이다. 불지른 후의 추가 작업은 덜 탄 나무가지들을 모아 한 번 더 불을 지르거나 굴봉을 사용하여 풀뿌리나 작은 나무뿌리를 제거하는 정도에 그친다.[29] 그리고 타다 남은 나무줄기나 뿌리가 군데군데 남겨진 상태에서 그 사이 사이에 散播하거나 파종구멍만 만들어 파종한다. 이들이 사용하는 도구 역시 단순하여 벌목에 필요한 도끼, 파종구를 만드는데 필요한 굴봉 그리고 파종 후 覆土하거나 제초하는데 사용하는 괭이 정도에 불과하다.[30] 그러므로 이러한 농경형태에서는 평행선상의 규칙적인 고랑, 이랑 흔적은 남지 않는다.

　그런데 청동기시대 중기에 속하는 진주 대평리 밭 유구를[31] 보면 거의 모든 밭에서 고랑과 이랑이 평행선으로 배열되어 있다. 대평리유적에서는 청동기시대 중기단계의 밭유구만도 수 천평이 넘게 발굴되었는데 이는 전체 경작 유구의 일부에 불과하다.[32] 밭고랑의 깊이, 너비, 간격 등은 매우 다양하지만 밭의 크기에 상관없이 각 단위별로 동

26　Boserup은 bush fallow의 휴경기간을 8~10년으로 설정하였다(Boserup, 1981, 앞의 책, p.19).

27　곽종철, 2002, 「우리나라의 선사-고대 논밭유구」『한국농경문화의 형성』, 학연문화사.
　　김병섭, 2003, 「한국고대 밭유구에 대한 검토」『고문화』62.

28　Spencer, J. E., 1966, 『Shifting Cultivation in Southeastern Asia』University of California Press, Berkeley and Los Angeles, pp.24~25, 141~148.
　　Freeman, J.D., 1955, 『Iban Agriculture』, London, p.114.

29　佐佐木高明, 1971, 『稻作以前』, p.187.

30　佐佐木高明, 1971, 앞의 책, pp.88~152.

31　남강유적발굴조사단, 1998, 『남강선사유적』.
　　동아대학교 박물관, 1999, 『南江流域文化遺蹟發掘圖錄』.
　　경남고고학연구소, 2002, 『진주대평옥방1·9지구무문토기시대집락』.
　　국립진주박물관, 2001, 『진주대평리옥방1지구유적II』.
　　선문대학교, 2001, 『진주대평리옥방5지구선사유적』.

09　진주 대평리 어은1지구 청동기시대 밭

일 구획에 들어 있는 고랑끼리는 서로 평행선을 이룬다. 그리고 대평리에서 멀지 않은 진주 평거동에서도 청동기시대의 대규모 밭유구가 조사되었는데 밭 고랑 길이는 최소 60m 이상이며 밭고랑은 모두 평행선 모양으로 배열되어 있다.[33] 대평리유적보다 3~4 세기 늦은 시기의 유물인 농경문청동기에도 평행선상의 밭고랑이 뚜렷하게 새겨져 있다. 만약 화전농경방식대로 나무뿌리들이 불규칙하게 남아 있는 상태에서 경작했다면 이같은 연속적인 평행선상의 고랑이 남겨질 수 없다. 그러므로 대평리, 평거동 등지의 평행선상의 밭 고랑 흔적들은 당시의 농경지 활용상태를 나타내는 중요한 지표이다.

32　경상대학교박물관, 1999, 『진주대평리옥방2지구선사유적』, pp.174~178.
　　경상대학교박물관, 2001, 『진주대평리옥방3지구선사유적』, p.218.
　　이상길, 1997, 「진주대평리 田作址의 구조와 의의」『호남고고학의 제문제』, 제21회 한국고고학전국대회 발표요지, p.177.
　　동아대학교박물관, 1999, 앞의 책, p.158.
33　윤호필·고민정·김춘영·정익환, 2008, 「진주 평거동유적발굴조사개보」『한일교류의 고고학』, 제8회 영남고고학회, 구주고고학회합동고고학대회발표문, p.214.

　　평행선상의 고랑, 이랑을 만들려면
나무뿌리와 같은 장애물이 먼저 제거되
어야 한다. 토양상태와 도구, 樹齡에 따
라 차이가 있으나 삼림 개간후 나무뿌
리가 완전히 제거되기까지는 많은 노력
과 시간이 소요된다. 중국 농서에 의하
면 삼림을 개간하여 땅 속에 박힌 나무
뿌리를 완전히 제거하는데 1~3년 정도
걸리며, 이 동안 각종 도구와 많은 노동
력이 투입되는 것을 알 수 있다. 특히 큰
나무가 우거진 경우, 나무줄기를 쪼개
고 껍질을 벗겨 선 채로 나무가 말라 죽
게 하고 3년 동안 임의대로 경작하다가
나무 뿌리와 줄기가 썩으면 불에 태웠
다.[34] 이것은 수목이 우거진 산기슭이나

16　농경문 청동기에 묘사된
밭고랑과 따비

황전(荒田)을 쟁기갈이가 가능한 일반 농경지로 개간하는 과정이므로 경작지 방기를
전제로 하는 화전농경민의 경지 개간 의도와는 다르다. 어쨌든 이러한 기록들은 철제
농공구와 축력을 활용하는 후대에도 삼림이나 황지를 개간하여 일상적인 농경지로 만
드는데는 상당한 기간이 소요되고 많은 노동력이 투입됨을 말해준다.

　　뿐만아니라 경지 개간 후 나무뿌리가 제거되기까지 최소한 2~3년이 경과한 후에도
규칙적인 고랑, 이랑을 만들 정도로 경작지 상태를 유지하려면 일정한 간격으로 경작
을 되풀이 해야 한다. 자연환경에 따라 다르겠으나 일반적으로 휴경기간이 10년을 넘
으면 수목이 무성해지고 풀뿌리도 깊어진다. 반면 휴경한 후 5년 미만된 경지에는 큰
나무 대신 관목(높이 3m 이내의 키가 크지 않은 떨기나무, 앵두나무, 진달래, 사철나무

34　삼림개간시 보통은 钁, 劌刀, 축력을 이용하여 나무나 풀뿌리를 제거하였다. 면적이 넓을 경우 1~2년에
　　걸쳐 나무 줄기와 가지를 쪼개어 나무뿌리 위에 덮고 마르기를 기다려 불태워 뿌리가 쉽게 썩게 하거나
　　또는 나무뿌리를 빨리 죽이기 위해 여름을 지나 비가 온후 礫磗 혹은 輠子라는 도구를 소에 매어 끄는
　　방법도 소개되어 있다.
　　『齊民要術』卷一, 耕田 第一.
　　『王禎農書』農桑通訣集 二, 墾耕篇 第四.

등)이나 풀이 우거지는 정도이다. 그러므로 이러한 상태에서 다시 개간하여 경작을 되풀이하면 큰 나무가 더 이상 자라지 못하게 된다.

대평리유적에서 출토되는 도구의 구성도 대평리 밭의 휴경기간이 나무가 크게 자랄 정도로 길지 않았음을 말해준다. 휴경기간 5년 미만 간격으로 경지를 반복 경작할 경우, 본격적인 벌목작업이나 벌목용 도끼는 거의 필요 없다. 그러나 10년 이상 묵힌 땅을 개간, 경작하는 화전농민들에게 있어서 벌목용도끼는 공구가 아니라 농구로 간주될 정도로 삼림 벌채는 필수 작업이다.[35] 그런데 옥방 2·3지구에서 발견된 석기 880여점 중 도끼는 50여 점에 불과하여 다른 석기유물에 비해 도끼의 출토량이 적다. 더욱이 도끼의 대부분이 목기 제작에 사용되는 柱狀 片刃石斧(23점)와 扁平 片刃石斧(25점)이며 벌목용 縱斧(세로날 도끼)의 숫자는 미미하다.[36] 縱斧와 橫斧(가로날 도끼)가 모두 벌목에 사용되지만[37] 한반도에서 널리 사용되어온 벌목용 도끼의 전형은 縱斧이다. 청동기 전기단계의 함경북도 회령 오동유적, 무산 호곡동유적 등에서는 蛤刃石斧, 비뚠날 도끼 등 각종 벌목용 縱斧가 다수 출토되었다.[38] 그리고 청동기시대 전기에 속하는 평양 남경유적, 경기도 여주 흔암리유적에서도 이전보다 도끼의 수량과 도끼의 평균 크기는 줄었으나 벌목용 합인석부나 비뚠날 도끼는 빠짐없이 출토된다.[39] 이에 비해 청동기 중기단계에 해당하는 대평리유적에서는 벌목용도끼의 출토량이 현저하게 적다. 이것은 농경과 관련된 벌목작업의 빈도가 그만큼 낮아졌다는 증거이며, 청동기시대 중기 이래 휴경기간이 크게 단축되어 가는 추세를 반영하는 것이다.

청동기시대 중기 이후 중남부지역의 농업생산력의 비약적 발전은 논농사와 밭농사를 겸하는 복합적인 농경체계를 토대로 하였고, 이러한 농경체계는 세형동검문화단계

---

35 張春輝 編著, 1998,『中國古代農業機械發明史』, 北京 淸華大學出版社, p.6.

36 옥방3지구 보고서에서는 벌목용 有肩石斧가 刃部와 身部 일부가 결실된 상태로 28호 주거지와 98호 수혈에서 각 1점씩 출토된 것으로 되어 있다. 옥방 2지구 보고서에서는 柱狀片刃石斧를 벌목용도끼로 보고 있다.
경상대학교박물관, 2001, pp.226~228.
경상대학교박물관, 1999, p.235.

37 佐原眞, 1994,『斧の文化史』, p.12.

38 도유호, 1959,『회령오동 원시유적발굴보고』, 도판 XLIV~XLV.
황기덕, 1975,「무산범의구석유적 발굴보고」『고고민속론문집』6.

39 김용간·석광준, 1984,『남경유적에 관한 연구』, p.105.
서울대학교박물관, 1978,『欣岩里住居址』4, 도판 37, 43, 65.

11 대평리유적 편인석부

12 따비갈이모습(1885년)
김재승, 『근대한영해양교류사』, 1997

에 이르러 더욱 안정적으로 발전하였다. 한반도 초기철기시대는 세형동검 문화로 특징지워지며 청동기제작과 보급이 다량으로 이루어진 시기였다. 이 단계에서는 청동기가 많이 보급되고 일부 철기도 등장하지만 금속은 의기나 무기 제작에 주로 사용되고 농기구는 여전히 목제가 주류였다. 그렇지만 청동 및 철제 工具의 보급은 목제 농토목구의 기능 분화와 정밀도를 높이는데 기여하였고 석제 기경구의 소멸을 촉진하였다.

이 단계의 토지활용상태가 어떠한 수준이었는지 추정할 직접적인 자료는 없지만 이같은 농기구상의 변화를 통해 청동기시대 중기 이래 밭농사를 중심으로 휴경기간 단축 추세가 빨라졌을 것으로 추정된다. 기원전 4~3세기 이래 서북지방에서는 고조선이 燕과의 대결 끝에 중심지를 요동에서 대동강유역으로 옮기고, 세형동검문화라는 독자적인 금속문화를 발전시키고 있었다. 이러한 정치, 문화적 파동은 대규모 주민이동을 동반하였고, 지역별 인구 밀도에도 영향을 미쳤다. 이 단계의 대표적인 청동기유물인 농경문청동기에는 코끼리 잇빨형 따비가 그려져 있다. 이것과 동일한 형태의 따비는 20세기 초반까지도 도서지역이나 산간지역에서 묵힌 땅을 갈이하는데 사용되었다. 제주도의 따비갈이 조사 자료에 의하면 따비갈이를 하는 경작지는 띠나 잔디의 삭은 뿌리가 박힌 '무석은 땅' 이며 이러한 땅은 기름져서 한번 따비갈이 하면 거름을 하지 않아도 5년 連作이 가능하다고 한다. 그런데 작물 뿌리나 잔디 뿌리가 썩으려면 5년 이상의 기간이 소요되기 때문에 '무석은 땅' 을 골라 경지로 삼기 위해서는 5년 정도 주기로 돌려가며 경작하는 계획적인 경지 이용법이 필요하다고 한다.[40] 제주도지역에서 조사된 따비는 날끝이 철제이므로 5년 휴경 후 5회 연속 경작이 가능하지만 나무날 따비를 사용하던 세형동검문화단계의 토지이용율은 이것과는 차이가 있을 것이다. 그러나 5년 묵힌 후 첫 해와 이듬해 경작시의 경작지 상태는 아마도 서로 비슷하여 풀뿌리는 두터워져 있을지라도 묵은 나무뿌리는 최소한 제거된 상태였을 것이다. 요컨대 이러한 민속자료를 통해 유추할 수 있는 것은 목제 따비를 기경구로 사용하려면 휴경 기간이 5년을 넘지 말아야 한다는 점이다.

2) 휴경기간 단축을 위한 노력

이처럼 삼림자원의 자연적인 회복 기간을 기다리지 못하고 인위적으로 휴경기간을 줄이기 위해서는 어떤 형태로든 지력을 보강할 수 있는 방법을 강구해야 한다. 인공 시비가 보편화 되기 이전 가장 전통적인 지력 보강 방법은 반복 起耕과 深耕이다. 특히 기경은 실시 시기와 방법 여하에 따라 작물 생장과 노동 효율에 큰 영향을 미칠 수 있다. 경작지 정리와 기경 작업에 직접적

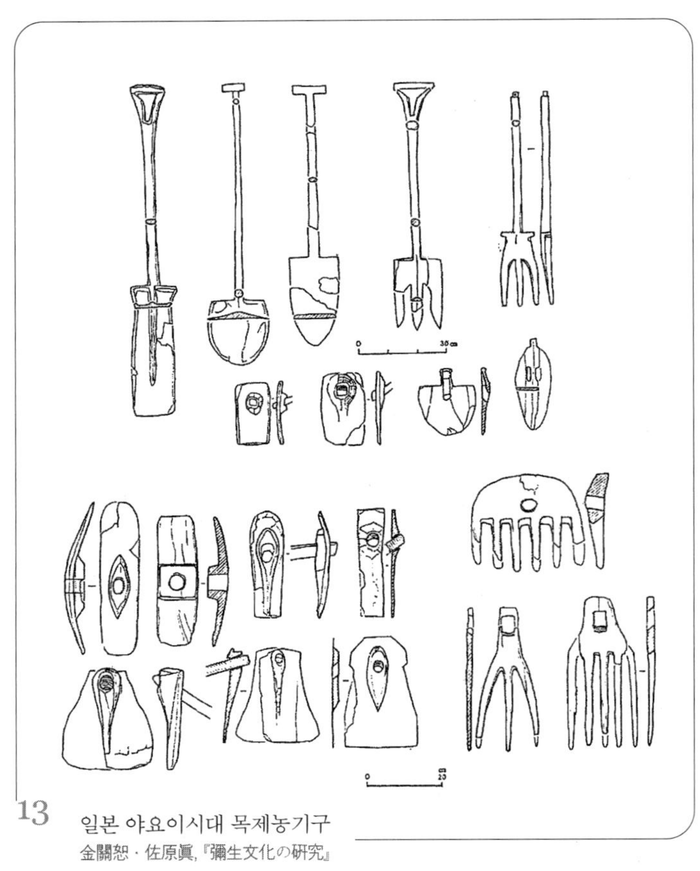

13 일본 야요이시대 목제농기구
金關恕 · 佐原眞, 『彌生文化の研究』

---

40 고광민, 1994, 「제주도 '따비'로 본 농경문청동기 해석」 『한국상고사학보』 15, pp.56~167.

인 영향을 미치는 것은 노동력과 기경구이다. 한반도 농경기술의 영향을 직접 반영하고 있는 일본 彌生時代의 목제농토목구들을 보면 작물과 작업 과정에 따라 목제 괭이와 삽의 형태가 다양하게 분화되고 구조도 정교해졌다. 목제농기구의 발달은 논농사의 광범위한 보급과도 밀접한 관계가 있겠지만 결과적으로 이것이 밭농사에도 직접적인 영향을 주어 반복 기경과 집약적인 농경지 관리를 가능하게 하는 기술적 토대가 되었다.

다른 하나의 지력 보강 방법은 불지르기이다. 청동기시대나 초기철기시대 사람들에게 있어서 휴경으로 인해 우거진 덤불이나 풀을 제거하고 지력을 보강하는데는 불지르기 보다 더 효과적인 방법은 없을 것이다. 대평리 어은1지구 밭고랑과 두둑에서는 초본과의 식물을 태운 것으로 보이는 작은 목탄알갱이가 전면에 섞여 있었던 것으로 조사되었다.[41] 이것은 경작지의 지력을 최대한으로 보강하고 작물 생장에 유리한 조건을 얻기 위해 경지정리 과정에서 행해진 불지르기 작업과 연관지워 질 수 있다.

다음으로 동남아시아 화전농경민의 사례를 보면 삼림 개간후 1회 경작에 그치기도 하지만 대개는 2~3년간 연속 재배를 한다. 이 경우 작물을 바꾸어가며 경작하는 경우가 많다.[42] 중국 선진 문헌인 『詩經』에도 농전을 菑(묵정 밭 또는 개간 첫해 밭), 新, 畬(개간 후 2년 또는 3년 째된 밭)로 구분하였는데[43] 묵힌 땅을 개간한 후 경작하는 햇수에 따른 구분인 것같다. 한반도 청동기시대의 밭농사에서도 5년 정도의 휴경기간을 가정한다면 경작 개시 후 다시 휴경하기까지 동일 경작지에서 최소한 2회에 걸쳐 연속하여 작물을 재배했을 가능성이 높다. 이 경우 작물을 바꾸어가면서 경작하는 방법, 경작처를 바꾸는 방법, 작물과 경작처 모두를 바꾸는 방법 등이 있다.

대평리유적을 보면 지력을 최대한으로 활용하기 위해 여러 가지 형태로 경작지를 이용한 흔적을 확인할 수 있다. 대평리 밭유구 중에는 상하 고랑 흔적이 X자로 서로 엇갈리거나 직각을 이루는 것이 있다. 이것은 전년도의 경작처와 겹치는 부분을 최소화하려는 의도가 분명하다. 이 방법은 고랑, 이랑을 교대하는 방식 보다는 덜 집약적인 방법이다. 다른 하나는 동일 포장 안에서 고랑, 이랑으로 경작처를 바꾸어 가면서 작물을 재배하는 방법이다. 예컨대 고랑 파종을 하여 1차 경작한 후 고랑 가장자리를 따라 둥

---

41 이상길,1977, 앞의 논문, p.185.

42 佐佐木高明, 1971, 앞의 책, pp.52~53, 166~167.

43 爾雅 釋地篇 "田一歲日菑 二歲日新 三歲日畬"

14 옥방6지구 밭

15 진주 대평리 어언 1지구 밭

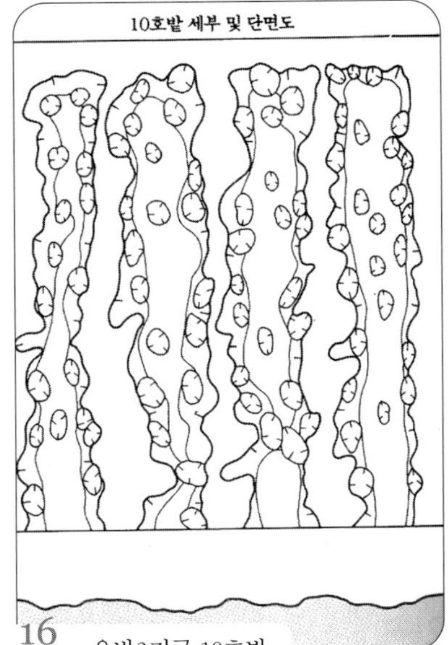

16 옥방3지구 10호밭

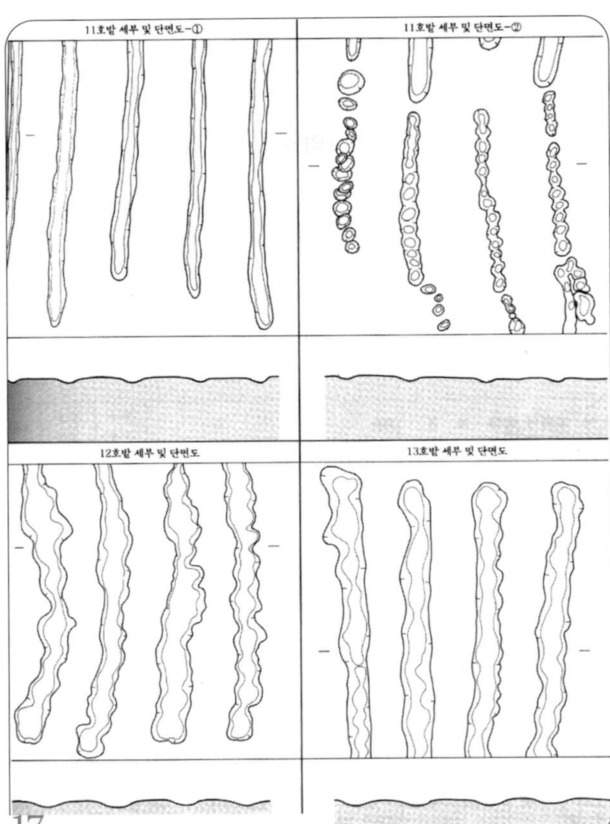

17 진주 대평리 옥방3지구 밭

근 구덩이 모양 파종구를 만들어 전년도와 다른 종류의 작물을 2차로 재배한다면 옥방3지구 10호밭과 같은 흔적이 남을 것이다. 대평리 밭유구 중에서는 이랑에 비해 고랑이 지나치게 넓거나 반대로 고랑은 아주 좁고 이랑은 아주 넓은 것이 있다. 이것은 작물의 특성에 따라 파종처를 달리하면서 고랑, 이랑을 번갈아 가면서 활용한 결과일 것이다. 이밖에도 당시 사람들은 파종구의 모양도 선상과 원형을 적절히 선택하는 등 부족한 노동력과 목제농기구를 가지고 최대의 효과를 거두기 위해 각종 노력을 기울였다. 대평리 밭유구의 고랑, 이랑의 형태와 크기가 다양하고 복잡한 이유가 여기에 있다.

4. 삼국시대 휴한농법의 확립

1) 휴한법 확립의 기술적 배경

한국농업기술사에서 흔히 休閑法이라고 칭하는 것은 1~2년 휴경하는 단기휴경농법을 가르킨다. 連作常耕단계에서 보면 휴한법은 미숙한 기술 단계임이 분명하다. 그러나 이 단계에 이르기까지도 많은 시간과 기술의 축적 과정이 있었다. 시간적 길이로 따지면 휴한법 성립 이전 시기가 이후에 비해 훨씬 길다. 그러므로 휴한법의 성립이라는 것도 농업기술 발전상으로는 중요 획기이며, 휴한법이 성립하여 안정적으로 확립되는 과정도 중요한 연구 과제이다.

1~2년으로 휴경기간을 단축하기 위해서는 耕田, 시비, 제초의 각 과정에서 새로운 기술과 작업이 강구되어야만 한다. 이 가운데서도 휴한법 성립 초기단계에서는 주로 耕田과 제초 작업을 중심으로 지력 보강을 꾀하였다. 기원전 1세기대의 중국 농서인 『氾勝之書』에 밭은 2년 연속 경작하지 말고 1년씩 휴경하라고 하여[44] 당시 중국 화북지방 밭농사는 단기휴경을 전제로 하고 있다. 『氾勝之書』에는 지력 보강을 위한 여러 가지 내용이 실려 있지만 그 중에서도 토양의 성질과 절후에 따른 耕田 시기, 耕田 방법, 耕田 회수 등에 대한 내용이 큰 비중을 차지한다. 예를 들면 하지 지난 후 90일 경 추분에 한 번 갈면 5배의 기경 효과가 있다거나 , 麥田은 항상 5월에 한 번 갈고 6월에 再耕하며 7월은 갈이를 하지 말아야 하는데 1회 갈이 효과가 5월은 3배이고 6월은 두 배이며, 7월은 5회를 갈아도 효과는 1회에 불과하다는 등의 내용이다.[45] 그리고 때 맞추어 반복 기경을 실시하여 强土, 弱土, 硬土 등을 다스리는 방법 등이 서술되어 있다. 토양

---

44 "田二歲不起稼 則一歲休之"
　　石聲漢, 1956, 『氾勝之書今釋』, p.8, 北京新華印刷廠.
45 石聲漢, 1956, 앞의 책.

과 기후조건을 고려한 이같은 집약적인 耕田방식은 철제농구와 犁耕具 발달을 전제로 한다.

물론 지력을 보강하기 위해서는 인공 시비도 고려할 수 있지만 노동력이 부족할 경우 시비를 하면 풀이 더욱 무성해질 뿐아니라 거름을 확보하는데도 많은 노동력이 투입되어야 한다. 이 때문에 철제농기구와 쟁기갈이가 보편화된 뒤에도 경지 정리 과정에서 전통적인 불지르기 방법을 그대로 사용하여 시비와 제초 효과를 얻고 있었다. 6세기 중국 농서인 『齊民要術』에는 荒田(1년 休閑田)을 개간할 때는 7월에 풀을 베어 마르기를 기다려 불 태우고 이듬해 봄에 기경하는 것으로 되어 있다.[46] 중국 원나라에서 편찬된 『王禎農書』에서는 좀 더 세분하여 봄에는 풀이 마른 상태이므로 그냥 불태우고(燎荒), 여름철에는 풀을 갈아 엎고, 가을에는 풀이 무성하므로 베어 햇볕에 말린 뒤 불태워(芟夷) 이듬해 봄에 기경하는 것으로 되어 있다.[47] 15세기 조선시대 농서인 『農事直說』에도 기장, 콩, 조를 경작한 후 연이어 大小麥을 재배할 경우, 미리 자루가 긴 큰 낫으로 풀을 베어 밭둑에 쌓아 두었다가 곡물 수확이 끝난 후 밭에 풀을 두텁게 갈아 불태운 후 재가 흩어지기 전에 갈아서 파종하도록 권장하고 있다.[48]

이러한 기록들은 지력 보강을 위해 불지르기의 비료효과와 제초효과를 최대한으로 활용하고 있었던 상황을 나타낸다. 수목이나 풀을 태우면 유기질이 인산이나 카리의 형태로 바뀌어 비료 효과를 나타내는 것도 사실이나 이것 못지 않게 중요한 것은 燒土 효과를 얻는다는 것이다. 불을 지르면 토양 온도가 상승하여 작물 뿌리가 효과적으로 양분을 흡수할 수 있도록 토양 성분이 변한다는 것이다. 또한 지표면을 충분히 태우면 잡초의 싹이나 종자를 죽여 잡초 생육을 억제하고 해충제거 효과를 거둘 수 있다고 한다.[49] 화전농경민들이 경작지를 방기하는 것은 표토 유실이나 지력 감퇴도 원인이지만 보다 중요한 것은 잡초의 번성 때문이라고 한다.[50] 그러므로 토지에 비해 노동력이 부

---

46 한 해 묵힌 경작지의 경우, 봄철 마른 풀을 선채로 태우기 보다 풀이 우거진 가을에 낫으로 벤 후 불태우면 재의 양도 늘어나고 지표면에 불기운을 골고루 퍼지게 하여 비료효과와 제초효과를 더욱 높일 수 있을 것이다.

47 『王禎農書』의 봄철 燎荒은 連作단계의 상황이다(『王禎農書』墾耕篇).

48 『農事直說』種大小麥條, 이외에 耕地條에도 유사한 기록이 있다("旱田初耕後 布草燒之 又耕則其田自美").

49 실험을 통해 지표 가까운 부분의 토양 온도가 상승하면 암모니아 형태의 질소카리의 양이 2~2.5배로 증가하고 이로 인해 물에 녹기 어려운 형태의 비료성분이 물에 녹기 쉬운 형태로 변한다고 함(佐佐木高明, 1971, 앞의 책, pp.95~96).

족한 단계에서는 인공시비 보다 적절한 시기를 선택하여 불지르기를 하고 가능한 한 깊이 갈고 되풀이 起耕을 함으로써 지력을 보강하고 제초 문제를 해결하였다. 휴한농법 확립 배경으로 철제농기구와 우경의 보급이라는 기술적 측면을 우선적으로 주목해야 하는 이유가 여기에 있다.

한반도에서도 철기문화가 보급되면서 목제농기구가 철제로 전환되기 시작하였다. 그러나 철제 起耕具의 보급이 일반화되기까지에는 상당한 기간이 경과하였다. 이 때문에 철제농기구의 유입과 보급 과정에서 지역별 편차가 상당히 컸다. 압록강 중류 고구려지역에는 기원 전 3~2세기경 이미 중국 戰國계 철제농기구가 유입되었고 기원 후 1~3세기 경에는 犁耕도 실시되었다. 반면 중부 이남지역에서는 기원 후 1~3세기를 거치면서 철제 따비, 괭이, 쇠스랑, 삽 등 철제기경구 보급이 점진적으로 이루어졌고, 대량 보급이 이루어진 것은 4세기 이후이다.[51]

4~5세기 백제의 철제 농기구 보급 상태를 단적으로 보여 주는 것은 경기도 용인 수지 집자리유적이다. 이 유적에서는 6기의 집자리와 다수의 수혈유구가 조사되었는데 각종 철기가 무려 73점이나 출토되었고 그 중에서 32점이 농기구이다.[52] 낫, U자형 삽날은 물론이고 쇠괭이만 해도 깨진 것까지 포함하면 20여 점이 훨씬 넘는다. 특히 쇠괭이의 경우 절반은 파손품이다. 왕족이나 귀족의 무덤도 아닌 집자리에서 이렇게 많은 철제농기구가 출토되었다는 것은 그만큼 철제농기구의 보급이 일반화되었음을 말해준다. 그러나 고대사회에서 철은 국가의 재정과 군사력을 좌우하는 중요 자원이었으므로 철제농기구의 제작과 보급도 국가가 관리하였다. 용인 수지유적에서 파손품이 포함된 다량의 철제농기구가 한 자리에 모여 있는 모습은 철제농기구가 일반 농민들의 개인 소유가 아니라 관의 공동 관리체제하에 있었음을 시사한다.

5~6세기경에는 백제, 신라지역에서도 犁耕이 이루어졌다.[53] 그러므로 지역적인 차이는 있겠으나 4세기 이후가 되면 백제, 신라지역에서도 휴경 기간을 단축시킬 수 있는 기술적 토대가 마련되었고 牛耕의 실시는 이러한 추세를 더욱 확대, 정착 시키는 촉진

---

50 佐佐木高明, 1971, 앞의 책, pp.99~100.

51 이현혜, 1990, 「三韓社會의 농업생산과 철제농기구」 『歷史學報』 126.
　　이현혜, 1991, 「4~5세기 신라의 농업생산과 사회발전」 『한국상고사학보』 8.
　　이현혜, 1992, 「한국고대의 犁耕에 대하여」 『국사관논총』 37.

52 한신대학교박물관, 『용인수지 백제주거지』, 1998, pp.150~158.

53 이현혜, 1992, 「한국고대의 犁耕에 대하여」 『국사관논총』 37.

제 역할을 하였다. 우경을 실시하려면 쟁기를 끄는 소가 있어야 하고, 보습과 장착도구를 제작하는 기술을 습득하여야 하지만 이것 못지 않게 중요한 것은 경작지의 상태이다. 쟁기갈이를 하려면 나무뿌리가 완전히 제거되어야 하고 풀뿌리가 두텁지 않아야 한다. 앞에서 살펴 본대로 경작지를 이와 같은 상태로 유지하려면 휴경기간을 3년 이하로 단축해야 한다. 5년 정도 묵힐 경우 쟁기갈이는 어렵고 따비로 기경할 수 밖에 없다. 각종 따비가 사라지지 않고 후대까지 사용된 것은 자갈 섞인 땅이나 묵힌 땅 그리고 산지의 좁은 경사진 농경지에는 쟁기 사용이 어렵기 때문이다. 그러므로 우경을 실시하였다는 것은 토지활용도의 측면에서 보면 휴경기간이 3년 이하로 줄어 들었다는 뜻이다. 한국농업기술 발전 과정에서 휴한법의 안정적인 확립이라는 큰 성과는 바로 철제 농기구와 우경의 보급이라는 기술상의 변화가 가져온 결과이다.

2) 휴한법 확립과 경작 방식의 변화

휴경기간 단축은 생산력 증대만이 아니라 작물 재배방식이나 작물의 구성 비율에도 영향을 미쳤다. 휴경기간이 단축되면 경작 면적이 그만큼 늘어나게 된다. 산술적으로는 기경구의 발달로 절약된 노동력을 늘어난 경작지에 투입할 수도 있고 더 나아가서 새로운 논, 밭 개간에 나설 수도 있다. 그러나 휴경 기간 단축으로 인한 지력 저하를 해결하기 위해 경전 횟수를 늘리고 작물 관리에도 더 많은 노동력을 쏟아 부어야 한다. 그러므로 인구 증가와 같은 노동력 증대 과정이 뒷받침되지 않는 한 무작정 재배 면적을 늘릴 수가 없다. 기장, 조, 수수와 같은 추곡들과 벼는 생장 기간이 서로 겹치므로 더욱 그러하다. 반면 보리나 밀은 일반 잡곡과 생장시기가 달라 추곡 추수가 끝나고 이듬해 새로운 농경 일정을 시작하기 이전, 일손이 쉬는 시기에 작업을 하게 되므로 노동력 투입 시기가 벼나 일반 추곡의 재배시기와 중복되지 않는다. 물론 맥류는 다른 작물에 비해 생산성이 낮고 쉽게 이삭이 꺾이며 병충해에 약한 단점이 있다. 그러나 늘어난 경작지에 맥류를 재배한다면 노동력 배분면에서도 여유가 생기고 가뭄, 홍수로 인한 흉작의 피해를 분산, 보완하는 효과도 거둘 수 있다.

고고학자료상으로도 철제농기구 보급 이후 탄화된 보리나 밀의 출토예가 두드러지게 증가한다. 그리고 『삼국사기』 초기 기록에도 맥작 피해 기사가 빈번하게 나오고 있어 맥작 재배가 늘어나는 추세를 반영하는 것이라 생각된다.[54] 이처럼 휴경기간 단축으로 인해 농경지의 확대가 예상되는 시기에 맥류 재배가 크게 늘어나는 것은 우연이 아니다. 맥류는 건조하고 차가운 기후에 잘 견디므로 봄가뭄이 심한 우리나라 기후 조건에 적합하며 생장기간이 짧고 쌀, 기장, 조 등 주곡이 바닥날 시기에 수확하므로 일반 농민들의 식량 해결에도 많은 도움을 줄 수 있다. 그러나 地力 보강 기술이 미숙하던 시기에는 기장, 조, 콩과 같은 밭작물과 보리, 밀을 동일한 밭에서 연속으로 재배하지는 못하였다. 중국에서도 추곡과 맥류를 같은 밭에서 재배하게 된 것은 唐대 이후이며 그 이전에는 麥田이 따로 있었다고 한다.[55] 근래 전남 나주 복암리유적에서 출토된 7세기 백제 목간에서 '水田', '白田', '麥田'이란 글자가 확인되어[56] 한반도에서도 맥류를 재배하던 밭을 일반 밭과 구분하고 있었음을 알 수 있다. 요컨대 기경구 발달과 휴한 기간 단축으로 경작지의 면적이 늘어나는 추세 속에서 맥전의 상대적인 비율이 늘어났던 것으로 생각된다.

　삼국시대가 되면 밭의 경관도 달라진다. 1992년 한강 유역의 서울 渼沙里에서 백제시대 밭유구가 발굴된 이래[57] 중남부 각지에서 삼국시대 밭유구들이 속속 조사되었다.[58] 고랑의 세부 형태를 보면 청동기시대의 밭고랑은 가장자리가 들쑥날쑥 불규칙한데 비해 삼국시대의 밭고랑은 가장자리가 매끈하고 곧게 뻗어 있다. 이것은 따비로 기

18　옥방3지구 청동기시대 밭

19　옥방3지구 삼국시대 밭

54　이현혜, 1998, 앞의 책, p.258.

55　西嶋定生, 1981, 『中國古代の社會と經濟』, p.108.

56　국립나주문화재연구소, 2009, 나주 복암리유적 출토 목간 공개 보도자료.

57　최종택, 1993, 「渼沙里出土 밭의 構造와 年代에 대하여」 『서울大學校 博物館年報』 5.

58　김병섭, 2003, 「한국고대 밭유구에 대한 검토」 『고문화』 62.
　　허의행, 2006, 「백제시대농업기술연구」 『금강고고』 3.
　　김재홍, 2008, 「백제의 농경」 『유적·유물로 본 백제』 (I).

20 울산 무거동 청동기시대 논

21 울산 무거동 삼국시대 논

경한 것과 철제기경구 특히 쟁기로 갈이한 것과의 차이이다. 그리고 삼국시대의 밭은 청동기시대 밭에 비해 고랑, 이랑의 형태가 단순하고 고랑과 이랑의 너비가 1:1로 만들어진 것이 압도적으로 많다. 충남 서천 송내리유적이나 경기도 화성 먹실 유적처럼[59] 예외적인 것도 있지만 삼국시대 밭의 이랑의 너비는 대체적으로 60~70cm 전후이다.

　이처럼 밭 유형이 단순화하고 대형화하는 것은 철제농기구와 우경 보급, 경작방식 변화 등과 깊은 관계가 있다. 일단 소규모로 구획된 논이나 밭에서는 쟁기갈이가 어렵고 효율이 떨어지므로 논둑과 밭둑의 구획을 헐고 쟁기갈이에 적합하도록 농경지를 정리해야 한다. 울산 옥현 무거동유적에서 청동기시대의 부정형 소구획 논이 삼국시대에 이르러 폭이 좁고 길다란 모양으로 바뀐 것은 쟁기의 회전 반경과 횟수를 고려하여 경지를 정리한 결과일 것이다. 이러한 변화는 밭에서도 진행되었을 것이다. 또한 경작기술이 미숙했던 청동기시대는 위험을 분산시키기 위해 두 가지 이상의 작물을 혼합해서 파종하거나 구획을 작게 하여 여러 작물들을 함께 재배하였다. 이로 인해 좁은 면적 안에 각종 형태의 고랑, 이랑 흔적이 혼재하는 경우가 많았다. 그러나 삼국시대가 되면 기술의 발달로 단일 작물을 보다 넓은 면적에서 대규모로 재배하는 것이 일반화되었고 이것이 밭의 경관을 변화시키는 배경이었다.

　또한 철제농기구와 쟁기의 보급으로 발토량이 많아지고 토양 이동이 용이하게 되면서 이랑 파종이 늘어났다. 이랑 짓는 것이 수고롭긴하지만 이랑을 지어 작물을 파종하고 재배하면 배수 효과도 좋고 제초 작업도 용이하여 생산력 증대 효과가 높다. 그러나

59　충청문화재연구원, 2001, 『서천 송내리유적』, p.162 · 343.
　　기전문화재연구원, 2004, 『화성동탄지구내 석우리먹실유적 발굴조사 현장설명회자료』.

평균적으로 이랑 파종이 고랑 파종 보다 파종처를 만드는데 더 많은 노동력이 소모되므로 목제기경구를 사용하던 시기에는 고랑 파종을 선호하였다. 고랑에 파종할 경우 배수가 원활하지 못하므로 등고선과 직교하는 방향으로 고랑을 만들어야 했다. 그리고 나무따비나 괭이만으로 경작지 전체를 갈아 엎는 것은 대단히 비효율적이었기에 全耕을 하여 고랑, 이랑을 짓는 것이 아니라 파종에 필요한 만큼 기경 범위를 최소화하였다. 그러므로 기경구의 효능이 떨어지던 시기에는 고랑 파종 비율이 높았고, 작물이나 지형의 특성상 필요한 경우에만 이랑에 파종하였다.

B.C.239년 경의 저술인 『呂氏春秋』에도 "上田棄畝" "下田棄圳"이라 하여 철기가 널리 보급된 시기의 중국에서도 경작지의 조건에 따라 상전에서는 고랑에 파종하고 하전에서는 이랑에 파종하였다. 서울 미사리 백제시대 밭(하층)에서 보이듯이 삼국시대에 들어와서도 작물에 따라 고랑에서 재배하는 것이 유리한 경우 여전히 고랑 파종을 하였다.[60] 그러나 철제 기경구 발달로 심경과 토양 반전이 쉬워짐에 따라 이랑 파종 비율도 급격히 늘어 갔을 것이다. 그리고 이랑 재배는 고랑과 이랑의 교대 경작 효과를 높일 수 있으므로 휴한법의 안정적 운영과도 깊은 관계가 있다. 고랑은 배수를 하거나 사람이 다니는 통로 역할을 하는 곳이고 작물은 마땅히 이랑 위에서 재배한다는 밭농사에 대한 오랜 관념이 확립되기 시작한 것이다.

5. 통일신라시대의 토지활용방식

농업기술 발달 과정에서 휴한법 극복은 중요한 획기의 하나이다. 한국사 연구자들도 일찍부터 휴한 극복 시기와 역사적 배경에 관해 많은 관심을 기울여 왔고 견해도 다양하다. 예컨대 삼국시대에 이미 常耕化(1년 1작)가 시작되거나 널리 이루어졌다는 견해가 있다.[61] 이 견해대로라면 통일신라시대 농법은 휴한법을 극복하고 상경화 단계에 이미 도달한 것이 된다. 이와 달리 신라말, 고려 초에 상경화가 진행되기 시작하여 고려

---

60 서울대학교 박물관, 1994, 『미사리』 4권, pp.208~216.
61 『조선전사』 4, 1979, p.203.
    김기홍, 「미사리 삼국시기 밭유구의 농업」 『역사학보』 146, pp.37~38.

전기에 山田에만 휴한농법이 남아 있었다거나[62] 휴한법의 완전한 극복은 고려 말에 달성되었다는 등 견해가 서로 다르다.[63]

삼국시대설은 우경의 보급을 토지 상경화의 중요 계기로 주목한다. 예를 들면 우경 실시로 고랑과 이랑을 교대로 경작하는 것이 가능해졌으며 고랑과 이랑의 교대 경작은 중국 漢나라 代田法에 비견될 수 있는 농법으로 곧 상경농법의 시작 이라는 것이다.[64] 삼국시대가 되면 고랑과 이랑의 폭이 비슷한 밭이 압도적으로 많아지는데 이것이 고랑, 이랑 경작처 교대 활용이 늘어나는 추세를 반영하는 것은 분명하다. 진주 평거동 삼국시대 밭유구에서도 고랑과 이랑을 번갈아 가면서 경작한 흔적이 확인되었다.[65] 그러나 고랑, 이랑의 경작처 교대를 곧바로 휴한법의 극복으로 속단하기는 어려우며 이를 漢代 趙過의 대전법과 연관시켜 이해하는 것은 문제가 있다.

대전법의 실상에 대해서는 많은 해석이 있지만 기본적으로 대전법에서는 약 140cm (6尺) 폭의 이랑 위에 3줄의 파종구를 만들고(一畝三畎) 파종처와 파종처 사이의 간격을 각각 23.1cm(1尺)로 서로 같게 만들며 해마다 경작처를 서로 교대한다는 것이다. 대전법에서는 140cm(1畝)를 기본 단위로 하여 밭을 세부 구획하고 畝와 畝 사이에서 김을 매거나 작물을 돌보게 되어 있으므로 삼국시대 밭고랑, 이랑과는 기본 형태가 다르다. 삼국시대 밭의 경우 고랑과 이랑의 너비가 거의 비슷하므로 밭의 절반 가량을 비워두는 셈이다. 이처럼 배수나 김매기를 위한 최소한의 작업 공간을 넘어설 정도로 고랑을 넓게 만든 것은 토양을 쉬게 하려는 의도로 풀이된다. 이론상 2년 휴경 후 동일 포장에서 경작처를 교대하여 연속 2회 경작을 하면 3년 휴경한 것과 비슷한 지력 회복 효과가 있다. 또는 1년 휴경 후 경작처를 교대하여 연속 두 번 경작하면 2년 휴경한 것과 비슷한 효과를 얻을 수 있다. 그러므로 고랑과 이랑으로 경작처를 교대 활용하는 방식은 휴한법 단계에서도 필요하고 유용하다. 고랑을 직각이나 비스듬하게 서로 엇갈리게 만

---

62 김용섭, 1976, 「고려시기의 양전제」『동방학지』 16.

　　위은숙, 1985, 「나말여초 농업생산력 발전과 그 주도 세력」『부대사학』 9.

　　이경식, 1986, 「고려전기의 평전과 산전」『이원순교수화갑기념사학논총』.

63 이태진, 1986, 『한국사회사연구』.

　　宮嶋博史, 1980, 「朝鮮農業史における十五世紀」『朝鮮史叢』 3.

　　이호철, 1986, 『조선전기농업경제사』.

64 김기흥, 1995, 「미사리 삼국시기 밭유구의 농업」『역사학보』 146.

　　전덕재, 2007, 「농업」『백제의 사회경제와 생활기술」, 백제문화사대계 11, pp.184~185.

65 윤호필 · 고민정 · 김춘영 · 정익환, 2008, 앞의 글, pp.217~218

들던 청동기시대와 달리 경작처를 교대하는 이같은 규칙적인 토지활용 방안이야말로 단기휴한농법 성립과 함께 나타나기 시작한 새로운 변화일 것이다.

오히려 삼국시대 밭에서 고랑, 이랑의 규칙적인 교대 경작이 확인된다면 이는 휴한법이 안정적으로 운영되고 있었던 증거로 보아야 한다. 일본에서도 화산재에 매몰된 6세기 경의 밭 유구(黑井峯유적 등)에서 이랑이 높고 명료하게 남아 있고 경작토가 부드러운 것, 이랑이 낮고 불선명하며 경작토가 굳어 있는 것, 이랑이 거의 확인되지 않고 경작면이 평탄하게 되어버린 것 등의 세 종류가 있어 휴한법의 실시를 확인시켜주었다.[66] 진주 평거동 6~7세기 경의 밭유구에서도 고랑과 이랑의 면이 볼록한 것과 평편한 것으로 구분된다고 하였는데 휴한의 흔적으로 해석될 여지가 많다.[67]

현재까지는 통일신라시대까지도 휴한법이 일반적이었다는 것이 다수 견해이다. 통일신라시대 휴한법단계설의 가장 중요한 근거는 7세기 말(695년 효소왕 4년)에 작성된[68] 신라 村落文書이다. 이 문서에 나오는 田畓 結數와 人丁數를 비교한 결과를 보면 丁男, 丁女 1인당 경작면적이 후대에 비해 지나치게 넓다.[69] 당시 靑州 지역에 살고 있던 신라의 촌락민들은 10인 정도로 구성된 한 가호가 가장 적게는 9結(下下烟), 가장 많게는 21結(仲下烟)에 이르는 넓은 농경지를 경작한 것으로 나타난다.[70] 이 지역은 일반촌락과 다른 왕실직속촌으로 추정되므로[71] 한 가호당 평균 1.2 頭 정도의 소를 사육할 정도로 소가 특별히 많다는 점을 감안하더라도 노동력에 비해 지나치게 많은 농경지가 할당되고 있다. 이러한 자료들은 통일신라시대의 농법이 휴한법단계에 있었음을 전제로 하지 않으면 이해하기 어렵다.

11세기 고려시대에 이르러서도 3년 이상 휴경하는 토지와 단기휴경이 실시되던 토지 그리고 連作이 실시되던 경작지가 공존하였다. 고려 文宗 8년(1054)의 田品 규정에

---

66 能登健, 1991, 「畑作農耕」『古墳時代の研究』4, p.94.

67 윤호필 외, 2008, 앞의 글, p.218.

68 윤선태, 1995, 「정창원 소장 신라촌락문서의 작성연대」『진단학보』80, pp.30~31.

69 이태진, 1979, 「신라통일기의 촌락지배와 공연」『한국사연구』29.
    각 촌별 孔烟 1호 당 평균 田畓數는 A村; 14結 19負 2束, B村; 11結 19負 2束, C村; 15結 93負 4束, D村; 10結 21負 8束.

70 이인철, 1986, 「신라 통일기의 촌락지배과 계연」『한국사연구』54.

71 김기흥, 1989, 「新羅村落文書에 대한 新考察」『韓國史研究』64.
    이태진, 1990, 「新羅村落文書의 牛馬」『碧史 李佑成教授定年退職紀念論叢』上, 민족사의 전개와 그 문화, p.129.

서 토지의 등급을 토지활용도에 따라 上(不易田), 中(一易田), 下(再易田)로 구분한 것이 이를 뒷받침한다.[72] 그리고 12세기 고려 睿宗대까지도 一易田, 再易田과 함께 3년 이상 묵힌 陳田 개간에 관한 규정이 있는 것으로 보아[73] 휴한 극복을 장려하는 정부의 노력과 함께 여전히 휴한을 전제로 하는 토지가 공식적으로 인정되고 있음을 알 수 있다.

그러나 고려시대의 기록에서 1年1作이 실시된 경작지의 존재가 나타난다는 것은 신라시대와는 다른 새로운 변화이다. 그리고 신라 村落文書에서 명시되지 않던 토지 등급과 등급별 수취량이 정해졌다는 것도 그간의 달라진 상황을 반영한다. 통일신라시대에도 고려처럼 同積異稅의 원칙을 적용하였다면 토지 結數와 함께 토지 등급도 명시되어야만 조세액을 정확하게 파악할 수 있다. 그런데 조세 수취자료를 파악하기 위해 작성한 신라 촌락문서에 田畓 구분과 면적만 기재되어 있고, 토지 등급에 대한 내용은 명시되어 있지 않다. 토지의 등급을 매기는 것은 토지마다 생산력 차이가 발생하였기 때문이며, 신구 방법이 혼재할 때 일수록 수세과정에서 생산력 격차를 합리적으로 반영해야할 필요성이 높아진다. 다시 말하면 휴한법이 일반적이던 단계에서 휴한을 하지 않는 경작지가 출현한다면 등급 구분을 하여 조세액에 차등을 두는 것은 당연한 조치이다. 요컨대 고려시대와 달리 통일신라 촌락문서에서 농경지의 등급별 표시가 없다는 것은 아직도 농경지의 기본 조건이 비슷했다는 뜻이다. 6세기 중국 농서인 『齊民要術』에서 화북지방 밭농사가 1년 휴한농법을 기본으로 함을 고려할 때 7세기 촌락문서에 기재된 통일신라시대의 밭이 휴한법단계에 있었다고 하여 이상할 것이 없다.

그러나 통일신라시대가 되면 쟁기의 기능이 삼국시대 보다 개선되어 상대적으로 더 깊이 갈이하여 지력 보강 효과를 높이는 등의 변화를 예상할 수는 있다. 예를 들면 쟁기에 볏을 장치하면 기경한 흙을 좌우 양쪽으로 고르게 가르거나 한 쪽 방향으로 몰아서 넘기는 작업이 쉬워진다. 따라서 볏달린 쟁기를 사용하면 이랑 짓는 작업이 한결 쉬워지고 이랑의 높이도 좀 더 높게 만들 수 있다. 그리고 고랑, 이랑 교대 경작이나 이랑 파종의 효과를 높여 동일한 면적에서 동일한 간격으로 휴한을 실시하더라도 이전 단계

---

72 "文宗八年三月判 凡田品不易之地爲上 一易之地爲中 再易之地爲下 其不易山田一結准平田一結 一易田二結准平田一結 再易田三結准平田一結"(『高麗史』志 32,食貨 1,經理)

73 "光宗二十四年 十二月判 陳田墾耕人 私田則初年所收全給 二年始與田主分半 公田限三年全給 四年依法收租"
"睿宗六年 八月判 三年以上陳田墾耕所收 兩年全給佃戶 第三年則與全主分半 二年陳田 四分爲率 一分田主 三分佃戶 一年陳田 三分爲率 一分田主 二分佃戶(『高麗史』志,32 食貨 1,租稅)(위와 같음)

보다 생산력을 증대시킬 수 있다.

중국에서도 초기의 볏은 주로 보습의 등대 기능을 보완하여 흙을 양쪽으로 가르는 정도이었으나 점차 발달하여 흙을 넘기거나 飜土하는 기능을 발휘하였다. 일본에서도 8세기경 이미 볏달린 쟁기을 사용했다는 사실을 문헌자료를 통해 확인할 수 있다.[74] 신라에서도 경기도 이천 설봉산성에서 咸通6년 銘(신라 경문왕 5년, 865년) 벼루와 철제 보습이 함께 출토되었고 그 옆 토광에서 철제 볏이 3점 출토되었다.[75] 볏의 모양은 흙을 양쪽으로 가르는 좌우 대칭형이 아니고 흙을 한 쪽 방향으로 넘어가게 하는 발달한 형태의 것이다. 이처럼 8~9세기대에 이르면 도구의 개선이나 작무법의 개선, 시비법 등 휴한법 극복에 필요한 기술적인 토대가 마련되어 가고 있었다. 그러나 고려시대의 경작지 상황을 통해 알 수 있듯이 토지상경화는 기술적 토대만이 아니라 인구 증가라는 사회적 여건이 결합되어야만 진전될 수 있음을 고려해야할 것이다.

이상에서 토지활용방식의 변화를 기준으로 한국고대사회의 농업기술의 발전과정을 살펴보았다. 이를 요약하면 기원전 3500년 경 한반도에 거주하던 신석기문화단계의 주민들은 어로와 채집활동을 겸하면서 원시적이나마 밭농사를 실시하였다. 나무숲을 불태워 재를 거름으로 삼고 돌따비와 돌보습을 사용하여 얕은 파종구를 만들어 씨를 뿌리고, 곡물이 익으면 돌낫, 뼈낫을 사용하여 곡식을 수확하였다. 한 번 마련한 경지는 2~3회 연속 경작한 후 지력이 회복될 때까지 10년 이상 휴경하였다. 이러한 유형의 농경방식은 인구밀도가 희박하고 삼림자원이 풍부한 상태에서 가능하였고 생산력이 낮고 농경의존도가 높지 않았다.

청동기시대에 이르면 농업 중심의 생업경제체계가 확립되고 조, 수수, 기장, 콩, 팥 등 각종 작물이 안정적으로 재배되었다. 초기에는 호곡동유적에서처럼 석제굴지구의 사용 빈도가 여전히 높았으나 시간이 지날수록 석제 굴지구는 점차 사라져 갔다. 인구밀도와 자연조건에 따라 차이가 있지만 청동기시대에 이르면 일반적으로 목제농기구를 사용할 수 있을 정도로 휴경기간이 10년 미만으로 단축되어 갔다. 특히 청동기 중기 이후 중부 이남지역을 중심으로 논농사가 크게 확대되면서 목제농기구가 다양하게 분화 발전하였고, 집약적인 작물 관리 방식이 밭농사에도 영향을 주어 휴경기간을 5년 미만으로 단축시키는데 기여하였다. 그리고 이 시기가 되면 휴경기간의 단축만이 아니라

---

74 이현혜, 1998, 앞의 책, p.211

75 손보기 외, 1999, 『이천설봉산성1차발굴조사보고서』, p.192, pp. 264~268.

지력을 보완하고 토지활용도를 높이기 위해 작물의 특성에 따라 고랑과 이랑의 너비와 방향, 파종방식 등을 다양하게 조정하였다. 진주 대평리와 평거동 밭유구에서 조사된 다양한 형태의 밭고랑과 이랑의 모습은 생산력과 토지활용도를 높이기 위한 당시인들의 각고의 흔적들이다.

　삼한 및 삼국시대를 거치면서 철제농기구 보급과 우경 실시로 밭과 논의 절대 면적이 늘어났을 뿐아니라 경작 기술도 크게 향상되었다. 특히 밭농사에 있어서는 휴경기간이 3년 이하로 단축된 단기휴경(휴한법) 단계에 들어 갔다. 휴한 기간을 줄이면서도 생산량을 안정적으로 확보하기 위해서는 새로운 기술과 노동력 투입이 필요했다. 대개 휴한법 성립 초기단계에서는 지력을 보강하기 위해 深耕과 반복 기경을 실시하면서 耕田 회수를 크게 늘렸다. 그리고 토양의 성질과 절후에 따라 경전 시기, 방법, 회수 등을 조정하여 지력 회복 효과를 극대화하기 위한 노력을 기울였다. 이같은 경전 방식의 성립을 가능하게 한 것은 철제농구와 犁耕具 발달이다. 삼국마다 우경 시작 시기는 조금씩 다르지만 우경의 실시는 새로운 농경지의 확대와 더불어 휴한법을 확립 시켜나가는 가장 중요한 기술적 배경이 되었다. 축력이라는 새로운 에너지를 활용하고 쟁기라는 새로운 도구를 사용하기 위해서는 경작지가 나무뿌리나 굳은 풀뿌리가 제거된 상태여야 한다. 그러므로 우경을 실시한다는 사실 자체가 3년 미만의 휴한 기간을 의미하는 것이다.

　통일신라시대가 되면 쟁기의 구조면에서 상당한 발전이 있었을 것으로 추정되나 신라 村落文書에 나오는 경작지 면적과 사람 수의 비율로 미루어 통일신라시대까지는 휴한법이 일반적이었다. 그러나 휴한법이 안정적으로 운영되는 과정에서 도구의 개선이나 작무법의 개선, 시비법 등 휴한법 극복을 위한 기술적인 토대가 조금씩 마련되어 가고 있었다. 이처럼 한국의 농업기술 역시 장기휴경 단계에서 점차 휴경기간을 단축시키는 방향으로 변화와 발전을 거듭해왔다는 점에서 세계사적인 보편성을 나타낸다고 할 수 있다.

　앞으로 기술적인 측면만이 아니라 인구의 변화가 휴경기간 단축 배경에 어떠한 작용을 하였는지 양자의 작용 관계를 검증하는 작업이 남아 있다. 그리고 근래 논두렁 구획 안에 평행선상의 밭고랑 흔적이 발견되는 논유구 사례가 늘어나고 있어 경작지 활용 방식을 둘러싸고 의견이 분분하다. 이같은 흔적이 확인된 곳은 논산 마전리 청동기시대의 논유구로부터[76] 삼국시대의 부여 구봉리 논유구, 창원 반계동 논유구[77], 진주 평거동 논유구[78] 등으로 시대와 지역이 광범위하다. 현재로서는 이것이 논과 밭을 자유롭게 전환하여 경작하던 흔적인지, 벼를 기장이나 조처럼 이랑 위에서 재배하던 이랑재배 흔적인지[79] 아니면 가뭄과 같은 불가피한 사정 때문에 논농사를 포기하고 밭으로 활용하던 상황에서 만들어진 것인지 불확실하다.

그러나 논산 마전리유구의 경우, 토양 분석 결과 벼 이외에는 아무런 작물 흔적이 확인되지 않는다고 한다.[80] 그리고 지금까지 조사된 유구들은 모두 논 전체가 아니라 논의 일부 면에서만 고랑이 발견되기 때문에 경작지 전면에 걸쳐 전환이 이루어진 것은 아니다. 논·밭을 겸용할 수 있는 경작지는 배수와 급수가 자유로워야 하고 雨期에도 지하수의 영향을 받지 않는 곳에 위치해야 한다. 그리고 고랑과 이랑의 높이 차이를 크게 하여 배수 효과를 높여야 한다. 만약 이러한 조건을 충족시키면서 지력 보강을 목적으로 논에서 밭으로, 밭에서 논으로 전환하여 반복 경작을 실시했다면 이는 높은 수준의 경작기술임에 틀림 없다. 이와 관련하여 일찍부터 논농사와 밭농사를 겸해온 한국농업기술의 전개 과정을 감안할 때 앞으로 논농사에 있어서의 토지활용방식의 변화 과정에도 깊은 관심을 가져야할 것이다.(이 글은 필자의 종전 연구논문들을 토대로 신 자료를 보완하여 작성한 것임)

76 이홍종 외, 2004, 『마전리유적 C지구』, 고려대학교 매장문화재연구소, pp.136~137.

77 창원대학교 박물관, 2000, 『창원반계동유적 II』, pp.120~121.

78 윤호필 · 고민정 · 김춘영 · 정익환, 2008, 앞의 글, p.216.

79 허의행, 2006, 앞의 논문, pp.52~53.

80 이홍종 · 허의행, 2005, 『부여구봉리유적』, 고려대학교 매장문화재연구소.

2

철제 농기구의 발전과 지역성

김재홍 _ 국립중앙박물관

1. 농기구의 종류와 기능

한국 고대 생산력의 발전은 일반적으로 철제농기구의 보급, 수리시설의 확충, 종자개량, 牛耕의 도입 등으로 설명할 수 있다. 그러나 현재의 연구성과는 주로 철제 농기구를 통한 생산력의 발전이라는 틀 속에서 이루어지고 있다. 이것은 철제 농기구에 대한 고고학적인 자료의 축적이 이루어진 바탕에서 얻어진 것이었다.

철제 농기구의 형식분류와 기능에 대한 고고학적인 연구는 1930년대부터 시작되어 최근까지 일반적인 정리가 이루어졌고,[1] 전반적인 농업생산력에 대해서는 농학,[2] 민속학,[3] 문헌사학[4] 등의 분야에서도 이루어졌다. 이를 기초로 하여 고구려,[5] 백제,[6] 신라,[7]

---

1 有光敎一, 1933, 「慶州積石塚出土의 農具에 就いて」『朝鮮』215 ; 鑄方貞亮, 1939, 「古代における南朝鮮의 農具에 就いて」『社會經濟史學』8-10 ; 有光敎一, 1967, 「朝鮮-三國時代의 農具와 工具」『日本의 考古學』6, 河出書房 ; 李殷昌, 1972, 「農工具」『韓國의 考古學』, 河出書房新社 ; 東潮, 1979, 「朝鮮三國時代의 農耕」『橿原考古學硏究所 考古學論集』4 ; 이상율, 1990, 「農・工具」『古文化』37 ; 郭鍾喆, 1992, 「韓國과 日本의 古代農業技術」『韓國古代史論叢』4 ; 千末仙, 1994, 「鐵製農具에 대한 考察」『嶺南考古學』15 ; 李南珪, 1997, 「前期加耶의 鐵製 農工具」『國史館論叢』74 ; 졸고, 1997, 「살포와 鐵鋤를 통하여 본 4~6세기 농업기술의 변화」『科技考古硏究』2 ; 安在晧, 1997, 「鐵鎌의 變化와 劃期」『伽耶考古學論叢』2 ; 졸고, 2000, 「農業生産力의 발전단계와 戰爭의 양상」『百濟史上의 戰爭』, 충남대 백제연구소 ; 洪潽植, 2001, 「농기구와 부장유형-영남지역 2세기후반~4세기대 분묘부장품을 대상으로」『韓國考古學報』44, 韓國考古學會 ; 金度憲, 2008, 「선사・고대의 농구조합과 생산력의 변화」『영남고고학』47, 영남고고학회.

2 李春寧, 1964, 『李朝農業技術史』; 朴虎錫, 1988, 「東西洋 쟁기의 起源과 發達」, 충북대박사학위논문 ; 李春寧, 1989, 『한국農學史』, 民音社.

3 김광언, 1986, 『한국농기구고』, 한국농촌경제연구원 ; 주강현 엮음, 1989, 『북한의 민속학-재래농법과 농기구』, 역사비평사 ; 정연학, 1999, 「쟁기(犁) 속에 비친 민속-한국과 중국을 중심으로」『고문화』54, 한국대학박물관협회.

가야,[8] 낙랑,[9] 통일신라[10] 등의 고대국가별로 농기구를 분석하여 고대 농업 생산력을 다루는 연구성과가 나오고 있다. 이제 농기구의 종류에 따라 그 기능을 나누고자 한다.

보습과 볏이 삼국시대 유적에서 출토되는 예는 다른 농기구에 비해서는 적은 편이나 차츰 증가하고 있다. 삼국시대에는 볏이 출토되지 않고 보습만이 발견되고 있는데, 보습은 평양 상원 돌방무덤, 안변 용성리 신라고분, 서울 구의동유적·홍련봉 제1보루·아차산 제4보루, 청원 남성골유적, 진주 옥봉 7호분 등에서 출토되었다. 이들은 대부분 6세기 이후의 자료이지만 고구려에서는 그 이전부터 중국 한나라의 영향으로 중국제 보습을 사용하다가 4세기경 고구려식 보습을 제작하기 시작하였다.[11] 고구려식 보습은 그 형태가 V자형을 기본으로 하고 있다.[12] 고구려에 비해서 백제·신라·가야 지역에서 우경이 늦게 실시되었는데, 그 등장시점은 보다 이를 가능성이 있지만 실물자료는 6세기대 이후에서야 나타나고 있다. 안변 용성리고분, 진주 옥봉7호분에서 출토된 보습은 그 형태가 고구려 지역과는 달리, U자형을 기본으로 하고 있다.

板狀鐵斧는 나무자루를 부착하는 방법에 따라 크게 2가지로 구별할 수 있는데, 나무자루의 윗부분에 구멍을 내어 판상철부를 끼어 도끼로 사용하거나 ㄱ자형의 나무자루를 묶어 자귀나 괭이로 사용하였다.[13] 다호리 1호에서는[14] 도끼자루에 끼운 것과 ㄱ

---

4 李賢惠, 1990, 「三韓時代의 농업생산과 철제 농기구」『歷史學報』126 ; 1991, 「三國時代의 農業技術과 社會發展」『韓國上古史學報』8 ; 졸고, 2001, 「新羅 中古期 村制의 成立과 地方社會構造」, 서울대 박사학위논문.

5 졸고, 2005, 「고구려의 철제 농기구와 농업기술의 발전」『北方史論叢』8, 고구려연구재단.

6 李南珪, 1998, 「3~5세기 금강유역권 철기의 지역적 특성 -농공구와 무기를 중심으로-」『3~5세기 금강유역의 고고학』, 제22회 한국고고학전국대회 ; 졸고, 2007, 「금강유역 출토 百濟 儀仗用 살포」『考古學探求』 창간호.

7 朴普鉉, 1992, 「積石木槨墳의 農具類 副葬樣相」『博物館年報』2. 대구교육대박물관 ; 千末仙, 1994, 「鐵製農具에 대한 考察」『嶺南考古學』15. ; 졸고, 2009, 「영남 동해안지역 농경 및 어로문화」『영남 동해안지역의 고분문화』, 동북아역사재단.

8 安順天, 1996, 「小形鐵製模型農工具 副葬의 意義」『嶺南考古學』18 ; 李南珪, 1997, 「前期加耶의 鐵製 農工具」『國史館論叢』74 ; 金度憲, 2001, 「古代의 鐵製農具에 대한 研究 -金海·釜山地域을 中心으로-」, 부산대석사학위논문 ; 졸고, 2004, 「大加耶地域의 鐵製農器具-小形鐵製農器具와 살포를 중심으로」『대가야의 성장과 발전』, 대가야학술총서2, 한국고대사학회.

9 졸고, 2005, 「樂浪地域의 鳳山 養洞里 5호 塼室墓 출토 U자형쇠날」『考古學誌』14, 韓國考古美術研究所.

10 졸고, 2003, 「新羅 統一期 專制王權의 강화와 村落支配」『新羅文化』22, 동국대 신라문화연구소 ; 宋閏貞, 2009, 「統一新羅時代 鐵製 牛耕具의 特徵과 發展樣相」『韓國考古學報』72, 한국고고학회.

11 졸고, 2005, 앞논문, pp.73~80.

12 李賢惠, 1992, 「韓國古代의 犁耕에 대하여」『國史館論叢』37, 國史編纂委員會.

자형의 나무자루에 묶여진 것이 모두 출토되어 다양한 용도를 보여 주고 있다. 이것은 대구 팔달동 90호에서[15] 묘광 내에 부장되고 벽면에 그것으로 판 흔적이 남아 있어 괭이로 사용되었음을 보여 주고 있다. 따라서 이것은 나무를 베거나 땅을 파는 데에 사용된 개간 · 토목용구라고 여겨진다.

판상철부는 기원전 1세기~기원후 1세기에 실용적인 도구로서 사용되었으나 2세기에 조영된 경주 사라리 130호 목관묘에서 10매씩 70점이 바닥에 깔려 나오고 날도 무뎌져 실용성을 잃기 시작한다. 그리고 2세기 후반에 해당하는 양동 162호 목곽묘 이후부터는 두께가 두꺼워지고 날이 더욱 무뎌지면서 棒狀鐵斧로 전환되기 시작하여 3세기에는 비실용적인 도구로 변화된다. 4세기 전후로 편년되는 창원 삼동동 3호 석관묘에서 출토된 것은 길이가 32cm 정도로 커지나 전체적으로 넓적해지고 날의 양끝이 벌어져[16] 도구로 사용되기에 부적절하다. 이것은 4세기 이후에 출토예가 줄어들어 없어진다고 추정된다.[17]

鑄造鐵斧는 많이 출토되는 유물의 하나이지만 나무자루가 남아 있지 않아 그 기능에 대해서는 다양한 견해가 제기되고 있다. 국내외학자들은 이것을 주조괭이[18] · 쇠괭이[19] · 주조철괭이[20]로 보는 견해, 자귀로 보는 견해,[21] 주조철부로 보는 견해,[22] 두날따비의 날로 보는 견해[23] 등 다양한 의견을 개진하고 있다.

주조괭이는 날 전체가 마모되거나 한쪽으로 경사지게 마모된 것으로 보아 경작용

---

13 東潮, 1995, 「弁辰과 加耶의 鐵」『加耶諸國의 鐵』, 仁濟大 加耶文化研究所, p.92. 판상철부는 여러 가지의 기능으로 사용되었으나 여기서는 일반적인 용례에 따라 판상철부라고 하지만 도끼의 기능으로 한정하지 않는다.

14 李健茂 외, 1989, 「義昌 茶戶里遺蹟 發掘進展報告(Ⅰ)」『考古學誌』1.

15 嶺南文化財研究院, 2000, 『大邱 八達洞遺蹟』Ⅰ.

16 이러한 형태의 판상철부를 板狀鐵斧形鐵鋌이라고 하기도 한다(宋桂鉉, 1995, 「洛東江下流域의 古代 鐵生産」『加耶諸國의 鐵』, p.138).

17 이남규, 1997, 앞논문, p.21.

18 釜山女大博物館, 1984, 『昌原三東洞甕棺墓』, pp.64~69 ; 李南珪, 1997, 앞논문, pp.11~15.

19 李賢惠, 1990, 앞논문, pp.55~58.

20 盧泰天, 1992, 「新羅初期 鑄造鐵괭이의 系譜」『新羅產業經濟의 新研究』, 新羅文化祭學術發表論文集 13, pp.125~130.

21 李殷昌, 1972, 앞논문, pp.224~225.

22 현재 우리나라에서 출간되는 대다수의 발굴조사보고서에서는 이것을 鑄造鐵斧라고 명명하고 있다.

23 東潮, 1979, 앞논문(1999, 「朝鮮三國 · 加耶時代의 鐵製農具」『古代東アジアの鐵と倭』, pp.324~326) ; 李南珪, 1997, 앞논문, pp.12~13 ; 村上恭通, 1999, 『倭人と鐵の考古學』, 靑木書店, pp.22~23.

농기구일 가능성이 높다. 이것은 투겁의 횡단면의 형태가 긴네모꼴인 것과 사다리꼴인 것이 있다. 전자는 북쪽 연화보-세죽리철기문화의 영향을 받아 기원전 2세기경의 무덤에 묻혔고, 후자는 한나라 철기문화와 관련하여 기원전 1세기 이후에 폭 넓게 사용되었다. 이후 주조괭이는 4세기까지 괭이의 기능을 하였으나 5세기 이후에는 무덤의 부장용으로 주로 사용되었다.

단조괭이(鍛造鐵斧)는 종단면의 형태가 대칭의 이등변삼각형을 띠지 않기 때문에 도끼로 사용하기 불편하고, 오히려 ㄱ자형의 나무자루에 끼워 괭이, 호미, 자귀의 용도로 사용하기에 편리하였을 것으로 보인다. 일반적으로 도끼의 기능을 가진 것으로 이해되었으나 최근에 자귀[24]와 괭이[25]로 볼 가능성이 제시되었다. 크기로 보아 13cm 이상은 주로 괭이의 기능, 그 이하는 자귀나 호미[26]의 기능일 가능성을 높다. 실례로 창녕 교동 3호분에서는 ㄱ자형태로 구부려진 쇠자루에 고정시킨 쇠자루괭이가 출토되어[27] 호미나 자귀의 용도로 사용되었음을 시사하고 있다. 이렇게 볼 수 있다면, 작은 것은 호미와 같이 김을 매거나 자귀로서 목기를 제작하는 공구였고, 큰 것은 괭이로 이용되어 경작지를 갈았다고 추정할 수 있다.[28]

외날따비[29]는 신부의 길이에 비해 폭이 좁게 생긴 형태로서 신부와 투겁의 각도가 120~170°인 것을 이른다.[30] 이것은 흙을 깊이 파서 뒤집어 엎기는 곤란하지만 파종구를 만들고 땅을 가는 용도로 사용되었다. 이러한 형태의 따비는 주로 영남지역에서 출토되어 이 지역의 특성을 보여주는 농기구일 가능성이 있으나[31] 최근에는 다른 지역에서도 출토된다.[32]

이것은 형태의 변화가 거의 없으나 목관묘(기원전 1세기~기원 2세기)에서 출토된

---

24 李南珪, 1997, 윗논문, pp.23~24.

25 졸고, 1991, 「新羅 中古期 村制와 지방사회구조」『韓國史硏究』72, p.17 ; 李漢祥, 2000, 「4세기 전후 신라의 지방통제방식」『역사와 현실』37, pp.235~237.

26 陳文華 編, 1991, 『中國古代農業科技史圖譜』, 農業出版社, p.187, 圖14-43에 나오는 西漢의 鐵鋤는 전체적인 형태가 비슷하나 세부적인 차이가 있고, 이 종류로는 드문 예이다.

27 東亞大博物館, 1992, 『昌寧 校洞古墳群』, p.157.

28 졸고, 2001, 「新羅 中古期 村制의 成立과 地方社會構造」, 서울대 박사학위논문, pp.57~58.

29 외날따비는 다호리 1호분의 것을 제외하고 대부분 나무자루가 발견되지 않아 그것의 날을 괭이날로 보는 견해도 있다(이상율, 1990, 앞논문, pp.32~33 ; 곽종철, 1992, 앞논문, p.99).

30 천말선, 1994, 앞논문, p.16.

31 이남규, 1997, 앞논문, p.10.

32 충청남도 아산 용두리유적에서 외날따비가 출토되었다(국립전주박물관, 2009, 『마한』, p.123, 도판 110).

것은 몸통이 약간 가늘고 단면이 마름모꼴을 띠며, 목곽묘(3~4세기)에서 나온 것은 날의 폭이 넓으며 마름모꼴이 점차 약해진다.[33] 외날따비는 3~4세기경에도 계속 사용되지만 주로 1~2세기에 중요한 농기구로서 기능하였고 5세기에 거의 사라져 간다.[34]

U자형쇠날은 평면형태가 U·凹자형의 쇠날을 가진 농기구로서 나무자루의 부착방법에 따라 따비, 삽, 가래, 화가래로 사용되었다. 이것은 날과 자루가 평행하게 연결되어 요즈음의 삽날, 따비날, 가래날로 사용하기도 하고, 날과 자루가 직각으로 연결되어 화가래와 같이 땅을 파는 기능으로도 쓰였다. 우리나라에서는 주로 화가래의 기능보다 따비나 가래의 역할을 주로 하였다고 추정된다.

U자형쇠날은 그 형태에 따라 몇 가지로 형식을 분류할 수 있다. 먼저 날이 벌어지는 각도에 따라 U자형의 Ⅰ식과 끝이 둥근 V자형의 Ⅱ식으로 나눌 수 있고, Ⅰ식은 다시 쇠날의 길이와 폭의 비율에 따라 폭보다 길이가 짧은 Ⅰ-a식과 폭보다 길이가 긴 Ⅰ-b식으로 나눌 수 있다.

고구려 지역의 U자형쇠날은 그 평면형태가 U자형을 띠면서 위로 길고 곧게 뻗어 길이가 너비보다 2배 이상이 된다. 이에 비해 신라·가야지역의 U자형쇠날은 그 평면형태가 U자형을 띠지만 위로 가면서 옆으로 뻗어 마치 V자형을 그리는 Ⅱ식이 많이 있다. 고구려의 것은 너비에 비해 길이가 길어 깊이 경작할 경우에 유리하였다. 고구려의 U자형쇠날은 삽날끝과 가장자리의 날끝이 같은 폭을 유지하고 있어 경작을 할 경우에 처음 경지에 닿는 부분이 넓어지면서 계속 같은 폭으로 갈게 된다. 하지만 신라·가야의 U자형쇠날은 삽날끝보다 가장자리의 날끝이 더 넓은 폭을 가지고 있어 처음 경지에 닿는 부분은 좁지만 점차 넓은 면적을 갈게 된다. 이는 양 지역이 가진 경지조건과 관계가 있다고 판단된다. 고구려 지역은 지형상으로 밭이 많은 지역으로 날면이 넓은 경작이 필요한 지역이고 신라·가야지역은 논이 상대적으로 많고 경지도 진흙이 많아 좁고 깊게 들어가는 농기구가 필요하였을 것이다. 따라서 고구려 지역에서는 날끝면이 넓은 U자형쇠날이 사용되었고 신라·가야지역에서는 날끝이 좁아 진흙에 잘 들어가는 끝이 둥근 V자형쇠날이 적당하였을 것이다.[35]

---

33 孫明助, 1998, 「弁·辰韓 鐵器의 出現과 展開」 『弁·辰韓의 世界』, pp.68~69.
34 千末仙, 1994, 앞논문, p.30. 그러나 5세기 중엽에 해당하는 마산 현동 64호묘에서 출토된 것이 있어 그 이후에도 형태를 달리하면서 계속 사용되었다는 견해도 있다(이남규, 1997, 앞논문, p.11).
35 졸고, 2005, 앞논문, pp.64~67.

쇠스랑은 3개의 발이 하나의 투겁에 연결되어 있는 형태로 鐵齒擺, 鐵搭이라고도 한다. 현재는 농가에서 거름을 칠 때 주로 사용하고 있으나 삼국시대 제주도에서는 땅을 일구는 도구로써 사용하였다.[36] 이로 보아 쇠스랑은 다양한 용도로 활용되었으며[37] 주로 논과 밭을 막론하고 땅을 정지하는 작업구나 흙덩이를 부수는 농기구로 사용되었음을 알 수 있다.

쇠스랑은 두 가지의 형식으로 나눌 수 있다. I식은 발이 짧고 발끝이 뾰족하며, 투겁이 길게 뻗어 자루와 연결되게 한 것이고 II식은 발이 길고 발끝이 무디며, 투겁이 짧은 특징을 가지고 있다. I식은 주로 단단한 흙덩이를 부수고 땅을 파는 데 유리한 형태를 하고 있으며 고구려 지역에서 많이 출토된다. II식은 발이 길어 진흙 땅에 적당하여 주로 남부지역에서 많이 출토되고 있다.[38] 그러나 한국 고대의 쇠스랑은 세부적인 차이는 있으나 그 형태가 거의 유사한 것으로, 길다란 발의 상면에 직각으로 네모난 자루구멍을 만들어 자루를 끼우는 중국의 쇠스랑과는[39] 다른 형태를 하고 있다.[40]

삼국시대 유적에서는 U자형쇠날과 쇠스랑이 함께 출토되는 경우가 많은 것으로 보아 두 농기구는 밀접한 관련을 가지고 있었던 것으로 보인다. U자형쇠날은 축력농구인 쟁기와 더불어 대표적인 갈이 농구이고, 쇠스랑은 갈고 난 흙덩이를 부수는 삶는 농구로서 경지에 수분을 유지하는데 중요한 역할을 하였다. 조선시대 후기 이방운의 豳風七月圖에[41] U자형쇠날(화가래)과 쇠스랑을 이용하여 농사를 짓는 광경이 묘사되어 있어 이것이 후대에도 계속하여 사용되었음을 알 수 있다.

鐵鋤는 신부의 길이에 비해 짧은 투겁을 가진 것으로 ㄱ자형의 자루를 끼워 사용하였는데, 호미와 같은 용도로 사용되었음을 알 수 있다. 그러나 철서는 호미와 달리 中耕

---

36 삼국시대의 제주도에서는 牛耕 대신에 鐵齒로서 땅을 일구었는데, 이로 보아 起耕작업에도 이용된 것을 알 수 있다(「龍朔初 有 羅者 其王儒李都羅遣使入朝 … 地生五穀 耕不知用牛 以鐵齒杷土」『新唐書』, 羅傳).

37 朝鮮初期의 農書인『農事直說』에서 鐵齒擺(쇠스랑)는 水田과 旱田을 막론하고 熟治와 覆種 등의 마전 농구로 사용되었으며, 특히 개간지·산림지·경사지 등에 요긴하였다(이호철, 1986,「農具 및 水利施設」『朝鮮前期農業史』, 한길사, p.335).

38 은화수, 2003,「쇠스랑 小考」『國立公主博物館研究紀要』3, 국립공주박물관, pp.111~113.

39 陳文華 編著, 1994,『中國農業考古圖錄』, 江西科學技術出版社, pp.300~302 ; 河北省文物研究所, 1996 『燕下都』, 文物出版社, p.400.

40 졸고, 2005, 앞논문, p.69.

41 국립중앙박물관, 1997,『東垣李洪根蒐集名品選(繪畵)』, 도판 46-2.

除草의 기능보다는 흙을 북돋아 주거나 이랑을 긁어 간단히 김을 매는 기능에 더 가깝
다고 할 수 있다. 남부지방에서는 무덤유적에서 대부분이 출토되었으나 고구려 지역에
서는 생활유적에서 주로 출토된다. 이들 주거지나 생활유적 출토품에는 사용한 흔적이

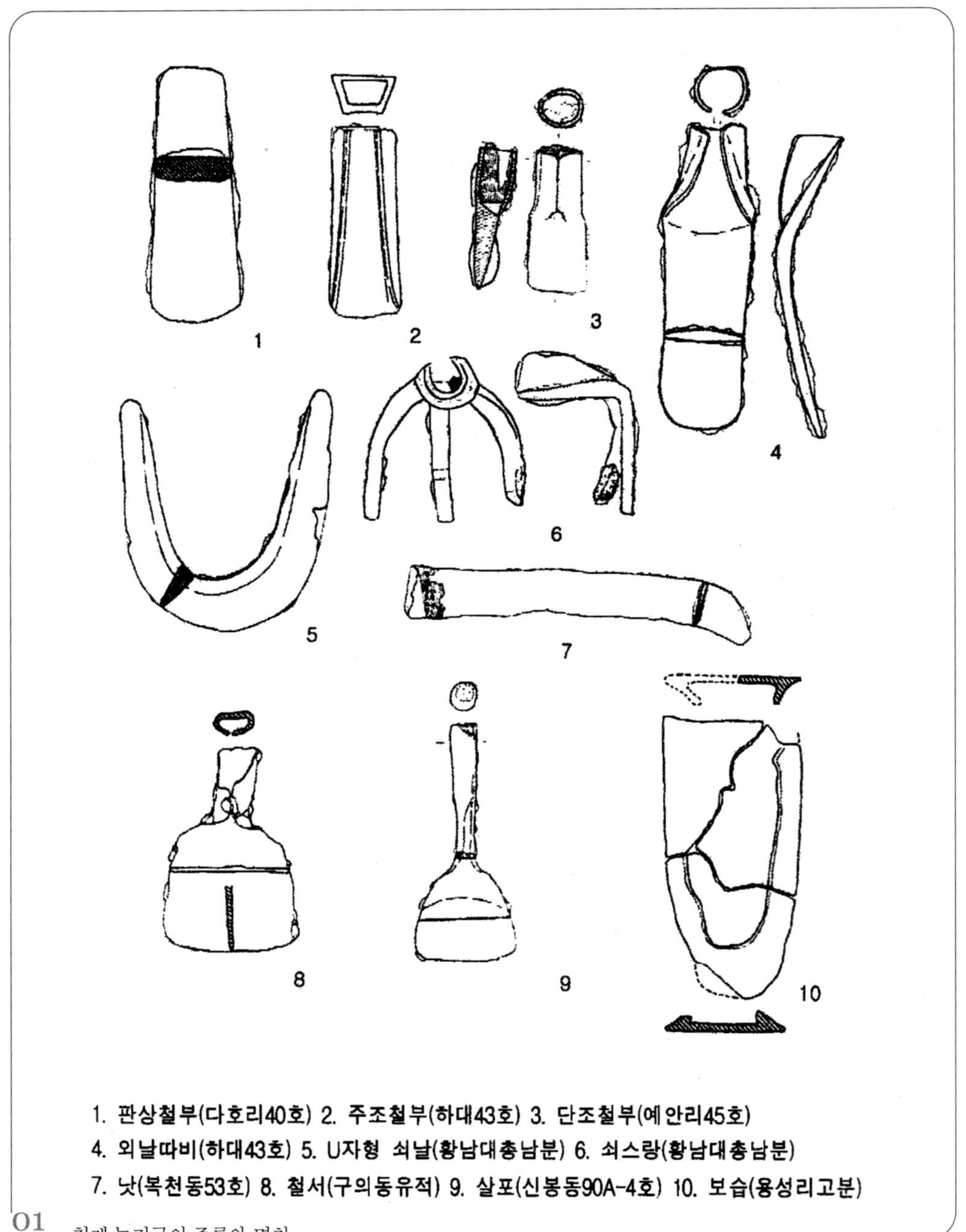

1. 판상철부(다호리40호) 2. 주조철부(하대43호) 3. 단조철부(예안리45호)
4. 외날따비(하대43호) 5. U자형 쇠날(황남대총남분) 6. 쇠스랑(황남대총남분)
7. 낫(복천동53호) 8. 철서(구의동유적) 9. 살포(신봉동90A-4호) 10. 보습(용성리고분)

01 철제 농기구의 종류와 명칭

확인되는 철서가 많이 출토되었는데, 이 점에서 철서가 실제로 사용된 농기구일 가능성이 높다. 고구려에서 출토된 철서의 형태는 짧은 굽통과 날이 바깥으로 약간 휘어져 있고 날의 양옆 가장자리가 둥글게 처리된 동일한 모양을 하고 있다.[42] 남부지역 출토 철서의 대부분은 무덤유적에서 발견되어 실용 농기구로서 뿐만 아니라 儀禮用 농기구로서의 성격도 가지고 있으나, 고구려에서는 생활유적에서 대부분이 출토되어 처음부터 실용 농기구로서 중요한 역할을 수행하였음을 알 수 있다. 중국에서는 이와 비슷한 형태의 농기구가 발견되지 않는 것으로 보아 고구려에서 만들어 발전시킨 농기구라 할 수 있다.

살포는 논에 물꼬를 트거나 막을 때에 사용하는 농기구로서 네모 형태의 신부에 가늘고 긴 투겁이 평행하게 연결되어 있는 농기구이다.[43] 이것은 중국과 일본[44]에는 잘 보이지 않는 것으로 한국 특유의 농기구라 할 만하다. 이것의 사용 방법은 옥전 M3호에서 출토된 쇠자루살포의 형태로 보아 짐작할 수 있다. 살포가 출토되는 무덤은 4~10m²정도의 면적을 가진 중대형묘이다.[45]

살포는 4세기에 출현하는 것으로 보이지만 수량이 부족하여 자세한 양상을 파악하기는 곤란하다. 그러나 5세기이후에는 수량이 증가하고 있다. 이것은 6세기 중엽경의 횡혈식석실묘인 창원 가음정동 3호, 김해 구산동 석실묘에서 작은 미니어쳐형태로 출토되어 이후 의례용 도구로 변하였음을 알 수 있다.

낫(鐵鎌)이 나오기 이전의 수확용구는 주로 반달모양돌칼이나 반달모양쇠칼이었다. 반달모양칼은 이삭 1~2개를 한 손으로 잡고 자르는 데 이용되었으나, 낫의 출현으로 곡물을 줄기까지 수확할 수 있게 되었고 작업의 속도가 훨씬 빨라지게 되었다. 대체적으로 直刃 → 曲刃, 날끝이 直線 → 아래로 굽은 것, 날끝의 폭이 넓은 것 → 좁고 뾰족한 것, 날폭이 넓은 것 → 좁은 것으로 변화한다고 한다.[46] 이것은 기원전 3세기부터

---

42 졸고, 1997, 「살포와 鐵鋤를 통하여 본 4~6세기 농업기술의 변화」 『科技考古硏究』 2, p.42.

43 현대의 살포는 날이 작으나 자루가 길어서 논의 물꼬를 트거나 막을 때 쓰며, 노인이 논에 나갈 때 지팡이대신 짚고 다니기도 한다(김광언, 1988, 「신라시대의 농기구」 『민족과 문화』, 정음사, p.279).

44 일본에서는 살포가 거의 발견되지 않으나 大谷 1호, 野野井南 12호, 西尾山 1호, 珠金塚古墳, 岩清水スゲ谷古墳 등의 몇 예가 알려져 있다. 이것은 일본에서 드물게 발견되는 농기구로서 우리나라와 관련이 있을 가능성이 있다. 실지로 岩清水スゲ谷古墳은 우리나라에서 건너간 도래인의 무덤일 가능성이 있는 데, 여기에서 살포가 나오고 있다(奈良縣立橿原考古學硏究所, 2003, 『岩清水スゲ谷古墳 發掘調査報告書』, 奈良縣文化財調査報告書 99).

45 졸고, 1997, 앞논문, pp.9~12.

사용되기 시작하여 이후 중요한 수확용구로 자리잡게 되었다. 철제 농기구 중에서 가장 많은 출토량을 보여주고 있으며 소유계층의 폭도 가장 넓게 나타나고 있다.

이러한 연구성과를 기초로 삼국시대에는 쟁기·U자형쇠날·괭이 등의 갈이농구(起耕具), 살포와 같이 논에 물을 대는 농구(水田農具), 쇠스랑과 같은 삶는 농구(摩田具), 鐵鋤와 같은 김매는 농구(除草具), 그리고 낫과 같은 걷는 농구(收穫具) 등 다양한 종류의 농기구가 사용되었음이 판명되었다. 따라서 삼국시대에는 갈이(起耕)-물대기-삶기(摩田)-김매기(除草)-걷기(收穫)작업이 일관되게 이루어졌음을 알 수 있다.

2. 철제 농기구의 발전과정

철제 농기구를 기능으로 분류하고 이를 토대로 철제 농기구의 사용시기를 검토하고자 한다. 이것은 새로운 철제 농기구의 출현과 소멸을 염두에 둔 구분으로, 가장 널리 보급된 시기만을 기준으로 하지는 않는다.

1단계는 기원전 2세기경에 중국 연(燕)나라 철기 문화와 관련이 있는 연화보-세죽리문화의 영향 아래 시작되었다. 처음 남부지방의 유적들은 대부분 충청도를 중심으로 하는 중서부지방에 밀집하고 있다. 특히 기원전 2세기경으로 비정되는 장수 남양리, 부여 합송리, 당진 소소리, 익산 신동리, 완주 갈동 등지의 목관묘에서는 연화보-세죽리문화의 철기 중에서 주조괭이와 철착의[47] 주조철기가 출토되었다.

주조괭이(鑄造鐵斧)와 鐵鑿을 목제 농기구를 제작하기 위한 공구라는 견해가 있었지만 농기구로 볼 가능성이 있다. 주조괭이는 중국에서 鐵钁이라고 부르는 것이며 괭이의 기능을 가진 것으로 보고 있다.[48] 철착은 일반적으로 끌에 해당하는 공구로 보고 있으나 이것은 날의 폭이 좁고 길이가 길어 끌로 사용하기는 부적절하였을 것이다. 당진 소소리에서 2개가 함께 출토되므로 전통적인 두날따비의 날로 추정된다.[49]

이와 같이 연화보-세죽리문화의 영향 아래에서 따비, 괭이의 농기구가 먼저 철기로

---

46 千末仙, 1994, 「鐵製農具에 대한 考察」『嶺南考古學』 15, p.25.

47 졸고, 2009, 「初期鐵器時代 금강유역 鐵製農器具의 성격」『考古學探求』.

48 이남규, 1997, 앞논문, p.12.

49 졸고, 2000, 「農業生産力의 발전단계와 戰爭의 양상」『百濟史上의 戰爭』, 충남대 백제연구소, pp.11~12.

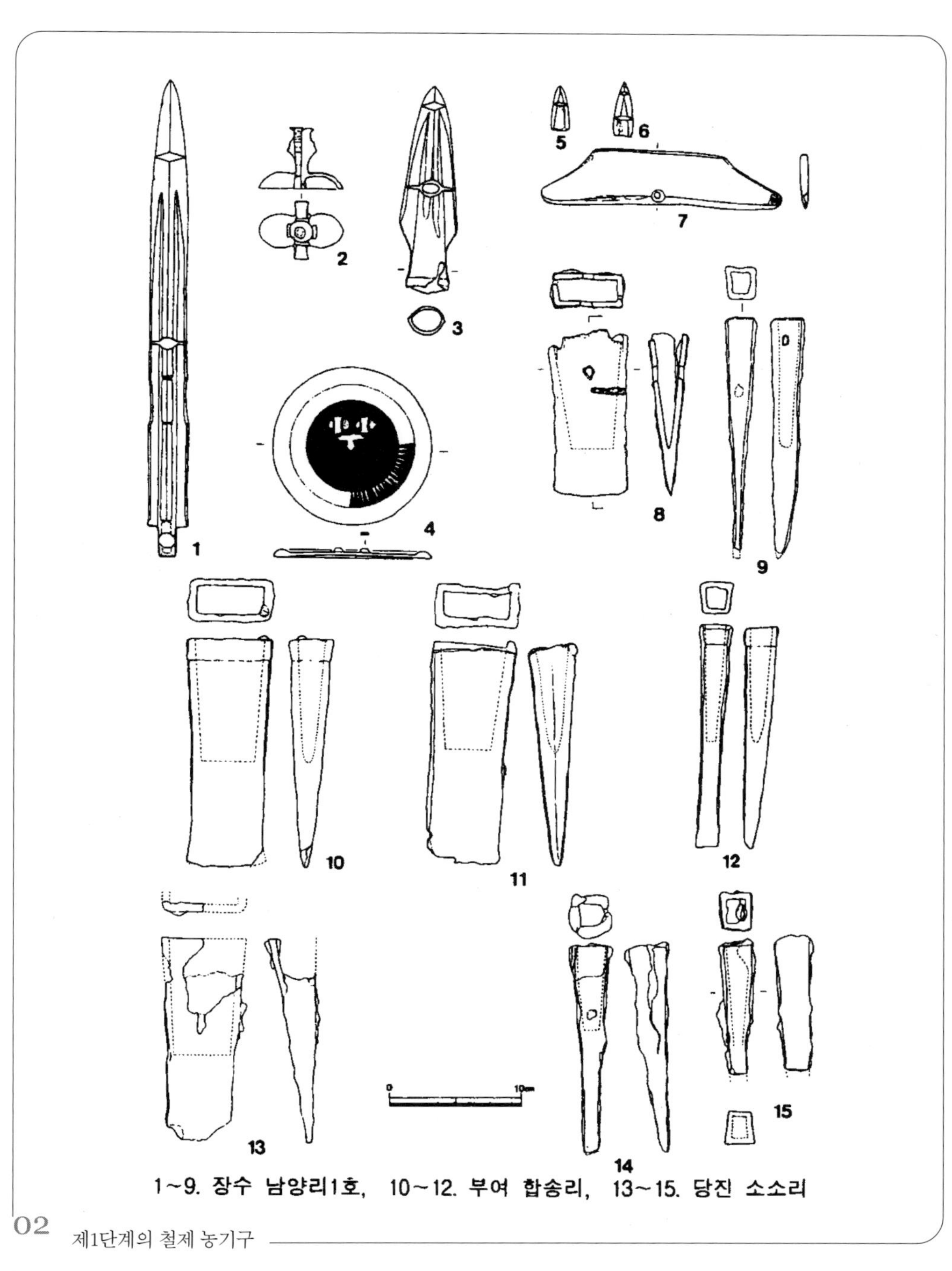

1~9. 장수 남양리1호,   10~12. 부여 합송리,   13~15. 당진 소소리

02 제1단계의 철제 농기구

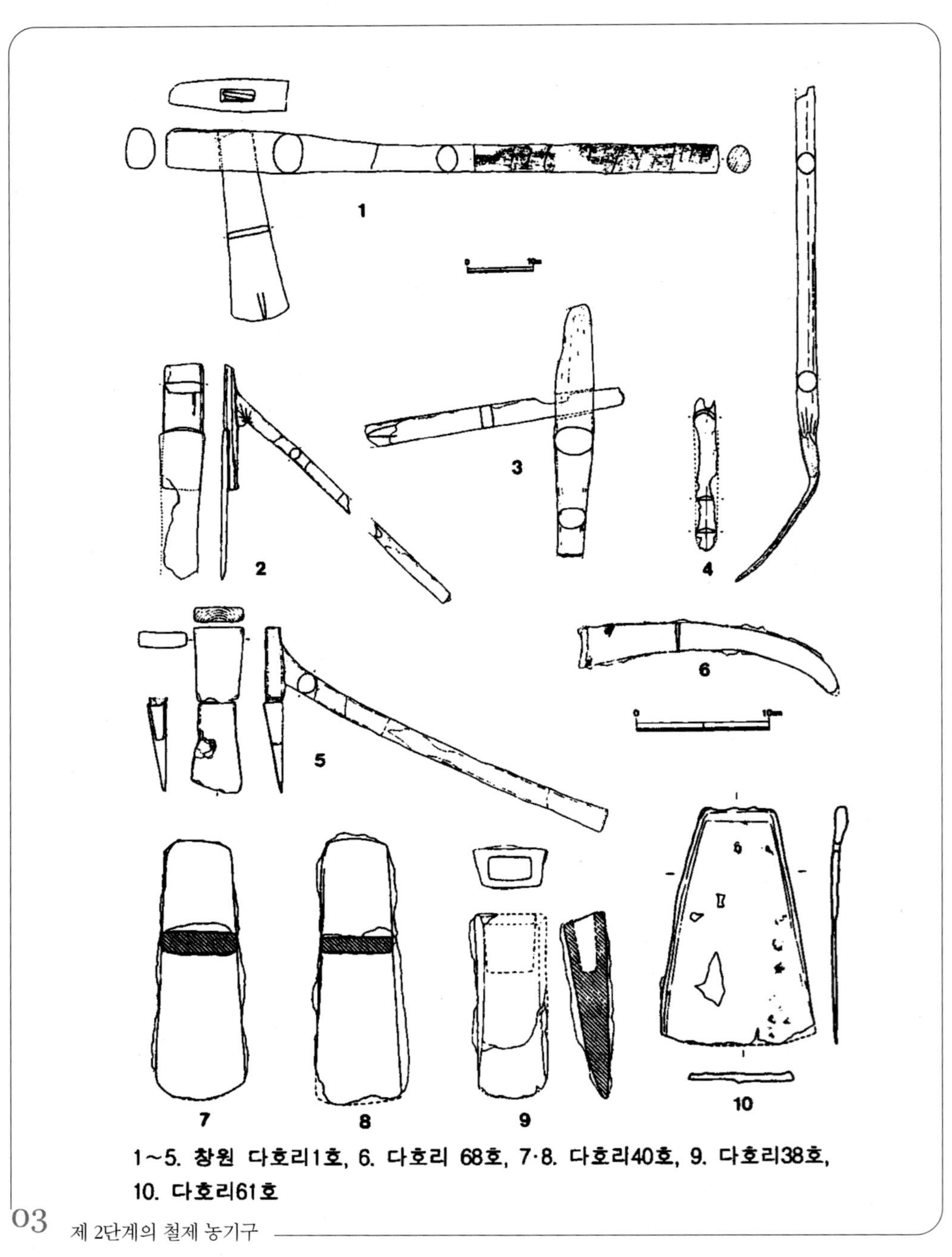

1~5. 창원 다호리1호, 6. 다호리 68호, 7·8. 다호리40호, 9. 다호리38호,
10. 다호리61호

03 제 2단계의 철제 농기구

전환되고 있다. 그러나 당시 기본적인 농기구는 나무나 돌로 제작되었을 것이다. 최근
진주 대평의 청동기시대의 유적에서 나무괭이로 밭을 간 흔적이 확인되어 밭의 경작에
나무괭이가 사용되었음을 확인할 수 있다.[50]

2단계인 기원전 1세기~기원 2세기가 되면 북으로부터 유이민의 파동을 겪으면서 고조선과 낙랑의 문화가 남부지방에 미치게 된다. 이를 계기로 漢나라의 철기문화가 파급되면서 단조철기가 사용되기 시작한다. 비록 무기는 청동기가 주도적인 위치를 차지하지만 농기구는 철기로 점차 변해가고 있었다. 그러나 여전히 목제 농기구도 많이 사용되고 있었다.[51]

기원전 1세기경으로 편년되는 광주 신창동유적은 밭, 집자리 등 생활유적과 분묘유적을 포괄하는 복합유적으로 주목된다.[52] 광주 신창동의 발굴조사에서는 이 시기에 해당하는 목제 농기구들이 출토되어 당시 농기구의 모습을 전하고 있다. 나무괭이, 괭이자루, 나무쇠스랑, 낫자루 등의 목제 농기구 관련유물들이 대표적이다. 나무괭이와 나무쇠스랑은 논에서 흙덩이를 부수거나 점성이 강한 땅을 고르게 하는 효과가 있을 것이다. 또한 나무괭이는 날이 넓은 것이 주로 발견되어 당시 저습지에서 점성이 강한 흙을 간단한 목제 농기구로 농경지를 갈고 흙을 부수는 작업을 수행하였음을 알 수 있다.

당시 농사에서 목제 농기구가 일정한 역할을 수행하였을 것이나 새롭게 보급되기 시작한 철제 농기구도 중요하게 사용되었을 것이다. 철제 농기구는 북쪽 철기문화의 영향을 받아 자체 제작하는 단계로 나아가고 있었다.[53] 이 시기의 철제 농기구는 외날 따비, 판상철부, 단조괭이, 주조괭이, 낫 등이 있다. 이것은 중국이나 낙랑과 관련이 있는 철제 농기구의 일정한 영향을 받아 제작되었으나 독자적인 형태도 존재하였다.

이와 같이 당시의 주요한 농기구는 따비, 괭이, 낫이라는 사실을 알 수 있다. 당시에는 따비-괭이농사가 경작의 주류를 형성하고 있었으며, 갈이(따비, 괭이)-걷이(낫)의 과정이 철제 농기구로 수행되고 있었다. 물론 굳은 땅에서는 주로 철제 농기구가 사용되었고 낮은 자연저습지에서는 신창동의 예와 같이 나무괭이와 나무쇠스랑이 주로 이용되었다.

3단계의 변화는 U자형쇠날·쇠스랑의 출현과 수리시설의 축조에서 변화의 획기를

---

50 慶尙南道·南江遺蹟發掘調査團, 1998, 『南江의 先史遺蹟』, p.38 ; 慶尙南道·東亞大博物館, 1999, 『南江流域文化遺蹟發掘圖錄』, pp.81~88.

51 趙現鐘, 1997, 「木器研究集成(Ⅰ)」 『務安 良將里 遺蹟 綜合研究』, 목포대박물관 ; 趙現鐘, 2005, 「한국 저습지 고고학과 목기연구」 『저습지 고고학』, 호서고고학 제11회 학술발표대회 ; 김권구, 2008, 「한반도 청동기시대의 목기에 대한 고찰」 『한국고고학보』 67, 한국고고학회 ; 국립가야문화재연구소, 2008, 『한국의 고대 목기』, 국립가야문화재연구소 연구자료집 41.

52 趙現鐘·張齊根, 1992, 「光州 新昌洞遺蹟 -第1次 調査槪報-」 『考古學誌』 4, pp.31~134 ; 趙現鐘·申相孝·張齊根, 1997, 『光州 新昌洞 低濕地 遺蹟』 Ⅰ, 국립광주박물관.

53 孫明助, 1998, 앞논문, pp.64~65.

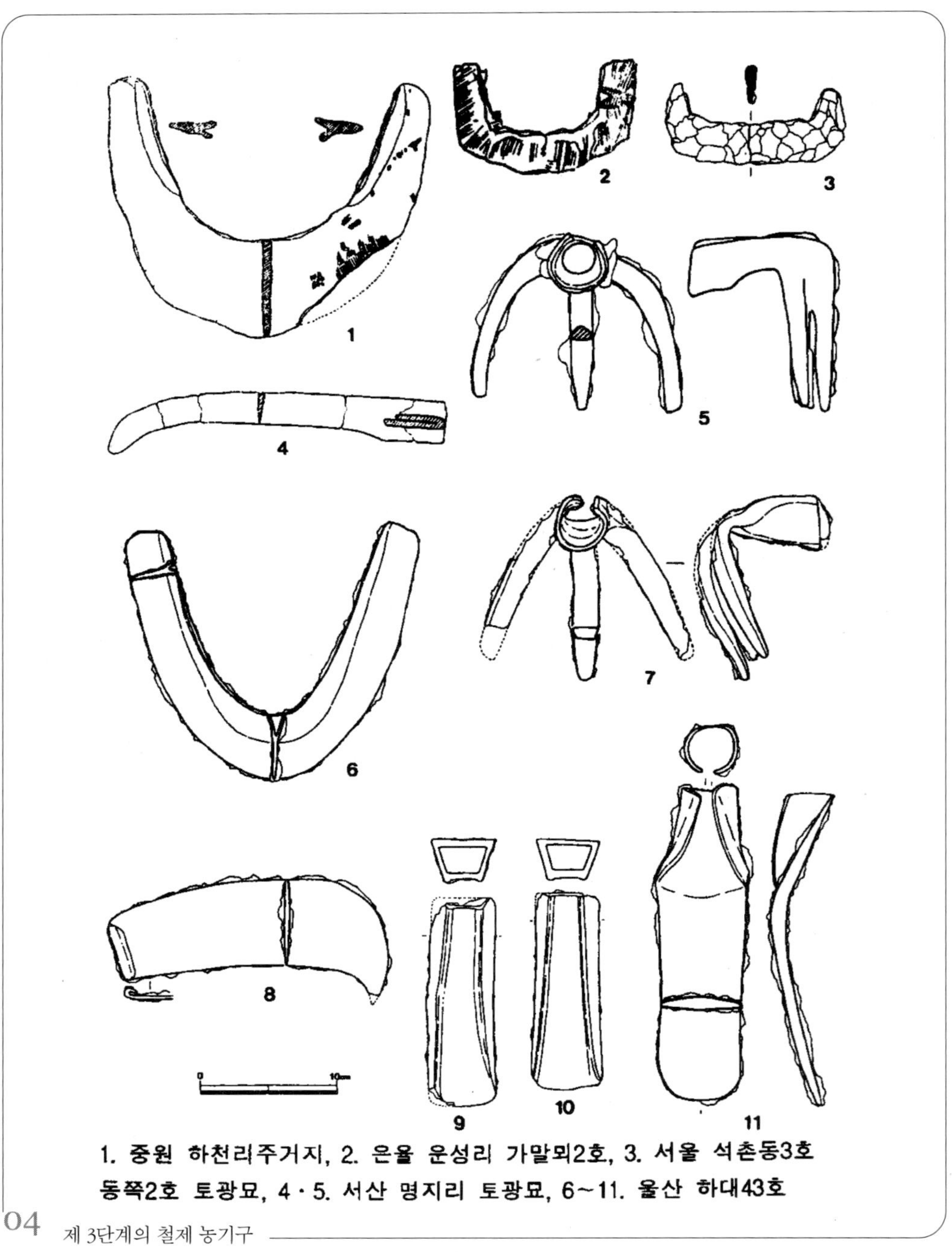

1. 중원 하천리주거지, 2. 은율 운성리 가말뫼2호, 3. 서울 석촌동3호
동쪽2호 토광묘, 4·5. 서산 명지리 토광묘, 6~11. 울산 하대43호

04 제 3단계의 철제 농기구

잡을 수 있다. 3세기 이전에는 澤, 즉 소택지인 자연 저습지의 일부가 농경지로 개발되
고 있었으나 3세기 이후에 池와 堤堰에 대한 언급으로 나타나기 시작하고 있다.[54] 池는
흘러내리는 물을 가두어두는 수리시설이고 堤는 산간 계류를 막아두는 저수지로서, 자

연적으로 고여 있는 澤인 자연저습지와는 다른 것이다. 여기에 보이는 제방은 일반적인 수리시설을 표현한 것으로 당시 후대와 같이 발전된 제방의 형태는 아니지만 시원적인 형태의 수리시설이 존재하였음을 알려 주고 있다. 고고학 자료로 보아 소하천변의 흐름을 조절하는 狀 형태일 가능성이 높다.

이 시기 철제 농기구에서도 새로운 변화가 나타나고 있었는데, U자형쇠날과 쇠스랑이 세트로 대형고분에 묻히고 있다. 대형 무덤에서 U자형쇠날과 쇠스랑이 출토되고 소형 무덤에서 주조괭이, 단조괭이, 낫이 조합상을 이루고 있다. U자형쇠날과 쇠스랑의 출현은 다양한 농기구의 확대뿐만 아니라 새로운 농사기술의 발전을 의미한다. 즉 논의 토양은 점성이 강하기 때문에 논농사에 적합한 갈이 농기구는 땅에 꽂혔을 때 생기는 진공상태의 저항도가 낮은 것이 바람직하다. 이러한 상황에서 U자형쇠날과 쇠스랑은 가벼우면서도 흙에 대한 저항력이 낮고 강인하기 때문에 논농사에서 작업 효율을 크게 높일 수 있다.[55]

4단계 농기구의 변화에서 가장 큰 특징은 판상철부, 따비의 소멸과 살포, 철서의 등장이다. 따비는 3세기이후에 기능상으로 U자형쇠날로 대체되었으나 이 시기에 이르러 거의 소멸되었다.[56] 판상철부도 4세기 후반 이후에 출토되지 않는다. 이 시기에 주목되는 것은 살포와 철서의 출현이다. 살포가 나타나면서 이제 농기구의 조합은 U자형쇠날·괭이 등의 갈이농구, 쇠스랑과 같은 삶는 농구, 살포와 같은 논 농구, 철서와 같은 김매는 농구, 주조괭이·단조괭이 등의 개간용구, 그리고 낫과 같은 걷이 농구이라는 완성된 농작업도구를 가지게 되었다. 특히 대형 무덤에 살포가 부장되어 논농사를 장악하고 통치하는 수장층의 모습을 잘 보여주는 것이 옥전 M3호의 쇠자루살포이다. 수장층과 살포의 관계는 이후에도 계속되는데, 조선시대 임금이 신하에게 하사하는 궤장에서도 그 모습이 남아 있다.[57] 이에 비해 철서는 생활유적과 중소형고분에서 출토되어 흙을 부수는 작업 등을 수행하였다.

5단계인 6세기의 변화는 전국적인 규모로 축조되는 수리시설과 牛耕의 전국적인 보급에서 시작되었다. 신라에서는 지증왕 4년(503)에 처음으로 우경의 실시를 전하고 있

---

54 「春二月 命有司修堤防」(『三國史記』卷24, 百濟本紀2 仇首王 9년; 222년).

55 李賢惠, 1991, 앞논문, pp.52~56.

56 千末仙, 1994, 앞논문, p.30.

57 경기도박물관, 1997, 『京畿國寶』, 도판25 궤장.

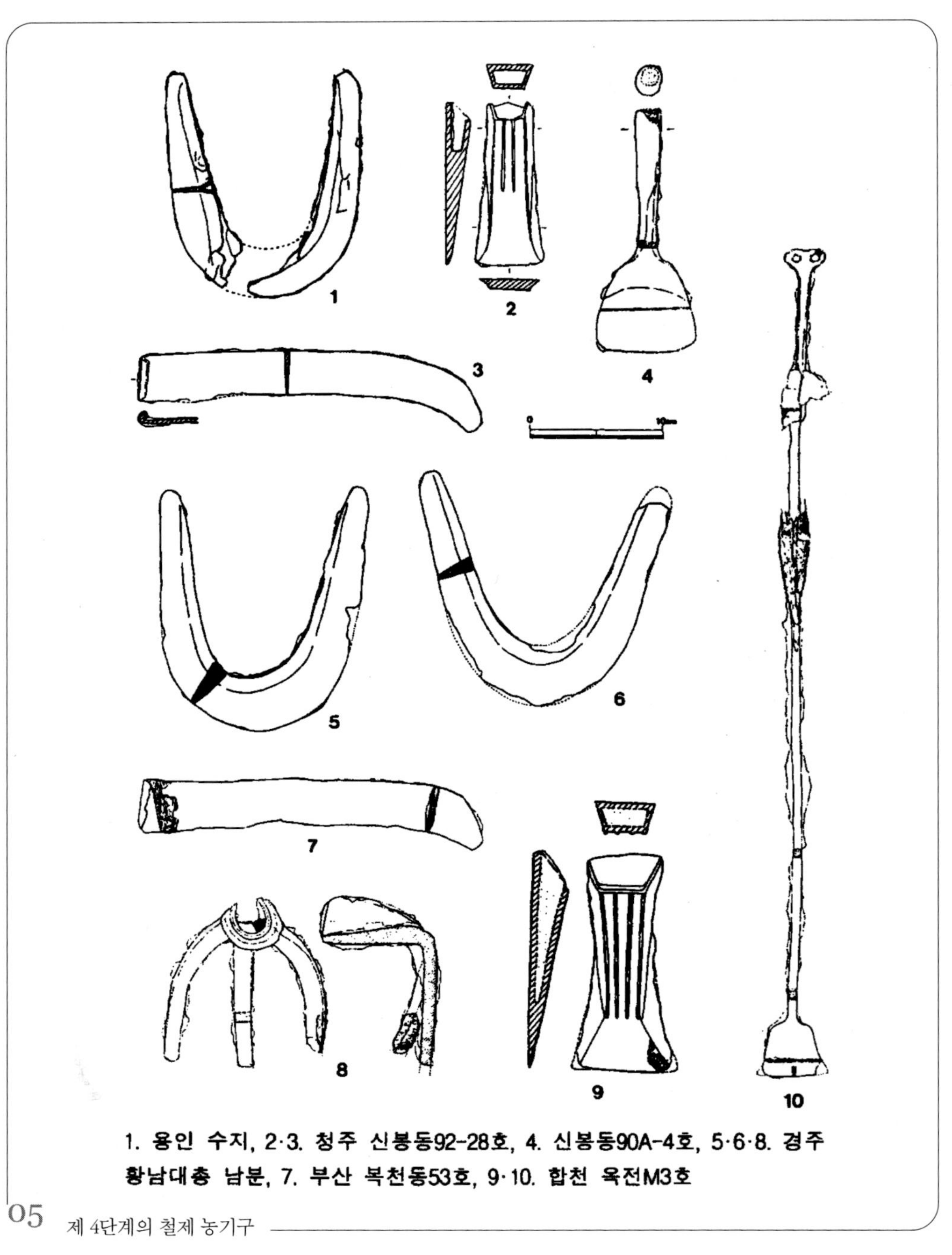

1. 용인 수지, 2·3. 청주 신봉동92-28호, 4. 신봉동90A-4호, 5·6·8. 경주 황남대총 남분, 7. 부산 복천동53호, 9·10. 합천 옥전M3호

으나 일반적으로 이전부터 실시되어 오던 우경을 국가적인 차원에서 적극적으로 장려한 조치로 이해되고 있다.[58] 이것은 우경을 지방사회까지 널리 보급하겠다는 국가의 권농책과 관계가 있을 것이다.

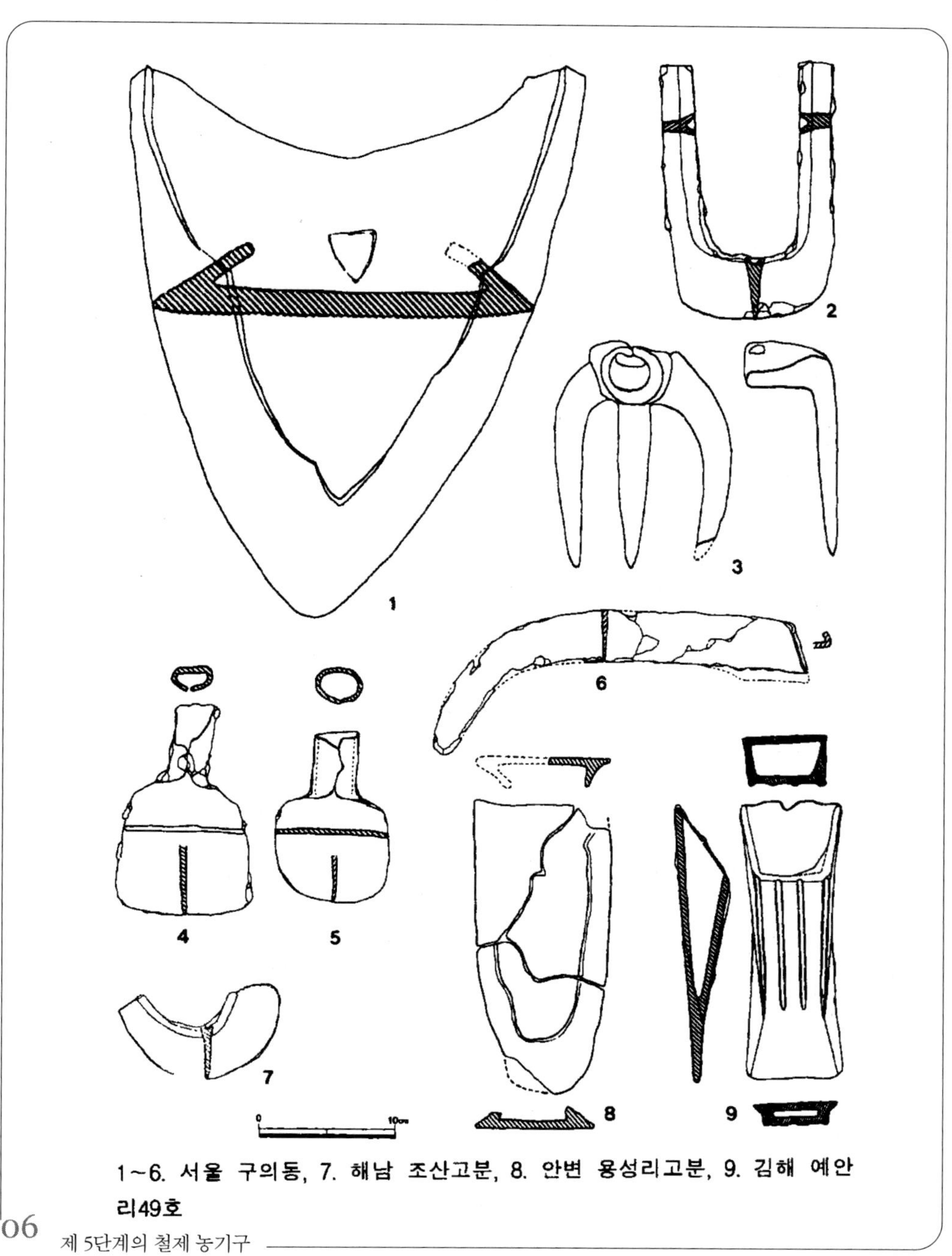

1~6. 서울 구의동, 7. 해남 조산고분, 8. 안변 용성리고분, 9. 김해 예안
리49호

제 5단계의 철제 농기구

58 李春寧, 1968,「韓國農業技術史」『韓國文化史大系』Ⅲ, p.36.

당시 우경의 구체적인 증거는 평양 상원 돌방무덤, 안변 용성리 고분, 서울 구의동 유적·홍련봉 제1보루·아차산 제4보루, 청원 남성골유적, 진주 옥봉 7호분 등에서 출토된 보습인데, 이들은 대부분 6세기 이후의 자료들이다. 물론 그 이전에도 보습이 사용되었을 것이지만 이 시기에 출토예가 급증하는 것으로 보아 이 시기 이후에 널리 보급되기 시작하였을 것이다.

그 외의 자료로 주목되는 것이 논의 형태와 논에 보이는 쟁기날의 흔적이다. 울산 무거동 옥현 유적에서는[59] 청동기시대부터 조선시대에 이르는 논의 전개양상을 잘 보여주고 있다. 논은 낮은 구릉의 경사를 따라 어느 정도 단을 이루면서 형성되었는데, 모양은 네모꼴, 긴네모꼴, 불규칙꼴 등으로 다양하다. 이 중에서 청동기시대의 논은 주로 네모꼴의 작은 논의 둑 안에 경작면의 凹凸면이 매우 불규칙한 상태로 확인되었다. 이들은 1~3평 내외의 작은 규모로 현재의 길게 단을 이룬 논과는 구별되는 작은 논이다. 이와 비슷한 형태의 논으로는 청동기시대에 해당하는 논산 마전리 논 유적과 삼국시대 후반의 부여 궁남지 논 유적이 있다. 이러한 형태의 논은 청동기시대에 출현하여 삼국시대에도 계속하여 조성되고 있었던 것이다. 한편, 옥현의 삼국시대에 해당하는 논은 중·대 규모의 계단식 논으로 요즈음의 논과 같이 기다란 모양을 하고 있다. 이와 비슷한 형태의 논으로는 삼국시대 후반에 해당하는 대구 서변동[60] 논유적과 창원 반계동[61] 논유적이 있다.

이와 같은 논의 다른 2가지 형태는 자연지형, 경작방식 등의 다양한 요인에 의해 설명할 수 있으나 대체적으로 소구획 논에서 대규모 계단식 논으로 시기적으로 발전하였을 가능성이 제기되고 있다.[62] 장방형 계단식 논은 철제 농기구의 발전과 관련이 있을 것으로 보이며 특히 쟁기를 끄는 우경의 보급과 일정한 관련을 맺고 있다고 추정된다. 그것은 반계동과 서변동의 논유구에서 쟁기날의 흔적이 확인되는 것으로 증명할 수 있고 반계동에서는 주변에 소발자국도 확인되어 가능성을 더하고 있다.

---

59 경남대·밀양대 박물관, 1999, 『蔚山 無去洞 玉峴遺蹟』, 현장설명회자료 ; 郭鍾喆, 2000, 「發掘調查를 통해 본 우리나라 古代의 水田稻作」『韓國 古代의 稻作文化』, 국립중앙박물관, p.75.

60 영남문화재연구원, 1999, 「大邱 西邊洞마을遺蹟 발굴조사」 Ⅰ·Ⅱ, 현장설명회자료 19·22 ; 유병록·김병섭, 2000, 「대구 西邊洞유적 발굴조사의 개요와 성과」『영남문화재연구원 제13회 조사연구회』, 영남문화재연구원.

61 昌原大博物館, 2000, 『昌原 盤溪洞遺蹟』Ⅱ.

62 郭鍾喆, 2000, 앞논문, pp.75~76.

3. 철제 농기구의 지역성

우리나라 농기구 발달사에서 4세기는 살포와 철서로 대표되는 특수한 목적에 사용되는 농기구가 출현한 시기이다. 살포와 철서는 외형상의 형태는 비슷하나 그 제작기법, 기능, 분포지역에서 뚜렷한 차이를 보이고 있다. 이러한 살포와 철서의 지역성은 자연환경, 농경지의 분포 등과 관련이 있는 것으로 논농사와 밭농사를 대변하고 있다.

먼저 살포는 자루의 재질에 따라 쇠자루살포(鐵柄附鐵鏵)와 나무자루살포(木柄附鐵鏵)로 나눌 수 있다.[63] 쇠

07 살포의 실례

자루살포는 합천 옥전 M3호·의성 대리고분·창원 가음정동 3호·부안 죽막동 제사유적·김해 예안리고분·함안 도항리 27호 등에서 출토되어 그 자세한 형태를 알 수 있다. 나무자루살포는 나무자루가 썩어 대부분 자루는 출토되지 않고 자루를 끼우는 굽통만이 출토되고 있어 자세한 형상을 알 수 없다. 따라서 대부분의 살포는 나무자루를 가지고 있었으나 현재 발굴되는 것은 자루가 없이 굽통이 달린 네모난 날부분의 형태이다. 이러한 살포를 형식분류하면 다음과 같다. ① I 식 : 날길이와 날너비가 비슷한 경우이다. ② II 식 : 날길이보다 날너비가 짧은 경우로서 종장방형의 세장한 신부를 가진 형태이다. ③ III 식 : 날길이보다 날너비가 긴 경우로서 신부는 크고 넓적하며 굽통단

---

63 김도헌, 2001, 앞논문, pp.39~43.

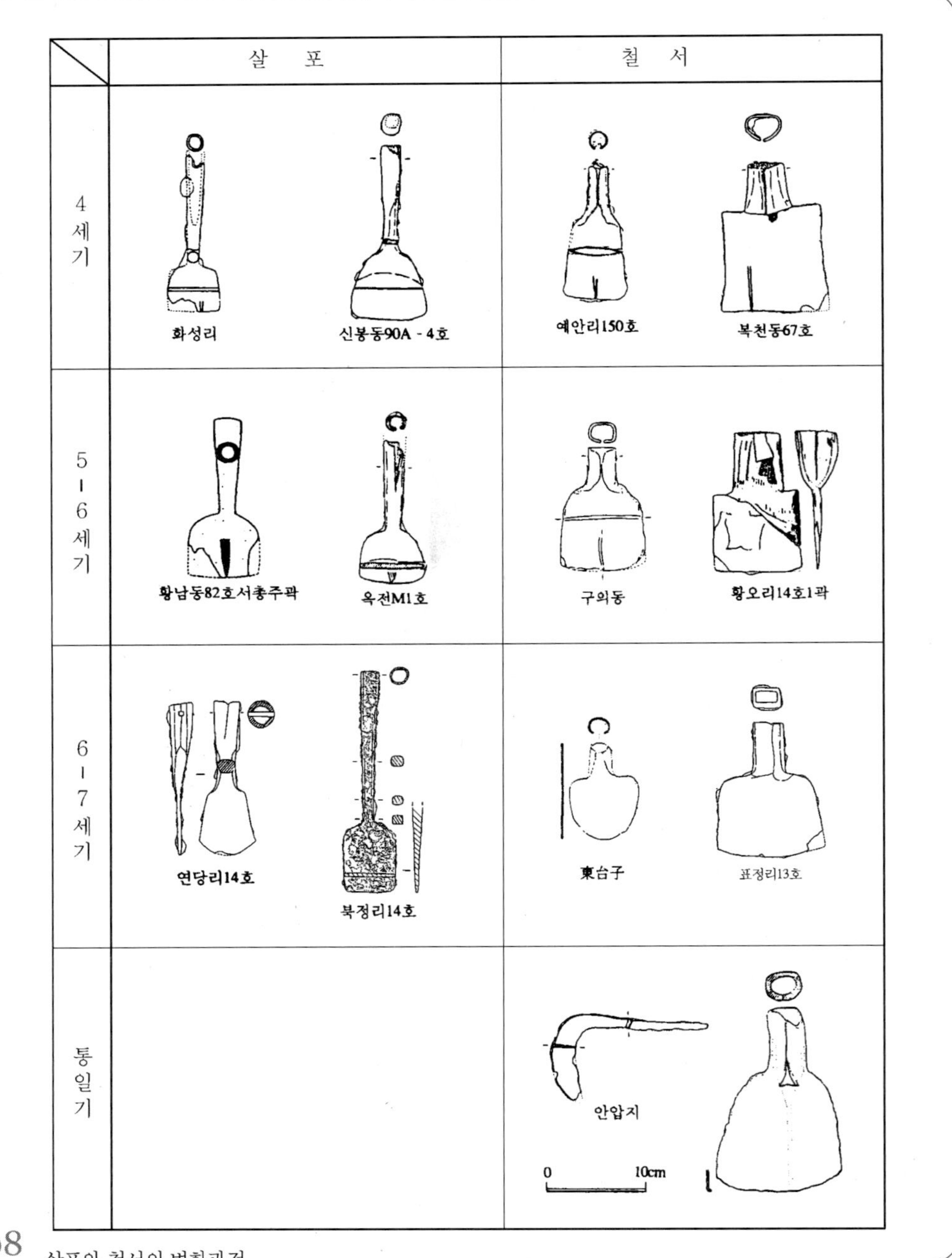

 살포와 철서의 변화과정

면은 타원형이다.[64]

　이러한 살포는 논에 물꼬를 트거나 막을 때에 사용하는 농기구로서 네모난 형태의 날부분에 가늘고 긴 굽통이 평행하게 연결되어 있는 농기구이다. 이것의 사용 방법은 공주 수촌리 1호, 금산 수당리 12호, 합천 옥전 M3호에서 출토된 쇠자루살포의 형태로 보아 짐작할 수 있다. 살포는 자루를 삽입하는 중앙부분이 아래로 凸형태로 솟아 있어 흙에 넣은 후 뒤로 제쳤을 경우에 부러지거나 휘어지지 않게 설계되어 저습지의 배수나 수전의 개간에 매우 효과적이었을 것이다.

살포는 원래 논의 물꼬를 틀 때에 사용하던 농기구로서 전형적인 논농사용 농기구에 해당한다. 그러나 살포는 논농사에서 물꼬를 틀 때에 사용한다는 점에서 물을 제어하는 首長의 모습을 연상할 수 있다. 이러한 모습을 가장 잘 보여주는 것이 5세기경의 공주 수촌리 1호·4호, 금산 수당리 12호, 합천 옥전 M3호, 의성 대리고분에 부장된 쇠자루살포이다. 이들 고분은 그 지역의 수장들이 묻힌 무덤이라 할 수 있다. 이 고분이 묻힌 수장들이 활동하는 시기는 그 지역의 집단들이 전성기를 누리던 시기이다. 여기에서 쇠자루살포는 피장자와 나란히 묻히거나 피장자의 주변에서 출토되어 피장자의 성격을 잘 알려준다. 이로 보아 이 무덤의 주인공은 이 지역의 수장으로 살포를 짚고 대도를 차고 전쟁을 독려하며 논농사를 장려하는 수장의 모습을 잘 보여주고 있다.

현재 살포가 발견되는 지역은 백제지역의 금강유역·고흥 안동고분, 신라·가야지역인 영남지역에 집중적으로 분포한다. 주로 충청도 이남지역에서 출토되고 있어 남부지방의 독특한 농기구로 여겨진다. 이들 지역은 백제와 신라가 있었던 곳으로 고구려지역인 한강이북의 유적에서 발견된 예는 아직 없다. 이는 살포가 논이 많았던 남부지역에서 주로 사용하였던 농기구라는 사실을 반영하고 있다.[65] 이렇게 논농사가 발전한 백제, 신라에서는 살포가 발달하였으나 가야에서는 살포의 출토예가 빈약하고 출토된 살포도 백제와 신라와 관계있는 유물로 판단된다.[66]

이에 비해 대가야 지역에서는 소형철제모형농기구가 출토되었는데, 그 형태는 따비형, 괭이형, 철서형, 낫형 등 4가지 종류이다.

따비형(踏鋤形) 농기구는 원삼국시대에 주로 사용된 외날따비를 모델로 축소하여 제작한 것이다. 외날따비는 신부의 길이에 비해 폭이 좁게 생긴 형태로서 身部와 투겁의 각도가 120~170°인 것을 이른다.[67] 대부분의 유적에서 날부분만 출토되었으나 다호

---

64 졸고, 1997, 앞논문, pp.9~12.

65 졸고, 1997, 윗논문, pp.40~42.

66 가야지역에서도 살포가 발견되었으나 주로 신라와 백제와 관련이 있는 유물과 함께 발견되어 가야에서 제작하였다기 보다는 백제와 신라에서 제작하였을 가능성이 높다고 판단된다.

리 1호에서는 완전한 형태의 자루가 달린 따비가 출토되어 자루가 긴 형태인 長柄임을 알 수 있다. 이것은 흙을 깊이 파서 뒤집어 엎기는 곤란하지만 파종구를 만들고 땅을 가는 용도로 사용되었다.

괭이형 농기구는 가장 보편적으로 사용되던 단조철부를 모델로 제작한 것이다. 단조괭이는 삼국시대의 고분에서 가장 많이 출토되는 농기구이다.

鐵鋤形 농기구는 원시적인 호미에 해당하는 철서를 기본 모델로 하여 제작되었다. 실용적인 철서는 4~6세기경의 유적에서 주로 출토되는데, 비록 수량은 많지 않으나 독특한 형태의 농기구로 주목된다. 이것은 신부의 길이에 비해 짧은 투겁을 가진 것으로 ㄱ자형의 자루를 끼워 사용하였다. 무덤에서는 주로 사용하지 않은 것이 출토되나 생활유적에서는 날의 양끝에 사용한 흔적이 남아 있다. 그리고 생활유적에서 출토되는 비율이 50%를 넘어 생활도구로서 중요한 위치를 점하였다고 보여진다. 철서가 출토되는 무덤은 2~6m²정도의 면적을 가진 중소형 무덤에 해당한다.[68]

낫형(鐵鎌形) 농기구는 가장 일반적으로 사용되던 수확도구인 낫을 모델로 제작한 것이다.

이 중에서 소형철제모형농기구는 소멸되는 농기구인 따비와 새로이 등장하는 철서를 기본으로 구성하고 있으며, 원삼국시대 이후 보편적인 실용 농기구로서 사용되던 단조괭이-쇠낫도 소형으로 제작하고 있다. 이 중에서 주목되는 것이 따비와 철서이다. 원삼국시대 대표적인 농기구인 따비가 실용적인 농기구로서 자취를 감추고 있을 무렵에 대가야에서는 소형농기구로서 제작되었고, 삼국시대에 대표적인 밭농사 농기구인 철서는 대가야지역에서 따비와 세트로 소형화하여 부장되기 시작하였던 것이다. 소형철제모형농기구는 사라지는 농기구인 따비와 새로이 등장하는 농기구인 철서를 모델로 제작되었던 것이다.

가야지역에서 출토된 철서의 시원형태는 고구려의 철서에서 찾을 수 있다. 고구려의 철서는 신부의 길이에 비해 짧은 투겁을 가진 것으로 ㄱ자형의 자루를 끼워 사용하였는데, 호미와 같은 용도로 사용되었음을 알 수 있다. 남부지방에서는 무덤유적에서 대부분이 출토되었으나 고구려 지역에서는 생활유적에서 주로 출토된다. 이들 주거지나 생활유적 출토품에는 사용한 흔적이 확인되는 철서가 많이 출토되었는데, 이 점에

---

67 천말선, 1994, 앞논문, p.16.
68 졸고, 1997, 앞논문, p.38.

서 철서가 실제로 사용된 농기구일 가능성이 높다.

고구려에서 출토된 철서의 형태는 짧은 굽통과 날이 바깥으로 약간 휘어져 있고 날의 양옆 가장자리가 둥글게 처리된 동일한 모양을 하고 있다.[69] 남부지역 출토 철서의 대부분은 무덤유적에서 발견되어 실용 농기구로서 뿐만 아니라 의례용 농기구로서의 성격도 가지고 있으나, 고구려에서는 생활유적에서 대부분이 출토되어 처음부터 실용 농기구로서 중요한 역할을 수행하였음을 알 수 있다. 특히 구리 아차산 4보루에서는 17점,[70] 서울 구의동보루에서는 7점[71]이나 출토되어 고구려에서 높은 비중을 차지하는 농기구임을 알 수 있다. 그 외 중국 동북부의 무순 고이산성(2점),[72] 환인 오녀산성,[73] 미창구 장군묘,[74] 집안 동대자건축유지[75] 등에서도 철서가 출토되었다. 중국에서는 이와 비슷한 형태의 농기구가 발견되지 않는 것으로 보아 고구려에서 만들어 발전시킨 농기구라 할 수 있다.

따라서 철서는 논보다는 밭에서 사용한 농기구로 판단된다. 그런데 고구려 지역에서는 백제, 신라와 달리 논농사에 가장 많이 사용되던 살포가 한 점도 출토되지 않고 밭농사에 널리 사용되는 호미에 해당하는 철서가 널리 사용되고 있었다. 이로 보아 고구려 지역은 산간의 평지를 이용한 밭농사가 발달하였음을 알 수 있다.

이와 같이 4세기경에 살포와 철서가 출현하여 5~6세기를 거치면서 사용될 수 있었던 것은 농사기술상에서의 새로운 변화를 상정할 수 있다. 이는 곧 논과 밭 농사의 확산과 새로운 토지의 개발과정이기도 하였다. 그러나 자연환경에 따라 농기구가 선택적으로 발전하였다.

삼국이 자리한 지역은 북쪽으로 갈수록 산이 많고 밭농사가 발전하였고 남쪽으로 내려올수록 평야가 넓고 논농사가 발전하였다. 이러한 지형적인 요소가 농기구에도 그

---

69 졸고, 1997, 윗논문, p.42.

70 서울대박물관, 2000, 『아차산 제4보루 발굴조사 종합보고서』, pp.174~175.

71 구의동보고서간행위원회, 1997, 『한강유역의 고구려요새 -구의동유적 발굴조사 종합보고서-』, 도서출판 소화, p.81.

72 徐家國·孫力, 1987, 「遼寧撫順高爾山城發掘刊報」 『遼海文物學刊』 87-2, pp.54~57.

73 遼寧省文物考古研究所 編著, 2004, 『五女山城』, 北京, 文物出版社, pp.135~136.

74 武家昌·梁志龍·王俊輝, 2003, 「桓仁米倉溝高句麗壁畵墓」 『遼寧考古文集』, 深陽, 遼寧民族出版社, pp.66~67.

75 吉林省博物館, 1961, 「吉林輯安高句麗建築遺址的淸理」 『考古』 61-1 ; 吉林省博物館, 1961, 「吉林輯安高句麗建築遺址的淸理」 『中國考古集成(東北卷 兩晋至隋唐 二)』 12, 北京出版社, pp.471~472.

대로 반영되어 있다. 비교적 평야가 많은 백제와 신라에서는 논농사용 농기구인 살포가 광범위하게 발견되고 구릉이 많은 고구려와 가야에서는 밭농사용 농기구인 철서(호미)가 주로 발견되고 있다. 특히 고구려에서는 살포가 한 점도 발견되지 않고 있으며, 대신 집자리나 성터에서 실용적인 철서가 많이 출토되어 철서가 실지로 밭농사에 사용되었음을 알려준다. 이에 비해 가야지역에서는 철서가 실용품으로 보다는 수장층의 무덤에서 의례용 농기구로서 출토되고 있다. 이와 같이 살포는 주로 백제, 신라지역에서, 철서는 고구려, 가야지역에서 출토되어 대조를 이루고 있다.

4. 철제 농기구와 수리시설의 발전

삼국시대 철제 농기구가 수리시설의 축조에 따른 수전농업의 발전과 상관관계를 가졌는지를 검토하고자 한다. 철제 농기구와 논농사를 해명하기 위해서는 그 전제가 되는 水利시설에 대한 이해를 가져야 한다. 실지로 고대 사회에 있어서 국가 권력은 수리시설에 대해 지대한 관심을 가지고 있었고 국가적인 규모의 사업으로 신축 및 관리가 이루어지고 있었다. 그러나 삼국의 수리시설에 대한 사료나 제방시설은 당시 상황을 알기에 충분하지 않으며, 단편적인 모습을 보여주고 있다.

다음은 고대 사서에 나오는 백제, 신라의 수리시설과 관련된 사료이다.

A-①㉠ 春二月 命有司修堤防 (『三國史記』卷24, 百濟本紀2 仇首王 9년; 222년)

　㉡ 春二月 下令 農者政本 食惟民天 諸州郡修完堤防 廣闢田野 (윗책 卷1, 新羅本紀1 逸聖尼師今 11년; 144년)

②㉠ 始開碧骨池 岸長一千八百步 (윗책 卷2, 新羅本紀2 訖解尼師今 21년(比流王 27년); 330년)

　㉡ 己丑始築碧骨堤 周□萬七千二十六步 □□百六十六步 水田一萬四千七十□ (『三國遺事』卷1, 王曆1 乞解尼叱今 20년(比流王 26년); 329년)

　㉢ 新築矢堤 岸長二千一百七十步 (『三國史記』卷3, 新羅本紀3 訥祇麻立干 13년; 430년)

③㉠ 秋九月 …於是盡發國 烝土築城 卽於其內 作宮室樓閣臺樹 無不壯麗 又取大石於郁里河 作槨以葬父骨 緣河樹堰 自蛇城之東 至崇山之北… (『三國史記』卷25, 百濟本紀3 蓋鹵王 21년; 475년)

　㉡ 春正月 下令完固堤防 驅內外遊食者歸農 (윗책 卷26, 百濟本紀4 武寧王 10년; 510년)

　㉢ 春三月 命有司修理堤防 (윗책 卷4, 新羅本紀4 法興王 18년; 531년)

09 김제 벽골제 장생거

A-①에 의하면, 3세기 이전에 백제와 신라에서는 有司에게 명하여 제방을 수축하게 하고 있다. 여기에 보이는 제방은 일반적인 수리시설을 표현한 것으로 당시 후대와 같이 발전된 제방의 형태는 아니지만 시원적인 형태의 수리시설이 존재하였음을 알려 주고 있다. 고고학 자료로 보아 소하천변의 흐름을 조절하는 洑형태일 가능성이 높다. 비록 이 기사가 『삼국사기』 초기 기록에 자주 나오는 의례적인 권농기사의 하나이지만 일정하게 초기 수리시설의 수축을 반영하고 있다고 여겨진다. 처음에 하천가의 델타지역이나 소택지 등에서 별다른 수리시설 없이 행해졌던 것으로 보이나 2~3세기경에는 원시적인 보 등의 간단한 수리시설을 통하여 澤 즉 소택지인 자연 저습지의 일부가 농경지로 개발되었을 것으로 추정된다.[76] 이러한 수리시설을 이용한 논농사는 목제 농기구를 사용하여 이루어졌을 것이다. 이것은 당대의 유적인 무안 양장리와 광주 신창동 유적에서 출토된 목제 농기구를 통해 알 수 있다.

A-②에는 4세기경 지금의 전라북도 김제에 碧骨堤,[77] 신라지역에 矢堤라는 저수지

---

76 졸고, 2007, 「백제시대 수전농업의 발전단계」『백제와 금강』, pp.208~209.

77 小山田宏一, 2003, 「百濟의 土木技術」『古代 東亞細亞와 百濟』, 충남대 백제연구소 ; 成正龍, 2007, 「金堤 碧骨堤의 性格과 築造時期 再論」『한·중·일의 고대 수리시설 비교연구』, 계명대 출판부 ; 졸고, 2008, 「벽골제와 백제 제방의 발전」『김제』, 2008년 국립전주박물관 기획특별전 도록.

를 축조한 사실을 알려 주고 있다. 이 벽골제 관련 사료는 그 지역이 백제가 아닐 가능성이 제기되고[78] 그 시기도 백제 웅진·사비기에 축조되었을 거라는 견해가 있으나,[79] 그 내용 자체가 자세하므로 일단 백제 4세기경에 축조되었다고 추정된다.[80] 물론 현재 남아 있는 김제 벽골제는 당시 모습을 보여 주지는 못하지만, 4세기경 새로운 형태의 저수지를 개발하던 상황을 알려 주고 있다. 벽골제는 계곡 사이를 흐르는 하천을 막아 제방을 쌓아 물을 가두어 두는 청제비형(제형) 저수지이다.[81] 당시 백제국가가 벽골제가 위치한 김제까지 수리시설을 축조할 정도인지는 의문이므로 4세기경에는 이 지역에 위치한 소국 수준에서 제방을 축조하였을 것이다. 4세기경에는 기록에 표현된 '지'나 '제' 형태의 수리시설을 이용하여 새로운 토지를 개척하였다고 여겨진다. 신라에서는 5세기경에 시제를 축조하고 있으나 자세한 내용을 알기 곤란하다. 그러나 백제와 마찬가지로 신라에서도 6세기 전국적인 수리시설의 수축이전에 제방을 축조하고 있음을 알 수 있다.

수리시설의 축조를 통하여 경작지가 확대되고 농경지를 경작하는 농기구도 수량과 종류에서 발전하고 있다. 이 시기 고분에서 출토된 철제 농기구를 관찰한 결과, U자형 쇠날·괭이 등의 갈이농구, 쇠스랑과 같은 삶는농구, 살포와 같은 논 농구, 철서와 같은 김매는 농구, 주조괭이·단조철부 등의 개간용구, 그리고 낫과 같은 걷이농구를 갖추게 되었다. 이로 보아 갈이-삶기-김매기-걷이 작업이 일관되게 이루어졌음을 알 수 있다. 이 중에서 당시 수리시설의 완비를 농한 논농사의 발전상황을 잘 보여 주는 것이 최근에 발견예가 증가하는 살포이다. 살포는 남부지역에서는 상당히 넓은 분포를 보이고 있는 것으로 보아 이를 이용한 논농사가 넓은 지역에서 이루어진 사실을 알 수 있었다.

A-③는 한성백제가 멸망하기 전에 이루어진 다양한 토목공사를 전하면서 제방에 대한 기록을 보여주고 있다. 여기에 나오는 '堰'은 475년경의 사실을 전하는 것으로 강변

---

78 전덕재, 2000, 「삼국시기 영산강유역의 농경과 사회변동」『지방사와 지방문화』3-1.

79 成正龍, 2007, 앞논문, p.91.

80 현재 남아 있는 벽골제의 수문인 장생거와 경장거는 그 제작기법으로 보아 백제시기의 것이기 보다는 그 이후 시기의 것으로 판단된다(졸고, 2008, 앞논문, pp.202~209).

81 필자는 한국 고대 저수지의 형태를 築堤 관련 金石文을 기준으로, ①계곡 사이를 흐르는 하천을 막아 쌓은 제방을 菁堤碑型(堤型) 저수지, ②하천을 따라 둑을 하천수를 끌어들이는 塢作碑型(堰型) 저수지로 구분하고자 한다. 이에 대한 자세한 설명은 졸고, 1995, 「신라 中古期의 저습지 개발과 촌락구조의 재편」『韓國古代史論叢』7, pp.78~79를 참고하기 바란다.

을 따라 쌓은 형태인 오작비형(언형) 저수지라고 추측된다. 당시 백제는 국력을 소모할 정도로 다양한 형태로 대규모 토목공사를 벌리고 있었다. 그런데, 개로왕대의 성, 고분, 언 등의 축조는 이전부터 이루어진 것이 아니라 고구려 승려인 도림의 제안에 의해 갑자기 이루어진 공사로서 한성백제의 멸망으로 인하여 계승되지 못하였다. 그렇지만 백제 중앙에서 국력을 기울여 수리시설을 축조하고 있어 국가적인 규모에서 이루어진 수리시설이라는 데에 의의가 있다. 당시 백제에서는 이전 시기의 계곡을 막아 물을 저장하는 형태에서 더 나아가 하천을 따라 둑을 쌓아 농경지에 물을 관개하는 형태의 수리시설을 조영하게 되었다.

6세기에는 백제의 무령왕과 신라의 법흥왕이 명령을 내려 제방을 수리하게 하는 조치를 취했다는 간단한 기록만 보인다. 하지만 당시 무령왕과 법흥왕은 수리시설의 축조를 통한 경제기반의 조성과 이를 통한 정치적인 통합을 꾀하고 있었기 때문에 일시적이거나 국지적인 범위에서 이루어진 조치는 아니었을 것이다. 이는 이전과는 달리 전국적인 규모에서 수리를 명하고 있다. 당시 제방의 축조가 전국적인 규모에서 이루어졌기 때문에, 바로 이어 국가가 직접 나서서 중앙과 지방에 있는 遊食者들을 농사에 복귀시키고 있는 것이다.

6세기의 변화는 전국적인 규모로 축조되는 수리시설이 우경의 전국적인 보급과 궤를 같이하고 있다. 고구려의 삼각형 보습이 평양, 서울 등 주로 한강 이북에서 발견되어 지역적인 분포상의 특성을 보여주고 있다. 이것은 U자형 보습이 신라문화권 지역에서 사용된 보습의 일종이라는 것과 비교하면 그 지역적인 특성을 알 수 있다. 삼국시대에도 이미 한강 이북지역의 주작물은 밭작물이며, 신라 지역인 경상도 지역은 벼농사와 밭농사가 병행되었지만 한강 이북보다는 벼농사의 비율이 높았을 것이다. 따라서 지역에 따라 보습의 형태가 서로 다른 것은 재배작물 내지는 경작지 상태에 따른 자연발생적인 결과로 보인다.[82] 고구려 지역의 삼각형 보습은 한강 이북의 밭농사 지역에서 사용되었으며, 끝이 둥근 U자형 보습은 진흙이 많은 남부지역에서 사용하였음을 알 수 있다.

이러한 우경의 보급은 동아시아에서는 주로 국가권력과의 관계 속에 이루어졌다. 신라에서도 6세기에 전국적인 규모로 수리시설과 우경이 보급되기 시작되었다. 신라

---

82 李賢惠, 2000, 『韓國 古代의 생산과 유통』, 一潮閣, pp.188~202.

에서는 지중왕 4년(503)에 처음으로 우경의 실시를 전하고 있으나 일반적으로 이전부
터 실시되어 오던 우경을 국가적인 차원에서 적극적으로 장려한 조치로 이해되고 있
다.[83] 이것은 우경을 지방사회까지 널리 보급하겠다는 국가의 권농책과 관계가 있을 것
이다. 고구려에서도 우경은 국가에서 주도적으로 실시하였던 것으로 보인다. 현재 자료
로 보아 주로 국가 관련 시설에서 발견되고 있기 때문이다. 그런데 6세기에는 국가관련
시설 뿐만 아니라 유력계층의 무덤에서도 보습이 발견되고 있다. 평양시 상원 돌방무덤
에서 철제 보습이 발견되어 당시 유력계층에까지 쟁기가 보급되었음을 알 수 있다.

　이와 같이 4세기 이후에 고구려 지역에서 쟁기가 보급되면서 논과 밭농사에서 쟁기
는 경작에 사용되었고 6세기 전후하여 남부지역에는 논의 형태와 쟁기날 흔적으로 보
아 우경이 상당할 정도로 보급되었음을 알 수 있다. 울산 무거동 옥현 유적에서는 청동
기시대부터 조선시대에 이르는 논의 전개양상을 잘 보여주고 있다. 청동기시대의 논은
주로 장방형의 작은 논의 둑안에 경작면의 凹凸부분이 매우 불규칙한 상태로 확인되었
다. 이에 비해 삼국시대의 논은 중·대 규모의 계단식 논으로 요즈음의 논과 같이 길다
란 모양을 하고 있다. 이와 비슷한 형태의 논으로는 삼국시대 후반에 해당하는 대구 서
변동과 창원 반계동의 논유적에서도 확인되었다. 이와 같은 논의 두 가지 형태는 작은
논에서 대규모 계단식 논으로 시기적으로 발전하였을 가능성을 제기하고 있다.[84] 세장
방형 계단식 논은 철제 농기구의 발전과 관련이 있을 것으로 보이며, 특히 쟁기를 끄는
우경의 보급과 일정한 관련을 맺고 있다고 추정된다. 그것은 반계동과 서변동의 논유
구에서 쟁기날의 흔적이 확인되는 것으로 증명할 수 있고 반계동에서는 주변에 소발자
국도 확인되어 가능성을 더하고 있다. 이로 보아 6세기경에는 한반도 남부의 백제·신
라·가야지역에서도 쟁기를 사용한 우경이 보급되었듯이 선진적인 고구려지역에서는
더 이른 시기에 우경이 전국적으로 보급되었다고 추정된다.

83　李春寧, 1968, 「韓國農業技術史」 『韓國文化史大系』Ⅲ, p.36.
84　郭鍾喆, 2000, 앞논문, pp.75~76.

●참고문헌●

郭鍾喆, 1992, 「韓國과 日本의 古代農業技術」『韓國古代史論叢』4, 가락국사적개발연구원.

______, 2000, 「發掘調査를 통해 본 우리나라 古代의 水田稻作」『韓國 古代의 稻作文化』, 국립중앙박물관.

국립가야문화재연구소, 2008, 『한국의 고대 목기』, 국립가야문화재연구소 연구자료집 41.

金度憲, 2001, 「古代의 鐵製農具에 대한 研究-金海·釜山地域을 中心으로」, 부산대석사학위논문.

______, 2008, 「선사·고대의 농구조합과 생산력의 변화」『영남고고학』47, 영남고고학회.

김광언, 1986, 『한국농기구고』, 한국농촌경제연구원.

김권구, 2008, 「한반도 청동기시대의 목기에 대한 고찰」, 『한국고고학보』67, 한국고고학회

金在弘, 1995, 「신라 中古期의 저습지 개발과 촌락구조의 재편」『韓國古代史論叢』7, 가락국사적개발연
    구원.

______, 1997, 「살포와 鐵鋤를 통하여 본 4~6세기 농업기술의 변화」『科技考古研究』2, 아주대박물관.

______, 2000, 「農業生産力의 발전단계와 戰爭의 양상」『百濟史上의 戰爭』, 충남대 백제연구소.

______, 2001, 「新羅 中古期 村制의 成立과 地方社會構造」, 서울대박사학위논문.

______, 2003, 「新羅 統一期 專制王權의 강화와 村落支配」『新羅文化』22, 동국대 신라문화연구소.

______, 2004, 「大加耶地域의 鐵製農器具-小形鐵製農器具와 살포를 중심으로」『대가야의 성장과 발전』,
    대가야학술총서2, 한국고대사학회.

______, 2005, 「고구려의 철제 농기구와 농업기술의 발전」『北方史論叢』8, 고구려연구재단.

______, 2005, 「樂浪地域의 鳳山 養洞里 5호 博室墓 출토 U자형쇠날」『考古學誌』14, 韓國考古美術研究所.

______, 2007, 「금강유역 출토 百濟 儀仗用 살포」『考古學探求』창간호, 考古學探求會.

______, 2007, 「백제시대 수전농업의 발전단계」『백제와 금강』.

______, 2008, 「벽골제와 백제 제방의 발전」『김제』, 2008년 국립전주박물관 기획특별전 도록.

______, 2009, 「初期鐵器時代 錦江流域 鐵製 農工具의 性格」『考古學探求』5, 考古學探求會.

______, 2009, 「영남 동해안지역 농경 및 어로문화」『영남 동해안 지역의 고분문화』, 동북아역사재단.

盧泰天, 1992, 「新羅初期 鑄造鐵괭이의 系譜」『新羅産業經濟의 新研究』, 新羅文化祭學術發表論文集 13.

東潮, 1979, 「朝鮮三國時代의 農耕」『橿原考古學研究所 考古學論集』4.

____, 1995, 「弁辰과 加耶의 鐵」『加耶諸國의 鐵』, 仁濟大 加耶文化研究所.

朴普鉉, 1992, 「積石木槨墳의 農具類 副葬樣相」『博物館年報』2, 대구교육대박물관.

朴虎錫, 1988, 「東西洋 쟁기의 起源과 發達」, 충북대박사학위논문.

成正龍, 2007, 「金堤 碧骨堤의 性格과 築造時期 再論」『한·중·일의 고대 수리시설 비교연구』, 계명대
    출판부.

小山田宏一, 2003, 「百濟의 土木技術」『古代 東亞細亞와 百濟』, 충남대 백제연구소.

宋桂鉉, 1995, 「洛東江下流域의 古代 鐵生産」『加耶諸國의 鐵』, 신서원.

宋閏貞, 2009, 「統一新羅時代 鐵製 牛耕具의 特徵과 發展樣相」『韓國考古學報』72, 한국고고학회.

安順天, 1996, 「小形鐵製模型農工具 副葬의 意義」『嶺南考古學』18, 영남고고학회.

安在晧, 1997, 「鐵鎌의 變化와 劃期」『伽耶考古學論叢』2, 가락국사적개발연구원.

有光教一, 1933, 「慶州積石塚出土の農具に就いて」『朝鮮』215.

______, 1967, 「朝鮮-三國時代の農具と工具」『日本の考古學』6, 河出書房.

은화수, 2003, 「쇠스랑 小考」『國立公主博物館研究紀要』3, 국립공주박물관.

李南珪, 1993, 「1~3세기 樂浪地域의 金屬器文化」『韓國古代史論叢』5, 가락국사적개발연구원.

______, 1997, 「前期加耶의 鐵製 農工具」『國史館論叢』74, 국사편찬위원회.

______, 1998, 「3~5세기 금강유역권 철기의 지역적 특성-농공구와 무기를 중심으로」『3~5세기 금강유역의 고고학』, 제22회 한국고고학전국대회.

이상율, 1990, 「農·工具」『古文化』37, 한국대학박물관협회.

李殷昌, 1972, 「農工具」『韓國の考古學』, 河出書房新社.

李春寧, 1989, 『한국農學史』, 民音社.

李漢祥, 2000, 「4세기 전후 신라의 지방통제방식」『역사와 현실』37, 한국역사연구회.

李賢惠, 1990, 「三韓時代의 농업생산과 철제 농기구」『歷史學報』126, 역사학회.

______, 1991, 「三國時代의 農業技術과 社會發展」『韓國上古史學報』8, 한국상고사학회.

______, 1992, 「韓國古代의 犁耕에 대하여」『國史館論叢』37, 국사편찬위원회.

______, 2000, 『韓國 古代의 생산과 유통』, 一潮閣.

이호철, 1986, 「農具 및 水利施設」『朝鮮前期農業史』, 한길사.

전덕재, 2000, 「삼국시기 영산강유역의 농경과 사회변동」『지방사와 지방문화』3-1.

정연학, 1999, 「쟁기(犁) 속에 비친 민속-한국과 중국을 중심으로」『고문화』54, 한국대학박물관협회.

趙現鐘, 1997, 「木器研究集成(Ⅰ)」『務安 良將里 遺蹟 綜合研究』, 목포대박물관.

______, 2005, 「한국 저습지 고고학과 목기연구」『저습지 고고학』, 호서고고학 제11회 학술발표대회.

주강현 엮음, 1989, 『북한의 민속학-재래농법과 농기구』, 역사비평사.

鑄方貞亮, 1939, 「古代における南朝鮮の農具に就いて」『社會經濟史學』8-10.

千末仙, 1994, 「鐵製農具에 대한 考察」『嶺南考古學』15, 영남고고학회.

村上恭通, 1999, 『倭人と鐵の考古學』, 靑木書店.

洪潽植, 2001, 「농기구와 부장유형-영남지역 2세기후반~4세기대 분묘부장품을 대상으로」『韓國考古學報』44, 한국고고학회.

주보돈 _ 경북대학교

3 한국고대의 농경의례와 그 변화

1. 농경의례의 의미

인간의 삶을 영위해 가는 데에 기본이 되는 요소가 衣食住임은 다 아는 사실이다. 그 가운데도 생존 자체와 가장 밀접하게 연관된 것으로는 아무래도 食을 손꼽을 수밖에 없다. 衣와 住도 장기적으로는 생존에 위협이 될 수가 있겠으나 食은 바로 눈앞의 생존과 직결된다. 죽느냐 사느냐가 곧 食糧 사정에 달려 있기 때문이다.

인간이 출현하자마자 곧바로 안정적인 식량 생산 방법을 저절로 익힌 것은 아니다. 장구한 세월 동안 인간은 오직 자연에 널려 있는 자원의 採集·採取로 식량의 문제를 해결하였을 따름이다. 그러다가 차츰 경험이 축적되면서 자신의 의지대로 그를 생산할 수 있다고 인식하고서 그 방법을 스스로 터득하기에 이른 것이다. 이로써 농업을 위한 모태가 만들어졌다. 이후 오랜 과정을 거쳐 농업기술은 향상되어 갔다. 식량을 생산하는 방식이나 대상 등은 지역에 따라 한결같지가 않았다. 환경과 여건에 맞는 방법을 각지에서 개발하였다. 오늘날 세계적으로 主食이 매우 다양한 것은 그를 입증해 주는 사실이다.

일단 농업생산이 시작되고 난 뒤 採集經濟에로의 회귀는 일어나지 않았다. 채집은 어디까지나 식량 확보를 위한 보조적인 수단에 지나지 않았을 따름이다. 이제는 농업생산을 안정적으로 유지해 가기 위해 더 나은 방법을 모색하지 않으면 안 되었다. 이로 말미암아 저절로 농업에 혼신의 힘을 기울일 수밖에 없었고 그 결과 향상된 기술이 개발됨으로써 자연을 더 잘 활용하는 방법을 익혀갔다. 자연은 아무렇게나 무질서하게 존재하는 것이 아니며 그 속에는 일정한 法則性이 내재되어 있다는 사실도 아울러 인지하게 되었다. 해와 달이 週期와 원칙을 갖고 운행하며 그에 따라 계절도 순환된다는 사실을 발견하였다. 그런 결론에 다다르게 된 데에는 역으로 농업활동이 크게 영향을 미쳤다. 그리고 自然現象이 농업에 크게 작용한다는 사실도 알게 되었다. 지금껏 농업이 계절의 순환과 밀접하게 연동하여 이루어진다는 사실은 그를 뚜렷이 증명한다.

이처럼 인간은 自然界에 일정한 법칙이 있다는 사실을 깨닫고서 그를 적극적으로 활용하면서 관련 정보를 쌓아갔다. 그러나 그것이 마냥 아무런 변화 없이 순환하는 것이 아니라 때로는 요동치기도 하며 갑자기 순항하던 궤도를 벗어나기도 한다는 사실을 알게 되었다. 그를 통하여 자연 앞에 인간 자체는 지극히 무기력하고 나약할 수밖에 없는 존재란 사실도 깨달았다. 이로써 자연의 밑바탕에는 그를 움직이는 보이지 않는 거대한 힘이 작용한다고 믿었으며 나아가 모든 자연물에는 精靈이 깃들어 있다고 여겼다. 그리하여 그들을 경외하고 숭배하는 대상으로 삼게 된 것이다.

자연의 다양한 존재들 가운데 太陽으로 대변되는 하늘이 가장 강력하고 무서운 힘을 가진 절대자라고 여겼다. 이로써 각종의 신들이 탄생한 것이다. 자연의 섭리를 마음대로 조작하는 것도 곧 태양(天)을 비롯한 自然의 신들이므로 일정 수준의 농업생산을 꾸준하게 유지해 가기 위하여 그들의 힘을 빌리지 않으면 안 된다고 생각하였다. 생산은 인간의 의지대로 결정되는 것이 아니며 자연의 힘이 그를 통제하고 제약한다고 믿었다. 그래서 자신들의 바람대로 그 힘이 움직이도록 달래고 애원하였다. 그를 위해 儀式을 갖추어서 행해진 일체의 행위를 흔히 祭儀라고 일컫는다. 말하자면 제의 자체는 자연 앞에 인간이 나약하다는 사실을 솔직하게 고백한 행위이지만 역으로 그를 자신의 필요에 따라 활용하기 위한 하나의 방편으로서 만들어낸 소산물이기도 하다. 온갖 형태의 제의 가운데 농업생산과 관련된 것만을 가려서 農耕儀禮라 부른다.[1] 생산의 수준을 결정하는 기본적 요소가 종자, 물, 농기구, 기후, 비료 등이었지만 古代人들은 그 중 농경의례가 가장 결정적이라 믿고 이를 대단히 중요시하였다.

농경의례는 농업생산이 안정적으로 이루어지고 나아가 풍요가 지속되기를 기원하는 각종 종합적 행위를 말한다.[2] 따라서 거기에는 자연신을 대상으로 삼은 祭祀를 비롯하여 여러 가지 다양한 祝祭 행위 일체까지가 포함된다. 농경의례는 농업이 시작된 이후 점차적 과정을 밟아 여러 모습으로 갖추어졌을 터이지만 같은 시기라도 지역에 따

---

1 국립중앙박물관,『겨레와 함께 한 쌀』, 2000, pp.152~154에 농경의례의 개념과 그 의미 등이 간략하게 잘 정리되어 있다.
2 농경의례의 개념과 범주 등에 대해서는 金宅圭, 韓國農耕歲時의 研究, 嶺南大出版部, 1985, pp.3~19 참조.

라 그 내용과 방법 및 절차 등은 달랐을 것으로 여겨진다. 게다가 그 구조나 내용에는 정치적·사회적 사정이 반영되기 마련이어서 고정불변하지 않고 끊임없이 변화하여 갔을 것이다. 이 글에서는 한국고대사회에서 어떤 형태의 농경의례가 존재하였으며 그 것이 어떻게 바뀌어져 갔는지를 대략적이나마 개관해 보고자 한다. 농경의례는 時代相과 밀접하게 연관되었을 터이므로 그를 밝히는 작업은 곧 공백으로 남겨진 한국고대사의 한 귀퉁이를 메우는 또 다른 길이기도 하다.

2. 國家形成期의 농경의례

한반도에서 농업이 시작된 구체적 시기를 둘러싸고는 논란이 많지만[3] 현재까지 알려진 고고자료를 근거로 하면 비록 초보적 수준이기는 하나 신석기 중기까지 소급한다는 데 대해서는 대체로 의견이 합치되고 있다. 황해도 鳳山郡 智塔里, 부산 東三洞 조개무지, 경북 金泉 松竹里 등지를 비롯하여 전국에 걸쳐서 농경의 흔적을 보여 주는 다양한 유적과 유물이 발견되었기 때문이다. 이 단계의 농업 수준은 극히 낮아 자연에의 의존도가 대단히 높았으므로 안정적인 收穫과 함께 豊饒를 기원하기 위한 나름의 祭儀나 儀禮를 시행하였을 터이다. 그러나 그와 관련한 기록은 물론이고 그를 추적할 실마리로 삼을 유물과 유적도 거의 알려져 있지가 않은 상태이다. 따라서 현재로서는 한국사에서 농경의례의 시작은 아무래도 靑銅器時代로 잡을 수밖에 없을 듯하다.

청동기시대의 시작에 대해서는 여러 견해가 제기되어 있으나 현재까지의 고고자료에 의하는 한 대략 기원전 10세기 전후 무렵으로 설정하여도 그리 어긋나지는 않을 듯하다.[4] 이 시기부터 농업생산이 본격화되기 시작하였으며 그에 따라 기술력도 크게 향상되어 갔을 것으로 짐작된다. 근자에 널리 진행된 발굴을 통하여 당시의 農器具를 비롯한 栽培作物이나 耕作遺構까지도 확인되어 그런 사정의 대강을 유추해낼 수 있게 되었다.[5]

---

3 이현혜, 「한국 古代의 농업」 『강좌 한국고대사』6(경제와 생활), 가락국사적개발연구원, 2002, pp.3~7.
4 김장석, 「청동기시대」 『한국 고고학강의』, 사회평론, 2007 참조.
5 이현혜, 앞의 논문 참조.

본격적인 농경의 시작은 곧 移動活動이 청산되고 한곳에 정착하는 생활이 이루어져 취락을 바탕으로 한 農耕共同體가 성립되었음을 뜻한다. 초기의 농경은 낮은 생산력 수준으로 말미암아 구성원 전체가 모두 공동노동에 참여하지 않으면 정상적 유지가 불가능하였다. 그러나 농업기술의 개발로 생산력이 차츰 향상되어지자 그것이 곧 인구 증가로 이어져 마침내 階級 분화를 촉진하기에 이른 것으로 짐작된다. 이 시기에 순전히 개인의 墓로서 조영된 비교적 큰 규모의 支石墓는 그러한 계급 분화의 사실을 웅변하는 실례이다. 안정적인 식량생산 여부는 개인의 생존은 물론이고 공동체의 존속이 달린 긴요한 문제로 부상하였다. 수확은 물론이고 지속적인 풍요는 공동체 유지의 가장 핵심적 관건이 되었던 것이다. 그를 위해서는 자연의 순환을 관장한다고 굳게 믿은 하늘이나 농업의 主神을 대상을 한 제사 행위를 포함한 농경의례가 반드시 요구되었을 터이다. 어쩌면 개인의 묘제인 지석묘를 가능한 한 큰 규모로 營造하려 한 행위 자체의 밑바탕에는 그와 같은 의식도 짙게 깔려 있었을지 모른다. 그것은 여하튼 농경의례가 청동기 단계에는 존재하였음이 확실하다고 하겠다.

신석기와 마찬가지로 국가형성기인 청동기시대의 농경의례와 관련한 실상을 제대로 보여주는 기록은 거의 없다. 다만 지배자의 출현이나 국가 형성의 과정이 담겨진 建國神話를 통하여 그 흔적을 약간이나마 유추해내고 있을[6] 따름이다. 이미 지적되고 있듯이 고구려나 부여의 건국신화에 건국자가 태양을 상징하는 天帝의 아들이라 하거나 그 어머니 柳花가 농경과 밀접한 河神의 딸로 설정되고 있음은 그를 보여 준다. 특히 고구려 건국자인 朱蒙의 母가 穀靈神으로 설정된 흔적은[7] 뚜렷하게 찾아진다. 그래서 건국신화가 곧 농경의례를 거행할 때에 재현되는 제의 절차의 한 행위로 간주되기도 하는 것이다.[8] 이런 입장을 적극 받아들인다면 支石墓가 조영되던 국가형성기에는 이미 농경의례가 존재하였다고 확정지어도 무방하리라 여겨진다. 이후 농경의례는 定例化·定型化되어 갔을 것으로 미루어 짐작된다. 그 양상을 이미 알려진 고고자료를 근거로 약간 구체적으로 추적해 볼 수가 있다.

청동기 단계에 행해진 농경의례의 한 측면을 엿보게 하는 뚜렷한 자료로는 大田에

---

6 김두진, 『한국고대의 건국신화와 제의』, 일조각, 1999 참조.
7 三品.彰英, 『古代祭政과 穀靈信仰』, 平凡社, 1973.
8 徐永大, 「高句麗의 國家祭祀 -東盟을 중심으로-」 『韓國史硏究』120, 2003, p.13.

서 출토된 것으로만 알려졌을 뿐인 農耕文靑銅器를 손꼽을 수 있다. 이는 정식의 發掘을 통한 出土品이 아니어서 여러 가지 기본적 정보를 전달하는 出土地, 遺構, 共伴遺物 등의 제반 사정이 알려지지 않음은 대단히 유감스러운 일이나 어떻든 이 농경문청동기는 소개될 당초부터 농경의례와 관련하여 크게 주목을 받았다.[9] 역시 대전의 槐亭洞이나 牙山 南城里에서 세형동검과 함께 나온 소위 防牌形靑銅器의 제작기법이나 문양상에서 유사한 면이 엿보여 대략 비슷한 시기의 것으로 추정되고 있다.[10]

이 농경문청동기는 대략 12.8센티, 폭 7.3센티, 두께 1.5센티에 지나지 않는 비교적 작은 규모인데 앞과 뒤를 매우 정교하게 다듬었다. 앞면과 뒷면에는 각기 흥미로운 그림이 뚜렷하게 새겨져 있어 주목된다. 앞면은 좌우의 두 쪽으로 나뉘어 각각에 다른 그림이 그려져 있음에도 거의 對稱을 이룬다. 두 갈래로 나뉘며 높낮이가 약간 다른 나뭇가지의 꼭대기에 각기 새가 앉아 서로 마주보고 대화를 나누는 듯한 장면이다. 두 마리 새의 자세나 문양에 약간의 차이점이 보이지만 대동소이하다. 청동기 단계에서 새가 가지는 의미는 다양하게 해석될 여지가 있으나[11] 이것만으로는 아직 상상의 수준에 머물 수밖에 없는 형편이다. 그러나 그에 약간이나마 다가갈 만한 하나의 실마리는 뒷면에서 찾아진다.

뒷면도 크게 좌우의 두 부분으로 분할한 점은 앞면과 같다. 그러나 뒷면은 좌우 대칭을 이루고 있지는 않으며 그림의 문양은 물론이고 내용도 전혀 다르다. 뒷면의 좌측 그림은 그 아래 부분이 결실되었으나 한 사람이 두 손을 앞으로 내미는 모습을 하며 그 바로 앞에는 斜格子文의 목 좁은 항아리가 놓여져 있다. 이 인물의 왼손은 그 항아리를 향하는 자세를 취하고 있다. 그의 뒷머리 모습으로 미루어 대체로 여성이라 추정되고 있다. 우측의 그림은 상하로 나뉘어져 있는데 위의 인물은 두 손으로 따비로 짐작되는 農具의 자루를 잡고 한쪽 다리는 바로 그 위에 올려놓아 밭을 일구는 듯한 장면이다. 두 날로 갈라진 따비의 끝부분이 닿아 있는 곳에는 네모난 구획 안에 10줄의 橫線이 그어진 그림이 그려진 상태인데 이는 흔히 밭으로 추정되고 있다. 전체적으로 따비를 잡은 농부가 밭을 가는 장면을 묘사하였음이 확실시된다. 그의 머리 뒷부분은 둘로 갈라져 있으며 두 다리 사이가 삼각형으로 표현되었으므로 그 형상으로 미루어 남자일 것으로

---

9 한병삼, 「先史時代 農耕文靑銅器에 대하여」 『考古美術』112, 1971 참조.
10 국립중앙박물관, 앞의 책, p.156.
11 권오영, 「한국 고대의 새(鳥) 관념과 제의(祭儀)」 『역사와 현실』32, 1999 참조.

짐작되고 있다. 하부에는 괭이를 치켜들고 내리치는 모습이 그려져 있는 데 하반부는 결실되어 구체적인 행동은 명확하게 판단하기가 어렵다.

이상으로 미루어 보아 이 농경문청동기의 그림은 농사를 짓는 장면을 매우 사실적인 기법으로 묘사한 것이라 여겨진다. 농사짓는 모습을 구체적으로 전해주고 있으므로 주목해 볼 만하다. 당시의 농경기술이 따비나 괭이를 사용하는 이미 耕단계의 수준에 이르렀음을[12] 짐작케 하는 대목이다.

이 자료를 처음 소개한 견해에[13] 따르면 전면에 조각된 새는 종교적인 儀式上에서 天界와 現世를 연결하는 역할을 감당하였다고 한다. 일반적 사례로 볼 때 이 새가 그와 같은 기능을 하는 것은 틀림없겠으나 또한 구체적으로 穀靈을 전달하는 역할을 한다는 점도 아울러 고려하면 약간 달리 해석해 볼 여지가 찾아진다. 그 점은 후술하듯이 뒷면과 함께 해석하면 드러나는 대목이다. 뒷면은 이미 언급한 것처럼 두 부분으로 구성되어 있다. 오른 쪽은 남자 2인이 따비와 괭이로 밭갈이를 하는 장면이다. 왼쪽은 여성이 취한 자세로 미루어 항아리와 밀접한 관련이 있음은 확실하다. 그런데 문제를 제기한 논자는 전자를 봄날의 밭갈이 장면으로 규정하였으며, 그에 비교하여 후자를 가을에 곡식을 거두어들여 저장하는 형상일 것으로 풀이하였다. 거기서 한 걸음 더 나아가『삼국지』에 보이는 기사를 끌어들여[14] 5월의 씨뿌리기가 끝났을 때와 10월의 추수하는 모습을 그린 것으로서 새가 흔히 제사를 지낼 때 神을 부르는 중개자이므로 이 청동기는 곧 春秋로 제사할 때 大木에 걸었던 儀器였다고 추정하였다.[15] 일견 그럴 듯하게 보이는 해석으로서 널리 받아들여지고 있다. 다만 여자로 추정되는 후면 좌측의 장면에 대해서는 약간 재론할 여지가 엿보인다.

여성의 역할은 수확이 아니라 차라리 씨를 뿌리는 듯한 모습으로 여겨진다. 오른 쪽의 그림이 밭갈이를 한다면 그 다음 단계로 한층 어울리는 것은 아무래도 즉각적인 수확보다는 그 중간 단계로서 씨를 뿌리는 절차가 뒤따라야 적절하기 때문이다. 이 청동기가 제사를 지내는데 내걸려졌다면 더욱 더 그러하다. 여성의 앞에 놓인 항아리는 추수한 수확물을 담는 그릇이라기보다는 이제 막 뿌려질 씨앗이 담긴 그릇으로 여겨지는

---

12 한병삼, 앞의 논문, p.11.
13 위와 같음.
14 『三國志』30 魏書 東夷傳 韓條.
15 한병삼, 앞의 논문.

것이다. 그렇다면 새는 신으로부터 穀靈을 전달받아 이 씨앗에 새로운 생명을 불어 넣는 역할을 하였다고 풀이된다. 두 마리의 새가 기록된 것은 씨앗의 정령을 하늘부터 받는 역할과 그것을 다시 인간에게 전달해 주는 기능을 함께 분담하여 맡았기 때문으로 짐작된다. 여인은 그것을 土地神에게 매개해 주는 역할을 담당하였다. 그렇게 본다면 이 농경문은 오로지 봄에 밭갈이하고 穀靈神으로부터 씨앗을 전달받아 뿌리는 일련의 장면을 그린 것으로서[16] 아마도 그 파종을 마치고 난 뒤 장래의 정상적인 生長과 풍요를 기원하는 제의 때에 사용한 주술적 용도로서[17] 활용된 의기라 여겨지는 것이다. 여하튼 농경문청동기는 밭을 일구고 그에 씨 뿌리며 그것이 제대로 생장하기를 기원하는 下種(播種)의 절차를 묘사한 것으로서 풍요를 염원하기 위한 농경의례를 진행할 때 사용된 儀器였음은 거의 의심의 여지가 없다고 하겠다. 그와 대단히 비슷한 사정이 『삼국지』에 보이는 그것이라면 그 기원은 상당히 거슬러 올라감을 추정해 낼 근거가 되는 귀중한 자료인 셈이다. 이와 비슷한 기능을 하였을 새의 무늬가 새겨진 청동기는 경남 固城의 東外洞과 전남 靈光 綏洞에서도[18] 출토된 바 있다. 아마도 의기에 따라 약간의 차이는 내재하였을 터이지만 그런 양상의 농경의례가 널리 행해졌음을 추정케 하는 사례들이다. 다만 수확 후 풍요를 축원하고 나아가 다음 해의 확대재생산을 희구하는 가을걷이 제례용의 靑銅儀器는 그와는 별개로 존재하였을 것으로 짐작된다. 거기에 그려졌을 그림도 수확에 어울리는 내용이었을 것임은 물론이다.

　　의례는 같은 지역에서라도 일회적이 아니라 지속적으로 행해졌을 것으로 추정된다. 고성 동외동 유적은 제사 유구임이 확실한데 거기에는 같은 지역에서 의례행위가 잇달아 지속적으로 행해졌음을 추정케 하는 단서들이 보인다.[19] 그러나 농경의례가 행해진 장소와 관련하여서는 한층 구체적인 정보를 보여주는 사례로 일단 南江 유역인 경남 晉州의 大坪里 漁隱1地區 유적을 주목해 볼 필요가 있다.

　　대평리 어은1지구는 약 4,000여 평에 달하는 범위가 발굴되었는데 그 가운데 밭의 이랑과 고랑이 확인되었다. 밭의 곳곳에서 조(粟)가 출토되는 양상으로 미루어 어떤 작

---

16 권오영, 앞의 논문, p.95.

17 반면 한병삼은 제의 때 그것을 大木에 걸었을 것으로 보았으나 이상길은 의례를 執典하는 사람이 목에 걸고 실연하였을 것으로 판단하였다(이상길, 앞의 논문, p.58).

18 국립중앙박물관, 앞의 책, p.154.

19 국립진주박물관, 『固城東外洞遺蹟』, 2003, p.17.

물들이 주로 경작되었는지 대충 짐작이 간다. 한편 丹塗磨研土器를 비롯한 다량의 무문토기와 石劍, 石鏃, 環狀石斧 등의 石器片, 小形土器(miniature)를 비롯한 漁網錘와 紡錘車 등 土製品類 및 玉이 출토되었다. 이들은 밭의 전체에서 출토되나 특별히 한곳에만 집중적으로 모아둔 이른바 集石遺構가 여러 곳에서 확인되었다. 출토유물이나 집석유구의 양상으로 보아 밭 내에서 농경의례가 행해졌거나 혹은 다른 곳에서 의례를 진행한 후 이곳에서 유물들이 投棄된 것으로 판단되고 있다.[20] 그것은 여하튼 밭이 의례가 행해진 하나의 부분으로 기능하였음은 의심의 여지가 없다. 한편 주거지 주변에서도 토기와 석기편이 버려진 집석유구가 확인되었다. 이들 각종 토기와 석기는 완형이 없고 모두 깨어졌거나 미완성의 것들이다. 그래서 마치 폐기장인 것처럼 보이지만 구성 유물이나 상태로 보아 특별한 목적을 갖고 깨어서 모아둔 의례용일 것으로 짐작되고 있다.[21]

이상의 사례처럼 밭이나 주거지 주변에서 농경과 관련한 제사의례가 행해졌다. 특히 집석유구가 여러 곳에 산재한 것으로 미루어 오래도록 밭농사와 관련한 의례 행위가 경작 때마다 행해졌을 것으로 여겨진다.

그러나 농경 관련 의례행위가 단지 밭에서만 행해진 것은 아닌 듯하다. 앞서 언급하였듯이 고성 동외동의 경우 낮은 구릉상에서는 경작지와는 별개로 제사의례가 지속적으로 이루어졌다. 유적의 전모가 드러나지 않아 전반적인 양상을 알 수는 없지만 앞서 언급한 청동기가 이곳에서 발견되고 또 제사를 지낸 유구가 여러 곳인 것으로 미루어 농경의례가 여러 차례 행해졌음은 확실시된다. 그와 관련하여 南江 상류인 鏡湖江 가의 좁고 긴 형태의 河岸段丘面에 위치하는 山淸 默谷里를 주목해 볼 필요가 있다. 이곳에는 인위적으로 파놓은 기다란 溝의 내부가 수천 점의 각종 유물로 가득 채워져 있는데 청동기시대부터 삼국시대에 걸쳐 지속적으로 유물이 投棄되었다. 출토유물로는 무문토기와 단도마연토기, 어망추와 방추차, 소형토기 등의 토제품류, 석검과 석촉 등의 武具類, 石斧·石鑿·石刀·碼石 등의 農工具類, 天河石製의 玉類 등 매우 다양하다. 전반적 양상으로 미루어 이 유적 전체가 의례공간일 것으로 추정되고 있다. 출토유물상으로 짐작하여 이곳에서 행해진 의례는 물과 밀접하게 연관되면서도 玉의 제작이나

---

20 이상길, 앞의 논문, pp.46~57.
21 이상길, 위의 논문, pp.46~57.

농경과 관계가 있어 아마 정기적으로 의례가 치러졌을 가능성이 높고 그것이 삼국시기까지 계속 이어진 것으로 여겨진다.[22]

이처럼 물가에서 행해진 농경의례와 관련하여 주목되는 것은 岩刻畫이다. 한반도의 암각화의 제작은 청동기시대부터 성행하여 삼국시대까지 이어진 것으로 보인다. 암각화는 전국적으로 분포하는 것이 아니라 대부분 남부 지방에서만 국한하여 발견되고 있다. 이를테면 蔚州 大谷里의 盤龜臺岩刻畫, 川前里를 비롯하여 高靈의 良田洞, 安和里, 迎日 七浦里 등 10여 곳에 이른다. 이들은 거의 전부 하천변에 위치하는 공통성을 보인다. 한편 이들에 새겨진 그림은 事實性을 지닌 동물, 배, 인물상 등으로부터 同心圓, 螺旋形, 渦形, 牌形 등 의미를 가늠하기 어려운 幾何學的 문양 등 매우 다양하기 그지없다.

암각화의 제작 시기나 그 의미 등에 대해서는 여러 가지 엇갈린 견해가 제기되어 있지만 그 가운데 상당수는 청동기시대의 것임이 확실하다. 그들 각각이 상징하는 구체적인 의미를 잘 알 수는 없지만 그것이 어떤 祭儀와 관련된 중심지로 기능한 점, 물가에 위치하는 점에서 漁撈는 물론이고 農耕儀禮와도 긴밀히 연관된다는 점은 의심의 여지가 없다. 이들이 바위에 새겨져 있다는 점에서 그것이 일회적 용도가 아니라는 사실도 아울러 확인된다. 따라서 암각화가 그려진 곳은 일종의 神聖區域으로 설정되어 어떤 제사나 의례 행위가 장기 지속적으로 행해졌던 것으로 여겨진다. 당시가 본격적인 농경사회이고 물가에 위치한다는 점 등에서 암각화는 농경과 관련된 풍요를 기원하는 의례가 행해진 곳으로 보인다.[23] 아마도 암각화는 어떤 집단이 聖所로 지정하여 의례를 행하는 곳이었음은 분명하다. 그 가운데 농경의례도 당연히 포함되었을 것임은 물론이다.

이상과 같이 보면 현재까지의 고고자료에 의하는 한 국가형성기에 농경의례가 행해지는 공간은 물가의 암각화가 있는 신성구역, 농사가 직접 수행되는 밭 가운데 혹은 그 주변, 그리고 일상생활을 영위하는 주거지와 가까운 곳 등 세 가지로 정리가 가능하다. 그렇다면 이들 세 곳 각각에서 행해지는 농경의례가 별개로 진행되었을까 하는 의문이 저절로 떠오른다. 후술하듯이 3세기에는 정기적으로 행해지는 농경의례 가운데 직접

---

22 이상길, 위의 논문, pp.37~41.
23 이상길, 위의 논문, pp.166~167.

적인 것은 크게 하종(파종)기와 수확기의 둘로 나뉜다. 이를 참고하면 국가형성기의 경우에도 그와 별로 크게 다름이 없었을 것으로 여겨진다. 따라서 농경의례가 행해지는 공간은 파종기와 수확기가 다를 수도 있다. 그러나 『삼국지』의 사례에 의하면 한 해에 두 차례에 걸쳐 해해지는 농경의례는 내부적으로 차이가 있을지라도 거의 비슷하다고 봄이 적절할 듯하다. 수행되는 공간이 다른 별개의 것이라 보기는 어렵겠다. 그러므로 이것이 연속적으로 행해지는 일련의 행위 가운데 하나의 것으로 봄이 온당하다.

이처럼 농경의례가 시행되는 곳은 하나가 아니라 여러 군데에 걸쳐 분산되어 있었다. 이들 각각에서 모두 어떤 특정 의례나 제사행위가 진행되었다고 여겨진다. 이때 그들이 제사의 대상이 되는 것은 아마 곡물의 신이거나 토지의 신일 가능성이 높다. 밭과 같은 공간에서 분산적·개별적으로 진행된 하종이나 수확이 마무리되면 다시 공동체 성원이 전부 함께 모여서 신성구역에서 수행하는 제의가 행해졌을 가능성이 높다. 그 대상은 생활의 주변지역일수도 있고 아니면 암각화가 위치한 신성구역일 수도 있겠다. 이때에 행해지는 제사의 대상은 태양신이나 *河神*과 같은 가장 강력한 힘을 갖고 있다고 여겨진 존재들이 아닌가 싶다. 전자에서 후자로 이동하는 공간에서는 축제가 벌어져서 그것이 단절적·분절적이 아니라 연속적으로 이루어지는 일련의 행위로서 하나로 결합되었을 듯하다. 제사와 축제가 하나로 합쳐져 진행된 것은 곧 분산적인 조직을 하나로 결속시키는 과정이었을 것으로 보인다. 그런 의미에서 농경의례는 집단의 공동체성을 유지하고 결속을 다지는 행위로 기능하였을 것이다. 그와 같은 모습을 좀 더 구체적으로 보여주는 사례는 국가성립기에서 찾아진다.

3. 初期國家의 成立과 농경의례

한반도에서 국가가 성립한 시기는 지역에 따라 달랐다. 지리적으로 보아 선진문물의 접촉이 비교적 용이한 북쪽 지역의 경우 국가 성립이 상대적으로 빨랐고 그로부터 멀리 떨어진 남쪽은 늦었을 것임이 틀림없다. 이는 문헌상으로는 물론이고 고고자료상으로도 뚜렷이 입증되고 있는 사실이다. 대체로 북방은 늦어도 기원전 4세기 이전에 初期國家가 성립된 듯하나 남쪽은 기원전 1세기 초반 전후에 이르러 비로소 출현하는 것으로 여겨지고 있다.

초기국가가 성립하고 또 그 규모가 점점 커져가면서 그에 어울리게 농경의례의 내용이나 절차 등도 변화하였을 것으로 짐작된다. 政治力의 집중화를 도모한 중앙의 지배세력은 역시 농경의례와 관련된 일체의 행위까지도 한곳으로 집중시키려고 노력하였을 터이기 때문이다.[24] 한편 그와 함께 이제 자신들의 始祖나 조상을 구체적인 人格神으로서 전면에 내세우기 시작하였다. 이는 자연신만을 대상으로 하던 기존의 관행과는 달라진 면모였다. 그 가운데 중앙집권화를 달성한 국왕은 그 直系로서 직접 天神이나 地神 혹은 河神이 지닌 고유 기능을 대행하는 듯이 설정하면서 建國神話를 자신들만의 것으로 오로지하였다. 그들은 신화를 지배이데올로기로 삼아 권력과 權威의 집중화를 도모하였던 것이다. 마침내 시조제사 혹은 祖上祭祀를 國家祭祀로까지 승격시킴으로써 국왕이 전체 제사권까지 장악하기에 이른 것이다. 이는 곧 정치적 지배력을 지속적으로 유지해 가는 수단이자 상징이기도 하였다.

그러나 그런 상태에 도달하는 데에는 상당한 시간이 걸렸다. 그래서 새로운 제의체계를 구체적으로 갖추기까지 과도기적인 상황을 일정하게 거쳤다. 그와 같은 사정의 일단을 보여 주는 기록이 3세기 말에 정리된 『三國志』이다. 거기에는 부여나 고구려처럼 먼저 국가를 건국하여 지배체제를 어느 정도 갖춘 경우도 있고 여러 정치세력이 분립된 상태로 각각 초기국가로서의 독자성을 유지하면서 聯盟體制를 유지한 경우도 있는 등 한결같지가 않았다. 다만 부여나 고구려도 그에 앞서 발전이 약간 뒤늦은 三韓聯盟體와 비슷한 단계를 거쳤을 것으로 추정되고 있다. 따라서 이들 각 정치세력이 3세기라는 시점에 지역을 달리하여 동시적으로 존재하였으나 발전 수준의 정도는 차라리 先後하였을 터이므로 각기 일정한 정치사회적 단계를 반영한다고 풀이함이 일반적이다. 그런 측면에서 『三國志』에 보이는 제사나 농경의례도 마찬가지로 파악하여도 그리 무리하지는 않을 듯하다. 당시 고구려나 부여의 경우 三韓 등과는 달리 중앙집권적 국가의 외형을 갖추기는 하였다. 그러나 아직 초기적 수준을 별로 크게 벗어나지 못한 상태였으므로 그 자체도 또한 과도기였음을 염두에 두고 접근해야 한다.

이상과 같은 의미에서 국가형성기인 청동기 단계의 농경의례는 이후 초기국가 단계인 삼한을 거쳐 다음의 초기 고구려 및 부여 단계로 이어지고, 그것이 다시 삼국의 후반

---

24 이를테면 고구려의 경우 5부 가운데 종묘와 사직을 둘 수 있는 경우는 핵심인 계루부와 함께 전왕족인 소노부, 왕비족인 절노부에 국한되었다는 것은 그런 사정을 짐작케 한다. 마침내는 국왕만이 그를 설정할 수 있었을 것이다. 이는 정치적인 통합에 어울리게 제의의 통합이 진행되었음을 추정케 하는 대목이다.

및 통일신라 단계로까지 계기적 발전 과정을 거쳤다고 하여도 지나치지가 않을 것 같다. 그와 같은 인식 아래에서 초기국가 이후 단계의 농경의례에 대한 대강의 흐름을 살펴보고자 한다.

기원전 1세기 초 전후부터 한반도 남부에서는 새로운 움직임이 강력하게 태동하였다. 그를 보여 주는 명백한 증거는 지석묘에 대신하는 새로운 묘제인 木棺墓가 출현한 사실이다. 거기에는 물론 발달한 청동제품도 보이지만 차츰 철기가 주류를 이루어간 양상이 뚜렷이 간취된다. 바야흐로 본격적인 철기시대로 진입해 가고 있었던 것이다. 이제 鐵製의 農工具를 사용함으로써 농업생산력이 급속히 향상되고 그에 기반하여 각기 분립적 상태로 존속하던 여러 邑落이 상대적으로 강한 세력을 주축으로 결속함으로써 이른바 初期國家가 성립되어 갔다. 이들 초기국가는 정치적 중심 읍락이라 할 國邑을 중심으로 그보다 작은 규모의 몇 몇 읍락이 결합하였으므로 邑落國家라고도[25] 불린다. 물론 이런 초기국가를 구성한 읍락의 수는 각 나라의 상태나 제반 여건에 따라 차이가 났을 것으로 짐작된다.

이처럼 국가가 성립되면서 각지에 산재하던 기존 農耕共同體는 그 성격도 달라지고 이에 따라 지역별로 행해지던 농경의례의 절차나 내용도 점차 변화해 갔을 것으로 여겨진다. 그런 실상의 대략을 추적할 수 있는 실마리가 다음과 같은『삼국지』의 韓條에 보이므로 이를 약간 면밀하게 살펴볼 필요가 있다.

(A) 常以五月下種訖祭鬼神 群聚歌舞飲酒晝夜無休 其舞數十人俱起相隨踏地低昂手足 相應節奏 有
　　似鐸舞 十月農功畢 亦復如之(『三國志』30 魏書 東夷傳 韓條)

이 기사는 농경의례나 제사와 관련하여서는 매우 자주 인용되는 너무도 유명한 구절이다. 따라서 다시금 분석하게 되면 자칫 그 실상을 과장하거나 혹은 불필요한 혹을 덧붙이는 결과로 귀결되지 않을까 적이 우려되는 대상이기도 하다. 다만 농경의례의 발전이라는 측면에서 약간 각도를 달리하여 접근함으로써 좀 색다른 정보를 얻을 수 있을지도 모르겠다.

위의 기사에 따르면 삼한에서는 5월의 下種(播種)을 마치고 또 10월의 수확을 거둔

---

25 주보돈, 「국가형성기 대구사회의 동향」『한국고대사논총』8, 1998 ;『신라 지방통치체체의 정비과정과
　　촌락』, 신서원, 1998.

뒤 에 각각 한 차례씩의 농경의례를 실시하였음을 알 수가 있다. 삼한에서는 적어도 1년에 두 차례의 농경의례가 행해졌던 셈이다. 이 기사를 아무런 선입견 없이 액면 그대로 받아들인다면 5월의 파종과 10월의 수확 대상 곡물은 모두 동일하다고 봄이 적절하다. 말하자면 5월에 파종하여 10월에 거두어들이는 어떤 특정 농작물이 곧 농경의례의 주된 대상이 된 것이다. 만일 그렇지 않다면 대체로 초봄부터 시작된 작물 파종이 5월에 이르러 전반적으로 종료되는 특정 시점을 잡아서 종합적인 농경의례를 거행하였고, 마찬가지로 10월에 이르러 그해의 농사가 전부 마무리된 어느 시점을 선정하여 수확의례를 실시하였다고 볼 여지도 충분히 있다. 농경의례의 대상이 된 작물이 구체적으로 명시되지 않아 어느쪽인지 단정 짓기는 어렵다. 다만 여러 작물의 生育現況을 통하여 어떤 가능성은 추출해 낼 수가 있을 듯하다.

그와 관련하여 먼저 『삼국지』 한전의 弁辰條에 '土地肥美 宜種五穀及稻'라고 쓰인 기사가 주목된다. 3세기 당시에는 오곡이 가장 기본적인 농작물이고[26] 그와 함께 각별하게 稻(벼)가 특기되고 있는 것이다. 북방의 선진국 부여의 경우 東夷 전역에서 가장 넓은 영토를 보유하고서 농사를 활발하게 지었으나 五穀만이 그 대상이었을 뿐 稻는 전혀 보이지 않는다. 고구려의 경우는 큰 산과 깊은 골짜기가 많아 농사짓기에 좋은 땅이 없다고 하였으므로 稻의 재배가 가능하지 않았을 것임이 확실하다.[27] 414년에 세워진 광개토왕비문에도 '國富民殷 五穀豊熟'이라 하면서 벼에 관한 아무런 편린도 보이지 않는 것은 그를 증명하여 준다. 東沃沮의 경우 토지가 비옥하다고 하면서도 오곡만이 보일 뿐 벼의 재배 사실은 보이지 않는다. 그 점은 옥저의 북쪽에 위치한 挹婁도 마찬가지였다. 그 남쪽에 자리한 濊의 경우 농사와 관련하여 麻布蠶桑의 재배 기사만 보일 뿐 식량에 관한 언급은 보이지 않으면서 대신 星宿를 관찰하여 그 해의 豊約을 점쳤다고 한다. 이로 미루어 예에서는 일단 오곡의 재배가 이루어졌다고 하여도 무방하겠다. 그런 측면에서 보면 한조에 보이는 稻의 재배는 당시 한반도에서는 特記해도 좋을 만한 사항이었음이 확실하다. 아마도 벼는 난대성 작물이어서 추운 지방인 북쪽에서는 당시 거의 재배되지 않았고 비교적 따뜻한 남쪽에서만 재배되고 있었기에 『삼국지』는

---

26 오곡의 대상은 기록마다 시대마다 각기 달랐지만 적어도 『삼국지』 단계에서는 오곡과 稻가 구분되고 있는 사실로 미루어 적어도 쌀이 그 대상에 포함되지 않았음은 분명하다.

27 아마 뒷날 고구려가 남쪽으로 적극 영역 확장을 도모하고 나아가 신라에 대한 지배권을 지속적으로 행사하려 한 목적 가운데 경제적으로는 쌀과 같은 작물의 확보도 작용하였을 것으로 짐작된다.

그런 실상을 전해준다고 하여도 좋을 듯하다. 그래서 유달리 벼의 재배를 강조하고 있는 것이다.

기실 같은 韓條라도 馬韓에서는 '其民土著種植 知蠶桑' 이라고만 하였을 뿐 오곡이나 벼에 관한 내용은 보이지 않는다. 그러나 한조에 함께 묶어 다루면서 기후나 토양을 비롯한 전반적인 여건이 서로 비슷하여 三韓이라고 통칭한 마당에 오로지 마한만이 오곡은 물론이고 벼가 재배되지 않았다고 보기는 어렵겠다. 한편 倭人條에는 오곡이 보이지 않는 반면 禾稻를 심었음을 특기하고 있다. 그렇다고 倭에 오곡의 재배가 이루어지지 않았다고 해야 할 하등의 이유는 없다. 그와 마찬가지로 마한에도 비록 기록상으로는 벼의 재배 사실은 보이지 않지만 진한이나 변한과 같게 취급하여도 무방하리라 여겨진다.

이상과 같이 3세기 무렵 東夷 지역의 여러 정치세력 가운데 오직 삼한과 왜 등의 특정한 지역에만 한정하여 오곡과 함께 벼의 재배가 이루어졌다. 아마도 벼가 난대성 작물이어서 일정 정도 고온이 유지되어야 하고 또 상당한 기간 물이 집중적으로 소요되는 등의 특성으로 말미암아 당시의 종자나 기술로서는 재배상의 북방 한계가 뚜렷하였음을 시사한다. 따라서 그 단계에서는 삼한과 倭에서만 유독 稻의 재배가 이루어진 탓에 그것이 특기되었을 것으로 여겨진다.

위의 기사 (A)에서 말하는 5월과 10월은 오늘날 벼의 生育期間과 꼭 같지는 않아도 대충 일치함을 알 수 있다. 보리·기장·수수를 비롯한 여타 오곡의 경우 생육 기간은[28] 그와는 뚜렷하게 차이가 난다. 따라서 일단 사료 (A)의 파종과 수확을 나타내는 기준 농작물은 벼였을 공산이 크다. 물론 그렇다고 하여도 오로지 파종과 수확을 벼농사하고만 직결시켜야 할 근거는 어디에도 없다. '五穀及稻' 라고 표현되어 있는 것처럼 농경의례의 실시를 위한 曆法上의 기준점을 벼농사의 생육기간으로 대략 잡고 있으나 그 농경의례는 전체적인 작물을 대상으로 하였다고 봄이 오히려 적절하다고 여겨진다. 당시 벼가 主食이었다고 단정하기도 어렵기 때문이다. 벼농사가 농경의례의 시행 시점을 결정하는 기준 작물로 기능한 것은 그것이 지닌 특별함 때문이기도 하였겠다. 비록 벼가 아직 전체 주민의 主食으로 자리하지는 못하였지만 제사의례 등을 통하여 특별하게

28　오곡 가운데 주식과 관련되는 보리의 경우 봄보리와 가을보리는 차이가 나지만 생육기간은 벼와 전혀 다르다. 기장과 수수의 생육기간은 벼와 비슷하지만 약간 차이가 난다.

다루어야 할 농작물로 인식되어 가고 있었던 것이 아닐까 싶다.

그런데 위의 기사로 미루어 볼 때 농경의례는 크게 두 부분으로 나뉘어 진행되었음이 확인된다. 하나는 鬼神에 제사하는 의례이며 다른 하나는 구성원들이 모여서 밤낮으로 쉬지 않고 飮酒歌舞를 즐긴 행위이다. 후자는 일반적으로 사용하는 표현으로 나타낸다면 祝祭行爲라 이름 붙일 수 있겠다. 말하자면 농경의례는 크게 祭祀(祭儀)와 祝祭의 두 부분으로 구성된 셈이 된다. 그와 비슷한 양상은 이미 앞 章에서 언급하였듯이 청동기 단계에서도 확인된다. 대상이 되는 귀신이나 축제의 내용은 다소간 달라졌겠지만 양자의 어떤 계승성을 짐작하게 하는 대목이다.

이때 제사의 대상이 된 귀신은 막연하게 표현되어 있어 분명하지가 않다. 韓條에는 변한과 진한의 유사점과 차이점을 함께 지적하여 '衣服居處與辰韓同 言語法俗相似 祠祭鬼神有異'라 하였다. 의복과 거처는 같고 언어와 법속은 거로 비슷한데, 섬기는 귀신에는 차이가 있다고 하였다. 이때의 귀신은 단지 하나가 아니라 매우 다양하였을 것으로 짐작된다. 아마 '다름이 있다'고 한 것은 하나가 있어 완전히 달랐다는 의미라기보다는 여럿 가운데' 다른 부분이 있다'는 뜻으로 받아들일 여지가 엿보이기 때문이다. 다른 부분이란 진한과 변한 사이에 같거나 유사한 면이 대부분인 점을 고려하면 귀신 가운데서도 많은 대상이 같지만 자신들의 建國始祖가 달랐던 데서 그렇게 표현하지 않았을까 싶다. 斯盧國을 구성한 6村長의 조상들이 각기 하늘로부터 내려왔다고 인식한 것처럼[29] 그들 각자의 조상세계가 서로 다르다고 여겼기에 그런 표현이 나오게 된 것으로 보인다. 따라서 농업생산과 관련된 土地神ㆍ穀物神 등은 대략 같았을 터이나 조상신이 다른 데서 그처럼 표현된 것으로 풀이된다. 그것은 여하튼 청동기 단계에서 주로 자연신을 제사의 대상으로 삼았으나 새로운 정치체가 출현하면서 지배세력은 구체적 인격신인 자신들의 조상신을 주류에 포함시켰을 것으로 믿어진다. 이제 기존처럼 자연신만을 대상으로 삼지 않고 지배세력의 조상신의 위상을 높여가기 시작한 것이다. 이 점이 그 직전 단계와는 뚜렷이 달라진 특징적 면모로 지적된다. 정치적 지배세력은 자신들의 조상신을 내세워 혈연적 神聖性을 강조하려는 수단으로 삼고자 하였던 것이다. 그렇다면 이때의 제사 主宰者는 과연 누구이며, 그 祭場은 어디였을까.

우선 제사의 주재자와 관련하여서는 위의 사료 (A)에 곧바로 뒤이어 보이는 다음의

---

29 『삼국유사』 기이2 신라시조 혁거세왕조.

기사가 참고 된다.

(B) 信鬼神 國邑各立一人 主祭天神 名之天君 又諸國各有別邑 名之蘇塗 立大木縣鈴 鼓事鬼神 諸亡
逃至其中 皆不還之 好作賊 其立蘇塗之義 有似浮屠(『三國志』30 魏書 東夷傳 韓條)

이 사료 (B)에 보이는 귀신이 (A)에 보이는 그것과 전혀 별개는 아닐 터이다. 아마도 양자는 동일한 대상일 것이나 둘 사이에 운용상 다른 면도 있으므로 서로 따로 분리하여 기재하였다고 여겨진다. 이 기사에 따르면 귀신을 믿는데 國邑마다 天神에 대한 제사를 담당하는 天君을 두었다고 한다. 천군을 국읍마다 1인씩 둔 점, 그가 천신에 대한 제사를 독자적으로 주관한 점은 명백한 사실이다. 이 기사를 액면 그대로 따른다면 여러 귀신들 가운데 천신에 대한 제사는 별도로 떼어서 천군의 주관 아래 시행된 것으로 봄이 순조롭다. 그렇다면 이 천군은 농경의례에서 진행한 제사에서는 어떤 역할을 담당하였을까. 또 여타 귀신에 대한 제사는 과연 누가 관장하였던 것일까. 농경의례의 일환으로 행해지는 제사의 대상이 오로지 천신뿐이었을 리가 없다. 아마 천신을 비롯한 다른 여러 자연신은 물론이고 이미 언급하였듯이 조상신도 존재하였을 터이다.[30] 그들 가운데 국읍에 1인씩 둔 천군은 천신에 대한 제사만을 전담하였다. 그렇다면 여타 제사의 대상이 된 귀신들은 어떠하였을까가 궁금하다.

그런데 위의 기사 중 뒷부분이 그를 풀어가는 데 약간의 실마리를 제공한다. 그에 의하면 모든 나라(諸國)에는 각각 別邑을 두었는데 그를 蘇塗라 이름하고 大木에 鈴鼓를 걸어두고 귀신을 섬겼다는 것이다. 천군과 소도의 관계에 대해서는 논란이 많지만 위의 기사를 액면 그대로 받아들인다면 양자를 별개의 것으로 봄이 적절하다.[31] 천군은 따로 국읍에 두어져 천신에 대한 제사만을 주재하였다면 소도는 그와는 구별되어 別邑으로서 존재하며 나아가 神聖區域으로 설정된 지역이었을 따름이다. 거기에서 섬긴 귀신은 사실 천신을 제외한 여타 다른 자연신이라 여겨진다. 천신이 소도에 모셔진 귀신들과 어떤 관계에 있었던 것인지는 확연히 드러나지는 않으나 일단 위의 기사에 의하는 한 양자는 별개였다고 봄이 옳을 듯하다.

국읍에는 천군 외에 정치적 군장으로서 主帥(長帥)가 존재하였다. 그 군장이 馬韓

---

30 이 점은 후술하듯이 천신에 대한 제사 외에도 수혈신에 대한 제사가 거행되었다는 사실에서 입증된다.
31 최광식, 「제사와 의례」『한국고대사 연구의 새 동향』, 서경문화사, 2007, p.599.

에서는 국가의 규모에 따라 달라서 각각 臣智와 邑借로 불리었다. 이들 군장이 정치적 중심지인 국읍에 거주하면서 국가 전체의 지배권을 갖고 있었음은 의심의 여지가 없다. 따라서 국읍에 거주하는 천군도 비록 제정이 분리된 상태였을지라도 당연히 정치적 군장의 관할 아래 놓여져 있었다고 여겨진다. 그렇다면 정치적 군장과 소도의 관계는 어떠하였을까. 그를 풀어가는 일말의 실마리는 다음의 사료에서 찾아진다.

(C) 弁辰 亦十二國 又有諸別邑 各有渠帥 大者名臣智 其次有險側 次有樊濊 次有殺奚 次有邑借(『三國志』30 魏書 東夷傳 韓條)

이 기사에 의하면 변진 12국에는 '또' 여러 별읍이 있는데 거기에도 각기 臣智, 險側, 樊濊, 殺奚, 邑借 등으로 불리는 거수가 있었다는 것이다. 언뜻 보면 그 명칭상 이들 거수가 곧 변진 12국의 정치적 군장이라고 함이 적절하다. 지금까지 그렇게 이해함이 일반적이었다. 그러나 '또(又)'에 주목하면 12국 외에 다시 별읍이 있는데 이들의 거수에만 한정하여 그처럼 칭한 것으로 볼 수가 있다. 말하자면 별읍의 거수도 역시 정치적 군장과 마찬가지의 칭호를 가졌던 셈이 된다. 이 기사에 보이는 별읍과 앞서 소도의 관계를 둘러싸고 논란이 매우 많아 정설이 없는 실정이다. 그러나 따로 별읍을 두었다고 한 데에서 같은 성격의 것으로 봄이 적절하지 않을까 싶다. 한편 정치적 군장인 주수와 별읍의 거수가 동일한 칭호를 가졌음은 곧 이들 후자를 전자가 관장한 데서 그처럼 표현되지 않았을까 여겨진다. 결국 신지 읍차 등은 정치적 군장이면서 동시에 따로 제의를 목적으로 설정한 별읍인 소도를 장악한 것으로 풀이되는 것이다. 바꾸어 말하자면 정치적 군장은 국읍에 거주하면서 小國 전체를 지배하면서 별도로 천신을 제외한 여타 귀신이 안치된 신성구역인 소도를 별읍으로 설정하여 그것도 관장하였던 것이다.

이상을 잠시 정리하면 다음과 같다. 삼한사회에서 제사의 대상으로 삼은 귀신은 크게 천신과 여타 자연신 및 조상신으로 나뉘는데, 국읍에 거주한 천군은 천신에 대한 제사를 주재하였다. 그와는 별개로 여타 귀신을 모신 공간으로서 별읍인 소도가 두어졌는데 이곳을 관장한 것은 정치적 군장이라는 것이다. 정치적 군장이 소도를 직접 관리하였기에 죄를 지은 도망자가 들어가더라도 함부로 범접치 못하게 할 수 있었던 것이다. 이로 보면 祭政이 분리되면서 정치적 군장은 천신에 대해서는 일단 천군에게 맡겨 두었으나 새로운 제사의 대상이 된 시조신과 여타 자연신에 대한 제사권과 관리권은 직접 갖고 있었던 것이다. 여하튼 천신에 대한 제사를 비롯한 모든 제사는 정치적 군장의 지휘 아래에 시행되었다고 봄이 타당하다고 하겠다.

이처럼 농경의례를 구성하는 여러 행사 가운데 祭祀가 가장 큰 기둥이었는데 거기에는 다양한 귀신이 제사되었다. 자연을 관장하는 가장 큰 힘을 지닌 天神에 대한 제사는 따로 천군을 두어서 실시하였다면 여타의 제사는 정치적 군장의 직접적인 주도 아래에 진행되었다. 천군으로 하여금 따로 제사를 관장하게 한 것은 그를 집행하는 데에 특별한 기능이 요구되었기 때문이었을 듯하다. 그렇다고 천군이 완전히 독립적으로 제사를 거행한 것이 아니었음은 물론이다.

소도와 같은 신성구역은 과거 祭場으로 기능한 암각화가 그려진 특별한 구역과 마찬가지의 기능을 한 것이 아닐까 싶다. 어쩌면 그런 기능을 이어받은 것으로 보인다. 정치적 군장이 관장한 소도에는 새로이 자신의 조상신과 같은 귀신이 추가되어 오히려 그 중심적 위치로 차츰 부상해 갔을 것이다. 이제 제사가 분화되면서 천신과 분리된 새로운 인격신인 조상신이 부각되어졌다. 이것이 곧 뒷날 神宮과 始祖廟나 宗廟가 따로 두어지는 배경으로 작용한 것과 연결된다. 아마도 군장의 조상신을 초기국가의 제사 대상으로 부각시키면서 그를 따로 蘇塗에 안치함으로써 의도적으로 天神과 분리하여 제사의 대상으로 삼았던 것이 아닌가 싶다.

앞서 언급한 것처럼 농경의례에는 제사만이 행해진 것이 아니라 곧장 祝祭가 뒤이어졌다. 파종(하종)제에서는 씨앗에 穀神의 精靈이 깃들도록 염원하고 수확제에서는 처음 거둔 신성한 곡물을 신에게 바쳐 다음 해에도 이어지도록 기원하였을 터이다. 제사 때는 귀신으로부터 단지 일회적이 아니라 영속적으로 도움받기 위해 틀림없이 엄숙한 분위기 속에서 절차가 진행되었을 터이다. 제사는 귀신을 대상으로 수행한 의례이기도 하지만 한편 그 밑바탕에는 그에 어울리게 지배계급에 대한 엄한 복종심을 상징적으로 드러내는 행위이기도 하였다. 그와는 달리 뒤이어진 축제는 제사의 엄격함에서 우러나오는 긴장관계를 풀어주는 기능을 하였을 것으로 보인다. 축제가 진행되면서 구성원 모두가 모여서 무리지어 연일토록 음주가무를 즐긴 것도 바로 그 때문이었다. 어쩌면 제사가 정치적 지배층의 주도로 이루어졌다면 축제는 피지배계급이 중심자적 역할을 감당하지 않았을까 싶다. 그런 의미에서 농경의례는 계급의 분화에서 비롯한 내적 갈등을 완화해 주는 기능을 하기도 한 것으로 풀이된다.

제의와 축제의 성격상 양자가 이루어지는 장소는 동일하지 않았을 것 같다. 국읍과 함께 별읍이 따로 존재한 것은 그런 사정을 잘 반영하여 준다. 별읍에서는 따로 제사를 지낸 반면 국읍에서는 천군이 주도한 천신에 대한 제사와 함께 축제가 진행되었을 것이다. 천신을 정치적 중심지인 국읍에 둔 것은 아마도 그 위상이 가장 높았기 때문이었을 듯하다. 모든 구성원이 가능하면 정치적 중심지인 國中에 모인 것도 천신에 대한 제사를 위해서였다고 여겨진다. 달리 말하면 별읍 즉 소도에 모셔진 여타 제사는 특정한 지배계급만 참석하여 진행되었다면 천신에 대한 제사는 전체 성원의 참여 속에 축제와 함께 진행되었을 터이다. 그런 점에서 비록 천신이 한층 높은 신앙의 대상이었을 것으로 여겨진다. 그 점은 고구려의 사례에서 유추된다.

고구려의 경우 농경의례인 東盟祭가 치러질 때에는 구성원 모두가 國中에 모이는데 나라 동쪽의 隧穴에 안치되어 있던 수혈신을 맞이하고는 다시 국동의 水上으로 돌아가 제사를 지냈다.[32] 이를 원용한다면 삼한에서도 평소 신성구역에 모셔진 神像은 多衆이 모이는 곳으로(群聚) 맞아다가 내어보이고서는 다시 되돌아가 따로 제사를 집행하였을 가능성이 많다. 다만 여기에서 보이지 않는 천신에 대한 제사는 모든 구성원이 모인 國中에서 거행되었을 것이다. 이때의 國中이란 바로 고구려의 首都이겠다. 삼한에서 천신에 대한 제사도 그와 마찬가지로 정치적 중심지에서 행해졌다고 하등 이상할 바가 없다.

제사가 일정한 방식과 절차에 따라 치루어진 뒤에는 곧장 축제가 이어졌다. 지배층은 어쩌면 제사에 치중하였을지 모르나 일반 민중들이 오래도록 참고 기다린 것은 바로 이 축제였을 듯하다. 축제는 어느 지역 가릴 것 없이 밤낮으로 쉬지 않고 여러 날에 걸쳐 시행되었다. 삼한에서는 한꺼번에 수십 인이 일어나 열지어서 땅을 힘차게 밟고 다리를 높였다 내렸다 하는 춤을 추는데 아마도 그것은 의도적으로 소리를 내기 위해서였다고 한다. 아마도 이는 대지의 神靈을 鼓舞하여 풍요를 바란 행위였다고 풀이된다.[33] 이때 손과 발이 박자를 맞추도록 하였는데 모습이 鐸舞와 유사하다고 하였다.

위의 사료에서 축제 때의 놀이가 마치 중국의 탁무와 비슷하다고 하였으나 그 구체상은 드러나지가 않다. 탁무의 원형은 漢代의 춤에 기원을 두었는데 銅鐸을 울려서 박자를 맞추고 그에 따라 집단이 함께 춤을 추는 魏曲禮樂으로서 魏 太和年間(227~232)에 제정되었다고 한다.[34] 『삼국지』가 편찬되기 바로 직전의 일이어서 찬자인 陳壽가 삼한의 춤을 곧장 거기에 비유할 수 있었던 것으로 보인다. 탁을 울려서 박자를 취하며 집

---

32 『삼국지』30 위서 동이전 고구려조.
33 삼품창영, 앞의 책, p.24 및 p. 244.
34 삼품창영, 위와 같음.

단이 함께 춤을 추어 대지를 밟아 풍작을 祝願하는 점이 특징적이다. 탁무의 구체적인 모습에 관한 기록은 달리 없지만 중국 雲南省에 시행되고 있는 銅鼓儀禮와 유사하였을 것으로[35] 추정한 견해가[36] 있다. 이 의례는 雌雄 2개체의 銅鼓와 일체가 되어 땅을 밟고 춤추는 행위를 동반하였다고 한다. 그와 비슷한 상황을 묘사한 듯한 그림 자료가 廣西壯族自治區의 서남쪽을 흐르는 左江의 암벽에 새겨진 岩刻畵에 보인다. 이 그림은 수십 명이 열을 지어서서 두 팔과 발을 일정하게 벌려 동작을 맞추는 모습과 함께 앉았다가 일어서며 박수를 치는 듯한 두 종류의 모습으로 이루어져 있다.[37] 이것이 바로 『三國志』韓條에 보이는 춤 바로 그것을 묘사하였다고 추정되고 있다.[38]

아마도 『三國志』撰者의 눈에는 농경의례의 일환으로 추는 춤의 모습이 당시의 탁무와 매우 비슷하다고 비쳐졌던 것 같다. 물론 실제적으로는 전 과정이 똑같았을 리 만무하고 다른 부분도 분명히 존재하였을 터이나 극히 유사한 점이 많았기에 그렇게 표현한 것으로 보인다. 한반도에서도 銅鐸 혹은 馬鐸(小銅鐸)이 초기철기 단계에 이미 존재하였고 그것은 집단의 가무를 비롯한 의례에 당연히 사용되었을 터이므로 그런 악기를 동원한 의례행위가 삼한시기에 처음 나타났다고 단정짓는 것은 섣부른 판단이다. 아마도 청동기 단계의 농경의례에서도 비슷한 행위가 있었을 것이지만 그것이 일정한 변용의 과정을 거쳐 삼한에 이르렀을 듯하다. 광주의 신창동이나 경산 임당동에서 출토된 絃樂器도 농경의례 등의 축제 때 사용되었을 것임이 틀림없다. 『三國志』韓條에 특기된 筑과 유사하다는 瑟도 역시 마찬가지의 기능을 하였을 것으로 보인다.

삼한의 농경의례와 비슷한 행사로서는 부여의 迎鼓, 고구려의 東盟, 濊의 舞天 등이 손꼽힌다. 이들은 각기 정치적·사회적 발전의 수준에 일정한 차이가 있으므로 구체적인 제사의 대상이나 절차 그리고 祭主와 祭場 등에서는 차이가 났을 터이나 그것이 농경의 풍요를 기원하는 수확제였다는 점에서는 동일하다고 여겨진다. 영고는 글자 그대로 '북을 맞이한다' 는 뜻으로서 농경의례 가운데 의식의 한 부분만을 각별히 강조한 표현이다. 아마도 銅鼓와 같은 북이 큰 의미를 가진 탓에 그를 유난히 강조한 데에서 비

---

35 石神怡, 「鐸・鼓のましわり」 『卑彌呼の音樂會』, 大阪府立彌生文化博物館, 2000(조현종, 「한반도 선사시대 악기」 『북한의 악기』 국립중앙박물관에서 재인용).

36 조현종, 앞의 논문.

37 王克榮・邱鐘侖・陳遠璋, 『廣西左江岩畵』, 文物出版社, 1988.

38 조현종, 앞의 논문.

롯하지 않았을까 싶다. 특별히 제사나 축제 때에는 북이 중심적 기능을 한 데에서 그와 같은 명칭이 유래한 것으로 여겨진다. 舞天은 글자 그대로 '하늘에 (제사하고) 춤춘다'는 의미로 풀이된다. 아마 이것은 춤추는 행위가 중심인 데에서 붙여진 명칭으로 보인다. 특히 그 속에는 삼한의 농경의례에서 행해지는 하늘에 대한 제사와 함께 춤추는 행위까지 내재되어 있어 그 자체가 바로 농경의례임을 여실히 보여 준다. 실제로 무천이 10월에 행하여졌으며 하늘에 대한 제사를 지내고 주야로 飮酒歌舞를 행하였다는 점에서[39] 삼한의 그것과 똑 같은 점도 참고가 된다. 다만 파종기에 실시하지 않고 10월에 한해서만 실시하였다는 점에서 벼를 수확의 기준으로 삼은 것이 아니라 다른 오곡 전반의 수확을 정리하면서 이듬해의 풍요를 기원하는 점에 초점이 맞추어진 농경의례였다고 풀이된다. 東盟을 고구려의 시조인 東明에서 유래한 것으로 보는 견해가[40] 있지만 약간 성급한 진단이라 여겨진다. 그들 시조는 당시에는 朱夢 혹은 鄒牟로 불리었지 동명은 아니었기 때문이다. 그렇다면 동맹은 동쪽으로부터 수혈신을 모셨다가 다시 동쪽의 水上으로 돌아가 제사를 지낸 것처럼 동쪽을 유난히 강조하고 그것을 盟誓한 의식에서 비롯하지 않았을까 싶다. 동쪽은 태양이 치솟는 신성한 방향이므로 고구려가 그를 의도적으로 강조한 것인지도 모른다.

이처럼 각 나라별로 행해진 농경의례에서 그 강조점은 크게 달랐고 그것이 의례의 명칭에까지 반영된 것으로 보인다. 각기 공통점도 지니면서 특징적인 요소를 특별히 강조한 제사와 축제 행위가 동시에 이루어지고 있었던 것이다. 그러나 여하튼 제사와 축제가 함께 진행되었다는 점은 동일하였다.

농경의례는 전 구성원이 한곳에 진행된 것이 아니라 특정한 날짜를 지정하여 전국에 걸쳐서 동시에 진행되었을 것이다. 이로 미루어 보면 정치적 중심지에서 행해지는 것의 규모가 당연히 제일 컸을 터이다. 그런데 삼한 단계보다 더 발전한 부여나 고구려에서는 제사나 축제에 더하여 일정한 정치적 행위까지 시행되었던 점이 주목된다. 이는 한층 발전한 정치적·사회적 수준을 반영하는 형태이므로 따로 주목해 볼 필요가 있겠다.

---

39 『삼국지』30 동이전 예조.
40 서영대, 앞의 논문.

4. 貴族國家의 祭祀와 농경의례

이미 언급한 것처럼 부여와 고구려는 삼한을 비롯한 여타 사회에 비하여 정치적 수준이 한 단계 더 진전된 상태였다. 따라서 다같이 농경의례가 실시되었다고 하더라도 내부적으로는 들여다보면 상당하게 차이가 났을 것으로 짐작된다. 다음의 사료는 그 점을 시사해 주므로 일단 주목해 볼 필요가 있다.

(D) ㉠以殷正月祭天 國中大會 連日飲食歌舞 名曰迎鼓 ㉡於是時斷刑獄 解囚徒 ㉢在國衣尙白 白布 大袂袍袴 履革鞜 出國則尙繒繡錦罽 大人加狐狸狖白黑貂之裘以金銀飾冒(『三國志』30 魏書 東夷傳 夫餘條)

부여에서는 영고가 오늘날의 12월에 해당하는 殷正月에 행해졌다고 한다. 12월이라고 하여 그것이 농사와는 무관하고 수렵하고만 관련짓는 입장도 있지만[41] 이를 그대로 받아들이기는 곤란하다. 영고가 처음 시작되었을 때에는 수렵이나 유목과 관련 있었을지 모르지만 이미 3세기의 부여는 오곡을 재배하는 농경 중심의 사회였고 수렵이나 유목은 핵심이 아니라 어디까지나 보조적인 수단이었을 따름이다. 따라서 그것이 설사 수립 및 유목과 관련된 된다고 하더라도 이는 잔존의 흔적에 지나지 않을 따름이다. 영고에서 祭天하는 행위나 연일 飲酒歌舞하는 행위가 기본적으로 삼한에 보이는 그대로임은 그것이 농경의례임을 입증한다. 그런데 영고의 절차에서 특별히 주목해 봄직한 사항은 위의 사료 (D)㉡에 보이는 부분이다.

'이때' 라는 표현으로 미루어 보아 영고라 불리는 농경의례를 거행할 때에 '斷刑獄 解囚徒' 하는 행위도 함께 시행하였음을 보여 준다. 그런데 '斷刑獄' 의 구체적인 내용에 대해서는 견해가 크게 엇갈린다. 이를 형옥을 '중단한다' 는 의미로 해석하는 입장이 있는가 하면 형옥을 '결단한다', '범죄자를 재판한다' 는 뜻으로 풀이한 견해도 있다.[42] 전자는 바로 뒤의 죄수를 풀어주는 행위를 근거로 삼아 그렇게 이해한 듯하며 후자는 그를 곧 재판의 결과로 풀이한 것이다. 사실 죄수를 풀어준다는 것은 바로 재판의 결과이기도 하므로 어떤 측면에서는 양자는 모두 유사한 해석이라고 볼 여지도 있다.

---

41 崔光植,『고대한국의 국가와 제사』, 1994, 한길사, p.145.

42 그 동향에 대해서는 이기백, 「한국 고대의 축제와 재판」『역사학보』154, 1997 ; 『한국전통문화론』, 일조각, 2002 참조.

왜냐하면 당일은 축제하는 날이었고 그 때에 神이 실제로 재판을 진행한다고[43] 믿었기 때문이다. 따라서 형식상 재판을 행하였으되 그것이 곧 神의 결정으로서 죄수를 사면한다는 의미도 아울러 내재되어 있었던 것이다. 기실 부여에서는 평소에 '用刑嚴急' 하여 殺人罪, 妬忌罪, 竊盜罪는 즉각 처벌하였으므로 사실상 재판의 대상이 되는 범죄는 공동체의 根幹을 해치는 重罪가 아니었음은 분명하다. 따라서 한 해를 결산하고 다시 시작하는 새해의 풍요를 기원하는 대축제 때에는 점차 분해되어 간 농경공동체의 결속을 강하게 다짐하고 永續을 빌기 위하여 수감 상태의 죄수를 대대적으로 사면하여 주었다고 하여 하등 이상스러울 바가 없다. 여하튼 축제를 진행할 때에 그 일환으로 일종의 정치행위인 재판도 함께 진행되었음을 보여 주는 사례라 하여도 무방할 것 같다. 이는 어쩌면 지배체제가 갖추어지면서 농경의례가 오히려 정치적으로 활용되는 측면을 강하게 시사하여 주는 것이 아닌가 싶다. 말하자면 농경의례에는 지배체제가 갖추어지면서 이제 정치적 입김이 점차 개입되어 그 자체가 변질되는 단초로 작용한 것이다. 같은 농경의례라도 귀족국가의 그것과 초기국가 단계의 그것이 뚜렷하게 차이 나는 점이라고 하겠다. 그 점은 고구려의 동맹제에서 좀 더 구체적으로 드러난다.

(E) ㉠以十月祭天 國中大會 名曰東盟 ㉡其公會衣服 皆錦繡金銀以自飾 大加主簿頭著幘而無後 其 小加著折風 形如弁 ㉢其國東有大穴 名隧穴 十月國中大會 迎隧(穴)神 還於國東(水)上祭之 置木隧 於神坐 ㉣無牢獄 有罪諸加評議 便殺之 沒入妻子爲奴婢(『三國志』30 魏書 東夷傳 高句麗條)

고구려에는 동맹이라는 농경의례가 10월 '國中'에 대대적으로 모여 치루어졌다. 전반적으로 영고와 비슷하나 시행 시점에서 약간 차이가 날 뿐이다. 이 기사에서 마지막의 ㉣부분은 동맹제와 전혀 별개로 볼 여지도 엿보인다. 그러나 앞의 사료 (D)㉡의 사례를 원용하면 이것도 역시 농경의례의 한 절차였다고 봄이 적절하다. 다만 그런 정치적 재판 행위가 오직 동맹제 때에만 시행된 것이 아니었음은 물론이다. 고구려에서는 장기간 죄수를 수용할 牢獄이 없고 따라서 중죄에 대해서는 일반적으로 처형이라는 嚴刑을 내렸는데 그것이 諸加의 評議를 통하여 처리되었다고 한 점이 주목된다. 아마 부여의 경우에도 그와 비슷한 형식과 과정을 취하지 않았을까 싶다. 이때 평결의 대상은 공동체의 근본적 질서를 해친 중대한 범죄행위였을 터이다. 부여의 경우 농경의례 때

---

43 이기백, 위의 논문, p.112.

에 공동체 내부의 화합을 도모하기 위하여 가벼운 범위에 대해 재판을 거쳐서 풀어주고자 하였다면 고구려의 경우는 오히려 중죄를 그때에 처벌하려 한 점에서 현격하게 차이가 난다. 이는 당시 두 나라가 처한 정치적 사회적 상황이 달랐던 데서 기인한 것으로 여겨진다. 고구려의 경우는 威嚇的 수단을 동원하여 공동체적 질서를 유지하려는 정책을 취한 것으로 보인다. 이는 당시 한창 승승장구해 나가던 고구려의 실상을 여실히 반영해 주는 사실이기도 하다. 농경의례를 이제 정치적 수단으로 활용하려는 자세나 다름없다. 어쩌면 순수한 농경의례에 차츰 정치력이 깊숙이 들어오는 듯한 느낌이 짙다. 그런 상태가 한층 진전된다면 기존의 농경의례 자체가 전반적으로 변모할 것임이 틀림없다. 이에 대해서는 후술하기로 한다.

(E)ⓛ에 보이는 '其公會' 란 바로 농경의례인 東盟을 가리킴이 분명한 바 이때에 지배계급은 正裝 차림을 하였던 것으로 보인다. 이는 한편 동맹제가 일종의 정치 행위였음을 의미하는 것이기도 하다. 大加나 小加들은 자신들의 지위와 신분에 걸맞게 공식적 衣冠을 갖추어서 參禮하였다. 앞서 사료 (D)ⓒ에 보이듯 부여의 경우 出國할 때에만 정장 차림을 한 듯이 기술되어 있지만 고구려의 사례를 통하여 짐작하면 부여에서도 영고 때 공식복장으로 치장하였다고 짐작된다. 이는 전국적인 농경의례 자체가 국가 주도의 정식 정치적 행위였던 데서 말미암은 것이다. 따라서 고구려나 부여의 농경의례 때에는 단순히 재판에만 한정하지 않고 또 다른 정치행위로서 중대한 사안까지도 결정하였을 것 같다. 그래서 당시 가장 상위의 정치조직이었다 할 정기적 諸加評議會가 이때에도 열렸던 것이다. 신라의 사례이기는 하지만 봉평비에 보이듯이 正月 15日에 의례를 치루고 그 일환으로 국가의 중대사를 결정한 것도 비슷한 양상이라 하겠다.

그런데 위의 사료에 神을 맞이하는 구체적 행위가 보이는 점이 주목된다. 그 나라 동쪽에 隧穴이라 불리는 대혈이 있고 동맹 때에는 그로부터 수(혈)신을 맞다가 역시 나라 동쪽의 水上에서 제사하였는데 이때 神坐에는 木隧를 안치하였다는 것이다. 전반적 내용을 살피면 나무로 만들어진 木隧의 형상을 평소에는 수혈 안에 안치하였다가 동맹제 때에 祭場으로 그를 맞다가 신좌에 앉히고 제사를 지냈다고 한다. 신의 이름을 隧穴이라 하였는데 '수' 의 표기가 기록마다 다양하게 나타나므로 그것이 가진 의미를 둘러싸고 약간의 논란이 있지만[44] 그것은 여하튼 隧穴神이 물과 깊은 관련을 맺고 있는 것은 의심의 여지가 없다.

---

44 서영대, 앞의 논문.

농경의례의 한 절차로서 하늘을 대상으로 하는 祭天행사가 중심적으로 거행되고 그 한 부분으로서 수혈신을 맞아다가 제사하는 儀禮도 행해졌다.[45] 여러 제사 가운데 하필 수혈신을 따로 國東의 水上에서 지냈던 것이다. 이는 수혈신이 곧 물과 깊은 관련을 맺고 있었음을 의미하기도 한다. 고구려의 건국자 주몽의 어머니인 柳花가 穀靈神으로서 河神인 河伯의 딸이라는 점이 그와 밀접하게 연관되어 있는 것으로 보인다. 수혈신은 바로 하백(혹은 주몽의 어머니인 유화[46])으로서 평소에는 국동의 대혈 속에 그 神像을 모셔두었다가 유독 농경의례 때에만 맞아다가 水上에서 제사를 드리는 의례를 행하였던 것이다. 이는 동맹제가 곧 농경의례였음을 증명하여 주는 것이기도 하다.

이것만을 한정해서 보면 동맹 때에 제사의 중심이 자칫 수혈신이었다고 판단하기 쉽다. 그러나 그렇지는 않았을 듯하다. 왜냐하면 동맹은 그 자체 祭天, 즉 하늘의 신을 중심에 두고 진행한 의례이기 때문이다. 祭天과 별개로 수혈신을 각별히 내세운 것은 그 나름의 의미가 내재되어 있었던 것 같다. 제천은 어떤 국가나 지역이든 상관없이 모든 농경의례에 공통적으로 진행한 행위이므로 그를 특별하게 다룰 필요가 없었기에 따로 기재하지는 않았다. 그리고 제천 행사는 꼭히 농경의례 때에만 한해서 거행된 것도 아니었다. 그에 비하여 수혈신에 대한 제사는 동맹 때에만 거행하였고 그 점에서 매우 독특하였기 때문에 특기한 것으로 여겨진다. 말하자면 농경의례인 동맹 때에만 행사의 일환으로 수혈신을 모시는 행위가 진행된 탓에 그처럼 두드러지게 기록한 것이다. 구성원이 모두 모이는 國中이 아니라 國東의 水上이라는 좁은 공간의 神聖區域에서만 수혈신 제사를 거행한 자체가 그것이 특별하게 취급되었음을 나타내어 준다.

제천의례를 비롯한 그에 부속한 여러 다른 의례는[47] 전부 '國中'에서[48] 진행되었을 것으로 보인다. 다만 아쉽게도 위의 사료만으로는 祭天儀禮에 어떤 의례가 뒤따랐으며 그것이 어떻게 어떤 절차로 거행되었는지를 잘 알 수가 없다. 부여에서는 농경의례가 아니라 군대를 동원해야 할 필요가 있을 때 역시 祭天의례를 행하면서 '殺牛觀蹄'하기 위한 '殺牛'를 행하였다거나, 뒷날의 일이기는 하지만 6세기 신라의 冷水里碑와 鳳坪

---

45 김두진, 앞의 책, p.103에서는 제천의례와 수혈신을 관련이 전혀 없는 것으로 구별하였다.

46 서영대, 앞의 논문. 『삼국사기』 고구려본기에 유화를 모신 태후묘가 그대로 있고 또 주서에서도 부여신으로서 하백녀로 보이는 것으로 미루어 수혈신은 하백으로 보아도 무리하지는 않을듯하다.

47 『삼국사기』32 제사지에는 『북사』를 인용하여 고구려에서 항상 10월에 제천하며 음사 가 많다고 하였다.

48 여기서 국중이란 수혈신이 안치된 국동이란 표현과 아울러 생각하면 수도를 가리킨다고 봄이 적절하다.

碑에 보이듯이 어떤 행위를 마무리하면서 소(혹은 얼룩소)를 죽이는 절차가 동반된 사실로 미루어 영고나 동맹 때에도 비슷한 과정이 유추될 따름이다. 그런데 동맹 때에 제사의 대상이 된 것은 하늘(天)이나 수혈신만이 아니었다. 3세기 후반 무렵을 기준으로 정치적 사회적으로 가장 발전한 단계에 도달하였다고 여겨지는 고구려의 경우 다른 곳에서는 보이지 않는 宗廟(始祖廟 포함)나 靈星社稷이 존재하였기 때문이다. 이는 농경의례의 변화를 살피는 데에 결코 소홀히 보아 넘길 수 없는 대목이다.

(F) 其俗節食好治宮室 於所居之左右立大屋 祭鬼神 又祀靈星社稷(『三國志』30 魏書 東夷傳 高句麗條)

고구려에서는 節食하여 궁실 내의 좌우 양쪽에 큰 집을 지어 귀신을 祭하고 또 영성과 사직에도 祀한다고 하였다. 종묘가 조상신을 모신 곳이라면 사직은 토지(社)와 곡물(稷)의 신을 주로 대상으로 삼은 곳이다. 이 기사의 내용상으로 미루어 좌측 대옥은 조상신을 제사하는 곳이고 우측은 영성과 사직에 제사지낸 곳이 분명하다. 이때 귀신을 모신 좌측의 대옥은 후술할 고추가의 사례로 미루어 보아 조상신을 대상으로 한 宗廟임이 틀림없다. 이제는 자연신과 인격신의 분화가 이루어져 있었다. 이들은 국왕의 직접적인 관장 아래 궁궐 내에서 평상시 제사의 대상이 되고 있었던 점이 주목된다. 앞서 초기국가 단계에서는 천군을 두어 천신을 관장한 점, 신성구역으로서 소도를 따로 설치한 점과는 현저하게 다른 면모이다. 이 점은 정치적·사회적 발전이 진전되면서 국가가 전반적인 제사를 장악·체계화하려 한 시도의 일단을 반영한다. 다만 3세기 당시에는 아직 종묘와 영성사직에 대한 제사를 국왕만이 오로지 한 것은 아니었다. 이 점은 당시의 시대상을 여실히 반영하므로 잠시 주목해 볼 필요가 있다. 그에 접근할 만한 약간의 단서가 다음의 사료에 보인다.

(G) 王之宗族 其大加皆 稱古雛加 涓奴部本國主 今雖不爲王 嫡統大人 得稱古雛加亦得立宗廟 祠靈星社稷 絶奴部世與爲王婚 加古雛之號(『三國志』30 魏書 東夷傳 高句麗條)

3세기 단계의 고구려에서는 古雛(鄒)加라는 독특한 직책을 두고 있었다. 그 구체적 내용은 크게 변화하였겠지만 같은 칭호가 6세기 무렵까지 존속하였다.[49] 위의 사료로

---

49 『삼국사기』19 고구려본기 문자명왕 즉위년조.

보는 한 3세기의 고추가는 아마 桂婁部 왕족 가운데의 일부 유력한 大加, 前王族이었던 消奴部(涓奴部)의 嫡統大人, 당시 王妃를 배출하였던 絶奴部의 部長 등에게만 특별히 주어진 칭호였다. 일시에 적어도 3인 이상의 고추가가 존재하였음이 분명하다.

위의 사료에 따르는 한 특징적으로 오직 소노부의 적통대인만은 같은 고추가라도 따로 종묘를 세우고 나아가 영성과 사직에 대한 제사까지 지낼 수가 있었다. 자칫 고추가 모두가 그런 자격을 부여받은 것으로 해석할 여지가 있으나 위의 사료를 엄격히 다루면 오로지 소노부의 적통대인만이 종묘와 영성사직의 設置權을 가졌다고 봄이 타당하다. 이는 달리 말하면 원래는 다른 部長들도 그런 권한을 보유하였지만 중앙집권화가 진전되면서 그것을 박탈 당하고 차츰 국왕 중심으로 통합되던 양상을 반영한다고 풀이된다. 그래서 당해 시점에서는 아직껏 강한 기반을 유지한 소노부의 부장에게만 그런 권한이 남아 있었던 것이다. 따라서 장차 部體制가 해체되고 국왕을 정점으로 한 지배체제가 한층 강화되면 제반 제사는 모두 國家祭祀로서 수렴되어갈 운명을 맞게끔 되어 있었다. 원래 이제 그 시점만을 남겨 둔 상태였다.

국가형성 초기단계의 국왕은 농사가 제대로 되지 않으면 무한 책임을 져야만 하는 미약하기 짝이 없는 존재였다. 그 일단은 다음의 사료로부터 추정된다.

(H) 舊夫餘俗 水旱不調 五穀不熟 輒歸咎於王 或言當易 或言當殺(『三國志』30 魏書 東夷傳 夫餘條)

부여의 옛 습속에 흉년이 들어 오곡이 제대로 익지 않으면 그 잘못을 곧바로 국왕에게 돌려 그를 바꾸기도 하고 죽이기도 하였다는 것이다. '옛 습속'이라고 한 것으로 미루어 그 시점은 뚜렷이 확정지을 수 없으나 3세기 무렵에는 그것이 이미 오래 전의 일이었음은 명백하다. 당시에는 국왕권은 약하기 이를 데 없었다.

그런데 『삼국지』가 편찬된 3세기 후반 簡位居가 사망하였을 때 孼子로서 麻余의 즉위가 가능하였고, 또 마여의 아들인 依慮는 6세의 어린이였음에도 불구하고 즉위하였다. 이는 당시 부여 국왕의 위상이 그만큼 강화되었음을 보여 주는 사실이기도 하다. 국왕권은 이미 농사에 무제한의 책임을 지던 단계에서 벗어나 있었다. 이런 양상은 초기 고구려의 경우도 마찬가지였을 것으로 짐작된다. 3세기 무렵에는 비록 아직 소노부 부장에게 종묘와 사직의 독자적 제사권을 부여하지 않으면 안 될 정도로 국왕 중심의 중앙집권화에는 한계가 뒤따랐지만 그 권한은 일층 강화된 상태였다. 그러다가 4세기 이후에는 기존의 部體制는 마침내 해체되고 새로이 국왕을 중심으로 하는 중앙집권적인 지배체제가 완전히 갖추어졌다. 이로 말미암아 제사를 비롯한 농경의례와 관련된 제반 내용도 두드러진 변화를 겪게 되었다. 그 변화는 먼저 농경의례 가운데 하나이 핵심이라 할 제사체계가 달라진 데서 비롯된 측면이 대단히 강하다.

삼국이 정립된 이후 佛敎가 수용되고 律令이 반포되는 등의 과정을 거치면서 중앙집권적인 귀족국가가 성립되었다. 그에 어울리게 관료조직이 갖추어지고 기존의 제사체계도 크게 달라졌다. 제사의 변화 양상을 나름대로 대충 정리하면 다음과 같다.

첫째, 국왕에게 정치력이 집중되면서 분산적이었던 제사는 한 군데로 모여져 國家祭祀로서 정리되었다는 사실이다. 이제는 다른 유력한 귀족이나 집단이 독자적으로 마음대로 제사할 권한은 모두 박탈되었다. 말하자면 제사권의 집중화가 이루어진 것이다.

둘째, 그와 관련하지만 종래 자연신을 대상으로 한 제사도 모두 국가제사 속으로 정리되어 체계화된 점이다. 神宮 설치를 통하여[50] 천신에 대한 제사가 관리되는 한편[51] 山神을 비롯한 다양한 자연신에 대한 제사도 일정한 서열과 등급이 매겨져 관리되었다. 그 점은 백제와[52] 신라의 제사체계에서[53] 뚜렷하게 확인되는 사실이다. 이를테면 신라의 경우 자연신을 대상으로 하는 전체 제사가 크게 大祀 中祀 小祀로 나뉘고 그 가운데 다시 산악에 대한 것도 三山 五嶽 등으로 분류될 정도였다.

셋째, 그런 과정에서 자연신 및 조상신과 같은 人格神을 대상으로 한 제사가 뚜렷하게 분리되었다는 사실이다. 그러면서 새로운 인격신이 다양하게 출현하고[54] 그에 따라 始祖廟 혹은 宗廟가 차지하는 비중이 한결 높아지게 되었다. 여기에는 당시 수용된 불교나 유교와 같은 고등종교의 영향도 강하게 작용한 것으로 보인다.

제사체계가 정비되면서 농사와 관련된 제의도 그 속으로 수렴되는 한편 또 새로운 것이 상황 변화에 맞추어 생겨났다. 농경과 관련한 제사가 따로 두어져 국가가 주도적으로 담당한 것이었다. 이를테면 신라에서는 先農祭, 中農祭, 後農祭를 두어 전적으로 농경과 관련한 제사만을 따로 지내기에 이르렀다.[55] 그 가운데 중농제와 후농제는 시행

---

50 신궁에 모셔진 主神을 둘러싸고 논란이 대단히 많지만(최광식, 앞의 책, pp.200~209 ; 나희라, 『신라의 국가제사』, 지식산업사, 2003), 天神으로 봄이 적절하다는 견해를 따른다.

51 崔光植, 앞의 책, pp.205~209.

52 盧重國, 「백제의 祭儀體系 정비와 그 변화」 『계명사학』15, 2004 참조.

53 『三國史記』32 祭祀志.

54 고구려의 경우 주몽신, 등고신, 기자신 등등이 백제에서는 온조, 비류, 동맹, 우태, 도모 등등이, 신라에서는 혁거세를 비롯하여 알영, 알지, 탈해, 미추 성한 등등의 수많은 인격신이 제사되었다. 자연신 중심에서 인격신 중신으로 제사의 대상이 옮겨진 느낌이 강하게 든다.

시점으로 미루어 종래의 파종제와 수확제에서 연원한 것임이[56] 확실시된다. 이 자체는
국가가 기존의 농경의례를 그대로 용인하지 않으려는 의도에서 비롯한 것으로 여겨진
다. 이제 국가적 입장에서는 기존의 농경의례가 그대로 유지되고 나아가 전체 구성원
이 함께 결집하는 자체가 우려스러운 대상이 되었을지도 모른다. 이로 말미암아 축제
로서 농경의례는 점차 약화되어 갔을 것임이 분명하다.

이처럼 기존의 틀을 부분적으로 수용하면서 다시 새로운 체제 정비를 꾀하였다. 선
농제가 그런 사례를 잘 보여 준다. 이는 기왕에 보이지 않던 새로운 제사이다. 선농제
는 중국의 제세체계에 祈穀의례로서 중시되던 제사이다.[57] 그로부터 영향을 받아 신라
의 제사체계가 갖추어지면서 새로이 수용한 것임이 분명하다. 아마도 유교적인 성격의
新年賀禮[58] 행사가 수용되는 등과 맞물려 이제 농경도 정월이 중시되는 경향성 속에서
나온 것으로 보인다. 새로운 형태의 농경 관련 제사이다.

이와 함께 국가가 농사에 깊이 개입하기 시작하였다. 牛耕과 같이 畜力 이용과 농경
기술을 국가 주도로 적극 도입하여 관리하거나 농기구를 장악하고 농경에 필요한 물을
안정적으로 공급하기 위하여 저수지를 축조하고 나아가 種子 개량에까지 관심을 기울
였다. 이제 왕명을 받아 농사를 독려하기 하기 위한 관리가 지방에 파견되거나 지방에
상주하는 지방관의 주된 기능이 농업의 장려가 될 정도였다. 비가 오지 않을 경우 국왕
이 직접 나서서 祈雨祭를 지내기도 하였다. 농업 자체는 물론이고 생산력의 향상 여하
는 국가의 存亡이 걸린 문제였고 따라서 국왕이 적극적으로 나서서 그를 독려하지 않
을 수가 없었다.

국가의 주된 관심이 제사로 옮아가면서 자연 전국적 규모의 행사로 치룬 농경의례
는 쇠퇴의 길을 걸어간 것 같다. 이제 과거의 동맹이나 영고와 같은 국가적 차원에서 치
룬 농경의례는 제사로 그 비중이 옮겨지면서 祝祭만이 부분적으로 남겨지게 된 것으로
보인다. 아마 원래 농경의례 가운데 제사권이 대체로 지배세력의 몫이었다면 축제는
사실상 피지배세력을 위한 것이었다. 농경의례는 애초부터 그런 배경 아래에 성립한
것이었다. 그럼에도 초기국가에서는 지배세력이 주도하여 농경의례를 거행한 것은 계

---

55 『三國史記』32 祭祀志에 의하면 그밖에도 농경과 관련하여 風伯, 雨師, 靈星 등의 제사도 특정한날 행하
　　였고 水旱 등으로 행하는 四城門祭 등 비정기적 제사도 있었다.
56 나희라, 앞의 논문, p.40.
57 나희라, 위의 논문, pp.39~40.
58 『三國史記』5 新羅本紀 眞德王 5年條.

급분화로 야기된 내부 갈등을 완화하려는 의도를 깔고 있었지만 이제 국가체제가 갖추어지자 그럴 필요성이 없어졌다. 그로 말미암아 지배세력이 국가제사를 오로지하면서 농경의례의 하나로 진행된 축제는 비중이 현격하게 줄어들어 변모되거나 흔적만 남게 되었다. 사실 신라에서 한가위 행사 때 6部의 여성이 두 편으로 나누어서 한달 동안 績麻를 시합하여 승부를 갈랐다거나[59] 고구려에서 강을 경계로 두 편이 나뉘어 石戰을 행한 것은[60] 그 흔적에 불과할 따름이다.

국가에서는 신년의례나 한가위와 같은 기존과는 다른 형태의 추수감사제를 새로 설치하여 국가 주도로 시행함으로써 그에 대체하였다. 이제 제사나 농경의례는 지역에 따라 혹은 작물의 종류에 따라 다양한 형태로 분산적으로 시행된 것으로 보인다. 나름의 소규모 제사와 함께 농경의례는 지역적 특성에 맞게 그 명맥을 이어갔다. 그 일단을 짐작케 하는 것이 부여군 구룡면 論峙의 제사유적이다.

유적의 중심부가 도로 작업으로 파괴되어 온전치 못해 그 전모를 파악하기는 어려우나 대략 동서-남북의 길이 232미터, 폭 10미터 내외의 좁고 긴 곳에서 祭祀穴로 보이는 유구가 15기 발견되었다. 제사혈에서는 곡식을 담은 채 破碎된 토기를 비롯하여 의례용의 철기 및 강돌이 출토되었다. 엄청난 양의 토기와 곡식의 존재는 그것이 단순한 쓰레기장이 아니라 山上에 마련된 제사유적이었음을 시사한다. 특히 출토된 토기 가운데 완형은 하나도 없고 모두 깨어진 상태인 점, 남근형파수가 달린 특이한 토기가 존재하는 점, 축소모형의 따비가 보이는 점, 주조괭이, 철겸, 철촉 등 철제 농기구가 유난히 많은 점 등등은 이 제사유적이 특히 농경의례와 깊이 연관되어 있음을 뜻하는 사실이다. 제사혈들은 이 유구가 일시에 이루어진 것이 아니라 일정한 시간적 간격을 갖고 오랜 기간 연속적으로 만들어진 것임을 나타낸다. 논치유역은 저 멀리 九龍平野를 아래로 내려다보는 세력집단이 농경의례를 치루면서 실시한 공동의 제사유구라 해석되고 있다.[61] 報告者는 한 걸음 더 나아가 논치유적이 삼국지에 보이는 파종제 및 수확제와 관련 있는 곳으로서 토기로 보아 대략 마한시기에 시작하여 백제 漢城時代 말기까지의

---

59 『三國史記』1 新羅本紀 儒理尼師今 9年條.

60 『隋書』東夷傳 高句麗條.

61 이상의 사실은 國立扶餘博物館 · 大田地方國土管理廳 扶餘 論峙 祭祀遺蹟, 2007 가운데 특히 「고찰」부분과 김종만, 「금강유역의 산악제사」『고고자료로 본 고대제사』, 복천박물관, 2006을 참고하여 나름대로 정리한 것이다.

사정을 전한다고 파악하고 있다.

그렇다면 논치유역은 한성백제가 출현한 이후에도 여전히 부여지역에서는 제사를 비롯한 농경의례가 중앙과는 별개로 진행하고 있었음을 보여 주는 뚜렷한 증거이다. 중앙을 중심으로 제사권이 집중화되면서도 각 지역별로는 농경과 유관한 제사행위는 독자적으로 치러지고 있었던 것이다. 농경 관련 제사가 거행되었다면 그것은 역시 농경의례의 한 부분으로 볼 수 밖에 없고 따라서 그 마무리는 축제로 이어졌다고 봄이 순조롭겠다. 토기를 파쇄하는 행위는 제사의 한 부분이지만 역시 축제의 일환에서 진행된 것이라 여겨진다.

이와 같은 행위는 비단 논치유적에서만 한정하여 행해진 것은 아니었을 터이다. 논밭 등 농경생활이 이루어진 곳이거나 주거지 등과 가까운 곳에서는 풍요와 다산을 기원하는 농경의례가 비록 규모는 축소되었을 터이지만 줄기차게 행해지고 있었다. 이들은 천신이나 토지신 및 영성과 사직에 대한 제사권은 중앙정치세력에 의해 빼앗겼으나 나름대로 당해 지역의 토지신이나 穀物神, 혹은 산신에 대한 제사는 진행하고 있었다. 이들에 대한 제사와 함께 축제도 행해졌을 것으로 짐작된다. 이제 어쩌면 제사 자체보다는 그들만의 축제에 한층 더 비중이 두어졌을지도 모른다. 제의와 축제가 혼연일체가 되던 단계를 벗어나 후자의 비중이 커져 가고고 있었다. 그 속에서 새로운 형태와 성격의 축제가 지역별 특성을 갖고 모색되고 있었던 것이다.

인간은 나약하기 짝이 없던 존재로 출발한 탓에 自然現像을 외경하고 그에 순응하면서도 인지의 발달로 활용하는 방법을 점차 익혀가서 마침내 문명을 탄생시켰다. 그 가운데 농업의 발명은 가장 두드러진 성과였다. 사실 농업의 발명 자체는 혁명이라 불릴 정도로 인간생활의 질적 변화를 가져온 일대사건이었다.

농업활동을 매개로 주기를 갖고 순환하는 자연의 법칙성과 원리를 깨달아 갔지만 역시 뛰어넘을 수 없는 인간의 한계를 自認하지 않을 수 없었다. 보이지 않는 거대한 힘이 人間事에 작용하고 그것이 농업생산을 지배한다고 생각하였다. 그를 바로 自然에 존재하는 다양한 神이라 여기고 경배의 대상으로 삼았다. 농경의례는 바로 그런 인식과 배경 아래에 탄생한 것이었다.

農耕儀禮는 외형적으로는 신에게 의존하여 多産과 豊饒를 기원하는 의식에서 창작된 것이지만 실제적으로는 공동노동을 매개하지 않으면 일정한 생산력을 유지해 갈 수 없는 현실적 한계가 깊이 작용하고 있었다. 그런 측면에서 농업생산의 비중이 커지면서 더욱 그 중요성은 높아졌다. 특히 생산력의 향상에 따른 계급분화는 구성원 간의 갈

등을 유발함으로써 도리어 공동체의 분해 혹은 해체를 가져올 우려가 엿보였다. 이로 말미암아 농경의례는 오히려 국가형성 초기에는 지배층이 구성원 간의 갈등을 완화하는 장치로서 활용한 대상의 하나였다.

사실 농경의례라고 통칭하지만 들여다보면 크게 제사와 축제로 구성되어 있음이 드러난다. 양자는 동전의 양면과 같은 기능을 하면서도 계급마다 두는 관심을 기울이는 비중은 달랐다. 지배층은 제사에 한층 무게 중심을 둔 반면 피지배층 대중의 축제에 한층 비중을 두었다. 이로 말미암아 초기국가가 출현하고 또 그것이 발달해가면서 농경의례는 그 수준에 맞게 달라질 수밖에 없었다. 따라서 농경의례는 고정불변한 것이 아니라 시대에 따라 변모해 갔던 것이며 그를 살피는 작업은 매우 긴요한 일이겠다.

이 글은 그처럼 한국고대사에서 농경의례가 출현하고 그것이 시기마다 어떻게 변모하여 갔는지의 양상을 추적해 본 시도이다. 크게 농경이 시작된 단계, 초기국가가 성립한 단계, 중앙집권적인 귀족국가 단계의 세 시기로 나누어서 농경의례가 어떤 특징을 갖고 그것이 어떻게 변화하였는지를 나름대로 검토하여 보았다. 그 결과 제사는 지배층이 정치적 목적에서 큰 관심을 갖고 체계화하려 한 반면 축제는 그렇지 못하고 쇠퇴의 길을 걸었다는 식의 그림을 대충 그려 보았다. 농경의례의 일환으로 거행된 모든 제사는 기본적으로 국가제사 속으로 편입된 반면 축제는 점차 축소되면서도 다른 한편 지역별로 환경에 맞추어 새로운 모습을 갖고 재생되어 간 것으로 판단하였다.

논지를 전개하면서 문헌은 물론이고 고고자료를 부분적으로 함께 활용하여 보았다. 근자에 관련 자료가 뚜렷이 증대되어 가는 양상이지만 아직 체계적으로 정리된 상황이 아니어서 극히 부분적으로만 한정하여 대상으로 삼았다. 뒷날 자료 축적이 좀 더 이루어져 그것이 제대로 정리된다면 그를 근거로 더 나은 작업을 시도를 해볼 작정이다.

●참고문헌●

국립중앙박물관, 2000,『겨레와 함께 한 쌀』.

國立扶餘博物館·大田地方國土管理廳, 2007,『扶餘 論峙 祭祀遺蹟』.

국립진주박물관, 2003,『固城東外洞遺蹟』.

권오영, 1999,「한국 고대의 새(鳥) 관념과 제의(祭儀)」『역사와 현실』32.

김두진, 1999,『한국고대의 건국신화와 제의』, 일조각.

김장석, 2007,「청동기시대」『한국 고고학강의』, 사회평론.

김종만, 2006,「금강유역의 산악제사」『고고자료로 본 고대제사』, 복천박물관.

金宅圭, 1985,『韓國農耕歲時의 硏究』, 嶺南大出版部.

나희라, 2003,『신라의 국가제사』, 지식산업사.

盧重國, 2004,「백제의 祭儀體系 정비와 그 변화」『계명사학』15.

徐永大, 2003,「高句麗의 國家祭祀 -東盟을 중심으로-」『韓國史硏究』120.

李基白, 1997,「한국 고대의 축제와 재판」『歷史學報』154 ; 2002,『韓國傳統文化論』, 一潮閣.

이상길, 2000,「청동기시대 의례에 관한 고고학적 연구」, 대구효성카돌릭대박사학위논문.

이현혜, 2002,「한국 古代의 농업」『강좌 한국고대사』6(경제와 생활), 가락국사적개발연구원.

조현종, 2002,「한반도 선사시대 악기」『북한의 악기』, 국립중앙박물관.

朱甫暾, 1998,「국가형성기 대구사회의 동향」『한국고대사논총』8 ; 1998,『신라 지방통치체체의 정비과
     정과 촌락』, 신서원.

崔光植, 2007,「제사와 의례」『한국고대사 연구의 새 동향』, 서경문화사.

崔光植, 1994,『고대한국의 국가와 제사』, 헌길사.

한병삼, 1971,「先史時代 農耕文靑銅器에 대하여」『考古美術』112.

한정수, 2005,「고대사회의 '농시(農時)'의 이해」『역사와 현실』57.

三品.彰英, 1973,『古代祭政과 穀靈信仰』, 平凡社.

부록

안재호 _ 동국대학교

각 지역의 경작 유구

경작유구의 집성은 곽종철·이진주(2002 「우리나라의 논유구 집성」『韓國의 農耕文化』第6輯, 京畿大學校 博物館)와 윤호필·고민정(2006 「밭유구 조사법 및 분석방법」『야외고고학』창간호, 한국문화재조사연구기관협회)의 논고를 참고했다. 다만, 위 문헌에서 취급한 보고서 중에서도 정식 학술보고서가 출판되지 않았거나, 논이나 밭의 경작유구가 분명하게 드러나지 않은 것 그리고 출토유물이 없어서 고고학적 시간성을 알 수 없는 유적 등은 제외하였다. 이외 최근에 보고된 유적도 몇몇 포함시켰지만, 결국엔 2002년 이후의 논유구와 2006년 이후의 밭유구의 경작 유구가 보고된 보고서 모두를 검색하지는 못하였음을 밝혀둔다.

다음의 표는 경작유구 또는 관련된 유구에서 검출된 자료를 통하여 필자가 대강의 경작시기를 밝힌 것이다.

경작유구의 분류와 입지는 곽종철·이진주(2002)의 수전과 윤호필·고민정(2006)의 밭 분류법을 따랐다.

위 논문에 따르면, 논 유구는 4개 유형으로 나누어진다. A형은 논 폭이 좁고 세장한 계단식논, B형은 길이 방향의 열상세구를 가진 논, C형은 계단상의 단차를 보이며 철상 돌출 논둑으로 단위 논면을 이루는 부정형의 소구획논, D형은 C형과 동일구조이지만 보다 면적이 넓은 것이다.(본고에서는 D형을 C형에 포함시키고 별도로 설정하지 않는다) 이외 본 집성에서는 구상유구에 의해 구획된 논이 있는데, 논둑으로 다시 그 내부가 구획되기도 하고 삭평되었는지 확인되지 않는 경우도 있다. 이것을 D형이라 한다. 그리고, 위 A형에서 세장방형인 것과는 달리 경사의 높은 곳이 호상을 이루는 계단식 논도 존재한다. 따라서 논의 높은 곳과 낮은 곳이 등고선을 따라 나란한 것을 A1형, 후술하였듯이 단위 논면이 호상의 곡선적인 것을 A2형이라고 설정해 두고자 한다.

밭은 작휴의 형태로서 3개 유형으로 설정하였는데, 김도헌(2003 「고대의 경작유구에 대한 연구」, 울산문화재연구원)의 분류와 동일한 것이다. 먼저 A형은 이랑이 병렬로 길게 늘어선 형태(이랑밭), B형은 구로써 평면 방형 또는 장방형으로 구획된것(소구획밭), C형은 소형의 원형수혈이 집중된 형태(소형수혈밭)로 분류하였다.

본고를 작성하는 데에 다음의 분들에게서 교시와 도움을 얻었기에 감사드리며, 명기해두고자 한다. 곽종철, 이수홍, 김도헌, 강정무, 김현경, 고상혁, 김지나(존칭생략)

표 1 _ 경작유구의 형식과 시기, 입지

時期			遺蹟	立地	水田	田	文獻
靑銅器時代	전기	말	대구 동호동	곡지(선상지성 곡저평야)	D형?	B형?	17
			함안 명덕고교		D형		29
			울산 야음동 II지구	곡지	A1 형		21
			대구 동천동 3 호구	하천범람원		B형	11
			진주 옥방 1 지구	하천범람원		A형	6
	후기	전반	부여 구봉 · 노화리	하천범람원	C형		23
			울산 발리 하층	구릉하 평지	D형		14
			함안 도항리578	구릉말단 곡저		B형	31
			대구 동천동 1 · 2 호구	하천범람원		B형	11
			대구 동천동 2 호경작지	하천범람원		A형	11
			마산 진동 I 지구 하층	하천범람원		A형	36
			진주 옥방 2 지구	배후습지		A형	3
		후반	논산 마전리 C지구	곡지 / 구릉사면,개석곡저	A1 형	A형	24
		불명	울산 화정동	곡지	A2 형		28
			진안 여의곡 A지구	충적지		A형	5
	불명		부여 송학리 가		A2 형		33
			울주 서부리 남천	선상지성 곡저평야(곡지)	C형		22
			울산 화봉동 II지구		A1 형		34
			울산 백천		B형		10 · 26
			울산 굴화리 나지구		D형		35
			진주 옥방 1 · 9 지구	하천범람원		A형	13
			진주 옥방 3 지구	하천범람원		A형	9
삼한시대	전기 후반		마산 진동 I 지구 상층	하천범람원		A형	36
	중기		창원 반계동	곡지(구릉말단부 개석곡저)	A1 형	A형	4
			진주 창촌리	하천범람원	D형		30
三國時代	4 세기		서천 송내리 I 지구 하층			A형	8
	5세기		부여 구봉 · 노화리	하천범람원	C형		23
			부여 가탑리	하천범람원?	D형		20
			서천 송내리 I 지구 상층			A형	8
			울산 야음동 II지구	곡지	A1 형		21
			울산 황토전 B지구	곡지	A1 형		15
			하남 미사리 B지구	하천범람원		A형	1 · 2
	6세기		부여 군수리		D형		16
			울산 발리 상층	구릉하 평지	A1 형		14
			진주 장흥리	하천제방과 배후습지 경계	D형		12
			진주 옥방 3 지구	하천범람원		밭	9
	7세기		창원 가음정동	곡지	D형		7
			경주 금장리	하천범람원		A형	32
	불명		진주 옥방 9 지구	하천범람원		밭	13
통일신라시대			울산 굴화리 나지구		A1 형		35
			울산 굴화리 장금		A1 형		25
			경산 임당동583	구릉사면		구상	27
			울주 서부리 남천	선상지성 곡저평야(곡지)	A1 형		22
			울산 황토전 B지구	곡지	A1 형		15
조선시대			부여 구봉 · 노화리	하천범람원	C형		23
			울산 사연리 늠네	구릉하 평지	B형		19
			춘천 지내리			밭	18

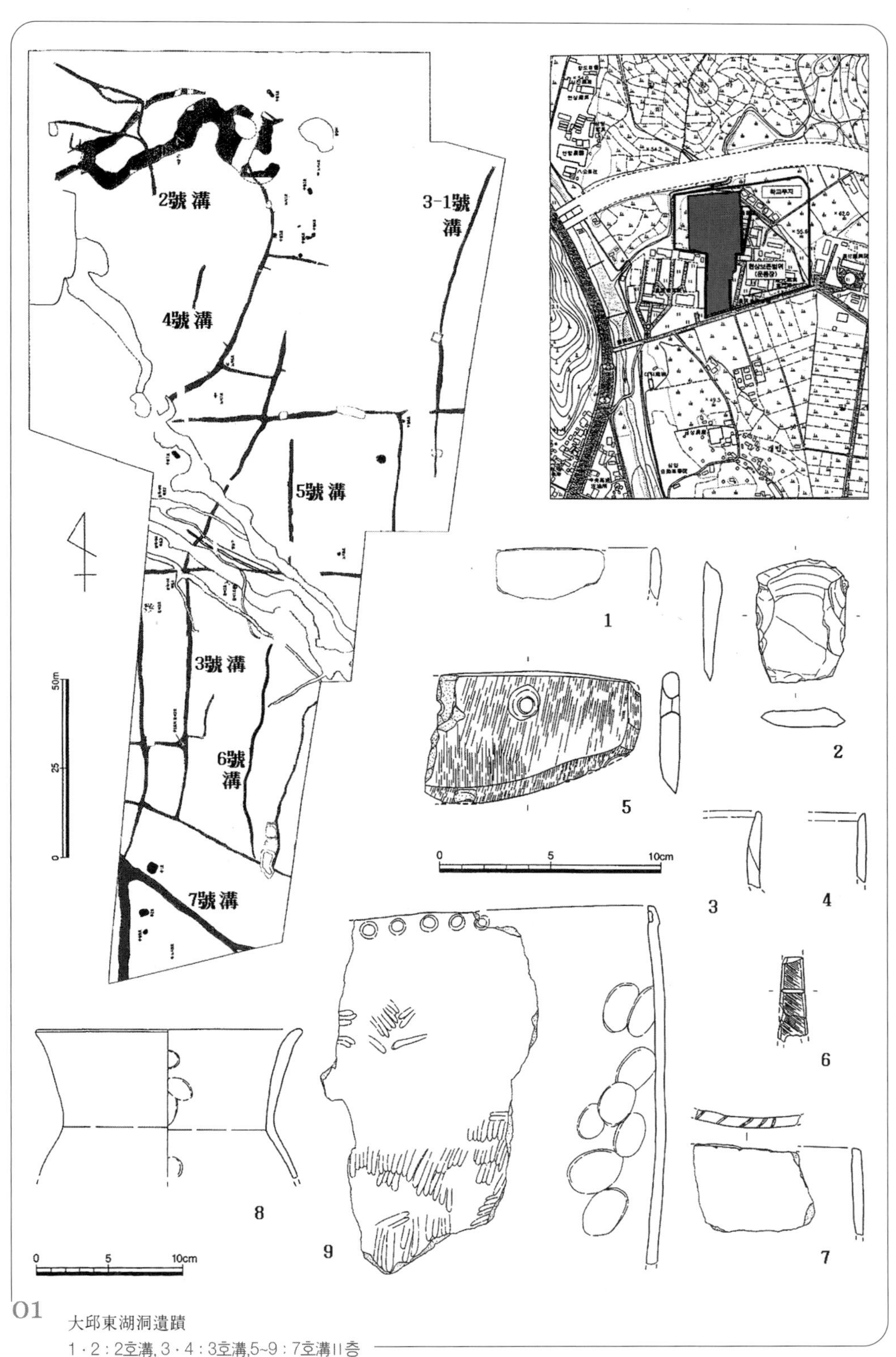

01 大邱東湖洞遺蹟

1·2：2호溝, 3·4：3호溝, 5~9：7호溝Ⅱ층

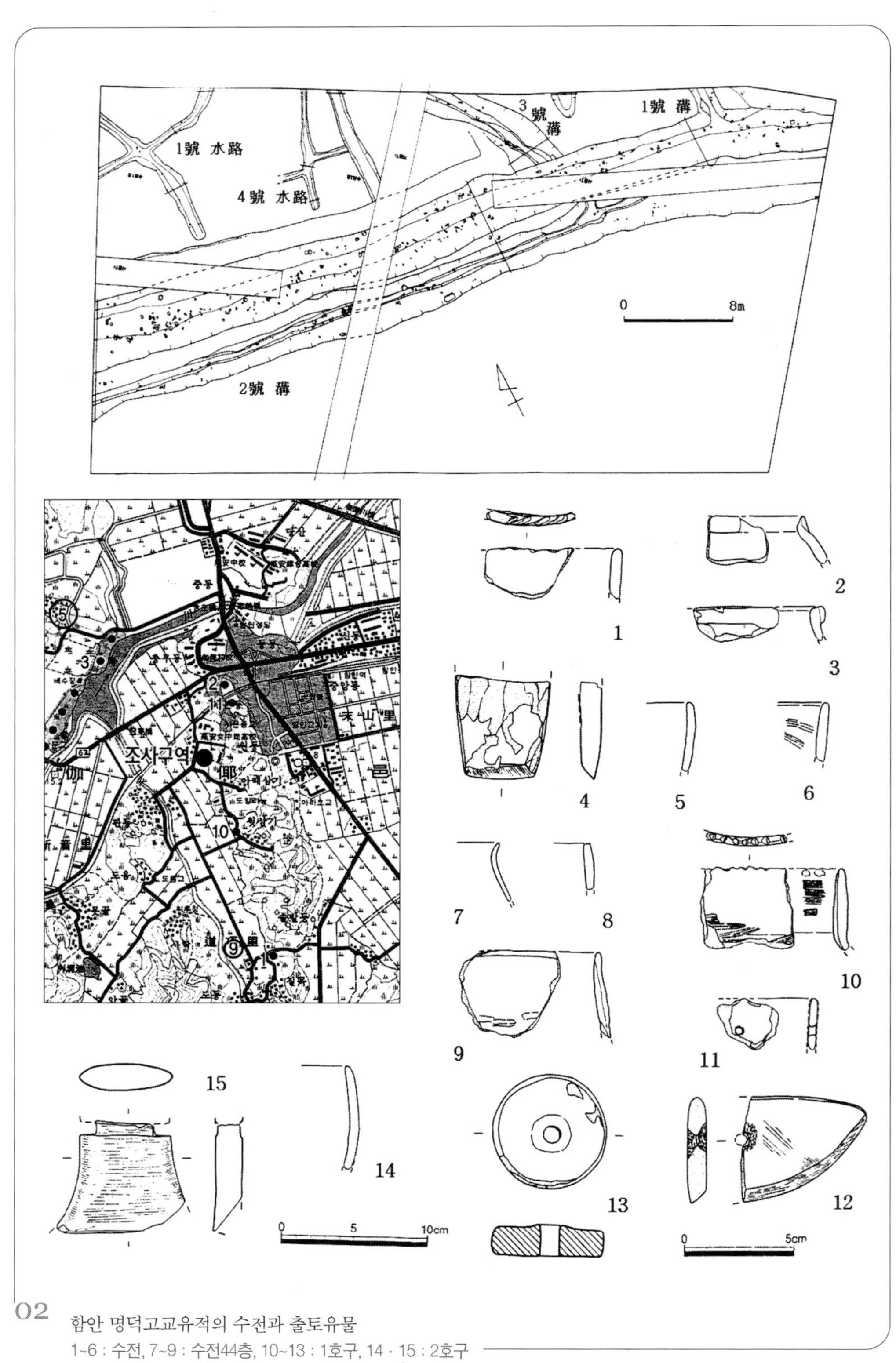

02 함안 명덕고교유적의 수전과 출토유물
1~6 : 수전, 7~9 : 수전44층, 10~13 : 1호구, 14 · 15 : 2호구

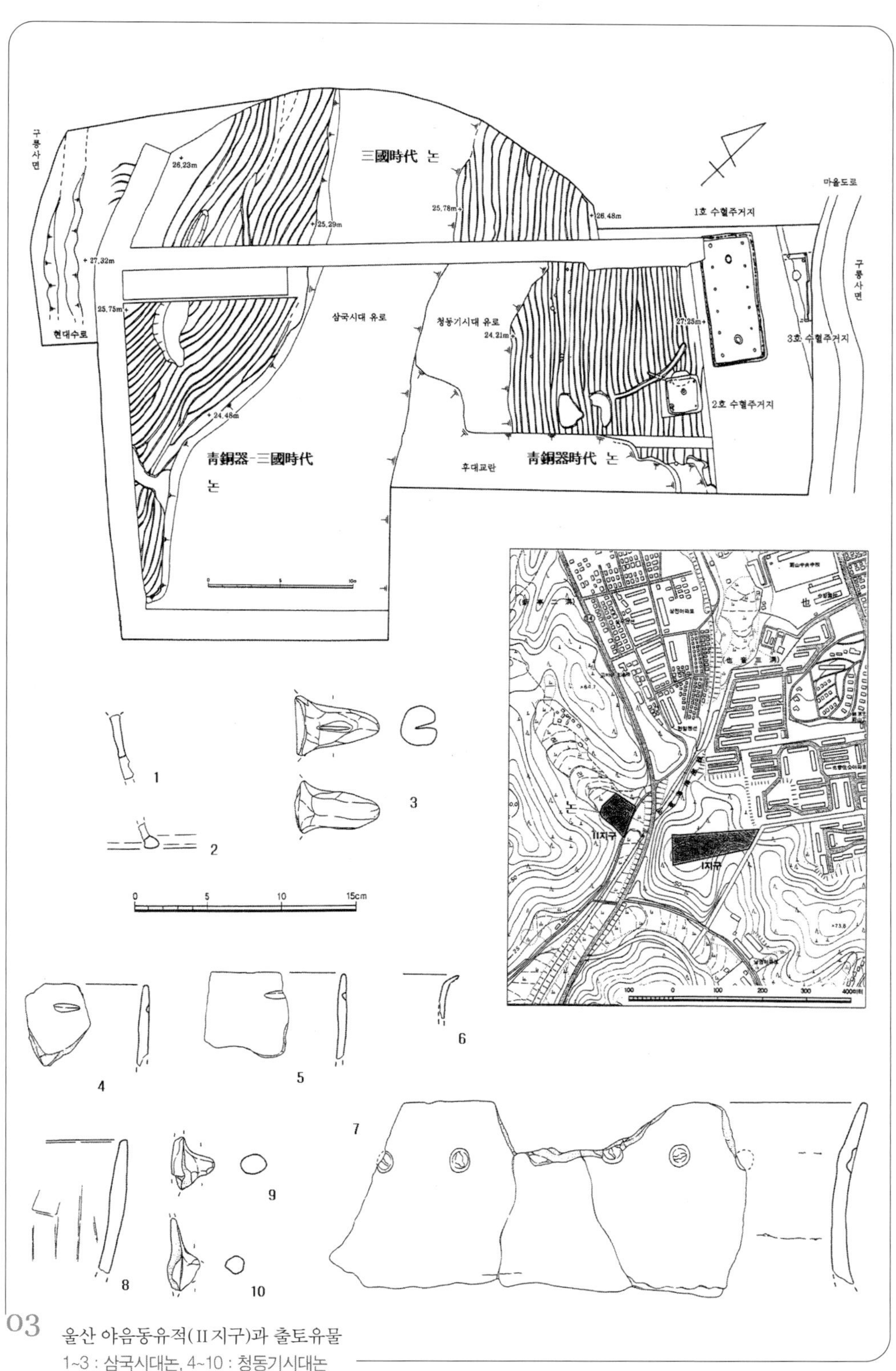

03 울산 야음동유적(Ⅱ지구)과 출토유물

1~3 : 삼국시대논, 4~10 : 청동기시대논

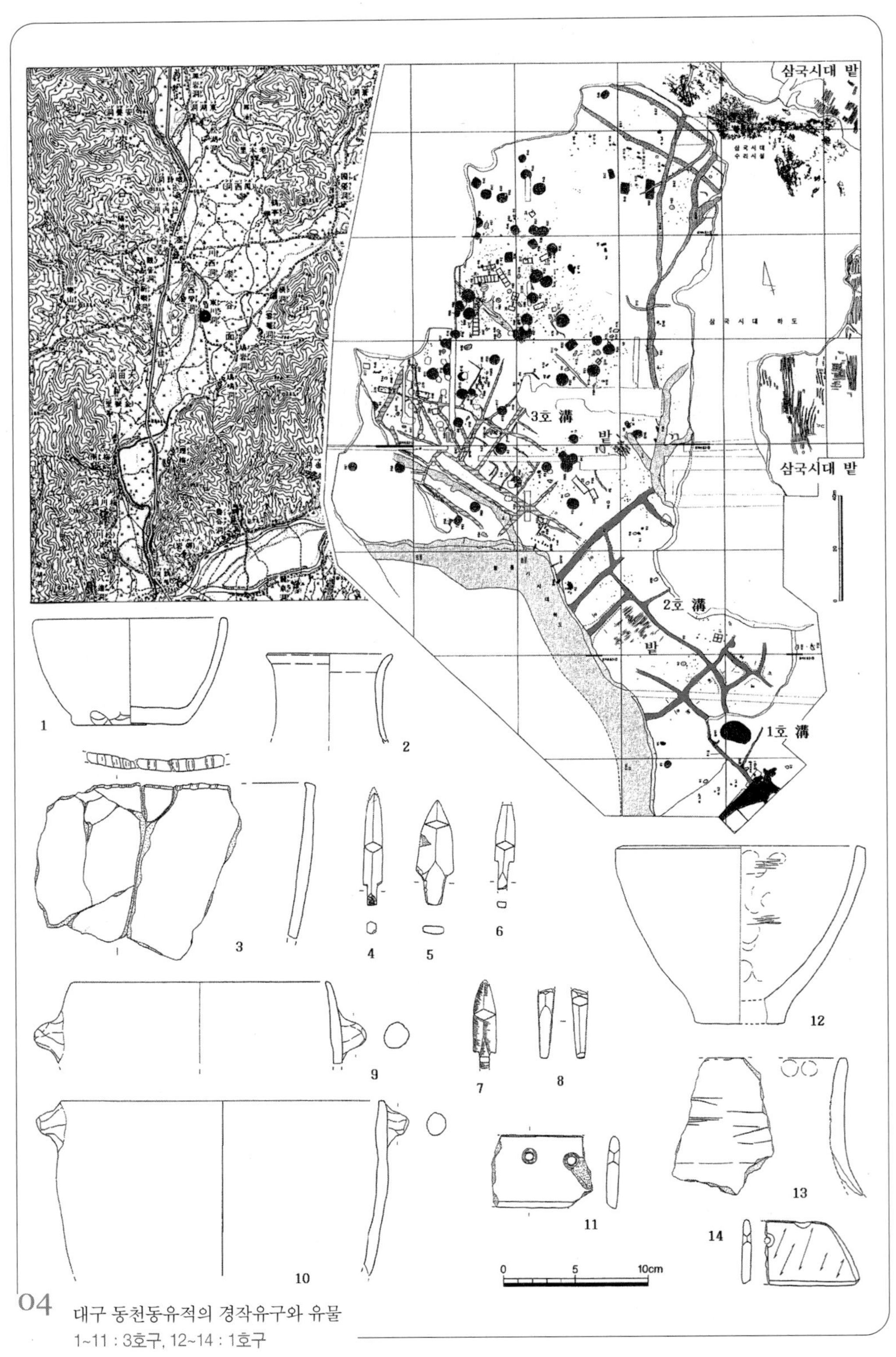

04 　대구 동천동유적의 경작유구와 유물
　　1~11 : 3호구, 12~14 : 1호구

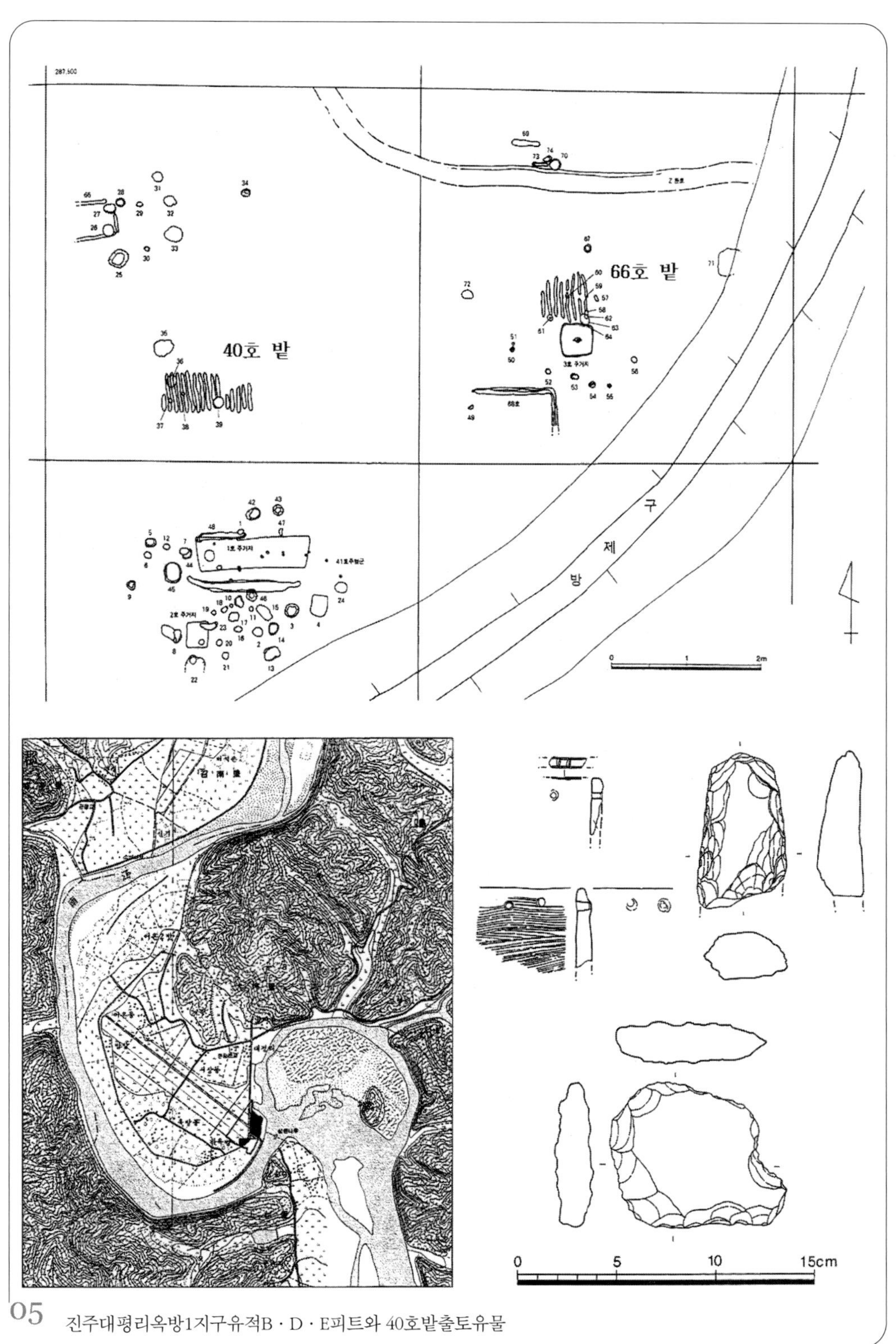

05 진주대평리옥방1지구유적B · D · E피트와 40호밭출토유물

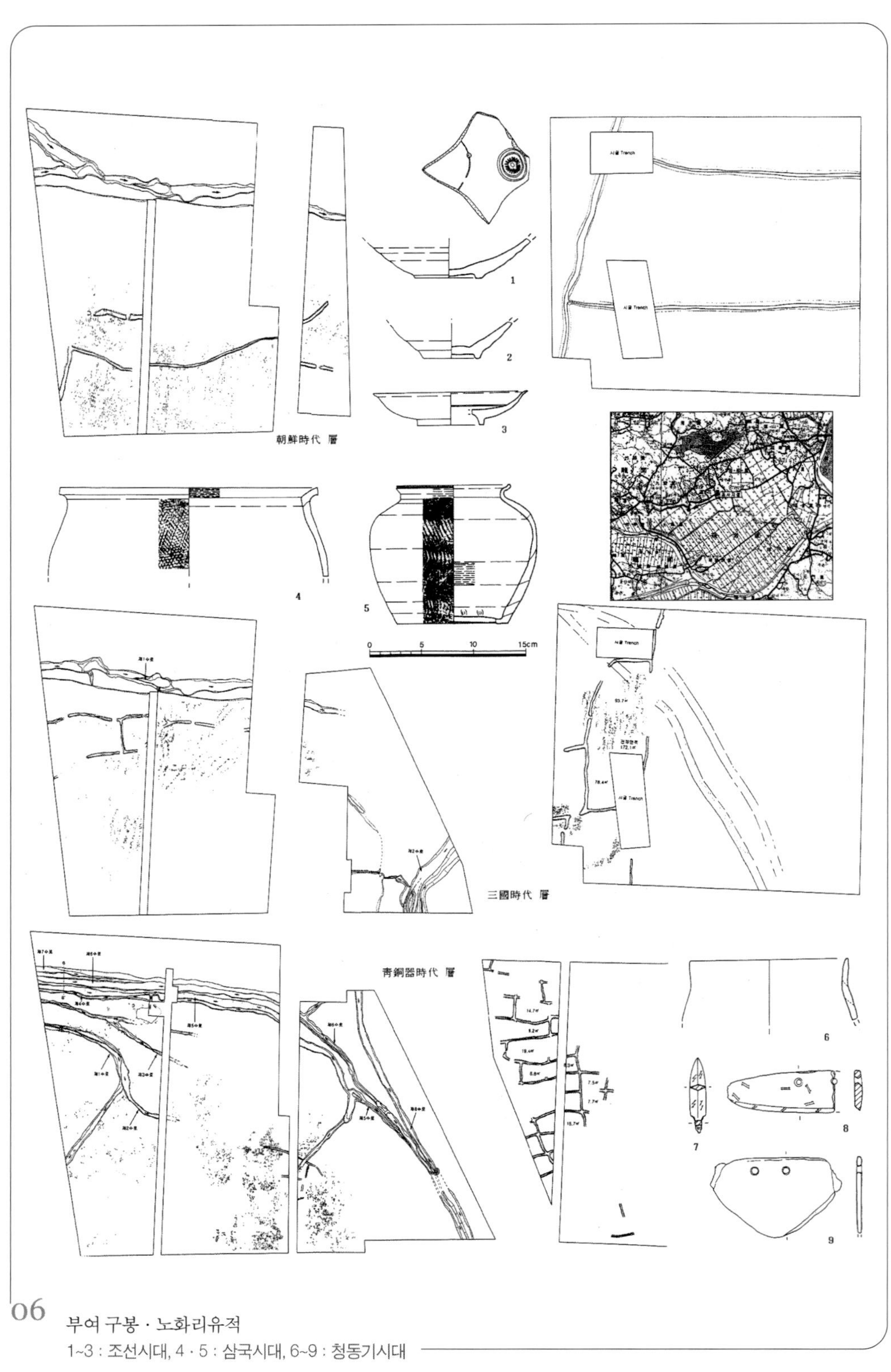

부여 구봉 · 노화리유적
1~3 : 조선시대, 4 · 5 : 삼국시대, 6~9 : 청동기시대

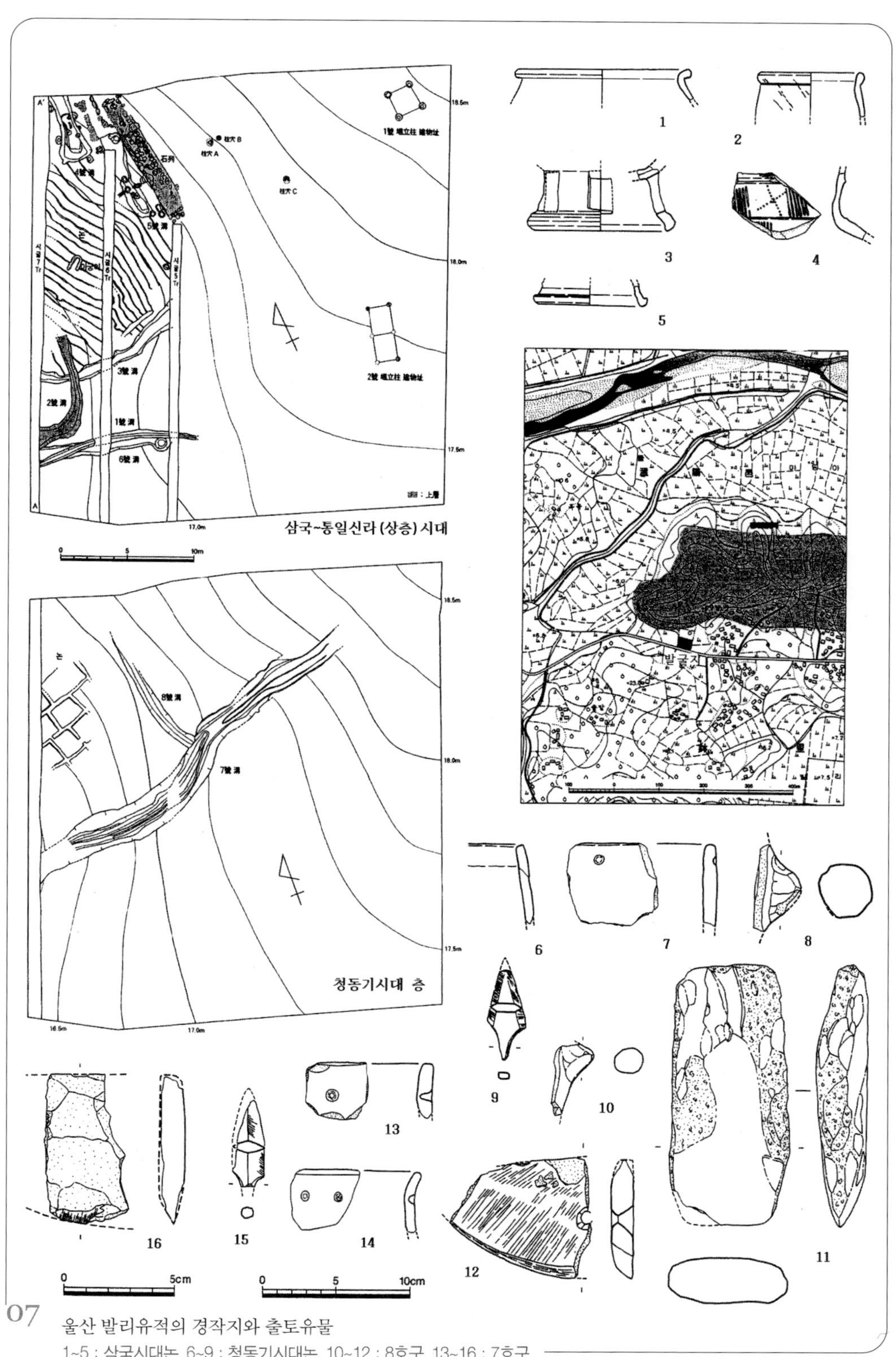

07 울산 발리유적의 경작지와 출토유물
1~5 : 삼국시대논, 6~9 : 청동기시대논, 10~12 : 8호구, 13~16 : 7호구

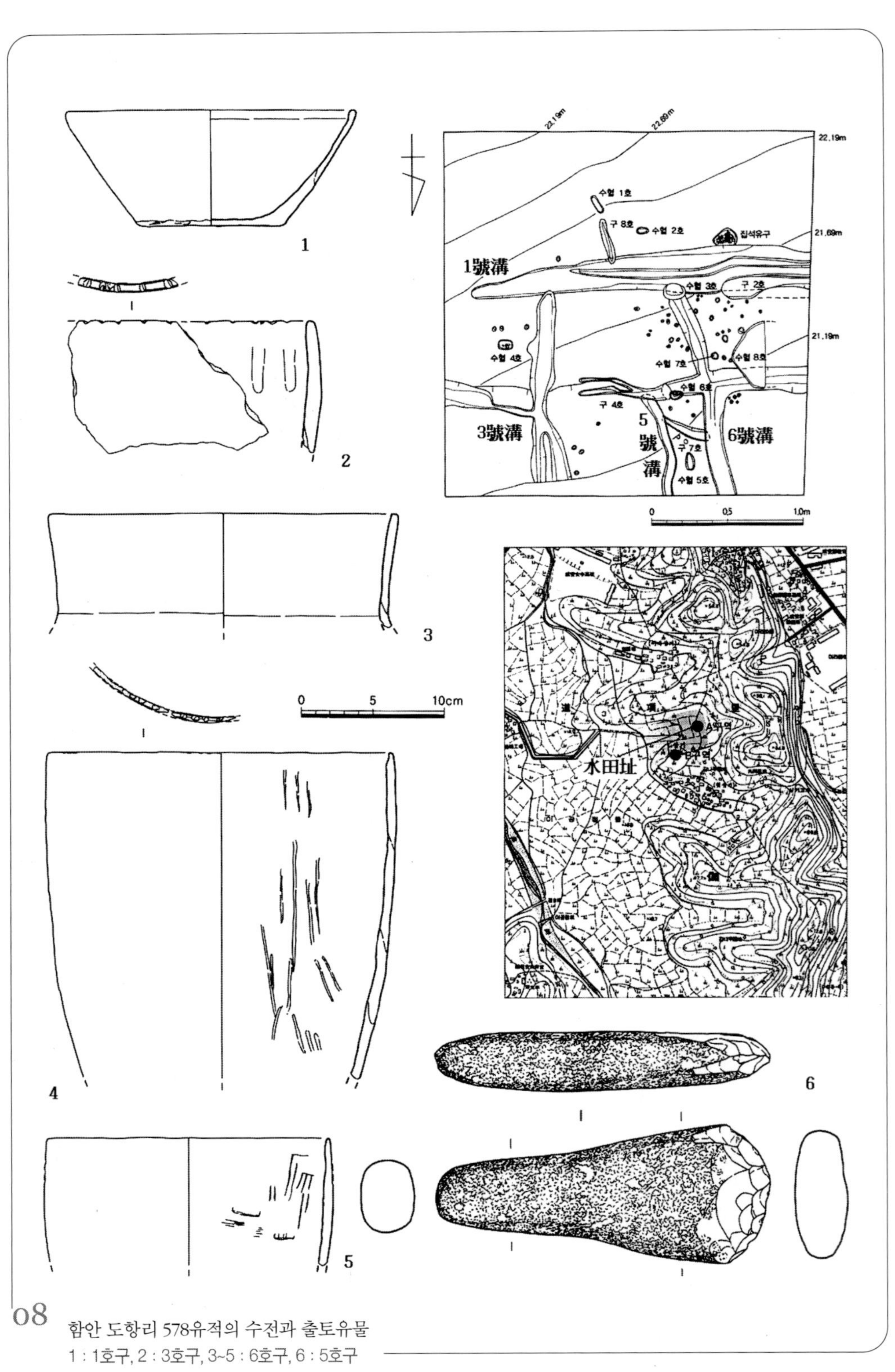

08 함안 도항리 578유적의 수전과 출토유물
1 : 1호구, 2 : 3호구, 3-5 : 6호구, 6 : 5호구

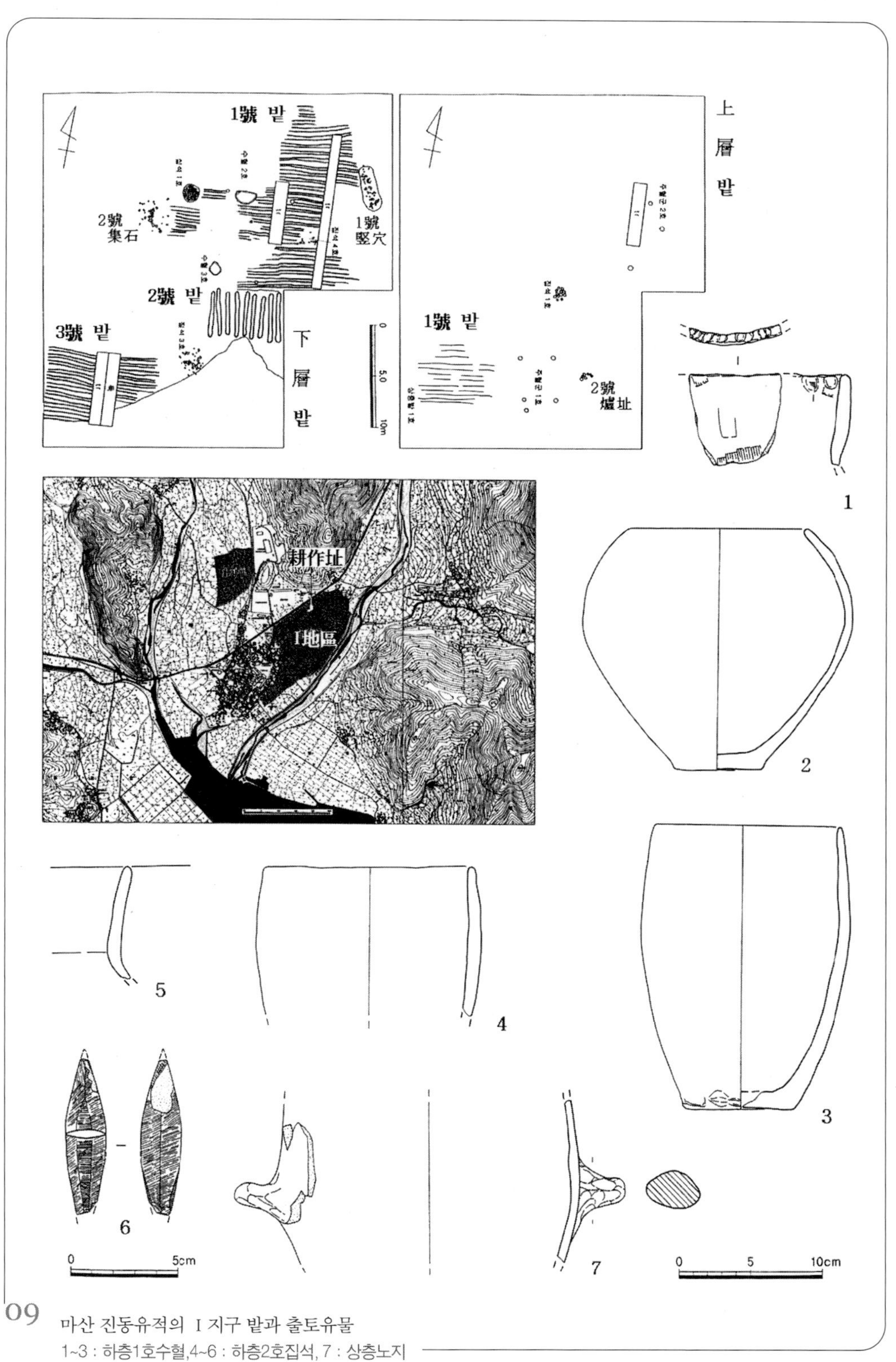

마산 진동유적의 Ⅰ지구 밭과 출토유물
1~3 : 하층1호수혈, 4~6 : 하층2호집석, 7 : 상층노지

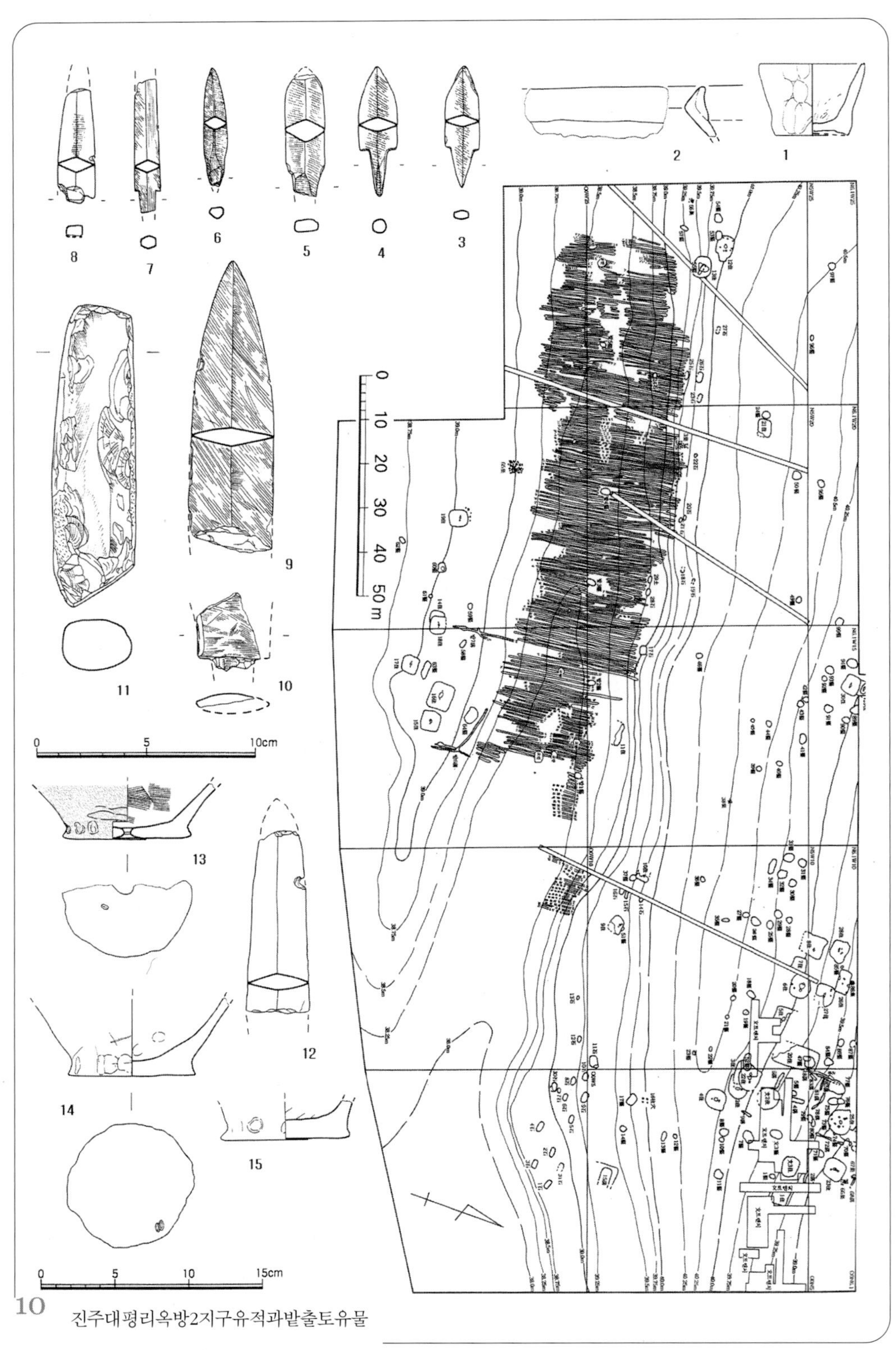

10 진주 대평리 옥방2지구 유적과 발출토 유물

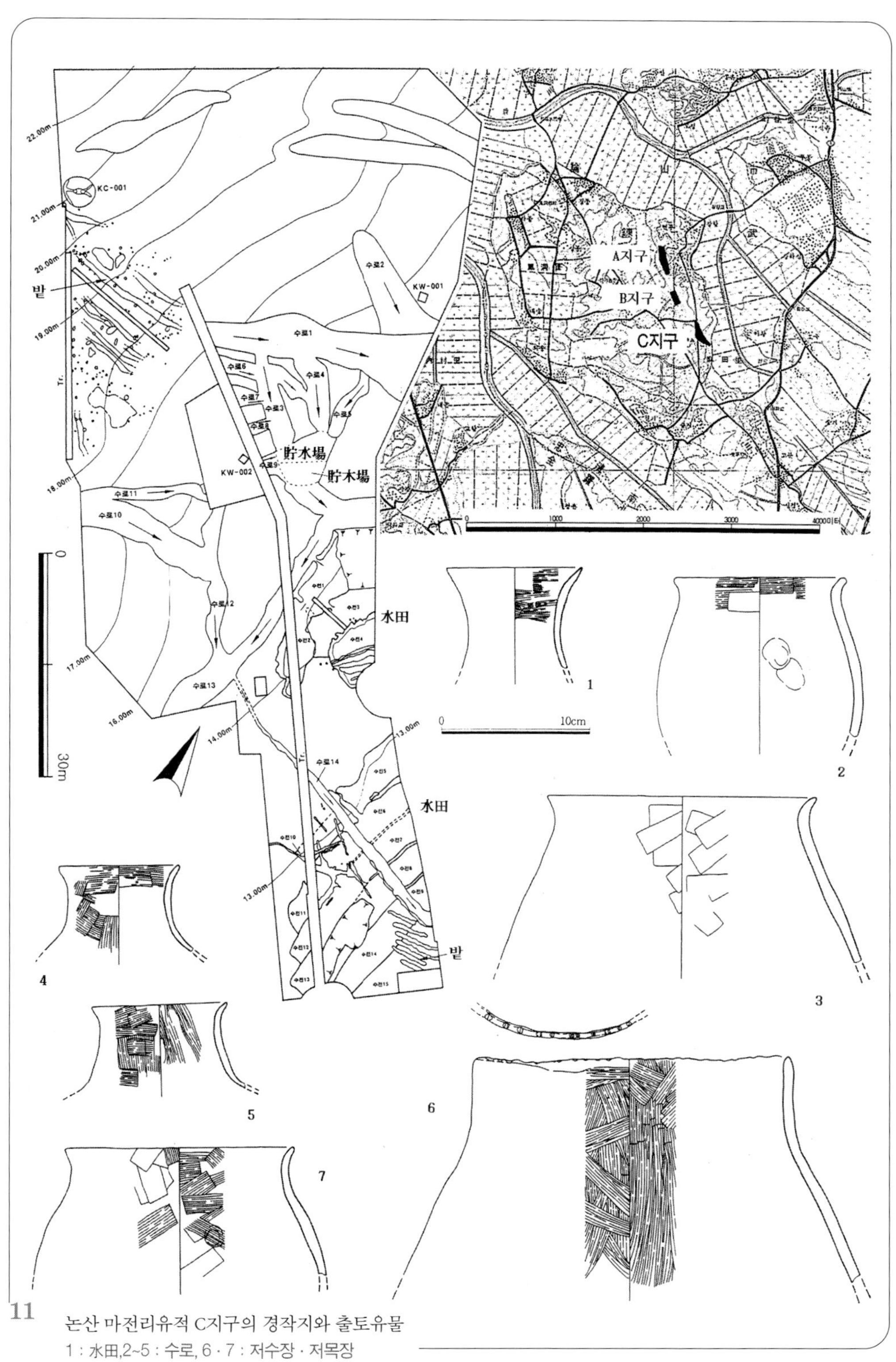

11 논산 마전리유적 C지구의 경작지와 출토유물
1 : 水田, 2~5 : 수로, 6 · 7 : 저수장 · 저목장

12 울산화정동유적과 논출토유물

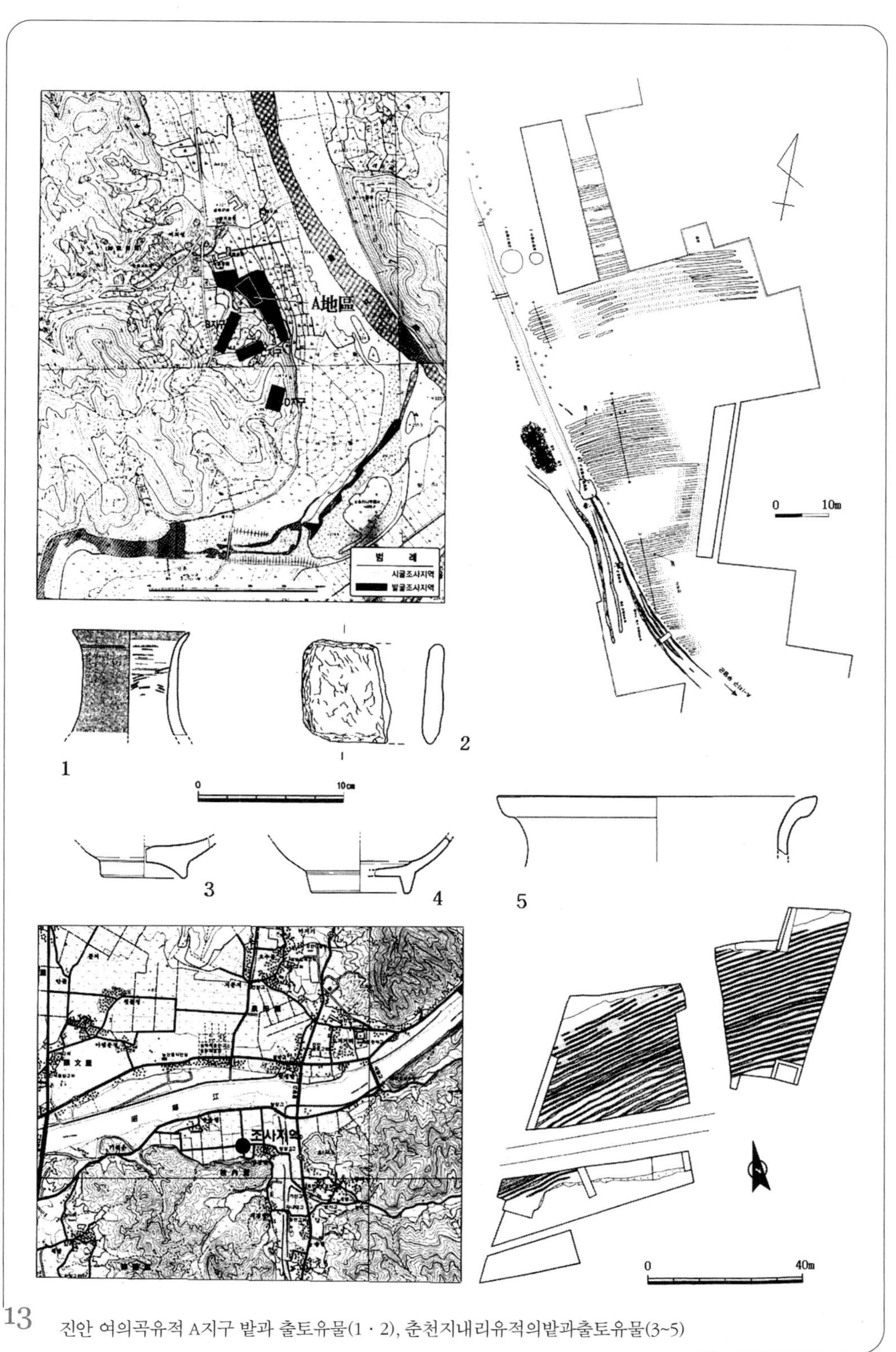

진안 여의곡유적 A지구 밭과 출토유물(1·2), 춘천지내리유적의밭과출토유물(3~5)

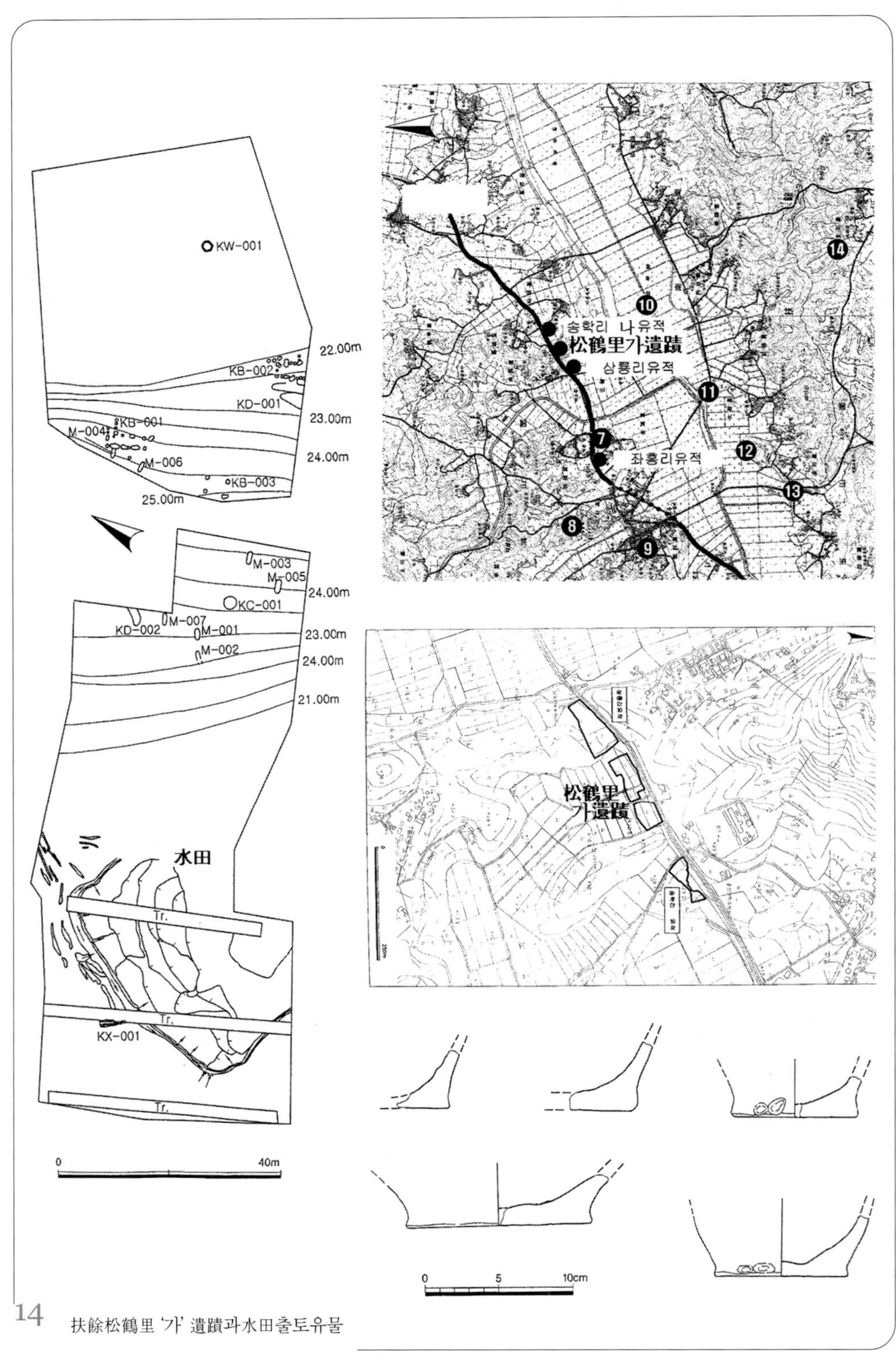

14 扶餘松鶴里 '가' 遺蹟과 水田출토유물

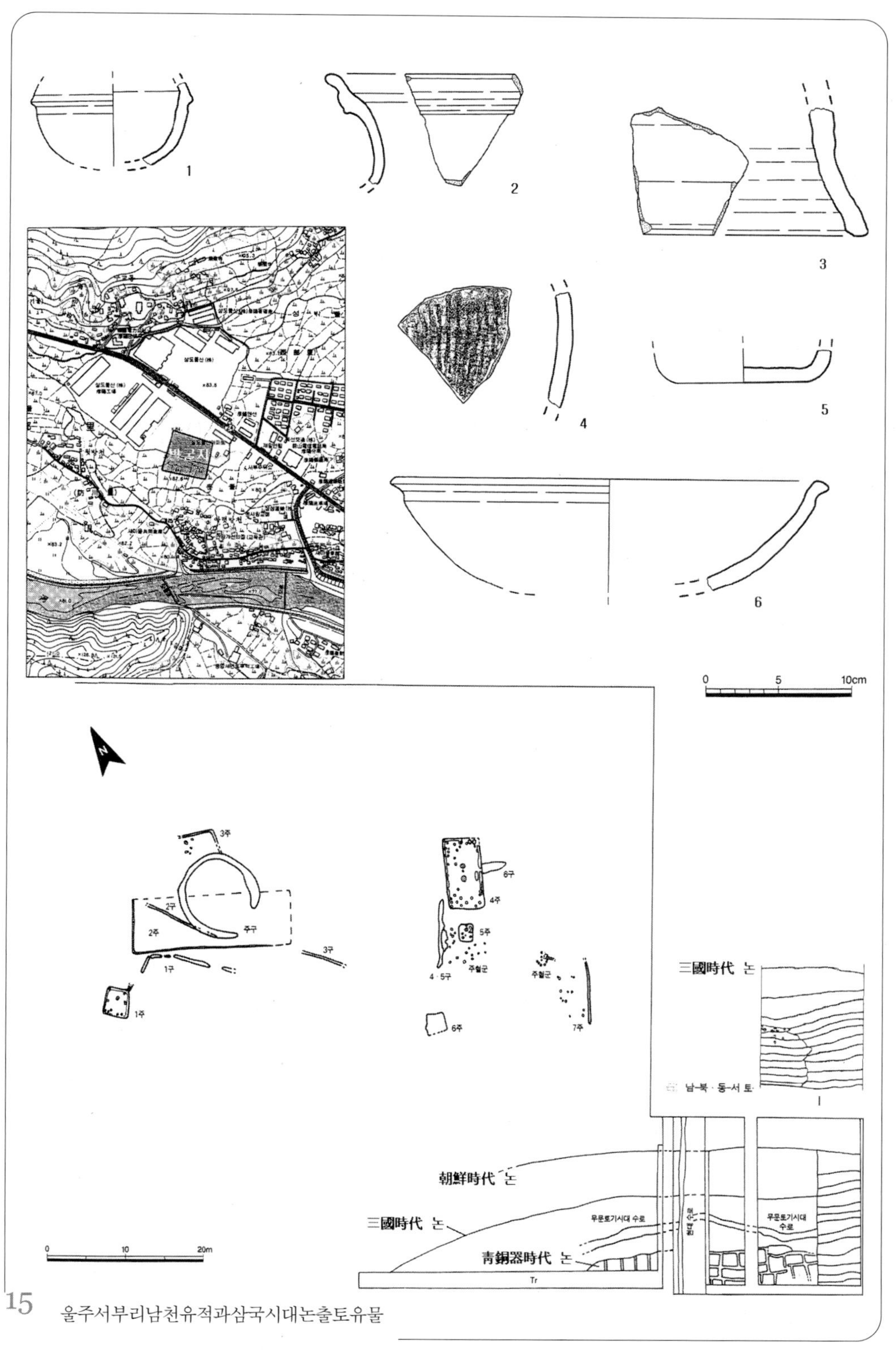

15 울주서부리남천유적과삼국시대논출토유물

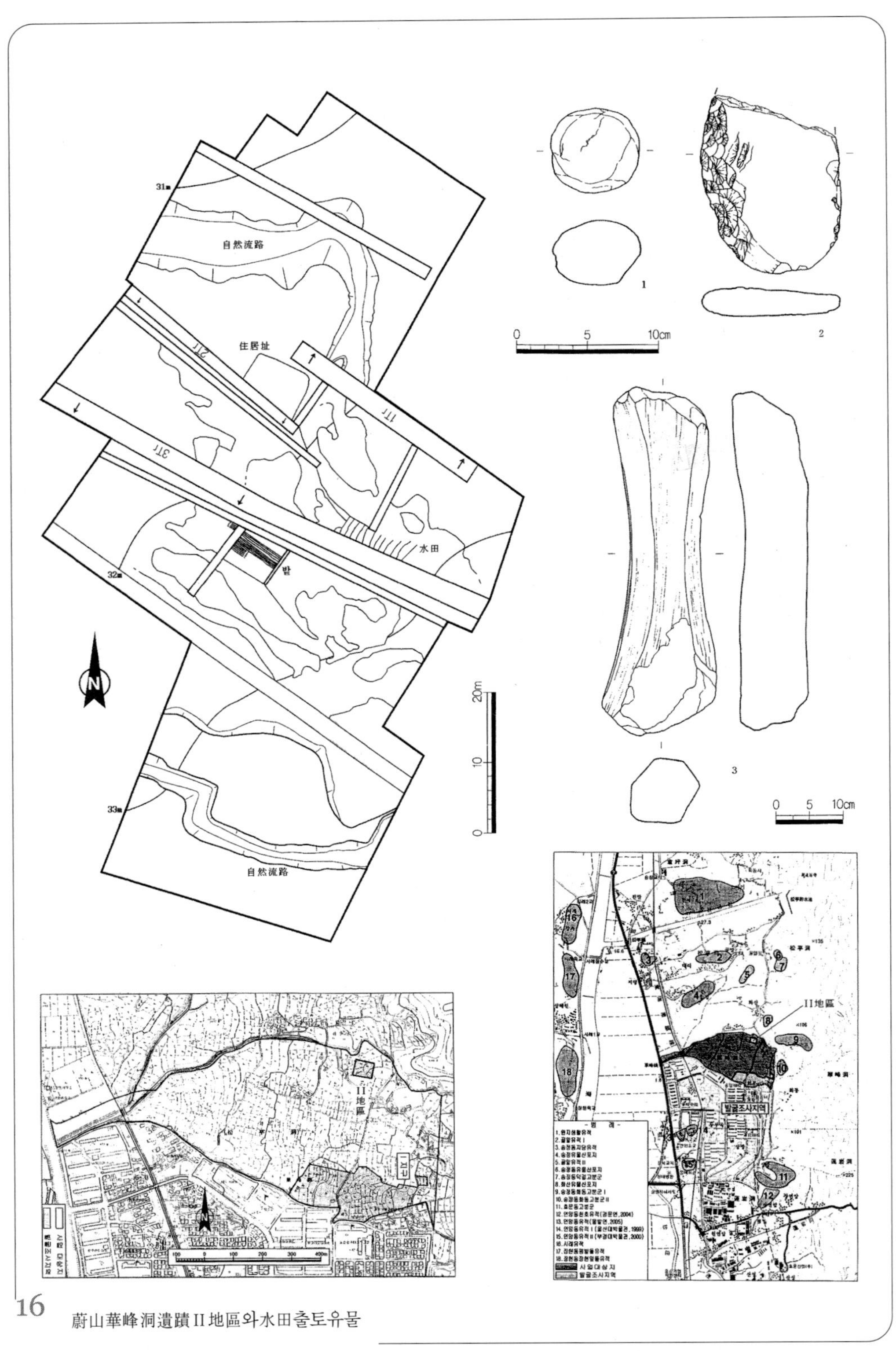

16 蔚山華峰洞遺蹟Ⅱ地區와水田출토유물

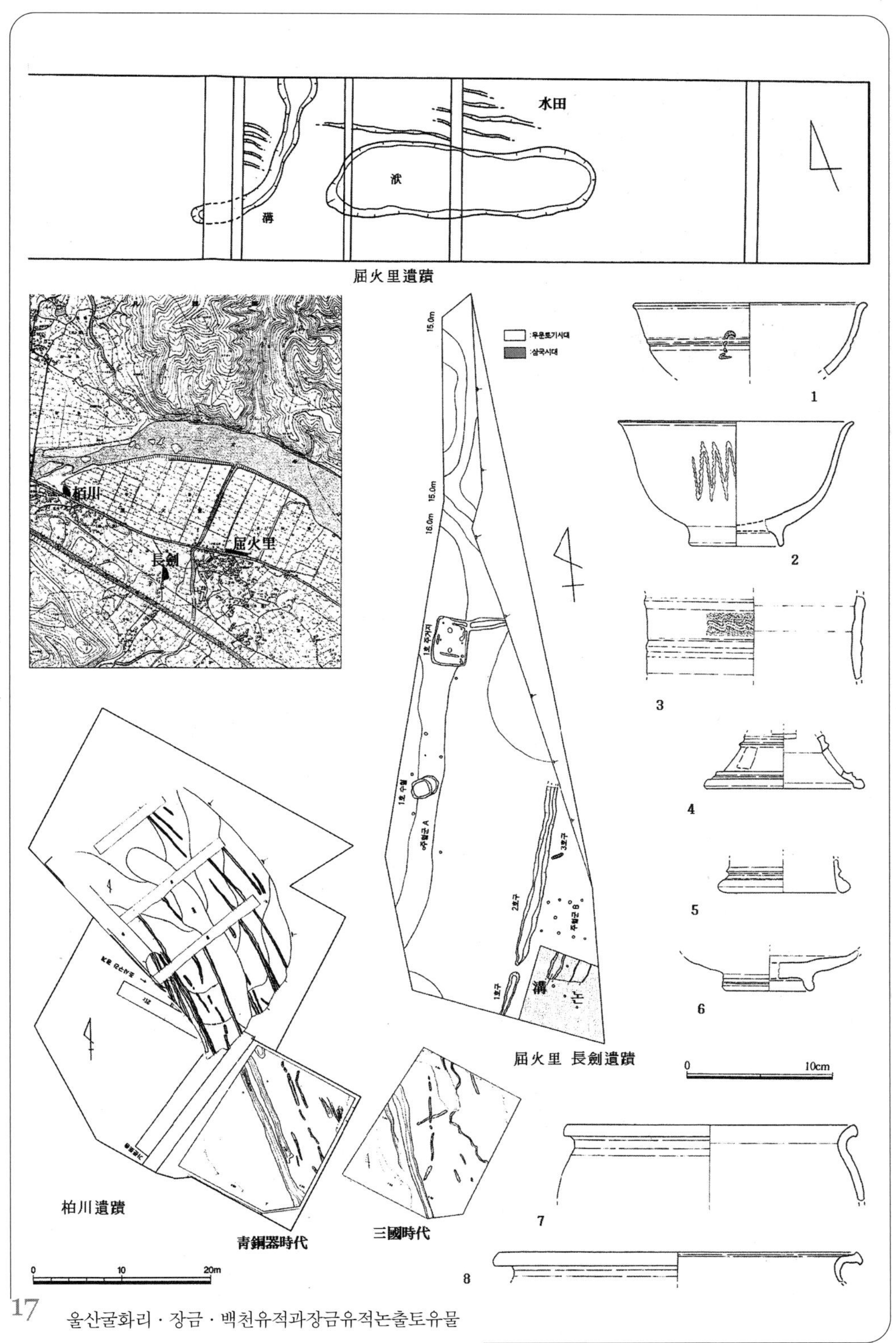

17 울산굴화리·장금·백천유적과장금유적논출토유물

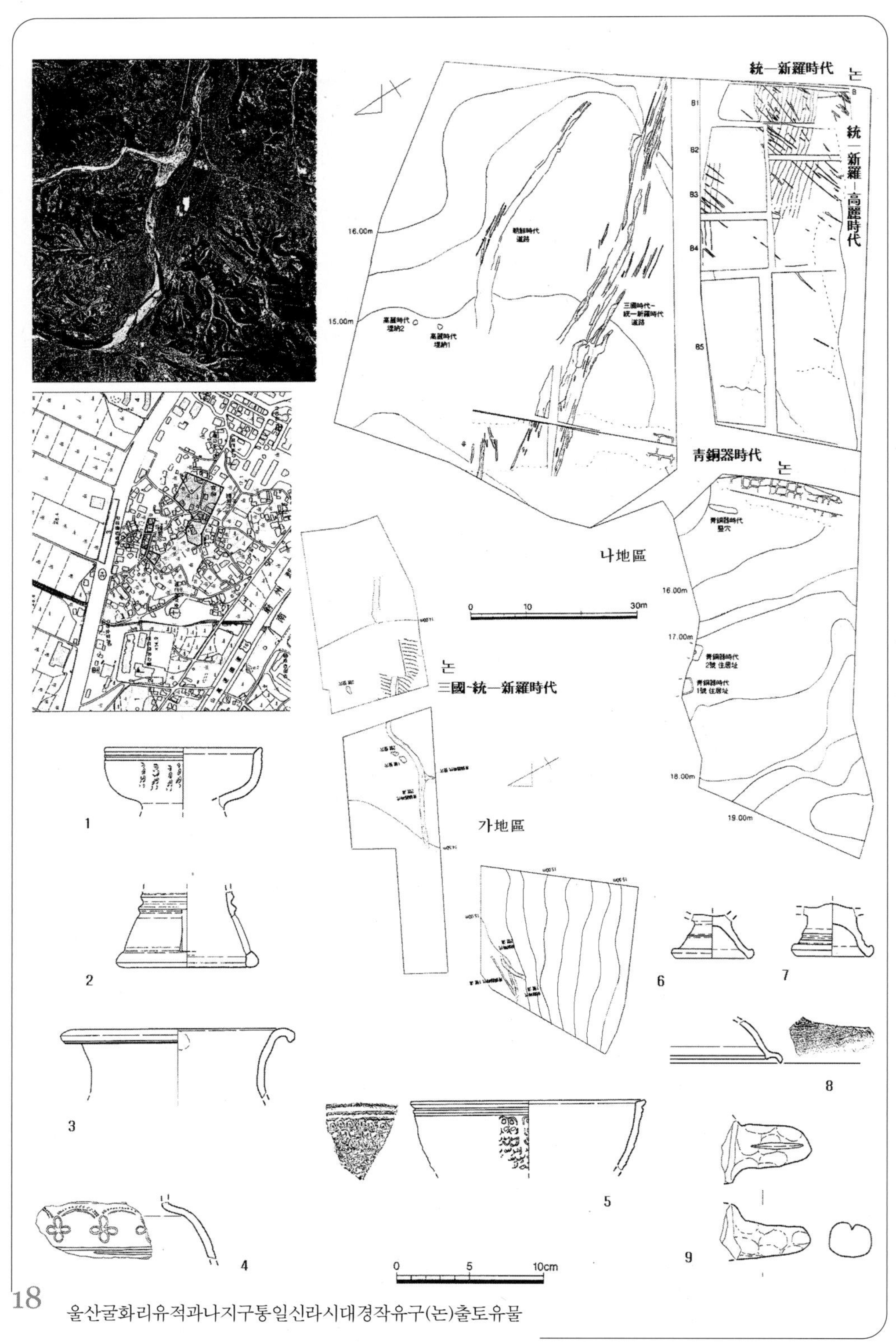

18 울산굴화리유적과 나지구 통일신라시대 경작유구(논) 출토유물

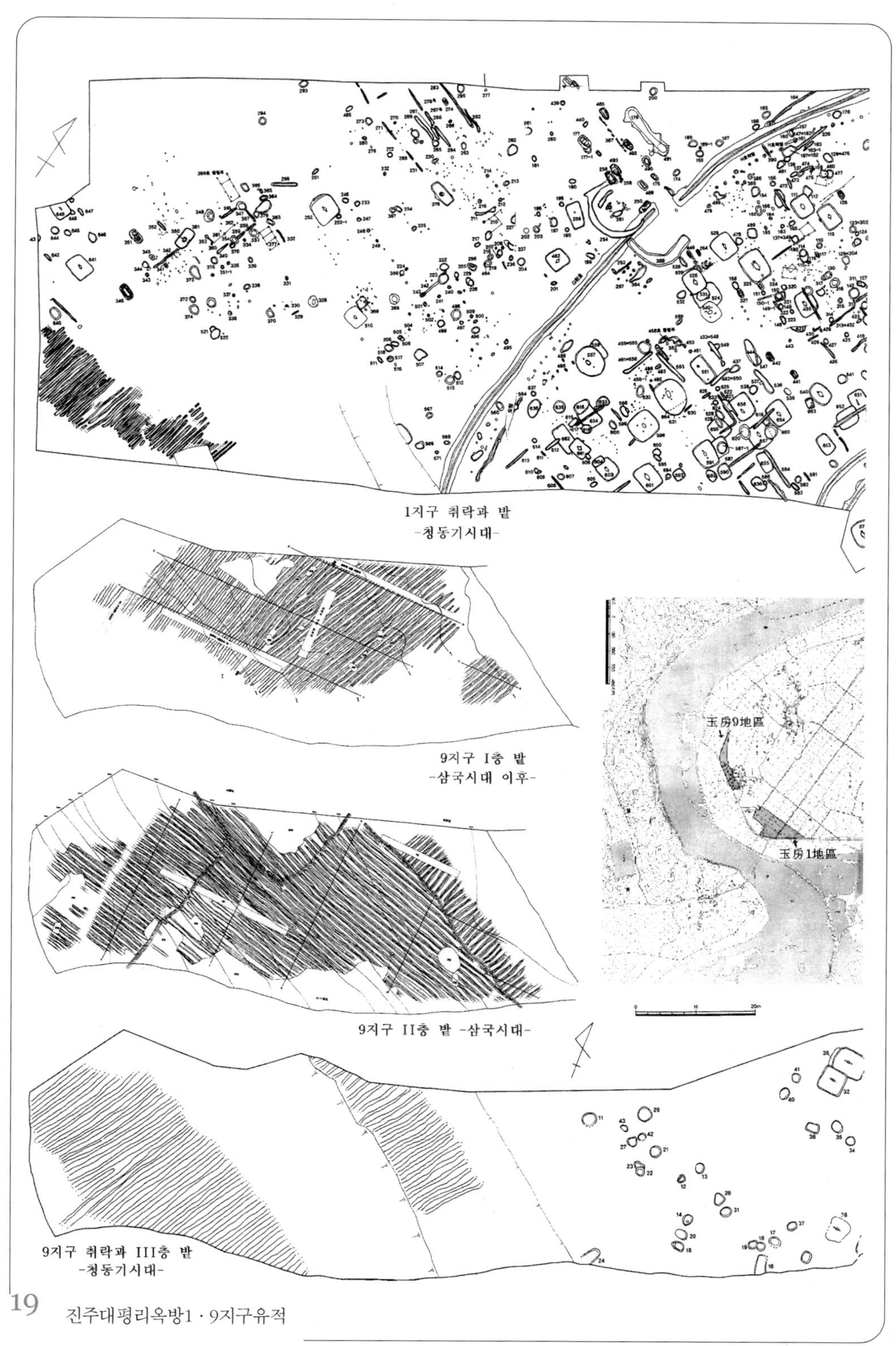

1지구 취락과 밭
-청동기시대-
9지구 I층 밭
-삼국시대 이후-
玉房9地區
玉房1地區
9지구 II층 밭 -삼국시대-
9지구 취락과 III층 밭
-청동기시대-

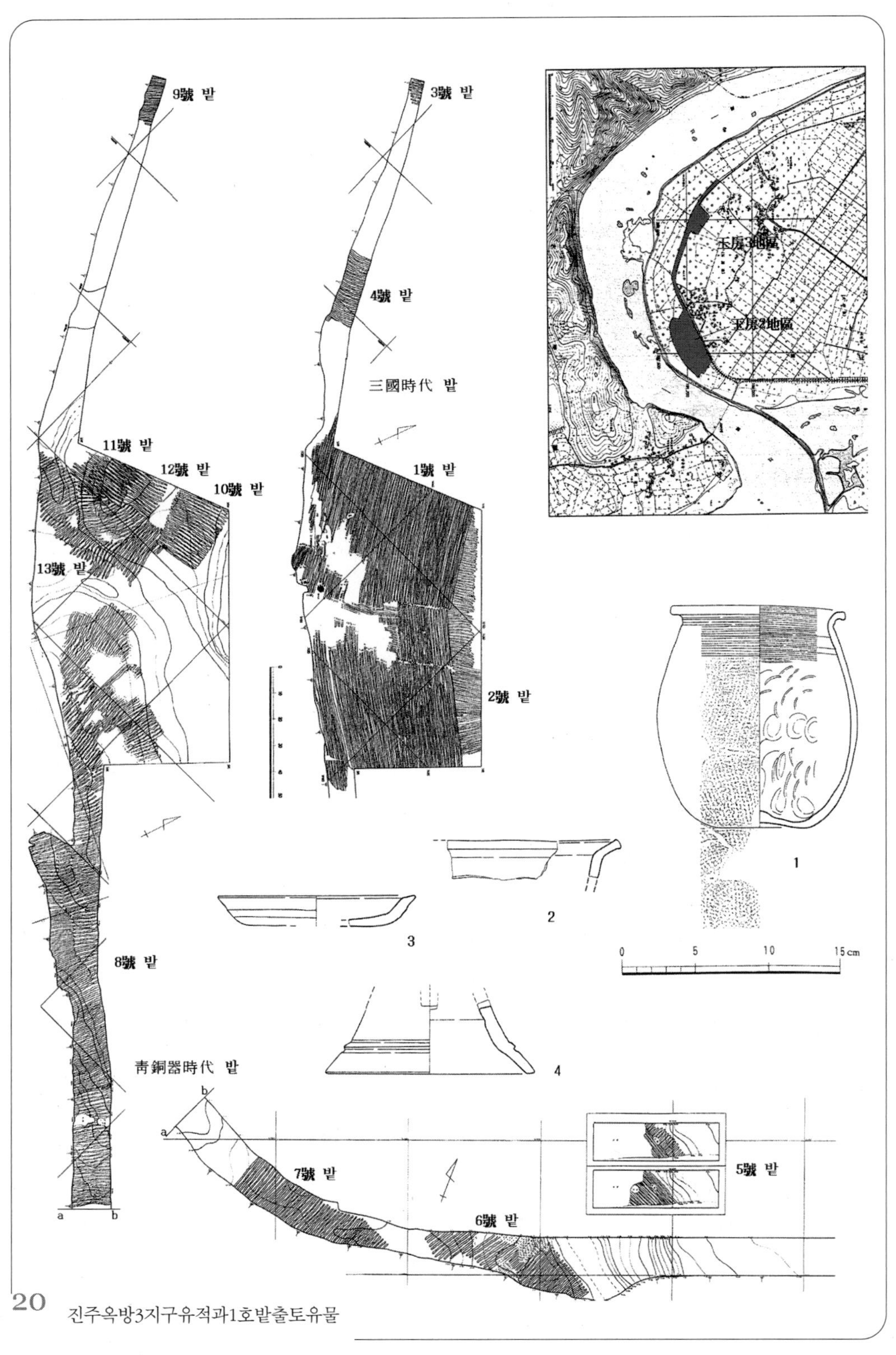

20　진주옥방3지구유적과1호밭출토유물

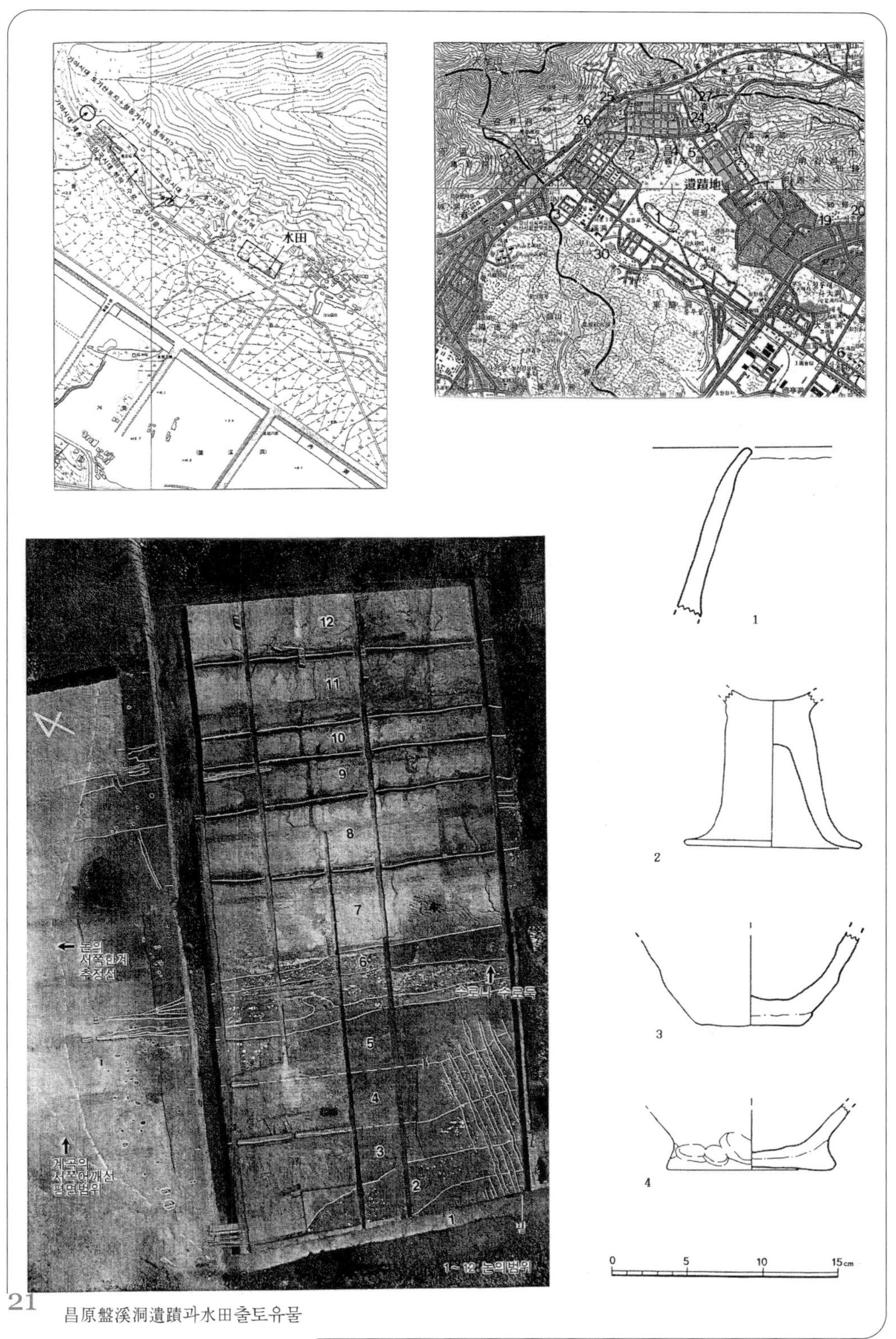

21 昌原盤溪洞遺蹟과 水田출토유물

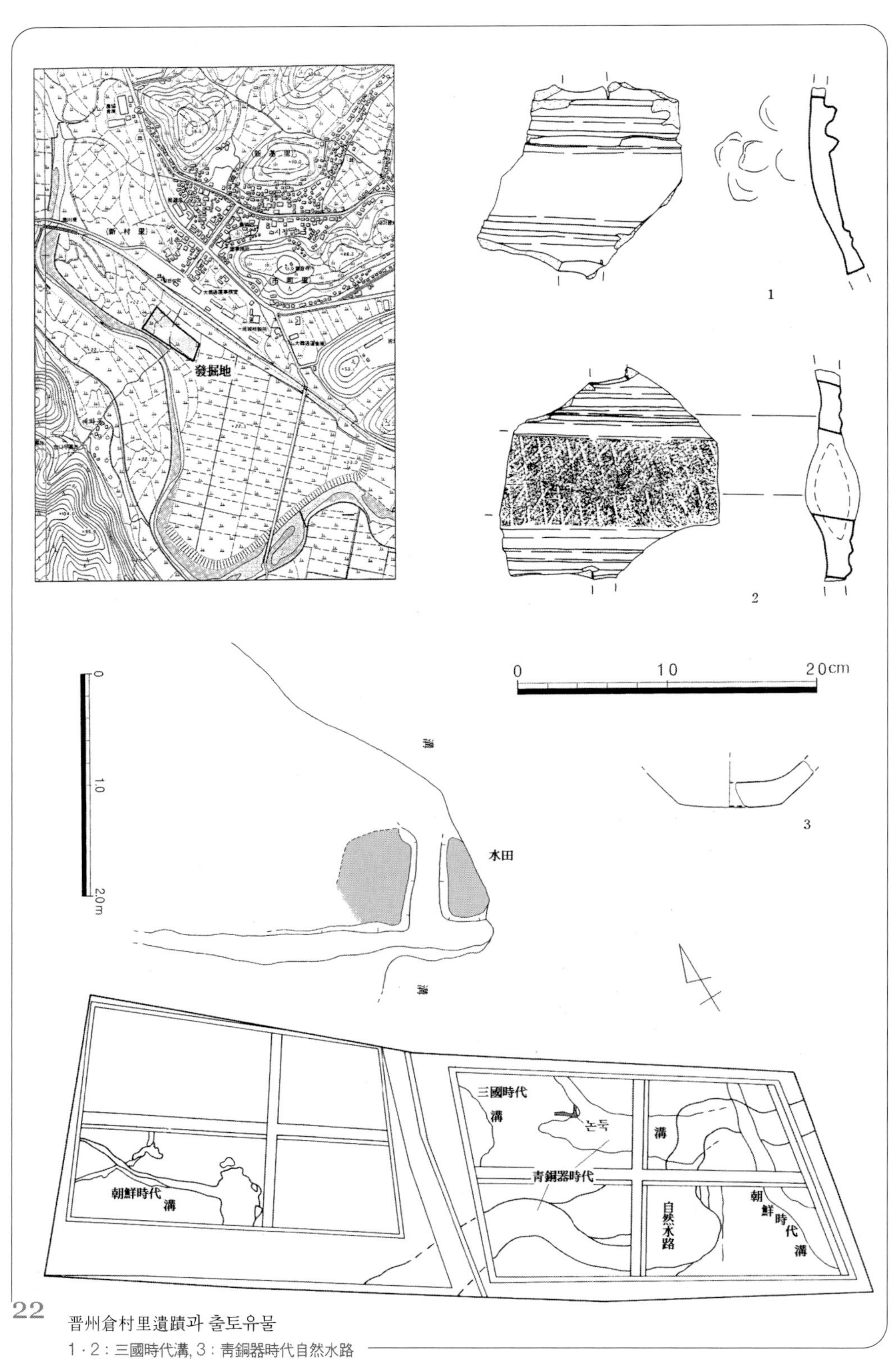

22 晋州倉村里遺蹟과 출토유물
1·2：三國時代溝, 3：靑銅器時代自然水路

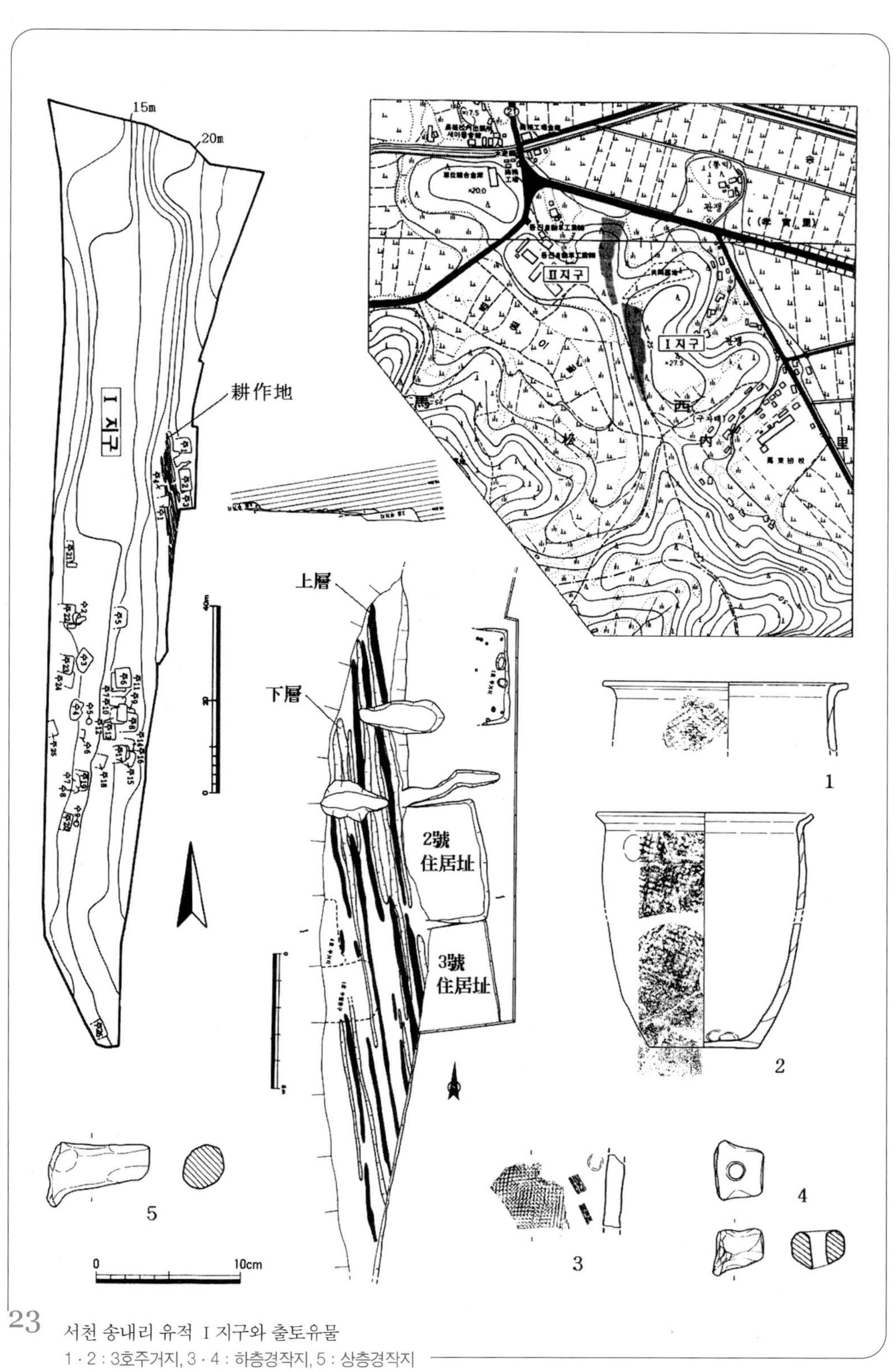

23 서천 송내리 유적 Ⅰ지구와 출토유물
1・2 : 3호주거지, 3・4 : 하층경작지, 5 : 상층경작지

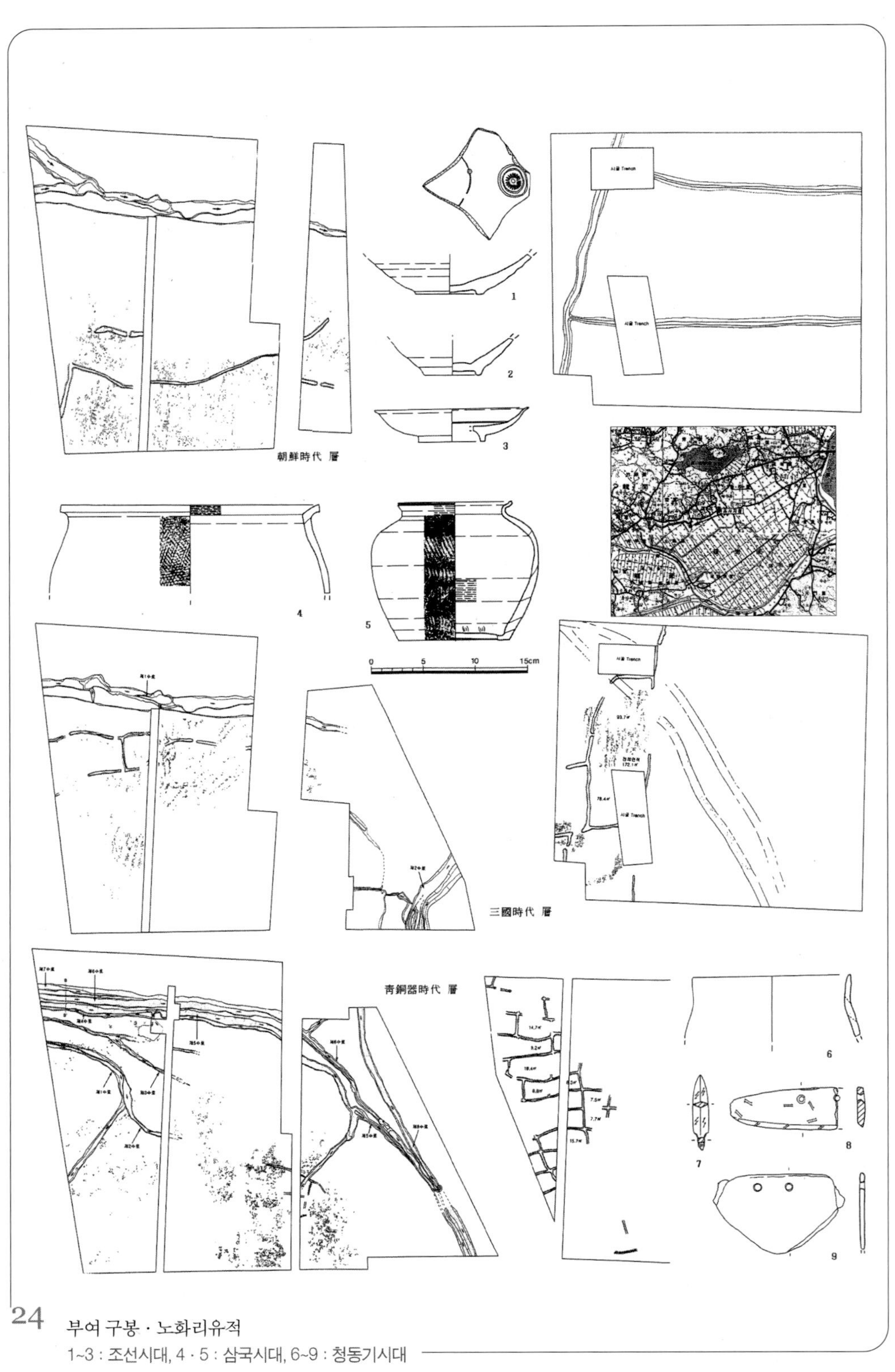

 부여 구봉 · 노화리유적
1~3 : 조선시대, 4 · 5 : 삼국시대, 6~9 : 청동기시대

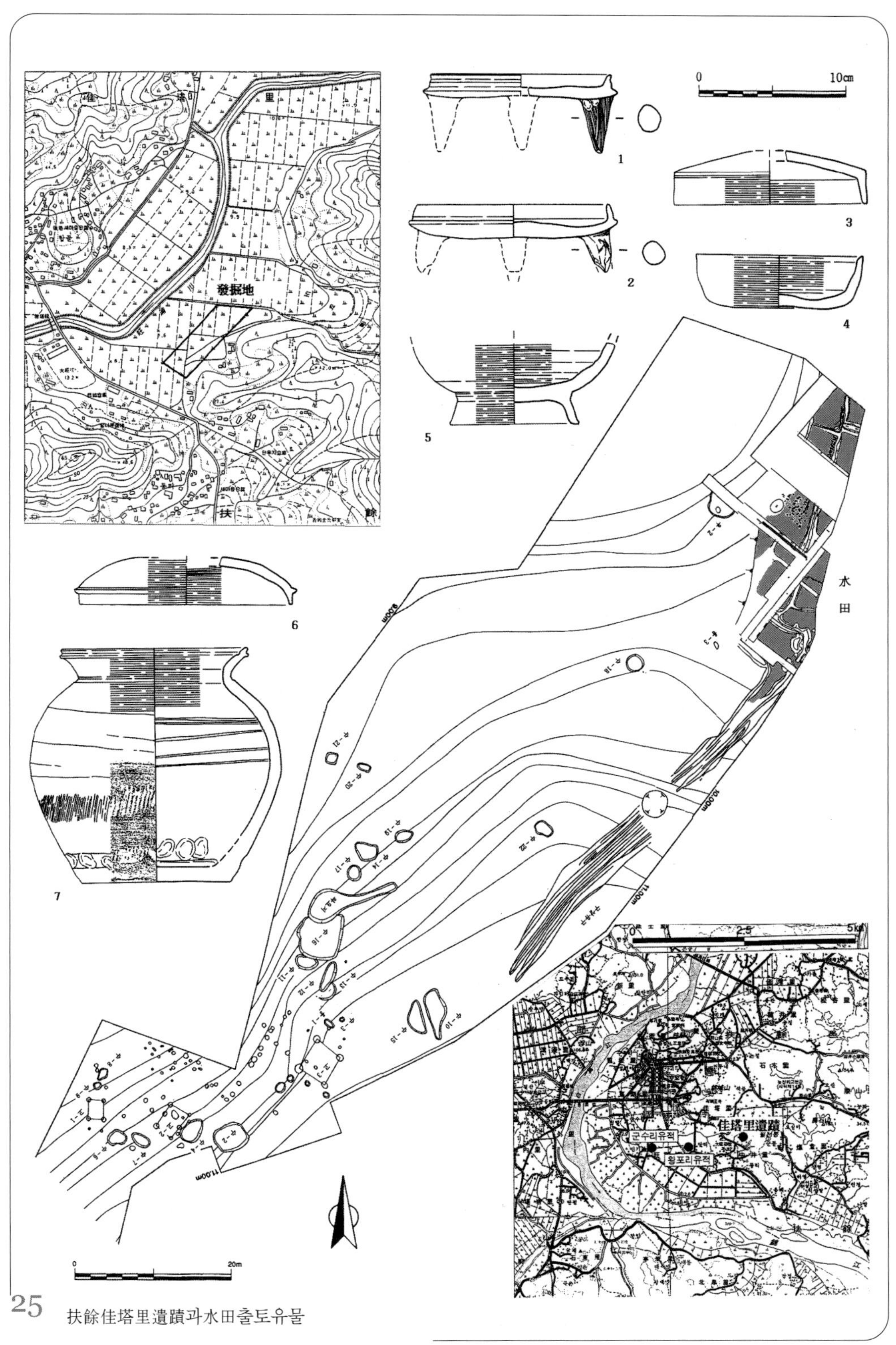

25 　扶餘佳塔里遺蹟과 水田출토유물

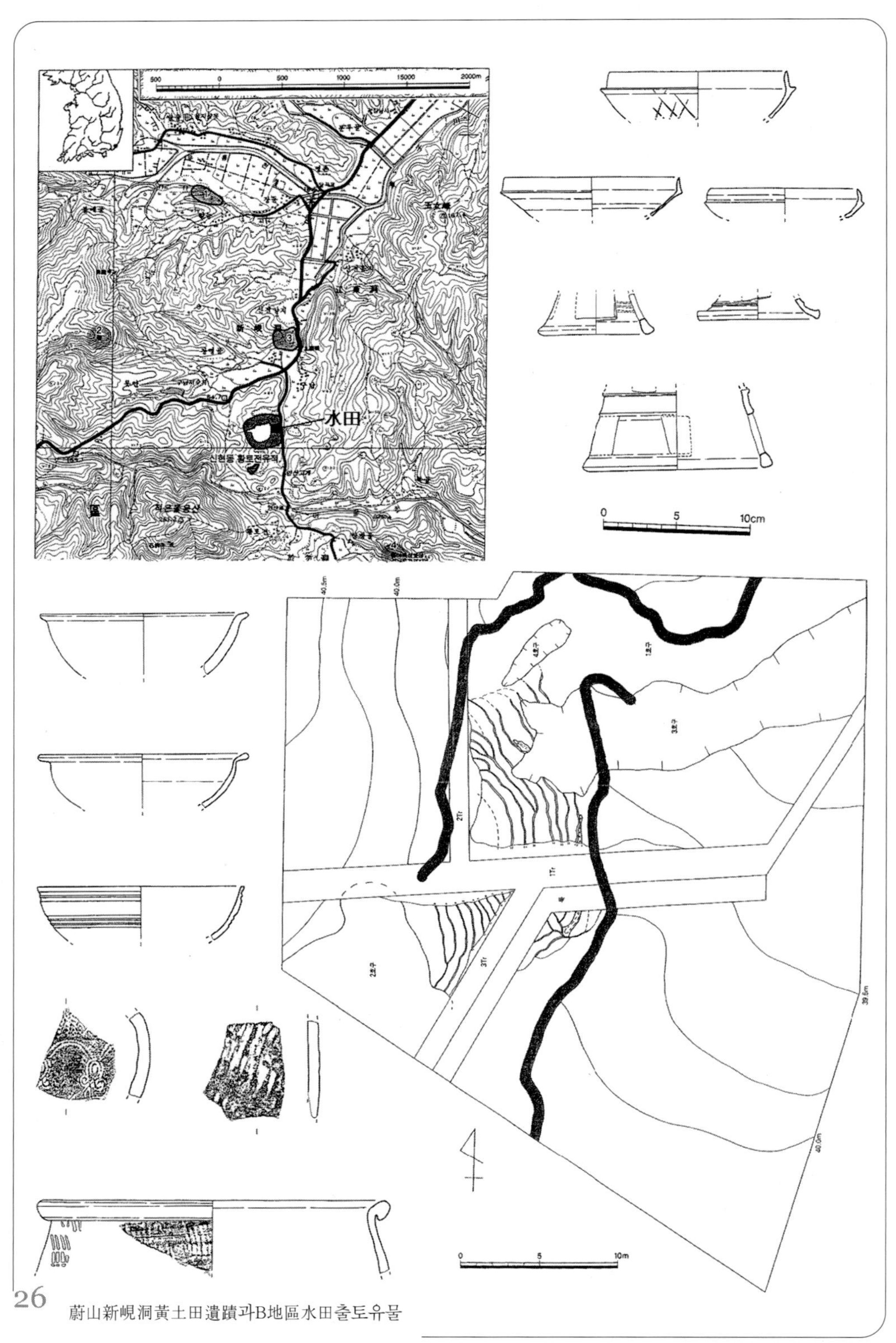

26_ 蔚山新峴洞黃土田遺蹟과B地區水田출토유물

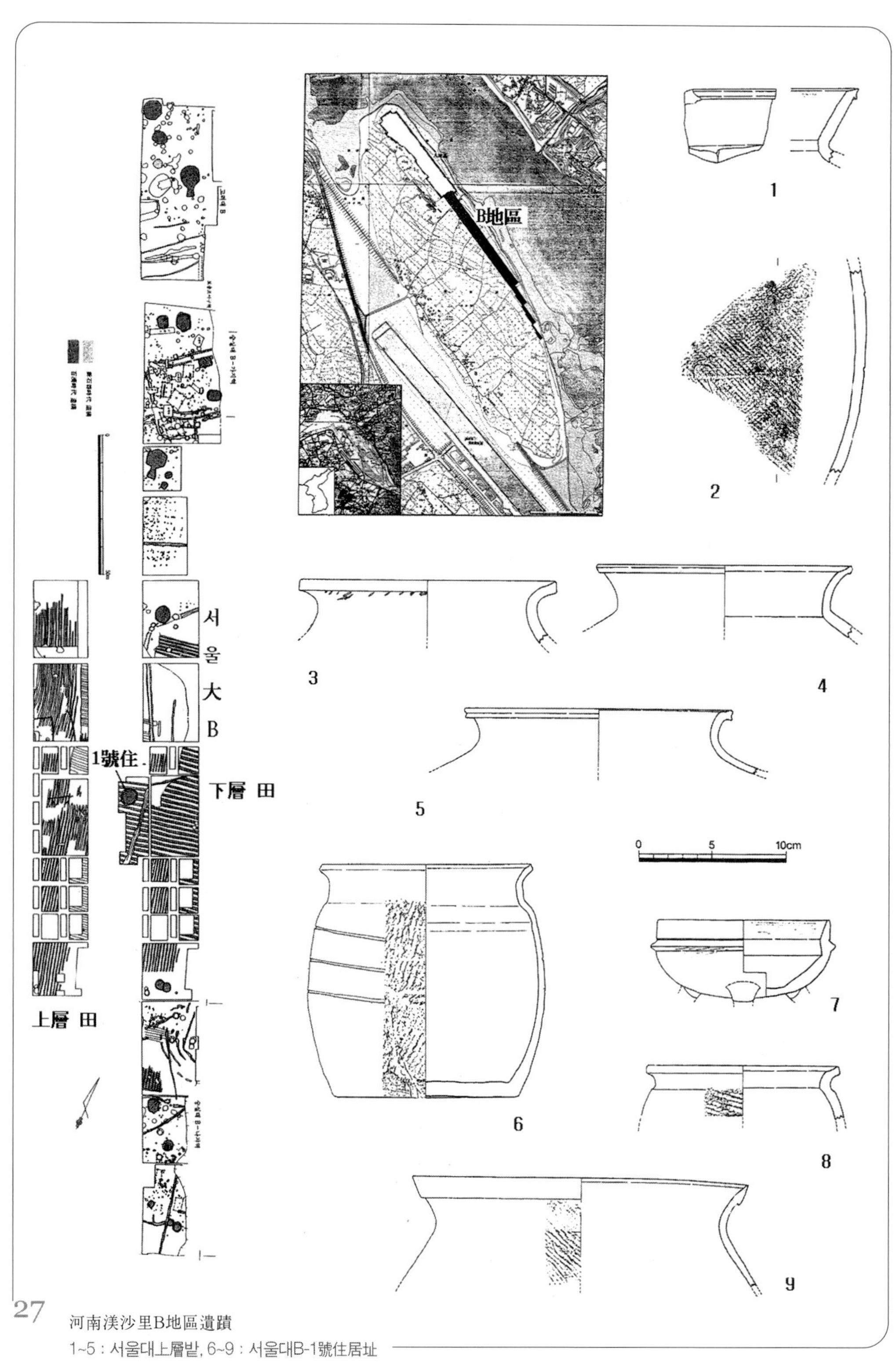

27 河南渼沙里B地區遺蹟

1~5 : 서울대上層밭, 6~9 : 서울대B-1號住居址

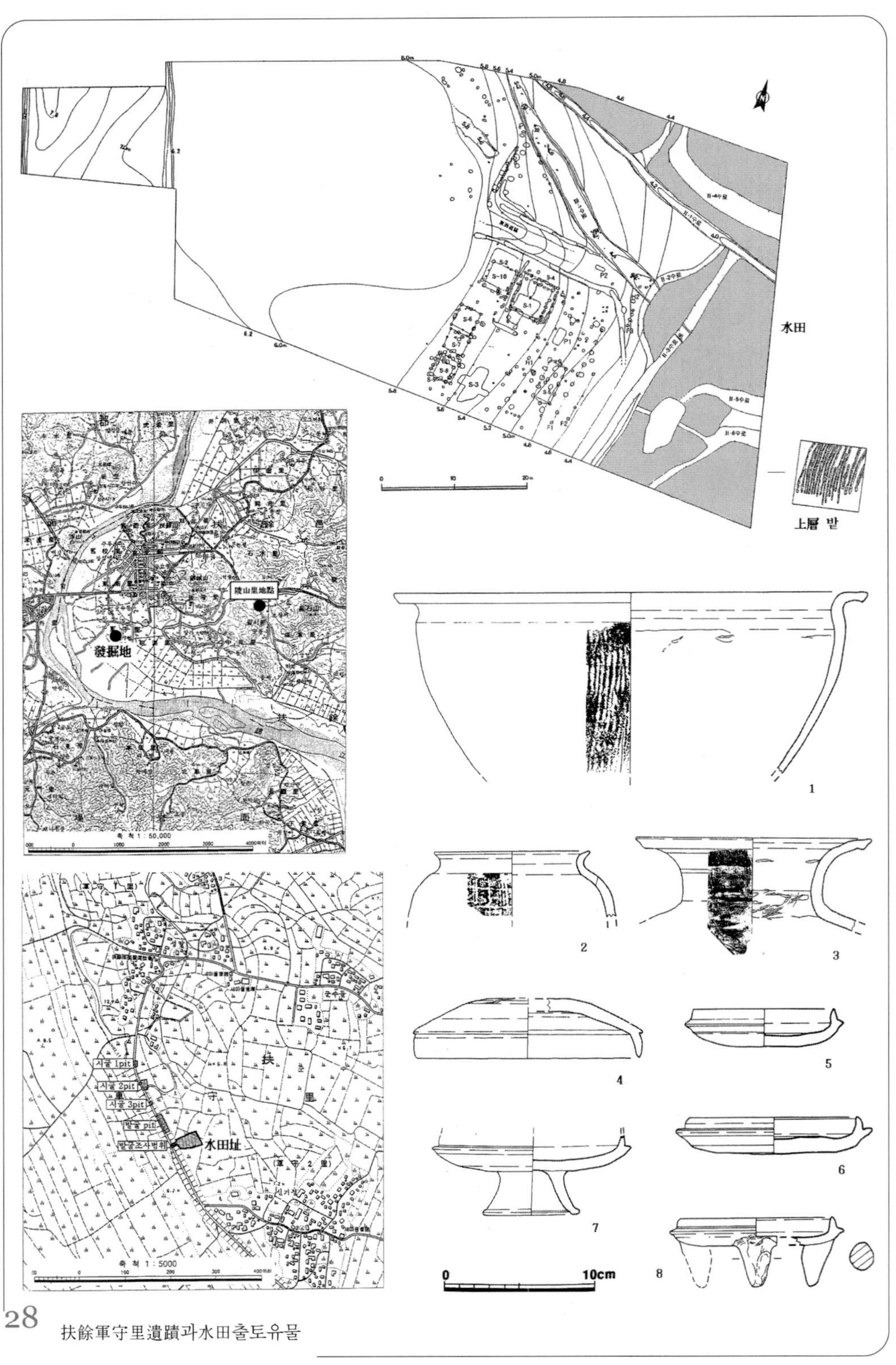

28 扶餘軍守里遺蹟과 水田출토유물

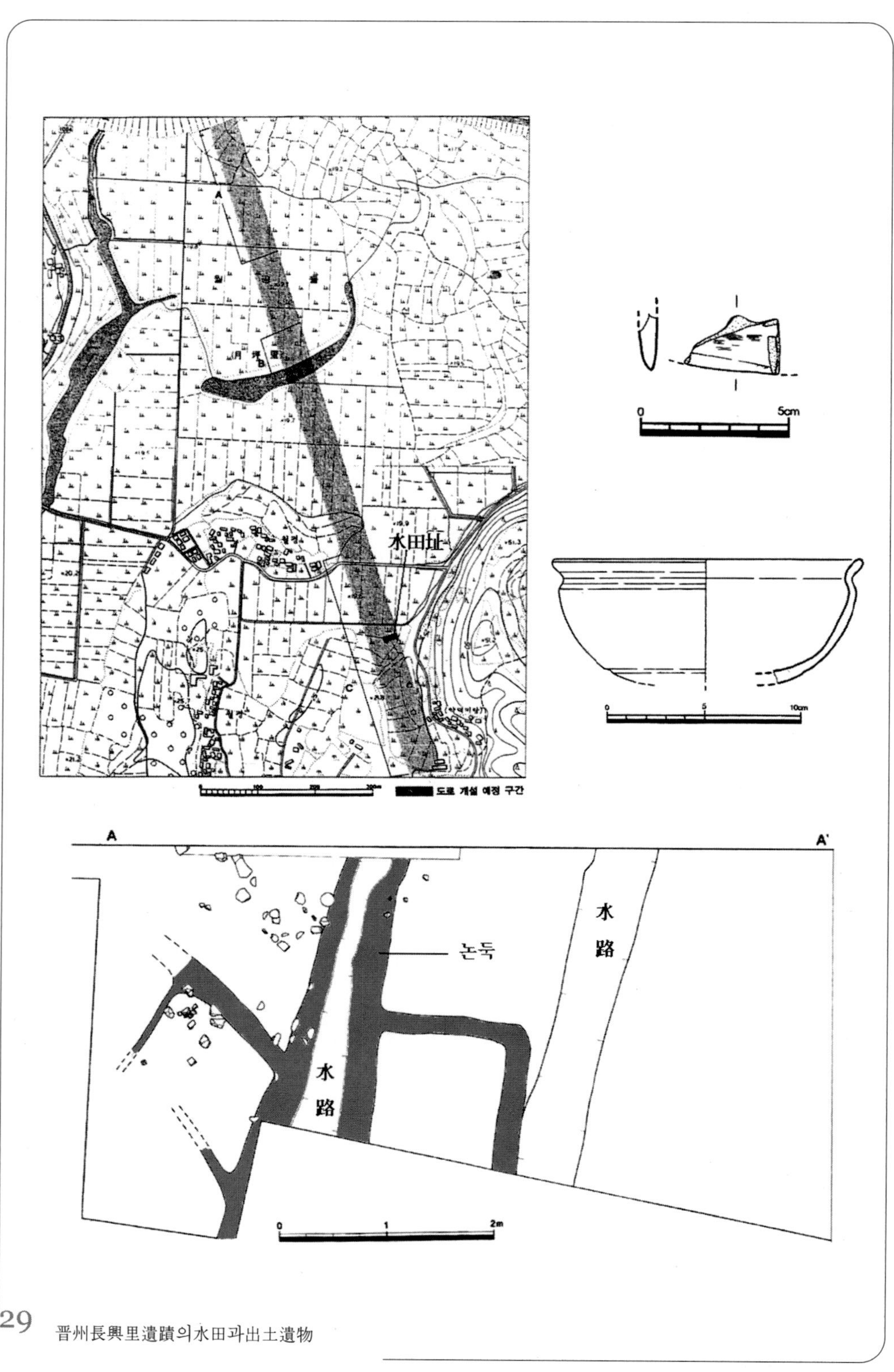

29　晋州長興里遺蹟의 水田과 出土遺物

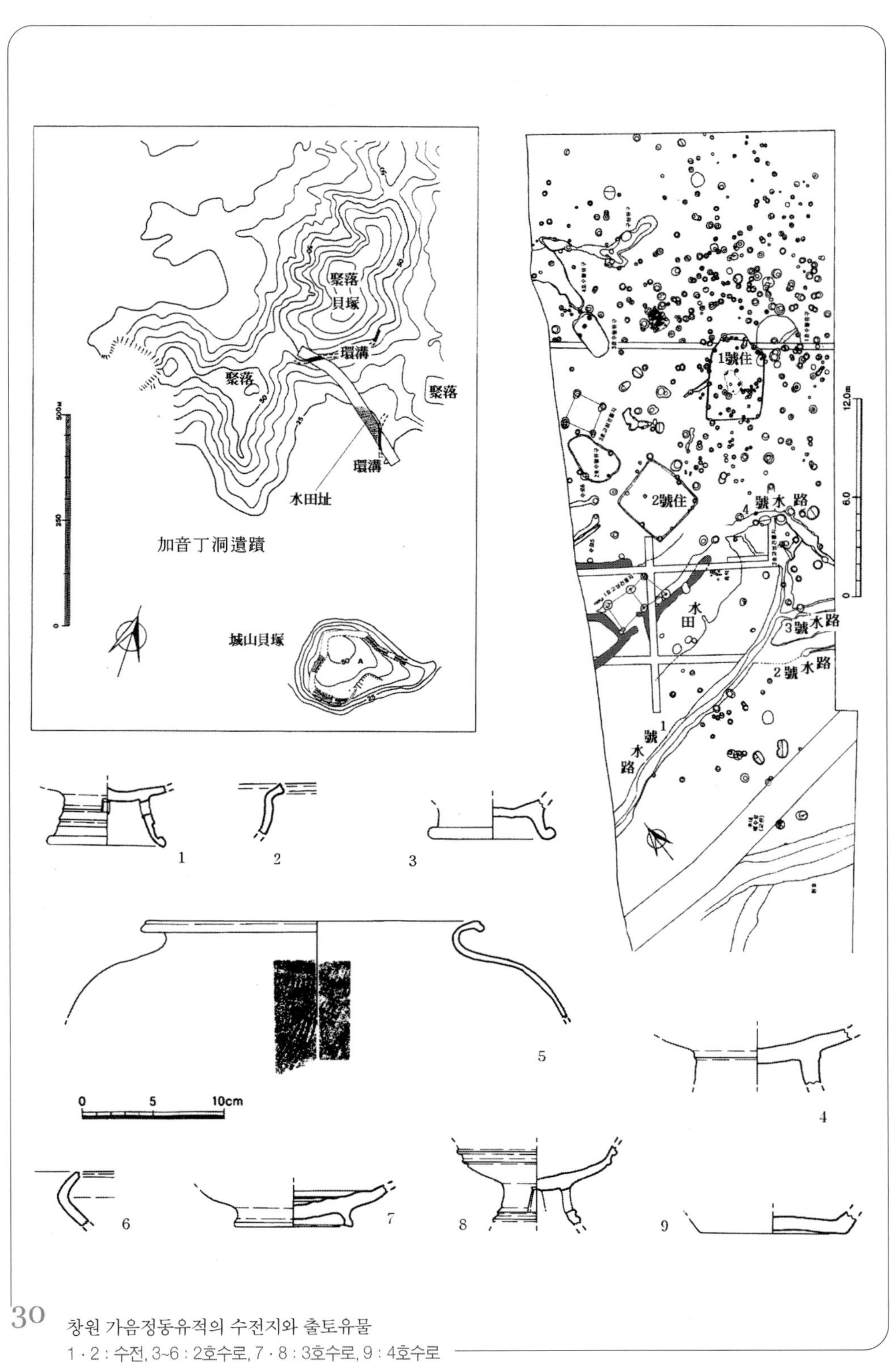

30 창원 가음정동유적의 수전지와 출토유물
1·2 : 수전, 3~6 : 2호수로, 7·8 : 3호수로, 9 : 4호수로

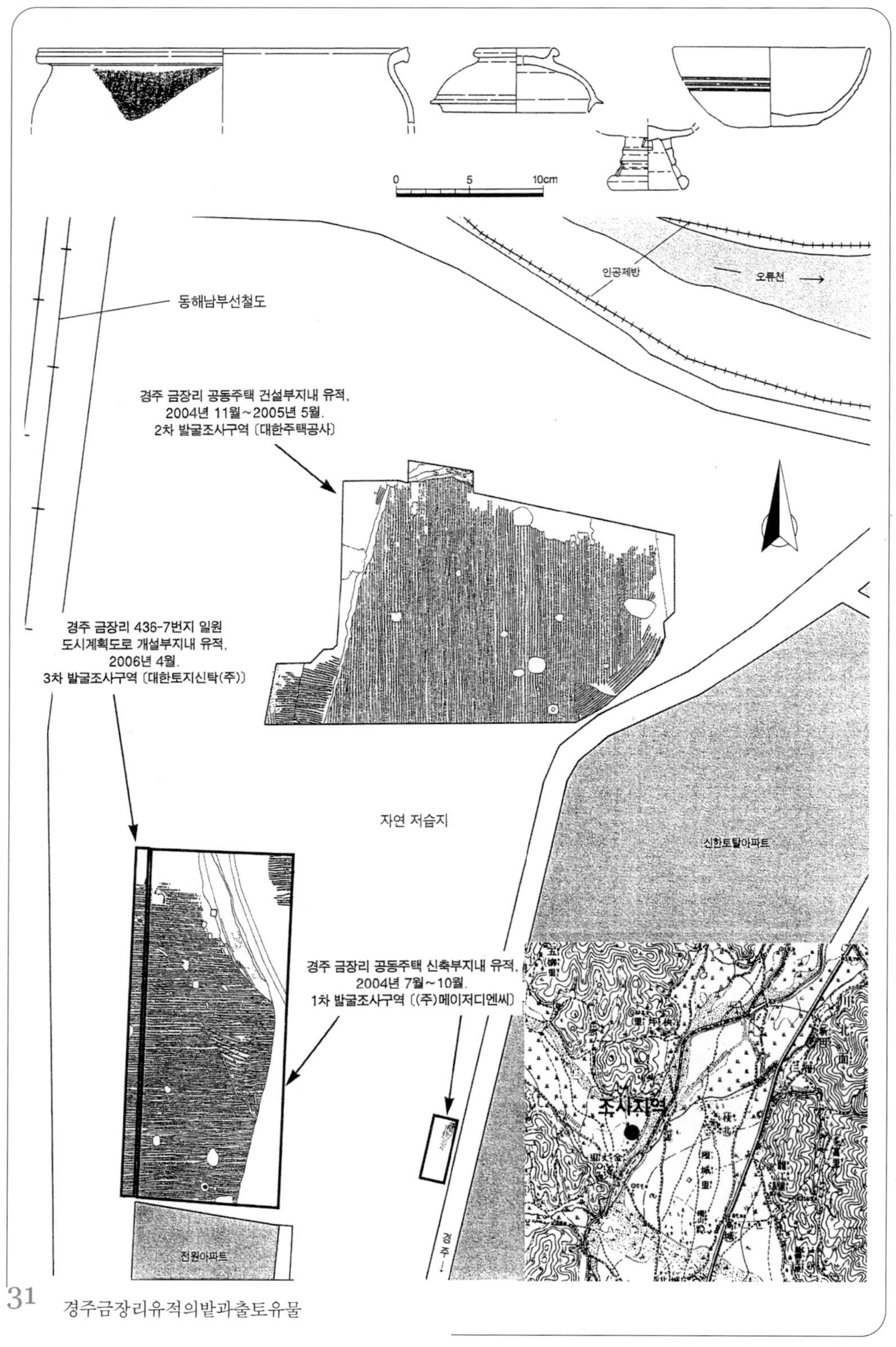

31 경주금장리유적의밭과출토유물

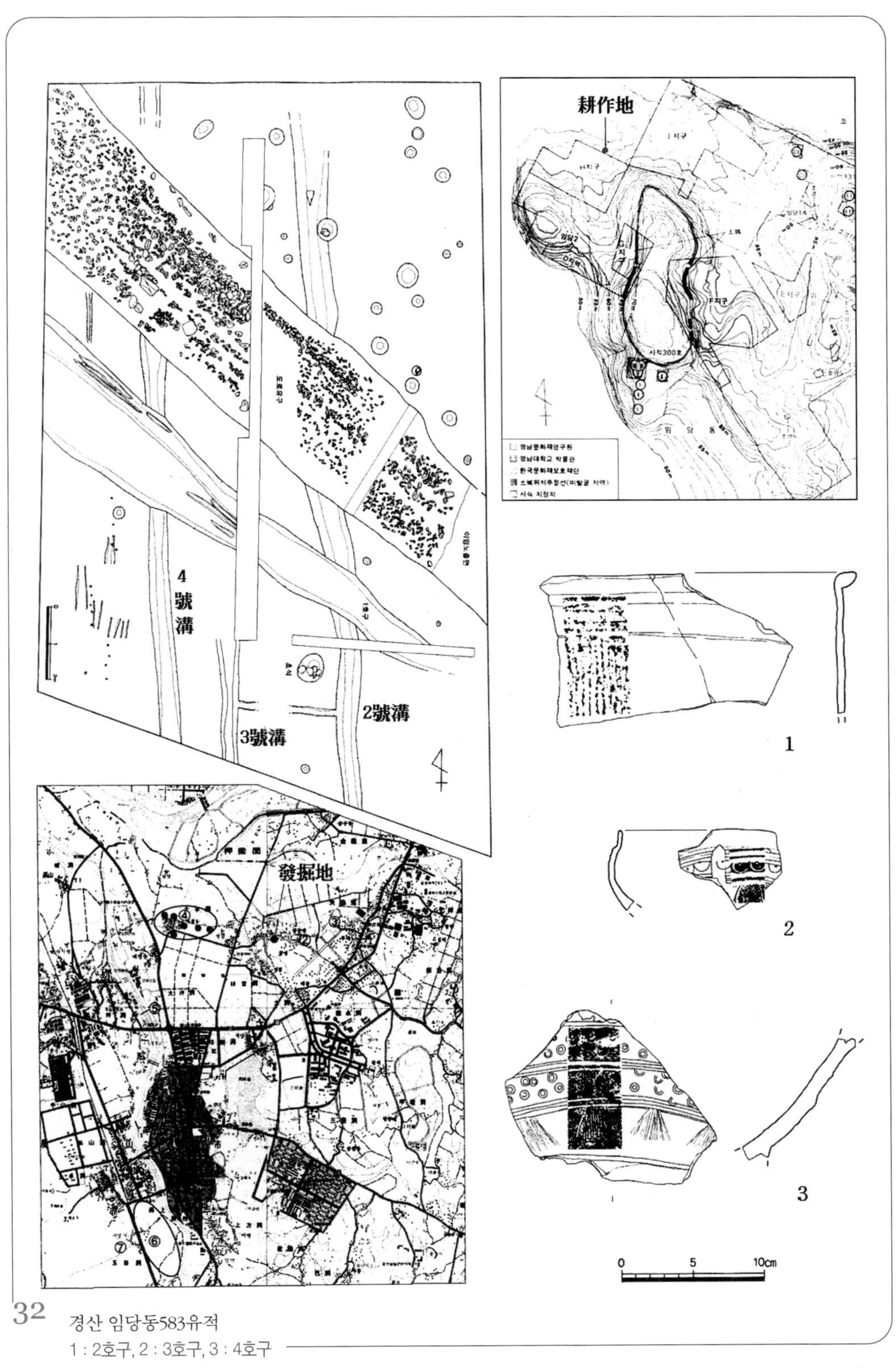

32 경산 임당동583유적
1 : 2호구, 2 : 3호구, 3 : 4호구

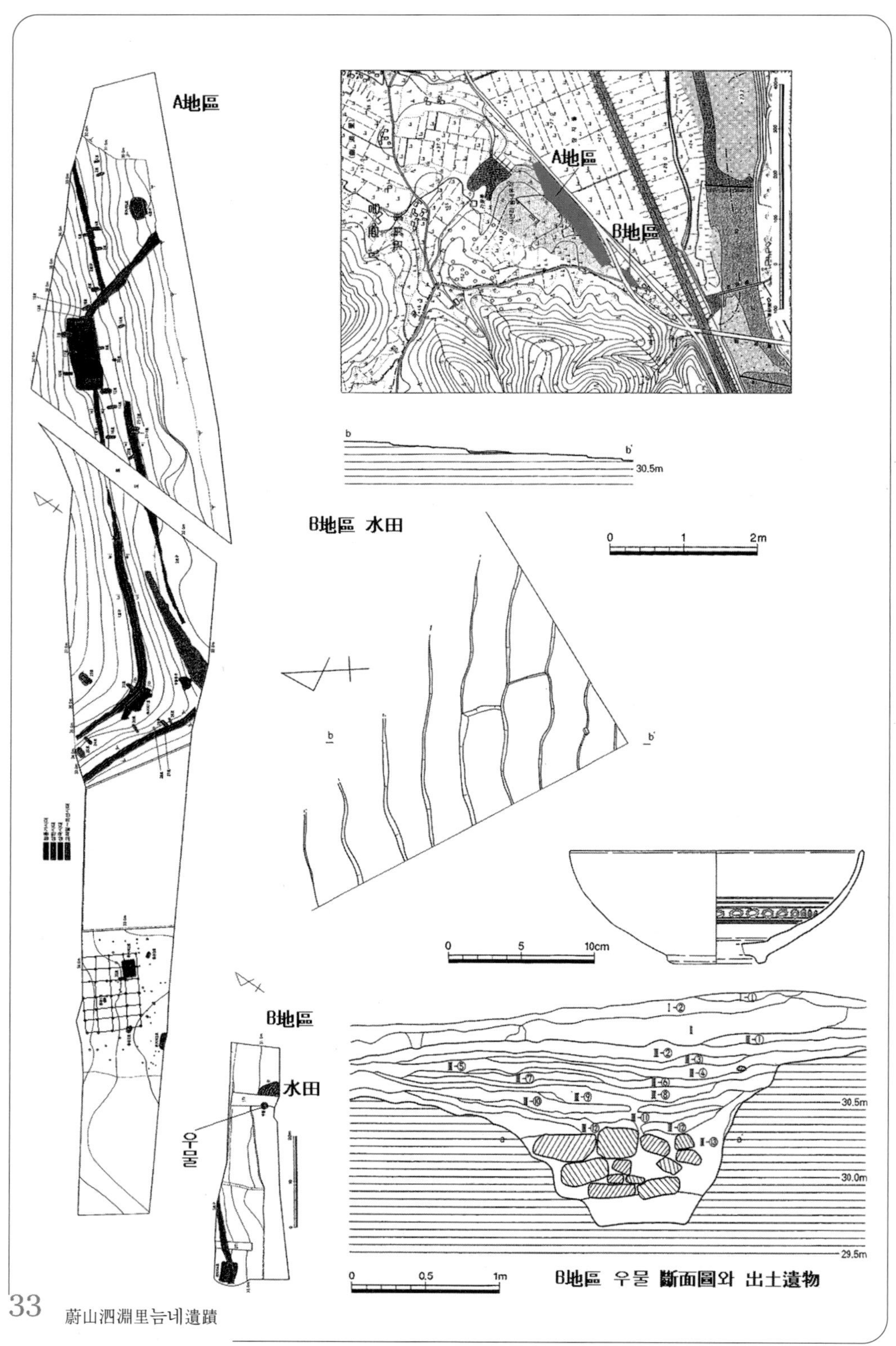

A地區
A地區
B地區
B地區 水田
B地區
水田
우물
B地區 우물 斷面圖와 出土遺物

곽종철 _ 우리문화재연구원

2 시대별·지역별 각종 수리시설

유적명	입지							지구·구간	시대·시기	제원					
	수계(본류·지류 관계 및 그 상중하류역)						세부지형조건			종류	형태	(잔존)길이(m)	폭(cm)	깊이(cm)	유수방향
보령 관창리 유적	바다 (서해) 유입 소하천	하류역					곡저평야	G구역	청동기 시대 (6층)	수로			400?		
부여 송학리 유적	금강	중류역	?	상류역 ? 중류역 ?	?		곡저평야	'가' 유적	청동기 시대	중심수로	평면 부채꼴 모양				
부여 구봉·노화리 유적	금강	중류역	구룡천	하류역	?	중류역	금강·구룡천의 범람원? (배후습지?)	A지구 (구봉리)	청동기 시대	제1수로		32.4	약80	약5 내외	동서→남서 곡류
										제2수로		27.6			남서→남동
										제3수로	평면Y 자형	23.3			
										제4수로			평균 50미만		
										제5수로		69	평균 100	7~10	동→남동→남 동, 남서
										제6수로		87.6	평균 95	5~9	남동→제5수로 와 합류
										제7수로					
										제8수로		43.4	평균 91.2	6~19	북→남서→제6 수로와 직교, 북→남동→제6 수로와 평행
								B지구 (노화리)	청동기 시대	1호수로 (동쪽)					
										2호수로 (서쪽)	평면 S자형	11	50		북→남
논산 마전리 유적	금강	중류역	논산천 강경천	중류역 ? 상류역 ?	신양천	상중류역	곡저평야	C지구	청동기 시대	제1수로	단면 U자형	29.4	360 ~940	50	
										제2수로	〃	15	360 ~480	50	
										제3수로	〃	12.6	300	70	
										제4수로	〃	10.2	360	60	
										제5수로	〃	9.0	120 ~240	40	
										제6수로	〃	4.8	240	110	
										제7수로	〃	3.0	240	80	
										제8수로	〃	2.4	120	70	
										제9수로	〃	1.8	300	60	
										제10수로	〃	18	480	40	
										제11수로	〃	17.4	180	80	
										제12수로	〃	19.8	300	80	
										제13수로	단면 U자형	19.2	240	45	
										제14수로	〃	36	60 ~180	20 ~50	

표 2 _ 시대별 · 지역별 수리관련 시설(저수지 · 하천 · 방조제 제방 등은 제외)

기타	본유구의 성격		경작유구	수리관련	형태	제원 · 축조방법 · 구조 · 성격 · 연대	표 5.2~5.6 참고문헌번호
						관련유구 · 시설	
곡저평야(논) 중앙부	수로→보→水口→논		논?	제4보		물길과 직교해 狀설치, 종말목을 먼저 박고 서로 교차하면서 횡목 설치	1
용수원-구룽사면과 곡저평야 안쪽의 용수, 경사면에 다수 설치한 중심수로-등고선과 평행	용수원→수로→중심수로 집수→논			중심수로 둑, 취수구, 배수구, 논과 논사이는 越流관개		중심 수로둑(논둑겸용)폭 20~5cm, 높이 3~10cm, 단면 반원형 중심 수로둑에서는 논에 물공급하는 취수구 다수 확인	2
	청동기시대의 관개수로 8개		논				3
			〃				
단기간 사용			〃				
단기간 사용			〃				
가장 대형			〃	分水시설? 용수 유도, 수로 보강시설, 보?		북쪽 중앙부에 만든 수로내 돌출부(?)로서 分水시키거나(필자 견해) 논에의 용수유도(입수부), 입수부 주변의 수로 경계면 보강시설 수로 분기점에 섬(島)같은 미고지를 만들어 分水시키거나(필자 견해), 직경 10cm 내외의 35개의 주공(말목열-보? 필자 견해)	
			〃	입수부 웅덩이		용수 유입에 따라 입수부(수구) 부근에 생기는 웅덩이	
수로내 웅덩이		제5수로 기능보완	〃	수로 내 웅덩이		수로 내 유속 조절 · 침식방지 · 침전(필자 견해)	
부분 확인		제6수로 기능보완	〃	웅덩이			
비교적 대형							
A지구와 연결	논 용수 공급수로			웅덩이, 지선수로	부정형	수로 내 웅덩이-직경 2m 정도, 기능은 A지구의 것과 동일, 지선수로(3개)내의 섬 같은 미고지(分水시설?)	
	〃			웅덩이 막음돌?	원형	수로 내 웅덩이 직경 80cm, 기능은 A지구의 것과 동일 갈판 사용, 용수유로의 변경?	
				웅덩이와 말목		웅덩이는 직경 1m정도, 내부에 말목-보로 추정	
	구룽 사면부와 곡저부의 湧水→제1~제9수로→저수장(저목장)→제13수로→입수부 내지는 수구→논 제10 · 11수로→제12수로→제13수로→입수부 내지는 수구→논		논 · 밭	저수장 및 저목장, 시설 1~8, 우물 2기 등		제1~제9수로 부근 일대에 집중	4
				논 입수구에 할석		논 입수구의 할석-수량조절, 윗논에서의 낙수로 인한 홈패이기 방지	
				저수장 및 저목장	평면 타원형	길이 10m, 폭 6m, 최대깊이 1.5m, 제1~제9수로가 다시 통합되어 저수장 및 저목장 형성→제13수로→논, 용수조절 · 수온조절 · 저목장으로 이용	
				시설1		장축 320cm, 단축 약 259cm	

논산 마전리 유적	금강	중류역	논산천 강경천	중류역? 상류역?	신양천	상중류역	곡저평야	C지구	청동기 시대							
춘천 천전리 유적	북한강	상류역	소양강	중류역?	?	하류역	대부분 소양강의 자연제방 및 배후습지	B지역	청동기 시대	1호수로(대수로)	1		124.6	184~324	40~75	남-북
											1-1		19.9	169~250	25내외	남-북
											1-2		39.2	82~114	10~25	동-서, 북서-남동
											1-3a		11.8	89~123	15내외	남-북
											1-3b		21.3	48~91	10~15	남-북
											1-4		37.9	58~108	10내외	북동-남서
											1-5		39.0	80~145	10~25	북서-남동
											1-5a		92.2	45~85	30~40	북서-남동
											1-5b		61.9	45~120	20~25	북서-남동, 남-북
											1-5c		280.5	30~120	30~65	남-북,동-서
									연대불명	2호수로			14.5	40~80	35내외	북동-남서
									청동기 시대	목책시설		평면 ㄱ자형	총128.5 동서열:43.4 남북열:85.2			
안동 저전리 유적					?		곡저평야		청동기 시대	1호 저수지 관련 수로						
										2호 저수지 관련 수로		단면 V자형				

			시설2		장축 168cm, 단축 150cm, 깊이 46cm	
			시설3	평면 ㄷ자형	장축 127cm, 단축 111cm, 깊이 82cm, 둠벙? 우물?(필자견해)	
			시설4	〃	장축 238cm, 단축 101cm, 깊이 62cm, 보와 연계되어 물 흐름 변화(보고서)	
			시설5	〃	장축 262cm, 단축 258cm, 깊이 66cm, 보와 연계되어 물 흐름 변화(보고서)	
			시설6	평면 전체 ㅁ자형	장축 305cm, 단축 221cm, 깊이 45cm, (필자견해: 둠벙 혹은 우물?)	4
			시설7	단면 U자형 혹은 반원형	장축 180cm, 단축 26cm, 깊이 18cm, 水桶 추정(보고서)	
			시설8	평면 ㄷ자형	장축 137cm, 단축 90cm, 깊이 45cm	
			우물1	평면 방형	굴광규모 장축 170cm, 단축 155cm, 깊이 63cm	
				평면 井자형	시설규모 101~170cm, 폭 25~31cm, 두께1~7cm, 판재 4매 사용	
			우물2	평면 ㅁ자형	길이 112~159cm, 두께 6~25cm, 하부는 판재 상부는 가공원목 사용, 목재를 거의 직교하도록 엇갈리게 쌓기, 결구목재나 할석도 사용	
총연장 124.6m이상	1호 수로는 저습지에서 발원하는 5개 수로가 합쳐지거나 합류하는 관개수로로 추정		저습지	평면 부정형	길이 22.7m, 폭 1,290cm, 깊이 49cm, 연대·성격 불명	5
			보(필자견해: 집수시설?)	평면 부정형	길이 14.1m, 폭 1,030cm, 깊이 23~52cm, 1호 수로 설치 후 축조	
일부만 확인						
남쪽 목책열이 1호 수로와 거의 평행, 동시기	1호 수로나 저습지의 범람을 막기 위한 시설					
저수지, 입수구, 출수구			1호(1차) 저수지	평면 직사각형	길이 60m, 폭 1,500cm내외, 유속조절· 수온상승(소개문)	6
			출수구 (수로?)		폭 200cm, 출수구 좌우에 직경 1m, 잔존길이 70cm 크기의 주공 2개, 이 상부에 직경 직경 10~20cm 내외의 나무 10여점, 보 시설 추정	
			입수구 (수로?)		폭 300cm,	
			2호(2차) 저수지		1호 저수지 폐기후 축조, 1호 저수지보다 상류쪽	
			출수구 (수로?)		출수구 부근에 대형 목재 사용, 직경 30cm, 길이 2.5m 가공목 다량 출토, 보시설 추정	
			출수구 쪽 웅덩이		직경 2~3m, 낙수와 배수의 결과 형성	

유적	강(본류)	류역	천(지류)	류역	소지류	류역	입지	지구	시대	유구	형태	폭	길이	깊이	방향·비고
대구 동·호동 유적	금호강	중류역	팔계천	하류역			하천 범람 퇴적물과 산지 퇴적물이 쌓인 충적평지		청동기 시대	3열의 열상구	구① 단면 반원형	31	20	8~8	N-60°-W
											구② 단면 반타원형	29	10~20	3	
											구③ 단면 반타원형	18.4	20	4	
									?	웅덩이	평면 부정형	장축91 단축7		40	자연적 굴곡에 의해 생긴 것
대구 동천동 취락 유적 (3-Ⅰ구역)	금호강	중류역	팔계천	하류역			팔계천의 구유로적·자연제방		청동기 시대						
경주 봉길리 유적 (신월성원전부지내 Ⅰ·Ⅱ지구)	바다(동해)유입 소하천	하류역					해성단구면?	Ⅱ지구	청동기 시대	구상유구(수로)	평면 T자형, 남서-북동 형태		30~70		
밀양 금천리 유적	낙동강	하류역	밀양강	하류역	동천	하류역	논과 수로: 동천의 자연제방에서 배후습지(구유로적)		청동기 시대	수로 2기					동→서
울산 백천 유적 (울산대)	태화강	중하류역	?				곡저평야와 태화강 범람원의 경계부		청동기 시대	5호 구		11.5	60	20전후	남-북
										6호 구		15.8	60~100전후	10~20	
울산 굴화리 생기들 유적	태화강	중하류역	굴화천	하류역	?		태화강 합류 소하천 형성의 선상지? 혹은 태화강의 구자연제방?	가지구	청동기 시대	1호 구		7.5	40	10	동-서
										2호 구		4.4	124	36	동-서
울산 옥현 유적	태화강	하류역	무거천	상류역			곡저평야		청동기 시대	수로		45	260	85	논면보다 높은 구릉사면 말단부에 위치, 축조·사용·개수해서 삼국시대까지 사용
울산 야음동 유적	바다 합류의 외항강	상류역	?	상류역			곡저평야		청동기 시대 ~삼국 시대	자연유로(배수로?)		46내외	1,200~1,950내외		
울산 발리 유적	회야강	하류역	남창천 대안천	하류역 중하류역?	?	상류역	곡저평야		청동기 시대 (하층)	7호 구	평면 S자형, 단면 W·U자형	29.5	130~250	10~65	동→서
										8호 구	단면 U자형	5.0	40~49	3~18	북→남
울산 서부리 남천 유적	태화강	상류역					(선상지성)곡저평야? (보고서-하안단구면)	?	청동기 시대	수로	평면 S자형, 단면 U자형	34	80~150		

	경작관련 시설					7
9Grid	저수시설					
청동기시대 밭(구로 구획)남쪽에 위치, 구 2호(밭 구획구)→집수지 1호→구 1호→집수지 2호로 물흐름	청동기시대 밭 구획구의 물을 집수해서 흘려보내는 시설	청동기시대 구획구 밭	집수지 1호	평면타원형	장축 11.6m, 단축 7.1m, 깊이 1.4m, 격자상의 구 2호→집수지 1호→집수지 2호	8
			집수지 2호	평면부정형	장축 약 20m, 단축 약 8m, 깊이 50~70cm(최대 90cm), 구 2호·1호 집수지→구 1호→집수지 2호→남서쪽으로 배수 (필자 견해 : 집수지 2호·집석 3호는 용천·접수·제의 관련 시설로 추정)	
구상유구간 간격7.2m	경작과 관련					9 9
수로 2기는 평행	관개수로, 높은 쪽·낮은 쪽 수로 모두 용배수 겸용 수로로 추정	논	논의 수구 및 물막이 돌			10
			보(말뚝열)		말뚝열 길이 10m정도, 동쪽과 북쪽의 2열, 말뚝간 간격은 40~50cm, 북쪽은 10cm 정도 간격, 말뚝 사이에는 작은 나무가 말뚝열과 직교하는 방향으로 무질서하게 걸쳐지고 그 사이에 갈대 등의 초본류, 말뚝열의 방향과 취수구(수로) 입구의 일치, 단, 보의 연대문제	
			취수구			
			습지 (구유로적?) 및 호안시설			
						11
5호구보다 후대						
조선시대 4호구에 의해 파괴						12
삼국-통일신라 시대 구에 의해 파괴						
	용배수 겸용의 간선수로, 용수원은 곡 안쪽의 湧水 ? 降雨 및 당시 지표면 유출수? 청동기시대에서 조선시대로 올수록 수로가 구릉 사면 말단부 쪽(즉 높은 쪽)으로 이동 축조	논				13
자연유로는 곡 중앙부에 위치	논의 용수로는 미확인, 자연유로는 논의 배수로 ? 혹은 자연유로에 의해 삭평·제거된 곡 중앙부의 수로? 유로? 용수원-곡 안쪽의 湧水, 降雨? 및 당시 지표면 유출수 ?	논				14
8호 구와 합류	논의 용배수 겸용수로		논			15
	7호구에 배수					
논보다 높은 곳에 위치, 수로둑			논			16

마산망곡리유적	진동만에 유입하는 진동천	하류역					선상지성 곡저평야 (진동천 자연제방과 배후습지)	Ⅲ-1구간	청동기시대(9층)	수로	단면 U자형	120	300		
마산진동유적	진동만유입의 태봉천	하류 하구역	?				구릉 사면 말단부와 선상지성 곡저평야의 경계부	Ⅱ지구	청동기시대	용수로1		42	500	80	북동→남
										용수지선3			80	30	
										용수지선5			80	30	
										용수로2			500	80	
										용수로2의 용수지선		1.8	80	30	
										구상유구1	단면 U자형	40	200	65	
										구상유구2	단면 U자형	23.6	200	60	
										구상유구3	단면 U자형	16.8	160	55	
										구상유구4	단면 V자형	27.6	120	50	
										구상유구5	단면 V자형	6.2	60	50	
함안명덕고등학교유적	남강	하류역	함안천 신음천	중하류역 하류역	광정천 ?	중류역 상류역	곡저평야		청동기시대	구 1호		28	180~240	54	
										구 2호		28	114~164	36	
										구 3호		6	160	27	
										수로 3호		?			
함안도시자연공원부지내유적	남강	하류역	함안천 신음천	중하류역 하류역	광정천 ?	중류역 상류역	곡저평야	B구역	청동기시대	구 1호		22.6	292	69	
										구 3호		13.36	250	42	
										구 6호		14	156	35	
진성창촌유적	남강	중류역	반성천	중류역			반성천의 범람원(배후습지·구유로적 등)		청동기시대						
진주이곡리선사유적	남강	중류역	영천강	하류역	?	하류역 ?	곡저평야 (소선상지 등)	다지구	청동기시대	소형구					
								마지구		대형구					
광주신창동유적	영산강	중류역	?	하류역			곡저평야 ~영산강 배후습지? (저습지:개석곡)	1997년조사 저습지	신창동 유적형성 이전	A수로	단면 U자형	총 21.3	160	98	북동→남서
										B수로					
										C수로					
										D수로		하단 수로12	240	75	북동-남서
												상단 수로 8.5	160~242	38	
									A지구	초기철기시대~원삼국시대	C수로?	단면 U자형, V자형				
천안장산리유적	?		병천천	중류역 ?	?	상류역	곡저평야		원삼국시대	1호수로	단면 V자형		300~400	약 50~80	
										2호수로	〃		200~450	50~90	
										3호수로	〃		약 600	약 160	

	청동기시대 논의 용수 공급	논	암거 2기 (수로→암거 →수로→논)		거력과 판석이용의 석축 암거시설, 암거간 거리 약 36m, 배후 습지 쪽 논에 용수공급	17
	구릉 사면부쪽의 雨谷이 용수원?					
용수지선은 총 5개소 확인, 용수지선 입구에는 석열-물막이 시설						
용수로1 이전 설치?	용수로1과는 별개의 雨谷이 용수원?					
용수지선 입구에 석열-물막이시설						
구내 다수 천석(물막이 이용)	경작 관련시설?					18
	〃					
	〃					
2호→4호 중복	〃					
	〃					
2호→ 1호 중복	밭 구획구는 제외, 구 1·2호는 논 용수공급 간선수로, 구 3호는 구 2호의 지선수로					19
	간선수로?(단 엄밀한 성격불명)					
구 총8기	구3호·6호가 지선수로? (단 엄밀한 성격 불명)					20
		논	습지, 자연유로			21
자연구와 직교	경작관련 시설 ?					22
구내부에 집석	〃		집석		3개소, 2개소는 대형구내에 위치, 물막이 시설로 추정	
		논 (다 지구 시굴갱, 초기철기 시대)	말목열 (수로변)		말목과 횡목, 물막이 등 수로 관련시설	23
		논	호안 말목열		직경 약 5~10cm, 말뚝 간격 약 30~40cm, 종방향 말목, 횡방향 잔가지, 말목과 굴광사이에 고운 점토 채우기 (유수침식 방지)	
			1호 보		말목을 약 10cm간격으로 수로와 직교되게 설치, 그 사이에 잔가지 여러겹 엇대기	24
		논	호안 말목열 4개의 보		1호 수로의 호안 말목열과 유사. 수로내부에 약 2m 간격으로 4개의 狀, 유속감소, 수위상승, 논 용수공급이 목적	
곡저평야 남쪽으로 계속 남하		논				

천안 장산리 유적	?		병천천	중류역?	?	상류역	곡저평야			4호수로	〃		약4000	약100	
아산 갈매리 유적	삽교천	중류역	곡교천 봉강천	?	?	범람원?	Ⅲ지역	원삼국~삼국시대	수로? 자연유로?			총180			서→동
										A구간	단면U자형	6.5		10~30	서→동
										B구간	〃				서→동
										C구간					서→동
										D·E구간			150	100~130	남서→북동
										F구간	〃	4.3	500		남동→북서
무안 양장리 유적	영산강	하류역	?	하류역		곡저평야	나지구	원삼국~삼국시대		수로Ⅰ	단면V자형	82	400~450	80~160	북→남
								·		수로Ⅱ	단면U자형	91	300~600	60~100	남북
								원삼국~삼국시대의 가장 이른시기		수로Ⅲ	〃	90	300~2,000	100이상	
								원삼국~삼국시대							
								청동기시대~원삼국시대							
								원삼국~삼국시대							
창원 신방리 유적 (동중학교)	낙동강	하류역	주천강	상류역	신방천	상류역	곡저평야	원삼국~삼국시대							

		?	보?		수로 내부에 직경 10~15cm의 말목이 약 15~20cm간격으로 설치	24
			수로 인접 말목열		길이 7.5m, 직경 5~10cm 말목을 약 30~40cm 간격으로 설치, 그 위에 점토보강, 일종의 저수시설로 추정	
Ⅱ지역으로 일부 연장			수로 북쪽의 도랑		추정 수로	
			수로 경사면의 주공열		직경 35cm 내외, 길이 15m, 수로 보강시설?	
			웅덩이 및 목재밀집지 1		웅덩이 몇 개소	25
			목재밀집지 2			
			말목열 1		수로 북쪽 경사면-총3열확인-1열 길이 5.7m, 말목간격 10~40cm/2열 말목간격 2.5~35cm/3열 길이 11m, 말목간격 40cm 내외, 수(유)로 보강시설?	
			말목열 2		D지구 동쪽수로 외곽의 도랑(폭200cm, 길이 30~40cm내외)경사면, 서쪽 경사면 1열- 길이 4.4m, 직경 4cm, 불규칙 간격, 동쪽 경사면 3열: 직경 4~12cm의 말목흔이 8~20cm간격배치(최초 말목열을 보강하면서 확대), 수(유)로 보강시설?	
			우물상유구	평면방형	굴광 규모 장축 2m, 단축 1.6~1.85m, 길이25cm내외	
				평면장방형	시설재 규모 장축 1.3~1.45m, 단축 1.05m, 높이 15~50cm, 최하단만 잔존. 내부 바닥에 직경 10cm내외의 자연석 1~2겹	
			말목열 3		수로양쪽 외곽선 길이 약 6m, 직경 4cm내외, 간격 10~35cm	
수로보다는 환호?						26
			목열구조물 (총 11개)	AⅠ	길이 1.4m, 직경 30~60cm, 말목 4개, 말목간격 약 30cm, 물의 조절?	
				AⅡ	남북3열, AⅡ1열: 전체길이 6.6m, AⅡ2열: 6m, AⅡ 3.6m, 말목열은 10~30cm 간격을 두고 불규칙하게 배치, 논둑 보강시설	
				AⅢ	전체길이 약 2m, 말목길이 20~30cm정도, 동-서방향 축조, 주변의 경작 등과 관련	
				BⅠ	전 10m , 2 체 , 토·초본류, 보로 추정, 갑작스런 수량 증가에 따른 수압으로 인해 폐기	
				BⅡ	전체길이 약 13m 정도, 80~100cm 간격을 두고 2열 배치, 말목 사이와 전면에는 걸침목, 장대목, 니토·초본류, 보로 추정, 갑작스런 수량 증가에 따른 수압으로 인해 폐기	
				CⅠ	전체길이 약 9.8m, 말목, 걸침목, 니토·초본류, 보 추정, 인위적인 폐기	
				CⅡ	전체길이 1.4m, 2열 말목열 사이에 걸침목, 보?	
				CⅢ	전체길이 약 3.5m, 2열 말목열과 걸침목, 미고지면 침식방지용 호안시설	
	논					
			대형 목주열		2열, 총39개 목주, 길이 37m, 성격·연대 불명	27
			소형 목주열		성격·연대 불명	
			저습지 및 말목열		동간격 배치된 말목 6~7개(직경23~32cm), 석재로 보강	

유적	금강	중류역	왕포천	하류역	?	상류역	지형	조사구간	조사세부	시대	유구	세부	단면	길이/규모	폭	깊이	방향
부여 가탑리 유적	금강	중류역	왕포천	하류역	?	상류역	구릉사면 말단부와의 경계부 곡저평야			삼국시대	수로	논11면	단면U자형	?	34	10	남-북
												논12·14면	〃	?	70	10	동-서
												논15면	〃	2.4~	40~20	10	남-북, 동-서
부여 궁남지 유적	금강	중류역	왕포천	하류역			금강의 배후습지?	1990~1994년 조사구간	2차조사구간 바트렌치	삼국시대	수로	최초		총18	60~100		동-서→남-북
									2차조사구간 바트렌치	삼국시대	수로	2차		18?	최초의 것보다 좁다		〃
									3차조사A구역 라트렌치	삼국시대	수로	I (라1수로)			100~150	90~120	
												II		6.3(남-북)			
											추정집수유구		평면 방형	동서1.7 남북1.2	120		
									3차조사A구역 나피트	삼국시대	수로I (나1수로)	1차			120		
												2차					
												3차			30	20	
											수로II (나2수로)			14	30~60		동남-서북
								1995~1997년 조사구간은 미기재									
								1999~2001년 조사구간		삼국시대	동서수로	I		12			
												II-1		85.5	200~160·180	60~180	서-동
												II-2		43	200~240	130~150	
												II-2 2차			70~140	60	
												III			140~400	110·150~230	
												III2차				60	
												IV		16.5이상	80~160	40~80	
												V		43	180~210	110~160	
												V2차			170	60	
												VI		13.5	120	70	
												VII		11.6	70	35	
												VIII		10.6		46	
											남북수로	I		31	200~230	80~100	북→남
												II		8	70·80~200		
												III		20	200	120	
												IV		37.5			
												V		46	90~120	25~30	
												VI			220	70내외	
												VII			220	100	
											도로유구						
											웅덩이					25내외	

크게 보면 남-북 방향, 동서 방향의 2개 수로	논11면, 15면 확인 수로는 추수기에 물빼기 위한 시설	논	논면간의 수구(3개소)	수구 폭 34cm, 깊이 5cm, 논 15면의 수구는 취수용	28
		2시기의 논면	집수유구, 수로둑 보강 말목	수로의 안쪽과 가장자리에 지름 5~6cm의 말목 20여개, 4.5m 거리를 두고 심겨진 지름 60cm, 20cm 정도의 버드나무 뿌리	
3차 이용			말목	수로의 가장자리 말목1개	
			임시물막이 시설	수로 I 의 남쪽은 둑처럼 막힘, 북쪽의 할석, 나뭇가지와 함께 임시 물막이 시설 추정	
3차 이용	논관련 수로, 나피트 수로 I 과 연결		말목, 수로둑 보호시설, 임시물막이 시설 등	구덩이를 파고 통나무 기둥 세운 자리, 원형 구덩이, 말목 박은 자리, 말목·판재·가공 횡장목 · 나무가지 등을 이용한 수로 둑 보호시설, 임시 물막이 시설	29-c
	집수유구 추정			수로 I 의 서쪽	
선박부재를 수로둑 보강재로 사용 / 수로어깨에서 버드나무식재흔적	동서 방향으로 흐르다 남쪽으로 꺾여 수로II와 연결, 수로 I·II사이의 둑 폭 20~25cm	논	말목	직경15cm정도의 말목, 수로둑 붕괴 방지용	
			향나무 사용 말목		
	수로 I 의 2차 수로와 병행		독보강시설	나무·말목이용, 나뭇가지 사이에 말목	
			임시물막이 시설	할석 5개 사용	
남벽 일부에 4개의 계단형태 단					
수로바닥 곳곳에 턱					
			말목?	180cm 간격(일부는 자연목)	
			보1	보의 폭 1.5m, 흙만 사용	29-b
			보2	보의 폭 20cm내외, 잔존높이 40~60cm, 흙만 사용	
도로유구의 좌우(남북)에 동서IV와 II-2존재					

부여 서나성 유적	금강	중류역	왕포천	하류역			금강의 자연제방 pointbar	군수리지점	삼국시대	최소 11개 이상의 수로	제원 제시없음				
부여 합송리 유적	금강	중류역	구룡천	하류역	?				삼국시대	수로			400	8	
										소형수로			100내외		
부여 구봉·노화리 유적	금강	중류역	구룡천	하류역	?	중류역	금강·구룡천의 범람원?(배후습지?)	A지구 (구봉리)	삼국시대	제1수로			평균 100	20 내외	동→서
										제2수로		13.2	330	6~9	
								B지구 (노화리)	삼국시대	1호수로		22.6	100		A지구와 연결
										2호수로		21	100 ~200		1호 수로와 동일
										3호수로		7.6	50		1호 수로와 직교
								B지구 (노화리)	시대미상 (삼국시대나 그 이후)		단면 U자형				북→남→동
광주 산정동 유적	영산강	중류역	극락강 풍영정천	하류역 하류역	?	상류역	구릉 사면 말단부~곡저평야(구는 양자 모두)		삼국시대	구 50기					
광주 하남동 유적	영산강	중류역	극락강 풍영정천	하류역 하류역	?	상류역	구릉 사면 말단부~곡저평야(구는 구릉 사면 말단부)		삼국시대	구 61기					
광주 동림동 유적	영산강	중류역	광주천	하류역			배후습지~자연제방?		삼국시대	구 237기의 진행방향, 제원 등은 별표 참조					
									삼국시대 (100호 구와 동시기 추정)						
									연대불명						
대구 동천동 취락 유적 (3-Ⅰ구역)	금호강	중류역	팔계천	하류역			팔계천의 구 유로적·자연제방		삼국시대	수로					

		논(삼국시대),밭(통일신라시대)				30
논 용수공급 수로		논	수로내 섬같은 미고지와 돌출부		미고지: 동서 6m, 남북 2.2m, 높이 20~25cm, 수로 관련시설, 수량·유속 조절용, 용수방향 유도 등	31
수로바닥은 경작면보다 평균20~30cm낮게 설치, 수로(논둑겸용)둑은 경작면보다 25~40cm 높게 설치	수로	논	수로 내부에 2개 웅덩이		수로내 유속조절, 침식방지, 침전?(필자 견해), 입수부 2개소 수로둑 폭 약100cm	
		논	입수부		길이 4.5m, 평균깊이 약 5.cm 의 구(입수부 1개소)	3
	제3경작면 수로와형태, 기능 유사	논(제2경작면)				
	논애 용수 공급		입수부,웅덩이, 낙수돌		웅덩이는 폭1~1.6m, 깊이 50cm 정도의 부정형, 웅덩이는 용수가 논면 낙하시 생긴 것.	
			웅덩이		낙수돌(직경 약 20cm 활석)은 수로에서 논면으로 용수 유입시 웅덩이 형성방지	
밭의 남쪽에 위치, A지구와 연결	밭과 동시기	밭(제3경작면)				
	경작유구와의 관련성 언급 없음					32
	"					33
총 237기-평면, 단면형태와 내부 출토유물에서 보아 3종류 대별 ①도랑-취락관련 용·배수, 논의 수로 등 단면 U자형/②주구-매장 및 의례행위 관련, 단면 U자형, 내부 출토유물 다량 (10.18.44.101.102호 등)/③환호-25.32. 43.79.82.85.105. 140.193.206호			보(총 40m)	중앙	길이 10m, 좌우측의 것과 유사한 방법으로 축조, 중앙부 오목한 곳에 초본류(수위조절용)	34
				우측	길이 14m, 2~3m, 직경 10cm, 말목 사향 박기→횡방향 걸침목 (길이 14m내외)	
				좌측	길이 16m, 규모 대형, 큰 통나무사용, 우측과 대체 동일방법으로 축조, 단 가장 아랫단 횡목(직경 50cm)설치후 약 30cm내외의 말목을 종으로 고정	
			소형 보?		목조구조물(보)와 동일 방향, 동일 형태로 축조	
			말목열		2~3열, 목조구조물(보)과 동일한 방향으로 열을 지어 축조	
			목조구조물		N4E6 pit 의 100호 구 내부 축조, 굴광내부 구축(굴광제원 길이 4.2m, 폭 90cm, 깊이 30cm), 목조구조물 평면 장방형, 장축: 북서-남동, 길이 3m, 폭 60cm, 깊이 20cm, 목판 길이 2.7m, 폭 40cm, 두께 3~5cm, 목판 양쪽 끝은 얇아지면서 약간 올라가며, 돌대 부착, 목판의 북쪽 끝은 말목 고정, 도수시설로 추정.	
			1호 우물	평면방형	굴광규모 길이 0.8m, 폭 0.8m, 깊이 50cm	
				평면방형	판재(길이 0.8~0.9m, 폭 10~15m, 두께2~4cm) 4매 이용, □자형으로 조립, 바닥에 누수방지용 암회색 뻘층 다지기, 단기간 이용, 연대 불명	
			제방		별도 기재	
			보 (시설C·D·E)	시설 C	웅덩이A에서 유입된 물을 이 보와 수로를 통해 웅덩이B와 시설 D쪽으로 보내는 기능 세부~전부: 평면 원형, 직경 4m,길이 30cm 수문: 길이 2m, 직경 20cm내외의 목재로서 종·횡목으로 사용. 보벽(서쪽 보벽) 장축 4m, 단축 3.4m, 깊이 65cm 수혈을 파서 말목 고정. 수로: 수문 남쪽에서 웅덩이B로 연결되며, 길이 13m, 폭 175cm, 길이 40cm.	35

유적명						입지	조사구역	시대	유구		길이	너비	깊이	방향·비고
대구 동천동 취락유적 (3-Ⅰ구역)	금호강	중류역	팔계천	하류역			팔계천의 구 유로적·자연제방		삼국시대	수로					
대구 칠곡 생활유적 (칠곡택지(2)지구1구역)	금호강	중류역	팔계천	하류역	반포천	하류역	구반포천 유로 내지는 구 반포천의 분류?	조사지역 바깥	삼국시대						
경산 임당 저습지유적	금호강	중류역	오목천	하류역	?	상류역	침식성 저구릉 사이의 작은 곡(곡저 평야)		삼국시대						
대구 달성 죽곡리 9-2번지 유적	금호강	중류역	?				구릉 사면 말단부와 (선상지성) 곡저평야의 경계부?	수로	삼국~통일신라시대	수로		16.2	88	25~35	
고령 쾌빈리 433-11번지 유적	회천	하류역?	대가천	하류역	?		(합류)선상지? 혹은 대가천의 범람원?	Ⅱ지구	삼국시대						
울산 백천 유적 (울산대)	태화강	중하류역	?				곡저평야와 태화강 범람원의 경계부		삼국시대	3호 구		14	60~130	10~30	남-북
										4호 구		6.5	50전후	10~20	
울산 굴화리 생기들 유적	태화강	중하류역	굴화천	하류역	?		태화강 합류 소하천 형성의 선상지? 혹은 태화강의 구자연제방?	가지구	삼국~통일신라시대	구		3.5	128	40	남동-북서
울산 옥현 유적	태화강	하류역	?	중하류역			곡저평야		삼국시대 ~통일신라시대						청동기시대의 것을 개수사용? 조사구역 남단 수로 이용? 논 면보다 높은곳

시기		종류	시설			내용	번호
			보 (시설C·D·E)	시설 D (堰)		시설C와 시설E로 연결되는 수로변 남쪽에 설치, 북쪽堰 길이 4.8m, 폭 1m, 높이 40㎝, 남쪽堰 길이 2.6m, 폭 1m, 높이 40㎝, 남쪽堰은 개수. 시설D의 남쪽수로 길이 10m, 폭 2m, 길이 35㎝. 보 내지는 호안시설로 추정(필자 견해) 나지역 수로 또는 시설C→시설D→시설E 또는 웅덩이B	35
				시설 E (堰)		시설D와 웅덩이B로 연결되는 수로면에 설치, 평면 호상. 길이 5.8m, 폭 2.2m, 깊이 40㎝의 평면 타원형 수혈→흑색 사질토 등 메우기→종·횡의 말목 박기로 완성 길이 3.4m, 폭 1.7m, 깊이 30㎝. 보 내지는 호안시설로 추정(필자 견해) 나지역 수로 또는 시설D→시설E→ 웅덩이B	
			저수시설 (시설A)			타원형 장축 9.2m, 단축 6.8m, 길이 1m의 웅덩이	
			도수 시설	H		길이 8m이상, 폭 1.8m, 길이 30㎝, 중앙부에 타원형 수혈	
				G	ㄱ자 형	길이 6m, 폭 1~2.2m, 길이 50㎝, 수혈파서 축조?	
			웅덩이	A		폭 22m, 깊이 2m이상	
				B		길이 16m, 폭 28m, 길이 1.2m이상	
			기타			유로의 호안시설(종말목, 횡목 사용 등)	
			보			제원 불명, 구 하천 유로에 약간 호상으로 직교하도록 설치, 축조방법 세부 불명, 말목, 횡목, 할석 등이 보에 사용, 보 내에서 토기, 복숭아씨 등 검출~제의?	36
			저습(수)지		평면 S 자형	길이 110m, 폭 1,200~4,000cm, 동→서(유수방향)	37
			보 혹 제방?			저습지 내 퇴적양상, 저습지 가장자리의 목주열 등에서 보아 보 혹은 작은 제방이 존재?	
		논 (곡저평 야부)					38
		밭					
			저수지			남북10m, 동서12m 호안 보강 말목 목책-횡목(길이 6m, 직경 20cm)과 말목(직경 10cm, 길이 70cm)이용 구조물· ⇒모두 성격 불명, 공반 수로 미확인	39
3호보다 늦은 시기		논					11
		논					12
	용배수 겸용의 간선수로, 용수원은 곡 안쪽의 湧水 ? 降雨 및 당시 지표면 유출수? 청동기시대에서 조선시대로 올수록 수로가 구릉 사면 말단부 쪽(즉 높은 쪽)으로 이동 축조	논	수로 내 웅덩이				13

유적	본류		지류천		지류천		지형	조사구역	시대	유구	단면	깊이	너비	길이	방향
울산 야음동 유적	바다 합류의 외항강	상류역	?	상류역			곡저평야		청동기~삼국시대 / 삼국시대	자연유로 (배수로?)		46내외	1,200~1,950 내외		
울산 발리 유적	회야강	하류역	남창천 대안천	하류역 중하류역 ?	?	상류역	곡저평야		삼국시대 (중층)	1호 구	단면 Y·V·U자형	12	31~55	36	동-서
										3호 구	단면 U자형	10.5	50~150	10	
										4호 구	단면 U자형	5.0	120~240	56	
										5호 구	단면 U자형	3.4	40~80	21	북→남
										6호 구	단면 U자형	9.78	110	20	동→서
울산 방기리 286유적	태화강	상류역	둔기천	상류역	보은천	상류역	저위면		삼국시대	1호 구 (8개열)		1.06~5.23	18~83	5.5~9.5	
창원 가음정동 유적	마산만 (진해만) 유입의 남산천	중류역	?	상류역			곡저평야 (저위면?)	다구역	삼국시대	수로1		21	120	25	동-서
										수로2		3.84	132	15	〃
										수로3		3.6	60	18	〃
										수로4		8.4	84	25	〃
										수로5		2.04	36	10	〃
										수로6		1.8	24	12	〃
창원 반계동 유적	마산만 유입의 남산천	하류역	내동천	상류역	?	상류역	곡저평야 (선상지 저위면)		삼국시대	수로	단면 U자형				서→동
창원 도계동 유적	마산만 유입의 남산천	하류역	도계천	중류역 ?	?	상류역	곡저평야	나지구	삼국시대 ?	수로		20	60~70	10~22	북→남
마산 진동 유적 (Ⅰ)	진동만 유입의 태봉천	하류 하구역					구릉 사면 말단부와 선상지성 곡저 평야의 경계부	Ⅱ지구	삼국시대	구상유구1		47.2	280	80	
										구상유구2		27.2	100	70	
										구상유구3		13.2	200	70	
진성 창촌 유적	남강	중류역	반성천	중류역			반성천의 범람원 (배후습지 등)	가지구 3피트	삼국시대	구	단면 반원형, U자형		480	20	
진주 장흥·월평리 일대 유적 (경고연 시굴구간)	남강	중류역	지내천 ?	하류역 ?	?	상류역	하천 범람원 면(구하도 내지는 배후습지)~곡저평야	경고연 조사 구간 C구역 33 트렌치 등	삼국시대	남북수로		10	90~190	30	남-북
										소형수로			30~40		
진주 평거동 유적 (경발연 조사구간)	남강	중류역					배후습지? 구 유로적?		삼국시대	수로 존재 추정					
울산 언양 반곡리 유적	태화강	중상류역	?				곡저평야	Ⅰ-2 구간 C지점	삼국~통일신라시대	구상유구 (소규모 수로)			20~40, 20~80		

자연유로는 곡 중앙부에 위치	논의 용수로는 미확인, 자연유로는 논의 배수로 ? 혹은 자연유로에 의해 삭평·제거된 곡 중앙부의 수로 ? 유로 ? 용수원-곡 안쪽의 湧水, 降雨 및 당시 지표면 유출수?	논 논				14
	?		논			
	삼국시대 논의 용수원?		논			
	삼국시대 논의 용수원?		논			15
동쪽 끝에 원형 수혈 (깊이 27cm)						
하면논보다 이전 시기						40
중심수로	관개수로	논				
소형수로		〃				
		〃				41
		〃				
		〃				
논 중앙부에 대형수로 및 수로둑	수로 위쪽(북쪽)논물의 배수로이며 아래쪽(남쪽) 논의 용수로, 용수원은 서쪽의 고위면·중위면 부분의 湧水내지는 降雨 내지는 당시 지표면 유출수 ?	논		수로 내 돌출부	유수방향의 변화보다는 유속·수량·수온조절용?	42
논면(?)보다 높은 곳 위치, 남쪽에서 수로 2갈래		논(?)				43
수로가 꺾이는 부분 다수의 천석-물막이용(1호)						18
	경작 관련 집수시설인지 여부도 불명					21
		논 (수전Ⅰ)				44
		논, 수구				45
구상유구가 2~3m간격으로 확인		논				46

부산 해운대 병영시설 유적					?		(선상지성)곡저평야		삼국 ~통일신라시대? 그 이후?	수로(구)					
무안 양장리 유적	영산강	하류역	?	하류역			곡저평야	나지구	삼국시대 이후~고려,조선	?					
진주 월평 유적 (경문연 조사구간)	남강	중류역	지내천?	하류역?	?	상류역	하천 범람원면(구하도 내지는 배후습지)~곡저평야	C구간	고려시대?	수로		7	40~60	10	북동-남서
부여 동나성 유적	금강	중류역	왕포천	하류역				능산리 지점	조선시대	제1수로	제원 제시없음				
										제2수로					
부여 구봉·노화리 유적	금강	중류역	구룡천	하류역	?	중류역	금강·구룡천의 범람원?(배후습지?)	A지구 (구봉리)	조선시대						
광주 신창동 유적	영산강	중류역	?	하류역			곡저평야~영산강 배후습지?(저습지:개석곡)	보고서 47번	조선시대	I지점수로 1호수로	단면 U자형	37	550	110	동서방향
										I지점수로 2호수로	〃	37	310	110	
										IV지점수로		20.4	50~60	30~40	
광주 동림동 유적	영산강	중류역	광주천	하류역			배후습지~자연제방?		조선시대	저습지내 수로		약 8			
울산 백천 유적 (울산대)	태화강	중하류역	?				곡저평야와 태화강 범람원의 경계부		조선시대	1호 구	단면 V·U자형	17 (울문연 1호 구 포함 26)	400내외	80전후	남→북
										2호 구	단면 V·U자형	22.5	250~600	80내외	
울산 백천 유적 (울문연)	태화강	중하류역					곡저평야와 태화강 범람원의 경계부?		조선시대	1호 구	평면 S자형, 단면 U자형	9	500	60	남→북
										2호 구	평면 S자형, 단면 U자형	24.6	200~300	80~100	남→북
										3호 구	단면 V자형	약 22	350~430	120~150	북동→남서

비고	설명	유구	시설	세부	내용	쪽
논의 배수구?		삼국~통일신라시대의 논				47
			목열구조물	DI~Ⅲ	전체길이 약 1.2m, 동-서 방향 배치, 2열 말목열, 걸침목, 보	
			둠벙(총7개)	A (口자형 내지는 #자형)	직경180~200cm, 깊이 약 200cm 굴광선 가로·세로 3~5m, 지하수가 흐르는 A하천의 유로상에 조성, 직경 약 4~6cm의 말목을 사방에 박고 그 안에 긴 장대목을 가로·세로로 결구하거나 걸치기, 석재로 누르기, 둠벙(저수시설)	26
				B (口자형/T자형)	기본 축조 방법은 A와 비슷, 둠벙(저수시설, 소규모 제방?)	
			기타 시설물 (석축물)		확인길이 약 3m, 동-서 방향, 아래쪽에 작은 할석 깔고, 그 위에 30~40cm 판석 사용, 둠벙?	
			저습지		다량의 목제유물 출토	
		논 (수전Ⅱ)				48
나성 성벽과 무관			석축의 입수부 및 암거시설		왕포천 상류쪽 물을 하류쪽으로 배수	49 (30)
		논	수로내 웅덩이 2개소		수로내 유속조절, 침식방지, 침전(필자 견해)	3
1호수로→2호수로						23
북동-남서→북서-남동						
	저습지구간에 위치, Ⅱ·Ⅲ·Ⅳ구역 수로와 연결		소형목조물		횡목 건축부재, 종방향 말목사용	34
			말목열		직경 5cm, 길이 40.5cm의 말목 ,수로의 가장자리에 위치, 수로 보강시설?	
울문연 1호 구와 연결,						11
2호 구→1호 구						
청동기시대·삼국시대 논면의 상면구는 제외	(1~3·5·6호구: 보 가능성 (필자견해: 구의 일부가 보가 존재 했을 가능성은 있으나 구는 다른 기능?)	논				50
			적석		10여개의 돌이 무질서하게 쌓여 있다(크기 30×40cm)	
			웅덩이		100×80cm	

유적	하천	유역	소하천	유역		유역	지형	지구	시대	구	형태	폭	길이	깊이	방향
울산 백천 유적 (울문연)	태화강	중하류역					곡저평야와 태화강 범람원의 경계부?			4호 구	평면 부정형, 단면 U자형	3.1	88	10	서-동
									조선시대	5호 구	평면 부정형, 단면 U·W자형	4.5	180	60	북→남
										6호 구	평면 S자형, 단면 U·W자형	8	250내외	60	남→북
울산 굴화리 유적 (울산대)	태화강	중하류역					구릉 사면 말단부와 태화강 범람원의 경계부?	3그리드	조선시대						
울산 굴화리 생기들 유적	태화강	중하류역	굴화천	하류역	?		태화강 합류 소하천 형성의 선상지? 혹은 태화강의 구자연제방?	가지구	조선시대	1호구		4.6	48	4	동남-북서
										2호구		5.1	60	7	북동-남서
울산 옥현 유적	태화강	하류역	?	중하류역			곡저평야		조선시대						청동기시대~삼국시대 수로보다 높은 곳
울산 옥동 앞들 유적	태화강	하류역	무거천	하류역	?	상류역	곡저평야		조선시대 이전	1호 구	평면 S자형, 단면 U자형	12.1	40~64	4~14	
										2호 구		10.25	68~34	6~8	
										3호 구		6.68	30~40	4~6	
										4호 구		16.38	46~112	8~24	
										5호 구		14.75	40~68	10~18	
울산 신정동 유적	태화강	하류역	?	상류역			곡저평야 및 주변 침식성 저구릉		조선시대	대형 구	단면 V자형	약 20	250	100	남서→북동
양산 하북정 유적	낙동강	하류역	양산천	하류역	?	상류역	구릉 사면부	가지구	조선시대	수로? (저습지구 간의 일부?)					
진해 자은동 수전지 유적							곡저평야? (선상지면의 개석곡?)	가지구	조선시대	3층 논면내수로		28			남-북
										5-1층 수로		3.2	20~40		
										6-1층 수로(논과 평행)		12	20이상		북서-남동
										6-1층 수로(논과 직교)		2.5 (동쪽)	8~30		
												2.8 (서쪽)	20		
								나지구	조선시대	2층		약 4	50		북서-남동
										3층(수로 3기)	단면 U자형	8	60		북서-남동
												각각 10 (2기)	각각 20		
								다지구	조선시대	4-3층 (수로 2기)		8	30		북서-남동
												6.5	60~40		

			구 내부 적석		20×20cm이하의 돌들이 구 내부에 불규칙하게 쌓여 있다.	
	″					50
			보?		3그리드 중앙 위치, 삼국시대 논층 파괴 형성, 길이 115m, 폭 3~4m, 깊이 50cm내외, 둠벙 내지는 집수지?(필자 견해)	51 (11)
청동기시대 1호 구→조선시대 1호 구→조선시대 2호 구(축조 순서)						12
	용배수 겸용의 간선수로, 용수원은 곡 안쪽의 湧水 ? 降雨 및 당시 지표면 유출수 ? 청동기시대에서 조선시대로 올수록 수로가 구릉 사면 말단부 쪽(즉 높은 쪽)으로 이동 축조	논	수로 내 웅덩이			13
	경작유구 관련시설 추정, 단 조선시대 이전 논과 반드시 동시기는 아니다.	논				52
	논에의 용수공급? 완만한 구릉의 밭으로 물 유입 방지?					53
			논, 논둑, 논면내의 용배수구, 논 둑 보강석·말목열			54
잔자갈 이용		논				55
		논				
		논				
		논				
		논				
수로를 따라 말목열						
		논				

유적	강	유역	하천	유역		유역	지형	입지	시대	유구	단면	길이	너비	깊이
										4-4층 (수로 2기)				
								라-1 지구	조선시대	3층, 3-2층				
								라-2 지구	조선시대	2-2층		6	20	20
								저수지	조선시대			잔존직경1~2		50 이상
함안 오곡리 87번지 유적	낙동강	하류역	광려천	중류역	?	상중류역	곡저평야		고려~조선시대	수로 (21~23호 제외)	유구번호	규모(길이m×너비cm×깊이cm)		
											1	39.2×116×23		
											2	38.8×128×25		
											3	17.04×144×22		
											4	10×344×31		
											5	7.68×160×34		
											6호	82.6×360×72		
											7호	122×206×70		
											8호	19.2×200×51		
											9호	45.2×38×8		
											10호	75.6×440×32		
											11호	9×300×111		
											12호	52×360×60		
											13호	36.6×140×16		
											14호	50.6×220×124		
											15호	22×220×22		
											16호	76.6×280×22		
											17호	30.4×220×32		
											18호	11.8×140×22		
											19호	10×200×13		
											20호	40×140×22		
진성 창촌 유적	남강	중류역	반성천	중류역		반성천의 범람원 (배후습지 등)	반성천의 범람원 (배후습지 등)	반성천의 범람원 (배후습지 등)		구 1	단면 U자형	35	300	50
										구 2·3호			940	46
사천 덕곡리 유적	남해 유입의 소하천	상류역					선상지 선정부~선상지성 곡저평야	2pit	조선시대	구 1호		7	20~30	
										구 2호		4	25~30	
								1~4·11pit		구 3호		36	40~50, 60,30~40	20,10,15
								4~6 pit		구 5호		20.8	340~180	
								11pit		구 6호		16.2	160~200	
양산 소토리 유적 (경고연)	낙동강	하류역	양산천	중하류역	?	중하류역?	구릉사면 말단부와 곡저평야의 경계부	저습지	조선시대? / 조선시대?	저습지 연결수로 2기	단면 U자형			80

방위	비고 1	비고 2	논	유구	평면형	규모·설명	도면
북서-남동	말목열 수로 끝 웅덩이	40~50간격의 말목열 2열 직경 80㎝, 집수지		집수구 (4-3층 확인)	평면 삼각형	길이 4m, 폭 3.5m, 자연석 이용 축조	
			논	논의 수구, 말목열			
복-남			논				
	입수처, 수로 확인 불가						
	조선시대 논1과 연결, 4호 수로와 동시기능		논	1호	평면 원형	규모(길이×폭×깊이) 2.45m×280㎝×88㎝, 집수시설	56
	2·3호 수로는 동시기능, 1호 수로 이전		논	2호	〃	〃　2.1m×162㎝×51㎝, 〃	
	조선시대 논1과 연결, 1호 수로와 동시기능		논	3호	〃	〃　1.6m×170㎝×36㎝, 〃	
	4호 수로 이후 축조, 4호와 함께 등고선 방향과 직교		논	9호	타원형	〃　1.0m×56㎝×32㎝, 수로내 웅덩이	
	7호를 중복, 8호와 연결			12호	삼각형	〃　2.14m×149㎝×138㎝, 집수시설	
	수혈 40~43호와 연결			38호	원형	〃　5.84m×456㎝×132㎝, 〃	
	수로 7-4호에서 유로 변경되어 9호에 연결			39호	〃	〃　5.44m×368㎝×114㎝, 〃	
	범람유로(수로7-2, 7-3호)가 9·10호에 연결			A			
	수로 6호, 8-1호와 연결						
	수로 10호와 같이 출발하여 분지			B			
	수로 9호와 같이 출발하여 분지						
	수로 11호, 21호를 중복						
	수로 10호·20호에 중복			C			
	자연유로?						
	수로 상위에서 13호와 연결						
	수혈 37호와 연결						
	중간부분 2곳 5~6m씩 삭평						
	말단부가 16호와 합류(?)			D			
	16호 상위와 18호 상위가 연결						
	북단부에서 14호, 자연유로와 중복, 중간부분 삭평						
	수혈26호의 남쪽 구와 연결			E			
	논 4호에 중복						
	상위부분이 16호 상위와 연결						
	유로방향이 남동→북동으로						
	수로 10·11호에 중복, 중간부분 12m 삭평						
	구1호가 가장 빠르고 2호가 가장 늦다	구 성격은 불명	논?				21
북동-남서		구의 양쪽 벽에 돌을 세워 호안 서쪽에 배수구 바닥에는 자연석을 깔아 침식방지 경작 관련 수로					
〃							
동남-서북	북구·남구→서구에 합류	구릉지의 물을 저지의 논에 용수 공급 용 수로		남쪽 구, 서쪽 구 암거시설		북구-서구의 상류쪽, 바닥에 자갈 남구·서구-ㄷ자형 암거(20㎝내외의 수혈→양 측면에 벽석 세우고 뚜껑돌)	57
동-서	암반층 굴삭, 돌 이용 구조물설치, 구 6호와 연결가능성						
서-남	구내에 돌을 한 두겁 채움	경작 관련 구, 5호구와 연결 가능성					
	수로 1기는 경부고속도로방향	성격불명, 수로가 논과 연결되는지 불명		논(저습지 상부논) 둑보강 말목열			58

유적															
보령 관창리 유적	바다 (서해) 유입 소하천	중하류역					곡저평야	G구역	후대 (3층)						
창원 도계동 유적	마산만 유입의 남산천	하류역	도계천	중류역?	?	상류역	곡저평야	나지구	상층 논·단계						
								다지구	연대 불명	후대 수로			700	100	
밀양 가인리 유적	낙동강	하류역	밀양강 단장천	하류역 하류역	동천	중상류역	저수시설: 동천의 하안단구 저위면	1차발굴조사 구간	근대?			직경 16.7전후		72	
울산 야음동 유적	바다 합류의 외항강	상류역	?	상류역			곡저평야		현대	수로	단면 U자형	8.25	150 ~200전후		구릉사면 말단부에 위치, 논면보다 높은 곳

※ 제시한 지형 조건, 상·중·하류역, 하천규모는 어디까지나 추정
※ 제시 내용가운데 일부는 보고서 견해와 다르거나 보고서에 관련 기술이 없는 것도 있다.

표 3 _ 각종 집수시설 - 둠벙, 관개 전용 · 겸용 유물, 저수지(시설), 집수유구(지), 일부의 저습지 등(표 2에서 재작성)

유 적	종 류		시대	설 치 위 치			굴 광 제 원		
				지 형 조 건	하천 · 유역	하천규모	길이(가로,m)	폭(세로,cm)	깊이(cm)
논산 마전리유적 C지구	저수장 및 저목장 (집수시설)		청동기시대	곡저평야(개석곡)의 곡두	곡저평야 형성 溪流의 최상류역	1미만	10	600	150
	수로,유로내 둠벙	시설 3	청동기시대	곡저평야(개석곡)의 곡두	곡저평야 형성 溪流의 최상류역	1미만			
		시설 6	청동기시대	곡저평야(개석곡)의 곡두	곡저평야 형성 溪流의 최상류역	1미만			
	목조 우물	우물 1	청동기시대	곡저평야(개석곡)의 곡두	곡저평야 형성 溪流의 최상류역	1미만	1.7	155	63
		우물 2	청동기시대	곡저평야(개석곡)의 곡두	곡저평야 형성 溪流의 최상류역	1미만			
춘천 천전리유적 B지역	저수지 (집수시설?)		연대불명	자연제방(및 배후습지)	소양강 중류역?	?	22.7	1,290	49
	보 (집수시설?)		청동기시대? (1호 수로 후)	자연제방(및 배후습지)	소양강 중류역?	?	14.1	1,030	23~52
안동 저전리유적	1호 저수지 (집수시설?)		청동기시대	곡저평야	?	?	60	1,500 내외	
	2호 저수지 (집수시설?)		청동기시대	곡저평야	?	?			
대구 동호동유적 9Grid	집수시설?		?	충적평지(하천 범람퇴적물과 산지 퇴적물이 쌓인)	팔계천 하류역	?	91	700	40
대구 동천동 취락유적(3-I구역)	집수지 1호		청동기시대	하천 범람원면 (구유로적 · 자연제방)	팔계천 하류역	?	11.6	710	140
	집수지 2호 (일부 湧泉지점)		청동기시대	하천 범람원면 (구유로적 · 자연제방)	팔계천 하류역	?	약20	약800	50~70 (최대90)

					내용	참고문헌 번호
		후대논면	제1·2·3·5보		물길과 직교해 洑 설치, 종말목을 먼저 박고 서로 교차하면서 횡목 설치, 돌도 사용한 듯	1
			水口			
		상층 논	수로관련 말목열		말목 8개, 말목 직경 4~5cm	43
층 단면 확인		논?				
		논?	저수시설(A 유구)	평면 반원형 ~ 약간 타원형	직경 16.7m전후, 깊이 72cm 유구바닥에 두께 1cm의 실트를 다짐처리(누수 방지용) 근대? 논 관개용 둠벙, 저수면적 157㎡이므로 제한된 범위의 관개	59
	논의 용배수 겸용 간선수로					14

	시설제 제원				축 조 방 법	집수원 · 연결시설 및 기능	표 5.2~5.6 참고문헌 번호
평면형태	길이(가로,m)	폭(세로,cm)	깊이(cm)	평면형태			
타원형					논면보다 약간 높은 구릉 말단부에 설치	제1수로→4개 소수로 나누어지다가 다시 통합되어 저수장 및 저목장 형성→제13수로는 →논·용수조절·수온조절·저목장으로 이용	
	1.27	111	82	ㄷ자형	제8수로 입수구에 위치	기본적으로 구릉 사면부와 곡저부의 湧水→수로→저수장(저목장)→水口→논	4
	3.05	221	45	□자형 T자형	제9수로 입수구에 위치	기본적으로 구릉 사면부와 곡저부의 水→수로→저수장(저목장)→水口→논	
방형	1.01~1.7	25~31	1~7	＃자형	판재 4매 사용		
	1.12~1.59		6~25	□자형	하부는 판재, 상부는 가공원목 사용, 목재를 거의 직교하도록 엇갈리게 쌓기, 결구목재나 할석도 사용		
부정형					연대 · 성격 불명		5
부정형					1호수로 설치 후 축조		
직사각형						입수구 · 출수구(모두 수로) 수반, 유속조절 · 수온상승(소개문)	6
					1호 저수지 폐기후 축조, 1호 저수지보다 상류쪽	입수구 · 출수구(모두 수로) 수반	
부정형					자연적 굴곡에 의해 생긴 것 ?		7
타원형					청동기시대 밭(구로 구획)남쪽에 위치	격자상의 구2호→집수지 1호→집수지 2호 청동기시대 밭 구획구의 물을 집수해서 흘려보내는 시설, 제의 관련(집석 3호)	8
부정형						1호 집수지 · 구2호→구1호→집수지 2호→남서쪽으로 배수	

유적	유구·성격	시대	지형조건	하천위치	하천규모	구분	깊이	면적	기타
밀양 금천리유적	습지(구유로적?) (집수시설? 내지는 취수원?)	청동기시대	하천 범람원면(자연제방과 배후습지의 경계부)	동천 하류역	?				
진주 창촌유적	습지 (집수시설? 내지는 취수원?)	청동기시대	하천 범람원면 (배후습지·구유로적 등)	반성천 ?	?				
아산 갈매리유적 D구간	우물상유구	원삼국~삼국시대	하천 범람원면?	?	?		2	160~185	25내외
아산 갈매리유적 C구간	웅덩이 및 목재 밀집지 (집수시설?)	원삼국~삼국시대	하천 범람원면?	?	?				
부여 궁남지유적 (3차조사 A구역 라트렌치)	추정 집수유구	삼국시대	하천 범람원면 (금강의 배후습지?)	금강 중류역	?		17	120	120
부여 궁남지유적 (1999~2001년 조사구간)	웅덩이 (집수시설?)	삼국시대	하천 범람원면 (금강의 배후습지?)	금강 중류역	?				25내외
광주 동림동유적	1호우물	연대불명	하천 범람원면 (배후습지~자연제방?)	광주천 하류역	?		0.8	80	50
대구 동천동 취락유적(3-I구역)	저수시설 시설A	삼국시대	하천 범람원면(구유로적)	팔계천 하류역	1이상		9.2	680	100
대구 동천동 취락유적(3-I구역)	저수시설 웅덩이A	삼국시대	하천 범람원면(구유로적)	팔계천 하류역	1이상		22		200이상
대구 동천동 취락유적(3-I구역)	저수시설 웅덩이B	삼국시대	하천 범람원면(구유로적)	팔계천 하류역	1이상		16	2,800	120이상
경신 임당 저습지유적	저습지 (집수시설?)	삼국시대	곡저평야(개석곡)의 곡두	?	1미만		110	1,200~1,400	
고령 쾌빈리 433-11번지 유적 Ⅱ지구	저수지 (집수시설?)	삼국시대	(합류)선상지? 혹은 대가천의 범람원면?	대가천 하류역?	1미만~1전후?		12	1,000	
무안 양장리유적 나지구	저수지 (집수시설?)	삼국시대 이후~고려·조선시대	소규모 곡저평야 중앙부~곡구	곡저평야 형성 溪流의 하류역	1미만				
광주 동림동유적	저수지 (집수시설?)	조선시대	하천 범람원면 (배후습지~자연제방?)	광주천 하류역	?				
울산 굴화리유적 3그리드(울산대)	보? (둠벙내지는 집수시설?)	조선시대	구릉사면 말단부와 태화강 범람원의 경계부?	태화강 중하류역	?		1.15	300~400	50내외
진해 자은동 수전자유적 다지구	4-4층 수로끝 웅덩이 (집수시설?)	조선시대	곡저평야 곡두? (선상지면의 개석곡?)	?	1미만		직경 0.8		
진해 자은동 수전자유적 다지구	4-4층 (4-3층확인) 집수구	조선시대	곡저평야 곡두? (선산지면의 개석곡?)	?	1미만		4	350	
함안 오곡리 87번지 유적	수혈	고려~조선시대	곡저평야 곡두~곡구	? 중상류역	1미만	1호	2.45	280	88
함안 오곡리 87번지 유적	수혈	고려~조선시대	곡저평야 곡두~곡구	? 중상류역	1미만	2호	2.1	162	51
함안 오곡리 87번지 유적	수혈	고려~조선시대	곡저평야 곡두~곡구	? 중상류역	1미만	3호	1.6	170	36
함안 오곡리 87번지 유적	수혈	고려~조선시대	곡저평야 곡두~곡구	? 중상류역	1미만	12호	2.14	149	138
함안 오곡리 87번지 유적	수혈	고려~조선시대	곡저평야 곡두~곡구	? 중상류역	1미만	38호	5.84	456	132
함안 오곡리 87번지 유적	수혈	고려~조선시대	곡저평야 곡두~곡구	? 중상류역	1미만	39호	5.44	368	114
양산 소토리유적 (경고연)	저습지 (집수시설?)	조선시대	구릉사면 말단부와 곡저평야의 경계부?	? 중하류역	1미만				
밀양 가인리유적 (1차조사구간)	저수시설A유구 (집수시설)	근대?	동천의 하안단구(저위면)	동천의 중상류역	?		직경 16.7전후		72

※ 제시한 지형조건, 상·중·하류역, 하천규모는 어디까지나 추정

					상세 불명(보고서 미간)		10
							21
방형				장방형	최하단만 진존, 내부 바닥에 직경 10m내외의 자연석1~2겹		25
						웅덩이 몇개소	25
방형					수로 I 의 서쪽에 위치		29-c
							29-b
방형				방형	판재(길이 0.8~0.9m, 폭 10~15cm, 두께 2~4cm)4매 이용 □자형으로 조립, 단기간 이용, 바닥에 누수방지용 암회색 뻘층 다지기		34
타원형					웅덩이, 도수관 추정의 木樋 출토 가지역과 나지역 사이에 설치	시설 F(서쪽)와 웅덩이 B(남쪽)와 연결	8
					집수시설, 나지역과 라지역 사이에 설치	각 수리시설 통과한 물이 유입	
S자형							37
					호안 보강 말목 목책-횡목(길이 6m, 직경 20cm)과 말목(직경 10cm, 길이 70cm)이용 구조물, 말목을 70cm 간격으로 박고 폭 10cm내외의 나무판 덧댄 구조물 → 모두 성격 불명, 공반 수로 미확인		39
							26
							34
							11
					40~50cm간격의 말목열 2열		55
삼각형					자연석 이용 축조		
원형						수혈 3호와 연결, 수혈 3호와 동시 매몰	56
원형							
원형						수로 1호와 연결	
삼각형						수로 13호와 연결	
원형							
원형						수혈 38호 매몰후 축조	
							58
반원형 ~약간 타원형					유구바닥에 두께 1cm의 실트를 다짐처리(누수 방지용)	논 관개용 둠벙, 저수면적 157㎡이므로 제한된 범위의 관개	59

표 4 _ 보 확인 유적과 내용(표 2에서 재작성)

유 적	시대·유구	설 치 위 치				유 형	설치각도
		지 형 조 건	하천·유역	하천규모	설치지점		
보령 관창리유적 G구역	청동기시대 제4보	다소 규모가 큰 곡저평야 중앙부	곡저평야 형성 소하천 중류역	1전후	곡 중앙의 간선 수로 내지는 유로 내	1유형	물길과 직교
부여 구봉·노화리유적 A지구(구봉리)	청동기시대 제5수로쪽 보	금강·구룡천의 범람원? (배후습지?)	범람원을 흐르는 소하천 중류역	1전후	간선수로에서 갈라진 지선수로 내	1·2유형 중간형? 복합형?	물길과 평행
부여 구봉·노화리유적 B지구(노화리)	청동기시대 제2수로쪽 보	금강·구룡천의 범람원? (배후습지?)	범람원을 흐르는 소하천 중류역	1전후	간선수로에서 갈라진 지선수로 쪽 웅덩이 내	1·2유형 중간형? 복합형?	
안동 저전리유적	청동기시대 1호 저수지 출수구쪽 보	곡저평야	?	?	1호 저수지 출 수구 쪽		물길과 직교?
	청동기시대 2호 저수지 출수구쪽 보	곡저평야	?	?	2호 저수지 출 수구 쪽		
밀양 금천리유적	청동기시대(?) 보	하천 범람원면(자연제방과 배후습지의 경계부)	동천 하류역	?	배후습지(구유 로적?) 가장자리	2유형	
천안 장산리유적	원삼국시대 1호 수로 보	곡저평야 곡두	곡저평야 형성 소하천의 최상류역	1미만	1호 수로 내	1유형	물길과 직교
	원삼국시대 2호 수로 4개의 보	곡저평야 곡두	곡저평야 형성 소하천의 최상류역	1미만	2호 수로 내	1유형	물길과 직교
	원삼국시대 3호·4호 수로 보	곡저평야 곡두	곡저평야 형성 소하천의 최상류역	1미만	4호 수로 내	1유형	물길과 직교
무안 양장리유적 나지구	원삼국시대 ~ 삼국시대 BI~CⅡ 목열구조물	소규모 곡저평야 중앙부~곡구	곡저평야 형성 溪流의 하류역	1미만	유로(?) 내	1유형? 2유형?	물길과 직교? 사교?
광주 동림동유적	삼국시대 목조구조물 (보)	하천 범람원면 (배후습지~자연제방?)	광주천 하류역, 목조구조물에서 동쪽 10m 지점	?	저습지에서 서쪽 약 20m 지점		
	조선시대 소형 목조구조물(보)						
대구 동천동 취락유적 (3-Ⅰ구역)	삼국 시대 시설 C / D(堰) / E(堰)	하천 범람원면 (구유로적·자연제방)	팔계천 하류역	1이상	구유로적 내	2유형	
대구 칠곡 생활유적 (칠곡택지(2)지구 1구역의 바깥)	삼국시대 보	하천 범람원면 (구유로적)	팔계천 하류역	1전후?	구유로적 내	2유형	물길과 사교
무안 양장리유적 나지구	삼국시대 이후 ~고려·조선 DI~DⅢ 목열구조물	소규모 곡저평야 중앙부~곡구	곡저평야 형성 溪流의 하류역	1미만	유로(?) 내	1유형? 2유형?	물길과 직교? 사교?
보령 관창리유적 G구역	연대불명 후대(3층) 제1·2·3·5보	다소 규모가 큰 곡저평야 중앙부	곡저평야 형성 소하천의 중류역	1전후	곡 중앙의 간선수로 내지는 유로 내	1유형?	물길과 직교

※ 제시한 지형조건, 상·중·하류역, 하천규모는 어디까지나 추정

잔존길이(m)	축 조 방 법	연 결 시 설 및 기 능	표 5.2~5.6 참고문헌 번호
4m 전후?	물길과 직교해 狀설치, 종말목을 먼저 박고 서로 교차하면서 횡목 설치	수로→보→水口→논	1
제5 수로: 평균 1m	직경 10cm내외의 주공 35개(말목열)	논 용수공급 보 추정 (보고서 : 수로 분지지점의 유속완화)	3
	직경1m 정도의 웅덩이와 그 내부의 말목	논 용수공급 보 추정	3
	출수구 좌우에 직경 1m, 잔존길이 70cm 크기의 주공2개, 이 상부에 직경 10~20cm 내외의 나무 10여점	보 추정	6
	출수구 부근에 대형 목재 사용, 직경 30cm, 길이 2.5m 가공목 다량 출토	보 추정	
	종 · 횡말목 사용	취수원(배후습지? 구유로?)→보→취수구→수로→수구→논	10
1호 수로: 약 3~4m	5개 지점에 보 말목을 약 10cm간격으로 수로와 직교되게 설치, 그 사이에 잔가지 여러겹 엇대기	논 용수공급	24
2호 수로: 2~4.5m	6개 지점에 보 2호 수로 내부에 약 2m 간격으로 4개의 狀	논 용수공급	
4호 수로: 약 4m	3호, 4호 수로 각각에 1개 보 4호 수로 내부에 직경10~15cm의 말목이 약 15~20cm 간격으로 설치	보 추정	
BⅠ : 약 10m	2열을 이루는 말목 사이에는 걸침목,니토 · 초본류	보로 추정, 갑작스런 수량 증가에 따른 수압으로 인해 폐기	26
BⅡ : 약 13m	80~100cm 간격을 두고 2열 배치, 말목 사이와 전면에는 걸침목, 장대목, 니토 · 초본류	보로 추정, 갑작스런 수량 증가에 따른 수압으로 인해 폐기	
CⅠ : 약 9.8m	말목, 걸침목, 니토 · 초본류	보 추정, 인위적인 폐기	
CⅡ : 약 1.4m	2열 말목열 사이에 걸침목	보 추정	
목조구조물 (보)길이: 총 40m	중앙 : 길이 10m, 좌우측의 것과 유사한 방법으로 축조, 중앙부 오목한 곳에 초본류 우측 : 길이 14m, 2~3m, 직경 10cm, 말목 사향 박기→횡방향 걸침목(길이 14m내외) 좌측 : 길이 16m, 규모 대형, 큰 통나무사용, 우측과 대체 동일방법으로 축조, 단 가장 아랫단 횡목(직경 50cm)축조후 약 30cm내외의 말목을 종으로 고정	?	34
(구폭:약 8m)	소형 보? : 목조구조물(보)과 동일 방향, 동일 형태로 축조		
4m	전부 : 평면원형, 직경4m, 길이 30cm , 보벽(서쪽 보벽) : 직경 4m, 단축 3.4m, 깊이 65cm, 수혈내 말목고정	웅덩이 A→시설C(보)와 수로→웅덩이B, 시설D로 물흐름	35
4.8+2.6m	북쪽부분 : 길이 4.8m, 폭 1m, 깊이 40cm, 남쪽부분 : 길이 2.6m, 폭 1m, 깊이 40cm	나지역 수로 또는 시설C→시설D→시설E 또는 웅덩이B로 물흐름, 보 내지는 호안시설	
3.4m	길이 3.4m, 폭 1.7m, 깊이 30cm(굴광규현 : 길이 5.8m, 폭 2.2m, 깊이 40cm)	나지역 수로 또는 시설D→시설E→웅덩이B로 물흐름, 보 내지는 호안시설	
	제원 불명, 구 하천 유로에 사교하도록 설치, 약간 호상의 평면, 축조방법 세부 불명, 말목, 횡목, 할석 등이 보에 사용, 보 내에서 토기, 복숭아씨 등 검출~제의?	?	36
약 1.2m	동─서 방향 배치, 2열 말목열, 걸침목	?	26
5보: 7m전후	물길과 직교해 狀 설치, 종말목을 먼저 박고 서로 교차하면서 횡목 설치, 돌도 사용한 듯	논 용수공급? (보→수구→논)	1

표 5 _ 저수지 제방

유적	종류	시대	고고연대 / 자연과학연대 / 문헌기록	설치지점의 지형조건	하천·유역	하천규모	평면형태	길이(m)	기저부폭(m)	상면폭(m)	높이(m)	법면각도(°)
영천 청제유적 (菁堤) 보물 제517호	谷池		?	소하천이 형성한 곡저평야 곡중앙부(소하천 양안의 침식성 저구릉 협곡부를 연결)	소하천의 상·중류역	1이상	굴곡이 있는 직선(중앙부 凹, 굴곡)	병진명(536년) 92심(736척) 현지실측 225m	22심(176척)	3심(24척)	8심(64척, 19.2m)	
			?					35보(43.5m)	12보(14.99m)	2.8m(현지조사)	6보3척(7.8m)	
								정원명(798년) 35보(210척)			6보3척(39척, 11.7m)	
								중립비(1688년)				
			A.D 536년(초축)					菁堤文簿(1929년)				
대구 무술오작비 (戊戌塢作碑)			A.D 578년					50보(300척)	20보(120척)		5보4척(34척) 5보?	
상주 공검지유적 (恭儉池)	谷池		1차: ?~1195년 전후 2차: 1913~1918년 3차: 1964~1993년 4차: 1993년~현재	곡저평야(銅川의 중류역에 면한 구릉사면 말단부와 독립 저구릉 등을 연결)	동천의 중류역	수차수	일자형	1차:180m (추정 350m)	18m 이상	5m 이상	5.4m	
							타원형에 가까운 부정형	2차:	17m	4.4m	3.6m	
							제형	3차:				
							역삼각형	4차:	8.7m	3m	2.5m	
			고려 명종 25년(1195) 이전(고려사 지리지·세종실록지리지)					제방길이 ①~③·⑥·⑦문헌 :860보×0.5m=430m ④문헌:880보				

기타	축조방법	고고자료 / 문헌기록	용·배수시설·방법	고고자료 / 문헌기록	저수지 면적·담수량·몽리 면적	기타사항	표 5.2~5.6 참고문헌 번호	
						作人 7,000인, 王京人들이 공사책임자		60-b
3심 15척 (3.1m)	제방 축조 토량 1,159.3㎥÷14,130명=1인 운반토량 164.2ton (흙 1㎥=2톤, 1인 연 82.1㎥÷60일= 1인 1일 약1.2㎥)		木桶(上排堀里)12보 (72척, 21.6m)			·여러 차례의 보수 기사 ·원성왕대(798년)의 청제 보수 관련 기사 所內使~보수공사감독 출역인원~斧尺136명(木工) 法功夫 14.130명(영천·경산군민) 보수기간:2.12~4.13 (2개월간)	60	60-d
			役夫14.800여명		몽리면적:116-d문헌: (약 30만명) 300여석(비문)			60-b·d
			·여수토(小窟) ·배수 수문·수구(連棟窟·大窟) ·물배수 水桶(長桶) 및 관리인(窟案) ·굴문 막는 통나무(封木)		몽리면적: 2,014두락 (6,713㎡)			60-c
						·연 인원 312명 동원 ·13일의 공사기간 ·2명의 승려가 공사 책임자(지방관 등의 기록없음)		61
둘레 1,620m 둘레 320m 둘레 505m 저수지 둘레 ①문헌: 800보×0.5m=400m(폭?, 길이?) ②·③·⑤~⑦문헌:16,647척×51.41cm=8.56km (영조대 포백척) ④문헌:22리×4km=8.8km 수심 ⑦문헌:4~5장×150cm=6~7.5m ⑤문헌:10척×51.4cm=5.14m (영조대 포백척)	1차 제방(Pit 3의 조사내용) ·최초 축조 후 크게 3차례 보축, 제외지쪽 보축 ·최초 축조(1차 제방)-기저부층 ~기저부→중심부→내외부 축조의 3단계 공정 ~자연 퇴적층(?)인 회색 뻘층 이용:기반토층 ~기저부는 기반토층위에 토낭(?)혼입의 점토층 반복성토, 확인 길이 13m, 높이 2m ~기저부 내면에는 나무가지 등을 깐 층(數粗朶 2개층)과, 말목열 3열 1조의 2조 목제시설물 설치(말목열의 간격 40~60cm내외, 말목 직경 7cm 내외, 길이 80cm 내외, 40cm 내외의 간격으로 말목박고 발목사이를 직경 2cm 내외의 가지로 엮기) ·1차 제방 중심부 ~점토, 사질점토, 마사토, 토낭(?)혼입의 점토 등을 이용, 기저부 상면부터 수평 성토, 제방 장축방향으로 명황갈색 사질점토와 적갈색 사질점토를 교차하여 쌓은 지그재그선 확인(지그재그선 간격 60cm, 기저부 상부면에서부터 2m정도 수직선상으로 연결) ~하부 폭 7m, 상면 폭 4m, 폭이 3m ·1차 제방 제내지·제외지 ~수평 성토된 기저부, 중심부의 좌우에 비스듬하게 점토, 사질점토, 마사토 등을 반복되게 두께 20cm 내외로 성토 ~제외지쪽에는 목제시설물과 나무가지 등을 깐 층이 확인 2차 제방~4차 제방 ~1913년부터 현재까지 최소 4차례 보축 ~2차 제방은 3차례 보축 ~2차 제방은 3차례 보축시 제외지쪽에는 호안 석축(크기 25×40cm의 치석된 장방형 석재를 3·4단 석축), 제내지쪽에는 직경 25cm 내외의 천석이 2·3단 깔린 철사 망태기(籠類?)로 호안 ·3차 제방~ ·4차제방~매립토인 명황갈색 점토층 위에 갈색모래와 황갈색 점토의 혼합층		·공검지의 북·서쪽 주변 산지에서 흘러내린 물이 용수원 ·관개지역: 공검지의 남동쪽인 영주·사벌들 등 ·1차 제방의 시설·방법 세부는 미조사로 불명 ·입수:못안들에서 북쪽 제방 중앙부의 수문을 통해 유입 ·배수:서쪽·남쪽 제방의 수문을 통해 배수		담수면적 2차제방(118-a 문헌): 약 57,000평 3차제방(118-a 문헌): 약 2,000여평 4차제방(118-a 문헌): 3,938평 몽리면적 ①문헌: 260결(동천 중류역, 즉 남동쪽의 상주, 사벌들 등) ⑧문헌:268결40부×9873.7㎡=2,650,101.1㎡÷9917.4=257.2정보(세종12년 개정 양전척)	·고려시대 이전~현대까지 4~5번 축조	62 외 ①世宗實錄地理志 (1454년) ②新 曾東國輿地勝覽 (1530년) ③商山誌(1617년) ④東國文獻備考 上 (1770년) ⑤慶尙道邑誌 (1832년) ⑥大東地志 (1862년) ⑦咸昌郡邑誌 (1899년) ⑧慶尙道續撰地理誌	

당진 합덕제유적 (合德堤)	谷池	조선시대 (백자편) 14C연대: 18C후반~ 19C전반 고려이전	석우천이 형성한 곡저평야의 곡구쪽 (석우천 하류역 양안의 침식성 저구릉 말단부를 연결)	석우천 하류역	수차수	굴곡이 있는 약간 ㄷ자형, 제외지 쪽으로 돌출	현재 약 1,770m 2,700여척	ATr	1차: 최대 20.6m 2차: 3차: 4차: 5차:	2.6m (추정3.7m) 5.4m 6.2m 8.2m	최대 5.6m 6.05m 6.4m 6.5~6.6m	30° (ATr)
제천 의림지유적 (義林池) 명승 제 20호 (2006년)	谷池	?(미조사) 연대측정치 일정치 않다 삼한시대축조설, 신라 진흥왕대 축조설, 조선시대 축조설	소하천의 상류역에 형성된 곡저평야부 (일부는 구릉사면부에 형성된 선상지도 포함) 사면부(협곡부)를 연결	소하천의 상류역	수차수	6각형?	530척 (세종실록지리지)				시추조사 결과 현재보다 4~5m 낮았다. · 기반암 상면~제방 상면 9~17m ·	
진해 자은동 수전지유적	谷池 ?	18세기말~19세기중반? (논 연대)	구릉사면부(혹은 선상지면) 개석의 개석곡(곡저평야) 곡두	溪流	1미만	?	잔존 직경 1-2m		?	?		
제천 유등지유적 (柳等池)	皿池	1872년 이전 축조 (크게보아 조선시대)	소하천의 중상류역의 선상지성 곡저평야면(선상지면? 단구면?) 내에 위치	소하천의 중상류역	?	ㄴ자형	현재 동서:220m 남북:80~100m				약 3~3.2m~4m쯤	

현재 제방 상면 폭:7m 내외(ATr) :10m 내외(BTr) 1915년 지도 기준~ 둘레 4.5km	ATr · 최초 축조후 4차의 보수 · 개축(주로 제외지에 집중, 저수지라는 성격과 관련?) · 최초 축조(4단계 공정) ~회백색 암반풍화대를 크게 보아 凸상? 정지(기저부)→점성강한 회흑색~회청색 니토 반복 성토, 니토층 사이사이에 지엽부설층(엄밀히는 數粗築 기저부 상면에 지엽부설, 니토 5~10cm 성토하는 작업을 반복, 총 40cm) ~이후 점토 · 점질토와 사질토의 반복성토, 제외지쪽으로 덧대기 반복 성토. ~완성된 1차 제방의 제원:기저부 길이 최대 20.6m, 최대 높이 5.6m, 상면폭 2.6m(추정 3.7m), 제내지쪽 법면각도 30° · 2차 축조~갈색의 무른 점토와 사질점토 반복 성토 · 3차 축조~사방향으로 사질점토와 점토의 반복 성토한 후 제방 중앙부는 점토와 모래를 얇게 반복 성토, 제방 안쪽은 황갈색의 점성강한 점토 사용 · 4 · 5차 축조~3차 제방의 내부를 보축한 것, 4차:주로 적색점토 이용 5차:제외지쪽의 석축 (1913년) BTr · 제방 축조 방법은 ATr과 기본적으로 유사, 최초 축조후 2차례 보수 · 개축 · 최초 축조:~습지 기원의 회(청)색계 뻘층을 凸상? 정지 ~기저부위에 흑회색과 갈색계 점질토 반복 성토 ~기저부 상면에 지엽부설층(짚 등)과 니토층의 반복 성토 ~제외지쪽 호상으로 굴삭한 후 점질토, 사질토 반복 성토 ~그 후 제외지, 제내지쪽 모두를 점질토 · 니토와 사질토로서 피복 성토(ATr과 다르다) ~제방 방향을 따라 동서로 직경 6~7cm, 길이 60cm 정도의 말목이 0.3~1m간격으로 7개 박힌 것 확인 · 2차제방~제외지, 제내지쪽 모두에 갈색계 사질점토로서 피복성토(ATr과 다르다) ~개개 성토층의 두께가 ATr과 달리 두텁다. · 3차 제방~1913년 석축(제내지쪽)	미조사로 불명 수문 총 8개 · 여수문-가장 대형, 홍수조절용 · 제줄수문-간이수문 · 나머지 6개 수문-관개용 수문	저수지면적 37만평 몽리 면적 1915년 지도 기준 동서-최대-4.5km 남북-3.5km, 최대 290여만평 세종대 127결 (약 98만평)	· 후백제 견훤이 군 사용으로 축조 전설 · 여러 차례 보수	63
수심: 시추조사 결과 최대 약 7.68m	축조방법 불명(미조사)	· 시추조사 결과 3개 방향에서 의림지로 水유입 · 水口를 옹기로 축조	면적: 시추조사 약 117,000㎡ 담수량: 시추조사 334,000㎡	· 여러 차례 보수	64
제방둘레:약 2km (현재) 여지도서~5,870척			몽리면적 289.4정보(현재) 400결(세종실록지리지)		
	축조방법 불명(미조사)	용 · 배수시설 · 방법 불명 (미조사)		· 장기간 물고인 흔적?	55
餘水吐 폭2m, 높이 1.5m	· 청회색 찰흙층이 기반토층, 약간 정지? · 말목박기(직경 9~13cm, 길이 50cm~138cm · 중심부는 두께 5~15cm 점성 강한 흙으로 성토, 단면 사다리꼴 · 중심부도 2회의 성토 작업? · 작업단위의 頂点 서로 엇갈리게 · 그위에 40~50cm 두께의 마사토 혼입토 성토 · 잔디피복. 제외지쪽 제방법면 말단부에 직경 20~40cm정도의 강자갈 2~3겹 쌓기	서쪽 제방의 중간지점에 돌로 만든 餘水吐 2개소 남쪽 제방의 서쪽에 수문	저수지면적: 약28,000㎡(현재)	· 의림지의 子池는 아닌듯	64

표 6 _ 하천제방 · 방조제 · 토성의 체성 등

유적	종류	시대	고고연대 / 자연과학연대 / 문헌기록	설치지점의 지형조건	하천·유역	하천규모	평면형태	길이(m)	기저부폭(m)	상면폭(m)	높이(m)	법면각도(°)
김해 봉황동유적 (김해 한옥생활체험관 조성부지 내 유적) 68호 제방	제방 (토성?)		삼국시대	구릉 사면 말단부와 곡저평야(내지는 하천유로?)의 경계부 일대	?	1내지는 1미만	동서 방향, 직선적 (약간 호상?)	보고서 25m			최대 1.5m전후 잔존?	
동 유적 70호 저습지 및 제방관련 목조시설	저습지에 축조된 제방이나 토성		삼국시대	"	?	"					
대구 동천동유적 3-Ⅰ구역	하천 제방		삼국시대	팔계천의 구유로적? 내지는 분류적?	팔계천 하류역	1이상	?	14m	3.4m			
함안 가야리 제방유적 (아라가야 왕궁지 추정 토성지)	하천 제방 (山附堤, 防川)		삼국시대 14C보정연대 한국 1820±60(A.D 190) 1700±50(A.D 330) 1710±60(A.D 325) 일본 1565±20 (A.D 430~544) 1575±20 (A.D 428~539)	침식성 저구릉을 개석한 계티천이 형성한 곡저평야의 곡구 쪽에 면한 양 저구릉을 연결	계티천 하류역	1이상	약간 호상	추정 약 283.6m	15.34~17.42m	최대 7.1m	최대 2.68m	
밀양 수산제유적 (守山堤) 동아대학교 발굴조사 지점	방조제		123-b문헌수문: 조선시대 후기~근·현대 낙동강 하류역에 면한 침식성 저구릉을 개석한 곡저평야에 위치, 침식성 저구릉과 독립구릉(?) 등을 연결한 듯	용진강 합류의 소하천 하류역	수차수	굴곡이 있는 ㄷ자형 유사		123-c문헌: 18~24m		123-c문헌:현재의 낙동강변 제방높이	

기타	축조방법	고고자료 / 문헌기록	용·배수시설·방법	고고자료 / 문헌기록	저수지 면적·담수량·몽리 면적	기타사항	표 5.2~5.6 참고문헌 번호
	(견해) ·기반토 정지(8~5층: 자연퇴적층) ·제방법면 끝부분에 梯子土臺처럼 석축 최하단석을 지지하는 목조구조물을 설치(폭 1m미만~1m전후로 추정) ·제방내부 충전하면서 제방법면 석축, 4층~2층까지가 인공성토층, 4층에는 패각혼입(성토의 강도 보강재)과 부엽층(성토층 사이, 남쪽부분에서 길이 6m, 두께 10cm 정도)이 존재 ·법면 석축 바깥에 연속입방체 沈床(枠)설치~1개 크기:보고서 가로 3m, 세로 2m, 소배경 논문: 가로2~3m, 세로 1.5~2m 침상흔적 1.5m 내외의 일정간격 ~침상 내부의 하부에는 보다 작은 돌을, 상부에는 보다 큰 돌을 채운 듯(필자견해)~제방의 호안시설 일부이자 하중 분산시설로 추정(필자견해) ·이후 어느 시점에 제방 상부 대부분 삭평 제거된 듯(보고서의 1층 형성 단계)		(보고서기재) 수문시설: 석층의 상단과 토층의 하단에 제방방향과 직교되게(남북방향)의 석조배수로 ~상단 4열, 하단 5~6열~상하단 배수로는 일직선상이 아닌 엇갈리게 배치 ~배수로는 좌우 양측에 지대석을 세우고 그 위에 개석을 얹은 ㄇ자형 암거방식. (필자견해) ·보고서 기재의 배수로는 대부분 沈床材가 부식되거나 빠져나간 흔적으로 추정 ·암거식 기재의 배수로는 제방 서쪽끝에 제방과 직교되게(남북방향) 설치한 것 ·제방 내부 침투수 등을 제방 바깥으로 배수하는 기능?			·제방법면이 제내지인지 제외지인지 판단불가(하천제방이라면 제외지쪽 가능성) ·제방 위치가 제방 성격에 중요한 판단기준이 될 듯	65
	제방 관련 목조시설(보고서기재) ·제방과 동시기(즉 제방의 일련의 구조물)로 제방 바깥의 석재 충전 침상 북쪽 끝에 설치한 목조 호안시설일 가능성 ·제방 북쪽에 연접, 제방 하층에서 확인 ·통나무를 덧대어 만든 횡목 길이는 8m이상(필자견해) ·상기 목조시설은 제방 축조 이전시기의 구조물일 가능성-층위, 목조시설 위에 沈床 충전석 등이 산란된 흔적~유로(수로)의 호안시설?						
	·가지역 岸에서 시설 C까지 연결 ·직경10~20cm의 천석이용 축조, 서쪽에는 1벌만 깔린 정도 ·제방 서쪽에 ㄷ자형 부재, 결구용의 穴이 있다-枠로 추정 ·제방 중앙에 시설B 존재(枠 추정)장축 6.1m, 단축 3.4m, 깊이 80cm 정도의 수혈을 파고 그 안에 입방체의 나무틀을 짜고 나무틀의 네모서리에는 말목을 박아 세웠고, 바닥에는 큰 나무를 깔았다. 그리고 입방체 나무틀 내에는 제방과 함께 돌을 넣었다.		용멍이 A에서 나오는 물을 시설 C로 도수 역할				35
	·(구지표면층의 부식토 제거?) ·기반토를 凸상, 凹상, 계단상으로 정지, 기반토 폭 13~20m여 ·성토작업단위: 3~5개 작업단위~2~4층, 5·6층, 7·8층(9·10층, 11·12층) ·제외지쪽으로 덧대기 성토가 원칙 ·기반토 직상의 2층에서는 부엽공법(엄밀히는 부조타공법) 확인 ·토낭의 이용 ·성토에는 보다 점성강한 흙과 상대적으로 점성적은 흙을 호층성토가 기본 ·제외지쪽 押盛土?					·하천의 곡내 범람·역류 방지-제외지쪽 덧대기 성토는 제외지 水를 의식한 것, 제방 평면 형태가 제외지쪽으로 돌출하는 형태 등 ·제방 축조이후의 여러 차례 범람 추정	66
	제방의 정확한 위치, 평면형태, 축조방법 등은 불명(미조사·미보고)		·용진강을 배수처? ·현 제방 아래에 있는 자연 암반을 터널식으로 굴착하고(높이 170cm, 폭 130cm, 수문길이 25m, 연결수로 길이 7m, 크게 보아 남북방향) 굴 양끝 가까이에 수문(남북수문)을 설치하고 수문을 개폐해서 배수·역류수 유입방지 ·북쪽수문-2중설치(간격 160m정도) 굴의 양측벽과 바닥에 홈을 파고 판재를 끼워 개폐식(?)으로 조절 홈폭 11~14cm, 중간과 바닥, 상단에 넓은 홈 ·남쪽수문-2중 설치(간격 55cm), 기본 구조는 북쪽수문과 동일. 홈폭 12cm, 중간 2개소와 바닥에 홈. ·굴 높이 180cm, 상단폭 130cm, 하단폭 170cm			118·119·121의 문헌:국농소에 범람하던 용진강의 범람 방지 121의 문헌:용진강·낙동강의 범람 역류수 방지 저수지 규모나 관개면적 기재없고, 제방위치가 저수지의 것으로 보기 어렵다. 필자 견해: 118·119·121의 문헌: 견해찬성, 해수침입도 방지	118·119·121 ①동국여지승람 ②세종실록지리지

		①제방 -고려시대 ①수문-조선시대 세조9년 (1463)					②728보 (약 1,004m 내외) 123-a·c 문헌:약1,04 0m(1924년 무렵)				
		1924년					20町이상	38~39척	8척	2칸	
부여 서나성유적 군수리지점	하천 제방	1950년 전후	금강의 활주사면부의 point bar(현 인공제방)	금강 중류역	?	다소 직선적	조사 구간내 약 220m	16m		3~4m	
경주 구황동 신라왕경숲 조성사업부지내 유적	하천 제방	~1960년대	북천의 하상 내지는 범람원면에 축조된 인공제방	북천 하류역	수차수	북천 유로방향 과 평행		1.9m	최대 2.3m		55°
울산 어음리유적 B지구	하천 제방	조선시대	감천 하류역의 구 자연제방	감천의 하류역	수차수	현 감천 유로 방향과 대체 평행	43m				
밀양 수산제유적 2008년 조사구간	방조제	불명			1이상						
김제 벽골제유적 (碧骨堤) 사적 제111호(1963년)	방조제, 저수지	제방연대 -A.D4세기설? ·후대설? 수문-1415년?(③문헌시기?) 1,600±100BP, 1,576±100BP, 1,620±100BP A.D 1415년 (태종15년)	동진강 하류역에 합 류하는 소하천의 범 람원면 (소하천 양안의 구 릉을 연결)	동진강에 합류하는 소하천의 하류역	수치수	굴곡이 있는 직선 (중앙부 의 凹)	①1,800보 (3,348m) ②?166보 ③60,843척 (12,534m?, 18,740m?) ④1,800보 (약2,343m) ⑤2,600보 (3,385m) 127-a 문헌:약 3km 127-b 문헌:약 2,721m ③3,300m 127-f 문헌: 7,196척 (3,426m) 성정용논문	③70척 50척 (23.41m)	③30척	③17척 127-a문 헌4.3~3.3 m	
강화 선두언유적 (船頭堰)	방조제	미조사 조선시대 (숙종33년, 1707년)	해안에 면한 곡저평 야가 협곡부를 이루 는 곳의 양안 저구 릉 말단부를 연결 (이전에는 바다, 갯 벌과 갯골을 이루는 곳)	현재 하천 하류·하 구역(당시 는 바다)		약간 호상	410보 (실제 305파)	47파?	47파?	10파	

①둘레 20리 (못가운데 죽도)		①수로 굴삭, 수문 설치해서 둔전화			
	·협의의 기반토(구 point bar) 위에 있는 삼국시대~조선시대 문화층 등을 광의의 기반토로 해서 삭평·정지하고 그 위에 크게 2 단위의 성토작업 ·성토 작업단위 각각의 정점은 서로 다르다 ·제내지쪽으로 멋대기 성토			·금강의 범람방지 및 제내지 보호	30
	·일부 지점에서는 하상퇴적층을 굴삭 ·직경 20~60cm 크기의 냇돌 등으로 제외지쪽 법면 석축-막돌쌓기 수법 ·내부에는 보다 작은 냇돌 등으로 충전			·고려 현종대에 제방 축조 및 나무 식재 기록 ·조선 숙종대(1707년)의 알천제방수개비~ 제방개축과 북천 유로변경	68
	직경 5~30cm정도의 할석을 최대 6단정도 쌓은 것, 당시 제방의 제외지쪽 법면부에 해당				69
					70
②둘레 17,026보 ③77,406 (95,674m) ④76,406보? ⑤80리 (20,000m) ③20,000m	A지구 ·최하부-자연퇴적층~흑회색 점토층(기반토층, 습지기원?, 필자 견해:기반토 정지?) ~흑색 식물탄화층(두께 1~2cm, 갈대 등 초본류를 간 소위 부엽공법(?), 필자 견해:기반토층 상면에만 존재?) ·제방 하부-1차 구축토~황갈색 점토층(두께 약 2.5cm) -2차 구축토~황갈색 호상 점토층(두께 약 85cm) -3차 구축토~갈색토층(제방 중심부 부근 약 70~80cm) B지구 ·A지구 최하부에 2개층 존재 ·기초층 3~5층 존재(A지구에는 없음, 3층은 석패 혼입의 산토, 5층 상변에서 일단 기초공사 완료-일시적인 구지표면화, 수문·호안 공사 실시) ·6층이 A지구 3층과, 7~11층이 A지구 4·5층과, 12층이 A지구 6층과 각각 대응	수문은 5개소(확인 3개소, 내용은③문헌과 동일) ·경장거 수문 석주2개, 간격 약 4.2m 석주의 크기: 높이 5.5m (15척), 폭 75cm, 두께 50~60cm, 안쪽의 홈: 폭 20cm 깊이 12cm, 홈 최하단부: 길이 63cm, 폭 30cm, 석주 1개 무게: 약 8,000kg 석주 두부 홈: 폭 30cm, 길이 5cm의 홈을 수평으로 작성 석주 두부 홈 아래의 원공: 직경 12cm, 깊이 7~8cm 석주 홈내에 목제 독판 삽입, 판의 내외에 철제鎖 착장, 상하 이동시켜 방수량 조절 두부의 홈과 원공은 독판 조작 장치 가설 석주의 높이-제방 높이와 거의 일치 ·제방내부 취수구는 미조사 ·수문 전면의 방수로 및 호안 석축 석축석재: 길이 1.4~1.75m, 폭 54cm, 높이 50cm, 가공 장방형 석재, 2~3단 석축, 높이 1.9m추정 석축길이는 수문 좌우 각각 6m, 직각으로 격인 호안 석축부: 길이 8.5~7.7m, 장방형석재 2단 석축, 바닥에도 석재부설 폭 약 1.3m 방수로: 폭 약4.15m, 바닥석재 부설 도수로(A_7Tr): 폭 120cm, 깊이 60cm의 것 확인	②몽리면적 水田 14,07? (약 9,300만㎡) ③몽리 면적 9,840결 95부 (약 9,521만㎡) ④몽리면적: ③과 동일 71-a 문헌:최대저수면적 약 3,700만㎡ (1,120만여 평) ⑥몽리면적 9,900만㎡	③전라도 각 군현에서 장정 1만명, 간사 300명, 공사기간 23일, 제방 결손부분에 성토, 제내외에 5열의 버드나무 식재 ③渠門 4개소, 3개소 石柱	71 외 ①三國史記 ②三國遺事 ③新增東國輿地勝覽(벽골제 중수비문) ④輿地圖書 ⑤大東地志 벽골제 안내판
조수 출입하는 곳의 수심 7파	·토석으로 축조 ·축조순서 및 방법 ~가장 깊은 곳을 메워 막고 좌우에 큰 수문을 내어 물길을 바꾼다 ~갯골에 판자 깔아 제방 사용 돌 운반 ~제방의 석축에는 석회를 접착재로 이용 ~수문사용 석재는 목장의 것을 채석·운반 ~석재 운반시 생칡 이용	·제방 양쪽에 수문, 1863년 제방 중간에 수문 1개 추가 축조(약 두달간 공사, 1427명 투입) ·동쪽수문-길이 20척, 폭 15척 서쪽수문-길이 18척, 폭 13척 ·1863년 제방중앙에 수문 1개소 추가 설치 ·눈 내릴때 저수, 이듬해 해동하면 방수 ·봄가을 농한기에 잡석 증축 또는 木柵설치, 나무 식재해서 제방 보강	제언 내 경지 (논?)의 둘레 거의 30여리	·방조제, 제방 안쪽의 저습지를 농경지로 개간-군량의 확보 목적 ·11만명이 부역, 1706년 9.18~1707년 5. 25	72-a

유적	종류	시대	고고연대 / 자연과학연대 / 문헌기록	설치지점의 지형조건	하천·유역	하천규모	평면형태	길이(m)	기저부폭(m)	상면폭(m)	높이(m)	법면각도(°)
서울 풍납토성유적 (風納土城) 동성벽 A·B지점	토성		B.C 1세기~A.D 2세기 축조, A.D 3세기 전후한 시점에 현재와 같은 모습 완성	한강 하류역의 자연제방(point bar)	한강 하류역	수차수	전체:남북방향의 장타원형, 조사지점 A·B는 직선적	전체 약2,080m잔존,북벽446m,서벽포함 약 3.5㎞추정	실측조사: 30~40m (최대 70m) 발굴조사: 43m		실측조사 : 최대 11.1m 높이 11m	
부여 동나성유적 능산리지점	저지의 나성(토성)		삼국시대(나성)~조선시대 (수로, 필자견해:나성 내부 물배출 입수로)	왕포천 하류역의 곡저평야 양안의 저구릉을 연결	왕포천 하류역	수차수	직선적		약 20m (필자견해: 지엽부설 통로유구와 목책도 제방범위?)	약 2m (기저부 상면에서)		
부여 능사유적 (陵寺)	사지		A.D 6세기 후반~7세기 (6~8차 조사) / A.D 567년 (백제창왕명석조사리감, 국보 제288호)	왕포천에 면한 곡저평야	왕포천 하류역	1미만						

기타	축조방법	고고자료 문헌기록	용·배수시설·방법	고고자료 문헌기록	저수지 면적· 담수량· 몽리 면적	기타사항	표 5.2~5.6 참고문헌 번호
토성 둘레 약 3.5km	·한강변의 서벽 상당 부분 유실 ·토성벽면 하부만 석축한 점, 나머지 법면 상부와 토성 상면부는 土만 사용 ·생토층인 모래층을 기반토층으로 정지? ·그위에 점토층 피복→기저부층 작성(B지구는 사질 점토층으로 작성) ·기저부층 위에 본격적인 성토작업 ·기저부위에 사다리꼴의 중심 토루(하부 폭 7m, 높이 5m정도,점토 중심으로 성토) 성토→내벽쪽은 5개 토루, 외벽쪽은 2~3개 토루를 각각 덧대기 성토(판축법에 준하는 다소 원시적인 기법, 즉 중심토루 내외의 토루들을 중심토루쪽으로 일정 경사를 유지하며 비스듬히 쌓은 고식의 축성법인 점, 보통 판축법의 영정주나 판목, 횡장목, 종장목이 보이지 않는 점) ·내·외벽쪽 토루는 점질토와 사질토를 반복 성토하거나 2자를 섞은 흙을 성토 ·A지구 내벽 제V토루는 뻘흙(10cm정도 두께) 사이에 부엽층(나뭇잎, 껍질, 볏짚 등, 두께 1cm 정도)을 10차례 이상 시설(즉, 뻘층과 부엽층을 10여차례 반복) ·A지구 내벽 V토루에서는 성벽 횡방향으로 놓인 가로목이 종방향을 따라 등간격(110cm간격)으로 8열 확인, 일부에서는 종말목이 결구된 상태 확인(판축부재는 아니나 성토관련 부재이며, 사용후 그대로 박혀 지반 강화 역할) ·A·B지구 모두 내외벽에 마지막 토루 상단부에 돌피복 ·특히 A·B지구 내벽쪽에는 3단으로 단을 지어 강돌 한겹 깔고 마지막 4단째(최하부)에는 기저부까지 두텁게 석축 마감 ·1~3단까지의 폭은 각각 1m내외, 4단째 폭은 4~5m, 두께1.5m 이상의 석축 ·B지구 V토루의 내벽 석축 하단부에는 성벽의 종방향을 따라 따라 U자형 구가 확인(깊이 약 1.4m, 상부폭 85cm정도), 내부에는 약 15cm두께의 장방형 각재가 수직으로 박혀 있다. 그리고 이러한 각재가 성벽 종방향을 따라 85cm간격으로 3개 확인 (성벽 축조 기초시설이자 구획선 역할)		불명			·토성 법면 하부만 석축한 점, 돌을 석축했다기 보다는 피복에 가까운 점, 석축에는 사면부 枠?와 횡목 ―비탈면 보호공에 사용하는 목제틀을 이용한 점 등은 김해 봉황동 한옥생활체험관 조성부지 내 유적의 68호 제방과 유사 ·중심토루 초축한 이후 최소 2차례의 대대적인 증축설	73
	·크게 3개 층으로 대별~I(I·IV)·II·II′(IV?)·III·V~VII층 기반토층(저습지 기원의 혹니토층)을 정지해서 기저부 작성~凸상 혹은 계단상?, 기저부 폭 약 20m ·기저부 상면에 직경 2~3cm의 가느다란 나뭇가지를 2~5cm 두께로 깔고(敷粗朶), 그 위에 두께 약 20~30cm 성토하는 작업 반복 ·나성 안팎의 가장자리에 일정 간격의 말목열(외부 목열의 말목직경 5~10cm, 말목간격 50~100cm) ·제외지쪽 段 부분 ·제외지쪽의 지엽부설 통로유구와 목책~나성과 평행·연접, 확인범위 35m~폭 약4m, 길이 60cm정도 굴삭, 서쪽에 말목박고 30~40cm두께로 흙 채워넣기, 직경 5cm 내외의 말목을 50~70cm 간격으로 박고 횡으로 나뭇가지를 엮기, 그 위에 성토해서 段狀으로 만든다.		·후대의 2개 수로(모두 나성 제외지쪽으로 물 배출 하는 입수로로 추정: 필자견해)~평면 Y자형 등이며, 입수부에는 크고 작은 할석 산재, 일부는 V자형으로 석제 배열, 입수부분으로 들어온 물은 ㅁ자형 암거시설(제2 수로), 그리고 나성내부는 木桶?(필자견해)을 통과해서 제외지쪽으로 배수 추정		제내지쪽 해자 (추정 폭 60m), 필자견해 : 제내지쪽의 정체수 범위?	30
	·호안시설?~종말목 안쪽에 횡방향 나무말목 ·도로유구~도로 폭 좌우 끝에 종말목, 내부에 土·石 충전·부설 ·장대목~직경 20cm크기, 3개 확인, 암거 방향과 평행, 가로 3.4cm, 세로 4.5m ·3열의 목책열~목책열 간격 6m ·목조가구시설~종장목, 횡단목을 결구하고 그안에 할석 충전(枠 혹은 梯子土壘?와 유사~김해 봉황동유적 (한옥 생활체험관), 풍납토성과 유사) ~남북길이 약 3m, 동서 폭 2m내외 ~남북방향으로 종장목 2개 배치, 이와 직교하는 방향을 횡단목 6개를 60~80cm간격으로 배치, 사이사이에 할석 충전 ·지엽부설유구~초기 중심배수로 동쪽 사면에 남-북방향으로 1열을 이루며 깔은 것 ·목제 보강시설: 성격불명						74

김해 봉황토성유적 4호 토성	토성	삼국시대(북구) A.D 43~44년 (삼국시대 가락국기)	?	?	?	북서- 남동방향, 직선상	22m~체성 중심부 7m 외부석축 7m 내벽석축 7m (단 기저부 폭은 미확인)	16.5m	약 2.8m	
김해 봉황대유적 (가야인 생활체험촌 조성부지 내 유적)	토성 (석렬유구 1·2)		해반천 하류역의 배후습지 및 구로유적~봉황대 구릉 사면 말단부	해반천 하류역	수차수	구 릉 사 면 말 단 부 를 따라 가는 방향				
	토루									
김해 봉황동 저습지유적 (408-2·10·11번 지)	성격불명 (제방?, 토성?)	삼국시대 (A.D 6세기말 ~8세기)	저구릉 사면 말단부와 곡저평야의 경계부 일대?(목책열 등은 408 -2번지로 습지화한 곡저평야부)	?	?	목책열- Y자형				

나성둘레 1.500보 (×1.38m)= 약 2.07㎞ (삼국시대 가락국기)	·약 7m 간격을 두고 평행하는 2열의 계단상 석축열(남쪽열이 토성 내부) ·체성내부:기저부(뻘층, 습지퇴적층, 15층)계단상 정지? 수평상 호층성토기저부 층내에는 두께 2㎝내외의 부엽층 3~4개 층이 확인 고정주(1m간격으로 6개, 직경 30㎝)와 종횡의 抹木의 흔적 ·중층부(14~7층)~불다짐층, 5m 간격을 둔 2개의 점토벽(토낭 또는 토괴형태로 만든 生塼을 한 장씩 쌓아 올려 만든것 ·내외 석축—체성내부의 토축부를 45° 경사로 삭토→그 삭토면의 하단에서 석축, 2~3단으로 계단상 석축. 돌 사이사이에 황토 점토를 바르고 불다짐→이러한 과정이 내벽·외벽 각각 4회 실시(3·4축은 동시 축조)	·내구—성벽 내 안쪽에 폭 2.5m, 깊이 20㎝의 구, 성벽 안쪽의 물을 배수키 위한 것(단 배수구는 미확인) ·자연 유로(수로?)~성벽 외측에 있는 것, 자연 하천인지 인공수로인지 불분명			75
	·석렬유구 1·2를 봉황토성처럼 내외 성벽석으로 파악 ·황갈색 사질토층 굴삭, 바닥에 직경 30~60㎝의 할석을 1단 놓고 흙 채우기 ·그 위에 회색점토, 회흑색점토 충전, 층 사이에는 나뭇가지나 초본류층(부엽공법) 또 이들 층에 1~1.3m 간격으로 말목박기				76
	·회흑색 니질토 위에 직경 20~30㎝ 할석 깔고 그 위에 나무깔기(부엽공법?)→적갈색점질토를 덮어 반구형에 가깝게 성토→그위에 직경 10cm 전후의 나무를 박은 것 ·토루와 굴광부 사이는 환호와 매우 유사~방어목적의 토루나 해일·홍수범람 방지의 방파제로 추정 ·토루를 가로지는 소하천으로 인해 할석 산란			·옹벽, 선착장 유구로 보는 견해도 있다.	
	·제방이나 토성의 기저부~성토층 하부? ·2열의 말목열: 북동-남서방향과 남-북방향 말목열이 북동쪽에서 만나 평면 Y자형을 이룬다. ·말목열 윗층에 나뭇가지, 잔목, 짚 등이 피복(부엽공법)~2개 층이 있는 듯			·창원 신방동 유적 저습지 구간의 대안형 목축열과 유사?	77

●참고문헌●

1) 高麗大學校 埋藏文化財研究所·(株)大宇, 2001,『寬倉里 遺蹟』.

2) 高麗大學校 考古環境研究所·大田地方國土管理廳, 2006,『鴻山-九龍間 道路擴張 및 鋪裝工事 區間
內 文化遺蹟 發掘調査 報告書』.

3) 忠南大學校 百濟研究所·高麗大學校 埋藏文化財研究所·大田地方國土管理廳, 2004,『扶餘 九鳳·
蘆花里 遺蹟』.

4) 高麗大學校 埋藏文化財研究所·韓國道路公社, 2004,『麻田里 遺蹟-C地區』.

5) 江原文化財研究所·原州地方國土管理廳, 2008,『泉田里 B지역』.

6) 이한상, 2007,「靑銅器時代의 灌漑施設과 安東 苧田里遺蹟」『한·중·일의 고대 수리시설 비교 연
구』, pp.43~61.

7) (財)嶺南文化財研究院, 2003,『大邱 東湖洞遺蹟』.

8) (財)嶺南文化財研究院, 2002,『大邱 東川洞聚落遺蹟 -본문1, 본문2-』.

9) (財)嶺南文化財研究院, 2003,『신월성 원전부지내(Ⅰ·Ⅱ지구) 慶州 奉吉里遺蹟 發掘調査』, 嶺南文
化財研究院 現場說明會資料32.

10) 이상길·이미영, 2003,「密陽 琴川里遺蹟」『고구려고고학의 제문제』제27회 한국고고학전국대회,
pp.159~184.

11) 蔚山大學校博物館, 2005,『국도 24호선(울산-언양확·포장구간내유적 蔚山 屈火里·栢川·九秀里
遺蹟』, pp.56~77.

12) (財)蔚山文化財研究院, 2008,『蔚山屈火里생기들遺蹟』.

13) 慶南大學校博物館·密陽大學校博物館, 1999,「蔚山 無去洞 玉峴遺蹟」.

14) 密陽大學校博物館·東義大學校博物館·蔚山廣域市, 2004,『蔚山也音洞遺蹟 -Ⅱ地區 發掘調査 報
告書-』.

15) (財)蔚山文化財研究院, 2003,『蔚山 鉢里遺蹟』.

16) (財)蔚山發展研究院 文化財센터, 2005,『蔚州 西部里 南川遺蹟』.

17) (재)우리문화재연구원, 2008,「마산 진북 일반지방산업단지 조성부지내(Ⅲ-1구간)유적 발굴조사 약
보고서」.

18) 慶南發展研究院 歷史文化센터, 2008,『馬山 鎭東 遺蹟Ⅰ-馬山 鎭東地區 土地區劃整理地區內 文化財
發掘調査-』.

19) 慶南發展研究院 歷史文化센터, 2005,『咸安 明德高等學校·陜川 海印寺 浮屠 및 石藏碑 周邊遺蹟
試掘調査 報告書』.

20) 慶南發展研究院 歷史文化센터, 2006,『咸安 都市自然公園敷地 內 遺蹟』.

21) 慶南發展研究院 歷史文化센터, 2005,『진성 장촌유적 -진주 진성—이반성간 도로확포장공사구간내
유적 보고서-』.

22) (財)東亞細亞文化財研究院·晋州市, 2007,『진주 생물산업단지 조성부지내 晋州 耳谷里 先史遺蹟 I』.

23-a) 國立光州博物館, 2001,『光州 新昌洞 低濕地 遺蹟 II -木製遺物을 中心으로-』.

23-b) 國立光州博物館, 2003,『光州 新昌洞 低濕地 遺蹟 V』.

23-c) 國立光州博物館·光州廣域市 光山區廳, 2007,『光州 新昌洞 遺蹟 -2005年, Is grid 남서 지점-』.

23-d) 國立光州博物館·益山地方國土管理廳, 2007,『2005 광주—장성간 도로확장공사구간내 문화유적 발굴조사』.

24) 忠南大學校博物館·公務員年金管理工團, 2000,『상록리조트 골프장 증설부지내 天安 長山里 遺蹟』.

25) 高麗大學校 考古環境研究所·(주)중앙하우징, 2007,『牙山 葛梅里(III地域) 遺蹟』.

26) 木浦大學校博物館·務安郡·韓國道路公社, 1997,『務安 良將里 遺蹟』.

27) (財)東亞文化研究院·昌原市 教育廳, 2006,『昌原 東中學校 新築敷地內 文化遺蹟 試掘調查 報告書』.

28) (財)忠淸文化財研究院·大田地方國土管理廳, 2003,『扶餘 佳塔里·旺浦里·軍守里 遺蹟』.

29-a) 申光燮·金正完·金成明·金圭相, 1993,「扶餘 宮南池 第2·3次 發掘調查槪報」『考古學誌』제5 집, pp.191~210.

29-b) 國立扶餘文化財研究所, 2001,『宮南池 II -現 宮南池 西北便一帶-』.

29-c) 國立扶餘博物館, 2007,『宮南池』.

30) 忠南大學校百濟研究所·大田地方國土管理廳, 2003,『泗沘都城 -陵山里 및 軍守里地點 發掘調查 報告書-』.

31) 忠南大學校百濟研究所·大田地方國土管理廳, 2004,『扶餘 合松里遺蹟』.

32) (財)湖南文化財研究院·光州廣域市都市公社, 2007,『光州 山亭洞遺蹟』.

33) (財)湖南文化財研究院·光州廣域市都市公社, 2008,『光州 河南洞遺蹟 I·II』.

34-a) (財)湖南文化財研究院·大韓住宅公社, 2007,『光州 東林洞遺蹟 I』.

34-b) (財)湖南文化財研究院·大韓住宅公社, 2007,『光州 東林洞遺蹟 III -溝-』.

34-c) (財)湖南文化財研究院·大韓住宅公社, 2007,『光州 東林洞遺蹟 IV』.

35) 권태용, 1999,「대구 동천동 유적 수리시설 발굴조사개보」『제10회영남매장문화재연구원 조사연구 발표회집』, pp.47~67.

36) 慶北大學校博物館, 2006,『大邱 漆谷 生活遺蹟』.

37) (社)嶺南埋藏文化財研究院, 1997,「慶山 林堂洞 低濕地遺蹟 發掘調查」『嶺南文化財研究院 現場說明 會資料集(1995~1999) 현장설명회자료11』.

38) (財)嶺南文化財研究院, 2007,『대구 죽곡택지개발 사업지구내 達城 竹谷里 9-2番地遺蹟』.

39) 대가야박물관·嶺南文化財研究院, 2007,『고령 쾌빈리 공영주차장 조성부지내 高靈 快賓里 433-11 番地遺蹟』.

40) (財)蔚山文化財研究院, 2005,『蔚山芳基里286遺蹟』.

41) 昌原大學校博物館·昌原市, 2001,『'94 昌原 加音丁洞遺蹟』.

42) 昌原大學校博物館·韓國水資源公社, 2000,『昌原 盤溪洞遺蹟 II』.

43) 慶南發展研究院 歷史文化센터·昌原市, 2004,『昌原 道溪洞遺蹟-昌原市 道溪宅地開發地區 文化遺
蹟 發掘調査』.

44) (社)慶南考古學研究所, 2002,『晋州-集賢間 道路 擴·鋪裝工事區間 內 試掘調査』.

45) 慶南發展研究院 歷史文化센터, 2007,「晋州 平居洞遺蹟」진주 평거 3지구 택지개발사업지구(Ⅰ구
역)내 문화유적 추가발굴조사 지도위원회 및 현장설명회자료.

46) (財)嶺南文化財研究院, 2002,「〈부록 1〉 道路 35號線(彦陽~慶北道界) 擴·鋪裝工事 區間 內 文化財
試掘調査 報告書」『高靈 桃津里 古墳群』, pp.35~97.

47) 동의대학교박물관, 2003,「해운대 병영시설 지역 문화재 발굴조사 약보고서」.

48) 釜山地方國土管理廳·慶南文化財研究院, 2004,『晋州-集賢間 4車線道路建設區間內 晋州月坪遺蹟』.

49) 주30의 문헌, pp.25~55.

50) (財)蔚山文化財研究院·蔚山廣域市, 2002,『범서 굴화 오수중계펌프장 건설부지내 蔚山栢川遺蹟
發掘調査報告書』.

51) 주11의 문헌, pp.9~55.

52) (財)蔚山文化財研究院, 2008,「蔚山玉洞앞들遺蹟」『蔚山茶雲洞436-5遺蹟』.

53) 蔚山文化財研究院, 2001,「울산대공원 공사현장 주차장부지내 蔚山 新亭洞 遺蹟」현장설명회 자료집 3.

54) 東亞大學校博物館, 1992,『梁山下北亭遺蹟』.

55) 大韓住宅公社·慶南文化財研究院, 2001,『鎭海自隱洞水田址』.

56) (재)우리문화재연구원·(주)엘엔피, 2008,『함안 엘엔피아파트 신축부지 내 咸安 梧谷里 87番地 遺蹟』.

57) 慶南考古學研究所, 2006,『泗川 德谷里晋 遺蹟(Ⅱ)-低濕地-』.

58) (社)慶南考古學研究所, 2005,『梁山 所土里 松菊里文化集落 -京釜高速道路 擴張區間 內 梁山IC建立
敷地 發掘調査 報告-』.

59) 密陽大學校博物館·(社)慶南考古學研究所·慶北科學大學博物館·釜山地方國土管理廳, 2004,『佳
仁里遺蹟 -밀양 산내 우회도로 축조공사구간내 발굴조사 보고서-』.

60-a) 永川市·大邱大學校博物館, 2001,『文化遺蹟分布地圖 - 永川市』, p.202 등.

60-b) 李宇泰, 1985,「永川 菁堤碑를 통해 본 菁堤의 築造와 修治」『邊太燮博士華甲紀念私學論叢』,
pp.101~124, 三英社.

60-c) 權丙卓, 1986,「菁堤文簿 資料解說」『民族文化論叢』第7輯, pp.205~209.

60-d) 權丙卓, 1987,「新羅灌漑制度研究 -永川 菁堤를 중심으로-」『新羅文化祭學術發表論 文集』第8輯,
pp.161~174.

60-e) 하일식, 2006,「永川 菁堤碑 丙辰銘과 貞元銘 -지금까지 연구와 앞으로의 과제-」『한·중·일의 고
대 수리시설 비교 연구』, pp.82~90, 계명대학교 출판부.

60-f) 전덕재, 2007,「통일신라의 水田農法과 永川菁堤」『한·중·일의 고대 수리시설 비교연구』,
pp.58~81, 계명대학교 출판부.

61) 李殷昌, 1978,「韓國の池」『日本古代文化の探究·池』주 80의 문헌, pp.131~194(특히 pp.153~157).

62-a) 慶尙北道文化財硏究院, 2005,「상주 공검지 복원·정비사업부지내 유적 발(시)굴조사 약보고서」.

62-b) 박정화, 2006,「상주 공검지의 축조과정과 그 성격」『한·중·일의 고대 수리시설 비교 연구』,
      pp.43~55.

62-c) 金鐵洙, 1993,「朝鮮時代의 尙州地方 堤堰에 관한 硏究」『尙州文化硏究』第3輯, pp.253~286.

62-d) 상주문화원·상주산업대학교, 1995,『상주·함창 공갈못 共儉池』.

63) 忠南大學校博物館, 2002,『唐津 合德堤』.

64) 忠北大學校博物館·堤川市, 2000,『義林池 精密基礎調査 附錄:堤川 柳等池 試掘調査』.

65-a) (財)慶南考古學硏究所, 2007,『金海 鳳凰洞 遺蹟 -金海 韓屋生活體驗館 造成敷地 內 遺蹟 發掘調
      査 報告書-』

65-b) 蘇培慶, 2007,「金海 鳳凰洞遺蹟의 堤防狀遺構」『慶考硏紀要』創刊號, pp.55~65.

66-a) 권순강·송영진·김성미·이수용·김지현, 2008,「함안 가야리 제방유적」『第32回 韓國考古學全
      國大會 發表資料集』게제.

66-b) 咸安郡·(재)우리문화재연구원, 2010,『咸安 伽倻里 堤防遺蹟』.

67-a) 손정태, 1989,「密陽의 守山堤」『鄕土文化』創刊號, pp.63~71.

67-b) 東亞大學校博物館, 1993,『密陽 守山堤 水門址 基礎調査報告書』.

67-c) 박종안(朴種安), 2005,「密陽 守山堤에 대한 검토」『密陽文化』2005년 제6호, pp.88~123.

68) 국립경주문화재연구소·경상북도산림환경연구소, 2008,『경주 구황동 신라왕경숲 조성사업 부지
    내 유적 발굴조사보고서』.

69) 中央文化財硏究院·釜山地方國土管理廳, 2001,『蔚山於音里遺蹟』.

70) (재)한국문물연구원, 2008년 - 자료 미입수.

71-a) 尹武炳, 1976,「金堤 碧骨堤 發掘報告」『百濟硏究』7, pp.67~92.

71-b) 洪思俊, 1978,「三國時代의 灌漑用池에 對하여 -碧骨堤(金堤)와 碧骨池(唐津郡-)」『考古美術』
      136·137, pp.5~22.

71-c) 鄭鑌亨, 1982,『增補碧骨堤史』, 大興出版社.

71-d) 권병탁, 1986,「朝鮮初期(1414~1469) 灌漑事業에 대한 一考察」『社會科學硏究』第6輯 第2卷,
      pp.85~100.

71-e) 尹武炳, 1998,「碧骨堤의 堤防과 水門」『金堤 碧骨堤 水利民俗遺物展示館 開館記念 國際學術討論
      會發表論文集』, pp.9~15.

71-f) 成正鏞, 2006,「金堤 碧骨堤의 性格과 築造時期 再論」『한·중·일의 고대 수리시설 비교 연구』,
      pp.25~42.

72-a) 인천광역시 강화군청·인하대학교 박물관, 2002,『江華 船頭堰 선두리 배수개선사업부지내 문화
      유적 지표조사』.

72-b) 박영한·오상학, 2004,『조선시대 간척지 개발 -국토의 확장과정과 이용의 문제-』, 서울대학교 출
      판부, pp.103~111 .

73) 국립문화재연구소, 2002, 『風納土城 II -동벽 발굴조사 보고서』.

74) 國立夫餘博物館, 2007, 『陵寺 부여 능산리사지 6~8차 발굴조사 보고서』.

75) (社)慶南考古學研究所, 2005, 『鳳凰土城 -金海 會峴洞事務所~盆城路間 消防道路 開設區間 發掘調査 報告書-』.

76) 慶南發展研究院 歷史文化센터, 2003, 「가야인 생활체험촌 조성부지내 金海鳳凰洞遺蹟 發掘調査 현장설명회자료집」.

77) 釜山大學校博物館, 2007, 『金海 鳳凰洞 低濕地遺蹟』.

찾아보기